西方经济学圣经译丛
晏智杰 主编

The wealth of Nations

国富论（上）

［英］亚当·斯密 著
唐日松 等 译

图书在版编目（CIP）数据

国富论：全二册／（英）亚当·斯密（Adam Smith）著；唐日松等译. -- 北京：华夏出版社，2017.1
（西方经济学圣经译丛）
ISBN 978-7-5080-9084-9

Ⅰ. ①国… Ⅱ. ①亚… ②唐… Ⅲ. ①古典资产阶级政治经济学 Ⅳ. ①F091.33

中国版本图书馆CIP数据核字(2016)第306158号

国富论（上、下）

作　　者	［英］亚当·斯密
译　　者	唐日松　赵康英　冯　力　邵剑兵　姜　倩
审　　校	唐日松　杨兆宇
责任编辑	李雪飞
出版发行	华夏出版社
经　　销	新华书店
印　　刷	三河市少明印务有限公司
装　　订	三河市少明印务有限工资
版　　次	2017年1月北京第1版 2017年1月北京第1次印刷
开　　本	880×1230　1/32开
印　　张	24.625
字　　数	707千字
定　　价	58.00元（全二册）

华夏出版社　地址：北京市东直门外香河园北里4号　邮编：100028
　　　　　　网址：www.hxph.com.cn　电话：(010) 64663331（转）
若发现本版图书有印装质量问题，请与我社营销中心联系调换。

《西方经济学圣经译丛》序

翻译出版西方经济学名著，如以 1882 年上海美华书馆印行《富国策》［英国经济学家 H. 福西特（1833—1884）《政治经济学指南》（1863 年）中译本］为开端，迄今为止已有一百多年历史。回顾这段不算很长然而曲折的历程，不难看出它同中国社会百多年来的巨大深刻的变迁密切相关，它在一定程度上是中国思想界特别是经济思想界潮流和走向的某种折射和反映。单就中华人民共和国成立以来对西方经济学名著的翻译出版来说，窃以为明显呈现出各有特点的两个阶段。改革开放以前几十年间，翻译出版西方经济学著作不仅数量较少，而且其宗旨在于提供批判的对象和资料。对于出现这种局面的不可避免发生及其长短是非，人们的看法和评价可能不尽一致，但此种局面不能再原封不动地维持下去已是大多数人的共识。改革开放以来，对西方经济学著作的翻译出版进入到一个新阶段，短短二十多年间，翻译出版数量之巨，品种之多，速度之快，影响之广，均前所未有，呈现出一派生机勃勃的繁荣景象。这是中国社会改革发展的需要，也是历史的进步，主流无疑是好的；但也难免有选材不够精当和译文质量欠佳之嫌。

华夏出版社推出这套新的《西方经济学圣经译丛》，可谓正逢其时。在全面建设小康社会的新时期，随着社会主义市场经济体制改革的深入，随着中国经济学队伍的建设和壮大，我们需要更多更准确更深入地了解西方经济学；而以往几十年翻译出版西方经济学所积累的经验教训，也正在变成宝贵的财富，使我们将翻译出版西方经济学名著这项事业，得以在过去已有成就的基础上，百尺竿头，更进一步。我们会以实践为标准，比以往更恰当地把握选材范围和对象，尽可能全面准确地反映西方经济学的优秀成果，将各历史时期最有代表性和影响力的著作纳入视野；我们对译文质量会以人所共知的"信、达、雅"相要求，尽力向读者推出上乘之译作。我们还会认真听取广大读者和学者的任何批评和建议，在分批推出过程中不断加以改进和提高。

在西方经济学迄今的发展中，涌现了数量不少的重要著作，其中亚当·斯密《国富论》（初版于 1776 年）、马歇尔《经济学原理》（初版于 1890 年）和凯恩斯《就业、利息和货币通论》（1936 年），是公认的三部划时代著作。《国富论》为古典经济自由主义奠定了基础；《经济学原理》作为新古典经济学的代表作，为经济自由主义做了总结；《就业、利息和货币通论》则标志着经济自由主义的终结和现代国家干预主义的开端，故将它们同时首批推出。其他名著将陆续问世。

晏智杰
北京大学经济学院
2004 年 11 月 15 日

中译本导论

一

亚当·斯密（Adam Smith）是经济学之父，他的代表作《国富论》（The Wealth of Nations），全称《国民财富的性质和原因的研究》（An Inquiry into the Nature and Causes of the Wealth of Nations），初版于1776年，和美国的《独立宣言》同年发表，被后人视为1776年发表的两个最重要的文本。政治上要求独立的呼声和经济上要求自由的主张同时出现，究竟是巧合还是必然，一直为后人津津乐道。

《国富论》是经济学中最重要的著作，是市场经济的圣经。在18世纪就有十个英文版本，并被翻译成十几种文字在全球发行。《国富论》在中国曾经有过两个中文译本。最早的译本是1902年由严复先生翻译的名为《原富》的译本。是严复先生使中国人认识了亚当·斯密和他的《国富论》，严复先生对《国富论》在中国的传播有开先河之功。迄今，中国人最熟悉、使用最多的译本是1930年郭大力和王亚南先生的译本，初版译名为《国富论》，1972年再版时改名为《国民财富的性质和原因的研究》。郭大力和王亚南先生的译本在中国传播得最广，影响最大，被引用的次数最多，两位先生译本的这种地位迄今也没有人能够撼动，可以预言，在未来几十年内也不会有人撼动。在这种背景下，重新翻译《国富论》有没有必要？这是我们翻译这本书时首先必须回答的一个问题。

我们认为，像《国富论》这样的名著不妨多译。首先是人类已进入了新世纪，时代变了，站在千年的角度看问题，人们会以新的视角看问题。特别是中国回归市场经济，而《国富论》是市场经济的圣经，国人对《国富论》这样的巨著会有一番新的评价；其次，严复先生的译本是节译本，是为介绍新思想而译的，使用的是现代中国人已不使用的文言文，故已不适应现代中国人的阅读习惯，而郭大力和王亚南两位先生的译本只是为翻译《资本论》、为宣传马克思主义政治经济学做准备而译的，所用的语言是20世纪20年代末的语言，也不太适合现代中国人的阅读习惯；再次，严复先生的译本是译给当时先进的中国人看的，郭大力和王亚南两位先生的译本是译给专家学者们看的，而我们想译一本给大众看的《国富论》。基于上述三点考虑，我们决定重新翻译亚当·斯密的《国富论》，当时是2002年，是《国富论》出版226年，也即第一个中译本出版100年之际。

二

亚当·斯密是经济学之父，在经济学界有着近乎神一样的地位。但世人只知道半个亚当·斯密。论及这个问题，我们不能不提"斯密之谜"，不能不提到亚当·斯密的另一本书，一本消耗亚当·斯密的时间和精力不少于《国富论》的鸿篇巨作《道德情操论》。

在《道德情操论》中，他从人具有的同情心出发，论述了利他主义的伦理观；在《国富论》中，他从利己的本性出发，论述了利己主义的利益观。这种矛盾在经济学史中称为"斯密之谜"。不了解《道德情操论》，就不能真正认识一个完整的亚当·斯密。亚当·斯密深受他最好的朋友大卫·休谟（David Hume）人性论的影响，把人性作为他的全部理论的出发点。亚当·斯密的研究实际要以人性为基础构建一个符合人性的社会秩序。亚当·斯密的哲学观点来源于同时代的牛顿的自然哲学，还有自然界的秩序。牛顿发现了统一物理世界的万有引力定律，亚当·斯密也仿此提出了几条定理，试图用相同的方式统一道德和社会交往准则，这个准则能够使人们分辨是非，选择正确的行动。而这样的行动会在人的利己和利他之间选择，建立完美的平衡，有助于社会福利。

令人遗憾的是，亚当·斯密的《国富论》受到世人的高度重视，人们甚至把《国富论》奉为经济学的圣经，把"看不见的手"当成市场经济永恒的基本原则，当成经济学"皇冠上的明珠"，却把亚当·斯密本人更推崇的《道德情操论》完全忘却了。斯密当然喜欢自由市场制度，但人们却忽略了市场在社会中的本质。"同情"是道德行为的基础，如果社会缺少这一基础，这个社会就会迷失方向。理解亚当·斯密时，如只知道《国富论》而不知道《道德情操论》，最多只知道半个亚当·斯密。如果因此而曲解了《国富论》，对亚当·斯密的理解则不到一半的程度；同理，如果只知道《道德情操论》，而不知道《国富论》，也只是知道半个亚当·斯密。不幸的是，受经济发展水平的限制，人类更重视经济利益而不是道德情操，因此，世人只关注亚当·斯密的《国富论》，而忽视了亚当·斯密的《道德情操论》。错误地认为亚当·斯密只是一味鼓吹人的利己性，甚至认为亚当·斯密本人是一个极端自私自利的人。其实这完全搞错了。亚当·斯密首先是一位悲天悯人的道德哲学家，其次才是观察力过人、分析力深刻的经济学家。

亚当·斯密对人性的认识是全面而深刻的。他对人性的看法是双重的：在经济学中，亚当·斯密侧重说明人的利己性；而在伦理学中，亚当·斯密又侧重说明人的利他性。只有把经济上的利己性和伦理上的利他性结合起来，才是完整真实的人性。只有从利己主义和利他主义两个方面理解亚当·斯密，才能正确认识亚当·斯密。目前悬而未决的争议是，他有没有构思第三本书？因为《道德情操论》是关于人类行为的"利他"，而《国富论》是关于经济活动的"利己"；因此，似乎应该有第三本书，作为利他和利己之间的桥梁。

人类现有的经验告诉我们，真理从来都不在两个极端的端点上。在此共识基础上，人们面临的问题就是怎样找到两极之间的黄金中点。寻找利己和利他之间的黄金中点，既是个人面临的问题，也是各类组织和国家面临的问题。需要注意的是，黄金中点不是固定不变的，它是变动的，利己和利他之间的黄金中点在人类的过去向利己方向偏移，而在未来肯定会向利他方向偏移。可以肯定地说，随着生产力的发展，随着人类觉悟的提高，世人会逐渐认识另半个亚当·斯密，会有更重视他的《道德情操论》的时代。

亚当·斯密的影响力在经济学界是最大的。亚当·斯密的姓"斯密（Smith）"，如果按现在的规范译法，应译成"史密斯"。为什么现在没有人敢把斯密改译成"史密斯"呢？就是因为斯密的名气太大了，改过来后，经济学人找不到斯密，会发生混乱，会引起很多麻烦，所以，到现在也没有人敢捅这个马蜂窝，只好将错就错了。

200多年过去了，亚当·斯密的影子伴随着经济学的发展。至今还有人经常提出"回到亚当·斯密！"的口号。1998年，获得诺贝尔经济学奖的东方人、印度籍的阿马蒂亚·森（Amartya Sen）被称为当代的亚当·斯密；另一位获得诺贝尔经济学奖的美国经济学家乔治·约瑟夫·斯蒂格勒（George Joseph Stigler）曾经写过一篇文章，列举参加学术研讨会时，经常听到的语录，其中有两则是："这个亚当·斯密早就说过！"和"亚当·斯密才没说过这个！"。亚当·斯密，是判别是非的指标。在经济学界，亚当·斯密的地位像神一样。

三

我们前面强调亚当·斯密的另一半，并不是要否定人们已经知道的这半个亚当·斯密。亚当·斯密的利己主义经济学和利他主义伦理学就像计算机科学中的0和1一样，构成了整个计算机世界。因为我们译的是《国富论》，我们还得重点论述《国富论》的主要观点和《国富论》在今日中国的意义。

《国富论》研究的对象是经济世界，认为经济的出发点是利己心。在经济生活中，每个人都追求自己的利益，这是人性的一面，也是一种自然现象。《国富论》全书分为五篇，其主要内容如下：

1. **"看不见的手"的作用。** 亚当·斯密认为，每一个人行为的动机，主要是在于利己，求得自己的利益。利己心是人类一切经济行为的推动力。他还认为，利己心这并不是值得反对或摒弃的；他相信，个人自私可以有助于整个社会福利。

2. **分工是提高生产率的关键。** 亚当·斯密在《国富论》中，列举出制造针的例子来说明分工的好处。经由分工，将整个制造程序"分为十八个阶段,每一个阶段都雇用技艺熟练的好手……我曾看到一家很小的工厂中,一共只雇用十个工人,但每天可以生产48 000根针"。分工的发展以及劳动划分为越来越精细的专业化作业,这是正在出现的工厂制度的主要结果。有了分工,同样数量的劳动者就能完成比过去多得多的工作量。

3. **劳动价值论。** 亚当·斯密在《国富论》中论述商品的真实价格与名义价格时,提出了劳动价值理论。一个人是贫是富,就看他能在多大程度上负担得起和享受人生的必需品、便利品以及种种娱乐消费品。但是,自分工完全确立以来,个人所需要的物品,仅有极少部分依靠自己的劳动,而大部分却需依靠别人的劳动。所以,他是贫是富,要看他能支配多少劳动。换言之,要看他能够购买多少劳动。一个人占有某物品,但不愿自己消费,而愿意以它来交换他物,对他来说,这物品的价值等于他能购买或能支配的劳动量。因此,劳动是衡量一切商品交换价值的真实尺度。

4. **反对殖民地政策。** 《国富论》中有一篇专谈殖民地问题,亚当·斯密主张自由贸易,所以对于殖民地国家在殖民地造成经济垄断表示反对。殖民地国家实行的"重商主义"政策,在他看来,对殖民地及其统治国双方都是有害无益的。

5. **主张"自由放任"。** 《国富论》最重要的部分是第四篇"论政治经济学体系"。其中讨论两种制度:一种是商业制度;另一种是农业制度。亚当·斯密主张"自由放任"(Laissez-faire),他强调,只有对内对外的商业不受任何限制,才能使一个国家得到充分的发展与繁荣;同时他也反对各种公司的垄断。另外,他还主张国家与国家之间应像个人与个人之间一样实行分工,并极力倡导自由贸易。

6. **政府的主要职责。** 亚当·斯密对于政府的职责规定得相当具体。他认为,政府主要的任务在于对外抵御敌国,对内执行司法;政府的另外一个重要职责是"创建并经营某些公共工程"。这也就是我们现在称之为"公共事业"的各种设施。

7. **教育的重要。** 亚当·斯密认为教育社会底层民众,国家虽得不到什么直接的好处,但总比让民众无知识、不受教育好得多。他指出,在自由国家,政府安定主要依靠有力的舆论,因此,公众教育程度愈高,受教育者愈多,越有公正判断的能力。从这个角度讲,政府对于教育的推动,实不可稍有疏忽和闪失。

《国富论》是一部划时代的著作,它的发表,标志着经济学作为一门独立的学科的诞生。此前,人类虽有经济思想,但却没有形成一个体系,形成一个相对完整的经济思维范式。亚当·斯密的《国富论》为经济学奠定了基础。迄今为止,人类的主流经济学都是建立在《国富论》的基础之上的。

四

今日的中国已经回归了市场经济,市场经济需要与市场经济相适应的经济学理论,而市场经济的理论基础就是亚当·斯密的《国富论》。如前所述,亚当·斯密的经济学就像物理学中牛顿的理论一样重要。其"看不见的手"像牛顿的万有引力定律一样,是亚当·斯密献给人类的伟大观念,这一观念培育出来的市场经济制度,尽管有各种不尽如人意的地方,但迄今为止却是以人类全部的智慧所能找到的唯一一种被实践证明能够成功地组织经济活动的经济制度。我们曾经长期否定亚当·斯密的智慧,甚至把"经济人"和"看不见的手"说成是对"私有制的公然辩护"。所幸的是,现在我们已经接受了亚当·斯密的主要观点。具体地说,亚当·斯密的《国富论》在今日中国之意义主要表现在以下两点:

首先,承认人在经济生活中的利己性是搞市场经济的前提。人性假定是经济学的第一块基石,经济学的大厦就建筑在这块基石之上。计划经济为什么在全球范围内失败了?我们认为最重要的原因就是计划经济对人性的假设不符合真实的人性,而在这个错误的人性假设基础上的理论和实践也必然是错误的。人在经济生活中的利己性本来是不言而喻的,就像买东西的人都希望买尽量便宜和好的东西,而卖东西的人都希望东西卖得价钱高一些一样自然。然而,就是这一个不言自明的道理,我们几十年都不敢或不愿意承认,连实话都不能说,怎么能有行得通的理论和实践呢?我们认为,亚当·斯密在《国富论》中提出的利己性假设,应成为我们分析经济问题的基石，只有这样，才能设计出好的经济制度，才能有行得通的经济理论和实践。

其次，亚当·斯密在《国富论》中提出的依靠"看不见的手"管理经济、尽量减少政府干预的思想对我国的经济改革有重要的指导意义。我国现在实行的是市场经济。在市场经济中，经济发展主要由关心自己利益的基层人民来推动的，而不是由政府推动。简而言之，市场经济的权力在民，而不在政府。市场经济需要的是"小政府"，管理得最少的政府就是最好的政府。当然，市场经济并不是不要政府，而是要一个知道自己界线在哪里的政府。亚当·斯密在《国富论》中允许政府在"看不见的手"之外发挥重要的调节作用。按照亚当·斯密的观点，政府在市场经济中的三项基本职责是：（1）保护社会免遭其他社会之暴力入侵；（2）尽可能地保护每个社会成员免受其他社会成员之不正义的压迫；（3）建立和维护特定的社会公共工程和公共制度。而即使在履行这些职责时，政府的设计也应当考虑引入竞争。

可以肯定，随着人类的发展，人们迟早会更多地研究利他主义的问题，研究亚当·斯密的另一半，研究《道德情操论》。但是现在，按约翰·梅纳德·凯恩斯的推算，至少300年内，人类都将在市场经济中生活，不会有人像阿尔伯特·爱因斯坦推翻牛顿力学那样推翻亚当·斯密的《国富论》。公平地说，计划经济不是不好，而是太好了所以才不能马上实行。我们相信，人类迟早会走上以计划经济为主的道路上去。我们企盼人类走计划经济的条件早日成熟，到了那时，亚当·斯密的《国富论》可能真的过时了，会被人们送到经济学理论的博物馆里。但是我们相信，即便是在博物馆里，亚当·斯密的《国富论》也是最有价值的理论展品。

五

本译本是根据 Methuen & Co., Ltd 1930 年出版的版本译出的，这个版本是亚当·斯密生前最后的一个版本。该书的简称《国富论》(The Wealth of Nations) 已广为人知，所以我们仍沿用其作为这个译本的书名。第一篇和第四篇及书后的"英汉人名、地名、术语对照表"由唐日松翻译,第二篇由邵剑兵翻译,第三篇由赵康英翻译,第五篇由姜倩、赵康英和冯力翻译。唐日松和杨兆宇负责全书译稿的审校。经过两年多的努力,我们终于完成了全书的翻译工作,并交由华夏出版社出版。我们把她献给21世纪走上市场经济之中的国人。需要说明的是,在我们翻译这本书的过程中,中国大陆又出现了另外的译本。现在的译本均很出色,但对于这么重要的著作来说,再多的译本都不为过,只要每个译本都能在前人的基础上有所进步。

限于我们的经济学素养和英语水平,书中一定会有一些不当之处,我们衷心希望经济学界和译界的同行批评指正。

华夏出版社经济部的陈小兰主任和李雪飞编辑为本书的顺利出版投入大量精力,并提供了许多宝贵意见,在此深表谢意!

杨兆宇
2004年8月

目 录

导论及全书设计

第一篇 论劳动生产力逐步提高的原因及产品在不同阶层之间自然分配的顺序

第 一 章 论分工 ／7

第 二 章 论分工的起因 ／14

第 三 章 论市场范围对分工的限制 ／18

第 四 章 论货币的起源和货币的使用 ／22

第 五 章 论商品的真实价格和名义价格，或论用劳动表示的商品价格和用货币表示的商品价格 ／28

第 六 章 论商品价格的组成部分 ／42

第 七 章 论商品的自然价格和市场价格 ／48

第 八 章 论劳动工资 ／56

第 九 章 论资本利润 ／77

第 十 章 论工资和利润随劳动和资本的用途不同而不同 ／87

　第一节 由于用途本身的性质所产生的不平等 ／88

　第二节 由于欧洲的政策所造成的不平等 ／105

第十一章 论地租 ／128

　第一节 论总能提供地租的土地产品 ／130

第二节　论间或能提供地租的土地产品 / 142
第三节　论总能提供地租的产品与间或能提供地租的产品的各自价值的比例的变动 / 153

第二篇　论资产的性质、积累和使用

引　言 / 229

第 一 章　论资产的分类 / 231

第 二 章　论作为社会总资产的一部分或作为维持国民资本支出的货币 / 237

第 三 章　论资本积累或论生产性劳动和非生产性劳动 / 271

第 四 章　论贷出取息的资产 / 287

第 五 章　论资本的各种用途 / 294

第三篇　论各国财富增长的不同途径

第 一 章　论财富的自然增长 / 309

第 二 章　论罗马帝国衰亡后欧洲旧状态下农业的抑制 / 313

第 三 章　论罗马帝国衰亡后城市的兴起和发展 / 324

第 四 章　城市商业如何对乡村改良做出贡献 / 333

导论及全书设计

每个国家的国民每年①的劳动是供给这个国家每年消费的全部生活必需品和便利品的源泉，构成这些生活必需品②和便利品的或是本国国民劳动的直接产物，或是用这些产物从其他国家购买过来的产品。

这种产物或用这种产物从国外购买来的产物，与消费这些物品的人数或成较大的比例或成较小的比例，而一个国家所需要的所有必需品和便利品的供给情况的好坏取决于这一比例的大小③。

但是，无论对哪个国家来说，这个比例都受两种情况的制约：首先是这个国家总体上使用劳动技巧的熟练程度和判断力；其次是从事有用劳动人数和那些不从事有用劳动人数的比例④。无论这个特定国家的土壤、气候和面积怎样，它的国民每年供给的好坏必然取决于这两方面的情况。

一国国民每年供给情况的好坏似乎更多地取决于这两种情况中

---

① "每年"一词，标志着老一代英国经济学家普遍做法的转变：他们将国民财富看做是一种"积累的资源"（accumulated fund）。
② 生活便利品（conveniences of life），洛克在《论降低利率和提高货币价值的后果》（1696年版，第66页）中使用过这个词："任何东西的内在价值，是由它适于供应人类生活的必需品或适于人类生活的便利服务（to serve the conveniences of human life）构成的。"
③ 注意这种含义：一国的财富是由它的成员的平均福利来计算的，而不是由总额来计算的。
④ 第二种情况可以引申为包括从事有用劳动的劳动持续时间和劳动强度，但是另一种重要情况，即累积的生产工具的数量和质量却完全被忽略了。

的前者而不是后者。在那些未开化的渔猎国家里，每一个能够从事劳动的人都或多或少地从事有用的劳动，尽其所能地为其本人或为他的家人或他的族人中那些太年老或太年幼或太病弱而不能渔猎的人提供生活必需品和便利品。然而，这些未开化民族的生活非常贫穷，以致常常迫不得已，或至少认为迫不得已有时直接杀害他们的婴儿、老人以及经常患病的亲人，有时遗弃这些人，任其饿死或被野兽吞食。与此相反，在那些文明和繁荣的国家里，虽然有大量的人根本不从事劳动，但他们之中很多人消费的产品往往比大多数劳动者所消费的要多出十倍甚至是百倍。但由于这个社会的全部劳动产品如此之多，以致这个社会中的一切人都经常有充足的供给，就连最底层的贫困劳动者，只要他勤俭，就能享受到比任何未开化的人更多的生活必需品和便利品。

　　劳动生产力改进的原因①是什么？劳动产品按照怎样的顺序自然地分配给社会上不同阶层和条件的个人？这是本书第一篇的主题。

　　无论一国国民劳动的实际技能怎样、熟练程度和判断能力如何，在这三方面状态保持不变期间，这个国家每年的国民供给状况的好坏总是取决于其国民每年从事有用劳动的人数和不从事有用劳动人数的比例。本书的后面将说明，有用的生产性②劳动者的人数，无论在什么场合都与使这些人工作而运用的资本数量以及这些资本的特定用途成比例。所以，本书的第二篇将讨论资本的性质、资本逐步积累的方式以及根据资本用途的不同，它所带动的劳动量也不同等问题。

　　在劳动的技巧、熟练程度和判断力都相当高的国家里，对劳动的一般管理或指导，采用了极不相同的计划。这些计划不是同等地有利于一国劳动产品的增加的。有些国家的政策特别鼓励农村的产业；而另一些国家的政策却特别鼓励城市的产业。几乎没有一个国

---

① 实际上只讨论了一个原因，即分工。
② "生产性"一词在这里是随意说出的，作为"有用的"一词的显然并不重要的同义语，但后来则完全摈弃了"有用的"一词，认为不生产的劳动也可以是有用的；特别参阅第 243 页。

家对每一个产业都采取不偏不倚地使其平均发展的政策。自从罗马帝国灭亡以来,欧洲各国的政策都比较有利于手工业、制造业和商业等城市产业,而不利于农业和农村的产业。本书的第三篇将说明在什么情况下应引入和建立这些政策。

虽然这些不同计划的引入最初也许是由于特定阶层人士的私利和偏见,他们无视这些计划对社会全体福利可能造成的后果,更谈不上什么卓识远见。但是,这些计划却引发了极不相同的经济学说。有人认为城市产业重要;有人认为农村产业重要。这些学说不仅对学者们的观点产生重大的影响,而且对君主和主权国家的公共政策也产生了重大影响。本书的第四篇我将尽我所能全面而又明确地解释这些学说,并说明这些学说在不同时代和不同国家所产生的主要影响。

总之,本书前四篇的目的在于说明一国中广大人民的收入是怎样构成的,并说明不同时代不同国家供国民每年消费的财富的性质。本书第五篇即最后一篇将讨论君主或国家的收入。在这一篇里,我将尽力说明以下几点:第一,君主或国家的必要开支有哪些,哪些开支应由整个社会的赋税来支付,哪些只能用社会中某些特殊阶层或特殊成员的赋税来支付;第二,把整个社会的赋税募集起来支付整个社会费用的不同方法有哪些,这些方法中每一种方法的主要优点和缺点是什么;第三点也是最后一点,是什么原因导致近代几乎所有政府都把收入的一部分作为担保来发行公债,这种债券对实际财富,即对社会的土地和劳动的年产品有什么影响。

第一篇

论劳动生产力逐步提高的原因及产品在不同阶层之间自然分配的顺序

第一章 论分工[①]

劳动生产力上最大的改进,以及在劳动生产力指向或应用的任何地方所体现的技能、熟练性和判断力的大部分,似乎都是分工的结果。

通过考察分工在某些特殊的制造业中起什么样的作用,我们就可以更加容易地理解分工在社会的一般事务中所产生的结果。人们普遍认为,在某些微不足道的制造业中分工最细,这也许并不是因为这些制造业实际上比更为重要的制造业分工更细。在那些注定供应少数人的小量需求的微小制造业里,工人总数必然很少,每个不同工作部门中雇用的工人常常可以集中在同一个工场中,使观察者一眼就能看到。反之,在那些注定供应大多数人的大量需求的大型制造业里,每一个不同的工作部门都雇用大量的工人,所以不可能将他们全都集中在同一个工场内。在同一时间里,我们能看到的只是在一个单独的小部门中所雇用的工人。因此,虽然在这种制造业中,工作可能实际上被分成了很多的部门,但比起那些微小的制造业,分工却不是十分明显,因而较少被人注意到。

制针业是一个很微小的制造业,但它的分工常常引起人们的注意,所以,我把它作为一个例子。对这种职业如果一个工人没有(分工使制针业成为一种专门的职业)受过相应的训练,又不知怎样使用这种职业的机械(这种机械的发明,大概也是分工的结果),那么,即使他竭尽全力地工作,也许一天连一枚针也生产不出来,当

[①] "分工"一词如果在此以前有人使用过,那也并不常见。它在此处出现,可能是由于孟德维尔《蜜蜂的寓言》第 2 卷(1729 年)第 6 章第 335 页中的一段话 ……

然更生产不出来二十枚针了。但是，按照这个行业现存的制作方式，不仅整个工作已分成专门的职业，而且这种职业又分成许多部门，其中大部分部门也同样分为专门的职业。第一个人抽铁丝，第二个人将其拉直，第三个人将其截断，第四个人将其一端削尖，第五个人磨光另一端以便装上针头。仅做针头就要求有两三道不同的操作：装针头是一个专门的职业；把针涂白是另一项专门的职业；甚至把针装进纸盒也是一项专门的职业。这样，制针这个重要的职业被分成大约十八种不同的工序。在一些工场，这十八种不同的操作由十八个不同的工人担任，当然，也有些工厂也有同一个工人常常从事两三种操作的现象。我见过一个类似的小厂，那里只雇了十个工人，在这个小工厂里，有几个工人从事两三种不同的操作。尽管他们很穷，尽管他们连必要的机器设备都很差，但如果他们尽力工作，一天也能生产出十二磅针。以每磅中等型号针有四千枚计，这十个人每人每天就可以制造出四万八千枚针，这样，每人每天能制造出四万八千枚针的十分之一，即四千八百枚针。但是，如果他们都各自独立地工作，谁也不专门学做一种专门的业务，那么他们之中无论是谁都绝对不能一天制造二十枚针，也许连一枚针也制造不出来。这就是说，他们绝对不能制造出现在由于他们的不同操作的适当分工和合作而制成的二百四十分之一，也许连这个数字的四千八百分之一也制造不出来。

在其他任何一种工艺和制造业里，虽然有很多工艺和操作不能如此细致地分工，其操作也不能简单到如此简单的地步，但分工的效果总是与这个微小的制针业相似。凡是能够采用分工的工艺，一经采用分工便能相应地增进劳动生产力。各种行业彼此分立，似乎也是由于分工好处的结果。那些具有最高产业和劳动生产力改进程度的国家，其各种行业的分工一般也都达到了最高的程度，在一个未开化的社会中，由一人承担的工作，在一个进步的社会里，一般都由几个人分别承担。在每一个进步的社会里，农民一般只是一个农民，工人只是一个工人，而且，生产任何一件成品所必需的劳动几乎总是由大量的工人分别完成的。在麻织业和毛织业的每一个部门里，从亚麻和羊毛的生产到麻布的漂白烫平，或是到这块布料染色和浆纱,各个部门使用的不同技艺是多么多啊!当然,农业的性质不允许有制造业那么多精细的分工,各种工作彼此间也不能像制造业那样完全分立。木匠的职业和铁匠的职业通常可以完全分开,但牧民的工作和农民的工作不可能像前者那样完全分开。纺纱工和织布工几乎总是两个不同的人,但犁地、耙地、播种和收获却常常是同一个人。农业的这些不同种类的劳动的场合随着一年中季节的不同交替出现,指定农民中的一个人经常性地只从事一种劳动事实上是不可能的。所以,农业劳动生产力增进总是跟不上制造业劳动生产力步伐的原因,也许就是农业上所使用的所有不同种类的劳动不可能实行像制造业那样完全的分工。最富裕的国家固然在农业的制造业上都优越于所有他们的邻国,但在制造业上的优越程度必定大于在农业上的优越程度。富国的土地一般都耕种得比较好,投在土地上的劳动和费用也比较多,按土地面积和土地肥沃程度来说,富国的粮食产量也比较多,但是,富国在产量上的优越程度几乎从来没有在比例上大大地超过富国在劳动和费用投入上的优越程度。在农业上,富裕国家的劳动生产力未必都远远大于贫穷国家的劳动生产力,至少绝没有像在制造业中普遍存在的那种劳动生产力方面巨大的差异。所以,如果质量一样,富国的谷物在市场上也不一定比穷国的谷物便宜。同一质量的波兰谷物,价格和法国的谷物一样低廉,尽管法国的富裕和劳动生产力的改进优于波兰。在产谷的各省,法国的谷物同英格兰的谷物一样好,在大多数年份差不多是同一价格,虽然在富裕和劳动生产力的改进方面,法国也许不如英格兰。然而,英格兰的谷地比法国的谷地耕种得好些,而法国的谷地据说比波兰的谷地耕种得更好。但是,尽管穷国在耕种上处于劣势,却能在某种程度上以其谷物的价廉和物美与富国竞争,在制造业方面它是无法进行这种竞争的;至少,如果这些制造业适合富国的土壤、气候和地理位置时是这样。法国的丝绸比英格兰的更好、更便宜,因为丝织业,至少是在目前对生丝进口征收高关税的情况下,不那么适合于英格兰的气候,不像在法国那样。但是英格兰的五金器具和粗毛织物却远远优于法国,就同一质量物品而言,价格也低廉得多。在波兰,除了国家生存必不可少的少数粗糙的家用制造品以外，据说几乎没有其他种类的制造品。

这种由于分工而使同一数量的人所能完成的工作数量的巨大增长，归因于三种不同的情况：第一，由于每一个特定工人熟练程度的提高；第二，由于节约了从一种工作转向另一种工作通常要损失的时间；最后，由于发明了大量的机器，方便和简化了劳动，使一个人能干许多人的活。

第一，工人熟练程度的改进必然增加他所能完成的工作数量；而分工通过使每个人的业务减少到某种简单的操作程度并使这种简单操作成为他终生的唯一职业，必然极大地增加工人的熟练程度。一个普通铁匠，尽管他习惯于使用锤子，但却从来没有做过钉子，如果一旦有必要让他试着做钉子，我确信，他一天内做不出两三百枚，而且他做出来的都是很坏的钉子。一个习惯于做钉子的铁匠，即便他唯一的或主要的业务不是做钉匠，只要他尽最大的努力，也能在一天内制造出八百枚或一千枚以上的钉子。我见过几个二十岁以下的男孩，他们除了制钉以外没有学过任何其他的手艺，当他们努力工作时，每人在一天内都能制造出两千三百枚钉子。然而，制造一枚钉子绝不是最简单操作中的一种。同一个人要拉动风箱，适时搅动或添加火力，把铁烧热，锤打钉子的每个部分，在锻造钉头时，他还不得不换一下他的工具。制造一枚针或一个金属纽扣可以再划分成不同的操作，所有这些操作都更简单，一生唯一的职业就是从事这种操作的人，其熟练程度常常很高。完成这些制造品的某些操作的速度，在那些没有亲眼目睹的人看来，是人手所不可能达到的。

第二，从节约由一种工作转到另一种工作通常损失的时间中得到的好处，比我们乍一看所能想象到的要大得多。人们不可能很快地从一种工作转到另一种在不同地点、用很不相同的工具进行的工作。一个农村织工，同时也耕种一小块土地，从他的织机走到地里，又从地里回到织机，必然要损失大量的时间。当两种手艺能在同一工场内进行时，损失的时间无疑要少得多。但即使在这种场合，损失也是很大的。一个人把他的手从一种活转向另一种活时，通常都要闲置一会儿。当一个人最初开始新的工作时，很少有能全神贯注的；就像他们说的那样，他们的思想还不能深入到工作中，所以有时宁愿做些没用的事而不把时间用在正经的工作上。每个农村劳动者，每隔半个小时就得改变他们的工作和工具，在他一生中的几乎每一天都要用他的手做二十种不同的工作，自然地或者说必然地会养成闲散和漫不经心的习惯，使他几乎总是懒惰和散漫，即使在最紧迫的场合，也不能全神贯注。因此，除了在熟练程度方面的欠缺外，单就这个原因，也必然总是要大大地减少他所能完成的工作的数量。

第三，也是最后，每个人必然知道，应用适当的机器能在多大程度上方便和简化劳动。这是不必举任何例子说明的。因此，我只想说，使劳动得以如此方便和简化的所有机器的发明，最初似乎都是由于分工。当人们的全部注意力都集中在一个单一目标，而不是分散在许许多多不同的事物上时，他们就更有可能发现比较容易和比较迅速地达到任何目的的方法。由于分工，每个人的全部注意力自然而然地集中在某个非常简单的目标上。因此，我们可以自然地预期，在从事每一个具体劳动部门的那些人中，总会有这样或那样的人不久就会找出完成他们自己具体工作的比较容易和比较迅速的方法，只要工作的性质容许做出这种改进。分工最细的那些制造业中所使用的机器，最初大部分都是普通工人的发明的，他们每个人都从事非常简单的操作，自然要用心去找出完成工作的比较容易和比较迅速的方法。那些常去参观这些制造业的人，常常会看到一些非常精巧的机器，这就是这类工人为了便利和简化他们自己承担的那部分工作的发明。最早的蒸汽机常常需要一个男孩，当活塞上升或下降时，交替着打开或关闭汽锅与汽缸之间的通道。有一个喜欢和同伴玩耍的男孩看到，用绳子把开闭这个通道活门的柄系在机器的另一部分上，活门就能自动开闭，不用他看管，他可以自由地和同伴玩耍。自从这种机器初次发明以来，最大的改进之一就这样由一个想节约自己劳动的男孩发现了。

然而，机器的改进决不全都是由那些有机会使用机器的人发明的。当制造机器成为一个专门行业的时候，许多改进是出于机器制造者的聪明才智；也有些改进是出于所谓哲学家或思想家的聪明才智,他们的职业是什么事也不做,但是要观察每一件事情,因此,他们常常能把相距极远和极不相同的物体的力量结合在一起。在社会进步的过程中,哲学家或思想家也像每一种其他职业那样,变成了某一类公民主要的或唯一的行业和职业。也像每一种其他的职业一样,哲学也能细分成很多不同的分支,每个分支向兴趣特殊的一群或一类哲学家提供职业;哲学上行业的细分,也像每一种其他行业的细分一样,提高了熟练程度,节约了时间。每一个人都变得对他自己那个特殊部分的工作更加内行,就整体而言,完成了更多的工作,而用科学手法统计的工作量也由此大大增加了。

由于分工,所有不同行业的产量成倍增长,一个治理得很好的社会所出现的普遍的富裕扩展到了最底层的劳苦大众身上。每一个工人自己劳动的产品,除了供应自己的需要之外,还有大量产品可以出售;每一个其他的工人也完全一样,能用自己的大量物品交换他人的大量物品或其等价物品。他对他们的需求给予丰富的供应,他们也对他的需求也给予同样丰富的供应,于是,社会的所有阶层都变得普遍富裕起来。

看一看一个文明和繁荣国家中最普通的工匠或日工的生活用品,你就会知道,为了使他们能享受这种生活用品,那些行业中的人必须提供自己生产的一部分,虽然是一小部分,但这样的人却多得数不胜数。例如,白天工人穿的毛外套,尽管看起来很粗糙,却是大量工人联合劳动的产品。牧羊人、选毛人、梳毛人、染工、梳理工、纺工、织工、蒸洗工、缝纫工和许多其他工人,为了完成这件日用产品,必须联合起他们的不同手艺。此外,把这些材料从一些工人的手中运送到常常是住在国内最遥远的地方的其他工人手中,需要有多少商人和运输工具啊!尤其是需要有多少商业和航运,需要有多少造船人、航海人、制帆人和制绳人,以便把染匠所使用的不同染料带到一起,这些染料常常来自世界各个最遥远的角落!要生产这些最普通工人所使用的工具,也需多少种不同的劳动啊!且不谈像水手的船只、蒸洗工的作坊或织工的织机那样复杂的机器,让我们只来看看为了制造牧羊人用来剪羊毛的剪刀这样一个非常简单的器具,就需要多少不同的劳动啊!采矿工、熔矿炉制造工、伐木工、熔矿炉所用焦炭的烧炭工、制砖人、泥水匠、锅炉工、作坊的设计与建筑者、锻工、铁匠等，所有这些人必须把他们的不同手艺结合起来，才能生产出剪刀。假如我们用同样的方式考察一下他的衣着和家用器具的所有不同部分，他贴身穿的粗麻衬衫，他脚上穿的鞋，他睡的床，还有组成床的所有不同部件，他准备膳食的厨房炉灶，备膳用的从地层下挖出的煤炭，这或许是通过遥远的海路和陆路运到他那里的。他厨房中所有其他的器皿，所有餐桌上的用具、刀子和叉子，用来盛上和分送饭菜的陶瓷盘子和锡盘子，为他制作面包和啤酒所使用的不同材料，用来放进热气和光线并抵御风雨的玻璃窗户，为了准备玻璃这种美丽幸福的发明所需要的知识和技艺。没有玻璃，世界的北部地区几乎不可能提供一个非常舒适的住所，连同在生产这些不同的便利品中使用的所有不同工人手中的工具。哎呀，假如我们考察一下所有这些东西，看一看它们中的每一种东西都要使用多少不同的劳动，我们就会明白，没有成千上万的人的帮助和合作，一个文明社会中最普通的工人就不可能得到他通常所能得到的那些按照我们的直觉看似平常而又简单的生活用品。的确，同富贵人家的豪华奢侈相比，无疑，他的生活用品看来是极其简单而又平常的；然而，这也许是真的，一个欧洲君主的生活用品，并非总是远远超过一个勤劳节俭的农民的生活用品，而后者的生活用品却超过了许多非洲国王的生活用品，这些国王是数以万计赤裸的野蛮人的生命与自由的绝对主宰啊！

第二章 论分工的起因

分工有如此多的好处，但它最初却不是任何人类智慧预见到并想要得到分工所能带来的普遍富裕的结果。它是人性中某种倾向的必然结果，虽然这种倾向是非常缓慢和逐渐发展起来的，这是一种没有强烈的功利色彩、物物交换、以货易货和用一种东西交换另一种东西的倾向。

这种倾向是否是人性中无法给予进一步解释的原始本能之一；或者似乎更有可能的是，它是否是人类的理性和言语这种才能的必然结果，这不是我们现在要研究的题目。这是所有的人普遍都有的倾向，而其他动物则没有，其他动物似乎既不知道这种交换也不知道任何其他类型的契约。两只猎犬追逐同一只兔子，有时似乎是在协同行动。每只猎犬都把兔子赶向它的同伴，或是在同伴把兔子赶向它时竭力拦截。然而，这并不是任何契约的效果，而只是在那一个时刻，猎犬们对同一目标的欲望的偶然契合的结果。没有谁见过一只狗用一根骨头和另一只狗公平而又慎重地交换另一根骨头。没有谁见过，一只动物用姿势或用自然嚎叫的方式向另一只动物表示，这是我的，那是你的，我愿意用这个交换那个。当一只动物想要从人或另一只动物那里得到什么东西时，它除了获得能向它提供所需的人或动物的好感之外，没有其他的说服或劝诱手段。一只小狗向母狗摇尾乞怜，一只长毛垂耳狗做出千般姿态吸引餐桌旁主人的注意，以便得到食物。人对他的同胞有时也使用相同的手腕，当他没有其他方法使他们按照自己的意图行事时，就百般卑躬屈膝、阿谀奉承，以求博得主人的欢心。可是，它没有时间每一次都这样做。在文明社会中，一个人在任何时候都需要有大量人的合作和帮助，而他的整个一生也不足以获得几个人的友谊。在几乎每一种其他动

第二章 论分工的起因

物中，当每个个体长到成年时，都是完全独立的，在它的自然状态中不需要其他动物的帮助。但是，人几乎总是需要他的同胞的帮助，单凭人们的善意，他是无法得到这种帮助的。如果他能诉诸他们的自利心，向他们表明，他要求他们所做的事情是对他们自己有好处的，那他就更有可能如愿以偿。任何一个想同他人做交易的人，都是这样提议的。给我那个我想要的东西，你就能得到这个你想要的东西，这就是每一项交易的意义，正是用这种方式，我们彼此得到了自己所需要的绝大部分的东西。我们期望的晚餐并非来自屠夫、酿酒师和面包师的恩惠，而是来自他们对自身利益的关切。我们不是向他们乞求仁慈，而是诉诸他们的自利心；我们从来不向他们谈论自己的需要，而只是谈论对他们的好处。除了乞丐之外，没有人主要依靠自己同胞们的仁慈来生活。即使是乞丐，也并不完全依靠他人的仁慈。乐善好施的人的施舍行为，确实为乞丐提供了全部生存资源。但是尽管这一时能为他提供他所需要的全部生活必需品，却没有也不可能随时随地满足他的日常需要。他的大部分日常需要是通过和其他人的同样的方式去满足的，也就是通过契约、交换和购买来满足的。他用一个人给他的钱购买食物；他用另一个人给他的旧衣服交换更适合于他的另外的旧衣服，或住所，或食物，或钱，用这些钱他又能购买食物、衣服或住所，随心所欲。

就像通过契约、交易和购买我们彼此能获得我们需要的绝大部分帮助那样，分工最初也是从这种相同的交换倾向中产生的。在一个狩猎或游牧部落中，一个特定的人，例如，他比任何其他人能更快、更熟练地制造弓箭，他就制造弓箭。他频繁地用弓箭和他的同伴交换牲畜和鹿肉。他最终发现，他用这种方式得到的牲畜和鹿肉，比他自己到野地里捕捉到的还多。因此，出于对他自身利益的关切，制造弓箭成了他的主要营生，他成为一种专门制造武器的人。另一个人擅长制造他们的小茅屋或移动房屋的框架和屋顶，他习惯用这种方式为他的邻居们服务，邻居们也按照同样的方式，用牲畜和鹿肉回报他。最终他发现，一心一意地从事这种职业，成为一个造房木匠，对自己有利。依同样的方式，第三个人变成了铁匠或铜匠。第四个人变成了毛皮或皮革的硝皮人或鞣革人，毛皮或皮革是野蛮人衣着的主要组成部分。这样,由于肯定能把自己劳动产品中自己消费不了的所有剩余部分去交换自己所需要的他人劳动产品的剩余部分,这就鼓励了每一个人从事一种专门的职业,并培养和完善他可能具有的从事这一职业的才能或天赋。

不同的人在天赋才能上的差异,实际上比我们想象到的要小得多。成年人从事不同职业所表现出来的非常不同的才能,在许多场合,与其说是分工的原因,不如说是分工的结果①。最不相同的人物之间的差异,例如,一个哲学家和一个普通的街头搬运工之间的差异,似乎不是由于天赋,而更多的是由于习惯、风俗和教育所产生的。当他们来到这个世界上,在六岁或八岁的时候,他们或许非常相像,他们的父母或游戏伙伴都看不出他们有什么显著的不同。大约在那个年龄,或随后不久,他们开始从事非常不同的职业。于是,才能的不同才开始被人们注意到,并且逐渐扩大,直到最后,哲学家的虚荣心不愿意承认任何的相同之处。但是,如果没有互通有无、物物交换和彼此交换的倾向,每一个人就必须为自己筹划自己需要的每一种必需品和便利品。每一个人都有相同的责任要履行,都有相同的工作要做,那就不可能有职业上的不同,也就不可能有才能上的任何重大的差异。

就像交换倾向形成不同职业的人们之间在才能上的巨大差异一样,交换倾向也使这种才能上的差异可以利用。许多种被认为全都属于同族的动物,所表现出的天资比起人们在未受到风俗和教育熏陶以前所表现出的天资要显著得多。在天赋和天性方面,一个哲学家的天赋和一个街头搬运工的天赋的不同,远不及大猛犬之于猎犬、猎犬之于长毛垂耳犬或长毛垂耳犬之于牧羊犬。然而,这些不同种类的动物,虽然都属于同一族,却对彼此没有任何用处。大猛犬的力量并不因猎犬的迅速、长毛垂耳犬的伶俐或是牧羊犬的驯良而有

---

① 这显然是针对哈里斯《货币与硬币》第一篇第11章与休谟一致的观点,休谟请读者考虑:"在受教育而得到发展以前,所有的人在体力方面,甚至在智力和才能方面,是多么接近。"见《道德和政治论文集》,1748年,第291页。

丝毫的增益。这些不同天资和才能的效果，由于缺乏交易和交换的能力，不能变成一种共同的财富向同种动物提供较好的必需品和方便。每个动物仍然不得不分别独立地供养自己、保卫自己，而得不到自然赋予它的同伙的那些不同才能的好处。反之，在人类中间，最不同的才能对彼此都有用处。他们用各自才能生产不同的产品，通过互通有无、以货易货和交换，这些才能仿佛成了一种共同财富，在人类这里，每个人都可能买到他所需要的其他人才能生产的任何产品。

第三章 论市场范围对分工的限制

由于交换的力量而引起了分工，所以分工的范围必然总是受到交换能力范围的限制。换言之，受到市场范围的限制。当市场很小时，没有人能得到任何鼓励去专门从事一种职业，这是因为，他没有能力把他自己劳动产品中所有远远超过自己消费的剩余部分，去交换他所需要的其他人劳动产品中的剩余部分。

有些种类的产业，即使是最低级的一种，也只能在大城市中进行。例如，一个搬运工在其他地方就找不到工作维持生活。一个村庄对他来说，范围太狭小了，甚至一个普通的集市，也很少有大到足以使他维持固定职业的程度。在散布在苏格兰高地的一类荒凉农村中的独家住宅或非常小的村落里，每个农民为了自己的家庭生存，必须是屠夫、面包师和酿酒师。在这种情况下，我们甚至很难期望找到一个铁匠、一个木匠或一个泥水匠；在将近二十英里之内，很难找到另一个同行。那些稀稀落落的人家，相互间距有八英里到十英里之遥，因此他们必须学会为自己干大量的零活；要是在比较富裕的国家，他们会叫各种工人来干这些零活。乡村工人几乎到处都要自己干彼此都会干的大体上使用同种材料的行业中的所有不同的工作。一个乡村的木匠要做使用木材的每一种工作；一个乡村铁匠要做使用铁的每一种工作。前者不但是一个木匠，还是一个细木工、家具制造者，甚至还是一个雕刻工、一个车轮制造者、犁杖制造者、手推车和四轮马车的制造者。后者的职业更是多种多样。在苏格兰高地的穷乡僻壤，即使是制钉人这样一种行业也不可能有。这样的工人每天能造一千枚铁钉，一年工作三百天，按照这种速度，他每年能造三十万枚铁钉。但在这种情况下，他不可能卖出一千枚铁钉，而这只是全年中一天的工作量。

通过水运，为每一种产业开辟了更加广阔的市场，这是单凭陆地运输所办不到的，因此，正是在海岸和通航河道的两岸，各种产业自然而然地开始分工，并得到改进，这种改进常常要经过很长的时间以后，才能推广到全国各地。一辆宽轮运货马车，由两个人驾驭、八匹马拉，用大约六个星期的时间才能在伦敦和爱丁堡之间来回运送将近四吨重的货物。在大约相同的时间内，一艘由六个或八个人驾驶的轮船，常常可以在伦敦和利斯两个港口之间来回运送二百吨重的货物。可见，借助水运，在相同的时间内，六个或八个人可以在伦敦和爱丁堡之间来回运送由一百个人驾驭、四百匹马拉动的五十辆宽轮运货马车所能运送的同样多的货物。为此，从伦敦到爱丁堡之间最廉价地陆运二百吨货物，要开支一百个人三个星期的生活费，以及与这种生活费大体相等的四百匹马和五十辆大车的损耗费。而水路运输同一数量的货物，只需开支六个或八个人的生活费、一艘载重二百吨的船只的损耗以及保险费的差额即陆运保险和海运保险的差额。因此，在这两地之间，如果除了陆运以外没有其他交通手段，而除了与重量相比价格非常昂贵的东西之外，没有什么其他货物从一地运往另一地，那么，他们只能从事现时在两地之间存在的商业活动的一小部分，结果是只能提供现时人们在彼此的产业中相互提供帮助的一小部分。在世界各个遥远地区之间，就不可能有多少商业，或者根本没有任何类型的商业。在伦敦和加尔各答之间，什么货物能承担得起陆运费用呢？即使有某种货物贵重到足以承担这笔费用，又有什么方法能使货物安全通过那么多野蛮民族的领土呢？可是，现在在这两个城市间彼此进行着巨额的贸易，由于相互提供市场，对各自的产业给予了大量的帮助。

所以，由于水运的好处如此巨大，工艺和产业的最初改进自然出现在这种便于向全世界开放从而成为每一种劳动产品市场的地方，而这种改进要推广到一国的内地总是要晚得多。一国的内陆，不可能在长时期内为自己的大部分货物找到其他市场，除非这个国家的内陆四周有海岸和通航的大河，或被这样的大河分开。因此，该国的市场的范围，必然在长期内与该国的富裕程度和人口的多少成比例，这些市场的改进也必然总是要落后于这个国家的改进。在我们的北美各殖民地,种植园经常建立在海岸或通航河流的两岸,很少有扩展到离海岸或通航河流很远的地方。

根据最可靠的记载,最早开化的国家就是那些位于地中海沿岸的国家。地中海是世界闻名的最大的内陆海,没有潮汐,除了大风引起的海浪之外没有任何波涛,水面一平如镜,岛屿众多,又与邻近的海岸贴近,所以极其有利于世界最初的航运事业。那时,由于人们不知道指南针,人们害怕看不到海岸,又由于造船技术不完善,人们不敢置身于大洋的惊涛骇浪之中。越过海克力斯之柱*,即驶出直布罗陀海峡,在古代一直被视为是一种最了不起、最危险的航行伟业。就连腓尼基人和迦太基人,这些古代最熟练的航海家和造船者,也是很晚以后才敢去尝试的,而在一定时期内,他们是唯一敢于做此尝试的民族。

在地中海沿岸的所有国家中,埃及似乎是最早在农业和制造业两方面都有明显开发和改进的国家。埃及北部从尼罗河扩展不过数英里,那条大河在埃及南部分成许多支流,借助很少的技术,不但在所有的大城市之间,而且在所有的大村庄之间,甚至在农村的许多农舍之间,似乎都采用了水运的方式,几乎就像现在荷兰的莱茵河和麦斯河一样。这种内地航运的范围和便利,或许是埃及早期得到改进的主要原因之一。

在东印度的孟加拉各省,还有在中国东部的某些省份,农业和制造业的改进似乎也具有非常古老的历史。虽然其古老程度没有得到我们住在世界这一方的人所确信的历史权威的实证。在孟加拉,恒河以及其他几条巨大的河流形成了大量可以航行的河道,就像埃及的尼罗河那样。在中国东部各省,也有几条大河,通过它们的不同支流,形成了众多的河道,彼此交叉,为内陆航行提供了比尼罗河或恒河甚至比两者加在一起更为广阔的河流。值得注意的是,不论是古代的埃及人、印度人还是中国人,都不鼓励对外贸易,但似乎都从这种内陆航运中获得了巨大的财富。

---

* 海克力斯之柱(The killers of Hercules),直布罗陀海峡东口南北的两岬。——译者注

所有的非洲内陆，所有位于黑海和里海北面遥远的亚洲地区，像古塞西亚，即现在的鞑靼和西伯利亚，似乎在这个世界上的所有年代都处于相同的野蛮和不开化的状态，就像我们现在所看到的那样。鞑靼海是不能航行的冰冻海洋，虽然有些世界大河流经鞑靼，它们却彼此相距太远，在鞑靼的大部分地区无法进行贸易和交通。在非洲，没有这样大的内海，像欧洲的波罗的海和亚德里亚海，欧亚两洲的地中海和黑海，以及亚洲的阿拉伯、波斯、印度、孟加拉和暹罗的海湾，可以将海运带到大陆的内地；而非洲的各大河流又彼此相距太远，不能提供任何大量的内陆航运。一条并不分成许多支流或航道，而又在入海以前流经另一个国家的领土的河流，两岸的商业绝不可能很发达，因为拥有另外领土的那些国家常常强力阻止上游国家和大海之间的交通。多瑙河的航运对巴伐利亚、奥地利和匈牙利几乎没有什么用处，如果它们中间任何一国独占该河流入黑海以前的整个流域，情况就会有所不同。

第四章 论货币的起源和货币的使用

一旦分工完全确立，一个人自己劳动的产品就只能满足他的需要的很小一部分。他把自己劳动产品的超过自己消费的剩余部分，用来交换自己需要的他人劳动产品的剩余部分，以此满足自己的绝大部分需要。这样，每一个人都靠交换来生活，在某种程度上变成了一个商人，而社会本身也逐渐成为一个完完全全的商业社会。

但当分工最初开始出现时，这种交换力量的运作必然常常遇到种种妨碍和困难。我们假设，一个人拥有的某种商品比他自己需要的多些，而另一个人少些。那么，前者愿意卖掉这个多余的部分，而后者则愿意购买这个多余的部分。但是，如果这个后者碰巧没有前者需要的任何东西，他们之间的交易就无法进行。屠夫在他的店铺中有比自己所能消费的更多的肉，而酿酒师和面包师每人都愿意买一部分肉。但是他们除了各自行业的不同产品以外，没有其他东西可以用来交换，而屠夫又已经有了暂时需要的全部面包和啤酒。在这种场合，他们之间无法进行交易。屠夫不能成为他们的商人，他们也不能成为屠夫的顾客，这样，他们彼此全都无法提供相互的服务。为了避免这种不方便，在社会的每个时期中的每个明智的人，当最初的分工确立以后，一定会自然而然地设法这样处理他的事务：除了他自己行业的特殊产品以外，随时随地带有一定数量的这种商品或那种商品，例如，他设想用这些商品来交换他人的劳动产品时是没有人会拒绝接受的。

可能有许多不同的商品，先后被想到并被用来达到这个目的。在社会的野蛮时代，据说牲畜曾被用来作为普遍的交换媒介，虽然牲畜是一种最不方便的交换媒介，而我们却发现有些东西在古代常常是用交易所得的牲畜头数来决定其价值的。荷马说，戴奥米底的铠甲只值九头牛；而格劳克斯的铠甲却值一百头牛*。在阿比西尼亚，据说盐是商业和交易的普遍媒介；在印度海岸的某些地区则用一种贝壳；纽芬兰用干鳕鱼；弗吉尼亚用烟草；英国的某些西印度殖民地用糖；某些其他国家用兽皮或皮革；现在在苏格兰还有一个村庄，我听说，那里的工人带着铁钉而不是货币走进面包师的店铺或啤酒店是很常见的。

然而，在所有的国家，由于不可抗拒的理由，人们似乎最后决定在所有各种商品中选用金属来完成这种职能。金属不仅能像任何其他商品一样保存起来不受丝毫损失，没有任何东西比它更不容易损坏，而且还可以没有任何损失地分割成许许多多的小块，又可以很容易地把这些小块再熔化。这种性质是任何其他同样耐久的商品所不具备的，而金属的这种性质比起其他任何商品的性质来都更适于作为商业和流通的媒介。例如，一个想要买盐但只有牲畜可以用来交换的人，必然要在当时买入与整个一头牛或一头羊价值相等的盐。他不可能买得比这更少，因为他可以用来交换的牲畜不可能不受损失地分割；如果他想多买盐，由于同样的原因，他就不得不买入双倍或三倍数量的盐，这些盐的价值相当于两三头牛或两三只羊。反之，如果他用来交换的不是牛或羊，而是金属，他就可以很容易地按他当时需要的商品的精确数量按比例地支付金属的数量。

为此目的，不同的国家使用了不同的金属。在古代斯巴达人之间，铁是普遍的交换媒介；古代罗马人之间用铜；所有富裕的商业国家使用金和银。

用于这种目的金属，最初似乎都是粗条，没有任何印记或币型。所以，普林尼①告诉我们，根据一位古代历史学家蒂米尤斯的记载，在瑟尔维乌斯·图利乌斯**以前，罗马人没有铸币，只使用没有印记的铜条去购买他们想要的任何东西。因此，这些粗金属条在当时起着货币的作用。

---

*　戴奥米底是荷马史诗《伊利亚特》（Iliad）中的希腊英雄。——译者注
①　《自然史》，第三十三编，第三章。
**　瑟尔维乌斯·图利乌斯，传说中罗马的第六代国王。——译者注

用这种粗条金属来进行交换，带来两种很大的不便：第一是称量的困难；第二是化验的困难。在贵金属中，数量上的微小差异会造成价值上的重大差异，而要进行十分准确的衡量，至少需要有非常精确的砝码和天平。尤其是黄金的衡量，是一种颇为精密的操作。诚然，比较粗糙的金属，微小的误差没有多大关系，无疑可以不必十分准确地衡量。然而，如果一个穷人在需要购入或售出一个法新（英国从前使用的铜币，价值为一便士的四分之一。——译者）价值的货物时，每一次都得去称一下这个法新的重量，我们会发现这是非常麻烦的。化验的过程更困难、更繁琐，除非使用适当的熔化剂，把一部分金属在坩埚中完全熔化，否则从中得出的任何结论都不是十分可靠的。然而，在铸币制度建立以前，除非通过这些繁琐和困难的过程，否则人们常常会受到最大的欺骗，他出售货物换来的不是一磅重的纯银或纯铜，而是掺了假的最粗糙和最便宜的物质，然而，从外表上看和纯银、纯铜没什么样。为了防止这种流弊，促进交易，从而鼓励各种产业和商业，所有在开发方面有了重大进展的国家，都发现有必要在那些国家普遍用来购买货物的特定金属的一定数量上加盖一个官印。从此出现了铸币和叫做造币厂的这种国家机构；这种制度和麻布与呢绒检察官的性质完全相同。所有这些制度，用意都是通过使用公章来确保那些投入市场的不同商品的数量和统一的质量。

最初在这种流通金属上加盖的官印，在许多场合似乎是用来确保金属的质量或纯度。这种保证是最困难而又最重要的，就像现在加盖在银盘或银条上的纯银标记，或有时加盖在金条上的西班牙标记，只需盖在物件的一边，不必覆盖整个表面，用来确保金属的纯度，而不涉及其重量。亚伯拉罕称了四百舍客勒银子交给以弗仑，用以支付自己同意支付的麦比拉的田价[①]。据说银子是当时商人通用的货币，用重量而不是按个数来计算，就像现在的金条和银块那样。古代英格兰的撒克逊国王们的收入，据说不是用货币而是用实物，即各种各样的食物和饮料来衡量的。征服者威廉采用了用货币

---

① 《旧约全书·创世纪》，第二十三章第十六节。

纳税的习惯。可是，这种货币在长时期内是按重量而不是按个数向国库缴纳的。

准确地衡量这些金属的不方便性和困难性使铸币制度得以产生。铸币的两面完全覆盖印记，有时边缘也有印记，这不仅用来确保金属的纯度，也用来确保它的重量。因此，这样的铸币按个数流通，就像现在的一样，省去了称重量的麻烦。

那些铸币的名称，最初似乎是表示它们所含金属的重量或数量。瑟尔维乌斯·图利乌斯首先在罗马铸造货币，在他那个时代，罗马的阿斯或庞多包含一罗马磅的纯铜。它像我们的特洛伊磅*一样，分为十二盎司，每盎司包含十足一盎司的纯铜。在爱德华一世时代，每一英镑包含一陶尔磅重的一定纯度的白银。陶尔磅似乎比罗马磅重，比特洛伊磅轻。直到亨利八世十八年，特洛伊磅才被英格兰造币厂采用。法国的利弗在查理曼时代包含一特洛伊磅重的一定纯度的白银。当时香槟省的特洛伊集市是欧洲所有各国的人常去的地方，因此成为了一个有名的市场度量衡并广为人知受到人们的推崇。从亚历山大一世时代到罗伯特·布鲁斯时代，苏格兰的货币镑也像英镑一样，包含一磅相同重量和纯度的白银。所有英国、法国和苏格兰的便士最初都包含十足一便士重的白银，即一盎司的二十分之一，一磅的二百四十分之一。先令最初也似乎是一个重量的单位。亨利三世的一个古老法律规定，当小麦售价为每夸脱十二先令时，则每块售价一法新的上等面包应重十一先令四便士。可是，先令与便士、先令与镑之间的比例似乎不像便士与镑之间的比例那样固定和统一。在法兰西前几位国王统治时期，法国的苏或先令在不同场合似乎含有五个、十二个、二十个或四十个便士。在古代撒克逊人中，有时一先令似乎只含五便士，这种含量的变动，很可能与他们的邻人即古代法兰克人的变动相类似。从查理曼时起在法国人中，从征服者威廉时起在英格兰人中，镑、先令与便士之间的比例似乎和现在完全一样，虽然每一种的价值有很大的不同。我相信，世界上的每一个国家，由于君主和国家的贪婪与不公，他们背弃自己臣民的信任，

---

* 特洛伊磅，即权衡磅。——译者

逐渐减少了他们的铸币中原来含有的金属的数量。罗马的阿斯，在共和国后来的各个时代中，降到了原来价值的二十四分之一，不再重一磅了，而只有半盎司重。英格兰的镑和便士现在只含大约三分之一的原值；苏格兰的镑和便士只含大约三十六分之一的原值；而法国的镑和便士只含六十六分之一的原值。很明显，君主和国家通过采取这些手段就能够用比原来要求较少量的白银偿还他们的债务和履行他们的契约。

诚然，仅仅从表面上看是如此，因为他们的债权人实际被剥夺了应收账款的一部分。所有国内的其他债务人也因此享有相同的特权，可以用同样面额的贬值新币偿还任何一种旧币债务。因此，这种办法证明总是有利于债务人，而极其不利于债权人，有时在私人财产上革命造成的灾难，比一场非常巨大的公共灾难还要巨大得多和普遍得多。

正是通过这种方式，货币在所有文明国家中变成了普遍的商业媒介，所有各类货物通过它来进行买卖，或彼此进行交换。

人们在用货物交换货币或用货物交换货物的过程中自然遵循的法则是什么，我现在将进行考察。这些法则决定着可以被称为货物的相对价值或交换价值。

应当注意，"价值"这个词有两种不同的含义：有时表示某一特定物品的效用；有时则表示占有该物品所带来的对其他物品的购买力。一个可以称为"使用价值"；另一个可以称为"交换价值"。具有最大的使用价值的东西常常很少有或根本没有交换价值；反之，具有最大的交换价值的东西常常很少有或根本没有使用价值。没有什么东西比水更有用，但不能用它购买任何东西，也不会拿任何东西去和它交换；反之，钻石没有什么用途，但常常能用它购到大量的其他物品。

为了探讨支配商品交换价值的原则，我将力图说明：

第一，交换价值的真实尺度是什么？或者说，构成一切商品真实价格的是什么？

第二，构成真实价格的不同部分是什么？

第三，是什么不同的情况使真实价格的某一部分或全部，有时高于或低于它们自然的或普通的比率？或者说，是什么原因，有时阻碍市场价格，即商品的实际价格，使之不能与可以称为商品自然价格的东西完全一致？

我将在以下三章里尽可能详尽而清楚地阐明这三个问题，为此，我要非常诚恳地请求读者的耐心和注意：读者的耐心是为了考察或许在某些地方看来似乎是不必要的烦琐的细节；读者的注意是为了弄懂有些东西，在我尽可能作出充分的解释以后，这些东西在某种程度上或许仍然是模糊不清的。我总是宁愿冒些烦琐的风险，以确保我说的话明明白白；但在我能说得明白无误之前，由于这一题目本身的极端抽象性，仍然有可能有些晦涩不清。

第五章　论商品的真实价格和名义价格，或论用劳动表示的商品价格和用货币表示的商品价格

一个人是富有还是贫穷，是根据他所能享受得起的人类生活中的必需品、便利品和娱乐品的品质和层次而定的①。但是，一旦分工完全确定以后，一个人自己的劳动只能供应他所享受的上述物品中的很小一部分，其余绝大部分他必须从其他人的劳动中获得。这样，他是富有还是贫穷，必然根据他所能支配或购买得起的他人劳动的数量而定的。因此，任何商品的价值，对拥有这些商品但又不想自己使用或消费它而是想用它来交换其他商品的人来说，等于该商品能使他购买或支配的劳动的数量。因此，劳动是一切商品交换价值的真实尺度。

每件东西的真实价格，即每件东西对于想要得到它的人的实际代价，是为了得到它付出的辛苦和烦恼。每件东西对于已经得到它而想处理它或想用它交换别的东西的人来说，它的实际价值，是它能为自己节省的而又能转嫁到他人身上的辛苦和烦恼。用货币买到的或用货物交换到的东西都是用劳动购来的东西，我们得到的东西和我们自身付出的辛苦几乎是相等的。那种货币或那些货物固然节省了我们的辛苦，但它们包含了一个特定数量的劳动价值，因此我们能够交换当时认定包含相等数量劳动价值的东西。劳动是为购买一切东西付出的初始价格，是原始的购买货币。最初用来购买世界全部财富的不是金或银，而是劳动；财富的价值，对于那些拥有它并想用它来交换某些新产品的人来说，正好等于它能使他们购买或

---

① 坎梯隆，《文集》，第1、2页。

支配的劳动的数量。

正如霍布斯先生所言的，财富就是权力①。但是，获得或继承一大笔财产的人，不一定就能获得或继承任何政治权力，无论是民政权力还是军政权力。他的财产或许可以使他有获得民政和军政权力的手段，但是，仅仅拥有财富并不一定能使他得到这两者。拥有财富能直接地带给他的权力是购买的权力，即在当时的市场上对所有劳动或所有劳动产品的一种支配力。他的财产的多少，与这种力量的大小精确地成比例，或者说与他所能购买和支配的他人劳动的数量，也就是他人劳动的产品数量精确地成比例。每件东西的交换价值，一定总是精确地等于它带给它的拥有者的这种力量的大小。

虽然劳动是一切商品交换价值的真实尺度，但是，商品的价值通常却不是用劳动来衡量的。确定两种不同劳动数量之间的比例常常是很困难的。仅仅靠花费在两种不同工作上的时间常常是不能确定这种比例的。工作时忍受的艰难程度不同，工作中所用的技巧程度不同，这些都要考虑进去。一个小时的艰苦工作比两个小时的容易差事可能包含更多的劳动；或者说，要花十年劳动才能学会的行业里的一个小时的操作比一个普通的常见的职业里的一个月的勤劳可能包含更多的劳动。但是，很难找到精确衡量艰难和技巧的方法。诚然，在不同种类劳动的不同产品相互交换时，通常也对艰难和技巧有些认可。然而，这不是用任何精确的尺度来调整的，而是通过市场上的争执和讨价还价来进行的，即根据能满足日常生活的那种商业行为的大致而非精确的计算来平衡的②。

此外，每种商品更频繁地同其他商品而不是同劳动相交换，从而和其他商品而不是劳动相比较。因此，人们更自然地用某些其他商品的数量而不是用它可以购买的其他劳动的数量来衡量它的交换价值。大多数人更容易理解某一数量具体商品的价值而难于理解某一数量劳动的价值。前者是看得见、摸得着的东西；后者是一个抽象的概念，虽然它能够被人们充分地理解，但它不是那么自然和明

---

① 霍布斯，《利维坦》，第一篇的第十章。
② 没有提到在第十章中对这个问题的冗长的讨论，这是奇怪的。

显的。

但当物物交换停止，货币成为商业的通用工具时，每件具体的商品更频繁地同货币而不是同任何其他商品进行交换。屠夫很少带着他的牛肉或是羊肉到面包师或酿酒师那里去，用他的牛肉或羊肉交换面包或是啤酒；他把肉带到市场上，用肉交换货币，然后用货币交换面包或啤酒。他通过肉交换到的货币数量也规定着他后来所能购买到的面包或啤酒的数量。因此，对他来说，更自然更明显的是用货币的数量，即他用肉刚刚换来的商品的数量来衡量他的牛肉或羊肉的价值，而不是用面包或啤酒的数量，即他只有通过另外商品的介入才能交换到的商品的数量来衡量；进一步说，他拥有的肉每磅值三便士或四便士，而不是值三磅或四磅面包，或是三夸脱或四夸脱淡啤酒。因此，事情就这样发生了，每件商品的交换价值更频繁地用货币的数量去衡量，而不是用它所能交换到的劳动数量或任何其他商品的数量来衡量。

然而，金和银像每一种其他商品一样，价值是变动的，有时低廉些，有时昂贵些，有时比较容易买到，有时则比较难以买到。任何特定数量的金银所能购买或支配的劳动数量，或所交换到的其他商品的数量，常常依赖于这种交换进行时人们已知的金银矿藏的丰富程度或稀有程度。十六世纪，美洲发现了丰富的矿藏，使欧洲的金银价值比原来的价值下降了大约三分之一①。由于把这些金属从矿区送到市场所花费的劳动较少，所以当它们送到那里时，它们所能购买或支配的劳动也较少；金属价值上的这次波动虽然也许是最大的，但根据历史记载它绝不是唯一的一次。但是作为数量尺度，像一步的长度、伸开两臂的宽度或一手所提物品之重这些本身数量不断变化的自然尺度，决不能作为衡量其他东西数量的精确尺度。因此，自身价值不断变化的一种商品，决不能成为其他商品价值的精确尺度。同等数量的劳动，在所有的时间和地点，可以说和劳动者具有同等的价值。按照他的健康、体力和精神的普通状态，按照他的技能和熟练程度的普通状态，他必然总是牺牲相同份额的安逸、

---

① 参阅后面，第148页。

自由和幸福。他所支付的价格必然总是相同的,无论他得到回报的物品的数量如何。诚然,这种劳动所买到的物品的数量,可能有时多些,有时少些;然而,变动的是这些物品的价值,而不是用来购买它们的劳动的价值。在所有的时候和地方,凡是难于找到的,或是要花费许多劳动才能得到的东西,价格就昂贵;凡是容易找到的,或只花很少劳动就能得到的东西,价格就低廉。因此,只有本身价值绝对不变的劳动,才是最终而真实的标准,一切商品的价值在任何时候和地方都可以用它来衡量和比较。劳动是商品的真实价格,货币只是商品的名义价格。

但是,虽然同等数量的劳动对劳动者来说总是具有同等的价值,但对雇用他的人来说,却似乎有时价值大些,有时价值又小些。他有时用较大量、有时用较小量的物品去购买这同等数量的劳动,对他来说,劳动的价格也同所有其他物品的价格一样,似乎是变化的。在他看来,劳动似乎在一种场合贵些,而在另一种场合便宜些。可是,实际上,这只是在一种场合物品便宜了,而在另一种场合物品更贵罢了。

因此,按照这种一般的看法,劳动也像商品一样,可以说是有真实价格和名义价格的。劳动的真实价格可以说是存在于为得到劳动而给予的生活必需品和便利品的数量之中;而劳动的名义价格则是由货币的数量构成的。劳动者是富还是穷,是报酬高些还是低些,与他的劳动的真实价格成比例,而不是与其名义价格成比例。

商品和劳动的真实价格和名义价格的区分,不仅仅是一件理论上的事情,而且有时在实践上也有重大的用处。相同的真实价格总是具有相同的价值;但是由于金银价值的变化,相同的名义价格有时具有非常不同的价值。因此,当一宗地产出售并保留永久地租时,如果想要使这种地租总是具有相同的价值,对喜欢保留这种地租的家庭来说,重要的是地租不应当用特定的钱数来规定。如果用钱数来规定,地租的价值会发生两种不同的变化:第一,由于同一面额铸币在不同时间所包含的金银数量不同会引起价值的变化;第二,由于同等数量的金银在不同时间具有不同价值会引起的价值变化。

君主和主权国家常常想象逐步减少他们铸币中所包含的纯金属

的数量可以得到暂时的利益，但是他们从来没有想到要增加这种数量。因此，我相信在所有国家，铸币包含的金属的数量几乎都在不断地递减，而没有任何增加。因此，这种变化几乎总是在逐步降低货币地租的价值。

美洲金银矿藏的发现降低了欧洲金银的价值。人们普遍猜测，虽然我不知道有任何可靠的证据，这种降低还将逐渐持续下去，可能会持续很长一段时间。因此，根据这种假设，这种变化只会减少而不会增加货币地租的价值，尽管货币地租不是用一定数量的某种面额的货币来支付的（例如，多少英镑），而是用多少盎司的纯银或一定标准的白银来支付的。

用谷物规定的地租比用货币规定的地租更能保持地租的价值，即使在铸币的面额没有改变的地方也是如此。伊丽莎白十八年颁布的法律规定，所有各大学出租土地的地租，有三分之一必须用谷物支付，或用实物按最近的公共市场的时价折成货币。从这种谷物地租中得到的货币，最初虽然只占全部地租的三分之一，但到现在，按照布莱克斯通博士的计算，已普遍接近其他三分之二地租的两倍。按照这种算法，各大学旧时的货币地租几乎降到它们原来价值的四分之一，或者说，不超过其原来所值谷物的四分之一。但自从菲力普和玛丽当政的时候起，英国铸币的面额很少变动或根本没有变动，同一数目的镑、便士和先令包含了非常接近相同数量的纯银。因此，各大学货币地租价值的跌落，完全是由于白银价值的跌落。

当白银价值跌落至和同一面额的铸币所包含的白银数量的减少量相一致时，损失常常更大。苏格兰的铸币面额比英格兰的铸币面额经历了更大的变化，而法国的铸币面额又比苏格兰的铸币面额经历了更大的变化，这样，一些古老的地租原本具有很大的价值，但现在却跌落得几乎一钱不值。

同等数量的劳动，在相隔很久的时间里，更可能用同等数量的谷物这种劳动者的生活资料而不是用同等数量的金银或任何其他商品去购买。因此，同等数量的谷物，在相隔很久的时间里，具有差不多相同的真实价值，能使其持有者购买或支配差不多相同数量的他人劳动。我说的是，等量的谷物比等量的任何其他商品更可能购买或支配等量劳动，因为即使是同等数量的谷物也不能购得绝对相等数量的劳动。劳动者的生活资料或劳动的真实价格，正像我在下面将要说明的那样，在不同的场合是非常不同的；在一个走向富裕的社会比在一个停滞不前的社会要丰富一些；在一个停滞不前的社会又比在一个走向衰落的社会要丰富一些。然而，每一种其他商品在某一具体时间所能购买的劳动的数量或大或小和它在当时所能购买的生活资料的数量大小成比例。因此，用谷物规定的地租，只受一定数量谷物所能购买的劳动数量变化的影响。但是用任何其他商品规定的地租，不仅要受一定数量谷物所能购买的劳动数量变化的影响，而且还要受一定数量的该种商品所能购买的谷物数量变化的影响。

但是应当注意，虽然从一个世纪到一个世纪来看，谷物地租真实价值的变化比货币地租真实价值的变化要小得多，但是从一年到一年来看，却要大得多。正像我在后面将要说明的那样，劳动的货币价格不是逐年随着谷物的货币价格波动的，它似乎在任何地方都不与谷物暂时的或偶然的价格相适应，而是与生活必需品的平均的或普遍的价格相适应。正像我在后面也将说明的那样，谷物平均的或普遍的价格，又是受白银的价值和向市场供应白银的矿藏的丰富或稀缺程度，或受为了把一定数量的白银从矿区送到市场所必须雇用的劳动的数量，以及他们必须消费的谷物数量调节的。但是白银的价值，虽然有时从一个世纪到一个世纪变动很大，但从一年到一年却变动不大，在半个世纪甚至一个世纪中，常常保持不变，或者几乎不变。因此，谷物一般的或平均的货币价格在一个那样长的时期内，也可能保持不变或几乎不变；随它一道，劳动的货币价格也是一样，只要社会在其他方面保持相同的或大体相同的状况。在这期间，谷物暂时的和偶然的价格却常常在这一年比上一年高出一倍，或者波动，例如，从每夸脱五先令或二十先令涨到五十先令。但当谷价涨到五十先令时，不但谷物地租的名义价值上升，谷物地租的真实价值也比从前高出一倍，或者能支配双倍数量的劳动或大部分其他商品。但在所有这些波动期间，劳动的货币价格，随之还有大多数其他商品的货币价格均保持不变。

所以，劳动显然是唯一普遍的、精确的价值尺度，或是我们可以在任何时候和任何地方用来比较不同商品价值的唯一标准。大家都承认，我们不能用购买商品的白银数量来衡量不同商品从一个世纪到一个世纪的真实价值；我们也不能用谷物的数量来衡量不同商品从一年到一年的真实价值。然而我们可以用劳动的数量十分准确地衡量不同商品从一个世纪到一个世纪和从一年到一年的真实价值。从一个世纪到一个世纪来看，谷物是比白银更好的衡量尺度，因为等量的谷物比等量的白银更能支配等量的劳动。反之，从一年到一年来看，白银是比谷物更好的衡量尺度，因为等量的白银更能支配等量的劳动。

但是，虽然区分真实价格和名义价格在订立永久地租甚至是在缔结长期租约时有用，但在人们日常生活的普通交易中却毫无用处。

在同一时间和地点，所有商品的真实价格和名义价格彼此保持着准确的比例。例如，在伦敦市场上，你出售任何商品得到多少货币，它就能使你在当时当地购买或支配多少劳动。因此，在同一时间和地点，货币是所有商品真实交换价值的准确尺度。然而，只是在同一时间和地点，它才是如此。

尽管在相隔很远的地方的商品的真实价格和货币价格之间不存在规定的比例，但从一地向另一地贩卖货物的商人却只考虑货物的货币价格，或者他购入这些货物所用的白银数量和他卖出这些货物可能得到的白银数量之间的差额。在中国广州，用半盎司白银可能支配比在伦敦用一盎司白银所能支配的更多数量的劳动和生活必需品与便利品。因此，在广州售价半盎司的一种商品，对在广州拥有这种商品的人来说，比起在伦敦售价一盎司的商品对在伦敦拥有这种商品的人来说，可能在实际上更贵重、更重要。可是，如果一个伦敦商人能用半盎司白银在广州购入一种商品，随后在伦敦以一盎司售出，他获得了百分之百的利润。通过这样的交易，仿佛一盎司白银的价值，在广州和在伦敦完全一样了。至于广州的半盎司白银比伦敦的一盎司白银能使他支配更多的劳动和更多数量的生活必需品和便利品，这对他来说是无关紧要的，他所关心的只是在伦敦一盎司白银总会比半盎司白银使他能支配两倍数量的劳动和生活必需品与便利品。

因此，由于货物的名义价格或货币价格最终决定一切买卖行为的合算与否，从而调节一般生活中几乎全部涉及价格的业务，所以，它比真实价格受到更多的注意就不足为奇了。

可是，在我们这样一本书中，有时比较某一种商品在不同时间和地点的不同真实价值，或者说，它在不同的场合赋予它的所有者对他人劳动的不同程度的支配力是有益的。在这种场合，我们所要比较的，不是它一般地售出所得的不同数量的白银，而是这些不同数量的白银所能购买的不同数量的劳动。然而，不同时间和地点的劳动的时价，很难准确地知道。而谷物的时价，虽然几乎没有什么地方做过经常的记录，但一般却知道得比较清楚，并受到历史学家和其他学者们的经常注意。因此，一般说来，我们必须满足于使用谷物的时价，这不是因为它总是同劳动的时价保持完全相同的比例，而是因为它是我们所能得到的这一比例的最接近的近似值。我在后面还要做几次这样的比较。

随着产业的进步，商业国家发现将几种不同的金属铸成货币很方便，大额交易使用黄金，中等价值的交易使用白银，小额交易使用铜或其他粗金属。然而，人们总是认为这些金属中的一种比其他两种更适合作为价值尺度，而人们选中的那一种似乎都是首先用作商业媒介的那种金属。一旦开始使用这种金属作为它们的本位，当人们没有其他的货币时，他们必须这样做，他们一般就这样继续使用它，即使当初的必要性已经消失。

据说罗马人在第一次布匿战争前的五年中才开始铸造银币，在此之前只有铜币[1]。因此，铜似乎一直是罗马共和国的价值尺度。在罗马，所有账簿的记录，以及所有不动产价值的计算，似乎都是用阿斯或塞斯特蒂。阿斯是一种铜币的名称。塞斯特蒂阿斯一词表示两个半阿斯。因此，虽然塞斯特蒂阿斯最初是一种银币，但它的价值却是用铜来衡量的。在罗马，一个有很多钱的人，被说成是有很多别人的铜的人。

---

[1] 普林尼，《自然史》，第三十三编，第三章。

在罗马帝国废墟上建立起来的北方各国，似乎从最初定居起就使用银币，在以后的几代人中既不知道有金币，也不知道有铜币。在撒克逊时期的英格兰有银币，但在大不列颠，爱德华三世以前几乎没有金币，詹姆士一世以前，没有任何铜币。因此，在英格兰以及在所有现代欧洲国家，我相信出于相同的原因，所有账簿的记录以及所有货物和所有不动产的计算，一般用的都是白银。当我们想要表示一个人财产的数量时，我们几乎不提它所值的基尼*数目，而只提英镑的数目。

最初在所有的国家，我相信只有被特殊地看做是价值标准或尺度的那种金属铸成的货币才是可以用于支付的法定货币。在英格兰，黄金在被铸成货币以后的很长时间里，并不被认为是法定货币。金币和银币之间的比价，没有任何公共法律或公告的规定，而是由市场决定的。如果一个债务人提出用金币还债，债权人可以完全拒绝，也可以按他和债务人双方同意的黄金定值来接受。铜现在除了作为小额银币的零钱以外，已不是法定货币。在这种情况下，本位金属和非本位金属的区分，就不只是名义上的区分了。

随着时间的推移，由于人们逐渐习惯于使用不同金属的铸币，因而更了解它们所代表的价值之间的比例，我相信大多数国家发现，确定这个比例很方便。例如，通过公共法律宣布，一定重量和纯度的一个基尼应换二十一先令，或是支付同额债务的法定货币。在这种情况下，在这种法定比例继续有效期间，本位金属和非本位金属的区分就只不过是一种名义上的区分了。

可是，由于这种法定比例的变化，这种区分变为或至少似乎又变为不只是名义上的了。例如，如果一基尼的法定价值降到二十先令或上升到二十二先令，所有用银币表示的账目以及几乎所有的债务，大部分可以和从前一样，用同一数量的银币支付，但却要求用非常不同数量的金币，在二十先令时多一些，而在二十二先令时少一些。白银的价值似乎比黄金的价值更不易变动；黄金的价值似乎

---

* 基尼（guinea）是旧时英国的金币，值 21 先令；英镑（pound sterling）是银币，值 20 先令。——译者注

依赖于它所能换到的白银的数量,而白银的价值似乎并不依赖于它所能换到的黄金的数量。可是,这种差别完全是由于记账的习惯,以及用银币而不是用金币来表示所有大小数额的习惯。德鲁蒙先生的期票有一张数额是二十五或五十基尼,在比例改变以后,仍可像从前一样,用二十五或五十基尼支付。这就是说,在比例改变以后,仍可像从前一样,用同等数量的黄金还债;但是如果用白银,数量就完全不同了。在兑付这种期票时,黄金的价值似乎比白银变化更小。好像白银的价值是用黄金衡量的,而白银不能衡量黄金的价值。如果记账的习惯以及用货币表示期票和其他债务的习惯都是这样,并且变得普遍通行,那么,是黄金,而不是白银,会被看做是价值标准或尺度的特定金属。

实际上,在不同铸币金属各自价值之间的任何一种法定比例继续有效期间,所有铸币的价值是由最贵重的那种金属的价值来规定的。十二枚铜便士包含常衡*半磅的铜,那不是质量最好的铜,在铸成硬币以前,不值七个银便士。但是由于法律规定十二个这样的便士可以兑换一先令,它们在市场上就被看做是值一先令,在任何时候都可以用来兑换一先令。甚至在大不列颠的最近一次金币改革以前,金币,至少是在伦敦及其附近流通的那一部分金币,比起大部分的银币,一般都很少跌落到它们的标准重量以下。可是,磨损的银币二十一先令仍被视为等于一基尼,基尼诚然也许有磨损,但不像银币那么严重。最近的法规使金币或许接近它的标准重量,就像任何一国的现行铸币所能做到的那样;在政府机关有只按重量接受黄金的命令,只要这个命令被强制执行,就可能使金币的标准重量保持不变。银币仍然像金币改革以前那样,处于磨损剥蚀的状态。可是在市场上,二十一先令的这种磨损的银币,仍然被认为值一个完好金币相当于一基尼的价值。

金币这次改革显然提高了可以和金币兑换的银币的价值。

在英格兰造币厂,一磅重的黄金能铸成四十四个半基尼,按每

---

* 常衡(avoirdupois),以十六盎司为一磅,二千磅为一吨。金衡则以十二盎司为一磅。——译者

基尼换二十一先令计算，等于四十六镑十四先令六便士。因此，一盎司这样的金币，值银币三镑十七先令十又二分之一便士。在英格兰，铸造货币时不必付铸币税，一个将一磅重或一盎司重的标准金块送往造币厂的人，取回一磅重或一盎司重的金币，丝毫没有减少。因此，三镑十七先令十又二分之一便士一盎司被说成是英格兰黄金的造币厂价格，或造币厂对标准金块付给的金币数量。

在金币改革以前，市场上标准金块的价格许多年来都在每盎司三镑十八先令以上，有时为三镑十九先令，常常是四镑；在磨损剥蚀的四镑金币里，或许很少包含一盎司以上的标准金。自从金币改革以来，标准金块的市场价格很少超过每盎司三镑十七先令七便士。在金币改革以前，市场价格总是或多或少地在造币厂价格之上。自从改革以来，市场价格总是在造币厂价格以下。但不论用金币或银币支付，这一市场价格总是一样的。因此，最近的金币改革，不仅提高了金币的价值，同样也提高了银币与金块相比的价值，或许还提高了银币与所有其他商品相比的价值。尽管大部分其他商品的价格受到许多其他原因的影响，与其他商品相比，金币或银币的价值的上升得不是那么明显和易于观察。

在英格兰的造币厂中，一磅重的标准银块可以铸成六十二先令，同样包含一磅重的标准银。因此，五先令二便士一盎司被说成是英格兰的白银造币厂价格，即造币厂对标准银块付给的银币数量。在金币改革以前，标准银块的市场价格在不同场合为一盎司五先令四便士、五先令五便士、五先令六便士和五先令七便士，但多数情况下为五先令八便士。但是，五先令七便士似乎是最普通的价格。自从金币改革以来，标准银块的市场价格偶尔跌到每盎司五先令三便士、五先令四便士和五先令五便士，很少超过五先令五便士。虽然自从金币改革以来，银块的市场价格大大跌落，但还没有跌得像造币厂的价格那么低。

就英格兰货币中不同金属之间的比例来说，由于铜的估价远远高于其真实价值，所以，银的估价略低于其真实价值。在欧洲市场上，就法国铸币和荷兰铸币来说，一盎司纯金大约兑换十四盎司纯银。就英格兰铸币来说，一盎司纯金大约兑换十五盎司纯银，也就是说，按照欧洲普遍的算法，所值的白银要多一些。但是，即使在英格兰，正如铜块的价格没有因英格兰铸币中铜的价格高而提高一样，银块的价格也没有因英格兰铸币中银的比价低而下降。银块仍然保持着它同黄金的适当比例；基于同一原因，铜块也仍然保持着它同白银的适当比例。

在威廉三世当政时，银币改革后，银块价格仍然略高于造币厂价格。洛克先生把这种高价归因于允许输出银块①，禁止输出银币。他说，允许输出银块造成对银块的需求大于对银币的需求。然而，许多为了在本国进行买卖而对银币有一般需求的人，肯定要比那些为了出口或其他用途而需要银块的人多得多。现在同样允许输出金块，禁止输出金币，而金块价格却跌到了造币厂价格以下。但是，就那时英格兰的铸币来说，和现在的情况一样，白银对黄金的比价被低估了。当时的金币（在当时也未被认为需要有任何改革）也像在现在一样，支配着全部铸币的真实价格。既然银币的改革在当时不曾使银块的价格降低到造币厂的价格，现在一次同样的改革也很可能做不到这一点。

如果要使银币像金币那样接近它的标准重量，那么，根据现在的比例，一个基尼所能兑换的银币就可能比它所能购买的银块多。在这种情况下，把含有十足标准重量的银币熔化是有利可图的。因为可以售出银块换取金币，然后用金币兑换银币，再将银币熔化。防止这种流弊的唯一的办法似乎就是略微改变当前的比例。

如果让白银在铸币中的估价高于它同黄金的适当比例，或许流弊会少些，因为现在这个估价低了；但是同时要规定，超过一基尼的零钱，银币就不是法定货币，就像超过一先令的零钱，铜币就不是法定货币一样。在这种情况下，债权人不会因白银在铸币中的估价高而受到损失，就像现在债权人不会因铜在铸币中的估价高而受到损失一样。这一规定只会使银行家们吃亏。当遭遇挤兑时，他们有时用六便士的银币来支付以赢得时间；而这一规定会阻止他们使

---

① 洛克，《关于提高货币价值的进一步思考》，第2版，1659年，第58~60页。

用这种不守信用的方法逃避立即支付。他们因而不得不随时在自己的钱柜中保持比现在更多数量的现金,虽然这对他们来说无疑是极大的不便,但同时对他们的债权人来说却是极大的安全。

三镑十七先令十便士半(黄金的造币厂价格),即使就我们现在最好的金币来说,也肯定不包含比一盎司更多的标准黄金,因此,有人认为,它不应当购买更多的标准金块。但是,金币比金块更方便,而且虽然在英格兰铸造货币是免费的,但在将金块送到造币厂以后,要等几星期金币才能回到它的所有者手中。在现今造币厂工作繁忙的情况下,要等待几个月。这种拖延等于是小额赋税,使金币的价格略高于相同数量金块的价值。假如在英格兰的铸币中,白银按照它同黄金的适当比例定值,即使不对银币进行任何改革,银块的价格也可能降到造币厂价格以下,甚至现存磨损的银币的价值也受它所能兑换的优良金币价值的支配。

对于铸造金银币征收小额的铸币税,或许使铸币中的金银的价值比同等数量的条块中的金银价值更高。在这种情况下,铸币会按照税额的大小增加所铸金属的价值,就像制造金银器皿会依制造费的多少增加器皿的价值一样。铸币的价值高于条块的价值,会阻止人们将铸币熔化,并抑制铸币的出口。如果由于公共的迫切需要而必须出口铸币,其大部分不久也会自动回来。在国外它只能按它的条块重量出售,在国内它却能比条块重量购买更多的东西。因此,将它带回本国是有利可图的。在法国,对铸币征收大约百分之八的铸币税,据说法国铸币在出口以后又自动回到国内。

金银条块市场价格的偶然波动,其原因也和所有其他商品的市场价格波动一样。由于海陆运输的各种事故使这些金属经常受损;由于在镀金和包金、镶边和装饰中不断耗费这些金属;由于铸币的磨损和器皿的磨损,因此,所有自己不拥有矿藏的国家,都需要不断地进口金银,以弥补这些损失和消耗。我们可以相信,进口商们像所有其他商人一样,都在尽力使自己的不定期的进口符合他们所判断的当时的需求。可是,尽管他们十分注意,仍然有时进口过多,有时进口过少。当他们进口的条块比需要的多时,他们有时宁愿按低于普通价格或平均价格的条件出售其一部分,而不愿意冒将其再出口的风险和麻烦。反之，当他们进口比需要少时，他们就能得到比这个价格更高的利润。但是，尽管有这种种偶然的波动，金块或银块的市场价格却在几年之中连续保持稳定和持久的状态，或是略高于或是略低于造币厂价格。我们可以肯定，这种稳定持久、略高或略低的价格，是受铸币的某种特征所影响的，这种影响使当时一定数量的铸币比它所应包含的精确数量的金银条块的价值更高或更低。这种影响的稳定和持久，是与造成这种影响的原因的稳定和持久成比例的。

任何一国的货币，在特定的时间和地点，是否是价值的准确尺度，要看通用的铸币是否准确地以它为本位，或是否准确地包含它所应包含的纯金或纯银的精确数量。例如，如果在英格兰，四十四个半基尼正好包含一磅重的标准金，或十一盎司纯金和一盎司合金，那么，英格兰的金币在任何特定的时间和地点在本质上都是货物实际价值的精确尺度。但是，如果由于磨损消耗，四十四个半基尼通常包含不到一磅重的标准金，而且磨损的程度又参差不齐，那么这种价值尺度就不很准确，像所有其他度量衡常有的情形那样。由于完全符合标准的度量衡几乎没有，于是商人尽可能调整自己货物的价格，而不是按照这些度量衡来进行调整，或是按照自己经验中发现的平均数来进行调整。由于铸币中出现这样的混乱，货物的价格也同样不是按照铸币中所应包含的纯金或纯银的数量来调整的，而是按照凭经验发现的平均数来说铸币所包含的纯金或纯银的数量来调整的。

应当指出，对货物的货币价格，我所理解的是货物售出后得到的纯金或纯银的数量，而根本不用在意铸币的名称。例如，爱德华一世时的六先令八便士，我认为和现在一英镑的货币价格相同，因为就我们所能做出的判断来说，它包含相同数量的纯银。

第六章 论商品价格的组成部分

远在早期的古代社会之前，还没有出现资本积累和土地私有，而获得各种物品所必需的劳动数量之间的比例，似乎是为各种物品的相互交换所能提供的唯一准则和依据条件。例如，如果在以狩猎为生的国家里，杀死一只海狸的劳动通常是杀死一只鹿的劳动的两倍，那么一只海狸自然就应当交换两只鹿，或者说值两只鹿。通常两天或者两个小时的劳动所得，自然应该是通常一天或一个小时劳动所得的两倍。

如果一种劳动比另一种劳动更艰苦，那么，对于这种比较艰苦的劳动，自然要给予适当的补贴；因此，一小时的更为艰苦的劳动所得，常常可以交换另一种没有那么艰苦的两个小时的劳动所得。

或者说，如果一种劳动要求有超出平常的熟练程度和技巧，那么，人们出于对这种才能的尊重，自然对具有这种才能的人所生产的产品给予高于所耗时间应得的价值。这种才能需要长期的实践才能形成，给予其产品较高的价值只不过是对于形成这种才能所必须花费的时间与劳动以合理的报酬。在先进社会里，通常以劳动工资对这种特殊艰苦和特殊技能给予补贴，而在最初的和还不发达的社会里，或许就已经有了这种做法。

在这种情况下，全部劳动所得都属于劳动者；而通常获得生产任何商品时所使用的劳动数量，就是规定它应当购买、支配或交换的劳动数量的唯一条件。

资本一经在某些人手中积累以后，他们其中的有些人自然会运用该资本来推动勤奋的人们去工作，为他们提供原料和生活资料，以期通过对他们产品的销售或通过他们的劳动，使原料的价值有所增殖而获得利润。在用产成品交换货币、劳动或其他货物时，所得利润除了可以足够支付原料的价格和工人的工资以外，还必须要有将其资本用来经营这个企业的企业家的利润。因此，在这种情况下，工人使原料增加的价值分为两部分：一部分用于支付工人自己的工资；一部分是他们的雇主因提前预支原料和工资的全部资本的利润。除非雇主预期对工人劳动的销售所得比补偿其资本金的数额大得多，否则他是不会有兴趣去雇用工人的；除非他的利润与其资本金的大小成某种比例，否则他是不会有兴趣去投入巨额资本的。

也许可以这样设想一下，资本的利润只不过是为了某种劳动，即监督和指挥某种劳动所支付工资的别名罢了。然而，利润和工资额是截然不同的，它受完全不同的原则所支配，与这种所谓监督与指挥的某种劳动的数量、强度和技巧根本不成比例。利润完全受其运作资本的价值所支配，其大小与其运用资本的大小成比例。例如，假设在某个地方，制造业资本每年的一般利润为百分之十。有两个不同的制造厂，各自雇用二十名工人，每人每年的工资为十五英镑，即每个工厂每年支付工资三百英镑。再假设一个工厂每年使用的粗糙原料的价值只为七百英镑，而另一个工厂所使用的精细原料的价值则为七千英镑。在这种情况下，一个工厂所使用的资金①只有一千英镑，而另一个工厂所使用的资金则为七千三百英镑。因此，按百分之十的利润计算，一个工厂的企业家每年预期的利润只有一百英镑左右，而另一个工厂的企业家的利润则为七百三十英镑左右。但是，虽然他们的利润如此不同，可他们的监督和指挥的劳动却完全相同或基本相同。在许多大工厂里，这种劳动几乎全部由一位重要的雇员来做。他的工资，从严格意义上说，表达了这种监督与指挥劳动的价值。虽然在确定这类工资时，通常不仅要考虑到他的劳动和技能，而且还要考虑到他所承担的责任，但与他所监管的资本是不成任何固定比例的；而这一资本的所有人，尽管因此摆脱了几乎所有的劳动，却仍然期望他的利润会与其资本成一定的比例。因此，在商品的价格里，资本的利润成为一个与劳动工资完全不同的组成

---

① 每年使用的资金为十二个月的流动资金，而不是现代通常意义上的资本。

部分,并且受完全不同的原则所支配。

在此种情况下,全部劳动产品并不总是归劳动者所有。在大多数情况下,他必须和雇用他的资本所有者分享。通常任何商品中使用的劳动量,任何一方都不能单独决定购买、支配或交换。很显然,必须有一个额外的劳动量,作为垫付劳动工资和为该劳动所提供材料的资本的利润。

任何国家的土地一经变为私有财产,地主也像所有的其他人一样,喜欢不劳而获,即使对土地的天然产物也要求得到地租。森林中的木材、田地里的青草、土地上的自然果实,这些在过去土地公有时,只需劳动者花工夫去采摘。而在今天,即使对劳动者来说,在收获的同时,就有了额外的固定价格。然后,劳动者必须支付为了获得采摘许可的费用,而且必须把他通过劳动所采摘的或生产所得的一部分送交给地主。这一部分所得,或者这一部分所得的价格,构成了地租,并且成为大部分商品价格中的第三个组成部分。

必须看到,价格中所有不同组成部分的实际价值,是用它们各自所能购得的或支配的劳动来衡量的。劳动不仅衡量价格中构成劳动(工资)的那一部分的价值,而且也衡量其构成地租和利润的那两部分的价值。

在所有的社会中,每一种商品的价格最终要分解为这三部分中的其中一部分或全部;在每一个先进社会中,这三部分,作为价格的组成部分,都或多或少地进入到大部分商品的价格中。

例如,在谷物价格中,一部分用来支付地主的地租;一部分用来支付劳动者的工资或维持劳动者的生活费用和生产中所使用役畜的费用;第三部分就是农场主的利润。看上去,这三部分直接或最终构成谷物的整个价格。或许可以设想,还应该有第四部分,用来偿还农场主的资本,或补偿使用役畜及其他耕种用具的损耗。但是必须注意的一点是,任何耕种用具,例如役畜的价格,其本身也是由同样的三个部分组成的:用来饲养它的土地的地租;饲养和照料它的劳动(工资);垫支这一土地的地租和这种劳动的工资的农场主的利润。因此,虽然谷物的价格可以支付耕马的维持费和价格,但整个价格仍然直接或最终分解为同样的三部分,即地租、劳动①和利润。

在面粉或其他食用面粉的价格中,我们必须将谷物的价格、磨坊主的利润以及他们雇员的工资加在一起;在面包的价格中,必须将面包师的利润和他的雇员工资加进去;而在这两者中,还必须加入将谷物从农场主的房屋运至磨坊主的房屋、从磨坊主的房屋运至面包师的房屋的劳动以及垫支这一劳动工资者的利润。

亚麻的价格也像谷物的价格一样分为三个部分。在亚麻的价格中,我们必须把亚麻的价格和刷洗工、纺工、织工、漂白工等人的工资以及他们各自雇主的利润加起来。

任何一种商品的制造程序越接近尾声,其价格中工资和利润所占的比例就比地租所占的比例越大。在制造过程中,不仅各种利润的项目越来越多,而且每一后面的利润都比前一利润更大,这是因为由此获得利润的资本总是越来越大。例如,雇用织工的资本必然比雇用纺工的资本更大,因为它不仅要支付雇用纺工的资本及利润,而且还要支付织工的工资,并且利润必然总是与资本保持一定的比例。

然而,即使在最先进的社会里,也总是有少数商品的价格构成只有两部分,即劳动工资和资本利润;还有更少数的商品,只有劳动工资这一项。例如,海鱼的价格,一部分支付渔夫的劳动,另一部分支付捕鱼业运用资本的利润。地租不计在内,虽然有时也占一部分,我将在下面说明。而内河渔业的情况则完全不同,至少对欧洲大部分地区来说是如此。鲑鱼业要支付租金,这一租金虽然不能真正称之为土地的租金,却和工资与利润一样,是构成鲑鱼价格的一部分。在苏格兰的一些地方,穷人在海岸边以收集斑斓的小石为职业,通常人们称这些小石为苏格兰卵石。石雕工匠付给他们的卵石的价格就只是他们劳动的工资,既不包括地租,也不包括利润。

但是任何商品的整个价格,最终一定是分成这三部分中的某一

---

① 劳动指工资。在后面,"地租、劳动和利润"与"地租、工资和利润"并用。

部分或所有的三部分；在支付土地的地租以及栽种、制造和运往市场的全部劳动的价格以后，剩下来的必须是某一个人的利润。

由于每一种特定商品的价格或可交换价值，分开来看，分解成为三部分中的某一部分或所有的三部分，因此，构成一国劳动的全年产品的价格，合起来看，也必然分成同样的三部分，作为劳动的工资、资本的利润和土地的地租，分配给该国不同的居民。每一个社会的劳动每年所获得的或生产的全部所得，或者说这些东西的全部价格，最初就是以这种方式在该社会的某些成员之间进行分配的。工资、利润和地租是全部收入和所有具有交换价值的物品的三个最初的来源，所有其他收入最终都是来自于这三种来源中的一种。

任何一个从自己的资金中获得收入的人，一定是从他的劳动、资本或土地中获得其收入的。由劳动而获得的收入是工资，由经营或使用资本的人从资本中而获得的收入，称之为利润。自己不使用资本，而将钱借给他人从而获得的收入，称之为利息或佣金。这是借款人支付给贷款人的一种补偿，为了酬谢贷款人使他有机会从使用货币中获得利润。这种利润的一部分自然归于借款人，因为他承担了使用资本的风险和麻烦；一部分归于贷款人，他给借款人提供了获得利润的机会。利息永远是一种派生的收入，如果不能从使用货币所获得的利润中支付，也一定会从其他某种收入的来源中支付，除非借款人是个挥霍无度的人，他靠举借新债来支付旧债的利息。完全由于土地而获得的收入称为地租，属于地主。农民收入的一部分来自他的劳动，一部分来自他的资本。对他来说，土地只是一种使他能够赚取这种劳动工资的工具和获得这种利润的资本。所有的赋税，还有所有源于这些赋税的收入，如所有的薪金、养老金和各种年金，最终都是从这三种原始收入的来源中得来的，从劳动工资的支付、资本利润和土地地租的获取中直接或间接地获得的。

当这三种不同的收入属于不同的人时，是很容易区分的；但当这三种不同的收入属于同一个人时，有时就很容易彼此混淆，至少用俗语来说是如此。

一个乡绅在他自己的一部分田地里耕种，在支付了耕种费用以后，他就应当获得地主的地租和农民的利润。可是，他习惯于把他的全部所得称之为利润,这样,就把地租和利润混为一谈了,至少俗话是这么讲的。在北美洲和西印度群岛的大多数种植园主就是这么做的。他们大多数人耕种自己的土地,因此我们很少会听说种植园的地租,而常常听说种植园的利润。

农场主通常很少雇用监工去指导农场的一般作业。他们也常常用自己的双手去做大量的工作,如犁田、耙地等。因此,谷物在支付了地租以后,剩下的不仅仅应当用来偿付在耕种过程中所使用的资本,连同资本的一般利润,还应当用来支付他们作为工人和监工的工资。可是,在支付了地租和保留资本以后,剩下的就称为利润。然而,工资显然是它的一部分。农场主节省下了这笔工资,就必须获得它。因此,在这种情况下,就把工资和利润混为一谈了。

一个独立的制造业者,有足够的资本用于购买原料和维持自己的生活,直到将他的商品送入市场,他应该得到一个在老板手下工作的工人的工资和老板从出售工人生产的产品中所获得的利润。然而,他的全部所得通常被称为利润。因此,在这种情况下,工资就和利润混为一谈了。

一个用自己的双手经营自己花园的花匠,集三种不同的身份于一身,即地主、农场主和工人。因此,他的产品首先应当支付他作为地主的地租,其次是支付他作为农场主的利润,然后是支付他作为工人的工资。然而,通常把他的整个收入看做是他的劳动报酬。在这种情况下,就把地租和利润两者与工资混为一谈了。

在一个文明的国家里,由于有很少的商品其交换价值只由劳动而产生,并且大部分商品的交换价值主要来自于地租和利润,因此,该国劳动的年产物所能购买或支配的劳动量,总是远远超过这些年产物的栽种、制造和进入市场所使用的劳动量。假设这个国家每年能运用其每年所能购买的全部劳动,由于劳动量每年的增加很大,因此,后一年产品的价值就会比前一年产品的价值大得多。但是,没有哪一个国家会把其全部年产物用来维持勤劳做工的人们。各地那些四体不勤的人消费了年产物的一大部分,根据年产物在这两个不同阶层的人的中间分配的比例不同,其一般的或平均价值要么必然每年有所增加,要么每年有所减少,保持不变。

第七章 论商品的自然价格和市场价格

在一个社会或其邻近的地区里,在劳动和资本的每一种不同的用途中,工资率和利润率是一个一般比率或平均比率。我将在后面说明,这种比率的自然调节,部分受该社会的一般情况的影响,即人们的富裕或贫困程度,社会的进步、停滞或衰落的状况的影响;部分受各种用途的特定性质的影响。

在一个社会或其邻近的地区里,同样有一个一般或平均的地租率,我也将在后面说明,这种比率的变化,部分上受土地所在的社会或其邻近地区的一般情况所影响,部分上受土地的自然状况或土地的肥沃程度所影响。

这种一般的或平均的比率,可以被称为在当时当地通行的工资、利润和地租的自然率。

当任何商品的价格不多也不少,恰好足够用以支付在生产、制造这种商品并将其送入市场所使用的土地的地租、劳动的工资和资本的利润时(根据它们的自然比率),这种商品就可以说是按其所谓的自然价格出售的。

因此,这种商品就正好是按照它的价值出售的,或者说正好是按照将其送入市场的人的实际成本出售的。虽然按照通俗的说法,任何商品的所谓原始成本并不包括将其再售出的人的利润,然而,如果他不按照让他以当地获得一般利润率的价格售出的话,显然他在这笔交易中会遭受损失,因为如果他以其他方法运用其资本的话,他会获得这一利润。此外,他的利润就是他的收入,是他生活资料的正当来源。就像他在制造货物并将其送入市场时,提前支付工人的工资或生活费一样,他也提前支付了自己的生活费,这与他所预期的从出售货物中获得合理的利润多少大致相同。因此,除非他们

第七章 论商品的自然价格和市场价格

付给他这笔利润,否则他们无法以合适的方式偿还他的实际成本。

因此,尽管让他获得这一利润的价格,有时并不总是一个商人出售其货物的最低价格,但却是他在任何一个时期内愿意出售其货物的最低价格,至少是在交易完全自由的地方,或者是在他可以经常随意改变其交易的地方,情况就是这样。

通常任何商品所出售的实际价格,被称之为市场价格。它也许高于或低于商品的自然价格,也许恰好等于其自然价格。

每一种特定商品的市场价格,是受实际进入市场的商品数量与人〔愿意支付商品自然价格的人,即愿意支付商品进入市场所必需的地租、劳动(工资)和利润的全部价值的人〕的需求比例所支配的。这类人可被称为有效需求者,他们的需求可被称为有效需求,因为是这一需求使得商品进入市场成为有效,它与绝对需求有所不同。也许有人会说,一个非常贫困的人,在某种意义上说,也有拥有一辆马车和六匹马的需求;他可能很想得到这些,但他的这一需求不是有效需求,因为决不会为了满足他的这一需求而将这些商品送入市场。

当进入市场的任何商品的数量少于有效需求时,所有那些愿意支付将商品送入市场所必需的地租、工资和利润的全部价值的人不能得到他们所需数量的供给。其中有些人不愿就此罢休,宁肯出更高的价钱。他们中间随即出现了竞争,而市场价格就会或多或少地高出自然价格,根据短缺数量的多少和竞争者的富有程度及奢侈习惯所造成的竞争的激烈程度的大小而定。在同等富有和奢侈的竞争者中,相同的短缺程度通常会引起或大或小的激烈竞争,这要看获得这一商品对他们而言其重要性的大小而定。因此,当城市受到封锁或遇到灾荒时,生活必需品的价格就会变得异常昂贵。

当进入市场的商品数量超过有效需求时,这一商品就不能够全部卖给那些愿意支付将商品送入市场所必需的地租、工资和利润的全部价值的人。有一些货物就必须卖给那些出价较低的人,而他们所出的低价必然会降低整个这类商品的价格,市场价格便会降到自然价格以下,降低多少,则根据超出需求的数额的大小、在多大程度上会增加卖主的竞争,或根据立即脱手这一商品对他们的重要性的大小而定。进口过多容易腐烂的商品要比进口过多耐用品所引起的竞争更为激烈,例如,进口柑橘的竞争要比进口旧铁器的竞争更为激烈。

当进入市场的商品数量恰好满足有效需求的供给时,市场价格自然会与自然价格完全吻合,或者相差不远。手头上的全部商品可以按这个价格售出,但无法高价售出。不同的商人之间的竞争使得他们不能不接受这个价格,但也无法使他们接受更低的价格。

所有进入市场的商品数量,会自行适应其有效需求。对于所有在使任何商品进入市场的过程中使用其土地、劳动和资本的人来说,该商品的数量不超过其有效需求时对他们有利;对于其他人来说,该商品的数量应该永远不低于其有效需求时对他们有利。

如果在任何时候进入市场的商品数量超过其有效需求量,其价格的某些组成部分的支付,必然会以低于其自然率的价格来支付。如果是地租,其利润就会促使地主立即撤回一部分土地;如果是工资或利润,在一种情况下,工人会为了其利益而减少其劳动,或在另一种情况下,其雇主的利益会促使他们撤回一部分运用于这方面的资本。进入市场的商品数量不久就会只够满足有效需求的供给。商品价格的所有组成部分都将升至各自的自然率,而商品的整个价格也将升至其自然价格。

反之,如果进入市场的商品数量在任何时候都少于有效需求,其价格的某些组成部分必然会高于其自然率。如果是地租,其利益自然会促使所有其他地主准备出更多的土地用来生产这一商品;如果是工资或利润,其利益不久就会促使所有其他工人或商人使用更多的劳动和资本,去制造这一商品并使其进入市场,进入到市场的商品数量不久就会满足有效需求的供给。该商品价格的所有组成部分不久就会降到其自然率的水平上,整个价格也降至自然价格的水平上。

因此,自然价格和以往一样是中心价格,所有商品的价格都持续不断地向它靠拢。各种偶然事件有时使它们停留在中心价格之上,有时又迫使它们下降,甚至是略低于其中心价格。但是,不管有什么障碍阻止它们固定在这个静止和持续的中心价格,它们总是趋向于这个中心价格的。

每年使各种商品进入市场所用的劳动总量,也按这种方式自行适应各自的有效需求。其目的必然会使其足以供应有效需求,而又不会使其供大于求的商品部分进入市场。

但在某一行业里,相同的劳动数量在不同的年份里会生产出截然不同的商品数量;而在其他行业里,所生产出的商品数量却总是相同,或者几乎相同。在农业中,同等数量的劳动者,在不同的年份里,会生产出数量非常不同的谷物、葡萄酒、油类、啤酒花等。但是,同等数量的纺工和织工,每年生产的麻布和呢绒的数量则相同或几乎相同。只有一种产业的平均产量才能在各个方面适应这一有效需求,但是,由于它的实际产量有时比平均产量大得多,有时又小得多,所以进入市场的商品数量与有效需求相比,有时超出很多,有时又短缺不少。即使这一有效需求会因此而保持不变,商品的市场价格还是会有巨大的波动,有时会大大高于其自然价格,有时又会大大低于其自然价格。在其他产业里,等量劳动的产品总是相同或接近相同,这一点使其能更加准确地适应其有效需求。因此,当需求保持不变时,商品的市场价格也会保持不变,与其自然价格完全一致或基本一致。每个人凭经验就会知道,麻布和呢绒的价格同谷物的价格相比,变动既不那么频繁,幅度也没有那么大。麻布和呢绒的价格只是随着其需求的变化而变化,而谷物的价格则不仅是随着其需求的变化而变化,而且还要随着其进入市场,以随该需求的商品数量的大小和变化的频率的变化而变化。

任何商品市场价格偶然和暂时波动,都会影响价格中工资和利润这两个组成部分,而地租部分受到的影响则较小。以货币支付的地租,不论在价值上还是在比率上,都不会受到市场价格波动的影响。以一定比例或一定数量的未加工产品所支付的地租,由于未加工产品的市场价格具有偶然和暂时的波动,因此,无疑会对其每年的价值产生影响,但对其每年的比率则几乎没有影响。在确定租约条件时,地主和农场主都试图按照各自的最佳判断,按照产品的平均和一般的价格,调整地租的比率,而不是按照该产品的暂时和偶然的价格去确定。

这种波动对工资和利润的价值及比率的影响，根据市场上商品或劳动的积存过多还是不足而定，根据工作已经完成还是尚待完成而定。一次国丧会提高黑布的价格（在这种情况下，市场上积存的黑布几乎总是不足），从而增加了有大量黑布库存的商人的利润。这一点对织工的工资没有影响。市场上商品的积存不足，而不是劳动的积存不足；是已经完成的工作不足，而不是有待完成的工作不足。它会提高裁缝的工资。市场上这种劳动积存的不足，对更多的劳动、对完成更多的工作有着有效需求。它会降低彩色丝绸和白布的价格，从而将减少手头持有大量这类产品的商人的利润。它还会降低从事制造这类商品的工人的工资，因为，对这类商品的需求会中止六个月，也许是十二个月。在这方面，市场积存的商品和劳动都过剩。

但是，尽管每一特定商品的市场价格在以这种方式，也许有人会这样说，不停地移向自然价格，然而，有时由于某种意外事件，有时由于自然原因，有时由于一些具体管辖的规章制度，许多商品可以长期维持其市场价格而大大超出其自然价格的水平上。

由于有效需求的增长，使某种特定商品的市场价格大大超出其自然价格时，那些运用资本以供应这种市场的需求的人，常常会小心翼翼地对这种变化保守秘密。如果人们都知道了这一变化，巨额利润的诱惑会使许多新竞争者以同样的方式来运作他们的资本，于是有效需求便得到充分满足，市场价格很快就会降到自然价格的水平上，也许在一段时间里甚至还会低于自然价格的水平。如果市场离供应商的住地很远，他们有时可以一连几年保守住这一秘密，从而在几年里可享受这一超额利润，而不受新的竞争对手的威胁。可是，必须承认，这一秘密是无法长期保守的；秘密一经泄露，超额利润也就无法保持了。

在制造业中的秘密要比在商业中的秘密保持得更持久些。一个染工发现了用某种染料生产某一种颜色，而这种染料的价格只是普通染料价格的一半。只要经营得好，他就可以终生享受他的发现所带给他的好处，甚至将其传给他的子孙后代。他的超额利润，来源于人们付给他的私人劳动的高价。这一利润恰恰是由该劳动的高工资所构成的。但是由于他的资本的每一部分不断享有这一所得的利润，因而利润的全额与资本保持一定的比例，通常这种利润就被认为是资本的超额利润。

然而，这样抬高的市场价格，显然是某种意外事件的效应，而它的作用有时可能持续多年。

有些自然产物要求有特殊的土壤和位置，所以，一个大国适于生产这些植物的全部土地也可能不足以供应这一有效需求。因此，进入市场的全部产品，可以出售给那些愿意支付比生产这一产品所用土地的地租、制造和运往市场所用劳动的工资和所用资本的利润（按各自的自然率计算）价钱更高的人。这些商品按这一高价出售可能会持续几个世纪；在这种情况下，用于支付土地地租的那部分通常是高于其自然比率的那部分。可供这类珍贵产物的土地的地租，如法国那些适于葡萄园的特有土壤和位置的地租，与其邻近地区的其他同等肥沃和耕种同等良好的土地的地租没有任何一定的比例。而与之相反的是，将这些商品运往市场所使用的劳动的工资和所使用的资本的利润，却很少超出对在邻近地区用于其他业务的劳动的工资和资本的利润的自然比例。

这样抬高的市场价格，显然是由于自然原因所致，可能是有效需求从未得到充分的满足，因而可能持续地永远起作用。

给予个人或贸易公司的垄断权利，与保守贸易或制造业的秘密具有相同的作用。垄断者通过使市场的货物经常存量不足，通过使有效需求永远得不到充分的满足，就可以将其商品以大大超出其自然价格的价格出售，使自己得到的报酬（不论是工资还是利润）大大超出其自然比率。

在任何情况下，垄断价格都是所能得到的最高价格。相反，自然价格或自由竞争价格，即便不是在任何情况下，也是在较长的时期内所能拿到的最低价格。在任何情况下，垄断价格都是从买主那里勒索的，或者也可以认为是买主同意支付的最高价格。后者则通常是卖主可以接受而又不妨碍其继续经营其业务的最低价格。

同业公会的排他特权、学徒法规以及所有那些在某一行业中将竞争人数限制在比可能进入的人数更少的法律，其垄断程度虽然较小，也有相同的倾向。他们是一种扩大了的垄断，常常可以在许多年里,甚至在整个的行业里,使某些商品的市场价格保持在自然价格以上,使其中的劳动工资和资本利润维持在比自然比率略高的水平之上。

这样抬高的市场价格,只要在管制的规章制度所允许的范围内,便可能会持续下去。

虽然任何商品的市场价格都可以在长期居于其自然价格之上,却很少能长期继续处于其自然价格以下。不论价格的哪个组成部分的所得低于其自然比率,利益受到影响的人都会立即感受到其损失,因而会立即撤回用于这方面的土地、劳动或资本的一部分,使其进入市场的商品数量很快就只够满足有效需求。因此,它的市场价格不久也就会升至其自然价格之上。至少在交易完全自由的地方,情况会是这样。

诚然,同一学徒法规和其他同业公会法规,使工人在制造业兴旺发达时,可以把工资提高到大大超出其自然比率之上,而当其衰落不振时,有时又迫使他们不得不将其工资降到大大低于其自然比率之下。在前一种情况下,这些法规把许多人排除在他的行业以外;在后一种情况下,又把他排除在许多行业之外。可是这些法规的作用,与其说是在把工人的工资降到自然比率以下这方面更持久,不如说是将其提高到自然比率以上更持久。这些法规的影响,在前一种情况下,可能持续几个世纪,而在后一种情况下,则只能维持在行业兴旺时受过培训的那些工人的有生之年。当他们去世以后,接受这种行业教育的人数,就会自行适应有效需求。监管必须像古印度和古埃及的监管一样严厉(在那里,宗教教义规定每一个人必须从事父亲的行业,如果改行就是犯了最严重的亵渎圣灵之罪),才能在任何一个特定行业里,历经几代人,使劳动工资或资本利润降到它们的自然比率以下。

关于商品的市场价格偏离自然价格,不论是偶然的还是持久的,我想我现在必须说的就只是这些。

自然价格本身,随着其组成部分即工资、利润和地租的自然比率变化而变化;在每一个社会里,这种自然比率的变化是以社会情况而转移的,即根据社会的富裕、贫穷、发展、停滞或衰落状况而转移的。我将在下面的四章里，尽可能详尽而明确地解释这些不同变化的原因。

首先，我将试图说明哪些情况是自然而然地决定了工资的比率，而这些情况又是以何种方式受到社会的富裕、贫穷、发展、停滞或衰落的状况影响的。

其次，我将试图说明，是哪些情况自然而然地决定了利润的比率，而这些情况又是怎样受到社会的富裕、贫穷、发展、停滞或衰落状况影响的。

虽然在劳动和资本的不同用途中，货币工资和货币利润截然不同，但是似乎所有不同行业劳动中的货币工资和所有不同用途中资本的货币利润，都通常存在着某种比例；在后面会看到，这一比例部分取决于不同用途的使用性质，部分取决于实施这一比例所在社会的不同法律和政策。但是，虽然这一比例在许多方面取决于法律和政策，却很少受到社会富裕或贫穷程度的影响，也很少受到社会发展、停滞或衰落状况的影响。但是，在所有这些不同的情况下，这一比例始终保持不变或基本不变。

再次，我将试图说明影响这一比例的所有不同情况。

第四，也是最后一点，我将试图说明，是什么情况影响土地的地租和提高或降低土地所产的一切产品的实际价格。

第八章　论劳动工资

劳动的产品构成劳动的自然报酬或自然工资。

在土地私有和资本积累以前的原始社会状态下，劳动的全部产品归劳动者①所有，没有地主，也没有雇主同他分享他的劳动所得。

假如这种状态继续下去，劳动工资会随着分工所带来的劳动生产力的改进而提高。所有产品都会变得越来越便宜②。使用较小的劳动量就能把它们生产出来。由于等量劳动生产的商品在这种情况下自然会发生彼此交换，所以，较小劳动量所生产的商品也同样可以买到这些商品③。

但是，虽然所有的东西实际上会变得越来越便宜，而从表面上看，许多东西则比以前要贵一些，或者说会交换更大数量的其他商品④。例如，让我们假设，在大多数的行业中，劳动生产力提高到十倍，即一天的劳动能生产出相当于最初十天所能生产出的产品；但在某一特定行业里，劳动生产力只提高了一倍，或者说一天的劳动只能生产出最初两天里所能生产出的产品。以大多数行业中一天的劳动所得去交换那一特定行业中一天的劳动所得，前者的原始工作量的十倍只能购买到后者原始工作量的两倍。因此，后者的任何数

---

① 这几句话在前面出现过。
② "越来越便宜"一词，下句定义为"用较少量的劳动就能把它们生产出来"。
③ 这句话也可以这样说，虽然所有的东西按上面所说便宜的意思会变得越来越便宜，但是按普通所说的便宜和贵的意思，许多东西却会比以前更贵。
④ 同上。

量，例如一磅重的产品，似乎都比以前要贵五倍。但是实际上，它却便宜了一半。虽然要以五倍数量的其他产品去购买它，却只需要用一半的劳动量去购买或生产它。因此，对此商品的获取则比以前要便宜一半。

但是在这种由劳动者享有自己劳动的全部所得的原始状态下，在初次实行了土地私有和资本积累以后，便不能继续下去了。早在对劳动生产力做出重大的改进以前，这一原始状态便已终止，因此，它可能会对劳动报酬或工资具有什么样的影响，就没有必要进一步去追究下去了。

土地一旦变为私有财产，地主就要求从劳动者的几乎是所能从土地种植或收获的全部产品中分得一份。他的地租是从耕种土地的劳动者所得中的第一次扣除。

种田者很少有钱来维持自己生活至收获的时候。通常他的生活费是由资本的所有人，即雇用他的农场主预支的；除非农场主能分享其劳动所得，或者除非自己的资本能够有利润收回，否则农场主不会雇用雇工。而这个利润是从耕种土地的劳动者所得中的第二次扣除。

几乎所有其他的劳动者所得，都有同样的利润扣除。在所有的手工业和制造业中，大多数工人都需要有一个雇主，去为他们提供生产原料，并且在生产过程结束之前，为他们垫支工资和生活费。雇主分享工人劳动的所得，或分享他们在所提供的原料上增加的价值；而他所分得的这一份额就是他的利润。

诚然，有时候可能会有个别经济独立的工人，他有足够的资本去购买生产所需的原料，并在生产过程结束之前，足以维持自己的生活。他既是雇主，又是工人，所以能够享受他自己劳动的全部所得，或者是原料所增加的全部价值。这一收入包含了通常属于两个不同人的两种不同的收入，即资本的利润和劳动的工资。

然而，这种情况并不常见，在欧洲各地，二十个工人为一个雇主即经济独立的人工作；而劳动的工资在所有地方都被理解为，劳动者是一个人，而资本所有人在雇用一个劳动者为他工作时才会说到工资，而且情况也通常如此。

在各地，通常所说的劳动工资，取决于双方所签订的合同，而合同双方的利益是完全不同的。工人渴望得到的工资是越多越好，而雇主则希望支付给工人的工资越少越好。前者倾向于联合起来，以期提高劳动工资；而后者倾向于联合起来，则是为了降低劳动工资。

然而，不难预料，在通常情况下，哪一方在冲突中居于有利地位，哪一方就能迫使对方屈服于自己的条件。雇主由于人数比较少，因而能更容易地联合起来；此外，至少法律和政府机关不能禁止他们的联合，却能禁止工人的联合。我们没有任何由议会通过的为了反对降低工资的价格而联合起来的法案；可是却有许多反对联合起来去提高工资价格的法案。在所有这类争议中，雇主们能坚持得更加长久。地主、农场主、制造业者或商人，即使不雇用一个工人，通常也能靠已经拥有的资本维持生活一两年。而许多工人，如没有工作，一个星期也维持不下去，很少有人能维持一个月，几乎没有人能熬过一年。从长远的角度来看，雇主不能没有工人，也像工人不能没有雇主一样；但是，雇主没有工人并不像工人没有雇主那么迫切。

虽然我们经常听到工人们的联合，却很少听到雇主们的联合，但是，如果有人信以为真，以为雇主们很少联合，那他就是既不明白真相，又不懂世故。雇主们随时随地都有一种默契而又融和的联合，不把劳动的工资提高到其各自的实际比率以上。违反这种默契在所有地方都被认为是不受欢迎的做法，而这样做的雇主会受到他的邻居和其他雇主的谴责。诚然，我们很少听到有这种联合，因为这是一种从来没有人听说过的、平常的，也可以说是自然的状态。雇主们为了把劳动工资甚至降到实际比率之下，有时也参加特别的联合。这些联合总是不声不响地、秘密地进行，直到采取行动的那一时刻，而当工人们毫无抵抗地屈服时，工人们虽然也感到切肤之痛，但没有人会听到他们的声音。可是，雇主们的这种联合常常受到工人们对抗性的和防御性的联合抵制；有时没有这类刺激，他们也会自动联合起来，以提高自己劳动的价格。他们通常要求提高工资的理由，有时则是食物价格昂贵；有时是雇主从他们的工作中获得了巨大的利润。然而，不管他们的联合是进攻性的还是防御性的，他们总是闹得满城风雨。为了使问题得到迅速解决，他们总是大叫大嚷，有时使用最惊人的暴力。工人们是绝望的，像绝望的人们那样荒唐地放纵自己的行为，他们要么饿死，要么威胁他们的雇主立即接受他们的要求。在这种情况下，雇主们对工人们也同样大叫大嚷，并且从不间断地向地方执法机构高声呼救，要求严格执行那些已经通过的法律以对抗仆人、工人和工匠的联合。所以，工人们很少会从这种喧嚣联合的暴行中得到什么好处，部分原因是由于地方执法机构的干预，部分原因是由于雇主们异乎寻常地镇定，部分原因是由于大多数工人为了眼前的生存而不得不屈服，而组织这些联合的工人领袖却以遭受惩罚或毁灭而告终。

但是，尽管雇主们在同自己工人的冲突中一般处于优势，却始终有一个特定的比率，即使是最低廉的那种劳动的普通工资，也似乎不可能长时期降到这个比率以下。

一个人总得靠工作来维持生活，而他的工资至少要足以维持他的生活。在大多数情况下，他的工资甚至还必须多一些，否则他就不可能供养一个家庭，而这类工人的种族就不可能延续到下一代。鉴于这一原因，肯迪隆先生似乎做过这样的假设，即普通工人至少所赚到的最低廉的工资，无论在哪里，必须是他们自己生活费的两倍，以便使他们有能力抚养两个子女；至于他妻子的劳动报酬，由于必须由她来照顾孩子，假定获得足以维持她的生存数额就行了①。但是，根据计算，所生下的孩子有一半在成年以前就会死亡②。因此，根据这种算法，最穷的劳动工人也必须计划至少生育四个子女，才可能有同等的机会使其中的两个子女活到成年。但是据估计，四个儿童的必要的生活费用几乎等于一个成人必要的生活费用。肯迪

---

① 坎梯隆，《论一般商业的性质》，1755 年，第 42~47 页。"似乎"二字不是没有意义的，因为坎梯隆在引证的这一段里的意思异常模糊，不清楚他是不是想要把妇女包括在内。
② 即是说在年满 17 岁以前，如哈莱大夫（Dr. Halley）所说，见坎梯隆，上引书，第 42 页和第 43 页。

隆先生还说，一个健壮奴隶的劳动，据估计，其价值是他生活费用的两倍，因此他认为，最低廉的工人的劳动，也不能低于一个健壮奴隶的劳动。说到这里，看来至少可以肯定的是：为了供养一个家庭，丈夫和妻子的劳动合在一起，即使是最低级的那种普通劳动，也必须赚得比刚好可以维持他们自己生存的所需要的多一些，但是多少，到底是按照上面所说的比例还是其他的比例，我就无权来做这个决定了。

可是，有些情况有时会使工人处于有利地位，并使得他们能够将工资提高到大大超出这个比率的水平。显然，这个比率只是符合一般人道主义的最低工资罢了。

在任何一个国家里，当对以工资为生的人，即对各种工人、工匠、仆人的需求不断增长时，当每一年所提供的就业机会比上一年的就业人数增大时，工人就没有必要为了提高自己的工资而联合起来。人员短缺使雇主们彼此竞争，愿意出更高的价钱去得到工人，这样就自行打破了雇主们为了阻止增加工资而形成的自然联合。

很显然，对以工资为生的人的需求的增长，必然会与预定用于支付工资的基金的增长成比例。这类基金可分两种：第一种，超过生活费以上的必要的收入；第二种，超过雇主们自己所必须使用的资本。

当地主、年金领取人或有钱人的收入超过他们认为足以维持自己家庭生活的需要时，他就会把剩余的全部或一部分收入用来雇用一个或多个家庭仆役①。如果这个剩余增加，他自然就会增加雇用仆役的人数。

一个独立工人，如织布匠或制鞋匠，当他拥有的资本足以购买自己生产的原料和维持自己的生活，直到产品售出还有剩余时，他自然会用这笔剩余的资金去雇用一个或多个工匠，以便从他们的劳

---

① 没有试图去给"生活费"（maintenance）下定义，因此，对于将一个人的收入划分为什么是他的生活所必需的费用以及什么是超过部分，就完全模糊不清了。

动中获取利润①。如果这种剩余增加，他自然就会增加他雇用工匠的人数。

因此，对以工资为生的人的需求，还必须随着每个国家收入和资本的增长而增长，而且也不可能脱离它的增长而增长②。收入和资本的增长是国民财富的增长。因此，对以工资为生的人的需求，自然也随着国民财富的增长而增长。

劳动工资的上升，不受国民财富的实际多少所影响，它是因为国民财富的不断增长所造成的。所以，最高的劳动工资不是在最富的国家里，而是在发展最快或者说致富最快的国家里。英国肯定是当今比北美地区的任何一个国家都更富有③的国家。可是，北美地区的劳动工资比英国任何一地区的劳动工资都高。在纽约地区，普通工人每天赚④美币三先令六便士，折合英币二先令；造船木工，十先令六便士，外加值英币六便士的一品脱朗姆酒，共合英币六先令六便士；建房木工和泥瓦匠，每天八先令，合英币四先令六便士；裁缝工人，每天五先令，约合英币二先令十便士。他们的工资全都高于伦敦的价格，据说在其他各殖民地的工资也和在纽约的工资一样高。在北美各地的食物价格，比在英格兰的食物价格低得多。在那里从来没有听说过发生饥荒的事。即使在最坏的年份里，他们也总是有足够的食物维持自己的生活，只是出口减少了。因此，如果劳动的货币价格在宗主国各地都高，那么，劳动的真实价格，即给予劳动者的对生活必需品和便利品的实际支配能力，也一定相应更高。

但是，尽管北美地区还不如英国那么富有，但它却更加兴旺发达，并以更快的速度进一步获取财富。任何一个国家最具有决定意义的繁荣标志，是它的居民人数的增长。据估计，在英国以及大多

---

① 这里的意思似乎是，维持一个家仆，即使是做最必要的工作（例如抚育一个鳏夫的婴儿），也不包括在一个家庭的"生活费"之内。
② 在本书的导论和全书设计中，把国民财富当成它每年的产品的同义语，一直没有提出过要考虑它的资本。
③ 在本书的导论和全书设计中，采用了按年度人均产出额计算财富的方法。在后面许多章节中，使用按资本量计算财富的方法。
④ 这是在1773年写的，是在上次动乱开始之前。

数其他欧洲国家，在将近五百年里，居民人数的增加不到一倍。而在北美的英国殖民地，据了解，居民人数在二十年或二十五年之内增加了一倍。目前，这种人数的增加主要也不是由于新居民的不断进入，而是由于本地人口的大量繁衍。据说，年长的人常常亲眼看到自己的子孙后代有五十个到一百个，有时会更多。劳动的报酬在那里如此丰厚，以致子女众多不但不是家庭的负担，反而是父母富裕和兴旺的源泉。根据计算，在离开父母以前，每个孩子的劳动能带来净收入一百英镑。在欧洲的中层或下层人民中，一个有四五个子女的年轻寡妇，再婚的机会很少，而在北美洲却被认为是一笔财富，常常有人求婚。孩子的价值，是婚姻追求的最大鼓励。因此，我们对北美洲的通常早婚就不觉奇怪了。尽管早婚使得人口大量增长，但在北美洲却仍然有人继续抱怨人手不足。对劳动的需求，用于维持他们生计的资金的增长，似乎比能够找到的劳工人数的增长更快。

虽然一个国家的财富应该很大，但如果这个国家长期处于停滞状态，我们绝不可能期望那里的劳动工资会很高。指定用于支付工资的基金、居民的收入和资本，这一数目可能是最大的。但是如果它在几个世纪中保持不变或者几乎不变，那么每年会很容易地雇用到所需的劳工人数，甚至有余，还可以为下一年提供所需的工人人数。在那里，几乎感觉不到人手短缺，雇主们也不可能争着为雇用工人而彼此竞相抬高价钱。相反，在这种情况下，工人的人数会自行地成倍增加，超过了就业机会。就业机会不断减少，工人们不得不竞相降价，以求有工可做。在这样的国家里，如果劳动工资曾经高于劳工自身的生活费，并使他能够供养家庭的话，那么，劳工的竞争和雇主的利益不久就会使劳动工资降到与一般人道主义标准相符的最低比率。长期以来，中国一直是最富的国家之一，是世界上土地最肥沃、耕种得最好、人们最勤劳和人口最多的国家之一。但是，它似乎长期处于停滞状态。五百多年前访问过中国的马可·波罗所描述的关于其农业、工业和人口众多，与当今的旅行家们所描述的情况几乎完全一致。也许早在马可·波罗[①]时代以前，中国就已

---

① 他在 1275 年去过中国。

经达到了充分富裕的程度。在许多其他方面，旅行家们的记载虽有不同，而在这一点上却是一致的：在中国，劳动工资很低，人们感到养活一家人很难。如果农民在地里劳动一整天，到晚上能够赚到买少量大米的钱，那他们也就心满意足了。技工的生活状况可能就更加糟糕。他们不像欧洲的工人那样，悠闲地待在自己的作坊里，等待顾客上门，他们是背着工作所需的工具，不断地沿街四处奔走，叫卖自己的服务，好像是在乞求工作。中国最下层人民的贫困，远远超过了欧洲最贫穷国家人民的贫困状况。据说，在广州附近，有数以百计、千计的家庭没有在陆地上的房屋，常常生活在各种河道上的小小渔船中。他们感到在那里缺衣少食，以致渴望捞到欧洲船只所抛下的最肮脏的垃圾。任何腐臭的肉，例如死狗或死猫，虽已腐烂发臭，他们也十分喜欢，就像其他欧洲国家的人们喜欢最卫生的食物那样。婚姻在中国是受到鼓励的，不是因为可以从孩子身上获利，而是因为可以自由摧残儿童。在所有的大城市里，每天晚上都有几个婴儿被抛弃街头，或像小狗一样被溺死在水中。据说，做这种可怕的事情是公开的职业，有些人以此谋生。

可是，虽然中国或许是处于停滞状态，却似乎并没有倒退。没有哪一个城市为自己的居民所遗弃。它的土地一旦被耕种过，就没有任其荒芜下去。因此，每年必须继续完成同样多或差不多的劳动，从而指定用于维持劳动的基金必然不会有明显的减少。所以，最底层的劳动者，尽管他们的生活资料十分匮乏，他们也一定能想方设法维持自己的种族，以保持其正常的人数不变。

但在指定用于维持劳动的基金有明显下降的国家，情况就会有所不同。在各类不同的职业中，每年对仆役和工人的需求会比前一年的少。许多在上层社会里成长的人找不到适合他们自己的工作，因此，会乐于在最低级的行业中找事做。而在最低级的行业里，不仅充斥了社会底层的工人，也涌入了来自于所有其他阶层的人，就业的竞争十分激烈，从而使劳动工资降低到最可怜的地步，只能提供劳动者十分贫乏的生活资料。即使是这么苛刻的条件，还有许多人仍然找不到工作，他们要么就忍饥挨饿，要么就乞讨度日，要么就去干那些穷凶极恶的勾当。食物匮乏、饥荒及死亡会立即在那个阶层中流行，并且从那个阶层扩展到所有的上层阶层，直到该国居民的人数减少到剩余的收入和资本可以轻易地维持的程度，并且其他剩余的收入和资本也已被苛政和灾难所摧毁。或许在孟加拉以及东印度的其他一些英属殖民地的现状差不多是这样的。在一个人口已经大量减少而土地肥沃的国家里，生活资料的获得并不应该十分困难，尽管那里每年有三四十万人饿死，我们可以肯定地说，那里用于维持贫穷劳动者的生活基金正在迅速减少。通过北美和东印度这些国家的不同现状，或许可以更好地说明，保护和治理北美的不列颠宪法与压迫和统治东印度的商业公司的宪法有着本质上的区别。

因此，丰厚的劳动报酬既是国民财富增加的必然结果，又是国民财富增加的自然征兆。相反，贫穷劳动者生活资料的匮乏是停滞状态的自然征兆，而他们的饥饿状态则是迅速倒退的自然征兆。

在大不列颠，目前的劳动工资显然比使劳动者能供养一个家庭所必需的更多。为了证实这一点，我们没有必要去对这一可能的最低数目进行繁琐和不确切的计算。有许多明显的迹象，可以说明在这个国家里，劳动工资在任何地方都是按照与一般人道主义标准相符的最低比率来调节的。

第一，几乎在大不列颠的所有地方，即使是在最低级的那种劳动中，夏季工资与冬季工资也有所不同。夏季工资总是最高。然而在冬季，由于燃料开支巨大，一个家庭的维持费用却是最高。因此，当支出最低时，工资却是最高，显然工资不是受这类开支的必要性所支配的，而是受工作的数量和其认定的价值所支配的。的确可以这样说，一个劳动者应当在夏季储蓄其工资的一部分以应付冬季的开支，这样，他的全年所得就不会超出全年维持其家庭所必需的数目。然而，不能以这种方法要求一个奴隶，或者一个完全依赖于我们才能够生活的人。他每天的生活资料会按他每天需要的比例分给他的。

第二，在大不列颠，劳动工资并不随着食物的价格而波动。所有地方的食物价格都是一年与另一年有所不同，而且常常是一月与另一月有所不同。但是，在许多地方，劳动的货币工资则是保持不变的，有时候是半个世纪都一样。因此，在这些地方，如果贫穷的劳动者在物价昂贵时期尚能供养其家庭的话,那么在物价适中的时候,他们一定过得很舒适,而在物价极其低廉的时候,他们一定生活得很优裕。在过去的十年里,食物价格高昂,在这个王国的许多地区并未伴有劳动价格的显著提高。的确,在有些地方劳动工资有所提高,但那可能是由于对劳动需求的增长,而不是由于食物价格的上涨而提高。

第三,就不同年度而言,食物价格的变动比劳动工资的变动大;而就不同地区而言,劳动工资的变动则要比食物价格的变动大。在不列颠联合王国的大部分地区,面包和肉类的价格基本相同或大致相同。这些食物以及其他大部分零售商品(贫穷的劳动者都是以零售的方式购买所有商品),在大城市购买和在边远地区购买通常一样便宜或者更便宜些,其原因我将会在下面解释说明的。但是在大城市及其附近地区的劳动工资,却常常比几英里以外的城市要高出四分之一或五分之一,即高出百分之二十或百分之二十五。在伦敦及其附近地区,劳动的一般价格可以说是每天十八便士。而在离其几英里远的地方,劳动的一般价格就降到了十四至十五便士。在爱丁堡及其附近地区的劳动一般价格为十便士。在离它几英里的地区,劳动的一般价格就降到了八便士,这是苏格兰低地大部分地区一般劳动的一般价格,在那里劳动价格的变动比在英格兰的劳动价格的变动要少得多①。这种价格上的差异似乎总是不足以驱使一个人从一个教区移居到另一个教区,却必然会使体积最庞大的商品从一个教区运往另一个教区,甚至从国内或世界的一个角落运往另一个角落,因而不久就会使它们的价格降到大体相同的水平上。尽管常常说人性善变,不能始终如一,但凭经验就可以知道,显然人才是最安土重迁的。因此,如果贫穷的劳动者能在劳动价格最低的地区供养家庭,那么,他们在劳动价格最高的地方就能过上富裕的生活了。

第四,劳动价格的变化不仅在地点或时间上与食物价格的变化不一致,而且其变化常常是相反的。谷物是普通人的食品,在苏格兰的谷物比在英格兰的贵,苏格兰从英格兰那里每年得到大量谷物

---

① 英格兰与苏格兰在这方面的不同应归因于英格兰的《和解法》。

的供应。苏格兰购入谷物，英格兰供应谷物，谷物在苏格兰的售价一定比在英格兰的售价高，而对于同一质量的谷物而言，英格兰的谷物则不可能比进入市场参与竞争的苏格兰谷物售价更高。谷物的质量主要取决于它在磨坊出粉的数量，在这方面英格兰的谷物优于苏格兰的谷物，虽然从表面上看，或者从它的体积大小的比例来看，英格兰的谷物是贵一些。但是实际上，就其质量而言，甚至就其重量而言，英格兰的谷物要便宜一些。可是，劳动的价格在英格兰比在苏格兰贵。因此，如果贫穷的劳工能在联合王国的某一地区，即在苏格兰，供养家庭的话，那么他们在另一地区，即英格兰，一定可以过富裕生活。诚然，燕麦面为普通苏格兰人提供了他们的大部分和最好的食物，比起在英格兰与他们处于同一阶层人的食物来要差许多。但是，这一差别，不是由于他们的生活方式的不同所致，而是由于他们工资的不同所导致的结果，虽然，出于某种奇怪的误解，我常常听到人们把他们的生活方式的不同说成是造成这一差别的原因。一个人富有，而他的邻居贫穷，并不是因为他出门坐车而邻居步行，而是因为他富才备得起马车，而邻居贫穷才不得不走路。

在上个世纪里，联合王国的这两个地区谷物的价格都比在本世纪里贵一些，这是一个不容置疑的事实。对这一点的证实，如果可以证实的话，对苏格兰来说要比对英格兰来说更具有决定性的意义。在苏格兰，谷物的价格可以通过政府的档案来证明，根据市场的实际情况，每年对所有县的各种谷物价格进行公开评估。如果这个直接证据还需要有任何旁证来加以确认的话，我可以说，法国的情况也是如此，在欧洲大部分其他地区的情况或许也是如此。关于法国的情况，有着极为明确的证据。但是，尽管在联合王国的这两个地区的谷物价格，上世纪比本世纪略微贵一些是明确的事实，但劳动更便宜一些也同样是明确的事实。因此，如果贫穷的劳工那时能够供养家庭，那么他们现在日子也一定过得容易些。在上个世纪里，苏格兰大部分地区普通劳动的日常工资为夏季每天六便士，冬季每天五便士。在苏格兰高地和西部各岛的一些地方，仍然继续支付差不多相同的工资，一星期三先令。在苏格兰低地的大部分地区，普通劳动的日常工资现在是每天八便士；在爱丁堡附近，是十便士，有时是一先令；在毗邻英格兰的各县（或许是由于这种邻近的关系），还有在少数其他地方，最近对劳动的需求大为增长，如格拉斯哥、卡隆、艾尔郡等地，情况也大致如此。英格兰比苏格兰更早地开始了对农业、商业和制造业的情况的改善。对劳动的需求，进而是对劳动的价格，必然随着这种情况的改善而增长。因而，在上个世纪里，同样也在本世纪里，劳动工资在英格兰比在苏格兰高。从那时以来，工资业已大为增长，不过由于在不同地区所支付的工资变化比较大，很难确定究竟增长了多少。1614年，一个步兵的饷银和现在的步兵一样，每天八便士①。在最初规定这个数目时，自然会考虑到普通劳动者的正常工资，因为步兵通常是来自于这个阶层的。据在查尔斯二世的时代写过书的最高法院院长海尔斯②计算，一个六口之家（父母、两个能做些事情的子女和两个不能做事的子女）的劳动工人家庭的必要开支，是每星期十先令，即一年二十六英镑。他认为，如果他们不能凭劳动赚得这个金额，他们就必须去乞讨或者去偷窃以凑足这一金额。他似乎对这个问题③进行了十分仔细的研究。格雷戈里·金先生在政治算术方面的技能是达夫南博士所极为称赞的，他在1688年曾经计算过，劳动者和不住宿仆役的一般收入为每个家庭每年十五英镑，假定一个家庭平均是由三个半人员组成④的话。因此，虽然从表面上看，他的计算与海尔斯法官的计算有所不同，而在实际上却非常接近。两人都认为，这类家庭每星期的开支大约是每人二十便士。自那时以来，在联合王国的大部分地区，这类家庭的货币收入和支出已大为增长，尽管所增加的部分，远不及最近公布的关于目前劳动工资增加的那些夸张报告所说的那么多，有的地方增加得多一些，有的地方则少一些。必须指出，在任何地方劳动工资都很难给出精确的数字的，因为在同一地方对同一种劳动常常支付不同的价格，不仅仅是由于工人的能力不同，还要看雇

---

① 休谟，《英格兰史》，1773年版，第六卷，第178页。
② 马修·海尔斯爵士。
③ 参阅他所制定的济贫计划，见伯·恩，《济贫法史》。
④ 同上书，计划D。

主是慷慨还是吝啬。在工资没有法律明文规定的地方，我们只能凭经验来确定什么是最一般的工资，而经验似乎告诉我们，法律从来就不能对工资作出适当的规定，尽管法律常常企图要对其作出规定。

在本世纪里，劳动的真实报酬，即劳动者所能购买的生活必需品和便利品的真实数量或许比它的货币价格增长的比例更大。不仅谷物在某种程度上变得更加便宜，而且成为勤奋工作的贫穷劳动者可口而又有益健康的食品，许多其他食物也变得大为低廉。例如，在王国的大部分地区，土豆的价格比三四十年以前便宜一半。萝卜、胡萝卜、卷心菜的情况也是一样，这些东西过去是用锄头小面积种植的，而现在大多是用犁进行大面积种植的。各种蔬菜也都更加便宜。上个世纪，大不列颠消费的大部分苹果甚至洋葱都是从佛兰德*进口的。亚麻和呢绒的粗加工工业的大大改进，使劳动者可以买到价格低廉但质地却较好的衣服；粗金属制造业的大大改进，使劳动者能得到价格低廉且较好的劳动工具，还有许多使用方便、实用的家居用品。的确，肥皂、盐、蜡烛、皮革和酵母酒变得大为昂贵，主要是对这些商品所征收的税所致。可是，贫穷的劳工们，对这些商品消费的数量很小，它们价格的上涨常常被许多其他商品的价格下降所抵消。常常听到有人抱怨说，奢侈之风甚至已经波及最下层的人民，贫穷的劳工们已经不再满足于从前令他们感到满意的食物、衣着和住所了，这一点就可以使我们确信，不仅劳动的货币工资有所增加，而且劳动的真实报酬也有所增加。

下层人民生活状况的改善，应当被看做是对社会有好处，还是应当被看做是没有好处呢？乍一看，答案似乎十分明了。仆役、劳工和各类工人在所有大的政治社会都占人口的多数。但是，决不能把大多数人生活状况的改善，看做是对整个社会的不利。当绝大部分的社会成员处于贫穷和困苦时，没有哪一个社会能够确实兴旺发达和美好。此外，只有那些为整个社会提供食物、衣物和住所的人也能从自己劳动所得中获得属于他们自己的那一份，并使他们自己可以维持下去的食物、衣物和住所时，才算得上公平。

---

* 佛兰德，包括现今的比利时、法国和荷兰等地区。——译者注

虽然，贫穷不会鼓励人们去结婚，但贫穷不能总是阻止人们去结婚。贫穷甚至好像有利于生育后代。苏格兰高地的一个处于半饥饿状态的妇女，通常生育二十多个子女，而一个娇生惯养的阔太太却经常是一个不生，或者通常最多也就生两三个。不孕症，在上层社会的妇女中司空见惯，而在下层社会的妇女中却极为罕见。或许女性的豪华奢侈在燃起了享乐情欲的同时，似乎总是削弱生育的能力，并且常常是摧毁这一能力。

虽然贫穷不能阻止生育，但是对于抚养孩子却是极其不利的。幼嫩的树苗出生了，但是生长在寒冷的土壤中和糟糕的气候里，不久就会枯萎并死亡。我常听人说，在苏格兰高地，一个生育了二十个子女的母亲没有两个孩子能活下来是常有的事。几个经验丰富的军官曾经告诉我说，在他们部队出生的士兵的子女远远不够补充本部队的士兵人数，甚至从来不能为他们自己部队提供足够人数的吹鼓手。可是，在军营附近而不是军营里面，却随处可见许多可爱的孩子们。似乎他们很少有人能活到十三四岁。在有些地方，出生的孩子有一半不满四岁就死去了；在许多地方，出生的孩子有一半不满七岁就死去了；几乎在所有的地方出生的孩子有一半都不满九岁或十岁就死去了。然而，各地这么高的死亡率主要是出现在普通人家的孩子中，他们没有能力像家境较好的人们那样去照顾孩子们。虽然他们婚后通常比上流社会的人家能生育更多的子女，但是他们的子女能活到成年的比例却很小。在弃儿养育院以及在教会慈善堂抚养的儿童中，儿童的死亡率比在普通人家的儿童中还要高。

每一种动物都自然而然地按照自己的生活资料的比例繁殖，没有哪一种动物能够超过这一比例而繁殖。然而在文明社会中，只有在下层人民中才会因生活资料的贫乏而限制了人类进一步的繁殖，其途径就是摧毁他们的婚姻所多生育的大多数子女。

丰厚的劳动报酬使他们能为自己的子女提供较好的成长环境，从而能养活更多的子女，这样自然就会拓宽和扩大上述的生育限制。还有一点值得指出，这一限制的放宽程度必然会与对劳动需求的程度尽可能地保持相同的比例。如果这种劳动需求不断增长，劳动报酬必然会鼓励劳动者结婚和生育，使他们能以不断增加的人口去满足不断增长的劳动需求。如果劳动报酬在某一时期比为满足这一需求少的话，人手短缺的情况很快就会使劳动报酬有所提高；而如果劳动报酬在某一时期比为满足这一需求多的话，人口的过度繁殖就会使之降到这个必要的比率以下。在前一种情况下，市场的劳动存量不足，而在后一种情况下，市场的劳动存量过多，很快这两种情况都会迫使劳动价格回到社会情况所要求的适当比率上。正是按照这种方式，对人口的需求也同对其他任何商品的需求一样，必然调节人口的增长，当人口增长太慢时使之加快，当人口增长太快时使之停止。在世界上所有不同的国家，如北美、欧洲，还有中国，正是这种需求调节和决定了人口增长的状态，这一需求使得人口在北美迅速地增长，在欧洲缓慢而逐渐地增长，在中国的增长则完全停止。

据说，一个奴隶的消费是由他的主人来承担的，但是一个自由雇工的消费则是由他自己来承担的。但实际上，后者的消费也像前者的消费一样，也是由他的雇主来承担的。支付给工匠和各类雇工的工资，按照社会需求的增加、减少或停滞，必须能够使他们用以维持工匠和雇工人数的繁衍。虽然自由雇工的消费同样也是由其雇主承担的，但是，其消费一般都比奴隶的消费少。指定用于奴隶身上的替代或维修资金，如果我可以这样说的话，一般是由漠不关心的主人或疏忽大意的监工所管理的，而指定用于自由人身上为了同一目的的资金则是由自由人自己管理的。富人家通行的杂乱无章的理财自然也会介入对前者资金的管理，而穷人家的严格节俭和精打细算自然也会在后者的管理中得到贯彻。在这两种不同的管理方式下，为了同一目的支出其执行的程度肯定会非常不同。因此，从不同时代和不同国家的经验来看，我相信最终自由人所完成的工作会比奴隶所完成的工作的价格低廉一些，即使在波士顿、纽约和费城这些普通劳动的工资非常高的地方，情况也是如此。

因此，劳动的丰厚报酬既是财富增长的结果，又是人口增加的原因。对劳动丰厚报酬的抱怨，就是对带来最大公共繁荣的必然因果关系的惋惜。

或许应当指出，正是处在进步状态下，即在社会不是已经达到极端富裕的时候，而是在社会不断进步和发展的时候，贫穷的劳动者即社会绝大多数人的生活状况似乎是最快乐和最舒适的。而当社会处于停滞状态下时，人们的生活艰苦；而当社会处于衰落状态下时，他们的生活就悲惨。实际上，进步的社会状态对社会所有各阶层的人民来说，是一种令人愉悦和心满意足的状态。停滞的社会状态是枯燥无味的，而衰落的社会状态则是令人悲伤的。

劳动的丰厚报酬鼓励人口繁衍，也增进普通人们勤劳工作。劳动工资是对工作勤奋的鼓励，勤奋也像所有其他的人类品质一样，受到的鼓励越多就越勤奋。丰富的生活资料会增强劳动者的体力，增大改善生活状况的良好希望，还有增大在丰衣足食中终其一生的希望，这些会促使他去最大限度地发挥自己的能力。因此，在工资高的地方，我们总是会看到工人比在工资低的地方更加积极、更加勤劳、更加敏捷地工作，例如，在英格兰就与在苏格兰不同，在大城市周围就与在穷乡僻壤不同。诚然，有些工人如果能在四天之内就可以赚到维持他们一星期的生活费的话，他们在那三天里就不工作。但是，大多数工人的情况并不是这样。但是当工人的工资是用非常丰厚的计件工资时，往往会劳动过度，在几年之内损害了自己的身体和健康。在伦敦以及一些其他地方，据说一个木匠不能精力充沛地工作八年以上。在工人按件计酬的许多其他行业里，也有类似的事情发生，如在制造业中，甚至在工资比一般工资高的农业劳动中，工人的情况一般也是如此。几乎所有各类工匠，由于在自己的特殊工作中劳动过度，常患某种职业病。拉穆志尼，一位著名的意大利医生，曾经写过一部有关这种疾病的专著①。我们不认为我们的士兵算是我们中间最勤劳的人，但是当士兵们从事某种具体工作并且通过计件得到丰厚报酬时，他们的军官们常常不得不为参加工作的人规定每天所赚得的钱数，并按其支付比率限定一定的数目。在作出这一规定以前，相互的竞争和多赚钱的欲望常常使他们工作过度，以致因劳累过度而损害了他们自己的身体健康。常常有人高

---

① De Morbis Artificum Diatriba, 1700 年，英译本，R. 詹姆斯，《论行业工人的疾病》，1746 年。

声抱怨,一个星期中四天的紧张工作是另外三天偷懒的真正原因。一连几天从事大量的劳动(不论是脑力方面的还是体力方面的)以后,大多数人都渴望放松一下,如果不受到强迫或某种巨大压力的限制,这种欲望几乎是不可抗拒的。这是本能的需要,必须通过某种恣情纵欲去满足,有时只是休息和放松,有时则需要有娱乐和消遣。如果这一需要不能满足,后果常常是危险的,有时甚至是致命的,并且迟早会导致患上特殊的职业病。如果雇主们总是愿意听从理智和人道的指挥,他们常常就会控制许多工人工作适度而不是工作过度。我相信,人们可以发现,在每一行业中,适度工作从而能够经常工作的人,不仅能使他的健康保持得最长久,而且在一年之中,还能完成最大量的工作。

有人认为,在物价低廉的年份里,一般情况下工人们都比平常懒惰,而在物价昂贵的年份里,则比平常更勤奋。因此得出结论说,生活资料的丰富会使他们放松努力,而生活资料的匮乏则会使他们更加勤奋。比普通人的生活资料略有丰富会使一些工人偷懒,这一点是毋庸置疑的。但是,说这会对大多数人产生同样影响,或者说人们一般在营养不良时会比在营养充足时要工作得更好些,说人们一般在沮丧气馁时会比在兴高采烈时要工作得更好些,说人们常常在患病时会比在健康时要工作得更好些,似乎是不大可能的。应当指出,一般在闹饥荒的年份里,普通人常常患病和死亡,这不可能不使他们的劳动产量减少。

在物质丰富的年份里,雇工们常常离开他们的雇主,去碰碰运气,看一看凭他们自己的勤勉能够赚得多少生活资料。但是食物价格的低廉同样也增加了指定用于雇工维持费的资金,因而促使雇主们,特别是农场主,去雇用更多的雇工。在这种情况下,农场主期望通过多雇用几个劳工使自己的谷物获得更多的利润,而不是把自己的谷物放在市场上低价出售。对雇工的需求增加了,而可以供给这种需求的人数减少了。因此,劳动价格往往在物价低廉的年份上升。

在物质匮乏的年份里,生活资料的取得既困难而又不确定,使得所有这类劳工急于回到雇主那里去干活。但是由于食物价格的昂贵，促使雇主们通过减少指定用于维持雇工的资金，而宁愿减少而不是增加现有的雇工人数。在物价昂贵的年份里，贫穷的独立工人也常常耗尽了他自己用于购买生产原料的少量资本，因而被迫成为谋取衣食的雇工。工作岗位少而想要得到的人又多，许多人愿意以低于一般条件的条件而得到工作，因而在物价昂贵的年份里，雇工和帮工的工资常常下降。

因此，所有各类雇主在物价昂贵的年份里比在物价低廉的年份里，常常能从他们的雇工处得到更大的好处，发现他们的雇工比以前更加听话，更加服从。因此，他们自然赞同物价昂贵的年份更有利于生产。此外，地主和农场主这两个最大的雇主人群，还有另外的理由乐于看到物价昂贵的年份。地主的地租和农场主的利润在很大程度上取决于食物的价格。可是，设想人们一般在为自己工作时会比为他人工作时要工作得少些，那是再荒谬不过的了。一个贫穷的独立工人，一般比一个按件计酬的帮工甚至更为勤奋。前者享受他自己勤劳的全部所得，而后者则要和雇主分享这一所得。前者处于自己分离独立的状态下，不容易受不良伙伴的引诱，在大工厂中，这种伙伴常常败坏他人的道德。独立工人与那些按月或按年雇用、不论做多做少工资和维持费都是一样的雇工相比，其优越性可能要大一些。物价低廉的年份，常会提高独立工人对帮工以及各种雇工的比例，而物价昂贵的年份则会降低这一比例。

麦桑斯①先生，一个博学多才的法国作家，在圣艾蒂安选举中担任税收官，他试图通过对在三种不同的制造业中贫穷的劳工所生产的产品数量和价值的比较，来表明穷人在物价低廉的年份里比在物价昂贵的年份里能做更多的工作。这三种不同的制造业是：在埃尔伯夫的粗毛纺织业和两个均在卢昂地区的麻纺织业及丝织业。根据他的抄自官署登记簿的报告来看，所有这三种制造业中生产的产品数量和价值，在物价低廉的年份里一般比在物价昂贵的年份里大；在物价最低的年份里，产品的数量和价值最大，而在物价最高的年

---

① 《论奥弗涅、里昂、卢昂等地的人口》，1766 年，第 287～292 页和第 305～308 页。

份里，产品的数量和价值则最小。这三种制造业似乎都处于停滞状态，或者说，虽然它们各自的产品一年与一年有所不同，但是就整体而言，他们既没有后退，也没有前进。

苏格兰的麻纺织业和约克郡西区的粗毛纺织业，是两个正在发展中的纺织制造业，虽然其每年的生产有些变化，但是一般在其数量和价值两个方面都在增长。可是，通过对它们已经公布的年度生产报告的研究，我发现它们的生产变化与每年物价的昂贵或低廉没有任何明显的关联。1740年是物质缺口巨大的年份，确实这两个制造业的生产看起来是在大幅下降。但在另一个缺口巨大的年份里，即1756年，苏格兰的麻纺织业却比在普通年份有着更大的发展。在美洲印花税法废除以后，约克郡的粗毛纺织业生产确实下降了，而且直到1766年，产量才又回升到1755年的水平。在1766年及次年，产量大大超过了以往任何一年，此后一直保持不断增长。

所有向远方出售产品的大型制造业的生产，与其说是依存于其生产所在国各年物价的昂贵或低廉，不如说是依存于影响消费国需求的各种情况，取决于和平或战争；取决于其他竞争对手制造业的繁荣或衰落；取决于主要消费者的消费心情的好与坏。此外，在物价低廉的年份里，也许大部分特殊工作的完成，从未进入制造业的公共登记册。离开雇主的男性雇工成为了独立的劳动者；女性回到她们的父母身边，通常是纺纱，为了给自己和家人添置衣物。甚至独立工人也并不总是为了向公众出售产品而工作，而是受雇于一些从事家用品制造的邻居。因此，他们的劳动产品常常不被列入这些公共登记册，有时这些登记册公布的记录十分夸张，而且我们的商业和制造业却常常借这些虚幻的记录，宣称这个最大帝国是如何繁荣或者衰落的。

虽然劳动价格的变动不但不总是和食物价格的变动保持一致，而且常常是完全相反的，但我们却不能因此认为，食物的价格对劳动的价格没有影响。劳动的货币价格必然受两种情况的支配：对劳动的需求；生活必需品和便利品的价格。对劳动的需求，根据其是增加、不变还是减少，决定着必须向劳动者供应的生活必需品和便利品的数量；而劳动的货币价格则是由购买这个数量所必需的金额所决定的。所以,虽然有时在食物价格低廉的地方,劳动的货币价格很高,但是如果食物价格高了,而劳动的需求保持不变,那么,劳动的货币价格还会更高。

正是由于在物质突然极为丰富的年份里,劳动需求的增长,以及在物质突然极为缺乏的年份里,对劳动的需求减少,才使得劳动的货币价格有时上升,有时下降。

在物质突然极为丰富的年份里,许多产业雇主手中的资金超过上年用于雇用勤劳工人所用资金,并且,超出这个人数的工人不能总是雇得到。因此,想要雇到更多工人的那些雇主就会竞相出高价,以求雇到工人,这样,有时就提高了劳动的真实价格和货币价格。

在物质突然极为缺乏的年份里,情形恰好相反。指定用于雇用工人的资金比上一年度少。大批的工人失业,彼此竞相降价以求获取工作,这样,有时就降低了劳动的真实价格和货币价格。1740年是物质极为缺乏的一年,许多人愿意为了获得仅能维持生计的生活资料而工作。在随之而来的几年是物质丰富的年份,这时,要雇到劳动者和雇工却是很困难。

物价昂贵之年的匮乏,通过减少对劳动的需求,往往会使劳动价格下降,而食物的高价则往往会提高劳动的价格。相反,物价低廉之年的丰富,通过增加对劳动的需求,往往会使劳动价格提高,而食物的廉价则往往会降低劳动的价格。在食物价格的一般变化中,两种对立的原因似乎彼此抵消,这或许是劳动工资比食物价格在各地都更加稳定、更加持久的部分原因吧。

劳动工资的增长必然提高许多商品的价格(这是因为这种价格中所包含的工资部分提高了),从而趋向于商品在国内和国外消费的减少。然而,提高劳动工资的同一原因,即资本的增加,往往会提高劳动生产力,并使较少量的劳动能够生产较大量的产品。雇用大量劳工的资本所有人,为了自己的利益,必然要极力对工作进行适当的划分和分配,以使工人能够生产出最大可能数量的产品。为了同样的原因,他力争给工人提供他自己或工人们所能想到的最好的机器。在某一个工厂的劳动者中所发生的事情,出于同一原因,也会在整个社会的劳动者中发生。工人的数目越多,他们就越加自然地划分为不同的职业和工种。由于有更多的人投入到发明完成各种工作最合适的机器中,所以,就更有可能实现这一发明。因此,由于这些方面的改进,许多商品可以比从前使用更少的劳动生产出来,从而劳动价格的提高会被劳动数量的减少所抵消且有余。

第九章 论资本利润

资本利润的增加与减少，取决于使劳动工资增加与减少的同样原因，即社会财富的增加或减少状态，但这些原因对两者的影响却完全不同。

资本的增加，一方面会提高工资，另一方面又会降低利润。当许多富商的资本都投入同一行业时，这些资本的相互竞争自然会降低资本的利润；并且，当在同一社会中所有不同行业的资本都增加时，相同的竞争必然会对这些行业产生相同的效果①。上面已经指出，即使在某一个特定地点，在某一特定时间，也很难确定什么是劳动的平均工资。在这种情况下，我们所能确定的，只是最一般的工资。但就资本的利润而言，连这一点也难办到。利润变化不定，即便是经营某一特定行业的人，他自己也总是不能告诉你，他每年的平均利润是多少。这种平均利润，不仅受他所经营的商品在价格上的每一次变化的影响，而且还受他竞争对手和顾客的财务状况的好坏，以及当货物在海上或陆地运输中，甚至在贮藏、仓库中可能遭遇的无数其他意外事故的影响。因此，它的变化不仅一年与一年不同，而且一天与一天不同，并且几乎一小时与一小时也有所不同。要确定在一个大的王国中经营的所有不同行业的平均利润，一定会更加困难。要比较准确地判断在从前，即在过去遥远的时期内平均利润是怎样，一定是完全不可能的。

但是，虽然不能比较准确地确定当前和古代资本的平均利润，却可以通过货币的利息来获得一些相关的概念。可以这样说，凡是

---

① 这种说法在下面第258页略有扩展，那里将资本所有人之间竞争的加剧归因于越来越难以找到"使用任何新资本的有利方法"。

通过货币的使用赚到很多钱的地方,通常对于货币的使用所支付的利息也多;凡是通过货币的使用赚到很少钱的地方,通常对于货币的使用所支付的利息也不多①。因此,根据任何一国的一般市场利率的变动,我们可以肯定,资本的一般利润一定会随之变动,利息下降利润也下降,利息上升利润也上升。因此,利息的变动可以使我们形成关于利润变动的某些概念。

到亨利八世三十七年②,所有超过 10% 的利率均被宣布是非法的。看来在此以前,利率有时超过 10%。在爱德华六世的统治时期,宗教的狂热禁止所有的利息③。但是据说这一禁令,像所有其他相同的禁令一样,没有产生任何效果,高利贷的恶行非但没有减少,反而增加了。亨利八世的法律通过伊丽莎白十三年的法律使之恢复了效力(第 8 号法律),直至詹姆斯一世二十一年④,法定利率一直是 10%,其后限制在 8%。复辟以后不久利率降至 6%,到安妮女王第十二年时降至 5%。所有这些不同法律的规定似乎都非常恰当。这些规定似乎是跟随市场利率而不是走在市场利率前面,或跟随具有良好信用的人通常的借款利率。自从安妮女王时代以来,5% 的利率似乎是高于而不是低于市场利率。在最近一次战争⑤以前,政府按 3% 的利率借款;在首都以及王国的许多其他地方,资金信用良好的人按 3.5%、4% 和 4.5% 的利率借款。

自亨利八世时代以来,国家的财富和收入一直在增加,而在这一增加的过程中,增加的速度似乎是在逐渐加快,而不是在放慢。财富和收入似乎不仅是在增加,而且增加得越来越快。在这同一时期的劳动工资也一直在不断地增加,而在大多数不同行业里的商业和制造业,资本的利润则在不断减少。

---

① 但利息并不总是同利润保持相同的比例,这一点在后面第 98 页和第 99 页予以承认。
② 第 4 号法律。
③ 爱德华六世第 5、第 6 年,第 20 号法律。
④ 第 21 号法律。
⑤ 指 1756~1763 年的战争。

通常在大城市比在农村需要有更大的资本才能经营某一种行业。一般在每一行业所运用的巨大资本,以及拥有资本的竞争者人数众多,致使城市利润率降至农村利润率以下。但是在大城市的工资一般比在乡村的高。在一个兴旺发达的城市,拥有巨额可用资本的人,常常雇不到所需的工人,因而彼此竞争,以期雇到尽可能多的人,这样就提高了劳动的工资,降低了资本的利润。在边远乡村地区,常常没有足够的资本去雇用所需要的人,因此工人们彼此竞争,以便谋得工作,这样就降低了劳动的工资,提高了资本的利润。

在苏格兰,虽然法定利率与在英格兰的利率一样,市场利率却比在英格兰的市场利率高。在那里,信用良好的人很少以5%以下的利率借款。即使是爱丁堡的私人银行家开出的期票也支付4%的利息,这种期票可以随时部分或全部兑现。伦敦的私人银行家对存款不支付任何利息。在苏格兰,很少有什么行业是不能用少量资本经营的,这一点和在英格兰不一样。因此,一般利润率必定略高一些。已经说过,劳动工资在苏格兰比在英格兰低。苏格兰不仅比英格兰要穷些,而且向更好的状况前进(它显然是在前进)的步伐也要缓慢得多。

在本世纪里,法国的法定利率并不总是由市场利率来调节①的。1720年,利率从1/20便士降至1/50便士,即从5%降至2%。1724年升至1/30便士,即3又1/3便士。1725年又升至1/20便士,即升至5%。1766年,在拉弗迪先生当政时期,降至1/25便士,即降至4%。神父特雷后来将其提高到5%的旧利率。这种多次的大幅度降低利息的目的,被认为是为降低公债利息铺平道路,这个目的确实是达到了。法国现在或许不如英格兰那样富有,虽然法国的法定利率一直比英格兰的利率低,其市场利率却通常比英格兰的市场利率高,因为在法国也像在其他国家一样,有一些非常保险且简便的逃避法律的做法。有一些在两国做过生意的英国商人告诉我说,贸易利润在法国比在英格兰高。毫无疑问,正是因为这个缘故,许多不

---

① 参阅 J. B. 丹尼森,《关于利息率》,第7版,1771年,第三卷,第18页。

列颠臣民宁愿在贸易受到鄙视的国家而不愿在贸易受到高度尊重的国家使用他们的资本。劳动工资在法国比在英格兰低。当你从苏格兰来到英格兰时,你可能会说两国普通人民的服装和脸色有所不同,而这一点就足以表明他们的生活状况有所不同。当你从法国回来时,这一区别就更为明显。毫无疑问,虽然法国与苏格兰相比是一个富裕的国家,但其发展似乎并不是很快。国内普遍一致的看法是,法国正在倒退。我认为,即使是对法国来说,这种看法也是没有根据的,但是看到苏格兰现在而又看到过它二三十年以前的情况的人,绝不会认为苏格兰是在倒退。

另一方面,荷兰按其国土大小和人口多少的比例来说,是一个比英格兰更富有的国家。荷兰政府按2%的利率借款,而信用良好的私人借款则是按3%的利率。据说荷兰的工资比英格兰的工资高,并且众所周知,荷兰人比欧洲任何一国人以更低的利润从事贸易。有些人认为荷兰的贸易正在衰落,或许某些部门的贸易的情况真是这样,但是这些征兆似乎足以表明并没有全面衰落。当利润减少时,商人们很容易抱怨商业在衰落,然而利润减少正是商业繁荣的自然结果,或商业中所运用的资本比以前更大的自然结果。在最近的一次战争中,荷兰人获得了法国的全部运输业,目前仍然占有其运输业的一大部分。据说他们所拥有的法国和英格兰的巨额国债中,英格兰的金额约为四千万英镑(可是我怀疑这个数额有些过分夸大)①,他们还在比本国利率高的国家向私人贷出巨额资金。这些情况无疑表明,他们有过剩的资本,或者说这一资本已增加到超过他们在本国的经营中勉强有利可图所能运用的资本,但是,这并不能表明荷兰的商业已经衰落。正如一个私人的资本,虽然是在某一行

---

① 波斯尔斯维特,《商业词典》,第 2 版,1757 年,第一卷,第 877 页,"资金"词条说,外国人拥有的不列颠资金数额有些人估计约为全部债务的1/5,有些人则估计为1/4。但马根斯,《环球商人》(霍斯利编),1753 年,第 13 页,认为"外国人持有的很可能不到1/4"。有人告诉他说,"荷兰人在这里持有的钱,是'银行、东印度和南海'的股票,其股息可能占总额的1/3"。费尔曼,《账目》。

业中获得的,却可能增加到无法在该行业中运用的程度,然而这个行业却仍然在继续发展;一个大国的资本也可能是这样。

在北美和西印度群岛的各殖民地,无论劳动工资,还是货币利息,甚至资本利润,都比英格兰高。在各个殖民地,法定利率和市场利率为6%到8%。然而劳动的高工资和资本的高利润或许从来都不曾并行不悖,除非是在新殖民地的特殊情况下,才会发生这种事情。一个新殖民地,比起大多数其他国家来,按其领土广大程度来说,必然在一个时期里资本供应不足;按其资本的额度来说,必然在一个时期里居民人数不足。他们的土地比现有资本所能支持耕种的面积要大。因此,他们只能把现有的资本用于耕种最肥沃、位置最佳的土地,即靠近海岸和通航河道两岸的土地。这种土地还常常是按低于其自然产物价值的价格购置的。用来购买和改良这种土地的资本必然产生巨大的利润,因而可以支付非常高额的利息。通过这种利润丰厚的资金使资本迅速积累,使得种植园主能十分迅速地增加自己雇工的人数,以致超过他能在一个新殖民地所找到的人手。因此,他所能找到的人很有可能会得到非常丰厚的报酬。随着殖民地的扩大,资本的利润逐渐下降。当土壤最肥沃和位置最佳的土地全被占有以后,通过耕种土壤和位置都较差的土地所能取得的利润就比较少,对所用资本的利息支付也就比较少。因而,在本世纪中,在我国殖民地的大部分地区,法定利率和市场利率均已大为降低。随着财富和人口的增长,利息下降了。劳动工资没有随着资本利润一起下降。不论资本的利润增加与否,对劳动的需求是随着资本的增加而增加的;在利润减少后,资本不仅继续增加,而且比以前增加得更快。勤劳的个人是以这种方式获取财富的,勤劳的国家也是如此向前发展的。带来小额利润的大资本一般比带来巨额利润的小资本增长得更快。俗话说,钱生钱。当你有了一些钱的时候,常常就容易获得更多的钱。最大的困难是如何去得到最初的那些钱。对资本增长与劳动增长(即对有用劳动需求的增长)之间的关联,我已经作出了部分的说明,但是在下面讨论资本积累时还将对此进行更加充分的说明。

获得新的领土或开发新的经营领域,有时可以提高资本的利润,从而提高货币的利息,即使是在一个迅速获取财富的国家也是如此。由于国家的资本不足导致只能将资本用于能提供最大利润的行业。以前在其他行业使用的资本有一部分必然会被抽出来,转用于一些新的和最有利的行业。因此,在所有那些旧的行业中,竞争比从前减弱了。市场不像以前那样能得到各种商品的充分供给。商品的价格必然多多少少有些提高,为从事此类贸易的人提供了较大的利润,因而他们能用较高的利息去借款。在最近一次战争结束后的一段时间内,不仅信用最好的个人,而且还有伦敦一些最大的公司,通常都能以5%的利率借款,而他们过去所支付的利率不超过4%或4.5%。通过我们对北美和西印度群岛的占领,使我们领土和贸易大为增长,就足以充分说明这一点,而不必假定社会的资本存量有任何减少。由旧资本来经营的新业务的巨大增长,必然会减少在许多其他行业中资本的使用,由于在这些行业里的竞争较少,利润必然增大。我在下面将有机会提到,即使是最近一次战争的支出巨大,大不列颠的资本存量也并未减少。

可是,社会资本存量的减少,或指定用来维持工人的资金的减少,在降低劳动工资的同时,提高了资本的利润,并且也提高了货币的利息。由于劳动工资的降低,社会剩余资本的所有人只能用比以前少的费用支出将自己的货物送入市场;又由于用来供应市场的资本比以前少了,他们就可以用较高的价格将货物售出。他们的货物成本比以前低,所以,他们的货物所得就比以前多。因此,他们的利润在两方面都增加了,这样,他们就可以支付很高的利息。在孟加拉及其他大不列颠的东印度群岛的殖民地突然轻易地获取的巨大的财富,足以令我们相信,在这些被毁灭的国家里,由于劳动工资很低,所以资本的利润就很高。货币的利息也相应很高。在孟加拉,货币常以40%或50%或60%的利率贷给农场主,以下一次的收获物作为抵押担保。由于能支付如此高昂利息的利润必然会吞噬地主的全部地租,因此,这样苛刻的高利贷必然也会吞噬这一利润的绝大部分。在罗马共和国衰亡以前,各省在其总督们招致毁灭的行政管理之下,同样的高利贷似乎是司空见惯。正如西塞罗的信件告诉我们的那样,道德高尚的布鲁塔斯在塞浦路斯以48%

的利率放款①。

在一个国家财富已达到其土壤和气候的性质和它与邻国相关的位置所许可的最高限度时,它就不会再向前发展,但是它也没有向后倒退,这时的劳动工资和资本利润都可能非常低。在一个相对于其领土所能维持和资本所能雇用的人数而言,人口已经饱和的国家,就业的竞争十分激烈,从而会使得工资降低到仅够维持劳动者人数的地步;又由于该国人口已经饱和,劳动者的人数也绝不可能增加。在一个相对于其必须经营的所有行业而言,其资本已经饱和的国家,每一行业所使用资本数量的大小,则视该行业的性质和范围而定。因此,所有地方的竞争都很激烈,而一般利润也会越降到其最低的程度。

但是或许从来没有哪一个国家曾经达到过这种富裕的程度。中国似乎已长期停滞,早已达到与它的法律和制度的性质相吻合的充分富裕的限度。但在其他的法律和制度下,其土壤、气候和位置所允许的限度或许要比上述限度大得多。一个忽视或鄙视对外贸易的国家,只允许外国船进入它的一两个港口,无法经营在不同的法律和制度下可能经营的那么多的贸易。此外,在一个国家,虽然富人或大资本家享有很大的安全感,但穷人或小资本家却无任何安全可言,他们随时都会受到下级官吏以执行法律为借口的掠夺。在这样的一个国家里所有不同行业中所运用的资本,绝不可能达到这一行业的性质和范围所容许的限度。在每一个不同的行业里,对穷人的压迫必然会形成富人的垄断,富人通过将全部经营所得攫为己有,使他们自己获得极大的利润。因此,据说在中国,12% 是常见的货币利息,而资本的一般利润一定要足以支付这么高的利息。

法律上的缺陷,有时可能会使利率大大提高到超出一国的状况(如财富或贫困)所要求的水平。当法律不强制合同的执行时,它就使所有借款人处于与法治国家的破产者或信用不佳的人差不多相同的地位。贷款人由于没有收回贷款的确实把握,因而驱使贷款人索取通常向破产人收取的高利贷利息。在蹂躏罗马帝国西部各省的野

---

① 《致庞培的信》(Ad Atticum),第六章,第五、第六节。

蛮民族中,多少世代以来,合同的执行全靠缔约双方的信用。各国君主的法院很少干预此项事务。在那些发生于远古时代的高利率,或许能够部分地解释这一点。

当法律完全禁止收取利息时,它并不能阻止收取利息。许多人必须借款,而没有人在贷款时不考虑自己的货币使用是否恰当,不仅是使用这笔资金能赚得多少钱,还要看一看有无规避这一法律的困难和危险。孟德斯鸠先生对所有回教国家的高利息率的说明,不仅是根据他们的贫困,而且也部分地是根据这一点①,还有就是部分地根据收回贷款的困难②。

最低的一般利润率必须总是高于足以补偿每一种资本用途可能遭受的偶然损失的部分,只是这种剩余部分不过是纯利润或净利润而已。通常所说的毛利润不仅包含这一剩余部分,而且也包含留出来用以补偿这种特别损失的部分。借款人所能够支付的利息,只与净利润成比例。

同样,最低的一般利率,也必须高于足以补偿贷款中尽管相当谨慎但却仍然可能遭受到偶然损失的部分。如果不是高于这部分的话,贷款的唯一动机就只能是一种慈善或友谊的行为了。

在一个达到充分富裕程度的国家,在其每一个具体的行业里,都有可以使用的最大数量的资本。由于一般的净利润率会很低,所以可以从中支付的一般市场利率也会很低,这就使得除了最富有的人以外,其他任何人都不能靠自己的货币利息生活。所有的中小有产者都必须自行监督他们自有资本的使用。必然出现这种情况:几乎每一个人都是商人,或从事某种经营。荷兰似乎正在接近这种状况。在那里,不是一个商人就不合时宜。成为商人的必要性使得几乎每一个人都成为商人是平常的事,而各地的风尚都受习俗的制约。正如不像其他人那样着装是可笑的,在某种程度上,不像其他人那样经营业务也是可笑的。正如一个文人在部队或兵营中会显得有些不自在,甚至在那里还有被人瞧不起的危险,一个游手好闲的人在

---

① 即规避法律的危险。
② 孟德斯鸠,《法的精神》,第十九章,第4、22页。

商人中间也是如此。

在绝大部分商品的价格中,最高的一般利润率,可能会吞噬全部应当支付的土地的地租,只剩下足以支付生产并将商品送入市场的劳动工资,并且是按照在任何地方所能支付劳动的最低比率支付工人的工资,而这仅够维持劳动者的生存。在工人有工作做时,必须总是设法支付养活他的工资,但是地主却不必总是得到支付。东印度公司的管事在孟加拉所进行的贸易,其利润离这个比率或许相差不是太远。

通常的市场利率与一般净利润率所应当保持的比例,必然随着利润的上升或下降而变动。在大不列颠,双倍于利息的利润算是商人们所称的良好的、适中的或合理的利润,我理解为,这意味着常见的一般利润。在一般净利润率为8%或10%的国家里,当业务需用借款进行时,利润的一半充当利息可能是合理的。资本的风险由借款人承担,似乎是借款人向贷款人对资本的保险;而在大部分的行业中,4%或5%的利润率,既足以承担这种风险的保险,又对运用这一资本所带来的麻烦给予足够补偿。但在一般利润率过低或过高的国家里,利息与净利润的比率可能就是不一样。如果一般利润率过低,或许利润的一半还不够支付利息;如果一般利润率过高,或许还要拿出更多的利润来支付利息。

在迅速走向富裕的国家里,在许多商品的价格中,低利润率可以补偿劳动的高工资,这就使得这些国家能同那些不大兴旺发达的邻国一样,以低廉的价格出售商品,其邻国的劳动工资可能较低。

实际上,高利润比高工资更容易抬高商品的价格。例如,如果在麻纺织业中,各类工人如洗麻工、纺麻工、织麻工等各工种工人的工资每人每天全都提高两便士,那么一匹麻布的价格所要提高的数目,只是用两便士乘以雇工的人数,再乘以他们的工作天数。商品价格中属于工资的那一部分,通过所有的制造阶段,只是按算术级数依次提高。但是如果这些工人的所有不同雇主的利润都提高5%的话,那么商品价格中属于利润的那部分,通过所有的制造阶段,就会按几何级数依次提高。洗麻工的雇主在出售原麻时,除了向工人垫支原料和工资的全部价值外,他还要求增添5%的利润率。纺麻工的雇主，除了垫支原麻价格和纺工的工资外，也要求增添5%的利润率。织麻工的雇主在垫支麻纱价格和织工的工资以外，也同样要求增添5%的利润率。在抬高商品的价格中，提高工资所起的作用与单利在债务积累中所起的作用相同①；而利润的提高则与复利所起的作用相同。我国的商人和制造业者常常抱怨，高工资在抬高价格中起了坏作用，以致他们的货物在国内外减少了销量，而他们对高利润的坏作用却只字不提。他们对自己得利的有害影响保持缄默，他们只对他人得利的有害影响抱怨。

---

① 根据这里提出的有关这个问题的观点，如果三个雇主在原料和工资上每人各支出100镑，利润首次增加5%，然后升至10%，完成的商品必然从331镑零3便士升至364镑2先令；反之，如果工资从100镑升至105镑，那么，商品价格将至升到347镑11先令3便士。这是假定要么利润意味着周转资本的利润而不是每年资本的利润，要么每个雇主只使其资本每年周转一次。然而，不管根据哪一个假定，显然"单利"很容易比"复利"更大。在刚才所举的例子中，我们使利润加倍，工资只增加1/20。如果使工资加倍，利润依然增加5%，则商品价格应从331镑零3便士升至662镑零6便士。

第十章 论工资和利润随劳动和资本的用途不同而不同①

在同一地区，劳动和资本在不同的使用中，有利也有弊，但是，从整体上说来，利弊要么必然完全相等，要么不断地趋向相等。如果在同一地区内，一种情况是，任何一种用途显然比其余的用途更为有利，那么许多人就会蜂拥而入；而另一种情况是，任何一种用途比其余的用途更为不利，那么许多人就会争相退出，以致这一用途不久就没有优于其他用途的地方了。至少在下面这种社会中的情形会是如此：那里一切事情都听任其自然发展，有完全的自由，每一个人都可以完全自由地去选择他认为合适的职业，并常常在他认为合适的时候改变自己的职业。每一个人的利益都会促使他去寻找最有利的用途，而避开最不利的用途。

诚然，在欧洲各地，根据劳动和资本的用途不同，货币工资和货币利润极为不同。但是这些不同的产生，部分是由于用途本身的某些情况，这些情况实际上或者至少是在人们的想象中，补偿了某些用途只能得到很小的货币利益，抵消了其他用途所得到很大的货币利益；部分由于欧洲的政策，在各地都不让任何事情完全地自由发展。

出于特别考虑这些情况和这一政策，本章分为两节。

---

① 本章的一般设计和其中的许多细节，无疑得自坎梯隆的启示，《论文集》，第一部分，第七章和第八章。

第一节 由于用途本身的性质所产生的不平等①

就我所能观察到的,使某些货币收益较少的职业得到补偿,使其他货币收益较多的职业受到抵消,有下列五种主要情况:第一种,职业本身的令人愉快或令人不愉快;第二种,这种职业的学习是容易还是困难、是便宜还是很费钱;第三种,这种职业的工作是稳定还是不稳定;第四种,从事这种职业所承担的责任是大还是小;第五种,在这种职业中是否有可能成功。

第一种,劳动工资随工作的容易或困难、清洁或肮脏、体面或不体面而有所不同。

在大多数地方,就一年而言,缝纫工比临时织工赚得少,因为他的工作比较容易。织工比锻工赚得少,因为他的工作并不总是容易做,但是干净得多。铁匠虽然是技工,但是他工作十二小时很少会赚到煤矿工人(一个普通劳工)八小时那么多,因为他的工作没有那么脏,也没有那么危险,而且是在白天、在地面上进行的。在所有体面的职业中,体面构成了报酬的一大部分。就金钱收入而论,把所有的事情都考虑在内,它们一般是报酬不足的,我将在下面说明这一点。不体面具有相反的效果。屠夫的工作是一种残忍和可憎的工作,但在大多数地方,这一工作比大部分的普通工作更为有利可图。在所有的职业中,最令人厌恶的莫过于公共刽子手,但是与其所完成的工作量相比,公共刽子手的报酬比任何普通行业的报酬都高。

在野蛮的社会状态下,狩猎和捕鱼是人类最重要的职业,它们

---

① 本书的导论和全书设计中的各段,只是一个头脑清晰的读者的预期,本章第一节的标题应当是"货币工资和货币利润的不平等只是抵消其他有利和不利方面的不平等"。事实上采用这个含糊的标题,是由于这一节将近有 1/4 是讨论在"完全自由"上面必须增加的另外三种情况,以便带来总的有利的和不利的平等。如果这种讨论放在开头的地方,本章就会简洁一些,但这或许只是事后聪明。

在进步的社会状态中变成了最令人愉快的消遣，过去是为了生存的必要而去从事，现在却是为了追求享乐。因此，在进步的社会状态下，从事他人为了追求消遣行业的人，全都是非常穷的人。自从忒奥克里托斯以来，渔夫们就是如此①的。在大不列颠，一个擅自进入他人产业的私猎者是一个非常穷的人。在法律严格禁止私猎者的国家，一个有执照的猎人处境也好不了多少。对于狩猎的天生爱好使许多人对此津津乐道，而不是以此过舒适的生活，并且总是把他们的劳动所得拿到市场上以极低的价格（相对于其劳动量而言）出售，以至于只够买到维持劳动者最贫困生活的生活资料。

不愉快和不体面像影响劳动工资一样，影响资本的利润。一个小客栈或小酒馆的店主从来不是自己店铺的真正主人，他常常遭受各种醉汉的野蛮对待，他的工作既不令人感到非常愉快，也不令人感到非常体面。但是很少有哪一个普通行业能像他们这样以小本资金赢得巨大利润。

第二种，劳动工资因职业学习的难易程度和学习费用的多少而不同。

在安装任何昂贵的机器时，人们必然期待，在机器损坏以前，能从它所完成的某些工作中收回花在机器上面的资本，至少还要有一般利润。可以把一个花费许多劳动和时间去接受教育，以便从事一种要求有特殊技巧和技术的职业的人，与这种昂贵的机器相比较。人们也必然会期待，他所学习的将来要去从事的工作的工资，要超过一般劳动的普通工资，才能补偿他所受教育的全部支出，至少还要带来同等价值的资本所能带来的一般利润。鉴于人类寿命的长短是非常不确定的，所以就必须在合理的时间内做到这一点，就像对机器的使用寿命更加肯定那样。

有技术劳动的工资和普通劳动的工资的差别，就是基于这个原理。

欧洲的政策规定，把所有机械师、技师、制造业者的劳动都看成是技能劳动，而将所有农村劳动者的劳动都看成是普通劳动。这

---

① 见《田园诗》第二十一章，它描写两个穷苦渔夫的生活。

一规定似乎假定，前者的工作在性质上比后者的工作更加精细、更加灵巧。在某种情况下事情或许是如此；但在大部分情况下事情却是完全不同，我将在下面逐一说明。因此，欧洲的法律和习俗，虽然在不同地方规定的严格程度有所不同，为了使某人有资格从事某种工作，要求他必须先当学徒。而每个人都可以自由参加农业劳动，不需要学习。在学徒期间，学徒的全部劳动所得属于他的师傅。在此期间，在许多时候，他的生活必须由父母或亲属来维持，并且必须由他们提供衣物。通常还须付给他师傅一些钱作为学徒费用。凡是出不起学徒费用的人，就得出时间，或其学徒年限比规定的通常学徒年限要长些。虽然这种考虑并不总是对师傅有利，但是，因为学徒通常喜欢偷懒，所以对学徒总是不利的。与其不同的农村劳动，劳动者在从事比较容易的工作的同时，就能学到他所从事的行业比较复杂的部分，而他自己的劳动也能维持其在自己职业不同阶段的生活。因此，欧洲机械师、技工和制造业者的工资比农村劳工的工资略高，这是合理的。由于他们得到了较高的工资，因此，他们的较高收入使他们在大多数地方被看成是地位优越的人。然而，这种优越性常常很小，在那些比较普通的行业中，如素麻或呢绒行业，在大多数地方，帮工的日工资或周工资与普通劳动者的日工资或周工资相差无几。诚然，他们的工资比较稳定和单一，而且他们的收入就全年来说，可能略为高一些。然而，似乎显然不足以补偿他们在接受教育时所支出的巨额资金。

精巧艺术和自由职业的教育更加冗长乏味和费用高昂。因此，画师和雕刻师、律师和医生的货币报酬应当①更加丰厚，而事实上也是如此。

资本的利润似乎很少受到学习这一行业的难易程度所影响。实际上，似乎在大城市里，通常运用资本的所有不同方式，几乎是同

---

① "应当"一词的意思，等于上段中所说的"是合理的"和第103页所说的"不仅要维持他在闲散时的生活"中的"要"。这个意思不一定是说一个人在教育上支出了许多就应得巨额报酬，这在伦理上是对的，但也只是说这在经济上是可取的，否则就会缺乏这样的人。

样容易学,也同样难学。无论是对外贸易还是对内贸易,不能说一个行业比另一个行业更为错综复杂而难以学习。

第三种,不同职业中的劳动工资,随工作的稳定或不稳定而有所不同①。

在某些行业的工作比在其他的行业里更为稳定。在大部分的制造业中,一个技工只要他能够工作,一年之中几乎每一天都肯定有工作可做。与之不同的是,一个泥瓦匠或砖匠,在冰冻或恶劣的气候下,就不能工作,而在所有其他时候,他的工作也要取决于顾客的偶尔需要,结果他常常是无事可做。因此,他在受雇时所赚得的钱不仅要能维持他在无活可做时的生活,而且要略微补偿他焦虑和沮丧的时刻,此时他想到那样一种不确定的情况有时必然出现。因此,大部分制造业者的收益与普通劳动者的日工资水平接近,泥瓦匠和砖匠的收益却要比普通劳动者的日工资水平高出一半到一倍。当普通劳动者每星期赚四五个先令时,泥瓦匠和砖匠一般赚到七八个先令;前者赚六个先令时,后者常常赚九个到十个先令;前者赚九个到十个先令时(如在伦敦),后者就赚十五个到十八个先令。可是没有哪一种熟练劳动会比泥瓦匠和砖匠的技能更容易学习了。据说,在夏季,伦敦的轿夫有时也受雇做砖匠的工作。因此,这些工人的高工资与其说是对他们技能的报酬,不如说是对他们工作不稳定的补偿。

一个造房木匠比起泥瓦匠来,他的行业似乎更为精细,更需要技巧。可是,在大多数地方(因为普遍情况并非如此),他的日工资似乎要低一些。因为他的工作虽然多少也取决于顾客的临时需要,但并不是完全依赖于此,而且也不受气候的干扰。

通常,当在某个地方的一些行业出现了行业不能提供的固定工

---

① 对这个标题的处理,如果一开头就区分"日工资"(下面一页提到)和年收益,就会清楚一些。论证第一段主张,不固定职业的年收益和日工资应当高一些,以便抵消在"焦虑和沮丧的时刻"的不利和压力。但在以后各段,这个主张不见了,讨论进行的要旨似乎是,尽管日工资不相等,但年收益还是相等的。

作时,工人的工资总是要大大超过它与普通劳动工资的正常比例。在伦敦,几乎所有的下层技工都是按天或者按星期被他们的雇主所雇用的,就像其他地方的日工一样。因此,在那里的最低级技工和裁缝,每天赚半个克朗*,尽管十八便士可以算是普通劳动的工资了。在小市镇和乡村里,裁缝的工资常常达不到普通劳动工资的水平,但在伦敦,他们常常许多星期无工可做,特别是在夏季。

当工作的不稳定与工作的艰难、不愉快和肮脏加在一起时,有时会使普通劳动的工资提高到最熟练技工的工资以上。在纽卡斯尔,按件计酬的煤矿工人的工资一般比普通工人的工资大约超出一倍,在苏格兰许多其他地方的工资大约超出普通工人工资的两倍。煤矿工人的高工资完全是由于他的工作的艰难、令人不愉快和肮脏程度所致。在大多数情况下,只要他愿意,他总是会有工作可做。伦敦运煤工的工作,几乎同煤矿工人的工作一样艰难、肮脏和令人不愉快,并且由于运煤船的到来无规律是不可避免的,所以他们之中大部分人的工作必然非常不固定。因此,如果煤矿工人一般赚普通劳动工资的两倍或三倍,那么运煤工人有时应该赚普通劳动工资的四倍或五倍就应看做是顺理成章的了。几年以前我对他们的状况进行了一次调查,发现按照当时他们所得到的报酬比率,他们每天能赚六至十先令。六先令大约是伦敦普通劳动工资的四倍,而在每一个具体行业中,最低的普通收入总是可以被看做是绝大多数人的收入。不管这种收入看起来是否丰厚,只要它超过了足以补偿这一行业上的种种令人不愉快的情况,不久就会有大量的竞争者涌入这个行业,因为没有哪一种行业拥有排他特权,从而使这一收入迅速降到较低的比率。

在任何一个行业中,资本使用的固定与否,不会影响资本的一般利润。资本的使用固定与否,不取决于这个行业,而取决于做这个行业的人。

第四种,劳动工资因工人必须为这个工作所担负的责任大小而异。

---

* 克朗是英国的银币,值 5 先令。——译者注

在各地，金匠和珠宝匠的工资都高于许多其他工人的工资，不仅其他工人的技巧与金匠和珠宝匠的技巧相等，有些还比他们更为高超，而这是由于金匠和珠宝匠所处理的材料十分贵重。

我们把自己的健康托付给医生，把自己的财富，并且有时还把自己的名誉和生命托付给律师或代理律师。这类事情不能随便托付给一个非常平庸或地位低微的人。因此，他们的报酬必须配得上他们在社会上所应有的且与这样一个重要地位相称的信任。他们在接受教育时所必须付出的长久时间和巨大费用，与上述情况结合在一起，必然进一步地提高他们的劳动价格。

当一个人在经营中运用的只是自己的资本时，没有所谓的信任问题；而他从其他人那里得到贷款的信用，不取决于他的行业性质，而取决于那些人对他的财产、他的正直以及他的谨慎态度的看法。因此，在不同的行业部门中的不同利润率，不是由于对经商人信任的不同程度所导致。

第五种，不同职业中的劳动工资因其有无成功的可能性而有所不同。

任何一个人在其所受教育中能否取得就业的资格，不同的职业有非常大的不同。在大部分机械行业中，成功几乎是肯定的；但在自由职业中，其成功与否则难以肯定。让你的儿子去当鞋匠铺的学徒，他无疑能学会制鞋；但是送他去学法律，他能精通法律并能以此为生的机会至多只有1/20。在一种完全公平的彩票中，中奖人的所得应当是没有中奖人所失的全部。在一个有二十个人失败而只有一个人成功的职业中，那个成功的人应当得到那二十个失败的人所应得的全部。一个法律顾问，在年近四十岁的时候，才开始从他自己的职业中有所收获，他所应当得到的报酬，不仅有他自己在漫长教育中的昂贵支出，而且还有绝不可能通过这一职业获得分文的其他二十多个人的所得。不管法律顾问收取的费用有时看起来是多么贵得惊人，但是他的实际报酬永远达不到这个数目。算一算在任何一个地方和在任何一个行业中，所有工人的年收入是多少，而他们每年的支出又是多少，你会发现，他们收入的总数通常都超过他们支出的总数。但是，如果你对所有的法律顾问和在伦敦四个律师培训机构的法律学生做同样的计算,你就会发现,他们的年收入只占他们年支出的很小一部分,即使你把他们的年收入算得高些,把他们的年支出算得低些,结果也是一样。因此,法律的不可靠性,绝不是一种回报完全公平的职业。而律师这一行业,还有许多其他自由的、受到尊敬的职业,就金钱收入来说,显然其报酬是不能补偿他们实际的付出的。

然而,这些行业却依然和其他的职业保持相同的水准,尽管有上述种种令人沮丧的事情,但所有那些慷慨大度和不存偏见的精英们却渴望进入这些行业。有两种不同的原因使这些行业具有吸引力。第一,对名望的渴求,在这些行业中的任何一个行业里,获得卓越的成就会名声遐迩;第二,每个人都或多或少地天生对自己的能力和对自己的前途报有信心。

如果在一个只有少数人才能达到中等水平的职业中出类拔萃,那就是所谓的天才或具有卓越才能的最具有决定意义的标志。公众对这种卓越才能的赞誉,总是构成从事该职业报酬的一部分,报酬的高低视成就的大小而定。这也是构成医生这一职业报酬高的大部分原因;在法律界,这是更大的一部分原因;对诗人和哲学家来说,这几乎是全部原因。

有一些非常令人愉快的和优美的才能,其拥有者应当得到某种赞赏,但是为了利益而施展这种才华,不管是出于理性,还是出于偏见,都被认为是出卖色相。因此,对于以这种方式表现其才华的人的金钱报酬,必须既要足以补偿在获取这种才能时所耗费的时间、劳动和金钱,还要足以补偿运用这种才能作为谋生手段时所蒙受的屈辱。演员、歌唱家、舞蹈家等,所获得的高额报酬就是基于这两个原则:才能的稀缺和美妙;以这种方式运用才能的耻辱。我们一方面鄙视他们的人品,另一方面对他们的才能又给予最丰厚的报酬,乍看起来似乎是荒谬的。然而,虽然我们这样鄙视,我们还必须给予他们最丰厚的报酬。如果公众舆论对这类职业的态度或偏见有所改变的话,那他们的货币报酬很快就会减少。更多的人会要求从事这些职业,竞争会迅速降低他们的劳动价格。这类才能虽然远远不是普通人所具备的,但也决不像人们所想象的那么稀有。许多人拥有这种完美无缺的才能,但却鄙视以这样的方式展示这一才能;还有许多人有能力去获得这一才能,如果可以通过体面的运用能有所收获的话。

大多数人对他们自己的才能过于自负,这是在任何年代的哲学家和道德学家所说的古老的坏毛病。而大多数人对自己好运的荒谬臆断,却很少被人注意到。然而,如果可以这样说的话,这一点较为普遍。任何一个活着的人,只要他还算健康和有精神的话,就都会如此。每个人都或多或少地过高估计了获取的可能性,而大多数人都低估了失去的可能性,并且几乎没有哪一个具有健康和精神的人,对于损失的可能性作出正确的估计。

我们从发行彩票的普遍成功可以看出对获取机会的自然而然的过高估计。世界上从来也没有过,将来也绝不会有完全公平的彩票,也不会有全部所得足以补偿全部所失的彩票,因为这样一来经营彩票的人就捞不到什么了。在国家经营的彩票中,奖券实际上并不值最初购买人所付的价钱,在市场上,通常会按超出实际价格的20%或30%,有时甚至是40%的价格出售。获得某种大奖的微小希望是产生这种需求的唯一原因。头脑最清醒的人也很少会把花很少的钱去得到获取十万或二十万英镑的机会看做是蠢事,虽然他们也知道,即使是这很少的钱,或许也比这一机会价值多20%或30%。在奖金不超过二十英镑的彩票中,虽然在其他方面比普通的国家彩票更加接近完全的公平,对彩票的需求却是不同的。为了有更好的机会得到某种巨奖,有些人便会购买几张彩票,而另一些人则会购买更多的小面额彩票。可是,你买的彩票越多,你就越可能成为一个希望落空的人,在数学上没有哪一条规则比这一条更确定的了。把你的钱投在彩票上,你肯定要损失这些钱,你买彩票的数目越多,你离希望落空就越近。

从保险人非常微薄的利润中,我们可以看出损失的机会常常会被估计过低,很少估计得比实际损失的价值高。为了给一宗贸易投保火险或海险,通常的保险费必须足以偿付一般的损失,足以支付管理费用,还必须足以提供一定的利润,其数额与同等资本在任何普通贸易中的所得相当。只支付这个数额的人显然所付的只不过是风险的实际价值，或从投保中所能期望的只是最低价格。但是，虽然许多人通过经营保险业赚了一点小钱，却很少有人能发大财。单从这一点考虑，就看得很明白，一般的利润与损失的平衡在这一行业里没有多大的优势，不如其他使许多的人发财的普通行业。可是，虽然保险费的金额一般不大，许多人却轻视这种风险，而不愿意支付保险费。拿整个王国的平均数来看，二十所房屋中有十九所房屋不保火险，或者说，99%的房屋不保火险。海上风险对大多数人都更加可怕，投保船只与未投保船只的比例还要更大些。然而，许多船只在任何时候，甚至在战时，也不买保险。有时这样做或许并非由于轻率。当一家大公司，甚至是一个大商人，在海上有二十或三十艘船的时候，这些船只相互保险。由此而节省下来的全部保险费，足以补偿在普通情况下可能遭受的损失且还有余。可是，忽视运输险也像忽视房屋险一样，在大多数情况下，不是出于上述精明的计算，而只是出于粗心大意和轻率地藐视风险。

在人的一生中的青年时期选择自己职业的时候，最容易藐视风险，而对成功却寄予厚望。人们在这个年龄段，对厄运的恐惧是多么不足以抵消对好运的希望，从普通人民随时准备登记当兵或去海上，从境况优越的人迫切要求从事所谓的自由职业中就可看得更加明白。

一个普通士兵可能会丧失什么，这是十分显而易见的。然而，青年志愿者不顾危险，在一场新的战争开始的时候踊跃报名，尽管升迁的机会渺茫，但在他们自己的梦想中，却能描绘出千百种的获得荣誉和名声的机会，而这种机会是永远不会出现的。这种渺茫的希望就是他们热血和激情的全部价格。他们的报酬不及普通劳动者的报酬，而在实际服务中，他们的辛劳却要大得多。

海军的彩票不完全像陆军的彩票那么不利。一个值得称赞的劳动者或技工的儿子常常是在得到父亲的同意后去参加海军的；如果他要去参加陆军，却总是得不到他父亲的同意。其他的人都认为他参加海军会有获得某种成就的机会，除了他自己以外，没有人认为他会从参加陆军中得到什么。陆军上将比海军上将更加受到公众的敬仰，而在海军服役中取得的最大成功与在陆军服役中所取得的同等成功相比，在名利两方面都不及在陆军中服役那么辉煌。在两个兵种中，所有的下级职位之间都存在这种差别。根据等级的规定，一个海军上校同一个陆军上校属于同一个级别，但在普通人的心目中，前者却比不上后者。由于在彩票中，大奖的数目较少，所以小奖的数目必定较多。因此，普通的水兵常常比普通的陆军士兵能得到一些好处和升迁，而获得这种奖赏的希望，就是海军具有吸引力的主要原因。虽然水兵的技能和熟练程度几乎优于任何一种技工，虽然他们的全部生活一直处于艰难和危险的境地，但是，尽管有这种技能并且这种技能也相当熟练，尽管有这种艰难和危险，但只要他们的地位还是一个普通的水兵，他们所得到的报酬，就只是在发挥自己的技能长处、在克服那种艰难和危险中所得到的快乐之外，就几乎没有其他的了。他们的工资不比在港口工作的普通劳动者的工资高，港口工人的工资影响水兵的工资率。由于水兵不断地从一个港口驶向另一港口，所以往来于大不列颠所有港口水兵的月工资与这些港口工人的工资大体上处于同一水平；而绝大多数往来于伦敦港的港口工人的工资率都影响所有其他港口工人的工资。在伦敦，绝大部分不同工种工人的工资，约为爱丁堡各工种工人工资的两倍。但是从伦敦港出航的水兵每月的薪水，只比从利斯港出航的水兵多三四先令，而且差别还没有这么大。在和平时期的商业航运中，伦敦的价格为每月一个基尼到大约二十七先令。伦敦的一个普通劳动者，按每星期九到十先令计算，每月能赚四十至四十五先令。当然，水兵除了薪饷之外，还有食品供给。但是，食品的价值或许不是总能超过他的工资与普通劳动者的工资的差额的；即使有时超过，这也不是水兵的净收益，因为他无法和妻子儿女分享这些食品，他必须用自己的工资去供养他的家人。

危险和九死一生的冒险不但不使青年人望而生畏，反而常常使这样一种职业成为他们首选的职业。一个生活在下层社会里的慈爱的母亲，常常不敢把自己的儿子送往海口城市的学校去上学，因为担心她的儿子见到船舶及听到海员们的谈话和他们的冒险故事，从而诱使他去海上。就普通职业来说，我们可以希望人们凭勇敢和本领去摆脱远在未来的危险，这对我们来说，或许不是件不愉快的事情，但这并不能提高职业的劳动工资。但在勇敢和机智都不起作用的职业里，情形就有所不同。在众所周知的无益于健康的行业里，劳动工资总是非常之高。不利于健康是一种令人不愉快的事情，它对劳动工资的影响应当归到那个题目下面去讨论。

在资本的所有各类用途中，一般利润率或多或少随着收益的确定与不确定而异。一般说来，这种收益，国内贸易比对外贸易较为确定，在对外贸易中，某些部门比另外部门较为确定，例如，对北美的贸易比对牙买加的贸易较为确定。一般利润率总是随着风险而或多或少地有所上升。可是，它的上升并不与风险成比例或可以完全补偿风险。在最危险的行业中，破产是最常见的事。在所有行业中，最危险的行业是偷运，虽然冒险成功后其获利是最大的，但是，这将必然走向破产的道路。成功的奢望在这行业里也像在所有其他行业里所起的作用一样，诱使许多冒险者从事这个危险行当，而他们的竞争使得他们的利润降低到只够补偿风险的水平以下。为了完全补偿风险，一般的收益不仅应当足以弥补所有偶然的损失，而且要能为冒险者提供剩余利润，其性质与保险人的利润相同。但是，如果一般收益足以支付所有这一切的话，在这种行业中的破产也就不会比在其他行业中的破产更常见了①。

由此可见，左右劳动工资差别的五种情况，只有两种情况会影响资本的利润：业务的令人愉快或令人不愉快；伴随业务的风险或安全。就愉快或不愉快而论，在绝大部分的资本用途中，差别很少或根本没有差别，但在劳动的就业中则有所不同。资本的一般利润虽然随风险而上升，但并不总是成比例而上升。由此可以得出结论，在同一社会或地区中，资本不同用途的平均或一般利润率，比起各种劳动的货币工资来，应当更加接近于同一水平。事实上也正是这样。普通劳动者的收益与一个生意兴隆的律师或医生的收益差别，显然应当大于两个不同行业利润之间的差别。此外，不同行业利润的表面差别，通常都是一种错觉，是由于我们并不总是能够区分什么应当算做工资，什么应当算做利润。

---

① 破产的频繁可以由巨大利润的所抵消，这一事实被忽略了。

第十章 论工资和利润随劳动和资本的用途不同而不同

药剂师的利润,这个词已经成为形容某种特殊的、不一般的事物的别称。可是,这种表面上的巨大利润,往往只不过是合理的劳动工资而已。药剂师的技能比任何工匠的技能都更为细致、精湛,而赋予他的信任也更为重要。在所有的情况下,他不但是穷人的医生,而且当痛苦或危险不是很大时,也是富人的医生。因此,他的报酬应当与他的技能和应给予他的信任相称,而且,他的这一报酬一般是来自于他所出售的自己药品的价格。但在大商业城市里,一个生意兴隆的药剂师,在一年之中所售出的全部药品,也许他的花费不过三十或四十英镑。因此,虽然他可以把这些药品以300%或400%,甚至1000%的利润售出,但往往也只不过是他合理的劳动工资而已。而以利润加在他的药品价格上面,是他获得其工资的唯一方式,绝大部分的表面利润是披着利润外衣的真实工资。

在一个小的海港城市①,一个小杂货商人仅仅一百英镑的资本就能赚到40%或50%的利润,而在同一个地方的大批发商人,他即使用一万英镑的资本也很少能赚到8%或10%的利润。杂货商的行业对于当地居民的方便是必不可少的,而市场的狭窄可能不容许在这一行业里使用更大的资本。然而,这个商人不仅必须靠他的杂货铺来维持生活,而且他还必须具备与之相称的资格。除了拥有小额资本之外,他必须能读、能写、能算,还必须勉强能判断或许有五六十种不同的货物的价格、质量以及用最贱的价格去采购它们的市场。总之,它必须具有一个大商人必须具备的全部知识,除了缺乏足够的资本以外,没有别的东西能阻止他成为一个大商人。对于一个具有这种本领的人来说,一年三四十镑不能算作是过高的报酬。把这种报酬从他的表面上很高的资本利润中扣除,剩下的或许就只不过是一般的资本利润了。在这种场合,表面利润的大部分也是真实工资。

零售贸易的表面利润与批发贸易的表面利润之间的差别,在大都市比在小城镇和乡村要小得多。在零售业能使用一万英镑的地方,零售商的劳动工资对于这样巨额资本的真实利润来说,只是微不足

---

① 斯密心中的这个城市,无疑是刻卡尔迪。

道的小数目。因此,富裕零售商的表面利润几乎与批发商的表面利润处在同一水平上。正是由于这个缘故,零售商在大都市所出售的商品和在小城镇与乡村所出售的商品,往往不仅仅价格同样低廉,而且常常要便宜很多。例如,杂货店里的商品通常更便宜些,面包和肉类常常也很便宜,因为把这些货物送到大城市的费用不比送到乡村的费用更高。但是运送谷物和牲畜的成本却要高得多,因为大部分的这类货物必须从比较远的地方运来。所以,杂货的原始成本在两地的价格都是一样的,因为货物在利润收取最小的地方它们的价格也就最便宜。面包和肉类的原始成本在大城市比在乡村高,因此,虽然在大城市的利润较小,但是它们的售价却并不总是比在乡村便宜,而常常是以同样低廉的价格售出的。就类似面包和肉类这些商品而言,同样的原因减少了表面利润,增加了原始成本。由于市场范围大,需要运用较大的资本,因而减少了表面利润;但由于所供货物需要来自较远的地方,因而增加了原始成本。在大多数情况下,这种一方面的减少和另一方面的增加,似乎可以彼此抵消,这或许是发生下述情况的原因——虽然谷物和牲畜的价格通常在王国的不同地区有很大差别,但面包和肉类的价格则在王国的大部分地区通常十分接近。

虽然,在大都会,批发贸易和零售贸易的资本利润通常比在小城市和乡村的小,但是在大城市常常投资很少就可以发大财,而在小城市和乡村则很少会发大财。在小城市和乡村里,由于市场范围狭小,贸易不能总是随着资本的扩大而扩大。因此,在这种地方,虽然某一个人的利润率可能很高,利润总额却决不会很大,因而他每年的积累也不会很大。相反,在大城市里,贸易可以随着资本的扩大而扩大,一个节俭和生意兴隆的人的信用的增加会比他的资本的增加快得多。他的生意与信用和资本按比例地扩大,而他的利润总额又和他生意的规模保持着一定的比例。然而,即使是在大城市里,任何一个正规的、稳定的并且众所周知的商业部门发大财的机会也是很少的,发大财的人大部分都是整个一生都勤勤恳恳、精打细算和十分敬业的人。诚然,在这些所谓买卖投机的行业里,有时可能一夜暴富,因为投机商人并不经营正规的、稳定的和众所周知

第十章 论工资和利润随劳动和资本的用途不同而不同

的行业。他可能今年是谷物商人,明年是葡萄酒商人,后年又是食糖商人、烟草商人或茶叶商人。当他预见到某一行业可能比一般行业利润更高时,他就进入那个行业;当他预见到那个行业会落到与其他行业同一水平时,他又离开那个行业。因此,他的利润和亏损,不能与任何一个稳定和众所周知行业的盈亏经常保持某种比例。一个大胆的冒险者有时通过两三次成功的投机买卖,就能发大财。但是,两三次不成功的投机也同样可以使他失掉他的财产。这种生意只有在大城市才能做,只有在商业和通讯最发达的地方才能获取做这种生意所要求的信息。

上述五种情况,虽然在劳动工资和资本利润中造成很大的不平等,但在劳动和资本的不同用途中,就总体的有利和不利(无论是真实的抑或是想象的)来说,并没有造成任何的不平等。这些情况的性质是:在某些货币的用途中得到少量金额的补偿,而在其他巨额货币的用途中,其利弊相互抵消了。

但是,为了使有利和不利在总体上趋于平等,即使在具有最完全自由的地方,也有三件事情是必要的。第一,在一个地方,劳动和资本的用途是众所周知的和长期稳定的;第二,这些用途必须处于它们的普通状态,或者可以说是处于它们的自然状态;第三,这些用途必须是它们使用者唯一或主要的用途。

第一,这种平等只有在当地众所周知的并且已经稳定的用途中才能产生。

在所有其他情况相同的地方,在新行业中一般比在旧行业中的工资高。当一个设计师试图开办一种新的制造业时,他首先必须用较高的工资把工人从其他的行业中吸引过来,这种工资必须高于他们原来行业的工资,也必须高于他所开办的企业中工作性质相同的工作的工资,而且必须要经过很长时间他才有可能将其降低到一般工资的水平。需求完全源于时尚和想象的制造业,是在不断的变化之中,很少能长久维持到被看做是稳定的老制造业。相反,需求主要是源于使用性或必要性的制造业就不大容易有变化,相同的形式或结构可能在几个世纪中不断为人们所需要。因此,劳动工资在前一种制造业中可能要比在后一种制造业中要高一些。在伯明翰的制造业主要是前一种制造业,在设菲尔德的制造业主要是后一种制造业;并且,在这两个不同的地区,据说劳动工资的不同与它们各自的制造业在性质上的不同而相称。

建立任何一种新的制造业、新的商业或新的农业的做法永远是一种投机,投机人期望从中而获得特别的利润。这种利润有时很大,有时则往往或许并不是很大;但是一般说来,它与该地区其他老行业的利润并不保持一定的比例。如果投机成功,通常利润在最初很高;而当行业或做法完全稳定并为众所周知时,竞争就会将利润降到其他行业的水平上。

第二,劳动和资本的不同用途在总体上有利和不利的平等,只有在这些用途处于普通状态或者可以说是处于自然状态时才能实现。

对几乎每一种不同劳动的需求,有时比通常需求大一些,有时又比通常需求小一些。在比通常需求大的情况下,工作的有利之处高于普通水平;而比通常需求小的情况下,工作的有利之处则降到普通水平以下。在割干草和收获的时候,对乡村劳动的需求比在一年中的其他大部分时间里更大,而工资则随着需求上升。在战时,当四五万海员被迫离开商业领域而为国王服役时,对商用船舶海员的需求必然由于短缺而上升,而在这种情况下,他们的工资一般会从每月一个基尼二十七先令升到四十先令三英镑。相反,在一个日趋衰落的制造行业中,许多工人不愿离开他们原来的行业,宁愿接受较少的工资,而这一工资与他们工作的性质并不相称。

资本的利润随着使用资本所生产的商品价格的变化而变化。当任何一种商品的价格升至普通或平均率以上时,至少用来将商品送入市场的一部分资本会使利润升至利润的正常水平以上,而当价格下落时利润则降至正常水平以下。所有商品的价格都或多或少会有所变化,但有些商品的价格比其他商品的价格变化更大一些。在所有由人类劳动生产的商品中,每年对劳动的使用数量必然会受到每年劳动需求的影响,使每年的平均产量尽可能地与每年的平均消费量相等。上面已说过,在有些行业里,相同的劳动数量总是生产出相同的或几乎相同的商品数量。例如,在麻纺织业或毛纺织业中,同样多的人手每年会生产出大致相同数量的麻布和呢绒。因此,这类商品市场价格的变动，只能是由于某种偶然事故所造成需求的变动，一次国丧会抬高黑布的价格。但是，由于对大多数种类的素色麻布和呢绒的需求极为相同，所以它们的价格也相差无几。但在一些其他的行业里，等量的劳动并不总是生产出等量的商品。例如，在不同的年份，等量的劳动会生产出数量非常不同的谷物、葡萄酒、啤酒花、食糖、烟草等。因此，这类商品的价格不仅随着需求的变化而变化，而且随着生产数量发生更大、更经常的变化，因而波动性极大。但是有些商人的利润必须随着商品价格的变动而变动。投机商人所经营的主要是这类商品。当他预见到一些商品的价格可能会上升时，就尽力买进；当预见价格可能下降时，就会尽力卖出。

第三，劳动和资本的不同用途在总体上有利和不利的平等，只有在这种用途是使用者唯一或主要的用途时才能实现。

当一个人靠一份工作谋生，而这份工作又不占用他的大部分时间时，在闲暇的时候，他常常愿意去从事另一份工作，其工资报酬可以少于和这份工作性质相称的工资。

在苏格兰的许多地区，仍然有一种称为佃农的人，虽然现在从事这一职业的人没有若干年以前常见。他们类似于地主和农场主的外仆。通常他们从主人那里所得到的报酬是一所房屋、一小块菜地、能够养活一头牛的青草，或许还有一两英亩不好的耕地。当他们的主人偶尔需要他们的劳动时，他还会另外每周给他们两配克（两加仑）燕麦，约值英币十六便士。在一年的大部分时间里，主人很少需要或根本不需要他们的劳动，并且耕种一小块土地也占用不了由他们自己所支配的全部时间。这种佃农的人数过去比现在多，据说他们愿意利用自己多余的时间为任何人工作，并且愿意收取比其他劳动者工资少的报酬。在古代的欧洲，似乎到处都可以见到这类佃农。在耕作不良和人口稀少的国家里，大多数地主和农场主，无法雇用到额外的人手，在一定季节里，是需要有额外人手做这些田间劳动的。这种劳动者偶尔会从他们的雇主那里得到按日或按周计算的报酬，显然不是他们劳动的全部价格。他们的小块租用地构成了他们劳动价格的大部分。可是，许多学者似乎把这种每日或每周的报酬看成是他们劳动的全部价格，这些学者搜集了古代的劳动和食物的价格,并且欣慰地宣称这两种价格都异乎寻常的低。

这种劳动所生产的产品在市场上的售价,通常比其价格性质所要求的要低。在苏格兰的许多地区编织的长袜要比在任何地方用织机织出来的长袜要便宜得多。这些袜子就是这类佣工和劳动者的产品,他们从一些其他工作中获取自己大部分的生活资料。每年从设德兰运到利斯的长袜有一千多双,每双的价格为五便士至七便士。在设德兰群岛的小首府利尔维克,我听说普通劳动的一般工资是每天十便士。在这些岛屿上,他们编织的毛袜价值为每双一基尼以上。

在苏格兰,麻纺纱与编织长袜的方式大体相同,主要由受雇于其他目的的佣工来做。他们赚得的生活资料非常少,企图靠这两种工作维持自己的全部生活。在苏格兰的大部分地区,每星期能赚到二十先令的妇女就是一个好纺工。

在富裕的国家,市场一般十分广阔,从事任何一种行业的人的全部劳动和资本都能在这一行业中得以充分运用。在穷国,靠一份工作生活的同时,又从另外一份工作中获得微小收入的人比比皆是。然而,下面多少与之相似的事情却发生在一个非常富有国家的首都。我相信,在欧洲没有哪一个城市的房租比伦敦的房租还贵,但是我也知道,在任何的首都,都不可能租到一套布置整齐的房间,而且其租金比伦敦这类房屋的租金更便宜。伦敦分租住房的租金不仅比巴黎便宜得多,而且就同等质量的房间而言,伦敦分租住房的租金也比爱丁堡的便宜得多。令人看起来似乎很奇特的是,房屋租金的昂贵正是分租房间租金便宜的原因。伦敦房屋租金的昂贵,不仅是由于在所有大都会造成房租昂贵的原因所致,即劳动贵、建筑材料贵(一般须从遥远的地方运来),尤其是地租贵(每个地主都是一个垄断者,常常对城市的一英亩坏土地都要索取比乡村一百英亩最好土地更高的租金),而且部分上也是由于人们特殊的风俗和生活习惯,迫使每位一家之主必须租用从顶层到底层的整栋房屋。英格兰的一所住宅意味着同一个屋顶之下的所有东西,在法国、苏格兰以及欧洲的许多其他地区,这常常只意味着单独的一座楼房。在伦敦的商人不得不在其顾客所居住的地区租用一整栋房屋,他的店铺设在底层,他和他的家人住在顶楼上,把中间两层租给寄宿的人,用以支付他的部分房租。他期望靠他的生意来维持其家庭的生活，而不指望用分租的租金来养活他的家庭。而在巴黎和爱丁堡，把房间租给房客的人，一般没有其他的生存手段，房间出租的价格不仅要用来支付房租，而且还需支付他的一家人全部的生活费用。

第二节　由于欧洲的政策所造成的不平等

即使在具有最完全自由的地方，由于上述三个条件中的任何一个条件都有缺陷，都可能造成劳动与资本在不同用途中总体上有利和不利的不平等。但是欧洲的政策，由于不允许事物处于完全的自由状态，也产生了其他更为重要的不平等。

它主要是通过下列三种方式造成这些不平等的。第一，限制参与某种行业竞争的人数，使其从业人数少于不加限制时准备进入这些行业的人数；第二，在其他行业中，使其从业人数增加到超过自然进入这些行业的人数；第三，阻止劳动和资本从一个行业到另一个行业、从一个地方到另一个地方的自由流通。

第一，欧洲的政策通过限制某些行业中的竞争人数，使其从业者的人数少于不加限制时准备进入这些行业的人数，从而造成劳动和资本在不同用途中总体上有利和不利的严重不平等。

达到这一目的的主要手段，就是同业公会的专有特权。

一个有同业公会组织的行业的专有特权，必然会限制其所在城市中该行业的竞争，只有那些享有本行业自由的人才可以从事这一行业。一般获得这种自由的必要条件是，在该市跟一个有资格的师傅当过学徒。同业公会的规则，有时规定任何一个师傅准许带的学徒人数，并且几乎总是规定每一个学徒必须做满的学习年限。两种规定的目的都是限制竞争，使其从业人数少于不加限制时准备进入这些行业的人数。限制学徒人数是直接的限制方法，规定很长的学徒年限是比较间接的限制方法，但是由于增加了教育支出，其方法也同样有效。

在设菲尔德，同业公会的规则规定，一个刀具工匠师傅在一个时期内只能带一个学徒。在诺福克和诺利奇，一个纺织工匠师傅只能带两个学徒,违规者每月向国王交纳五英镑的罚款。在英格兰的任何地方,或在英格兰殖民地,一个制帽工匠师傅只能带两个学徒,违规者每月罚款五英镑,罚款的一半交国王,一半交给在任何一个法庭进行投诉的人。这两项规定虽然由王国的一项公法加以确认,但显然是受了制定设菲尔德规则的同一个同业公会精神的驱使。伦敦的丝织工匠组织其同业公会成立还不到一年,就制定了规则,限制师傅在一个时期内只能带两个学徒。国会通过一项特别法案,才撤销了这个规则。

在整个欧洲,在大多数有同业公会组织的行业中,七年似乎就是历年所规定的学徒年限。所有这些同业公会旧时称之为大学,这的确是任何一种工业组织合适的拉丁名称。铁匠大学、裁缝大学等,常常在古代城市的古老宪章中见到。当现在特别称之为大学的某些特别同业组织在最初建立时,为了获得文学硕士学位所必须学习的年限,显然似乎是从一般行业的学徒年限抄袭来的,因为一般行业的同业组织要古老得多。就像在一般行业中任何人必须在一个有资格的师傅手下工作七年才能成为师傅并能带学徒一样,一个人也必须在一个有资格的师傅(老师)手下学习七年,才能在文理科中成为一个师傅、教师或博士(这些词在古代都是同义词),并且可以有学生或学徒(这些词在古代也是同义词)跟他学习。

在伊丽莎白五年颁布的一般称作《学徒法》的法律中①,规定一个人要想将来从事当时在英格兰开设的手艺、工艺或技艺,就必须至少先当七年的学徒;以前是许多同业公会有自己的规则,现在则变成了在英格兰所有行业中的普遍的和公共的法律。虽然法律的文字很笼统,似乎包括了整个王国在内,但根据解释,其效力只限于城市。而在乡村,一个人可以从事几种不同的行业,尽管他在哪一个行业里都没有做过七年学徒,不过为了居民的方便,必须有这样的人口,而且这类人口数量不多,不足以为所有行业提供足够的人手。

根据对文字的严格解释,这项法律的效力只限于在伊丽莎白五

---

① 第4号法律第31条。

年以前已经在英格兰确立了的行业,从来没有波及在此之后新建立起来的行业。这种限制引起了几种区别,这些区别从治安规则的角度来看,似乎是超乎想象的愚蠢。例如,曾经判定,一个马车制造者不许自己制造车轮,也不许雇用帮工去制造车轮,他必须从车轮制造商那里购买车轮,因为车轮制造行业在伊丽莎白五年以前就已经在英格兰存在。但是一个车轮制造师,虽然从来没有做过马车制造师的学徒,却可以自己制造或雇用帮工制造马车,因为马车制造师的行业不在这项法律的规定范围之内;在制定这项法律时,英格兰也还没有马车制造业。曼彻斯特、伯明翰和伍尔弗汉普顿的许多制造业也是因为这一缘故,就不属于在该法律规定的范围内所限制的行业,因为这些行业在伊丽莎白五年以前还不存在于英格兰。

在法国,学徒年限在不同的城市和不同的行业里彼此有所不同。在巴黎,五年是大多数行业所要求的学徒年限,但是,任何人在获得师傅资格来从事这一行业以前,他必须在许多行业中当五年的帮工。在此期间,他被称为自己师傅的伙伴,而这个期限本身被称之为他的合作期。

在苏格兰,没有统一的法规规定通常的学徒年限,不同的同业公会有不同的规定。在学徒期限长的地方,一般可以通过缴纳小额罚金补偿一部分。在大多数城市里,还可以通过缴纳非常小的罚款来购买参加任何一同业公会的自由。亚麻布和大麻布(苏格兰的主要制造业)的织造师,以及附属于他们的所有工匠,如车轮制造师、纺车制造师等等,可以不缴纳任何罚金就能在任何自治城市里从事本行业,在所有的自治城市里,所有人都有在每周的法定日子里出售肉类的自由。学徒的一般年限在苏格兰是三年,即使是在某些非常精细的行业里也是如此。一般说来,我不知道欧洲还有哪个国家同业公会的法律是这样不严格的。

每一个人对他自己劳动的所有权是所有其他财产权的原始基础,是最神圣和不可侵犯的。一个穷人的世袭财产,就是他双手的力量和技巧,阻止他用他认为合适而又不伤害他邻居的方式去运用他的力量和技巧,显然是对他最神圣的财产权的侵犯。这是对工人及对可能有意雇用他的人的正当自由的明显侵犯。这一方面妨碍了工人按照他认为合适的方式去工作，另一方面又妨碍了其他人按照自己认为合适的方式去雇用他。对于雇用他是否合适的判断，肯定应当由与其有重大利害关系的雇主去裁夺。法律制定者假装担心他们雇用了不合适的人，显然是既无礼而又苛刻的。

规定很长的学徒年限，不能保证不合格的制造品不会常常在市场上出售。当出现这种产品时，一般是由于欺诈行为，而不是由于缺乏能力，最长的学徒年限也不能保证不出现欺诈行为。必须有非常不同的法规来防止这一弊端。器皿上的纯度标志，麻布和呢绒的检验印记，比任何的学徒法规都更能使购买者放心。人们一般只看这些标记，从来不会想要去过问制造工人究竟有没有做过七年的学徒。

规定很长的学徒年限，也无助于培养年轻人的勤劳习惯。一个按件计酬的帮工可能是很勤奋的，因为他从自己的勤劳中获得了全部好处。一个学徒可能是偷懒的，并且几乎总是在偷懒，因为不偷懒对于他来说并没有直接的利害关系。在低级的职业中，劳动的快乐全在于获得劳动的报酬。凡是能够最快地享受劳动快乐的人，也是能够最快地对劳动产生兴趣的人，并且是能早日养成勤劳习惯的人。一个年轻人在长时间内不能从劳动中得到好处，自然会对劳动产生厌恶。由公共慈善团体送去当学徒的儿童，一般的学徒年限都比通常的学徒年限长，其结果是他们一般都变得非常懒惰和毫无用处。

古代人对学徒制度一无所知。在每一部现代法典中，师傅和学徒的相互义务都占据了很大的篇幅。《罗马法》对这种义务却只字未提。我不知道在哪一部希腊文或拉丁文著作中曾表达了与我们现在所称"学徒"一词的概念：一个佣工在一定的年限内，约定在某一个行业里，为了师傅的利益而劳动，其条件是他的师傅将教他学习这个行业。

长期的学徒年限完全是没有必要的。比普通行业高超得多的技艺，如钟表制造，并不包含要求长期讲授的秘诀。诚然，这类美妙机器的首次发明，甚至是那些用来制造钟表的工具的发明，无疑是深刻思维和长期试验的结果，可以理所当然地被看做是人类才智最

第十章 论工资和利润随劳动和资本的用途不同而不同

可喜的努力结果。但是,当这两样都已经被发明出来并成为众所周知的事实的时候,要最详尽地向年轻人解释如何发明和运用这些工具以及如何制造钟表,只需上几个星期的课就可以做得到,或许上几天课也就足够了。在普通的机械行业中,上几天的课肯定就够了。诚然,即使在普通行业中,不经过长期的实践和经验,也难于获得双手的灵巧。但是,如果一个青年一开头就作为一个帮工来工作,按他所完成的少量工作得到相应的报酬,有时对他由于笨拙和缺乏经验而损坏的原料负责赔偿,那么,他就会更加勤勉,更加用心地来操作。用这种方式,对他的教育的结果一般会更加有效,并且总是不那么令人生厌和费钱。诚然,师傅会遭受损失,他会损失一个学徒现在所节省的七年的学徒工资;或许到头来,学徒自己也会遭受损失。在一个那么容易学的行业中,他会有更多的竞争者,当他成为一个真正的工人时,他的工资也会比现在少得多。同一行业的竞争加剧,既会减少师傅的利润,也会减少工人的工资。行业、手艺、秘诀,全都会遭受损失。但是大众会是受益者,因为这样一来,市场上所有工匠的制作品都要便宜许多。

正是为了防止由于自由竞争所必然造成的价格跌落以及从而导致工资和利润的减少,才建立了所有的同业公会,并制定了大部分的同业公会法律。要建立一个同业公会,在古代欧洲的许多地区,只需要由它所在的自治城市当局的许可就行了,不要求有其他的授权。当然,在英格兰,还需要有由国王颁发的特许状。但是,国王的这种特权似乎只是为了向其臣民诈取钱财而保留的,而不是为了捍卫一般的自由和反对这种压制性的垄断组织而行使的。只要对国王支付罚款,一般这种特许状就很容易得到。每当任何一类工匠或商人因为没有特许状能够作为一个同业公会而从事工作时,这个被人们称之为"伪基尔特"的不正当的同业公会,并不总是因此而被解散,只是必须每年向国王缴纳罚金,以获得其行使强取豪夺特权的许可①。对于所有同业公会及其认为是为了各自的管理而适于订立的规则,其直接监督权属于它们所在的自治城市。对它们实行的

---

① 马多克斯,《自治城市》(Fima Burgi),第26页及以下。

惩罚一般不是来自国王，而是来自自治城市这个更大的同业组织，这些附属的同业公会只不过是它的一部分或它的成员。

自治城市的管理权完全掌握在商人和工匠手中，并且像他们自己所常说的那样，他们每一个特殊阶层的明显利益是为了防止市场上他们自己所生产的产品存货过多，实质上就是总是要使市场的存货不足。每一个阶层都急切地希望制定合适的规章以达到这一目的，只要允许他们这样做，他们也乐于同意所有其他阶层的人们这样做。诚然，由于有了这些规章制度，每个阶层的人都不得不以比普通略贵的价格，向市内其他阶层的人购买自己所需要的商品。但是作为补偿，他们自己所生产的产品也可以以同样的高价卖出去，所以他们说，这样一来，反正都是一样的。在市内各个阶层之间的相互交易中，没有一个阶层是因为有这些规章制度而遭受损失的。但是在他们与乡村的交易中，他们都是大赢家，而这种交易构成了使每个城市都得到支持和支付的全部贸易额。

每一个城市都要从乡村获得自己的全部生活资料以及自己产业的全部原料。支付这些东西的价格主要用两种方式：第一种是通过在生产原料的价格上附加工人的工资以及工人的师傅或直接雇主的利润后，再将这些经过加工制造的原料的一部分送回乡村；第二种是在这些货物的原价之上，也要增添运输工人或海员的工资以及雇用他们的商人的利润后，再将从其他国家或从本国遥远地区输入本市的天然产物或制造品的一部分送往乡村。以第一种方式获得的利润，是城市通过自己的制造业所获得的；以第二种方式获得的利润，是城市通过国内贸易和对外贸易获得的。工人的工资和他们不同雇主的利润加在一起，构成了以这两种方式所获得的收益。因此，凡是使这种工资和利润的增加超出一般水平的规章制度，都会使城市能以自己用较小量劳动所生产的产品去购得乡村用较大量劳动所生产的产品。这些规章制度使得城市的商人和工匠比乡村的地主、农场主和工人处于更优越的地位，打破了城市和乡村贸易中所应有的自然平等。社会劳动的全部年产物是每年在这两部分人中间进行分配的。由于有了这些规章制度，城市居民所占的份额比应得的大，而乡村居民所占的份额比应得的小。

城市对每年输入的食物和原料所支付的实际价格,是每年输出的制造品和其他货物的数量。以略贵的价格售出他们的输出货物,而以略便宜的价格购入输入的货物,城市的产业更加有利可图,而乡村的产业则更加无利可图。

不用去进行精细的计算,而从一种非常简单和明显的现象就可以知道,在欧洲各地,城市的产业比乡村的产业处于更为有利的地位。我们发现,在欧洲的每个国家里,从小本经营的商业和制造业这种属于城市的正当行业开始而最终发大财的,与在乡村从改良和耕种土地以生产天然产物这种属于乡村的正当行业开始而最终发大财的,二者的人数比例至少为一百比一。因此,前一种情况和后一种情况相比,城市产业的报酬要优厚些,劳动工资和资本利润显然也高一些①。由于资本和劳动自然会寻求最有利的使用途径,所以,资本和劳动自然地流入到城市而离开乡村。

城市居民聚集在一个地方,因此比较容易联合起来。在城市中最微不足道的行业里,在各地也都有同业公会组织。即使在没有这种组织的地方,通常各组织的成员中间也洋溢着同业公会的精神,如嫉妒陌生人,厌恶招收学徒,不愿把本行业的秘密告诉外人,这种精神常常教导他们通过自愿联合或协定,去防止他们不能用规则去禁止的自由竞争。只有少数人从事的行业,更容易进入到这种联合中去。或许只需要有五六个梳毛工,就能够供给一千个纺工和织工的工作所需的毛纱。通过联合起来不招收学徒,他们不仅可以对这一职业实施垄断,而且还可以使整个毛纺织业处在附属于他们从而被他们奴役的地位,从而使他们自己的劳动价格被抬高到大大超出他们工作性质所要求的水平。

乡村的居民分散地居住在遥远的地方,不可能很容易地联合起来。他们从来没有组织过同业公会,而且也从没有受过同业公会精神的影响。从来没有人想到要先当学徒,然后才有资格从事务农这一职业(务农是农村最大的行业)。然而,除了所谓的美术和自由的

---

① 这种论据是不全面的,因为没有提出成功次数较多而不被同样多次数的失败所抵消的任何证据。

职业之外，或许没有哪一个行业要求具有这么多的知识和经验。用所有各种文字写出的有关农业的大量书籍，可以使我们相信，在最聪明、最有学问的国家里，从来没有人把农业看做是很容易从事的行业。从这些书籍中，我们很难找到即使是普通农民所具备的关于农业方面的各种不同的和复杂的操作知识。然而，其中有些书的十分可鄙的作者，有时在谈到普通农民时，表现出了何等的轻蔑啊！相反，在任何一个普通的机械行业中，全部操作都是用寥寥数页的小册子去加以详尽而清晰的说明的，因为只有用文字再附上图表实例才可以说明清楚。实际上，由当今法国科学院正在印刷出版的《工艺史》一书中，有几种工艺就是以这样的方式去说明的。此外，农业操作必须随着气候的每一个变化以及许多其他的意外事故的发生而有所不同，所以，农业操作的说明跟那些总是不变或差不多总是不变的操作方法相比，就要求运用更多的判断和谨慎行事。

不仅农民的手艺，即耕种的一般操作方法，而且农村许多低级的劳动，所要求的技能和经验比大多数机械行业所要求的技能和经验要多得多。以铜和铁作为工作对象的工人，他们所使用的工具和原料的性能总是一样的，或者几乎是一样的。可是，用一组马或牛去犁地的农民，他所使用的这种工具，以及其自身的健康、力气和脾性，在不同情况下则大不一样。他所使用的原料的状况也和他所使用工具的状况一样，是变化多端的，而对于这二者的使用，均要求运用很多的判断和谨慎行事。普通的犁地人，虽然通常被认为是愚笨和无知的人，但是，在这种判断和谨慎行事方面，却是很少出差错的。诚然，他不像住在城市的机械工那样习惯于社会交往，他的声音和语言比较粗鲁，没有听惯他们说话的人很难理解他们。然而，由于他习惯于考虑事物的多变性，所以他的理解力一般比那些注意力从早到晚一般都集中在一两种非常简单的操作上的人的理解力要高得多。农村的下层人民比城里的人要高明多少，凡是因业务或好奇而曾经和这两种人进行多次交谈的人都会十分清楚。所以，在中国和印度，据说农村劳动者的地位和工资，都比大多数工匠和制造业者的地位和工资要高。如果不是由于同业公会法律和同业公会精神的阻止，他们在各地的情况都会是这样的。

在欧洲各处，城市产业比乡村产业享有优越的地位，并不完全是因为同业公会组织和同业公会法律，还有许多其他法规使城市产业处于这种优越的地位。对外国制造品和由外国商人进口的所有货物所征收的高额进口税，也是为了这一目的。同业公会法律使城市居民可以提高他们产品的价格，而不必担心在同自己同胞的自由竞争中廉价售出他们所生产的产品。那些其他的法规同样确保他们在与外国人的自由竞争中廉价售出他们所生产的产品。在各地，通过这两种方式造成的价格提高，最后都是由乡村的地主、农场主和劳动者支付，因为他们很少反对这种垄断。通常他们既不打算也不适合进行联合，商人和制造业者的鼓吹和诡辩很容易使他们相信，社会中的一部分处于从属地位人的私人利益乃是整个社会的公共利益。

在大不列颠，从前城市产业对乡村产业的优越地位似乎比现在还要高。现在，乡村劳动的工资接近制造业劳动的工资，在农业中的资本利润接近贸易和制造业的资本利润，据说在上个世纪或在本世纪初，它们相差很大。虽然鼓励城市产业发展的结果姗姗来迟，但这种变化还是可以被看做是必然的结果。在城市产业中迅速积累起来的资本如此巨大，以致不能在城市里各种特殊的产业中获得以往的原有利润。城市产业也像其他产业一样，有自己的限度，由于资本的增加，就会使得竞争增加，从而利润必然减少。城市的利润下降迫使资本流入农村，在那里，通过创造对乡村劳动新的需求，必然会抬高乡村劳动的工资。于是资本自行扩散到——如果我可以这样说的话——乡间，并且，通过资本在农业中的运用，部分资本回到了乡村。其实，资本的大部分原本就是靠牺牲乡村的利益而在城市里积累起来的。我将在下面说明，欧洲各地乡村的最大改良，就是由于最初在城市积累的资本这样地回流到了乡村。同时我还将表明，虽然有些国家通过这一过程获得了更多的财富，但是，这一过程本身却是缓慢的、不确定的、容易受到无数意外事故的干扰和阻挠的，它在每个方面都与自然和理性的顺序相反。我将在本书的第三篇和第四篇中，尽可能详尽而清晰地说明造成这种情况的利益、偏见、法律和风俗习惯。

同一行业的人很少集会，即使是为了娱乐和消遣，而他们的谈话内容也总是涉及反对公众的阴谋,或要求提高价格的计划。当然,这种集会是不可能用任何法律去阻止的,如果有这样的法律,它要么是难于执行,要么就会与自由和正义发生冲突。虽然法律不能阻止同一行业的人有时集合起来,但它也不应去促使这种集合,更不能做任何事情,使集合成为必不可少。

规定某地同一行业的所有从业人员必须在公共登记簿上登记自己的姓名和住址,就为这种集会提供了方便。这样做会把彼此不相识的人联系起来,使行业中的每个人都可以找到另一个人。

规定要求同一行业的人各自捐款,去资助穷人、病人、寡妇和孤儿,这样做会使得他们有了需要管理的理由,从而使集会成为必不可少。

同业公会不仅使集会成为必要,而且还会使多数人的行为对于全体人员具有约束力。在自由行业里,没有征得每个人的意见并获得全体一致的同意,就不能建立有效的联合,而且成立以后也不能维持下去,如果有一人改变主意的话。在同业公会中,经多数通过就可以制定实行正当的惩罚,这一点将比任何的自愿联合都能更加有效和更加持久地限制竞争。

所谓为了更好的行业管理就必须有同业公会,这种托词是毫无根据的。对工人实行的真实而有效的监督,不是来自他的同业公会,而是来自他的顾客。正是由于他担心会丢掉顾客,所以他才不敢造假,不敢疏忽大意。一个排他的同业公会必然会削弱这种监督的力量,于是必须雇用某一些工人,不管他们的行为是好是坏。正是由于这一缘故,在许多有同业公会的大城市里,找不到像样的工人,即使在某些最关键的行业中也是如此。如果你想要把你的工作做得还像个样子,你就必须把它拿到郊区去做,那里的工人没有特权,他们所依赖的只能是他们自己的品格,然后你还必须把你的制成品尽量偷偷地运进城市。

正是通过这种方式,欧洲的政策限制了某些行业的竞争,使从业人数少于有意进入这个行业的人数,从而造成了劳动和资本在不同用途中总体上有利和不利的严重不平等。

第二,欧洲的政策通过增加某些行业的竞争,使其从业人数增加到超过自然进入这些行业的人数,从而对劳动和资本在不同用途中总体上的有利和不利,造成了另一种与上述不平等相反的不平等。

人们认为,一定数量的年轻人接受某种行业的教育是非常重要的,因此,设立了许多名目不同的奖学金,如儿童寄宿及教育费、奖学金、英格兰大学奖学金和苏格兰大学奖学金等,有时这些捐款来自于公众,有时是四方捐助人虔诚的捐助,这使得许多本来无意进入这些行业的人也跟着进入了这些行业。我相信,在所有基督教的国家里,大部分神职人员所受的教育的费用都是用奖学金来支付的,他们很少会自己出钱来接受教育。因此,他们用了长时间、花了大本钱所接受的令人厌倦的教育,并不是总能使他们获得适当的报酬,因为教会里都是这样的人,他们为了得到工作,宁愿接受比这种教育使他们有权得到的低得多的报酬。用这种方式,穷人的竞争就夺走了富人的奖赏。毫无疑问,把一个助理牧师或一个牧师拿来同任何普通行业中的一个帮工作比较是不妥当的。可是,把助理牧师或牧师的薪水看做是与帮工的工资性质相同的报酬是再合适不过了。他们三者的报酬全都是根据他们和各自的上级签订的合同而对他们的工作所支付的工资。我们发现,在十四世纪中叶以前几次不同的全国宗教会议所颁布的规定,在英格兰,一个助理牧师或领薪水的郊区牧师的薪金是五马克,约含我们现在货币十英镑的白银;在同一时期,一个泥瓦师傅的工资是每天四便士,含我们现在货币一先令所含的等量白银,一个泥瓦匠帮工的工资是每天三便士,等于我们现在货币的九便士。因此,这两种劳动者的工资,假定他们经常被雇用的话,都高于助理牧师的薪金。假定泥瓦师傅一年有三分之一的时间没有工作,他的工资与助理牧师的薪金完全相等。安妮女王十二年第十二号法律宣布:"由于助理牧师生活费用和奖励的缺乏,所以在有些地方,助理牧师的给养很差,因此授权主教亲自签名盖章,规定他们的俸禄或津贴每年不得超过五十英镑,但不少于二十英镑。"从现在来看,每年四十英镑的薪金是对助理牧师的好的待遇,但是,尽管有这项议会法律,还有许多助理牧师每年拿不到二十英镑的薪金。在伦敦的制鞋帮工每年赚四十英镑,在这个大都市里,很少有勤劳的工人赚不到二十英镑以上。当然,二十英镑没有超过乡村教区普通劳动者通常所赚到的工资。每当法律试图规定工人的工资时,它总是要降低工人的工资,而不是要提高工人的工资。但是,法律曾经多次试图提高助理牧师的工资,并且为了教会的尊严,命令教区长给助理牧们更高的薪俸,高于他们自己所愿意接受的、少得可怜的生活费。在这两种情况下,法律似乎都没有发生效力,既没有能够提高助理牧师的工资,也没有能够将劳动者的工资降低到预想的程度。因为一方面,法律不能阻止助理牧师愿意接受比法定薪俸更低的待遇,这是由于他们处境的贫困和他们的竞争者人数众多;另一方面,法律也不能阻止工人所得更多,因为那些希望因雇用他们而获得利润或快乐的人们之间也有竞争。

虽然有些教会的下级职员的境况很差,但神职人员和其他教会的显要人物却能维持教会的尊严。人们对这一神职人员所表示的尊敬,也可以补偿他们在金钱报酬上的欠缺。在英格兰以及在所有罗马天主教的国家里,教会这种彩票,在实际上远比所需要的更为有利。苏格兰教会、日内瓦教会以及其他几个新教教会的事实,可以使我们相信,对于只有一个那么有声誉而教育机会又非常容易获得的职业来说,获得圣职的希望足以诱使更多有学问的、正派的和值得尊敬的人去从事这一神圣职业。

在没有领取圣俸的职业中,如法律和医疗,如果有同等比例的人们靠公费接受教育,不久竞争也会十分激烈,进而使他们的货币报酬大幅下降。于是,就不值得任何人为了使他的儿子进入这两种职业,靠自己出钱去接受教育了。这些职业就会完全被靠公共慈善资金接受教育的人所占据,由于他们的人数多且贫困,通常会迫使他们满足于非常可怜的报酬,使现在非常受到尊敬的律师和医生的职业完全贬值。

通常被称为文人的那些不得志的人,现在正处于与上述假设的律师和医生可能将要落到的同样的境地。在欧洲的每一个地区,他们中间的大多数人都是为了进入教会而去接受教育的,但是由于各种原因未能获得圣职。因此,通常他们的教育都是靠公费支出的,并且,他们的人数在各地都很多,常常使他们劳动的价格降到非常贫困的水平线上。

在印刷术发明以前,一个文人想要使他的才能得到任何报酬的唯一途径,就是做公共或私人教师,即把自己所获得的不寻常的和有用的知识传授给他人。比起为出版商写作,这个由印刷术的发明所产生的职业,当然是更受人尊敬、更有用处,甚至是更为有利可图的职业。要成为一个优秀的科学教师,必须花费时间去学习,必须具备天资、知识和勤奋,至少要与成为一个伟大的法律和医学从业人员所必须具备的条件相等。但是,优秀教师的一般报酬与律师或医生的报酬是不可同日而语的,因为教师这一行业里充满了靠公费培养起来的穷人,而另外两种行业则多数是那些靠自费接受教育的人。然而,公共或私人教师的通常报酬,虽然表面上看起来很微薄,但是,如果那些为了面包而写作的更加穷苦的文人没有被竞争者挤出市场的话,教师的报酬肯定还会更少。在印刷术发明以前,似乎学生和乞丐差不多就是同义词。在此之前,各个大学的校长们似乎经常给他们的学生颁发乞讨特许证。

在古代,在建立任何这类慈善事业以教育穷苦子弟进入学术行业以前,优秀教师的报酬似乎要高得多。苏格拉底在所谓他和诡辩家的对话中,谴责与他同时代的教师们的言行不一。他说:"他们对自己的学生做出了最冠冕堂皇的承诺,答应要教导他们成为明智、幸福和正直的人,而作为对他们所提供的这么重要的服务的回报,他们只索取四五个迈纳*。"他还说:"传授智慧的人,他们自己肯定应当是明智的,但是,如果任何人以这样的一种价格来兜售这样的一笔生意,显然就会被人认为是愚蠢的①。"苏格拉底在这里肯定不是想要夸大教师的报酬,并且,我们可以相信教师的报酬不会比他所说的少。四个迈纳等于十三英镑六先令八便士;五个迈纳等于

---

* 迈纳(mina),古希腊、埃及等地的货币单位,约等于 100 dreachama。——译者注

① 第三、第四节。这是非常无拘束但并非不正确的翻译。阿尔布诺(Arbutnot),《古代的货币和度量衡》,第 2 版,1754 年,第 198 页,提到了这段对话,但没有引证来作为叙述诡辩家的报酬是四五个迈纳的根据。他认为 1 迈纳等于 3 镑 4 先令 7 便士,按 62 先令等于金衡 1 镑的比例计算,的确是太低了。

十六英镑十三先令四便士。可见,当时在雅典,通常支付给大多数优秀教师的报酬一定不少于这两个数目中的最大的一个。苏格拉底本人要求学生每人付给他十个迈纳①,即三十三英镑六先令八便士。当他在雅典讲学时,据说有一百个学生。我认为,这是他在一次讲学时的学生人数,即我们所称的一门课程的听课人数。在雅典这么大的一个城市,从师这样一位有名望的教师,而他所讲授的又是当时所有学科中最时髦的学科修辞学,有这么多学生并不是什么稀罕事。因此,他每讲授一门课程就一定会赚到一千个迈纳,即三千三百三十三英镑六先令八便士。普鲁塔柯曾在另一地方说过,一千个迈纳是苏格拉底的讲课费,或通常的授课价格②。在那个时代,许多其他的优秀教师似乎都获得了大笔财产。乔治·阿斯用纯金铸成自己的人像赠送德尔菲寺院。我想,我们不应该认为,他的这个人像和他本人一样大。柏拉图说乔治·阿斯和另外两个当时的优秀教师,希庇亚斯和普罗塔哥拉的生活方式是奢华的,甚至是铺张的。据说柏拉图自己也过着极为奢华的生活。亚里士多德在担任亚历山大的导师以后,大多数人都认为,他受到了亚历山大和他父亲菲力普的慷慨报偿。尽管如此,仍然值得他回到雅典,恢复在学院的讲课。在那个时候,懂科学的教师或许比一二十年后的人数少,也许是因为那时的竞争已使他们的劳动价格和对他们本人的景仰程度略有降低。可是,其中最优秀的人似乎总是享受一定程度的尊敬,远远超过今天这一职业中的任何一个人。雅典人将学院派的卡涅阿德斯和斯多葛学派的哲学家第欧根尼作为庄严的使者派往罗马,虽然雅典的城市已经从昔日的辉煌中衰落,却仍然是一个独立的、重要的共和国。卡涅阿德斯还是一个出生在巴比伦的人③,考虑到没有哪一国

---

① 普卢塔克(Plutarch),《狄摩西尼》,第五章,第三节;《苏格拉底》,第三十节。
② 阿尔布诺,《古代货币表》第 198 页说,"苏格拉底从他的学生那里得到的讲课费或报酬为 1 000 迈纳,即 3 229 镑 3 先令 4 便士",并引证普卢塔克《苏格拉底》一书的话说,苏格拉底收取 10 迈纳,有 100 个学生,第 9、12、30 节。
③ 这是一个错误。卡涅阿德斯是塞利尼人,他的同事第欧根尼才是巴比伦人。

的人民比雅典人更加嫉妒外国人担任公职,他们对卡涅阿德斯的景仰也就非同一般了。

从整体上说来,这种不平等对于公众不但无害,而且有利。或许这一不平等对公共教师这个职业略有贬低,但是文科教育的低廉肯定是有益处的,大大抵消了这一微乎其微的不方便。如果在欧洲的大部分地区,进行教育的学校和大学的组织比今天更为合理,公众可能从中获得的好处就会更大。

第三,欧洲的政策通过阻止劳动和资本从一个行业到另一个行业、从一个地方到另一个地方的自由流通,在某些情况下,会使劳动和资本在不同行业中总体上产生有利和不利的非常不便的不平等。

《学徒法》阻止劳动从一种行业向另一种行业的自由流通,甚至在同一地方情况也是如此。同业公会的排他特权阻止劳动从一个地方向另一个地方流通,甚至在同一种行业中情况也是如此。

常常发生这样的事情:当在一个制造行业里给予工人高工资时,在另一个制造行业的工人,仍然不得不心甘情愿地接受最低的生活费。前者处于进步的状态,因而不断要求增加新手;而后者则正在走下坡路,人手过多的情况在不断加剧。这两个制造行业有时可能同处一个城市,有时同处一个地区,但却连起码的帮助都不能互相给予。在前一个行业里,《学徒法》可能起着阻碍的作用,而在后一个行业里,《学徒法》和同业公会特权都起着阻碍的作用。然而,在许多不同的制造业中,操作都是十分相似的,如果没有这些荒谬的法律从中作梗的话,工人们是很容易改变行业的。例如,素麻布和素丝绸的纺织技术几乎完全相同;素呢绒的纺织技术会有些不同,但这差别并不很大;一个麻纺织工或丝纺织工,可以在短短的几天之内学会呢绒的纺织技术。因此,如果这三个重要制造业中的任何一个制造业正在衰落的话,工人们就可以在其他两个比较发达的制造业中找到工作。工人的工资在成功的制造业中不会有太大的提升,也不会在衰落的制造业中有太大的降幅。当然,由于在英格兰有一项特殊的法律,麻纺织业是对所有人开放的;但是,由于这一行业没有在全国大部分地区得到很好的开发利用,它一般不能对其他处于衰落状态的制造业的工人提供出路,这些工人在《学徒法》起作用的地方,除了请求教区的救济或充当普通劳动力以外别无其他选择。不过,按照他们的习惯,他们更适合于在与他们自己行业类似的任何一种制造业中工作,而不适合于做普通劳工。所以,他们一般选择向教区求助。

凡是阻碍劳动从一种行业向另一种行业自由流动的东西,也同样阻碍资本的自由流动。在任何一个行业里,可以运用的资本数量在很大程度上取决于在该行业中所能运用的劳动的数量。但是,同业公会法律对资本在各地的自由流动,比对劳动在各地的自由流动阻碍要小。在所有地方,一个富商在一个自治城市里获准经商权,比一个穷技工获准工作权要容易得多。

我认为,在欧洲各地区,普遍存在着同业公会法律对劳动自由流动的阻碍。而由《济贫法》所产生的阻碍,就我所知,则是英格兰所特有的。这种阻碍在于,一个穷人只能在他所属的教区里获得居住权,或获得操持自己本行的权力,而要想在其他任何教区里获得这一权力则是难上加难。同业公会法律只是阻碍了技工和制造业者劳动的自由流动。获得居住权的困难甚至使普通劳动的自由流动都受到了阻碍。或许这一点是在英格兰的治安管理中最大的一种混乱,值得对它的产生、发生和现状稍加描述。

当修道院被摧毁,穷人失去了那些宗教机构的庇护时,在对他们所实施的几次救济失败以后,伊丽莎白四十三年的第二号法律规定,每个教区都有义务为它自己教区里的穷人提供给养,每年应指定穷人监管人,监管人应会同教会执事征收足以供应用于此项用途的教区捐款。

根据这项法律,供养自己教区内的穷人成为每个教区绝对不可以推卸的责任。因此,什么人应当被看成各个教区里的穷人便成为了一个重要的问题。经过一些修改以后,这一问题最终由查理二世十三年和十四年的法律①予以确定,规定无论是谁,只要在任何一个教区连续不断地居住了四十天时,就应该获得户籍②。但是在此期

---

① 第12号法律。
② 户籍(settlement)一词的使用,似乎是从这项法律开始的。

间,除非他租用了年租金为十镑的住房,或可以提供给治安推事们所认为满意的保证金,担保他放弃原居住教区的户籍,两个治安推事就可以根据教会执事或穷人监管人的申诉,依法命令任何新居民回到他最后法定的教区去居住。

据说,由于这项法律,导致了一些弄虚作假的事情的发生。教区官员有时贿赂自己教区里的穷人,使之秘密去到另一教区,匿居四十天以取得该教区的户籍,从而放弃他原来所属教区的户籍。于是,詹姆斯二世一年的法律①就规定,任何人为了获得户籍,不间断地居住四十天的居住期,应该从他把他的家庭住址和家庭人数,以书面形式通知教会执事或穷人监管人中任何一人的时候算起。

但是,教区官员对待自己教区的教民似乎并不总是像对待其他教区的教民那样诚实,有时对这种闯入视而不见,在接到书面通知后,并不采取相应的安置措施。因此,鉴于教区中的每个居民都希望尽可能防止外来的闯入者,以避免增加他们的负担,以使他们的切身利益受到损害,威廉三世三年的法律②对此作了进一步的规定,四十天的居住期,只当从在教堂星期日举行礼拜以后所公布的书面通知之日算起。

伯恩博士说:"毕竟很少有人是在书面通知公布后继续居住四十天而取得户籍的,法律的宗旨,并不是为了让人取得户籍,而是为了避免暗中进入某一教区的人取得户籍,因为提出通知就是给教区施加压力,迫使进入者离开。但是,如果一个人的情况在能否实际上让他离开还是个问题的时候,他就会提出要求并发出通知,迫使教区要么让他继续居住四十天,无可争辩地给予他户籍;要么试图行使其权力,让他离开③。"

因此,这项法律使得穷人用老办法居住四十天获得新户籍,几乎成为不可能。但是,为了看起来不是要完全排除一个教区的普通

---

① 第 17 号法律。
② 威廉和玛利第 3 年,第 11 号法律第 3 节。
③ 理查德·伯恩,《治安推事》,1764 年,第二卷,第 253 页。

人在另一个教区安全定居的可能性，法律规定了其他四种方式，不必提出任何要求或公布任何通知即可取得户籍。第一种是对其征收教区税捐并已缴纳；第二种是当选为教区年度官职，并已任职一年；第三种是在教区当学徒；第四种是在教区被雇用一年，并在这一年中一直做同一个工作①。

除了由全教区的居民采取公共行动，任何人都不能以前两种方式取得户籍，而全教区的居民都十分清楚，通过对新来的人征收教区税捐，或推选其担任教区公职，录用一个除了拥有劳动以外什么都没有的新来人的后果。

结过婚的人，也不能通过后两种办法取得户籍。学徒工很少是结过婚的，法律特别规定，凡是结过婚的佣工不能因雇用一年而获得户籍②。因雇用而给予户籍办法的主要作用，就是在很大程度上取消了雇用一年的旧方式，以前这种方式在英格兰是常见的，甚至今天还是如此，如果没有商定具体的期限，法律认定每个佣工雇用一年。但是，雇主们并不总是愿意以这种雇佣方式而使他的工人获得户籍，因为，由于每个最后的户籍会取消所有以前的户籍，他们可能因此丧失在他们本乡本土，也就是丧失他们原来在他们的父母和亲戚居住地的户籍。

很显然，没有一个独立的工人，不论他是普通劳工，还是工匠，可以通过做学徒或被雇用而获得新户籍。因此，当这样一个人带着他的技能来到一个新的教区时，不论他是多么的健康和多么的勤勉，他都会被任何一个教会执事或穷人监管人随意命令离开，除非他租用了每年租金十英镑的房屋，这对一个只能靠劳动为生的人来说，这是一件不可能的事情；或是向治安推事提供其认为足够的保证金，以保证取消原教区的户籍③。治安推事要求多少保证金，完全凭他们自由裁定，但不会少于三十英镑，因为法律规定，购入不到三十英镑的终身享用或让予子孙的不动产，不能使一个人获得户籍，因为

---

① 法律第6、第8条。
② 第7条规定，只有无子女的未婚者才能因雇用而获得户籍。
③ 根据乔治一世第9年的法律，第7号。

这个金额不足以取消原来教区的户籍。但是,就是这种保证金,任何靠劳动为生的人也都无法提供,况且还常常要求比这一金额还要高的保证金。

为了在某种程度上恢复几乎由各种法律所完全取消的劳动自由流动①,于是发明了证书。根据威廉三世八年和九年的法律②规定,如果任何人持有在最后合法居住的教区的证书,有该教会的执事和穷人监管人的签名,经两个治安推事批准,那么,任何一个其他教区都有义务接受他。他所移居的教区,不能因为他可能被起诉就命令其离开,而只有当他实际上被起诉时,才可以命令他离开。这时签发证书的教区,就应该负责偿还他的生活费和遣散费。为了使持这种证书的人在将要前往居住的教区得到具有真正意义上的安全,同一法律进一步规定,他除了需要租用每年租金为十英镑的房屋,或在年度公职服务处免费为教区工作整整一年以外,不应以其他任何方式获得户籍。根据安妮女王十二年第十二号法律第一章所作的进一步规定③,持这种证书的佣工或学徒工,不能依其证书所居住的教区获得户籍④。

这种发明在多大程度上恢复了几乎由以前的法律规定所全部取消的劳动自由流动,我们可以从伯恩博士下面的明智言论了解一二。他说:"显然,由于有潜入者,所以有各种充分的理由要求那些到其他地方居住的人持有证书,即持有证书在那里居住的人,不论他们是在那里做学徒工、受到雇用、提交通知,或缴纳了教区捐税,都不能获得户籍,他们不能以自己的学徒或佣工身份获得户籍。如果他们被起诉,肯定知道该向哪里遣返他们,教区所支付的遣返费及他们拘留期间的生活费都可以得到补偿。如果他们生病,不能被遣返回去,发放证书的教区必须养活他们,所有这一切,没有证书是

---

① 查理二世,第13年和第14年的第12号法律。
② 第30号法律。但证书在此以前早已发明。
③ 毋宁是根据威廉三世第9年和第10年第11号的解释性法律。
④ 所有这些法律均收集在理查德·伯恩的《济贫法史》中,1764年,第9~100页。

不行的。这些理由也同样使教区在一般情况下不愿意发放证书，否则，他们将要重新接受这些证书的持有人，而且处于更糟的状况①。"这一段话的寓意似乎是，任何穷人前往居住的教区应该总是要求前往人持有证书，而他想要离开的那个教区肯定很少发证书给他们。同一聪明的作者在他的《济贫法史》中说："证书这种办法造成了某种困难处境，使得教区官员好像是拥有了将一个人终身监禁起来的权力；不管他在那个不幸的地方获得了所谓的户籍后继续住下去是多么不方便，也不管他认为他在别的地方生活会对他是否更有好处②。"

虽然证书并不能证明证书持有人是否品行良好或在其他方面有什么事情，而只是证明他实际上属于哪个教区，但证书的发放与否，全部凭教区官员的自由裁夺。伯恩博士说，曾经有人提出颁发强制令，迫使教会执事和穷人监管人签发证书，但是高等法院否决了这项提议，认为这是非常奇怪的提议③。

我们常常发现，在英格兰，相互距离并不远的地方劳动价格极不平等，这或许是由于户籍法阻止了穷人带着自己的手艺而没有证书从一个教区去到另一教区的缘故吧。当然，一个健康又勤劳的单身男子，有时受到教会的宽容，没有证书也能住下来。但是，如果是一个带着妻子儿女的男人，也想在没有证书的情况下住下来的话，大多数的教区肯定会要求他离开，并且，如果那个单身男子以后结婚了，通常情况下，也同样会被要求离开的④。因此，一个人手短缺的教区，无法总是从另一个教区的人手过剩中得到缓解。而且我相信，在苏格兰以及在所有其他没有户籍困难的国家里，情形常常都不是那样的。在这些国家里，虽然在一个大城市的邻近地区或在其他对劳动有特别需求的地方，有时工资可能会升高一些，但随着距离的增加，工资又会逐渐下降，直至回落到全国的一般水平。但是，

---

① 伯恩，《治安推事》，1764年，第2卷，第274页。
② 伯恩，《济贫法史》，1764年，第235、236页。
③ 伯恩，《治安推事》，第2卷，第209页，日期是1730年。
④ 因为一个没有户籍的父亲，使教区将来有抚育其子女的危险。

我们从未见到过有时在英格兰所看到的情形,即在邻近地区之间工资有那种意外的和无法说明的差别。在英格兰,一个穷人要通过教区这一人为界限,有时要比通过海湾或山脉的天然屏障更加困难,海湾或山脉的天然屏障有时会使工资率在被分开的两个国家里有着明显的差别。

将一个连轻罪都没有犯过,而选定在一个教区居住的人逐出该教区,显然违反了自然的平等和公正。但是,英格兰的普通人民虽然羡慕自由,却也像大多数其他国家的普通人民一样,并不真正懂得什么是自由,已经心甘情愿地忍受了一个多世纪没有自由的生活。尽管那些有思想的人也时常抱怨《户籍法》是一种公共苦难,但是,这一法律却从来没有成为一般公众高声反对的目标,就像反对一般搜查证那样。搜查证无疑是一种过分的做法,但它却不可能形成一般的压迫。我敢说,凡是在英格兰的四十岁的穷人,很少有人在他的一生中没有感受过这种人为制定的户籍制度所带来的最残酷的压迫。

我将用下面的话来结束这漫长的一章。虽然在过去常常要规定工资,首先要参照全王国的一般法律,然后要根据每一个郡治安推事的特别命令,但是,这两种做法现在都已经完全废除了。伯恩博士说:"根据四百多年的经验,现在是该放弃严格规定的时候了,不再按照事物的性质将其纳入不能做的详细限制中去,因为,如果所有从事同一种工作的人没有发挥其勤劳或才智的余地的话,那么也就不会有竞争了①。"

可是,特别法律有时仍然试图规定特殊地方特殊行业的工资。这样,乔治三世八年的法律②,禁止伦敦及其周围五英里以内的所有裁缝师傅,除了在国丧期间以外,发给工人每日二先令七便士半以上的工资,也禁止工人们接受发给他们的这一工资,违者处以重罚。每当立法机关试图规定雇主与工人之间的争议时,总是以雇主为顾问。所以,当规定对工人有利时,法律总是公正而公平的,但是,

---

① 《济贫法史》,第130页。原文有所有同种工人都接受相等工资之语。
② 第17号法律。

当规定对雇主有利时,情形就不是这样了。例如,迫使几种不同行业中的雇主,用货币而不是用货物支付他们工人工资的法律,是十分公正和公平的①。它没有给雇主们造成真正的困难,它只是迫使他们用货币支付工人的工资,他们试图用货物支付,但总也没有实施这样的支付。这项法律对工人是有利的,但乔治三世八年的法律则有利于雇主。当雇主们联合起来以减少其支付给工人的工资时,他们通常私下订立同盟或合同,不要支付工人一定数目以上的工资,违者将受到一定的处罚。如果工人进行与之相反的一种联合,抵制接受雇主所支付的工资,也将受到一定的处罚,法律就会极其严厉地惩罚工人。如果法律是公平的,那么它对待雇主也应该如此。但乔治三世八年的法律,加强了雇主们有时试图通过联合来建立的那种规定。工人们抱怨说,那项法律把最能干最勤劳的工人和普通工人同等看待,这似乎是完全有根据的。

在古代,也常常试图通过规定食物及其他货物的价格来调节商人和其他买卖人的利润。就我所知,面包的法定价格是这一古老习惯的唯一遗迹。凡是有排他性的同业公会的地方,规定首要的生活必需品的价格或许就是正当的。但是在没有这种组织的地方,竞争会比任何法定价格都能更好地调节利润。乔治二世三十一年的法律②所确立的法定面包价格,由于法律上的缺陷,在苏格兰无法实行,它的执行依靠市场管理员的管理,而苏格兰没有这类的职员。直到乔治三世三年③,这一缺陷才得以弥补。没有法定价格并没有造成明显的不便,而在现在还实行法定价格的少数地方,也没有产生明显的好处。然而,在苏格兰的大多数城市里都有面包师的同业公会,他们要求拥有排他的特权,不过没有受到十分严格的保护。

---

① 安妮第1年的第18号法律,适用于毛、麻、麻纱布、棉、铁制造业的工人;乔治二世第13年的第8号法律,适用于手套、靴、鞋及其他皮革制品的制造业。后一种法律只禁止在没有得到工人的请求和同意时支付实物。
② 第29号法律。
③ 第4号法律。

上面已经指出，劳动与资本在不同行业的不同用途中，工资率和不同利润率之间的比例关系，似乎并不会因社会的贫富、进步、停止或衰落而受到很大影响。公共福利中的这种重大变革，虽然影响了一般工资率和一般利润率，但最终必然在所有的不同用途中，给予它们以相同的影响。因此，它们之间的比例必然保持不变，至少在相当长的时期内，不可能因这种变化而有所改变。

第十一章 论地租

地租，作为因使用土地而支付的价格，自然是佃户在土地实际情况下所能支付的最高价格。在确定租约条款时，地主极力使土地产品留给佃户的份额，仅足以维持其用于提供种子、支付劳动、购买和维持牲畜以及其他农具的资本，连带本地区农业资本的一般利润。这显然是佃户所满意并不受损失的最小份额，地主很少打算留给他更多的东西。不论超过这个份额的那部分产品有多少，即不论超过这个份额的那部分价格有多少，地主自然会极力保留给自己作为地租。这显然是佃户在土地的实际情况下所能支付的最高份额。的确，有时地主由于慷慨，更经常是由于无知，接受比这略少的份额。有时，虽然更罕见，由于佃户的无知，他同意支付略多的份额，即同意接受比本地区农业资本的一般利润略低的利润。但这种比例仍可视为自然地租，这自然意味着是大部分土地出租的租金。

也许可以认为，地租常常只是地主为改良土地而投入资本的合理利润或利息。在某些场合，情况无疑在部分上是如此，但也不过是部分如此而已。对于即使是未改良的土地，地主也会要求地租，所谓改良费用的利息或利润一般是这种原始地租的附加额。此外，这些改良不总是用地主的资本来进行的，有时是用佃户的资本来进行的。然而，当续订租约时，地主一般要求同样增加地租，好像改良完全是用他自己的资本进行的。

地主有时对根本不能进行人工改良的土地要求地租。大海藻是一种海草，燃烧后能产生一种碱盐，可用于制造玻璃、肥皂及其他用途。它生长在英国一些地区尤其是苏格兰的位于高水位线下的岩石上，每天两次被海水淹没，因而这种产品从来不能靠人类的勤劳去增加数量。可地主对其由这种大海藻海岸所围绕的地产，也要求与其谷地同样的地租。

设德兰群岛附近的海域盛产鱼类，鱼类占那里居民生活资料的大部分。但为了从这种水产品中获利，他们必须在邻近的陆地有居住地。地主的地租并不与农民从土地所得的部分成比例，而是与农民从土地和海洋中所得的部分成比例。部分地租以海鱼支付。地租占鱼类商品价格的一部分，这种情况极为少见，其中之一就在设德兰群岛。

所以，地租作为为了使用土地而支付的价格，自然是一种垄断价格。它完全不与地主为改良土地而可能投入的资本成比例，或完全不与地主所能收取的成比例，而是与农民所能支付的成比例。

一般能进入市场的那部分土地产品，其一般价格须足以补偿将其送入市场所必须运用的资本及其一般利润。如果一般价格超过此数，其剩余部分自然就是地租。如果一般价格不高于此数，尽管商品可送入市场，但不能为地主提供地租。价格是否高于此数取决于需求。

对某些土地产品的需求，总是能提供一个价格，高于足以使其进入市场的价格，而对其他土地产品的需求则或者能或者不能提供这种更高的价格。前者必然总能为地主提供地租，后者则根据不同情况有时可能，而有时不可能提供地租。

所以，应当指出，地租构成商品价格的方式与工资和利润不同。工资和利润的高低，是价格高低的原因；而地租的高低，则是价格高低的结果。正是由于为了将特定商品送入市场必须支付或高或低的工资和利润，所以它的价格有高有低。而正是由于价格有高有低，大大高于、略高于或不高于足以支付这些工资和利润的数额，才使它能支付的地租或高或低或完全没有。

本章分为三节，特别考虑三点：第一，总能提供一些地租的那部分土地产品；第二，间或能提供地租的那部分土地产品；第三，这两种不同的天然产物彼此比较并与制造品比较时，在不同发展阶段自然发生的相对价值的变动。

第一节　论总能提供地租的土地产品

由于人类像所有其他动物一样，其人口繁衍自然与生活资料成比例，食物总是或多或少地为人类所需求。食物总能购买或支配或多或少的劳动，总能找到某人愿意为获得食物而做某些事情。的确，食物所能购买的劳动量，由于有时给予劳动的工资很高，并不总是等于以最经济的方式管理所能维持的劳动量，但它总能购买到按照当地一般维持这种劳动的比率所能维持的劳动量。

但在几乎任何情况下，土地生产食物的数量大于足以维持使其进入市场所必需的所有劳动的食物数量，而这是按照一直维持劳动的最慷慨的方式计算的。这一剩余部分也总是大于足以补偿运用这种劳动的资本及其利润的数量。所以，总有一些留下作为地主的地租。

挪威和苏格兰的最荒凉的旷野生产某种饲养牲畜的牧草，牲畜的奶和幼畜不仅足以维持饲养所需全部劳动并支付农民或畜群所有者的一般利润，而且能为地主提供少量地租。地租随草地的优良程度而同比例地增加。同样大小的优良土地不仅能维持更多牲畜，而且将其集中在较小范围内，饲养并收集其产品所需劳动也更少。地主从两方面获利：产品的增加；必须用产品去维持的劳动的减少。

地租不仅随土地肥沃程度而变动，不论其产品如何；而且随土地位置而变动，不论其肥沃程度如何[1]。城市周围的土地比同样肥沃程度但位于偏远地区的土地能提供更多的地租。尽管耕种后者不比耕种前者花费更多的劳动，但将偏远地区的产品送入市场必然花费更多的劳动。所以，必须用这种产品去维持更多的劳动，而用来提取农民利润和地主地租的剩余产品必然减少。但前面已指出[2]，利润率在偏远地区一般高于大城市周围地区。所以，这一已减少了的剩

---

[1] 英文第1版和第2版为："地租随土地肥沃程度而变动，不论其产品如何；并且随土地位置而变动，不论其肥沃程度如何。"
[2] 前面，第69页。

余产品的更少一部分必然属于地主。

良好的道路、运河和通航河道由于减少了运输费用，使一国偏远地区与城市周围地区更接近于同一水平。它们因此而成为所有改良中最大的改良。它们鼓励了必然占一国最广阔土地的偏远地区的耕作。它们通过打破城市周围乡村的垄断而对城市有利。它们即使对乡村也是有利的。尽管它们将一些竞争性商品引入旧市场，但它们为旧市场的产品开拓了许多新市场。此外，垄断是良好经营的大敌。除了通过自由和普遍的竞争迫使每个人为了自卫而求助于良好的经营之外，决不会建立起这种良好经营。五十年前，伦敦附近的一些郡向国会提出请求，反对将征收通行费的道路扩张到偏远各郡。它们声称，这些偏远郡由于劳动的低廉，能够在伦敦市场以低于它们自己产品的价格出售青草和谷物，因而会降低它们的地租，破坏它们的耕种。不过，从那时起，它们的地租已上升，它们的耕作也得到改良。

一块中等肥沃程度的谷地，与一块同样大小的最好的草地相比，为人类生产的食物数量要多得多。尽管谷地的耕种需要多得多的劳动，但在补偿完种子和全部劳动后的剩余产物也同样多得多。所以，如果从来不认为一磅鲜肉比一磅面包更值钱，那么这种更多的剩余产物在任何地方都具有更多价值，构成了为农民提供利润、为地主提供地租的更多资源。在农业的原始初期阶段，情形似乎普遍如此。

但面包和鲜肉这两种不同食物的相对价值，在农业的不同发展阶段极为不同。在农业的原始初期阶段，占乡村绝大部分的未经改良的田野，全部听任放牧和由牲畜生长。鲜肉比面包更多，因而面包是竞争最激烈的食物，从而带来更高价格。乌诺阿告诉我们，在布宜诺斯艾利斯，四五十年前从两三百头牛中选出的一头牛的一般价格是四利尔，即二十一个半便士①。他没有提及面包的价格，可能

---

① 胡安和乌诺阿的著作《唐·乔治·胡安和唐·安东尼·德·乌诺阿南美航海史》法文译本第532页，1752年。后面第186页重复了几乎同样的陈述，仅将两三百改为三四百。

是因为他没发现有特别之处。他说，那里一头牛所值仅略多于捕获它的劳动。但如无大量劳动，谷物在任何地方都不能种植。而在一个位于普拉特河流域的国家，当时是从欧洲到波多西银矿的直接通道，劳动的货币价格不会太低廉。当耕作推广到乡村大部分地区时，情形则不同。那时面包会比鲜肉更多。竞争的方向改变了，鲜肉的价格变得比面包的价格更高。

此外，由于耕作的推广，未经改良的田野变得不足以供应对鲜肉的需求。很大一部分耕地必须用于饲养和催肥牲畜。所以，牲畜的价格必须不仅足以支付饲养牲畜所必需的劳动，而且足以支付地主的地租和农民如将这块土地用于耕种时所能获取的利润。在毫无改良的荒野上长大的牲畜，与在得到最大改良的土地上饲养的牲畜，当送到同一市场时，按照重量和品级以同一价格出售。荒野所有者从中获利，并按牲畜的价格同比例地提高自己土地的地租。在不到一个世纪前，在苏格兰高地的许多地区，鲜肉甚至与燕麦面包价格一样低廉，或者更低廉。英格兰与苏格兰的合并使英格兰的市场对高地的牲畜开放。高地牲畜的一般价格现在是本世纪初的大约三倍，同时许多高地地产的地租增至原来的三倍或四倍①。现在在英国几乎任何地区，一磅最好的鲜肉一般值两磅以上最好的白面包，而在丰年，有时值三磅或四磅。

这样，在改良进程中，未经改良草地的地租和利润，在某种程度上逐渐受到已改良草地的地租和利润的调节，而后者又受到谷物的地租和利润的调节。谷物是每年都收获的作物，而鲜肉需要四五年才有收获。所以，由于一英亩土地生产的一种食物数量大大少于另一种食物数量，数量的差距必须由价格的优势来补偿。如果补偿过多，更多的谷地会转为草地；如果补偿不足，部分草地会转而种植谷物。

这种青草地租和利润与谷物地租和利润之间的平等，直接产品为牲畜食物的土地地租和利润与直接产品为人类食物的土地地租和利润之间的平等，必须理解为只有在一个大国的大部分改良土地上

---

① 参阅第 127 页和第 167 页。

才发生。在某些特殊的当地情况下，情形则完全不同，青草的地租和利润比从谷物中所得到的要多很多。

这样，在大城市周围地区，对奶类和马料的需求，再加上鲜肉的高价，常常使青草的价值高于所谓相对于谷物的自然比例。这种地方性利益显然不能推广到远方地区。

特殊情况有时使某些国家人口众多，以至全部领土就像大城市周围土地一样，不足以生产居民生活所必需的青草和谷物。所以，它们的土地主要用于生产青草，这是一种体积较大的商品，不容易从远方运来。而作为大多数人民食物的谷物则主要从外国进口。荷兰现在就处于这种情况，古代意大利的大部分地区在罗马人的繁荣时期似乎也是如此。西塞罗告诉我们，老加图说，饲养得好，是私人地产管理中第一位的和最有利可图的事情；饲养得还可以，是第二位的；饲养得不好，是第三位的。他把耕种只排在获得利润和利益的第四位①。的确，在古代意大利的罗马周围地区，由于常常向人民无偿或低价分配谷物，耕种必然受到极大抑制。这些谷物来自被征服的各省，其中几个省不纳税，但须按规定价格（约六便士一配克）向共和国提供自己产品的十分之一②。向人民分配的这种谷物的低价，必然会降低从罗马旧领土运到罗马市场的谷物价格，必然会抑制该国的耕种。

在一个主要产品为谷物的疆域辽阔的国家，一块很好的用栅栏围起的草地也常常比周围任何谷地的地租都更高。在圈地中更便于维持耕种谷地所用的牲畜。这种情况下，它的高地租不是由自己产品的价值来支付的，而是由通过已耕种的谷地的价值来支付的。如果邻近土地全被圈起，圈地的地租可能会下降。苏格兰圈地导致的现在的高地租，似乎是由于圈地的稀缺，但这种高地租只能在稀缺存在的时候存在。圈地的好处对草地比对谷地更大。圈地节约了看护牲畜的劳动，牲畜不易受看护人及其狗的打扰，也就喂养得更好了。

---

① 西塞罗，《论责任》，第229页。
② 参阅第166页和第167页。

但在没有这种地方性利益的地方,谷物或任何其他普通的人类植物性食物的地租和利润,在适于生产它的土地上,自然会调节草地的地租和利润。

使用人工牧草如芜菁、胡萝卜、卷心菜及其他能想到的便利办法,与使用天然牧草相比,同量土地能饲养更多的牲畜。这就可以期望能略微降低鲜肉价格在进步国家自然高于面包价格的幅度。而且看起来实际情况确实如此,有理由相信这一点,至少在伦敦市场,鲜肉价格相对于面包的价格现在比上个世纪初低得多。

伯奇博士在《亨利亲王传》的附录中记载了亲王支付的鲜肉的一般价格。记载提到,重六百磅的一头牛一般花费他大约九镑十先令,即每一百磅值三十一先令八便士①。1612年11月6日亨利亲王十九岁时去世②。

1764年3月,国会对当时食物价格昂贵的原因进行了调查。当时的证言中有一位弗吉尼亚商人提供的证词,说他曾于1763年3月以一百磅牛肉值二十四或二十五先令的价格为他的船只备办食物,他认为这是一般价格;然而在1764年这个物价昂贵的年份,同样重量的牛肉他曾付出二十七先令③。不过,1764年的这个高价比亨利亲王所支付的一般价格还便宜四先令八便士。必须指出,只有最好的牛肉才适于腌制,并供远洋航行使用。

亨利亲王所付价格,是整个牛身、次等肉和上等肉合在一起的价格,为每磅3又4/5便士。按照这个价格,上等肉的零售价不会低于每磅4又1/2便士或5便士。

在1764年的国会调查中,证人们陈述,最上等的牛肉对消费者的售价为每磅4便士和4又1/2便士;次等肉一般为7法新至2又1/2便士和2又3/4便士。他们说,这比同等肉在3月的通常售价一

---

① 托马斯·伯奇,《威尔士亨利亲王传》,1760年,第346页。
② 同第126页注释③,该书的第271页。
③ 《下议院1764年2月8日任命的调查食物价格昂贵原因的委员会的报告》,1764年,第4段,对于弗吉尼亚商人卡贝尔·汉伯瑞先生认为24先令或25先令是一般价格没有明确的意见。

般贵半便士①。但即使是这种高价,也仍比我们所能假定的亨利亲王时代的一般零售价格低廉得多。

在上世纪最初十二年,温莎市场上最好的小麦,一夸脱的平均价格为 1 镑 18 先令 3 又 1/6 便士合九温彻斯特蒲式耳。

但在 1764 年之前的十二年里,包括这一年在内,同一市场同量最好小麦的平均价格为 2 镑 1 先令 9 又 1/2 便士②。

所以,上世纪最初十二年里,与 1764 年之前包括这一年在内的十二年里相比,小麦看起来低廉得多,而鲜肉则昂贵得多。

在所有大国里,大部分耕地用于生产人类的食物或牲畜的食物。这些耕地的地租和利润调节所有其他耕地的地租和利润。如果任何特定产品所提供的比上述少,土地很快就会转用于谷物或牧草;如果任何特定产品所提供的比上述多,原用于谷物或牧草的一部分土地很快就会转用于那种产品。

的确,为了使土地适于这些特定产品的生产,或需要更多的原始改良支出,或需要更多的每年耕作支出。这些产品与谷物或牧草相比,一般能为前者提供更多的地租,为后者提供更多的利润。不过,很少能发现这种较高收入能超过这种较高支出的合理利息或补偿。

在啤酒花园、果树园和蔬菜园,地主的地租和农场主的利润一般比在谷地或草地高。但将土地改变成这种状况需要更大开支,因而地主能得到更多地租。不过,这还需要更精心、更专业的管理,这样农场主就能得到更多利润。而且作物的收成,至少是啤酒花园和果树园的收成,也更不稳定。所以这些产品的价格除了补偿所有意外损失外,还必须能提供类似保险利润的东西③。种植园主的境况

---

① 同上页注释③,第 3 段。该委员会认为,"最近食物价格昂贵的原因部分是由于当年的特殊天气,部分是由于惩罚、垄断牲畜上市及有关人员法律实施后的负面效应"。
② 这些价格从本章末所附表格中推算得出。
③ 只有在额外风险阻挡人们进入这一行业时才是如此,而根据前面第 87 页和第 88 页,则不会如此。

一般很平常，总是处于中等水平。这可以使我们相信，他们的机智并没有得到超额补偿。他们的令人愉快的技艺被很多富人当做消遣来看待，以至那些以此谋生的人几乎得不到什么好处，因为本应自然成为他们最佳顾客的人为他们提供了所有最贵重的产品。

地主从这种改良中所得好处，似乎从未超过足以补偿进行改良所需原始开支的数目。在古代农业中，除了葡萄园，浇灌充足的蔬菜园似乎是能提供最高价产品的那部分农地。但德谟克利特，这个大约两千年前就对耕作进行著述并被古人视为耕作技术始祖之一的人，认为将蔬菜园围起来的人很不明智。他说，利润不会补偿石墙的支出；而砖墙（我认为他指的是太阳晒干的砖）受雨水和冬季风暴的侵蚀，需要经常修复。科卢梅拉在提到德谟克利特上述意见时并未反驳，但提出一个非常节俭的办法，用荆棘和石墙做篱笆将蔬菜园围起来。他说凭经验就知道这种篱笆既持久又不易进入。但在德谟克利特时代，看起来人们还一般不知道这种办法。帕拉第乌斯采纳了从前曾由瓦罗推荐的科卢梅拉的意见。根据这些古代改良家的意见，蔬菜园的产品似乎仅足以支付特殊耕作和灌溉的费用，因为在非常靠近太阳的国家，当时与现在一样，认为应当支配水源，将其引入园中的每个苗床。在欧洲大部分地区，现在都认为蔬菜园仅值得像科卢梅拉所推荐的那样去围起来。在英国以及其他某些北方国家，不借助于围墙，优良水果就不能成熟。所以，在这些国家，水果的价格必须足以支付所必需的修建和维护围墙的费用。果树围墙常常围绕蔬菜园，这样蔬菜园就能享受围墙的好处。

适当种植和完善管理的葡萄园，是农场中最有价值的部分。这在古代农业与现代农业一样，在所有产葡萄酒的国家似乎都是不受怀疑的金科玉律。但科卢梅拉告诉我们，种植新葡萄园是否有利，在古代意大利农夫中是有争议的事情。他像所有奇异植物的真正爱好者一样，赞同新葡萄园，并通过比较其利润和支出，竭力表明这是最有利的改良。但这种对新项目的利润和支出的比较，一般都极其荒谬，因而在农业中更是如此。如果从这种种植中实际所得一般都如他想象得那么多，也许就不会有这方面的争议了。现在在产葡萄酒的国家，这一点也常常是有争议的事情。的确，这些国家的农业专家，高级耕种的爱好者和推广者，一般似乎与科卢梅拉一样赞同新葡萄园。在法国，旧葡萄园所有者急于阻止任何新葡萄园，似乎赞同他们的意见，并表明有经验者意识到，这种种植现在在该国比其他任何耕作都更有利可图。不过，同时似乎表明了另一种意见，认为这种高额利润只能延续到现在限制自由种植葡萄的法律有效为止。1731年，他们接到国会的命令，如无国王特许，禁止种植新葡萄园以及复原辍耕两年的旧葡萄园。只有在接到省长通知，证明他已视察过这块土地，并证明这块土地不能种植任何其他作物，国王才能颁发这种特许。这项命令的借口是谷物和牧草的缺乏以及葡萄酒的过剩。但如果这种过剩属实，就会使这种种植的利润降到它与谷物和牧草利润的自然比例之下，即使没有政府命令，也会有效阻止新葡萄园的种植。至于所谓的葡萄园增多造成谷物的缺乏，实际上谷物的耕种在产葡萄酒的各省最为精细，那里的土地适于生产谷物，如勃艮第、吉延和上朗格多克。一种耕作所使用的人手众多，必然会鼓励另一种耕作，因为这为另一种耕作的产品提供了现成的市场。减少那些有能力购买谷物的人数，肯定是最无希望鼓励谷物耕种的办法。这就像靠抑制制造业来鼓励农业的政策一样。

所以，要求更多原始改良支出使土地适于生产或更多每年耕作支出的那种生产，其地租和利润尽管常常比谷物和牧草的地租和利润更高，但当其仅能补偿这种额外开支时，实际上仍受这些一般作物的地租和利润的调节。

的确，有时适于生产某种特定产品的土地数量太少，不能供应有效需求。全部产品可售给这类人：他们愿意支付的价格，略高于这种产品的生长和上市所必需的全部地租、工资和利润，这些地租、工资和利润均按其自然价格即大部分其他耕地支付的价格来计算。在这种情况下，也只有在这种情况下，价格的剩余部分，即支付全部改良和耕种支出后所剩部分，与谷物和牧草价格的类似剩余不保持普通比例，可以在几乎任何程度上超过它。而所超数额的大部分自然归入地主的地租。

例如，葡萄酒的地租和利润与谷物及牧草的地租和利润之间的通常和自然的比例，必须理解为只适用于某类葡萄园。这类葡萄园所生产的只不过是在任何松软的石砾或沙子土壤到处都能生产的优良普通葡萄酒，除了烈度和有益健康外无足称道。乡村普通土地只有与这类葡萄园才能进行竞争，而与特殊品质的葡萄园则显然无法竞争。

葡萄比任何其他果树都更受土壤不同的影响。人们认为，葡萄从某种土壤获得的滋味，任何栽培或管理方法在其他土壤上都无法达到同样效果。这种滋味不论是真实的还是想象的，有时是少数葡萄园的产品所特有的；有时则扩大到一个小地区的大部分地方；有时则扩大到一个大省的很大一部分地区。进入市场的这种葡萄酒的全部产量不能满足有效需求，即不能满足这些人的有效需求：他们愿意支付这种酒的生产和上市所必需的全部地租、工资和利润，这些地租、工资和利润的价格按它们在普通葡萄园支付的价格计算。所以，这种葡萄酒的全部产量可以售给愿意出高价的人，这必然会使其价格高于普通葡萄酒的价格。差价大小依这种葡萄酒的流行性和稀缺性所造成购买者竞争的激烈程度而定。无论差价大小如何，其大部分归入地主的地租。这是因为，尽管这种葡萄园一般比大多数其他葡萄园都培植得更为精细，但这种葡萄酒的高价似乎是这种精细培植的原因，而不是它的结果。对于这样一种高价产品，由疏忽而导致的损失太大，以至于迫使最粗心的人去留意。所以，这种高价的一小部分，就足以支付投入耕作的额外劳动的工资，以及推动这种劳动的额外资本的利润。

欧洲各国在西印度拥有的产糖殖民地可与这种贵重的葡萄园进行比较。它们的全部产量不能满足欧洲的有效需求，可以售给这类人：他们愿意支付高出足以支付食糖的生产和上市所必需的全部地租、工资和利润的价格，这些地租、工资和利润的价格按它们一般支付的价格计算。在交趾支那，最好的白糖一般售价为每昆特尔（一百一十二英镑。——译者）三皮亚斯特，约为我国货币的十三先令六便士。这是波佛尔先生告诉我们的[1]，他对该国农业作过非常仔细的观察。那里所称的昆特尔，重一百五十至二百巴黎磅，平均为

---

[1] 《哲学家游记》，1768年，第92页和第93页。

一百七十五巴黎磅,按一百英镑计算价格约为八先令,不到从我们的殖民地进口的红糖或粗砂糖一般售价的四分之一,也不到上等白糖售价的六分之一。交趾支那大部分耕地用于种植谷物和大米,这是人民大众的食物。那里谷物、大米和食糖的各自价格可能成自然的比例,即在大部分耕地上不同作物间自然发生的比例,按尽可能算出的一般原始改良费用和每年耕作的费用补偿给地主和农民。但在我们的产糖殖民地,食糖的价格与欧洲或美洲的稻田或谷田的产品的价格并不保持这种比例。一般来说,食糖种植者希望朗姆酒和蜜糖应能支付他的所有耕种费用,而食糖应都是纯利。如果确实如此,我不敢肯定,就好像谷农希望用麦糠和麦秆支付他的所有耕种费用,而麦粒应都是纯利那样。我们经常看到伦敦及其他商业城市的商人协会在我们的产食糖的殖民地购买荒地,尽管距离遥远,回报不确定,而且那些国家的司法行政机构不健全,仍希望通过代理人或经纪人去改良和耕种获得利润。无人试图以同样的方式在苏格兰、爱尔兰或北美产谷物各省的最肥沃的土地上去改良和耕作,尽管这些国家的司法行政制度更严格,也许可期望得到更正规的回报。

在弗吉尼亚和马里兰,人们更愿意种植烟草而不愿意种植谷物,认为这样会更有利可图。在欧洲大部分地区,种植烟草也许是有利的,但在欧洲几乎任何地区,烟草已成为课税的主要对象。而人们认为,从一国可能种植烟草的每个不同农场去收税,比从海关向进口烟草征税更困难。因此,在欧洲大部分地区就最荒谬不过地禁止种植烟草,这必然会赋予准许种植烟草的国家的一种垄断。由于弗吉尼亚和马里兰种植的烟草最多,就分享了这种垄断的大部分好处,尽管有些竞争者与其分享。不过,种植烟草似乎不如种植食糖那样有利。我从未听说过任何烟草种植园是用住在英国的商人的资本去改良和耕种的,也未听说我们产烟草的殖民地把我们常看到的来自我们产食糖的殖民地那样富裕的种植者送回国。尽管在这些殖民地人们更愿意种植烟草而不是谷物,看起来欧洲对烟草的有效需求并未得到完全满足,但烟草供应可能比食糖供应更接近有效需求。尽管烟草的现有价格可能超过了足以支付为生产和上市所必需的全部地租、工资和利润,这些地租、工资和利润按谷田一般支付的价格计算，但超过的数额一定没有现有食糖价格超过的数额那么多。所以，我们的烟草种植者像法国旧葡萄园所有者担心葡萄酒供应过多那样，同样担心烟草供应过多。通过议会法令，他们限制烟草的栽种为十六岁至六十岁的黑人每人种六千本，假定产烟一千磅①。他们估计，这样一个黑人，除了种植这个数量的烟草之外，还能种植四英亩玉米②。道格拉斯博士告诉我们（我怀疑他的消息不准），为了防止市场上烟草供应过多，他们有时在丰年按每个黑人计算焚烧一定数量的烟草，就像荷兰人焚烧香料那样③。如果必须以这种极端手段来维持烟草的价格，那么种植烟草对于种植谷物的优势即使仍存在，可能也不能长期维持。正是以这种方式，生产人类食物的耕地地租调节大部分其他耕地的地租。没有哪种作物能长期提供较少地租，因为这块土地会立即转向其他用途。如果某种作物一般能提供较多地租，那是因为适于耕种这种作物的土地数量太少，不能满足有效需求。在欧洲，谷物是直接供应人类食物的主要产品。所以，除了在特殊情况下，谷田地租在欧洲调节所有其他耕地的地租。所以英国既无须羡慕法国的葡萄园，也无须羡慕意大利的橄榄园。除了在特殊情况下，这些果园的价值由谷物决定。在种植谷物方面，英国土地的肥沃程度不比那两国差多少。如果在任何国家，人们一般喜爱的植物性食物来自一种植物，这种植物在一般土地上，以与谷物相同或几乎相同的方式去耕作，产量比最肥沃的土地生产的谷物多得多，那么，地主的地租，即在支付劳动和补偿农民的资本及其一般利润后剩余的食物数量，必然会多得多。不论该国一般维持劳动的价格是多少，这部分更多的剩余食物总能维持更多的劳动，从而使地主能购买或支配更多的劳动。他的地租的真实价值，即他的真实权力和权威，他对于他人劳动能向他供应的生活必需品和便利品的支配，必然会大得多。

---

① 威廉·道格拉斯，《英国在北美殖民地最初种植、随后改良的现状和历史及政治概要》，1760年，第2卷，第359、360、373页。
② 同上，第374页，但原文为"一个勤劳的人，'而非'这样一个黑人"。
③ 同上，第372页和第373页。

稻田比最肥沃的谷田生产的食物数量大得多。据说一英亩稻田的一般产量为每年收获两次，每次产量为三十至六十蒲式耳。所以，尽管稻田的耕种需要更多劳动，但维持所有这些劳动后的剩余也多得多。在那些产米国家，大米是人民普遍喜爱的植物性食物，耕种者主要以大米为生，那里的地主比产谷国家的地主在这更多的剩余中所占的比例更大。在卡罗来纳，像在其他英国殖民地一样，种植者一般既是农民又是地主，因而地租与利润混淆在一起。在那里发现种稻比种谷更有利，尽管那里的土地每年只收获一次，尽管由于欧洲流行的习惯，在那里大米不是人民普遍喜爱的植物性食物。

良好的稻田四季均为泥沼，其中一个季节被水覆盖。它不适于种植谷物、牧草或葡萄，的确，不适于种植对人类非常有用的任何其他植物性食物。而适于这些目的的土地则不适于种植水稻。所以，即使在产稻国家，稻田的地租也不能决定其他无法改种水稻的耕地的地租。

马铃薯田所产食物在数量上不逊于稻田所产食物，大大多于麦田所产食物。一英亩土地产出一万两千磅马铃薯并不比产出两千磅小麦更高产。的确，能从这两种植物提取的食物或纯营养物与其重量完全不成比例，因为马铃薯水分多。不过，假设这种根块重量的一半是水，一英亩土地仍能生产六千磅纯营养物，是每英亩小麦所产数量的三倍。一英亩马铃薯比一英亩小麦的耕种费用更少。播种小麦前一般要休耕，足以抵消马铃薯的锄草及其他常有的额外耕种费用而有余。如果这种根块在欧洲任何地区，像大米在产米国那样，成为人民普遍喜爱的植物性食物，从而在耕地中所占比例与现在小麦及其他作为人类食物的谷物所占比例相同，那么相同数量的耕地会维持更多的人的需要。劳动者一般以马铃薯为食物，在补偿所有资本和维持用于耕种的所有劳动后，仍留下更多剩余。这种剩余的大部分也会属于地主。人口会增长，地租会比现在高得多。

适于种植马铃薯的土地也适于种植几乎任何其他有用植物。如果马铃薯所占耕地的比例与现在谷物所占的比例相同，它也同样会决定大部分其他耕地的地租。

有人告诉我，在兰开夏的某些地区认为，燕麦面包与小麦面包相比，是对劳动人民更有营养的食物，我还常常听说在苏格兰也有相同的说法。不过我对其真实性多少有些怀疑。吃燕麦面包的苏格兰普通民众，与吃小麦面包的英格兰同阶层的民众相比，一般既不如其强壮，也不如其漂亮。他们工作得不那么出色，看起来也不是那么健康。由于两国的上层人民之间没有这种差别，经验似乎表明，苏格兰普通民众的食物不像他们在英格兰的同阶层人的食物那样适合人类体质①。而马铃薯则似乎不同。伦敦的轿夫、搬运工、煤炭搬运工以及不幸以卖淫为生的妇女，这些也许是英国领土上最强壮的男人和最美丽的女人，据说其中大部分是爱尔兰最底层的人民，他们一般以这种根块为食物。没有其他食物能比马铃薯能提供更具决定性的证据，证明它的营养价值，或它特别适合人体的健康。

全年储存马铃薯很难，也不可能像谷物那样储存两三年。对于在马铃薯腐烂前不能将其销售出去的担心，抑制了它的种植，并且可能是使它在任何一个大国不能像面包那样成为各阶层人民的主要植物性食物的首要障碍。

第二节　论间或能提供地租的土地产品

人类食物似乎是能始终并必然为地主提供一些地租的唯一土地产品。其他各种产品有时能，有时则不能提供地租，根据不同情况而定。

除了食物之外，衣服和住宅是人类两大需要。

最初原始状态下的土地，在衣服和住宅的原料方面所能供给的人数，大大多于在食物方面所能养活的人数。在改良状态下，土地有时所能养活的人数，比它在这些原料方面所能供给的人数更多，至少从他们需要这些原料并愿意付出代价这两方面来说是如此。所以，在第一种状态下，这些原料始终过于丰富，因而基本没有价值，或完全没有价值。在第二种状态下，经常缺少这些原料，这必然提高它们的价值。在第一种状态下，这些原料的大部分被作为废物而

---

①　前面第 58 页已提到燕麦的质量较差。

抛弃。被使用的那部分原料的价格被认为只等于使其适于使用所花费的劳动及费用，因而不能为地主提供地租。在第二种状态下，所有原料都得到利用，需求常常得不到满足。有人始终愿意为这些原料的任何部分支付超过足以补偿将其运入市场所需费用的价格。所以原料的价格总能为地主提供一些地租。

较大动物的皮毛是衣服的最初原料。所以，在主要以动物肉为食物的狩猎和畜牧民族，每个人在为自己提供食物的同时，也就为自己提供了用不完的衣服原料。如果没有外贸，大部分皮毛就被作为没有任何价值的东西抛弃掉。北美狩猎民族在被欧洲人发现之前可能就处于这种状态。现在他们用剩余皮毛与欧洲人交换毛毯、火器和白兰地，这就赋予皮毛一些价值了。我相信，在已知世界现有商业状态下，已建立土地私有制的最野蛮的民族，也有一些这种外贸，发现更富裕的邻国对他们土地生产的所有衣服原料有需求，而这些原料在本土既不能加工又不能消费，因而将它们的价格提高到将其运往这些富裕邻国的成本之上，所以，这能为地主提供一些地租。当大部分苏格兰高地的牲畜在自己的山上被消费时，出口皮革成为该国贸易的最大宗项目，它们所交换的东西增添了一些高地地产的租金①。英格兰的羊毛从前在本国既不能消费又不能加工，在当时更富裕、更勤劳的佛兰德国家找到了市场，它的价格为产毛土地的地租提供了某些东西。在耕作不如当时的英格兰和现在的苏格兰高地而又没有外贸的国家，衣服原料显然十分丰富，其中大部分被作为废物抛弃掉，没有任何部分能为地主提供任何地租。

住宅原料不能总是像衣服原料那样运往远方，不能那么容易成为外贸对象。当它们在生产国过剩时，即使在世界现有商业状态下，也常常对地主毫无价值。在伦敦附近的采石场会提供很多地租。而在苏格兰和威尔士的很多地方，采石场却不提供任何地租。建筑用木材在人口众多、耕作发达的国家具有很大价值，生产它的土地能提供很多地租。但在北美很多地区，地主非常感激愿将其大部分大树运走的任何人。在苏格兰高地的某些地方，由于缺少水陆运输，

---

① 前面，第117页；后面，第167页。

树皮是能送入市场的树木的唯一部分，木材则任其在地面腐烂。当住宅原料过剩时，所利用的那部分仅值加工时所需的劳动和费用。它不能为地主提供任何地租。不论谁不怕麻烦开口请求，地主都会允许他使用木材。而富裕民族的需求有时使地主能从木材中得到一些地租。伦敦街道铺设路面，使苏格兰海岸一些光秃岩石的所有者从以前从未提供地租的岩石中得到一些地租。挪威和波罗的海沿岸的森林在英国许多地方找到了在它们本国找不到的市场，因而为其所有者提供了一些地租。

一国人口众多，不在于与它的产品能为之提供衣服和住宅的人数成比例，而在于与它的产品能为之提供食物的人数成比例。当食物得到供应时，容易找到必需的衣服和住宅；但当衣服和住宅唾手可得时，却可能常常难以找到食物。甚至在英国领土的某些地区，所谓住宅也许只是由一个人一天的劳动而建成。最简单的衣服即动物皮毛，需要略多的劳动来处理和加工去使用它。不过这也不需要大量劳动。在野蛮民族，全年劳动的百分之一或略多于百分之一就足以提供满足大部分居民需求的衣服和住宅，其余百分之九十九的劳动常常仅足以为他们提供食物。

但当土地的改良和耕作使一个家庭的劳动能为两个家庭提供食物时，社会的一半劳动就足以为全社会提供食物，于是另一半劳动或至少其中的大部分，可用于提供其他东西，即用于满足人类的其他需要和爱好。衣服、住宅、家具和所谓的成套用具，是大部分这种需要和爱好的主要目标。富人消费的食物并不比他的穷邻居更多。从食物的质量看，也许极为不同，选择和加工食物可能要求更多的劳动和技术；而从食物的数量看则非常接近同一水平。但是在富人的宽敞豪宅和高大衣柜与穷人的简陋小屋和破衣烂衫之间作比较，你会感觉到，他们的衣服、住宅和家具在数量上的差别与在质量上的差别几乎同样巨大。对食物的欲望，因每个人的胃的容量狭小而受到限制；而对建筑、衣服、成套用具和家具方面的便利品和装饰品的欲望，似乎没有限度或一定范围。所以，那些拥有的食物超过自己消费所需的人，总是愿意将剩余部分即它的价格用于交换，来满足自己其他欲望；满足了有限欲望之外的那部分，被用于满足那些无法满足并且似乎永无止境的欲望。穷人为了获得食物，竭力去满足富人的爱好。为了更确定地获得食物，他们在自己产品的低廉和完善方面彼此竞争。工人人数随着食物数量的增加而增加，或随着土地的日益改良和耕作而增加。由于他们的业务性质允许最大限度的分工，他们能加工的原料数量的增加相对于他们人数增加的比例更大。因此，产生了人类对在建筑、衣服、成套用具和家具等方面实用性或装饰性使用各类原料的需求，以及对地下的化石和矿物及贵金属和宝石的需求。

以这种方式生产食物不仅是地租的原始来源，而且后来提供地租的其他土地产物中相当于地租的那部分价值，也是因为生产食物的劳动生产力通过土地的改良和耕作而得到提高。

不过此后提供地租的那些土地其他产物并不能始终提供地租。即使在土地已得到改良和耕作的国家，对这些产品的需求也不总是大到有能力支付一个更高的价格，即超过足以支付劳动和补偿使这些产品进入市场所必须运用的资本及其一般利润的价格。事实是否如此，取决于不同情况。

例如，煤矿是否能提供任何地租，部分取决于其富饶程度，部分取决于其地理位置。

任何一种矿产，根据一定数量劳动从它开采出的矿物数量比用等量劳动从其他大多数同类矿产中开采出的矿物数量是多还是少，以决定是富饶还是贫瘠。

某些煤矿地理位置有利，但因贫瘠而不能开采。产品不足以支付开支。它们既不能提供利润又不能提供地租。

某些煤矿的产品仅足以支付劳动并补偿开采时使用的资本及其一般利润。它们能为开采者提供一些利润，但不能为地主提供地租。只有地主开采它们才有利可图，其他人则不行。这时地主自身是开采者，得到他所使用的资本的一般利润。许多苏格兰的煤矿就以这种方式开采，而不能以其他方式开采。地主不会允许任何人不付地租就开采，而无人有能力支付地租。

苏格兰的其他煤矿足够富饶，但由于其位置不佳而不能开采。用一般的甚至更少的劳动量就能从这些煤矿开采出足以支付开采费煤炭与木材相比，不是那么令人满意的燃料，据说也不那么洁净。所以在消费煤炭的地方，用于煤炭的开支一般必然略少于用于木材的开支。

木材的价格又随着农业状态而变化，就像牲畜的价格变化那样，二者完全出于同一原因。在原始状态下，任何国家的大部分土地都覆盖着森林。森林在那时只是对地主毫无价值的障碍物，地主乐意让任何人去砍伐。当农业发展时，部分森林由于耕作的进程而被全部砍伐，部分森林由于牲畜数量的增加而衰退。牲畜数量与谷物数量增加的比例虽不同，谷物完全是人类勤劳的收获，但牲畜也是在人类的照顾和保护下繁殖。人类在饲料丰富的季节储藏足够饲料以使在饲料短缺的季节能饲养牲畜，这些储藏的饲料在全年为牲畜提供的食物比未耕作土地提供的食物更多。而且人类还消灭牲畜的敌人，确保它们自由享受自然所提供的所有食物。人类还让众多畜群在森林中闲荡，虽然它们不会摧毁老树，却会阻止新树生长，从而造成一两个世纪内全部森林走向毁灭。木材的不足就提高了木材的价格。木材提供了很好的地租。地主有时发现，他最好的土地没有比种植木材更为有利可图了，其丰厚的利润常常能补偿迟来的回报。现在英国许多地区的情况似乎与此差不多，那里发现种树的利润等于种植谷物或牧草的利润。地主从种树中所得的利益，至少在长期内，在任何地方都不能超过谷物和牧草所能为他提供的地租。在一个耕作高度发达的内陆国家，种树的利益常常不比这种地租少很多。的确，在一个已相当进步的国家的海岸，如果能很便利地得到煤炭作为燃料，从耕作欠发达的国家进口木材有时可能比在本国种树更低廉。在爱丁堡这个最近几年①才建成的新城市，可能没有一根木料

---

① 1778年，王子大街沿街建筑已达到相当规模，并且安德鲁广场大街及周边街道也几乎完成。一份当时的规划图显示了女王大街和王子大街之间的全部街区风貌。阿诺特，《爱丁堡史》，1779年，第233、315、318、319页。

是苏格兰产的。

不论木材的价格是多少,如果煤炭的价格使烧煤的费用几乎等于烧木材的费用,我们就可以确定,在那个地方,在这种情况下,煤炭的价格有可能达到最高价格。英格兰某些内陆地区,尤其是牛津郡,情况似乎就是如此。在那里,即使是普通人烧火时也混用煤炭和木材。所以,这两种燃料的费用相差不会太大。

在产煤国,各地的煤炭价格都大大低于这种最高价格。否则这些国家就不能承担长途水路或陆路运输的费用。如按高价,只能售出很少煤炭。煤炭主人和煤矿主发现,以比最低价格略高的价格售出大量煤炭,比以最高价格售出少量煤炭更符合自己的利益。最富饶的煤矿也支配附近所有其他煤矿的煤炭价格①。煤矿主和开采者发现,以略低于所有附近煤矿的价格出售,一方面能得到更多地租,另一方面能得到更多利润。附近的煤矿不久不得不也以相同价格出售,尽管他们不太负担得起,尽管这样总是减少有时甚至完全夺走他们的地租和利润。某些煤矿只好被完全放弃,其余煤矿也无力提供地租,而只能由煤矿主自己来开采。

煤炭能长期持续销售的最低价格,与所有其他商品一样,仅足以补偿将其送入市场所必须运用的资本及其一般利润。在地主得不到地租而必须自己开采或任其闲置的煤矿中,煤炭价格一般必然接近这种价格。

即使煤炭能提供地租,地租在煤炭价格中所占的份额,一般也小于地租在大多数其他土地天然产物中所占的份额。地面以上的地产的地租,一般估计为总产量的三分之一,这一般是确定的地租,与收成的偶然变化无关。在煤矿,总产量的五分之一就是非常高的地租,十分之一是一般地租,这很少是确定的地租,而是取决于产量的

---

① 布坎南(《国富论》编者,第 1 卷,第 279 页)就这一段落明智地评论:"煤炭价格不是由一个煤矿的产量确定的,不论这个煤矿是多么富饶,而是由能开采的所有煤矿的共同产量确定的。只有在一定的价格下才能消费一定数量的煤炭。如果能开采的煤矿的产量高于这个数量,价格则会下跌;低于这个数量,价格则会上涨。"

偶然变化。这种偶然变化非常大,所以在三十倍年租被认为是地产产权适中价格的国家,十倍年租就被认为是煤矿产权的良好价格了。

煤矿对矿主的价值,常常既取决于煤矿的富饶程度又取决于它的位置。金属矿的价值更多取决于它的富饶程度,较少取决于它的位置。粗金属,尤其是贵金属,从矿石中分离出后,价值很大,一般足以负担长途陆运和最遥远海运的费用。它们的市场不限于矿产附近的国家,而是遍及全世界。日本的铜是欧洲贸易的物品,西班牙的铁是智利和秘鲁贸易的物品。秘鲁的白银不仅销往欧洲,还从欧洲销往中国。

威斯特摩兰或什罗普郡的煤价对纽卡斯尔的煤价几乎不产生影响;而利奥诺尔的煤价则根本没有影响。这些相距遥远的煤矿的产品,绝不会彼此竞争。但相距最遥远的金属矿产品却常常可能彼此竞争,而实际情况一般就是如此。所以,世界上最富饶的矿藏所产粗金属尤其是贵金属的价格,必然或多或少地影响世界任何其他地方的产品价格。秘鲁的白银价格,即白银在秘鲁所能购买的劳动或其他货物的数量,必然不仅对欧洲银矿而且对中国银矿产生某些影响。在发现秘鲁银矿后,欧洲大部分银矿都被放弃了。白银的价值大幅下降,以致银矿的产品不再能支付开采费用,即补偿在开采中所消费的食物、衣服、住宅和其他必需品以及利润。波托西的银矿被发现后,古巴和圣多明各的银矿,甚至秘鲁的旧银矿,也处于这种情况。

所以,每种矿藏的每种金属的价格,某种程度上受世界上实际开采的最富饶矿藏的价格支配,在大部分矿藏仅能支付开采的费用,很少能为地主提供极高的地租。因而,在大部分矿藏中,地租似乎仅占粗金属价格的一小部分份额,在贵金属价格中所占份额更小,而劳动和利润占这两种金属价格的大部分。

总产量的六分之一可认为是康沃尔锡矿的平均地租,该矿是世界上已知最富饶的锡矿,这是该矿副监督尊敬的博莱斯先生告诉我们的。他说,有些矿能提供多些,有些矿无力提供这么多[1]。总产量

---

[1] 威廉·波拉斯,《康沃尔自然史》,1758年,第175页,但书中并未提到地主有时收到多于六分之一的地租。

的六分之一还是苏格兰几个很富饶的铅矿的地租。

弗雷齐和乌诺阿告诉我们,在秘鲁的银矿,矿主常常只要求开采者使用矿主的磨去研磨开采出来的矿石,向矿主支付一般的使用费或研磨的价格①。的确,在1736年前,西班牙国王的课税仍为标准银的五分之一,这在当时也许被视为大部分秘鲁银矿——世界已知的最富饶的银矿的真实地租。假如没有这种课税,这五分之一自然就属于地主,并且许多银矿也许就可以开采了,这些银矿当时不能开采就是因为它们无力支付这种税。康沃尔公爵对锡的课税估计在百分之五以上,即价值的二十分之一以上②。不论他估计的比例是多少,如果锡是免税的,那也自然应属于矿主。但如果你将二十分之一与六分之一相加,你会发现康沃尔锡矿的全部平均地租与秘鲁银矿全部平均地租之比为十三比十二。但秘鲁的银矿现在甚至连这种低地租都无力支付了,1736年银税从五分之一降至十分之一③。即使这种银税也比锡税的二十分之一更诱惑人去走私,贵重商品也远比笨重商品更容易走私。因而据说西班牙国王所得税收非常少,而康沃尔公爵所得税收则非常多。所以地租在最富饶锡矿的锡价中所占比重,可能比在世界上最富饶银矿的银价中所占比重更大。在补偿了开采这些不同矿藏所用资本及其一般利润后,为矿主所留剩余物在粗金属中似乎比在贵金属中更多。

秘鲁银矿开采者的利润一般都不是很多。那两位最受尊敬和消息灵通的学者使我们了解到,当任何人在秘鲁开采新矿时,大家都把他看成是一个注定要破产和毁灭的人,因此每个人都躲避他④。看来采矿在那里与在这里一样,被看成是买彩票,中奖的少,不中奖

---

① 弗雷齐,《1712年、1713年及1714年往南海及沿智利和秘鲁海岸航海记,爱德蒙·哈雷博士跋》,1717年,第109页。关于乌诺阿,参阅后面内容。
② 波拉斯提到,价值190 954镑的产品付出超过10 000镑的税。《康沃尔自然史》,第183页。
③ 后面第154页和164页又提到这种减税。第一版没有这句话。
④ 胡安和乌诺阿著《唐·乔治·胡安和唐·安东尼·德·乌诺阿南美航史》法文译本,1752年,第1卷,第379页。

的多,尽管少数大奖引诱许多冒险者在这种不景气的项目上虚掷自己的财产。

不过由于君主的收入的很大一部分来自银矿的产品,秘鲁法律对新矿的发现和开采给予力所能及的各种鼓励。无论是谁发现了新矿,都有权在他认为的矿脉方向划出二百四十六英尺长、一百二十三英尺宽的一块地,他就成为这部分矿藏的所有者,开采这部分矿藏不必向地主支付任何报酬。为了康沃尔公爵的利益,那个古老的公国也作出了几乎相同的规定。在荒废的没有围起来的土地上,任何发现锡矿的人均可在一定范围内划定出界线,这称为锡矿定界。定界人成为锡矿的真正所有者,可自行开采或租与他人开采,而不必土地所有者同意,只需在开采时向他支付极少的报酬①。在这两种规定中,神圣的私有产权为了所谓的公共收入的利益而牺牲。

在秘鲁,对于新的金矿的发现和开采也有同样鼓励。国王对黄金的课税仅为标准金的二十分之一。金税曾为五分之一,后来为十分之一,就像银税一样。但不久发现,采矿连十分之一的税都无力负担。还是弗雷齐和乌诺阿这两位学者说,如果很难找到一个从银矿发财的人,那么就更难找到一个从金矿发财的人了。这二十分之一似乎就是智利和秘鲁大部分金矿所支付的全部地租。黄金甚至比白银更可能被走私,不仅由于黄金相对于其体积价值更高,而且由于自然界生产黄金的特殊方式。白银在被发现时很少是纯银,而是像大多数其他金属一样,一般与某种其他物体混合成矿。除了通过非常费力、冗长的操作外,从矿石中分离出的数量几乎不可能补偿开支。而这种操作只有在专门建立的工场才能正常进行,从而暴露于国王官吏的监视下。相反,黄金在被发现时几乎总是纯金,有时是块状,即使是以微小的、察觉不到的微粒形式混于砂、土及其他外附属物,也很容易通过非常简短的操作将其分离出来。任何拥有少量白银的人在任何私人房屋中均可进行这种操作。所以,如果国王从白银中所得的税收很少,那么从黄金中所得的税收可能更少得多。地租在黄金价格中所占比重必然远远小于在白银价格中所占

---

① 波拉斯,《康沃尔自然史》,第167页和第175页。

比重。

贵金属能售出的最低价格,即它在长期内所能交换的其他货物的最少数量,同样由规定任何其他货物最低一般价格的原则来调节。决定贵金属最低价格的是一般必须运用的资本,即将贵金属从矿区送到市场所消费的食物、衣服和住宅。最低价格必须至少足以补偿这种资本及其一般利润。

而贵金属的最高价格似乎只由这些金属自身的实际数量的多少来决定。它不是由任何其他商品的价格来决定的,不像煤炭的价格那样由木材的价格决定。稀缺性从来不能提高煤炭的价格。如果使黄金的稀缺性增加到一定程度,最小的一块黄金也许会变得比一颗钻石还贵重,能交换更多其他货物。

对这些金属的需求,部分是由于它们的实用性,部分是由于它们的美观。如果把铁除外,它们可能比任何其他金属都更有用。它们不易生锈和玷污,所以更容易保持清洁。用它们制成的餐桌和厨房用具,由于这个缘故而更令人喜爱。银锅比铅锅、铜锅或锡锅更清洁,相同的特性使金锅优于银锅。不过,它们的主要优点来自它们的美观,这使它们特别适于做衣服和家具的装饰品。没有一种颜料和染料能提供像镀金那样美丽的颜色。它们美观的这个优点因稀缺性而大大增强了。对于大多数富人来说,富有的主要乐趣在于炫耀财富。在他们看来,当他们看起来拥有除他们外任何人都不能拥有的财富的决定性标志物时,炫耀才达到顶点。在他们看来,一件稍微有用或美观的物品的价值,由于其稀缺而大大加强,或由于收集它的任何可观数量所需的大量劳动而大大加强,这种劳动量除了他们无人能支付得起。他们愿意为购买这类物品付出比更美观、更有用但更普通的物品更高的价格。这些实用、美观、稀缺的特性,是贵金属高价的原始基础,即它们在任何地方都能交换到大量其他货物的原始基础。这种价值在它们被用于铸币前即存在,与它们被用于铸币无关,并赋予它们适于铸币的性质。然而,铸币这种用途,由于产生新的需求,减少了它们用于其他用途的数量,此后可能有助于保持或提高贵金属的价值。

对宝石的需求完全源于其美观。它们除了作为装饰品毫无用处。

它们美观的这个优点因稀缺性而大大增强，即因从矿藏中开采它们的难度和费用而大大增强，因而工资和利润在大多数情况下几乎构成它们高价的全部。地租只占极小一部分份额，常常不占份额，只有最富饶的矿藏才能提供较多地租。当珠宝商塔弗尼尔访问戈尔康达和维沙普尔的钻石矿时，被告知，国王已命令，为国王利益而开采的这些矿中，除了生产最大、最美的钻石的那些矿外，其余均关闭①。其余的矿对于矿主来说似乎不值得开采。

贵金属和宝石的价格在全世界都是由最富饶的矿藏的产品价格决定的，所以这两种矿藏能向矿主提供的地租，不与矿藏的绝对富饶程度成比例，而与其可称为的相对富饶程度成比例，即与矿藏对同类矿藏的优越程度成比例。如果发现的新银矿优越于波多西银矿的程度，与波多西银矿优越于欧洲银矿的程度相同，那么白银的价值就会降到甚至连波多西银矿都不值得开采的程度了。在西班牙属西印度群岛被发现前，欧洲最富饶的银矿能为矿主提供的地租，与现在秘鲁最富饶的银矿所能提供的一样多。虽然那时白银的数量较少，却可以交换到与现在等量的其他货物，矿主的份额使其能购买或支配等量的劳动或商品。产品和地租的价值，即它们为公众和所有者提供的真实收入，可能保持不变。

贵金属和宝石的最丰饶的矿藏都不能增加世界的财富。价值主要来自其稀缺性的产品必然因供应的丰富而贬值。一套盘子或衣服和家具上的其他华丽装饰，可用较少量的劳动或商品购买到，这就是世界能从这种丰富供应中所得的唯一好处。

对于地面上的地产则情况有所不同。地产的产品和地租的价值与其绝对丰富程度成比例，而不是与其相对丰富程度成比例。生产一定数量的食物、衣服和住宅的土地，总是能为一定数量的人民提供食物、衣服和住宅。不论地主所占比例多少，地租都总会给予他对这些人民劳动的相应比例的支配，即对这种劳动能向他提供的货物的相应比例的支配。最贫瘠的土地的价值，不会因邻近最肥沃的

---

① 《一个健在的法国人约翰·巴蒂斯塔·塔弗尼尔经土耳其至波斯和东印度的六次航海记》，1678 年。书中并没有这些话。

土地而降低。相反，它的价值一般因这种邻近而提高。肥沃土地所维持的大量人口为贫瘠土地的许多产品提供了市场，在贫瘠土地自己的产品所维持的人口中绝对找不到这种市场。

凡是能提高土地生产食物的丰富程度的东西，不仅会提高得到改良的土地的价值，还通过为许多其他土地的产品创造了新需求而同样有助于提高它们的价值。土地改良使得食物丰富，许多人拥有的食物超过自己所能消费的数量，这是对贵金属和宝石以及衣服、住宅、家具和成套用具的所有其他便利品和装饰品产生需求的主要原因。食物不仅构成世界财富的主要部分，而且正是食物的丰富赋予其他许多财富以主要价值。古巴和圣多明各的贫穷居民在被西班牙人最初发现时，常常在头发和衣服的其他部分上戴小块黄金作为装饰。他们对小块黄金的重视，似乎就像我们对比一般水平略微漂亮的小圆石的重视，认为它们值得去拾取，但如有任何人想要则不值得去拒绝。新来的客人第一次提出请求，他们就把黄金送给客人，似乎并不认为他们送给客人什么贵重礼物。他们看到西班牙人对获得黄金的狂热感到惊讶。他们想不到能有这么一个国家，那里许多人拥有如此多的他们总是缺乏的食物，以致为了极少的闪亮的小玩意就愿意给予能维持他们全家多年的食物。如果他们能理解这一点，西班牙人的激情就不会使他们感到惊讶了。

第三节 论总能提供地租的产品与间或能提供地租的产品的各自价值的比例的变动

由于土地不断改良和耕作，食物日渐丰富，这必然增加对食物之外可应用或装饰的土地产品的需求。所以，在全部改良过程中，可以预期这两种不同产品的相对价值只有一种变动。那种间或能提供地租的产品的价值，应比例于那种总能提供一些地租的产品的价值并持续上升。随着技术和产业的进步，衣服和住宅的原料、地下的有用化石和矿物以及贵金属和宝石，应逐渐更为人们所需要，应逐渐交换到越来越多的食物，也就是说，应逐渐更昂贵。因而在大多数场合，大多数这些东西的情况就是如此。如果不是某些场合的特殊事件使其中某些东西的供应的增加大于需求的增加,那么在所有场合所有这些东西的情况都是如此。

例如,石灰石开采场的价值必然会随着所在国家的不断改良和耕作而上升,尤其当这是周围唯一的矿藏时。但银矿的价值,即使方圆一千英里内没有其他银矿,也不一定随着所在国家的进步而上升。石灰石开采场产品的市场很少能超过方圆几英里,对其需求一般必然与那个小地区的改良和耕作成比例。但银矿产品的市场也许遍及整个已知世界。因此,除非世界总体上的改良和人口均增长,否则,即使银矿附近的一个大国的改良,白银的价值也可能毫不上升。即使世界总体在进步,如果在这个过程中发现了比从前已知任何矿藏都富饶的新矿,那么尽管对白银的需求必然会增加,但供应增加的比例可能会更大,以致白银的真实价值可能逐渐下降。也就是说,任何定量的白银,例如一磅,可能逐渐购买或支配越来越少的劳动数量,或交换越来越少的作为劳动者主要生活资料的谷物数量。

白银的巨大市场存在于世界上的商业和文明地区。

如果因总体发展这个市场的需求增加,同时供给没有以相同比例增加,白银的价值会比例于谷物的价值逐渐上升。定量白银会交换到越来越多的谷物,也就是说,谷物的平均货币价格会逐渐变得更低廉。

相反,如果由于某种事件,供应的增加在连续多年中比需求增加的比例更大,白银会逐渐变得更低廉,也就是说,尽管有这一切进步,谷物的平均货币价格逐渐变得更昂贵。

但是如果在另一方面,白银供应与需求的增加几乎保持相同比例,它就会继续购买或交换几乎相同数量的谷物。而谷物的平均货币价格,尽管有这一切进步,仍会基本不变。

在发展进程中,所能发生事件的所有可能组合似乎就是上述三种情况了。在本世纪之前的四个世纪里,如果我们可根据在法国和英国已发生的事情来判断,上述三种情况似乎已在欧洲市场发生,其顺序也与我在上面列出的几乎相同。

关于过去四个世纪中白银价值变动的离题论述

第一阶段

在1350年及其之前一段时期,英格兰每夸脱小麦的平均价格似乎估计不低于陶衡四盎司白银,约等于我们现在的货币二十先令。小麦从这个价格似乎已逐渐降至两盎司白银,约等于我们现在的货币十先令。这是我们发现小麦在十六世纪初的估计价格,并且似乎一直维持到大约1570年①。

1350年,即爱德华三世第二十五年,颁布了所谓的《劳工法》②。该法序文抱怨那些试图要求雇主提高工资的雇工的无礼。因此该法命令,所有雇工和劳动者今后均应满足于他们在国王第二十年及此前四年里所习惯接受的相同的工资和配给(这种配给在当时不仅意味着衣服,也意味着食物),因此配给小麦在任何地方估价都不应高于一蒲式耳十便士,并且雇主始终有权选择向他们支付小麦或货币。所以,小麦每蒲式耳十便士在爱德华三世第二十五年时被认为是很合理的价格,因为它需要特别的法律来迫使雇工接受,作为他们平时配给食物的交换。这个价格在当时十年前即爱德华三世第十六年被认为很合理。但在爱德华三世第十六年,十便士约含陶衡半盎司白银,接近等于我们现在的货币半克朗③。所以,陶衡四盎司白银,等于当时的货币六先令八便士,约等于现在的货币二十先令,一定被认为是八蒲式耳一夸脱小麦的适中价格。

关于当时谷物的适中价格,与一般由历史学家和其他学者记载的某些年份的价格相比,这项法律肯定是更好的证明,因为那些记载的是谷价的异常高或异常低,从而难以形成关于一般价格的判

---

① 关于这一论点的证明见以下11个段落,它与本章末附表的数字不符。
② 前面第102页已引用。
③ 这里以及其他将古代货币折算为18世纪的货币标准,可能基于马丁·福克斯1745年的著作《英国银币表》第142页的表格。

断①。此外，还有其他理由令人相信，在十四世纪初及其之前一段时期，小麦的一般价格不少于每夸脱四盎司白银，其他谷物的价格可依此类推。

1309年，坎特伯雷的圣奥古斯丁修道院副院长拉尔夫·德·伯恩就职时举办了一次宴会，威廉·索恩不仅保存了宴会的菜单，还保存了许多细小项目的价格。这次宴会消费了：第一项，五十三夸脱小麦，价值十九镑，折合每夸脱七先令两便士，约等于我们现在的货币二十一先令六便士；第二项，五十八夸脱麦芽，价值十七镑十先令，折合每夸脱六先令，约等于我们现在的货币十八先令；第三项，二十夸脱燕麦，价值四镑，折合每夸脱四先令，约等于我们现在的货币十二先令②。这里的麦芽和燕麦的价格似乎高于它们相对于小麦价格的一般比例。

这些价格不是因为其贵贱的异常而记载的，只是偶然提到的一次著名盛宴所消费的大量谷物其所实际支付的价格而已。

1262年，即亨利三世第五十一年，恢复了一项称为《面包和麦酒的法定价格》③的古代法律，国王在序文中说，这是在他的祖先们英格兰诸王的时候制定的。因而这项法律可能至少与他的祖父亨利二世时代一样古老，也可能与征服时代（1066年）一样古老。这项法律根据小麦的时价，即当时货币一先令至二十先令每夸脱来规定面包的价格。但一般假定这类法律会同样考虑所有对中等价格的偏离，即低于它和高于它的价格。那么，根据这种假设，十先令含陶衡六盎司白银，约等于我们现在的货币三十先令。在这项法律最初制定时一定被认为是一夸脱小麦的中等价格，并且在亨利三世第五十一年时也一定是如此。所以，我们假定中等价格不低于这项法律规定的面包最高价格的三分之一；即不低于含陶衡四盎司白银的

---

① 本章末表格中弗利特伍德所写价格。
② 弗利特伍德，《宝贵的纪年考证》，1707年，第83~85页。
③ 年份1262年为错误，因为亨利三世第51年是从1266年10月28日到1267年10月27日。这项法律在前面第28页已引用过，在后面第183页再次引用。

当时的货币六先令八便士，是不会错太多的①。

那么，根据这些不同事实，我们似乎有些理由得出结论，大约在十四世纪中叶及其之前很长时期内，不能认为每夸脱小麦的平均的或一般价格少于陶衡四盎司白银。

从大约十四世纪中叶到十六世纪初，人们认为小麦的合理和适中的价格，即一般的或平均价格，似乎已逐渐降至上述价格的大约一半，最后降至约陶衡两盎司白银，约等于我们现在的货币十先令。直至大约1570年，仍继续维持这个价格。

在1512年完成的诺森伯兰第五代伯爵亨利的家务书中，对小麦有两种不同的估价。其中一种按每夸脱六先令八便士来计算，另一种仅按每夸脱五先令八便士计算②。在1512年，六先令八便士仅含陶衡两盎司白银，约等于我们现在的货币十先令。

从爱德华三世第二十五年到伊丽莎白统治初期这两百多年期间，从多种不同法律看，六先令八便士似乎一直被认为是小麦的所谓适中和合理的价格，即一般的或平均价格。然而在此期间，这个名义金额所含白银数量由于铸币的某些变革而不断减少。但白银价值的增长似乎弥补了同一名义金额所含白银数量的减少，使得立法机构认为不值得关注这种情况。

于是在1436年，法律规定，当小麦价格低至六先令八便士时，无需许可证即可出口③。1463年的法律又规定，如果小麦价格不高于每夸脱六先令八便士，不得进口小麦④。立法机构设想，当价格这么低时，出口不会带来任何不便，但当价格高于这个价格时，准许进口就很明智。所以，六先令八便士，与我们现在的货币十三先令四便士所含的白银数量（比爱德华三世时代同一名义金额所含白银数量少三分之一）大约相同，在当时被认为是小麦的所谓适中和合

---

① 第一版为"大错特错"。
② 《诺森伯兰第五代伯爵亨利·艾尔杰农·珀西在约克郡莱西尔和莱金菲尔德城堡的家务规章制度》，1770年，第2页和第4页。
③ 亨利六世第15年，第2号。
④ 爱德华四世第3年，第2号。

理的价格。

1554年，根据菲力普和玛丽第一年和第二年的法律①，1558年，根据伊丽莎白第一年的法律②，只要小麦价格超过每夸脱六先令八便士就同样禁止其出口。六先令八便士在当时比现在同一名义金额的白银多含白银价值不超过两便士。但不久就发现，直至小麦价格如此低廉时才不限制其出口，实际上等于完全禁止出口。于是，1562年根据伊丽莎白第五年的法律③，只要小麦价格不超过每夸脱十先令（与现在同一名义金额所含白银数量接近或相同），准许在某些港口出口。所以，这个价格此时被认为是小麦的所谓适中和合理的价格。这与诺森伯兰家务书在1512的估计基本一致。

杜普雷·德·圣莫尔先生④和一位关于谷物政策论文的高雅作者⑤都观察到，谷物的平均价格，在十五世纪末和十六世纪初比在那之前两个世纪同样低得多。在同一时期，谷物价格在欧洲大部分地区可能同样下降。

这种白银价值相对于谷物价格的上升，可能完全是由于对这种金属的需求因不断改良和耕作而增加，可供应仍与过去相同，或者需求仍与过去相同。这种上升也可能是完全由于供应逐渐减少。当时世界上大部分闻名的矿山已严重枯竭，因而开采费用大幅上涨；或者可能部分由于前一种情况，部分由于后一种情况。在十五世纪末和十六世纪初，欧洲大部分地区的政局趋于比几个世代前更稳定，安全的增强自然会使产业和改良得以增长。对贵金属及其他各种奢侈品和装饰品的需求自然会随着财富的增加而增长。更多年产物会要求更多铸币来使其流通；更多富人会要求更多白银器皿及其他白银装饰品。自然也可以假定，当时供应欧洲市场白银的大部分银矿

---

① 菲力普和玛丽第1年和第2年，第5号和第7号。
② 伊丽莎白第1年，第11号第11条。
③ 伊丽莎白第5年，第5号第17条。
④ 圣莫尔在1762年和1746年的两本著作均无法证明此处引用的内容。
⑤ C. J. 赫伯特，《谷物政策对价格和农业的影响》，1755年，第259页和第260页。

可能已严重枯竭，开采费用更高。这些银矿中许多是从罗马人的时代起就已经开采起来的。

不过，就古代商品价格进行论述的大部分学者认为，从征服时代起，也许从尤利乌斯·恺撒入侵时起，至发现美洲银矿止，白银价值就一直在下降。他们之所以有这种看法，似乎部分是由于他们偶尔对谷物和土地的某些其他天然产物的价格所作的观察；部分是由于通行的观念，认为白银的数量在每个国家随财富的增加而增加时，白银的价值会随数量的增加而减少。

在他们观察谷物价格时，三种不同情况似乎常常误导他们。

第一，在古代，几乎所有地租都以实物支付，即以一定数量的谷物、牲畜、家禽等。然而，有时地主规定，他可以随意要求佃户每年以实物支付或支付一定数量的货币来代替。以实物支付改为支付一定数量货币的价格在苏格兰被称为换算价格。由于接受实物或货币的选择权在地主手中，为了佃户的安全，换算价格必须低于而不是高于平均市场价格。于是，在许多地方，换算价格比平均市场价格的一半高不了多少。在苏格兰大部分地区，在家禽方面的这种习惯仍继续存在，某些地方在牲畜方面也是如此。如果不是公定谷价使其停止，这种习惯可能在谷物方面仍存在。公定谷价是根据一个委员会的意见，对各种不同谷物及各种谷物不同的质量给定一个平均价格，然后按照每个县的实际市场价格，每年作出的评估。这种制度以每年的公定谷价而不是以任何固定价格去换算（他们就是这样称呼的）谷物地租，对佃户有充分保障，对地主也大为方便。但收集古代谷物价格的学者们常常把在苏格兰所称的换算价格错看成是实际市场价格。弗利特伍德有一次承认，他犯过这种错误。然而，当他为了某种目的而撰写著作时，他在引用了十五次这种换算价格后才认为适合作出这种承认①。每夸脱小麦的价格为八先令。在

---

① 《宝贵的纪年考证》，1707 年，第 121 页和第 122 页。弗利特伍德不"承认"有任何"错误"，而是说这种价格尽管不是市场价格，但可能是"大家都同意"的。他的特殊目的是要证明，一个人为了取得一种会员资格，可能真心发誓他的收入大大低于其实际收入。

1423年，即他开始著书的第一年，这个价格与我们现在货币十六先令所含的白银数量相同。但在1562年，即他结束著书的最后一年，这个价格也不比现在同一名义的金额所含白银多。

第二，由于懒惰的抄写人有时草率地抄写一些古代规定法定价格的法律，以及有时实际上是立法机构草率制定的法律，使这些学者受到误导。

古代规定法定价格的法律，似乎总是在开始规定，当小麦和大麦的价格处于最低时，面包和麦酒的价格应为多少，然后进一步逐级规定，根据这两种谷物价格逐渐高于最低价格，面包和麦酒的价格应为多少。但这些法律的抄写者似乎常常以为，抄写最开始的三四种最低价格就足够了，这样可以节省他们的劳动，并且认为（我假定）这足以显示，所有更高价格应遵循什么比例。

例如，在亨利三世第五十一年关于面包和麦酒的法定价格的法律中，按小麦每夸脱当时货币一先令到二十先令的不同价格来规定。但在拉夫黑德先生的法律汇编出版前，所有法律汇编的不同版本均源自一种抄本，而这个抄本的抄写者只抄写了该项法律中十二先令以下的价格。所以，多位学者受到这种不实的抄录的误导，很自然地得出结论，中等价格，即每夸脱六先令，约等于我们现在的货币十八先令，是当时小麦的一般或平均价格。

在大约同时制定的关于囚车和枷的法律中①，麦酒的价格按照每夸脱两先令至四先令的大麦价格每上涨六便士来规定。不过这里所说的四先令并非被当成当时大麦常常上涨到的最高价格，这些价格只是作为举例，说明在所有其他更高或更低价格的情况下应遵循的比例，这一点我们可从该法律的最后一句话"et sic deinceps crescetur vel diminuetur per sex denarios"推断出。这种表述非常草率，不过意思很清楚："这样，麦酒的价格应按大麦价格每上升或下降至六便士而提高或降低。"在起草这项法律时，立法机构本身似乎与抄写者在抄写上述另一项法律时一样疏忽。

在古老的苏格兰法律书《王位的尊严》的一个古老抄本中，有

---

① 亨利三世第51年，第6号法律。

一项关于法定价格的法律。在该法中面包的价格按小麦的所有不同价格来规定，而小麦的价格为一苏格兰波尔（约等于英格兰的半夸脱）十便士至三先令。在被认为是制定该项法律的那个时候，三苏格兰先令约等于我们现在的货币九先令。拉迪曼先生似乎①由此得出结论：三苏格兰先令是小麦当时曾达到的最高价格，而十便士一先令或最多两先令，则是一般价格。但研究了抄本后就会明白，所有这些价格只是作为例子列出的，表明小麦和面包各自价格之间应遵循的比例。该项法律的最后一句话"reliqua judicabis secundum praescripta habendo respectum ad pretium bladi"的意思是，"你应根据上述谷物价格来判断其余情况"。

第三，他们也似乎受到小麦在远古时期有时以极低价格出售的误导，以为既然那时的最低价格比后来低得多，那么那时的一般价格必然同样比后来低得多。不过他们也许已发现，在那远古时期，小麦的最高价格高于后来已知的任何价格，与那时最低价格低于后来已知的任何价格的程度完全相同。例如在1270年，弗利特伍德为我们提供了一夸脱小麦的两种价格②：一种价格是当时的货币四镑十六先令，等于现在的货币十四镑八先令；另一种价格是当时的货币六镑八先令，等于现在的货币十九镑四先令。在十五世纪末十六世纪初，找不到任何价格能接近这么高昂的价格。谷物价格虽然在所有时候都会变动，但在动荡不安的社会中变动最大。在这种社会中所有商业和交通都被中断，使得一国某地区谷物的富余不能去救济另一地区谷物的短缺。金雀花王朝从大约十二世纪中叶至十四世纪末统治英格兰。当时英格兰处于混乱状态，一个地区也许谷物富余，而相隔不远的另一个地区，也许由于意外气候或某邻近贵族的入侵导致作物被毁，而遭受灾荒带来的所有可怕后果。如果某敌对贵族的土地恰好在这两个地区间，富余地区就不能对短缺地区提供

---

① 参见他为安德森的《苏格兰古文书》所作的序言。英译本，托马斯·拉迪曼，《詹姆士·安德森先生〈苏格兰古文书〉引言》，1773年，第170、174、228页。
② 《宝贵的纪年考证》，1707年，第78页。

任何援助。都铎王朝在十五世纪后半叶和整个十六世纪统治英格兰，在其强有力的统治下，没有一个贵族强大到足以敢扰乱公共安全。

读者在本章结尾可看到弗利特伍德收集的1202年至1597年期间的（包括这两年在内）所有小麦的价格，已换算为现在货币，并按时间顺序分为七组，每组为十二年。在每组末，读者还可以找到该组十二年的平均价格。在这个漫长时期内，弗利特伍德只能收集到不超过八十年的价格，以致最后一组十二年中缺少四年的价格。所以，我根据伊顿学院的记载，增添了1598年、1599年、1600年及1601年四年的价格①。这是我所做的唯一增添。读者会看到，从十三世纪初至十六世纪中叶以后，每十二年的平均价格逐渐下降，越来越低，到十六世纪末又开始上升。的确，弗利特伍德所能收集到的价格，主要是那些因贵贱异常而引人注目的价格。我不能说从这些价格中可以得出任何非常肯定的结论。但如果它们还能证明任何东西，那么它们就能证实了我一直在试图提供的说明。可是弗利特伍德本人和大多数其他学者一样似乎相信②，在所有这段时期内，白银价值因其日益丰富而不断下降。他自己收集的谷物价格肯定与这个意见不一致③。这些谷物价格与杜普雷·德·圣莫尔先生的意见以及我一直试图说明的意见完全一致。

弗利特伍德主教和杜普雷·德·圣莫尔先生看来是以最大程度的勤勉和翔实的资料来收集古代物价的两位学者。令人有些好奇的是，尽管他们的意见如此大为不同，但他们收集的事实，至少是有关谷物的事实，却如此精准地吻合。

不过，最明智的学者推断出远古时代白银价值很高，不是根据谷物的低价，而是根据某些土地天然产物的低价。据说谷物是一种制造品，在那种原始时代，相对于其他大部分商品都贵得多，我认为这里指的是牲畜和家禽及各种猎物等大部分未经制造的商品。在那种贫穷野蛮的时代，这些东西比例于谷物要低廉得多，这无疑是

---

① 参见本章后附表。
② 这似乎只是从他所没有注意到的波动的事实中推理出来的。
③ 见前面第141页。

真实的。但这种低廉不是白银价值高的结果,而是那些商品价值低的结果。不是因为白银在那个时代比在更富裕和进步的时代能购买或代表更多的劳动,而是因为这些商品在那个时代比在更富裕和进步的时代能购买或代表的劳动少得多。白银在西班牙属美洲肯定比在欧洲更便宜,在生产国肯定比在输入国更便宜,因为后者要承担长途海陆运费及保险费。然而,乌诺阿告诉我们,二十一个半便士是不久前在布宜诺斯艾利斯从三四百头牛的牛群中挑选出的一头牛的价格①。拜伦先生告诉我们,十六先令是智利首都一匹好马的价格②。在一个天然肥沃但绝大部分土地完全未耕作的国家,牲畜、家禽、各种猎物等用极少量的劳动就能获得,所以它们只能购买或支配极少量的劳动。出售它们的货币价格低,不证明那里的白银的真实价值极高,只能证明那些商品的真实价值极低。

必须永远记住,是劳动,而不是任何特定商品或一组商品,是白银及所有其他商品的真实的价值尺度。

但在几乎荒芜或人口稀少的国家,牲畜、家禽和各种猎物等是自然界自生自灭的产物,所以自然界的生产数量常常大大超过居民所需消费的数量。在这种状态下,供给一般超过需求。在不同社会状态下,在不同发展阶段,这些商品代表或等于的劳动数量极为不同。

在任何社会状态下,在任何发展阶段,谷物都是人类劳动的产品。但每种劳动的平均产量总是或多或少地完全与它的平均消费相适应,即平均供给总是或多或少地完全与它的平均需求相适应。此外,在每种不同的发展阶段,在同一土壤和气候中,生产同等数量的谷物,按平均水平,要求接近同等数量的劳动,换句话说,要求接近同等数量的价格。正处于改良耕作状态中的劳动生产力的不断增长,为牲畜这种农业主要用具的价格不断上涨而抵消。所以,由

---

① 《南美航海史》,第 1 卷,第 552 页。原文为两三百头牛。第 149 页所引用的数字正确。
② 《尊敬的约翰·拜伦的故事,包括他和同伴 1740 年至 1746 年在巴塔戈尼亚海岸遭受巨大灾难的描述》,1768 年,第 212 页和第 220 页。

于以上原因，我们可以肯定，在任何一种社会状态下，在任何一个发展阶段，同等数量的谷物比任何其他土地天然产物更为接近地代表或等值于同等数量的劳动。因此，前面已指出①，谷物在所有不同富裕和发展的阶段，都是比任何其他商品或一组商品更为准确的价值尺度。所以，在所有这些不同阶段，我们将白银与谷物进行比较，比将白银与任何其他商品或一组商品进行比较，能更好地判断白银的真实价值。

此外，谷物或常见的、人们喜爱的任何其他植物性食物，在任何文明国家，都构成劳动者生活资料的主要部分。由于农业的推广，每个国家的土地所生产的植物性食物数量大大高于动物性食物数量。劳动者在任何地方都靠这种最廉价最丰富的有益健康的食物生活。除了在最繁荣的国家或劳动报酬最高的国家，鲜肉只占劳动者生活资料微不足道的一部分，家禽所占的部分更小，猎物不占任何部分。在法国，甚至在劳动报酬略高于法国的苏格兰，贫困阶层除了在节假日或其他特殊情况，很少吃肉。所以，劳动的货币价格更多地取决于作为劳动者生活资料的谷物的平均货币价格，而不是取决于鲜肉或任何其他土地天然产物的平均货币价格。因而，金银的真实价值，即它们能购买或支配的真实劳动数量，更多地取决于它们所能购买或支配的谷物数量，而不是取决于它们所能购买或支配的鲜肉或任何其他土地天然产物的数量。

不过，这种关于谷物或其他商品的价格的粗略观察，不可能误导这么多聪明的学者，如果他们不是同时受到一种通行观念的影响的话。这种观念认为，当白银数量在任何国家随着财富的增长而自然增加时，白银价值就随着白银数量的增加而减少。可这种观念似乎毫无根据。

在任何国家，贵金属数量的增加可能是由于两种不同原因：第一，由于供应贵金属的矿山更富饶；第二，由于人民财富的增加，而这是因为每年劳动产品的增加。第一种原因无疑必然与贵金属价值的下降相联系，而第二种原因则不是这样。

---

① 前面，第30页。

当发现更富饶的矿山时，更多数量的贵金属进入市场，而必须用它们来交换的生活必需品和便利品的数量与从前相同，同等数量的贵金属所交换的商品数量必然比从前更少。所以，任何国家只要贵金属数量的增加是由于矿山更富饶，就必然与贵金属价值的下降相联系。

相反，当任何国家的财富增长时，即当它的劳动年产物逐渐变得越来越多时，为了使更多的商品流通，有必要有更多的铸币。由于人们有购买能力，即有更多商品用于交换，他们自然会购买越来越多的金银器皿。他们的铸币数量会因其必要性而增加；他们的器皿数量则因虚荣和浮夸而增加，出于同一原因，他们拥有的精致雕像、绘画及任何其他奢侈品和珍奇品的数量也可能增加。但正如雕刻家和画家在富裕和繁荣的时代不会比在贫穷和萧条的时代所得的报酬更少一样，在富裕和繁荣的时代得到黄金和白银的代价也不可能更少。

黄金和白银的价格，当偶然发现更富饶的矿山没有使它降低时，由于它随着每个国家财富的增长而自然上涨，所以无论矿山的状态如何，任何时候在富国自然比在穷国更高。黄金和白银，像所有其他商品一样，自然会去寻找为它们出价最高的市场，而最有能力出价最高的国家一般对任何东西都出价最高。必须记住，劳动是对每种东西所付的最终价格，而在劳动得到同样良好报酬的国家，劳动的货币价格将与劳动者的生活资料的货币价格成比例。但黄金和白银，在富国比在穷国，在生活资料丰富的国家比在仅能勉强提供生活资料的国家，自然会交换更多的生活资料。如果两国相距很远，这种差别也许极大，因为尽管贵金属自然会从较差市场快速流入较好市场，但也许很难大量运输使得两国价格接近相同水平。如果两国相距很近，这种差别会较小，也许有时都察觉不到，因为在这种情况下容易运输。中国是比欧洲任何国家都富裕得多的国家，中国与欧洲的生活资料的价格差别极大。中国的大米比欧洲任何地方的小麦都低廉得多。英格兰是比苏格兰富裕得多的国家，但这两个国家谷物货币价格的差别就小得多，仅能勉强察觉出来。相对于数量来说，苏格兰的谷物一般似乎比英格兰的谷物低廉得多；但相对于质量来说，苏格兰的谷物肯定略微昂贵。苏格兰几乎每年都从英格兰输入大量谷物，而任何商品在输入国一般必然比在输出国略微昂贵。所以，英格兰的谷物在苏格兰一定比在英格兰更贵。但相对于它的质量来说，即比例于用它制作出的面粉或膳食的数量和品质来说，它一般不能比进入市场和它竞争的苏格兰谷物的售价更高。

中国与欧洲之间，劳动的货币价格的差距比生活资料的货币价格的差距更大，因为劳动的真实报酬在欧洲比在中国更高，欧洲大部分地区正处于发展状态，而中国则似乎处于停滞状态。劳动的货币价格在苏格兰比在英格兰更低，因为苏格兰的劳动的真实报酬要低得多；尽管苏格兰变得越来越富，但速度比英格兰慢得多①。苏格兰对外移民频繁，而英格兰对外移民则罕见，这足以证明两国对劳动的需求极为不同②。必须记住，不同国家之间劳动真实报酬的比例，不是由它们的实际富裕或贫穷，而是由它们的发展、停滞或衰落的状况来自然调节的。

黄金和白银在最富裕的国家自然具有最大价值，在最贫穷的国家自然具有最小价值；在最贫穷的野蛮民族中，它们基本没有价值。

谷物在大城镇总是比在乡村边远地区更昂贵。但这不是白银实际低廉的结果，而是谷物实际昂贵的结果。将白银运往大城镇并不比运往乡村边远地区所费劳动更少，但将谷物运往大城镇则所费劳动多得多。

在某些非常富裕的商业国，如荷兰及热那亚地区，谷价昂贵的原因与大城镇谷价昂贵的原因相同。它们生产的谷物不足以维持自己的居民。它们所富余的是，它们的工匠和制造商的勤劳和技能，能便利和节约劳动的各种机械、航运以及所有其他运输方式和商业手段；而它们所缺少的是谷物，由于必须从遥远的国家运来谷物，所以必须在价格上增加一部分费用来支付运输费用。将白银运往阿姆斯特丹并不比运往但泽所费劳动更少；但将白银运往阿姆斯特丹则所费劳动要多得多。在这两地，白银的真实成本一定接近或相同，

---

① 前面，第70页。
② 第一版没有这句话。

而谷物的真实成本则一定极为不同。如果降低荷兰或热那亚地区的真实富裕,同时它们的居民人数保持不变,即降低它们从遥远国家供应自己的能力,伴随这种衰退出现的必然是白银数量的减少(无论是作为衰退的原因还是结果)。此时谷物的价格不但不会随白银数量的减少而下降,反而会上涨到饥荒时的价格。当我们缺乏必需品时,我们必须放弃所有非必需品。非必需品的价值在富裕繁荣时期上升,在贫困萧条时期下降。必需品的情况则相反。必需品的真实价格,即它们能购买或支配的劳动数量,在贫困萧条时期上升,在富裕繁荣时期下降。富裕繁荣时期总是谷物极为丰富的时期,否则就不可能成为富裕繁荣时期。谷物是必需品,而白银只是非必需品。

所以,不论十四世纪中叶至十六世纪中叶因财富和改良的增长而增加的贵金属的数量有多少,在英国或欧洲任何其他部分,贵金属都没有降低价值的趋势。因此,如果那些收集古代物价的人根据他们对在此期间谷物或其他商品的价格的任何观察,没有理由去推论白银价值的降低,那么他们就更没有理由根据任何假定的财富和改良的增长去作出这种推论。

第二阶段

但无论学者们对第一阶段白银价值变化的意见是多么不同,他们对第二阶段这个问题的意见却是一致的。

从大约1570年至大约1640年,在大约七十年的时期内,白银价值与谷物价值的比例,走势完全相反。白银的真实价值下降,即它所交换的劳动数量少于从前;谷物的名义价格上升,售价不像从前那样一般为每夸脱约两盎司白银,约等于我们现在的货币十先令,而是每夸脱六至八盎司白银,约等于我们现在的货币三十至四十先令。

美洲富饶银矿的发现,似乎是白银价值相对于谷物价值下降的唯一原因。所以,每个人都这样解释,而关于事实以及造成这种事实的原因从未有过任何争论。在此期间,欧洲大部分地区在产业和改良方面向前发展,因而对白银的需求必然不断增加。但白银供应的增加迄今似乎超过白银需求的增加,使得白银价值大幅下降。必须注意的是，美洲银矿的发现直到 1570 年后似乎才对英格兰的物价产生很明显的影响，尽管甚至在二十多年前就已发现波多西的银矿①。

从 1595 年至 1620 年，包括这两年在内，温莎市场最好小麦每九蒲式耳一夸脱的平均价格，据伊顿学院的记载②，为二镑一先令六又十三分之九便士。根据这个数字，不计分数，再减去它的九分之一即四先令七又三分之一便士，则每八蒲式耳一夸脱的价格为一镑十六先令十又三分之二便士。再根据这个数字，同样不计分数，减去它的九分之一即四先令一又九分之一便士（最好小麦与中等小麦的价差），则得出中等小麦的价格为大约一镑十二先令八又九分之八便士，约合白银六又三分之一盎司。

从 1621 年至 1636 年，包括这两年在内，同一市场上同量最好小麦的平均价格，据同一记载，为二镑十先令；根据这个数字按上述方法同样扣除，得出中等小麦每八蒲式耳一夸脱的平均价格为一镑十九先令六便士，约合白银七又三分之二盎司。

第三阶段

在 1630 年至 1640 年期间，即大约 1636 年，美洲银矿的发现对降低白银价值的影响似乎已结束，这种金属的价值相对于谷物价值的比例，自那时起就从未降低过。白银价值在本世纪似乎略有上升，这种情况也许在上世纪末某时期就已出现。

从 1637 年至 1700 年，包括这两年在内，即上世纪最后六十四年，温莎市场最好小麦的平均价格，根据同一记载，为每九蒲式耳一夸脱两镑十一先令三分之一便士，仅比十六年前贵一先令三分之一便士。但在这六十四年间发生了两次事件，必然使谷物的短缺大大超出收成情况所能造成的程度，即使不假定白银价值的任何进一步下降，也足以解释谷价的这种极小上涨。

第一个事件是内战，它抑制了耕种，中断了商业，必然使谷物

---

① 于 1545 年发现。第一版为"30 年"而不是"20 年"。第二版在勘误表中更正。参见后面第 201 页注释。
② 参见本章末附表。

的价格大大超过收成情况所能造成的程度。它必然对王国中所有不同市场或多或少造成这种影响,尤其是需要从最远处得到供应的伦敦附近市场。所以,温莎市场最好小麦的价格,根据同一记载,1648 年为每九蒲式耳一夸脱四镑五先令,1649 年则为四镑。这两年的价格比两镑十先令(1637 年以前十六年的平均价格)高三镑五先令;将这个数字分摊入上世纪最后六十四年中,仅此即可差不多解释清楚为什么这些年谷价仅有微小的上涨。而这两年的价格虽是最高价格,但绝不是似乎由内战造成的唯一高价。

第二个事件是 1688 年对谷物出口颁发奖金①。许多人认为,由于这种奖金鼓励耕种,在长期内,会使谷物产量比通常更丰富,从而使国内市场谷物价格比通常更低廉。奖金能在多大程度上在任何时候产生这种影响,我将在后面探讨②。我现在只想说,在 1688 年至 1700 年间,它没有时间产生任何这种影响。在这个短暂时期内,它所产生的唯一结果是,由于鼓励每年的剩余产品出口,不能以丰收年的丰富补偿歉收年的短缺,从而提高国内市场的价格。从 1693 年到 1699 年,包括这两年在内,英格兰普遍存在的谷物短缺,尽管无疑主要是由于年成不好,并因而扩大到欧洲大部分地区,但一定是由于奖金而加剧了这种情况。所以,1699 年禁止出口谷物九个月。

在同一时期还发生了第三个事件,尽管既不会造成谷物的任何短缺,可能也不会增加通常用于支付谷物的白银的真实数量,但必然会略微增加谷物价格的名义数额。这个事件就是由于剪削和磨损造成的银币贬值。这种弊端开始于查理二世统治时期,1695 年前不断加剧。朗迪斯先生告诉我们,1695 年的通行银币比它的标准价值低大约 25%③。但构成任何一种商品市场价格的名义金额,必然不是由银币根据标准所应该含有的白银数量来决定的,而是由凭经验发现它实际含有的白银数量来决定的。所以,当银币因剪削和磨损

---

① 威廉和玛丽第 1 年第 12 号法律。

② 后面,第 302~308 页。

③ 朗迪斯,《含一篇关于银币改良的论文的报告》,1695 年,第 107 页。

而大幅贬值时，与接近它的标准价值时相比，这种名义金额必然较高。

在本世纪，银币低于其标准重量从未像现在这样严重。但尽管其表面毁损很严重，但其价值由于所能兑换的金币的价值而得以维持①。这是因为尽管在最近重铸之前金币也毁损得相当严重，但毁损程度不如银币。相反，1695年的银币价值没有得到金币的维持。当时一基尼兑换磨损和剪削的银币三十先令②。在最近的金币重铸之前，银币的价格很少超过每盎司五先令七便士，仅比铸币厂价格高五便士。但在1695年，银块的一般价格为每盎司六先令五便士③，比铸币厂价格高十五便士。所以，即使在最近金币重铸之前④，金银币与银块相比，估计低于其标准价值不超过8%。相反，在1695年，估计低于标准价值接近25%。但在本世纪初，即紧接威廉国王时代大重铸之后，大部分通行银币一定仍比现在更接近其标准重量。在本世纪，也没有像内战那样的重大公众灾难，能抑制耕种或中断国内商业。尽管在本世纪大部分时间里发放的奖金必然总是使谷物价格略高于在实际耕作状态下本应有的价格，但由于在本世纪奖金已有充分时间来产生一般归之于它的所有良好影响，鼓励了耕作，从而增加国内市场谷物数量，根据我在后面将要说明和考察的一种学说的原理，可以假定它已起到一些作用，一方面降低了这种商品的价格，另一方面又提高了它的价格。许多人认为它产生了更大的影响。在本世纪最初六十四年，温莎市场最好小麦每九蒲式耳一夸脱的平均价格，据伊顿学院的记载，为两镑六又三十二分之十九便士，比在上世纪最后六十四年的价格低大约十先令六便士，或低25%以上；比1636年以前的十六年低大约九先令六便士，当时美洲丰富银矿的发现可以认为已产生了充分影响；比1620年以前的二十六年低大约一先令，那时美洲的大发现尚未充分产生影响。根据这种记载，

---

① 参见前面第32页。
② 朗迪斯，《论文》，第88页。
③ 朗迪斯，《关于银币的论文》，第68页。
④ 参见前面第32页。

在本世纪最初六十四年里，中等小麦的平均价格为每八蒲式耳一夸脱三十二先令。

因此，在本世纪，白银价值相对于谷物价值似乎略微上升，可能甚至在上世纪末之前一段时期就已开始上升。

1687 年，温莎市场最好小麦每九蒲式耳一夸脱的价格为一镑五先令两便士，这是自 1595 年以来的最低价格。

1688 年，以这方面知识而闻名的格雷戈里·金先生①，估计小麦在一般丰收年份的平均价格对于生产者是每蒲式耳三先令六便士，或每夸脱二十八先令。我理解生产者价格就是有时所谓的合同价格，即农民与交易商订立价格，在确定的数年内交付一定数量的谷物。由于这种合同为农民节省了营销费用和麻烦，合同价格一般比认定的平均市场价格低。金先生认为，一夸脱二十八先令在当时是一般丰收年的普通合同价格。有人告诉我，在最近一次年成特别不好造成歉收以前，这是所有一般年份的普通合同价格。

1688 年对谷物出口颁发了议会奖金②。乡绅在立法机构中所占比例在当时比现在多，他们觉得谷物的货币价格正在下降。奖金是权宜之计，用来使谷物价格人为地提高到谷物在查理一世和二世时代经常出售的高价。所以，在小麦价格高达每夸脱四十八先令前都要发放出口奖金，这比金先生在同年所估计的一般丰收年份的生产者价格高二十先令，或高七分之五。如果他的计算与这些计算所享有的普遍赞誉名实相一致，那么，除了在特殊歉收年份，每夸脱四十八先令的价格在当时如果没有奖金这类政策是不能期望达到的。但国王威廉的政府当时尚未完全巩固。它当时正在请求乡绅首次制定年度土地税法，无法拒绝他们提出的任何要求。

所以，白银相对于谷物的价值可能在上世纪末之前已略微上升，并在本世纪继续上升，尽管奖金的必然作用一定使这种上升不像实际耕作情况那样显著。

在丰收年份，奖金由于造成异常出口必然使谷价提高到那些年

---

① 格雷戈里·金，《关于英格兰现状的自然和政治的观察及结论》。
② 前面，第149页。

的应有水平之上。通过维持甚至是最丰收年份的谷价来鼓励耕种,是奖金制度的公开目的。

的确,在严重歉收年份,一般停止发放奖金。但即使在许多歉收年份,奖金也一定对谷价产生了某些影响。由于它在丰收年份导致的异常出口,必然常常使某年的丰收不能弥补另一年的歉收。

所以,在丰收年份和歉收年份,奖金均使谷价提高到在实际耕种状态下自然应有水平之上。如果在本世纪最初六十四年的平均价格比上世纪最后六十四年低,那么在相同耕作状态下,如果不是由于奖金的这种作用,一定还会低得多。

但也许有人说,如果没有奖金,耕作状态不会相同。这种奖金制度对一国农业带来哪些影响,我将在后面专门探讨奖金时加以说明①。我现在只想说,白银价值相对于谷物价值的这种提高不是英格兰特有现象。三位忠实、勤奋、辛劳的谷价收集者②,杜布雷·德·圣莫尔先生、麦桑斯先生和一位有关谷物政策论文的作者注意到,法国在同一时期也出现了这种现象。但法国在 1764 年前禁止出口谷物。很难假定,在一个禁止出口的国家出现的几乎相同的价格下降的现象,在另一个国家却是由于对出口的特殊鼓励而造成的。

将谷物平均货币价格的变动看成是欧洲市场白银真实价值逐渐上升的结果,而不是谷物真实平均价值下降的结果,也许更合适。前面已经说过③,谷物是比白银或任何其他商品都更准确的价值尺度。在发现美洲丰富的矿产之后,当谷物的货币价格上涨到从前的三倍和四倍时,这种价格变动被普遍归因于白银真实价值的下降,而不是谷物真实价值的上升。所以,本世纪最初六十四年谷物平均货币价格比上世纪大部分时期略低,我们也同样应将这种变动归因于欧洲市场白银真实价值的略微上升,而不是归因于谷物真实价值的下降。

---

① 后面,第 302~308 页。
② C. P. 赫尔伯特。
③ 前面,第 28、29 页。

的确，过去十年或十二年谷物的高价引起一种怀疑，即欧洲市场上白银的真实价值是否会仍然继续下降①。不过，谷物的这种高价似乎显然是年成特别不好的结果，因而不应看成是永久事件，而只是暂时的偶然事件。过去十年或十二年欧洲大部分地区的年成都不好。并且波兰的动乱严重加剧了所有这些国家的谷物短缺，这些国家在谷价高昂的年份常常从波兰得到供应。如此长期的年成不好虽然并非常见事件，但绝非绝无仅有的事件。任何大量研究从前的谷物价格史的人，都不难回忆起几个类似的例子。此外，异常歉收的十年并不比异常丰收的十年更罕见。1741年至1750年期间，包括这两年在内，谷价的低廉可与最近八年或十年谷价的高昂形成鲜明对比。从1741至1750年，温莎市场最好小麦的平均价格，根据伊顿学院的记载，为每九蒲式耳一夸脱一镑十三先令九又五分之四便士，比本世纪最初六十四年的平均价格低接近六先令三便士。在这十年期间，中等小麦每八蒲式耳一夸脱的平均价格，根据这种记载，仅为一镑六先令八便士。

　　不过，1741年至1750年期间，奖金一定阻止了小麦价格在国内市场下降到它自然应有的水平。在这十年期间，各种谷物的出口数量，根据海关统计，总计不少于八百零二万九千一百五十六夸脱一蒲式耳。为此付出的奖金合计一百五十一万四千九百六十二镑十七先令四又二分之一便士。所以，1749年当时的首相佩兰先生对下议院说，过去三年②已付出极大金额作为谷物出口的奖金。他有足够的理由这样说，下一年他可能更有理由这样说。仅在那一年里付出的奖金就不少于三十二万四千一百七十六镑十先令六便士③。这种强制性出口在多大程度上使国内市场谷价超过本来应有的水平，就没必要再说了。

---

① 后面，第165页予以讨论。
② "年"显然为"月"之误。据《议会史》（汉萨）第14卷，第589页，首相说："在最近的三个月内，付出了超过22万镑作为谷物的出口奖金。"
③ 参见《关于谷物贸易的短文集》，第三篇。

在本章附录的统计表的最后，读者会看到单独列出的这十年的统计。他还会看到在这十年前的十年的单独统计，其平均值也低于本世纪最初六十四年的总平均值，但不像那十年低那么多。不过1740年是异常歉收的年份。1750年以前的二十年可与1770年以前的二十年形成鲜明对比。前者大大低于本世纪的总平均值，尽管其中有一两年谷价高昂；后者大大高于本世纪的总平均值，尽管其中有一两年谷价低廉，例如1759年。如果前者低于总平均值的程度远不如后者高于总平均值的程度，我们也许应将其归因于奖金。谷价的变动显然太突然，不能归因于白银价值的任何改变，白银价值的改变始终是缓慢、渐进的。结果的突发性只能用一种可以突然起作用的原因来解释，即年成的偶然变化。

的确，本世纪英国劳动的货币价格已上涨。不过这与其说是欧洲市场上白银价值有任何降低所产生的结果，还不如说是英国因巨大的、几乎普遍的繁荣而产生的对劳动需求增长的结果。在法国这个根本没有这么繁荣的国家，自上世纪中叶以来，劳动的货币价格随着谷物的平均货币价格逐渐下降。在上世纪和本世纪，据说法国普通劳动的日工资一直约等于一塞蒂埃（略多于四温彻斯特蒲式耳）小麦平均价格的二十分之一。前面已提到[1]，英国劳动的真实报酬，即给予劳动者的生活必需品和便利品的真实数量，在本世纪已大幅上涨。劳动货币价格的上涨，似乎不是欧洲总体市场上白银价值下降的结果，而是英国这个特定市场上因该国特别乐观的环境而产生的劳动真实价格上涨的结果。

在最初发现美洲后的一段时期，白银继续以从前价格或不比从前低太多的价格出售。采矿的利润在一段时期内会极大，远高于自然利润率。但从欧洲进口这种金属的那些人不久会发现，全年的进口量不能以这种高价全部售出。白银所交换的货物数量逐渐越来越少。白银价格逐渐越来越低，直到降至其自然价格的水平上，即降到按各自自然价格足以支付劳动工资、资本利润和土地地租的程度，

---

[1] 前面，第59~60页。

必须支付这些才能将白银从矿山运到市场。前面已提到①,在秘鲁的大部分银矿,西班牙国王征收的等于总产量的十分之一的赋税,吞噬了土地的全部地租。这种赋税最初是一半,此后不久降到三分之一,然后降到五分之一,最后降到十分之一,现在仍是这个税率。于是,秘鲁的大部分银矿,在补偿采矿人的资本及一般利润后,所剩的似乎只有十分之一了。似乎公认的是,这种利润曾极高,现在低到仅能维持开采的水平。

1504 年,即 1545 年发现波多西银矿之前四十一年,西班牙国王的赋税降到登记白银的五分之一。在九十年里,即 1636 年之前,这些全美洲最富的银矿有充分的时间足以产生其全部影响,即在欧洲市场上使白银价值尽量降低,直至不能继续向西班牙国王缴纳这种赋税时为止。九十年的时间足以使任何没有垄断的商品的价格降低其至自然水平,即纳税的同时仍能在长期内出售的最低价格。

欧洲市场上白银的价格也许会降得更低,也许有必要降低银税,不仅像 1736 年那样降低到十分之一,而且像金税那样降到二十分之一,或关闭现在正开采的大部分美洲银矿。对白银需求的逐渐增长,即美洲银矿产品市场的逐渐扩大,可能是防止这种情况发生的原因,并且不仅维持了欧洲市场上白银的价值,也许甚至使其比上世纪中叶左右略微提高。

自从首次发现美洲以来,美洲银矿产品的市场已逐渐变得越来越大。

第一,欧洲市场已逐渐变得越来越大。自从发现美洲以来,欧洲大部分地区已有很大改进。英格兰、荷兰、法国及德国,甚至瑞典、丹麦和俄国,在农业和制造业均大有进步。意大利似乎没退步。意大利的衰落是在征服秘鲁之前。自那时起,意大利似乎略有恢复。的确,人们认为西班牙和葡萄牙已退步了。可葡萄牙仅占欧洲极小一部分,而西班牙的衰落也许不像想象中那么严重。在十六世纪初,西班牙即使与法国相比都是极穷的国家,而法国自那时起已大有进步。经常在这两国游历的法国皇帝查理五世有句名言:法国任何东

---

① 前面,第 132~133 页。

西都丰富，西班牙任何东西都短缺。欧洲农业和制造业产品的增加，必然要求逐渐增加来使其流通；富人人数的增加也必然要求增加白银器皿和其他银饰品的数量。

第二，美洲自身就是其银矿产品的新市场，由于美洲在工农业和人口方面的进步比欧洲最繁荣的国家都迅速得多，它的需求增长也一定迅速得多。英国殖民地完全是个新市场，部分用于铸币，部分用于器皿，一个以前从来没有需求的广阔大陆现在需要不断增加供应白银。西班牙和葡萄牙的大部分殖民地也完全是个新市场。新格拉纳达、尤卡坦、巴拉圭和巴西在被欧洲人发现之前，居民是野蛮民族，既无工艺，又无农业。现在工艺和农业在很大程度上已被引进所有这些地区。即使墨西哥和秘鲁，虽然不能视为完全是新市场，也肯定是比从前大得多的市场。虽然出版了许多有关这两个国家古代辉煌的书，但稍有清醒头脑的读者在阅读它们首次被发现和征服的历史后，显然会发现，在工艺、农业和商业方面，当地居民远比现在乌克兰的鞑靼人更无知。即使是这两个民族中文明程度更高的秘鲁人，虽然他们用金银作为装饰品，却没有任何种类的铸币。他们的全部商业以物物交换的形式进行，于是几乎没有劳动分工。耕地的人不得不自行建筑房屋，自行制作家具、衣服、鞋及农业用具。他们中极少的工匠据说全部由君主、贵族和僧侣供养，可能是他们的仆人或奴隶。墨西哥和秘鲁的所有古代工艺据说从未向欧洲提供过一件制品。西班牙的军队，尽管很少超过五百人，经常不超过这个数字的一半，却发现几乎在任何地方都极难获得食物。据说在他们所到之处几乎都遇到饥荒，而这个国家同时却被描述为人口稠密、耕作发达，这足以表明，这种有关那里人口稠密、耕作发达的故事，在很大程度上只是传说。西班牙殖民地的政府与英国殖民地的政府相比，在许多方面都不太有利于农业、改良和人口。不过它们似乎在所有这些方面都比欧洲任何国家进步快得多。土壤肥沃，气候宜人，土地广阔而低廉，这些对于所有新殖民地都很常见的情况，足以补偿殖民地政府的许多缺点。1713年曾访问过秘鲁的弗雷齐埃说，利马有两万五千至两万八千居民①。乌诺阿于 1740 年至 1746 期间在这个国家居住，他说该市居民超过五万人②。他们对智利和秘鲁其他一些主要城市人口的叙述，差异也几乎相同。由于似乎没有理由怀疑他们的信息，这些国家的人口增长不逊于英属殖民地。所以，美洲就是自己银矿产品的新市场，其需求增长一定比欧洲最繁荣的国家都迅速得多。

  第三，东印度是美洲银矿产品的另一个市场，这个市场自最初发现那些银矿以来，不断取走越来越多的白银。自那时起，美洲与东印度之间通过阿卡普尔科船只进行的直接贸易持续增长，而经由欧洲的间接贸易增长比例则更大。在十六世纪，葡萄牙人是与东印度进行常规贸易的唯一欧洲民族。在该世纪的最后几年，荷兰人开始打破这种垄断，几年内就把葡萄牙人从他们在印度的主要居留地赶走。在上世纪大部分时间里，这两个国家瓜分了绝大部分东印度贸易。荷兰人的贸易份额逐渐增多，葡萄牙人的贸易份额则不断减少。英国人和法国人在上世纪与印度进行了一些贸易，本世纪则有大幅增长。瑞典人和丹麦人与东印度的贸易开始于本世纪。甚至俄国人也通过一种经西伯利亚和鞑靼至北京的陆路商队，与中国进行常规贸易。所有这些国家的东印度贸易几乎都在持续增长，除了上次战争中几乎完全被毁的法国的贸易。欧洲消费的东印度货物增长似乎非常快，使得这些货物的应用也逐渐扩大。例如，上世纪中叶之前，茶在欧洲还是极少使用的药物。现在英属东印度公司每年进口供本国人民使用的茶，价值总计一百五十万镑。即使如此仍嫌不足，从荷兰各港，从瑞典的哥登堡，当法属东印度公司生意兴隆时也从法国海岸，更多的茶走私进入英国。中国瓷器、摩鹿加群岛香料、孟加拉布匹以及无数其他物品的消费，也按非常近似的比例增长。因而，在上世纪的任何时期，东印度贸易中所使用的全部欧洲船只的吨位，不比英属东印度公司在最近减少其船只前所使用的更大。

---

① 《南海航海记》，第 218 页，但原书中的数字为"25 000～30 000 居民"。
② 《航海史》，第 443 页和第 445 页。

但在东印度，尤其是中国和印度斯坦，当欧洲人最早开始与这些国家贸易时，贵金属的价值比在欧洲高得多，并且现在仍是如此。在产稻国，一般每年收获两次，有时是三次，每次都比谷物的一般收成更多。食物的富足必然远超过任何同等面积的国家。因而这些国家的人口更多。这些国家的富人有超过自己所能消费的大量富余食物可处理，有购买他人劳动的支付手段。所以，根据所有记载，中国或印度斯坦的显贵比欧洲最富者所拥有的随从人数都更多，排场更大。正是这种他们有权处理的大量富余食物，使他们能付出更多食物来购买自然提供数量极少的所有珍稀产物。例如贵金属和宝石都是富人追逐的重要目标。因此，尽管供应印度市场的矿山与供应欧洲的矿山同样富饶，这种商品在印度自然比在欧洲交换到更多食物，但向印度市场供应贵金属的矿山似乎远不如向欧洲市场供应贵金属的矿山富饶，而向印度供应宝石的矿山则比向欧洲供应宝石的矿山富饶得多。因而贵金属在印度自然能交换略多的宝石，并比在欧洲能交换更多的食物。在印度与在欧洲相比，最重要的非必需品即钻石的货币价格略低，首要的必需品即食物的货币价格则低得更多。但前面已指出①，劳动的真实价格，即给予劳动者的生活必需品的真实数量，在中国和印度斯坦这两大印度市场均比在欧洲大部分地区都低。那里劳动者的工资所能购买的食物数量较少。由于食物的货币价格在印度要大大低于在欧洲，在那里劳动的货币价格由于双重因素而较低：它所能购买的食物数量少，而这些食物的价格是很低的。但在工艺和勤劳程度相同的国家，大部分制造品的货币价格与劳动的货币价格成比例。在制造工艺和勤劳方面，中国和印度斯坦尽管不如欧洲任何地区，但差距不是太大，因而大部分制造品的货币价格在这两大帝国自然大大低于在欧洲任何地方。在欧洲大部分地区，陆路运输的费用也极大程度地提高了大部分制造品的真实价格和名义价格。首先将原料，然后将成品运到市场，须花费更多劳动，从而花费更多货币。在中国和印度斯坦，内地航运范围广、种类多，节省了大部分这种劳动，从而节省了大量货币，因而

---

① 前面，第55页和第56页。

使大部分制造品的真实价格和名义价格降得更低。由于上述各种原因，贵金属成为这样一种商品：将其从欧洲运往印度，过去一直是，现在仍然是极为有利可图的。几乎没有任何其他商品能在那里卖更好的价钱，即比例于它在欧洲所值劳动和商品的数量，能在印度购买或支配更多的劳动和商品。而且把白银运往那里比运黄金更有利可图，因为在中国及印度的大部分其他市场，纯银与纯金的比率仅为十比一，最多是十二比一，而在欧洲则是十四或十五比一。在中国及印度的大部分其他市场，十盎司或最多十二盎司就可以买到一盎司黄金，而在欧洲则需要十四或十五盎司。所以，开往印度的大部分欧洲船只所装载的货物中，白银一般是最有价值的物品之一。白银是开往马尼拉的阿卡普尔科船只上最有价值的物品。新大陆的白银似乎以这种方式成为使旧大陆两端之间的贸易得以进行的主要商品之一。正是通过白银，在很大程度上，世界上这些遥远地区才彼此联系起来。

为了供应这么广阔的市场，每年从矿山运出的白银数量，不仅必须足以维持所有繁荣国家对铸币和器皿不断增长的需求，而且还能弥补所有使用这种金属的国家不断浪费和消耗的数量。

铸币由于磨损，器皿由于磨损和清洗，其中所含贵金属的消耗极大。而仅是作为被广泛使用的商品，就要求极大的年供应量。在某些特殊制造品中消耗的金属，总量虽可能不如上述逐渐的消耗大，但因其增长迅速而更明显。仅伯明翰的制造品，每年用于镀金银和包金银的金银数量据说在五万镑以上，这些是无法使其恢复原形的。我们从这里可多少有个概念，世界各地在与伯明翰类似的制造品上，或在镶边、彩饰、金银器及图书和家具的烫金等方面，每年的消费一定是多么巨大。通过海运和陆运将这些金属从一地运往另一地，每年也一定会损失很大数量。此外，亚洲大多数统治者几乎普遍有在地下埋藏财宝的习俗，随着埋藏人的死亡，常常无人知道埋藏地点，这必然会损失更多的金银。

在加的斯和里斯本进口的黄金和白银的数量（不仅包括登记的，

还包括被认为是走私的），根据最权威的记载①，总计每年约六百万镑。

据梅更斯先生说②，每年进口的贵金属，西班牙平均六年中（1748年至1753年，包括这两年在内）③，葡萄牙平均七年中（1747年至1753年，包括这两年在内），白银重量总计一百一十万一千一百零七镑，黄金重量总计四万九千九百四十镑。白银按金衡每磅值六十二先令计算，合计价值三百四十一万三千四百三十一镑十先令④。黄金按金衡每磅值四十四基尼半计算，合计价值二百三十三万三千四百四十六镑十四先令。二者总计五百七十四万六千八百七十八镑四先令。他肯定登记的进口数字是准确的。他详细提供了黄金和白银具体从什么地方运来，以及根据登记各自的具体数量。他还估计了他认为可能是走私的每种金属的数量。这位明智商人的丰富经验使其意见极具分量。

根据《欧洲人在两个印度殖民的哲学及政治史》一书的雄辩而见多识广的作者的说法，西班牙每年经登记进口的金银，平均十一年中（1754年至1764年，包括这两年在内），合计一千三百九十八万四千一百八十五又四分之三皮亚斯特（十里尔）。考虑到可能有走私，他假定每年进口总额也许总计一千七百万皮亚斯特，按每皮亚斯特值四先令六便士计算，等于三百八十二万五千镑。他还详细提供了黄金和白银具体从什么地方运来，以及根据登记来自各地的每种金属的具体数量⑤。他还告诉我们，如果按向葡萄牙国王缴税数量（税率似乎是标准金属的五分之一）来判断里斯本每年从巴西进口的黄金数量，我们可估价为一千八百万克鲁查多，或四千五百万利弗，

---

① 后面第319页也使用了相同的语句。
② 《环球商人》后记第15页和第16页。该书出版三年后才印行后记，并无再版。
③ 两个时期实际上分别是5年（1748年4月至1753年4月）和6年（1747年1月至1753年1月），但引用梅更斯的平均数是正确的。
④ 这里的10先令应为14先令，下一行的14先令应为10先令。
⑤ 雷诺尔，《欧洲人在两个印度殖民地的哲学及政治史》，阿姆斯特丹版，1773年，第3卷，第310页。

约等于二百万英镑。不过，考虑到可能有走私，他说，我们可以更保险地在这个数字上再加八分之一，即二十五万英镑，从而总额为二百二十五万英镑①。根据这项记载，西班牙和葡萄牙两国每年进口的贵金属总计六百零七万五千英镑。

有人使我确信，还有许多其他非常权威（尽管是手稿）的记载，都同意每年进口总额平均约为六百万镑，有时多些，有时少些。

的确，加的斯和里斯本每年进口的贵金属，不等于美洲矿山的全部年产量。其中一部分每年由阿卡普尔科船只运往马尼拉，一部分用于西班牙殖民地与其他欧洲国家的殖民地之间进行非法买卖；一部分无疑留在产地。此外，美洲的矿山绝不是世界上唯一的金银矿。不过，美洲的矿山是迄今最富饶的。大家公认，已知的所有其他矿山与美洲矿山相比，其产量都无关紧要。大家也公认，美洲矿山的大部分产品都运往了加的斯和里斯本。可是仅伯明翰的消耗，以一年五万镑②计算，就等于每年六百万镑进口额的一百二十分之一。所以，世界上所有使用金银的国家全年消费的金银总额，可能与全年的总产量几乎相等。所剩金银也许仅足以供应所有繁荣国家持续增长的需求。这种需求也许甚至远远不能得到满足，从而使欧洲市场这些金属的价格略有上涨。

铜和铁每年从矿山运往市场的数量比金银多得完全没有可比性。可我们不会因此想象这些粗金属会大大超过需求，或者会逐渐越来越低廉。那为什么我们就应想象贵金属会如此呢？的确，粗金属尽管较坚硬，但可用于更耐磨损的用途，并且由于价值较低，保管也不太小心。可贵金属不一定就比粗金属保存时间更长，也有可能以各种各样的方式丢失、毁损和消耗。

所有金属的价格，尽管会缓慢而逐渐地变动，但与几乎任何其他土地天然产物的价格相比，逐年变动都更小。贵金属与粗金属相比，其价格更少有突然的变动。金属的耐久性是这种价格异常稳定的基础。去年送到市场的谷物，其全部或几乎全部在今年年终前很

---

① 同上，第 385 页。
② 前面，第 159 页。

久就会被消费光。但两三百年前从矿山运出的铁,其中一部分也许仍在使用;两三千年前从矿山运出的黄金,其中一部分可能也是如此。不同年份供应世界消费的不同谷物数量,始终与这些不同年份各自产量差不多成比例。但两个不同年份使用的铁的不同数量的比例,却极少受到这两年铁矿产量偶然不同的影响。所以,尽管大部分金属矿产量与大部分谷地产量相比,可能逐年变动更大,但这种变动对金属这种商品价格的影响不同于对谷物这种商品价格的影响。

黄金价值和白银价值比例的变动

在发现美洲的矿产之前,纯金对纯银的价值由欧洲不同的造币厂规定,其比例为一比十至一比十二,也就是说,假定一盎司纯金值十盎司至十二盎司纯银。大约在上世纪中叶,这个比例被规定为一比十四至一比十五,就是说,假定一盎司纯金值十四盎司纯银至十五盎司纯银。黄金的名义价值提高,即它所换得的白银数量增多。这两种金属的真实价值都下降了,即它们所购买的劳动数量减少了,而白银比黄金下降更多。虽然美洲的金矿和银矿均比此前已知的所有矿山都更富饶,但银矿比金矿的富饶程度相对更大。

每年从欧洲运往印度的大量白银,已在某些英属殖民地逐渐降低白银相对于黄金的价值。在加尔各答的造币厂,一盎司纯金假定为值十五盎司纯银,与在欧洲一样。造币厂的定价与黄金在孟加拉市场上的价值相比可能太高了。在中国,黄金对白银的比例仍为一比十或一比十二。在日本,据说这种比例是一比八。

据梅更斯先生记载,欧洲每年进口的黄金和白银的数量比例约为一比二十二①,即每进口一盎司黄金,就相当于进口略多于二十二盎司白银。他认为,每年运往印度的大量白银,使留在欧洲的金银数量比例降至一比十四或十五,与其价值比例相同。他似乎认为②,

---

① 前面,第 159 页和第 160 页。梅更斯的《进一步说明》第 16 页给出的准确数字为 1 比 $22\frac{1}{10}$。

② 梅更斯的《进一步说明》,第 17 页。

金银价值的比例必然等于金银数量的比例,如果不是由于白银出口更多,金银价值的比例会是一比二十二。

但两种商品各自价值的一般比例,不一定等于它们一般在市场上的数量的比例。一头牛的价格估为十基尼,一只羊的价格估为三先令六便士,前者约为后者的六十倍。然而,就此推断一般在市场上有一头牛就有六十只羊是荒谬的;同样荒谬的是,因为一盎司黄金一般能购买十四至十五盎司白银,就此推断一般在市场上有一盎司黄金就只有十四或十五盎司白银。

一般市场上白银数量对金银数量的比例,大大高于一定量黄金价值对同量白银价值的比例。送入市场的所有廉价商品,与送入市场的所有昂贵商品相比,一般不仅数量更多,而且价值更大。每年送入市场的所有面包,与每年送入市场的所有鲜肉相比,不仅数量更多,而且价值更大。全部鲜肉对全部家禽,全部家禽对全部野禽,也是如此关系。购买廉价商品者远多于购买昂贵商品者,售出的廉价商品一般不仅数量更多,而且价值更大。所以,廉价商品的全部数量对昂贵商品的全部数量的比例,一般必然比一定量昂贵商品价值对同量廉价商品价值的比例更大。当我们将两种贵金属相互比较时,白银是廉价商品,黄金是昂贵商品。因此,我们自然应期望,白银与黄金相比,市场上不仅应始终有更多白银,而且白银价值应更大。如果让任何一个有些金银器皿的人去比较他自己的白银器皿和黄金器皿,他可能会发现,不仅是前者的数量,而且前者的价值都远高于后者。此外,许多人有大量白银器皿,而没有黄金器皿。即使是有黄金器皿的人,一般也仅限于表壳、鼻烟壶之类的小玩意儿,总体价值不大。的确,在英国铸币中,金币的价值远超过银币的价值,但并非所有国家的铸币都是如此。在某些国家的铸币中,这两种金属的价值几乎相等。在苏格兰的铸币中,在与英格兰合并前,据造币厂的记载,金币仅略多于银币,尽管相差不多[①]。在许多国家的铸币中,银币多于金币。在法国,最大的金额一般都用银币

---

① 参见拉迪曼为安德森的《苏格兰古文书》所作的序言,第84页和第85页。英译本第175页和第176页。后面第280页重复了这一说法。

支付,很难找到比在口袋中携带所必需的更多的金币。然而,所有国家白银器皿超过黄金器皿的价值,可以绰绰有余地补偿仅在某些国家中金币超过银币的价值。

尽管从一种意义说,白银过去一直而且可能将来永远比黄金低廉,但从另一种意义说,黄金在西班牙市场的当前状况下,也许可以说比白银略微低廉。一种商品可以说成是昂贵,也可以说成是低廉,不仅是根据其通常价格的高低,而且是根据通常价格超过最低价格的多少。这里最低价格是指能在长期内将这种商品送到市场的价格。这个最低价格仅能补偿将商品送入市场所必须运用的资本及其适当利润。最低价格不为地主提供任何东西,其中没有地租,而只是分解为工资和利润。但在西班牙市场的当前状况下,黄金肯定比白银更略微接近这种价格。西班牙国王对黄金的课税仅为标准金的二十分之一,即百分之五,对白银的课税则为十分之一,即百分之十。前面已提到①,这种税也构成西班牙在美洲大部分金银矿的全部地租,从黄金中得到的赋税更不如从白银中得到的赋税。金矿开采者更少有发大财的,他们的利润一般必然比银矿开采者的利润更适中②。所以,西班牙黄金的价格与白银的价格相比,由于提供的地租和利润都更少,一定更略微接近可能将其送入市场的最低价格。如将所有费用计算在内,西班牙市场上的所有黄金似乎不能像所有白银那样有利地售出。的确,葡萄牙国王对巴西的黄金征收的赋税,与西班牙国王从前对墨西哥和秘鲁的白银征收的赋税相同,为标准金属的五分之一③。因此,对于欧洲总体市场,不能确定美洲的全部黄金的价格是否比美洲的全部白银的价格更接近可能将其送入市场的最低价格。

钻石和其他宝石的价格,也许甚至比黄金的价格更接近可能将其送入市场的最低价格。

对一种最合适的课税对象(不仅只是奢侈品和非必需品,而且

---

① 前面,第132和第154页。
② 前面,第133页。
③ 前面,第160页。

能提供非常重要的收入东西，如白银）征收的赋税，在还有可能征收时，放弃其中一部分的可能性不太大。虽然如此，1736 年由于无力纳税而将白银税率从五分之一降至十分之一①，同样的原因也许到时候有必要使其进一步降低，就像有必要将黄金税率降至二十分之一那样。西班牙在美洲的银矿，如同所有其他矿山一样，由于必须在更深的矿层进行开采，以及在深层抽水和供应新鲜空气的费用更高，开采费用逐渐更加昂贵。任何研究过这些矿山的人都承认这一点。

这些原因等于说白银会逐渐短缺（因为当采集一定数量的某种商品变得更困难和更昂贵时，就可以说它逐渐短缺），到时候一定会产生以下三种结果之一。第一，开采费用的增加，必须通过相应比例地提高这种金属的价格来完全补偿；第二，开采费用的增加，必须通过相应比例地降低银税来完全补偿；第三，开采费用的增加，必须部分地以第一种方式，部分地以第二种方式来补偿。第三种结果非常可能发生。金税虽大幅降低，金价相对于银价上涨；同样，银税尽管同样降低，银价相对于劳动和商品也可能上涨。

不过，这种连续减税，虽不能完全阻止，但肯定会或多或少地减缓欧洲市场上白银价值的提高。由于这种减税，许多过去因无力付旧税而不能开采的矿山现在可以进行开采了。每年进入市场的白银数量必然总是比在其他情况下略多，给定数量的白银价值必然总是比在其他情况下略低。由于 1736 年的减税，欧洲市场上白银的价值，虽然在现在不比这次减税前更低，但可能比西班牙政府继续强征旧税时会出现的情况至少低百分之十②。

尽管有这种减税，本世纪白银的价值在欧洲市场开始略微上升，事实及上述论证使我相信其真实性，或更准确地说是猜想和推测，因为关于这个问题我们能形成的最好意见也许不能说是信念。的确，即使假定有所上升，迄今上升也极小。虽然说了这么多，可能在许多人看来，不仅这种情况是否已实际发生，而且是否相反的情况不

---

① 前面，第 132 和第 154 页。
② 前面，第 132 和第 154 页。

会发生，即是否白银的价值不会继续下降，都不能确定。

不过必须指出，不论假定每年进口的金银有多少，必然有一段时期这些金属的年消费量等于年进口量。它们的消费必然随着其数量的增长而增长，即增长的比例更大。当它们的数量增加时，它们的价值就减少。对它们使用得越多，人们就越不在意它们，因而对它们的消费常常相对于它们的数量增加得快得多。一段时期后，这些金属的年消费量以这种方式必然就变得等于它们的年进口量，前提是这些金属的进口不是在不断增长（现在情况并非如此）。

在年消费量已变得等于年进口量时，如果年进口量逐渐下降，年消费量在一段时期内可能超过年进口量。这些金属的数量会变得逐渐地不易察觉地减少，它们的价值也会变得逐渐地不易察觉地增加，直至年进口量再次稳定为止，此时年消费量会逐渐地不易察觉地调整自身，适应年进口量所能维持的水平。

怀疑白银价值仍继续下降的根据

对于欧洲财富的增加，通行的观念认为，当贵金属的数量随着财富的增加而自然增加时，其价值也随着其数量的增加而下降，可能使得许多人相信，在欧洲市场金银的价值仍继续下降；而许多种土地天然产物的价格仍逐渐上升，更使他们相信这种观念。

我已尽力表明[1]，由于任何国家财富的增加而导致的贵金属数量的增加，不会使其价值趋于下降。金银自然流向富国，原因与奢侈品和珍奇品流向富国相同；不是因为它们在富国比在穷国更低廉，而是因为它们在那里更昂贵，或者说那里能提供更高的价格。正是价格的优越吸引着它们，一旦这种优越消失了，它们必然停止前往那里。

我也已尽力指出[2]，如果排除谷物和其他完全由人类劳动生产的植物，所有其他土地天然产物，如牲畜、家禽、各种猎物、地下的有用化石和矿产等，会随着社会在财富和改良方面的进展而自然

---

[1] 前面，第145页以后。
[2] 前面，第136和第137页。

变得更贵。所以，尽管这些商品能比从前交换到更多的白银，但不能由此得出结论认为，白银变得真正更便宜了，或白银购买的劳动比从前更少了，而只能认为这些商品真正变得更昂贵了，或购买的劳动比从前更多了。在改良进程中，不仅它们的名义价格，而且它们的真实价格都提高了。它们的名义价格的提高，不是白银价值有任何下降的结果，而是它们的真实价格提高的结果。

改良进程对三类天然产物的不同影响

这些天然产物可分成三类。第一类是人类劳动的力量根本无法使其增加的那些产物。第二类是人类劳动的力量能使其随需求的增加而成比例地增加的那些产物。第三类是人类劳动力量的功效受到限制或不确定的产物。在财富和改良的进程中，第一类产物的真实价格可以提高到非常高的程度，并且不受任何确定范围的限制。而第二类产物的真实价格尽管也会大幅提高，却有一定的范围，超过这个范围，就不可能长期维持。第三类产物的真实价格虽然在改良进程中自然会趋于提高，但在改良程度相等时，有时甚至会下降，有时会保持不变，有时会或多或少提高，根据不同的意外事件使人类劳动的努力在增加这些天然产物时成功的多少而定。

第 一 类

价格在改良进程中提高的第一类天然产物，是人类劳动的力量根本无法使其增加的那些产物。它们包括自然界仅生产一定数量的那些东西，极易腐烂，不可能积累起许多季节的产品。这些东西是大部分珍稀鸟类和鱼类，许多不同种类的猎物，几乎所有野禽，尤其是候鸟，还有许多其他东西。当财富以及与其相伴的奢侈品增长时，对这些东西的需求也可能随之增长，而人类劳动的努力不可能使其供给大大超过需求增长前的数量。所以，这种商品的数量保持不变或几乎不变，而购买它们的竞争不断加剧，它们的价格就可能上升到任何高昂的程度，并且似乎不受任何一定限度的限制。如果鸟鹬变得非常多，每只售价高达二十基尼，人类劳动的努力也不能使其上市数量大大超过现有数量。罗马人在鼎盛时期付给珍稀鸟类和鱼类的高价，可以以此轻易地去解释。这种高价不是当时白银价值低的结果，而是人类劳动不能随意使其数量增加的珍稀动物价值高的结果。在罗马共和国衰亡前后，罗马的白银的真实价值比现在欧洲大部分地区都高。三塞斯提斯，约等于英镑的六便士，即共和国付给每莫迪斯或每配克的西西里什一税小麦的价格。然而这个价格可能低于平均市场价格，因为以这个价格上缴小麦的义务被视为是对西西里农民的课税。所以，当罗马人偶尔购买比什一税小麦数量更多的谷物时，他们一定会对超过的那部分数量每配克付四塞斯提斯，即英镑的八便士。这在当时可能被认为是适度的合理的价格，即当时的普通的或平均的合同价格，大概相当于每夸脱二十一先令。在最近的歉收年份前，每夸脱二十八先令是英国小麦的合同价格，英国小麦的质量不如西西里小麦，在欧洲市场上一般售价较低。所以，古代白银价值与现在相比，一定是三对四的反比，即当时三盎司白银和现在四盎司白银所购买的劳动和商品的数量相同。因此，当我们从普林尼的书中看到，塞伊阿斯①购买一只白色夜莺送给皇后阿格利皮纳，价格为六千塞斯提斯，约等于现在的五十英镑；阿西尼阿斯·塞纳购买一条鲱鱼，价格为八千塞斯提斯，约等于现在的六十六英镑十三先令四便士。不论这种高昂的价格如何令人吃惊，但在我们看来仍比它的真实价格低大约三分之一。它们的真实价格，即购买它们所需的劳动和生活资料的数量，比它们的名义价格在现在所代表的劳动和生活资料的数量大约多三分之一。塞伊阿斯为夜莺付出的劳动和生活资料的支配数量，等于六十六英镑十三先令四便士，即在现在所能购买的数量；阿西尼阿斯·塞纳②为鲱鱼付出的劳动和生活资料的支配数量，等于现在八十八镑十七先令九又三分之一便士现在所能购买的数量。这种价格之所以奇高，不是因为白银特别丰富，而是因为罗马人所能支配的超过自己所必需的劳动和生活资料特别丰富。他们所拥有的白银数量，比他们所拥有的同等数量的劳动和生活资料比在现在所能换到的白银数量少得多。

---

① 《自然史》，第十篇，第29章。
② 《自然史》，第九篇，第17章。

第二类

在改良进程中价格提高的第二类天然产物，是人类劳动能使其随需求的增加而成比例增加的那些产物。它们包括那些有用的动植物，它们在未开垦的国家，自然界的产量极为丰富，价值极小或毫无价值。当耕种改进时，它们被迫让位于某些更有利可图的产物。在长期的改良进程中，这些产物的数量持续减少，同时对其需求持续增加。所以，它们的真实价值，即它们所能购买或支配的劳动真实数量逐渐上升，直到最终上升到一个高度，使其能像人类劳动在最肥沃和耕种最好的土地上生产的任何其他东西一样有利可图。当它的真实价值已达到这种高度时，就不能再上升了。如果再上升，不久就会有更多的土地和劳动用于增加其数量。

例如，当牲畜的价格上升到使耕种土地来为其提供粮食，就像耕种土地来为人类提供粮食一样有利可图时，它的价格就不会再上升了。如果再上升，不久就会有更多的谷地改为牧场。通过减少野生牧场来扩大耕地，会减少一国无须劳动或耕种而自然生产的鲜肉数量，并且由于拥有谷物或拥有用于交换鲜肉的谷物的价格的人数增加，对鲜肉的需求则增加。所以，鲜肉的价格，从而牲畜的价格，必然逐渐上升，直到价格上升到用最肥沃和耕种最好的土地来为其提供粮食如谷物一样有利可图时为止。但是必须总得等到改良进程的晚期，耕地扩大的程度才会使牲畜的价格提高到这种高度；如果国家仍在发展，直到达到这种高度前，牲畜的价格必然持续上升。也许欧洲某些地区牲畜的价格尚未达到这种高度。苏格兰在与英格兰合并前，任何地方都没有达到这种高度①。如果苏格兰的牲畜总是限于供应苏格兰的市场，那么，在这样的国家，除了饲养牲畜外没有其他用途的土地与可以有其他用途的土地的比例非常大，也许牲畜的价格几乎不可能上升到要耕种土地来喂养牲畜也有利可图的高度。前面已指出②，英国的牲畜价格在伦敦附近似乎上个世纪初就已

---

① 前面，第118和第172页。
② 前面，第118页；比较第127页。

经达到这种高度,但在大部分较偏远的各郡达到这种高度的时间要晚得多,在某些郡也许现在都没达到这种高度。不过,在构成第二类天然产物的所有生活资料中,牲畜的价格也许是在改良进程中最先达到这种高度的。

当然,在牲畜的价格达到这种高度前,即使是能进行最佳耕种的土地,大部分似乎也得不到完全耕种。在距离任何城镇太远而不能从城镇运送肥料的所有农场,即在任何幅员辽阔国家的大部分农场里,耕种得好的土地数量必然与农场自己所产生的肥料数量成比例;而这些肥料的数量又必然与农场维持的牲畜数量成比例。土地施肥的方式,或是在土地上放牧,或是圈养牲畜,或是将牲畜粪便运往土地。但除非牲畜的价格足以支付耕地的地租和利润,否则农民无力在耕地上放牧,更无力圈养牲畜。只有靠已经改良并耕种的土地的牧草才能饲养牲畜,因为在荒芜、未改良的土地上收集稀少分散的牧草需要太多劳动并且代价太高。所以,当牲畜在耕地上放牧时,如果牲畜的价格不足以支付已改良和耕种的土地的牧草,那么这种价格就更不足以支付必须用大量额外劳动收集并运往畜舍的牧草。这种情况下,有利可图地圈养牲畜的数量不可能比耕种所必需的更多。但这些牲畜的数量决不能提供足够的肥料,使所有可耕地经常保持良好状况。这些牲畜提供的肥料不能满足整个农场所需,自然会留给能最有利、最便利地使用它的土地,即那些最肥沃的土地,或者也许是邻近农舍的土地。于是这些土地经常保持着良好状况并且适合耕作,其余大部分土地则任其荒芜,只生长可怜的一些牧草,仅足以养活少数闲放的、半饥饿的牲畜。农场的牲畜数量,虽然按照与完全耕种所需的比例看严重不足,但按照与实际产量的比例看又经常过剩。然而,一部分这样的荒地,在处于这种可怜的牧场状况六七年后,可以得到耕种,可能得到一两季薄收的低质燕麦或其他粗粮,然后地力耗尽,必须休耕,重新用做牧场,接着耕种另一部分土地,使其以同样方式耗尽地力,再次休耕。在与英格兰合并前,苏格兰低地的一般经营方式就是如此。经常施肥并状况良好的土地很少超过全部农田的三分之一或四分之一,有时还不到五分之一或六分之一。其余土地从不施肥,尽管其中一定比例的土地交替定期耕种，然后地力耗尽。在这种经营方式下，很明显，即使能良好耕作的那部分苏格兰土地，产量与生产能力相比也极少。不论这种方式看起来多么不利，在苏格兰与英格兰合并前，牲畜价格的低廉使其几乎不可避免。此后，虽然牲畜价格大幅提高，这种方式仍在苏格兰大部分地区流行。这在许多地方无疑是由于无知和沿袭旧习，但在大多数地方，则是由于事物的自然进程反对立即迅速建立良好经营方式所带来的不可避免的阻碍：第一，由于佃户的贫穷，由于他们还没有时间获得足以更完全耕种其土地的牲畜，牲畜价格的提高有利于他们维持更多的牲畜，可牲畜价格的提高同样使他们更难以得到牲畜；第二，即使他们能得到牲畜，他们也没有时间使自己的土地处于适合维持更多牲畜的状态。牲畜的增加和土地的改良是两件必须并行的事情，一件事情不能走在另一件事情前面太远。不增加一些牲畜，几乎就不能改良土地。而只有大幅改良土地，才能大幅增加牲畜，否则，土地就不能维持牲畜；除非经过长期的节约和勤劳，否则无法消除建立良好经营方式的自然阻碍。也许必须经过半个世纪或一个世纪，逐渐衰落的旧经营方式才能在一国所有地区完全废除。苏格兰在与英格兰合并中得到的所有商业利益中，牲畜价格的这种上涨也许是最大的利益，它不仅提高了所有苏格兰高地地产的价值，而且也许是低地得到改良的主要原因。

在所有新殖民地，大量荒地在许多年中除了饲养牲畜外不作其他用途，因而不久牲畜就极其繁多。任何东西极多的结果都是其价格必然极低。虽然欧洲在美洲的殖民地的所有牲畜最初都是从欧洲运来的，但不久就在那里大量繁殖，变得价值极低，以致即使马匹都任由其在森林中闲游，无人认为值得去认领。在最初建立这种殖民地中必须经过很长时期，需用已耕土地的产物去饲养牲畜才变得有利可图。所以，同样原因，即肥料的短缺以及用于耕种的牲畜与预计要耕种的土地之间的比例失调，可能导致在那里采用苏格兰许多地区仍采用的耕作方式。因此，瑞典旅行家卡尔姆先生在叙述他于1749年所见北美一些英格兰殖民地的农业情况时说，他很难在那里发现英格兰民族对所有不同农业部门都精通的特性。他说，他们几乎不为自己的谷地施肥；当一块田地由于连续收获而耗尽地力时，就开辟和耕种另一块新地;当第二块田地耗尽地力时,就开辟第三块田地。他们放任自己的牲畜在森林和荒地游荡,处于半饥饿的状态;每年生长的青草,由于牲畜食之过早,来不及开花或散播种子,就几乎全部灭绝了①。在北美那部分地区,每年生长的青草似乎是最好的青草;当欧洲人最初在那里建立殖民地时,每年生长的青草常常长得很茂密,高达三四英尺。在他写作时不能养活一头奶牛的土地,他确信在从前曾养活过四头奶牛,每头奶牛提供的牛奶,过去是现在的四倍。在他看来,牧场的贫瘠导致他们的牲畜退化,牲畜明显一代不如一代。他们可能很像三四十年前苏格兰四处常见的那种矮小品种,这个品种现在在低地的大部分地区已得到改良,与其说是由于改变畜种,还不如说是由于饲料更丰富。

因此,尽管要等到改良进程的晚期,牲畜的价格才能提高到足以使为其提供饲料而耕种土地有利可图,但在构成第二类天然产物的所有不同部分中,牲畜也许是最先达到这种价格,因为在它们提高到这种价格前,改良似乎不可能进展到接近欧洲许多地区已达到的完善程度。

在达到这种高价的这类天然产物中,首先是牲畜,可能最后才是鹿肉。不论英国鹿肉的价格看起来多么昂贵,都远不够补偿鹿园的开支,这是所有略有养鹿经验的人所熟知的。否则,养鹿不久便会成为普通农事的一项,就像在古罗马人中饲养一种被称为特蒂的小鸟一样。瓦罗和科拉麦拉向我们保证那是获利最丰厚的项目②。嵩雀是一种候鸟,飞抵法国时很瘦,在法国某些地方把它养肥,据说获利极为丰厚。如果鹿肉继续流行,英国的财富和奢侈也像过去一段时期那样增长,鹿肉的价格很可能比现在还贵。

---

① 《卡尔姆旅行记》,第 1 卷,第 343 页和第 344 页。原书名《北美洲旅行记:包括其自然史、种植业和一般农业的环境描述,民政、宗教和农业状况,居民习俗以及对若干问题的好奇和重要的说明》,作者皮特·卡尔姆,瑞属芬兰奥波大学经济学教授,皇家科学院院士;译者约翰·莱因霍尔德·福斯特,三卷集,1770 年。
② 瓦罗,《论乡间事》,第三篇,第 2 章;科拉麦拉,《论乡间事》,第八篇,第 10 章。

在改良进程中,从牲畜这样一种必需品达到高价,到鹿肉这样一种非必需品达到高价,中间有个非常漫长的间隔,在间隔期间,许多种天然产物逐渐达到其最高价格,根据不同情况,有的早一些,有的晚一些。

于是在每个农场,谷仓和畜舍的废物可养活一定数量的家禽。它们由本来要抛弃的东西饲养,只是废物利用;农民几乎不花费任何东西,所以他能以极低的价格出售家禽。他的所得几乎全是净收益,家禽的价格也不会低到阻止他去饲养那么多。但在耕种不良从而人口稀少的国家,这种免费饲养的家禽常常完全足以供应全部需求。在这种情况下,家禽常常像鲜肉或任何其他动物食品一样低廉。但农场以这种免费方式饲养的全部家禽,必然总是大大少于农场喂养的牲畜所产出的全部鲜肉。在富裕和奢侈的时代,稀少的东西只要效用相同,总是比常见的东西更受欢迎。所以,随着财富和奢侈的增长,由于改良和耕种的进步,家禽的价格逐渐高于鲜肉的价格,直到达到一种高度,使得为了饲养家禽而耕种土地变得有利可图。达到这种高度后,家禽的价格就不能再提高了。如果价格再提高,不久就会有更多的土地转向这种用途。在法国许多省,饲养家禽被当做农业经济中很重要的一项,其利润足以鼓励农民去大量种植玉米和燕麦做饲料。那里的中等农户有时在自己的院子里饲养四百只家禽。在英格兰,饲养家禽似乎从未被普遍当做如此重要的事情。不过家禽在英格兰一定比在法国贵,因为英格兰从法国得到大量供应。在改良的进程中,每种特定动物食品的价格最贵的时期,自然是为了饲养这种动物而广泛耕种土地的前夕。在这种做法通行前的一段时期,短缺必然会提高价格。在这种做法已通行后,一般就会出现新的饲养方法,使农民能靠同样多的土地生产多得多的动物食品。动物食品增多,不仅使农民必须以较低价格出售,而且由于上述改良也使他能够以较低价格出售;如果他不能做到,就不可能长久保持这种丰富程度。可能正是以这种方式,引进苜蓿、芜菁、胡萝卜和卷心菜等,有助于使鲜肉的价格在伦敦市场上比上世纪初略有下降。

猪在废物中寻食,贪婪地吞食任何其他饲养动物所拒食的许多东西,并且像家禽一样,最初是利用废物饲养的。只要能这样以极少费用或无须费用即可饲养的这种动物的数量完全足够供应需求,这种鲜肉的价格就比任何其他鲜肉价格都低廉得多。但当需求超过这种数量所能的供给时,即有必要为饲养和催肥生猪而生产饲料时,就像为了饲养和催肥其他牲畜那样,猪肉价格必然上涨。各国自然状态及农业状况不同,导致养猪比养其他牲畜费用更多或更少,猪肉的价格就按照这个比例比其他鲜肉的价格更高或更低。据布丰先生说,法国的猪肉价格几乎与牛肉的价格相同①。在英国大部分地区,现在猪肉的价格略高。

在英国,猪和家禽的价格的大幅上涨,常被归咎于佃农和其他小土地占有者人数的减少。这种减少在欧洲每个地方都是在即将土地改良和耕作改进之前发生,同时使这些物品的价格上涨得更早些和更快些。就像最贫穷的家庭经常能无须任何费用来养活一只猫或一条狗那样,最贫穷的土地占有者一般也能以极少的费用养活一些家禽或一头母猪及几只小猪。他们自己餐桌上的残羹剩饭,提取奶酪后所剩的奶浆、脱脂牛奶,还有提取奶油后的酸奶,为那些动物提供了一部分食物,其余食物可从附近田地找到,而不会对任何人造成任何明显损失。减少这些小土地占有者的人数,这种费用不大或无须费用的食物必然会大幅减少,从而使其价格一定会更快更早地上涨。不过在改良进程中,这种价格迟早一定会以某种速度达到它所能达到的最高高度,也就是达到能偿付为给它们提供食物而耕种土地的劳动和支出,就像其他大部分耕地偿付投入其中的劳动和支出那样。

奶酪业像养猪和家禽一样,最初是利用废物进行的业务。在农场中必须饲养的耕牛,所产牛奶超过喂养自己小牛或农民家庭消费所需,并且在某个特定季节产奶最多。而在所有土地产品中,牛奶可能是最易变质的。在产奶最多的温暖季节,牛奶很难保存二十四小时。农民将一小部分制成新鲜黄油,可储存一周;制成加盐黄油,可储存一年;将大部分牛奶制成奶酪,可储存多年。所有这些产品

---

① 《自然史》,第五卷(1755年),第122页。

的一部分保存起来供自己家庭用，其余的运往市场，以便卖个最好的价钱，但价格不能低到使其不愿将自己家庭消费不了的那部分送到市场。如果价格确实很低，他可能以非常懒散和不干净的方式去经营自己的奶酪业，也许认为不值得专门为其设置一个房间或房屋，而只是在自己烟熏火燎、脏乱不堪的厨房中制作奶酪。三四十年前几乎所有苏格兰的农民制作奶酪就是如此情形，并且现在的情形仍然如此。逐渐提高鲜肉价格的原因，即需求的增长，以及由于国家改良而导致费用不大或无须费用饲养的牲畜数量减少，同样提高了奶酪产品的价格。奶酪产品的价格自然与鲜肉的价格或饲养牲畜的费用相联系。价格的提高能偿付更多的劳动，能使清洁状况大为改进。奶酪业变得更值得农民去关注，而且产品质量逐渐提高。价格最终提高到值得用最肥沃、耕作最佳的土地来饲养牲畜，专供用于奶酪业。价格提高到这个高度时，就不能再提高了，否则，不久就会有更多的土地转向这种用途。在英格兰大部分地区，奶酪价格似乎已达到这个高度，那里大量良田一般都这样使用。在苏格兰，如果将一些大城市的周围地区除外，其他地方的奶酪价格似乎还没达到这个高度，那里的普通农民很少仅为制作奶酪而大量使用良田生产饲料。这种产品的价格虽然近些年涨幅可观，可能仍太低，不允许那样去做。当然，苏格兰奶酪的质量不如英格兰奶酪，质量的差距与价格的差距完全相当。但这种质量的差距也许是价格低廉的结果，而不是价格低廉的原因。我认为，即使质量大幅提高，大部分送到市场的奶酪在目前情况下也不能卖到高得多的价格。现在的价格，也许不能偿付生产质量好得多的奶酪所必需的土地和劳动支出。在英格兰大部分地区，尽管奶酪价格较高，奶酪业仍不被看成是比种植谷物或催肥牲畜这两大农业项目更有利可图的土地用途。所以，在苏格兰大部分地区，奶酪业甚至不如像在英格兰那样有利可图。

很明显，只有等到人类劳动在土地所生产的每种产品的价格都提高到能偿付完全改良和耕作的费用时，一国的土地才能进行完全的改良和耕作。为了做到这一点，每种产品的价格，首先必须足以偿付良好谷田的地租，因为这种地租支配大部分其他耕地的地租；其次必须足以偿付农民的劳动和支出，就像他们从良好谷田一般所得的支付那样；也就是说，按照一般利润补偿农民在土地上的投入。每种产品价格的上涨，显然是在用于生产它的土地开始改良和耕作之前。所有改良的目的均在于获利，如果其必然结果是损失，就不能称为改良。但如果改良土地是为了生产那种价格不能弥补支出的产品，其必然结果就是遭受损失。如果把一国的完全改良和耕作看成是（肯定是）所有公众最大的利益，那么所有天然产物价格的上涨就不应被看成是公众的灾难，而应被看成是所有公众最大利益的先驱和伴生物。

所有天然产物名义价格或货币价格的上升，也不是白银价值降低的结果，而是这些天然产物真实价值提高的结果。与从前相比，它们不仅值得交换更多的白银，而且值得交换更多的劳动和生活资料。由于将这些产物上市需要花费更多的劳动和生活资料，当它们上市时就代表或相当于更多的价值。

第三类

在改良进程中价格自然上升的第三类也是最后一类天然产物，是在增加其产量中人类劳动的效力受到限制或不确定的产品。尽管这类天然产物的真实价格在改良进程中趋于自然上升，但根据各种偶然事件使人类劳动增加产量的努力的成功程度，实际价格有时甚至下降，有时在非常不同的改良时期保持不变，有时在同一时期会或多或少上升。

某些天然产品的性质是其他产品的附属品，任何国家能提供这种产品的数量必然受其他产品的限制。例如，任何国家能提供的羊毛或生皮的数量，必然受到该国所有的大小牲畜数量的限制。而这种数量由该国的改良状况和农业性质所决定。

可以想到，在改良进程中使鲜肉价格逐渐提高的原因，对羊毛和生皮的价格也会产生同样的影响，并且价格上涨的比例几乎相同。如果在改良刚开始时，羊毛和生皮的市场也像鲜肉的市场那样局限于狭窄的范围内，情况可能会是如此，但它们各自市场范围一般是极其不同的。

鲜肉的市场几乎在任何地方都限于生产鲜肉的国家。诚然，爱尔兰和英属美洲一些地区进行大量的腌制食品贸易，但我相信，它们是商业世界仅有的从事这种贸易的国家，即把自己的大部分鲜肉出口到其他国家。

相反，羊毛和生皮的市场在改良刚开始时就很少限于其生产国，可以很轻易地将它们运往遥远国度，羊毛无须任何加工，生皮所需加工极少。由于它们是许多制造品的原料，即使本国对它们没有需求，其他国家的产业也会对它们产生需求。

在耕作不良从而人口稀少的国家，羊毛和生皮的价格在整只牲畜价格中所占比例，总是大大高于改良更好和人口更多因而对鲜肉需求更大的国家的这一比例。休谟先生指出，在撒克逊时代，羊毛估计占整只羊价值的五分之二，这大大高于现在估计的比例①。我一直确信，在西班牙的某些省，宰羊常常只是为了得到羊毛和羊脂。羊肉经常被丢在地上腐烂，或被食肉鸟兽吞吃。如果这种情况甚至在西班牙都时有发生，那么在智利、布宜诺斯艾利斯②以及西班牙所属美洲的许多其他地区，就几乎经常发生，那里宰杀有角牲畜几乎常常只是为了得到皮毛和兽脂。这种情况也几乎经常在希斯盘纽拉岛发生，那时它受到海盗的侵扰，在法国人种植园（现已扩大到该岛几乎整个西海岸）的安定、改良和人口赋予西班牙人的牲畜某些价值之前。西班牙人现在不仅仍继续拥有东海岸，而且拥有该岛的全部内陆地区和山区。

尽管在改良和人口的发展进程中，整只牲畜的价格必然上涨，但兽肉的价格可能比羊毛和生皮的价格受这种上涨的影响要大得多。兽肉的市场在社会的原始状态下总是限于生产国，它必然与该国的改良和人口增长成比例地扩大。但羊毛和生皮市场，即使野蛮国家的羊毛和生皮经常远达整个商业世界，极少与该国的改良和人口增长成比例地扩大，但整个商业世界的状态也很少会受到某国改良的很大影响。在改良后，这类商品的市场可能会像从前那样保持不变或基本不变。不过按照事物的自然进程，总体上这类商品的市场也

---

① 休谟，《英格兰史》，1773年版，第1卷，第226页。
② 胡安和乌诺阿的《航海史》，第1卷，第552页。

会由于改良而略有扩大。尤其是，如果以这些商品为原料的制造业在一国兴旺发达，那么这些商品的市场尽管不会扩大太多，但至少比从前更接近产地。这些原料的价格至少可以因节省了过去运往遥远国家的费用而提高。所以，这种价格即使不能按照鲜肉的比例上涨，但自然应略有上涨，肯定不应下降。

但在英格兰，虽然毛纺业发达，其羊毛价格自爱德华三世的时代以来却已大幅下降。许多可靠记载表明，在这位国王统治时期（十四世纪中叶，或约1339年），一托德或八十磅英格兰羊毛公认的适当及合理价格不少于当时的货币十先令①，按每盎司二十便士计算含白银陶衡六盎司，约等于我们现在的货币三十先令。现在，每托德二十一先令可认为是最佳英格兰羊毛的价钱。所以，爱德华三世时代羊毛的货币价格与现在羊毛的货币价格的比例为十比七。前者的真实价格的优势更大，按每夸脱六先令八便士的价格计算，十先令是当时十二蒲式耳小麦的价格；而按每夸脱二十八先令的价格计算，二十一先令只是现在六蒲式耳的价格。所以，古代羊毛和现代羊毛真实价格的比例为十二比六，即二比一。古代一托德羊毛所能购买的生活资料的数量是现在的两倍，从而就是劳动数量的两倍，如果劳动的真实报酬在两个时代相同的话。

羊毛真实和名义价值的降低，绝不可能是事物自然发展进程的结果。因而这是暴力和人为的结果。首先，绝对禁止从英格兰出口羊毛；其次，允许从西班牙免税进口羊毛②；最后，禁止爱尔兰向英格兰以外的任何国家出口羊毛。由于这些规定，英格兰羊毛的市场不仅没有随着英格兰的改良而略微扩大，反倒局限于本国市场。在这个本国市场中，允许许多其他国家的羊毛来竞争，而且迫使爱尔兰羊毛来竞争。由于爱尔兰的毛纺业也完全同样受到这种不公正、不公平的对待和抑制，所以爱尔兰人在国内只能加工自己羊毛的一小部分，从而被迫将大部分送往英国这个允许其进入的唯一市场。

---

① 参见约翰·斯密的《羊毛论文集》，1747年，第1卷，第5、6、7章以及第2卷第176页。
② 参见第467页以及约翰·斯密的《羊毛论文集》，第159、170、182页。

我一直未能找到古代生皮价格的可靠记载。羊毛一般是作为给国王的贡品来缴纳的，根据它作为贡品的估值，至少可从某种程度上确定其一般价格。但生皮的情况似乎并非如此。不过弗利特伍德根据1425年牛津伯塞斯特修道院副院长和他的一位牧师的记载，为我们提供了那种特殊情况下生皮的价格，至少其记载是如此。五张公牛皮为十二先令，五张母牛皮为七先令三便士，三十六张两岁羊皮为九先令，十六张小羊皮为两先令①。1425年十二先令所含白银约与我们现在的货币二十四先令所含的白银同样多。因而在这项记载中，一张公牛皮价值白银等于我们现在的货币四又五分之四先令。它的名义价格大大低于现在。但按每夸脱小麦价格六先令八便士计算，十二先令在当时能购买十四又五分之二蒲式耳小麦，按每蒲式耳三先令六便士计算，现在值五十一先令四便士。所以，一张公牛皮在当时所能购买的谷物，等于现在十先令三便士所能购买的谷物。它的真实价值等于我们现在的货币十先令三便士。在古代，牲畜在冬季大部分时间内处于半饥饿状态，我们不能假定其体型很大。一张重四咃即十六磅的牛皮在现在认为不差，在古代可能认为是很好了。但按每咃半克朗计算，这是现在（1773年2月）的一般价格，这样一张牛皮现在仅值十先令。所以，尽管它的名义价格在现在比在古代高，但它的真实价格即它能购买或支配的生活资料的真实数量在现在却略低。上述记载中母牛皮的价格对公牛皮的价格基本保持一般的比例。羊皮的价格则大大超过这个比例。也许羊皮是连同羊毛一同出售。相反，小牛皮的价格大大低于这个价格。在牲畜价格极低的国家，如不是为了延续畜群而饲养小牛，一般在很小的时候就宰杀掉，苏格兰在二三十年前就是如此，这样就节省了牛奶，而小牛的价格不足以偿付牛奶，因而小牛皮一般几乎毫无价值。

　　生皮的价格在现在大大低于数年前，这也许是由于取消对海豹皮的征税，以及在1769年②允许在限定时间内从爱尔兰和各殖民地

---

① 《宝贵的纪年考证》，1707年，第100页。
② 乔治三世第9年，第39号法律，限定5年；乔治三世第14年，第86号法律；乔治三世第21年，第29号法律继续生效。

免税进口生皮。从本世纪平均来看,它们的真实价格可能略高于古代。生皮不太适于像羊毛那样运往远方市场。腌制的皮革被认为不如新鲜的皮革,并且售价较低。这种情况必然趋向使生皮在不能自行加工而只能出口的生产国价格下降,而相对提高能自行加工的生产国的生皮价格。生皮价格在野蛮国家必然有下降的趋势,而在先进的工业国则有上升的趋势。所以,生皮价格在古代必然有下降的趋势,在现代则有上升的趋势。此外,我国制革商不像呢绒商那样能成功地使国家的贤者相信,国家的安全要依靠那个制造业的繁荣,因而他们较少受到关注。的确,生皮的出口被禁止,并被宣布为不受欢迎①;但对生皮从外国进口征税②(尽管对从爱尔兰和各殖民地进口的生皮免征进口税仅限期五年),但爱尔兰出售其剩余生皮,即不能在本国加工的那些生皮,却不限于英国市场。在这几年里,普通牲畜的皮革被列入各殖民地不能送往别处而只能送往宗主国的商品中。在这方面,迄今爱尔兰的商业也未曾为了支持英国的制造业而受到抑制。

在已改良并耕作的国家,任何使羊毛或生皮的价格趋于下降到自然应形成的价格以下的规定,必然会趋于提高鲜肉的价格。在改良并耕作的土地上饲养的大小牲畜,其价格必须足以支付地主和农民有理由从改良的耕地上期望得到的地租和利润,否则,他们不久就会停止饲养。所以,在这个价格中羊毛和皮革所没有支付的那部分无论多少,都必须由羊肉来支付。一方面少支付,另一方面就必须多支付。这个价格在牲畜的各部分如何分配,地主和农民并不关心,只要全部付给他们即可。因此,在已改良并耕作的国家,尽管他们作为消费者的利益受到食物价格上涨的很大影响,但作为地主和农民的利益不可能受到这些规定的很大影响③。不过,在未经改良和耕作的国家,那里大部分土地没有其他用途,只能饲养牲畜,并

---

① 伊丽莎白第5年,第22号法律;伊丽莎白第8年,第14号法律;伊丽莎白第18年,第9号法律;查理二世第13年和第14年,第7号法律。
② 安妮女王第9年,第11号法律。
③ 本段(从开头至此)在后面第470页予以引用。

且羊毛和皮革构成牲畜价值的主要部分,情况则相当不同。在这种情况下,他们作为地主和农民的利益受到这些规定的极大影响,而作为消费者的利益受到的影响则极小。羊毛和皮革价格的下降在这种情况下不会提高羊肉的价格,因为国家的大部分土地只能用于饲养牲畜,仍会饲养相同数量的牲畜。相同数量的鲜肉仍会被送入市场,但对鲜肉的需求不会比从前大。所以,鲜肉的价格仍与从前相同。整只牲畜的价格下降了,以牲畜为主要产品的所有土地即一国大部分土地的地租和利润也会随之下降。永久禁止出口羊毛一般(但非常错误)归咎于爱德华三世①,这种禁令在该国当时情况下是所能想到的最有破坏性的规定。它不仅会降低王国大部分土地的实际价值,而且由于降低了最重要的一种小牲畜的价格,会大大阻碍土地随后的改良。

与英格兰合并的结果是苏格兰羊毛的价格大幅下降,因为羊毛因此被排除在欧洲这个广大市场之外,而仅限于英国这个狭小的市场。苏格兰南部各郡主要养羊,如果鲜肉价格的上涨不能完全补偿羊毛价格的下降,其大部分土地的价值必然会受到这种合并的极深影响。

在增加羊毛或生皮的数量方面,人类劳动的效力由于要依靠本国所产牲畜的数量而受到限制,同时由于要依靠其他国家所产牲畜的数量而不能确定。人类劳动的效力与其说要依靠本国产量,还不如说是要依靠本国是否加工或是否认为应当限制这类天然产物的出口。这些情况与本国的劳动毫不相关,因而必然使本国劳动所做出的努力的效力不能确定。所以,在增加这类天然产物方面,人类劳动的效力不仅受到限制,而且不能确定。

在增加另一类非常重要的天然产物即上市鱼类的数量时,人类劳动的效力同样受到限制并不确定。它受到一国的以下当地情况的限制:各省与海洋的远近;湖泊和河流的数量;这些海洋、湖泊及河流生产这类天然产物的所谓丰富或贫瘠的程度。随着人口的增长,

---

① 约翰·斯密,《羊毛论文集》,第 1 卷,第 25 页说明,"在作出其他规定前,将羊毛运出境外是重罪"这句话并不意味着永远禁止。

随着一国土地和劳动年产物越来越多，有更多的人买鱼，这些买鱼者也有更多数量和更多种类的其他货物，换句话说，是用更多数量和更多种类的其他货物，用于买鱼。但如不使用比供应狭小而有限的市场所需的劳动更大比例的劳动，一般就不可能供应巨大而扩展的市场。一个需要一千吨鱼的市场变得需要一万吨鱼时，不使用从前足以满足供应的劳动量的十倍以上，就很少能满足现在的需要。一般必须去更远的地方去找鱼，必须用更大的船舶，必须制造更贵的各种机械。因而这种商品的真实价格在改良进程中自然会上涨。我相信，在每个国家都或多或少已发生这种情况。

虽然某天捕鱼多少是一件非常不确定的事情，但假定一国的当地情况不变，则人类劳动将一定数量的鱼送到市场的一般效力，就一年或数年而言，也许可以认为是足够确定的。情况无疑正是如此。不过，由于它更多地依靠一国的当地情况，而不是依靠该国的财富和劳动的状况，它在不同国家在极其不同的改良阶段可能相同，而在同一阶段却是极其不同。它与改良状况的联系是不确定的，我在此要谈的正是这种不确定性。

在增加从地下开采的各种矿物和金属尤其是贵金属时，人类劳动的效力似乎不受限制，但这完全是不确定的。

任何国家所拥有贵金属的数量，不受其任何当地情况的限制，例如其自有矿产的丰富或贫瘠程度。这些金属在没有矿产的国家常常很丰富。某个国家贵金属的数量似乎依赖两种不同情况：第一，依赖它的购买力，依赖它的劳动状况，依赖它的土地和劳动的年产物，因此，它能使用或多或少的劳动和生活资料，从自己或其他国家的矿山中得到或购买类似黄金和白银那样的非必需品；第二，依赖某特定时期向商业世界供应这种金属的矿山的丰富或贫瘠程度。这些金属在离矿山最远的国家的数量，由于其运输方便而便宜，由于其体积小价值大，必然会多少受到这些矿山丰富或贫瘠程度的影响。贵金属在中国或印度斯坦的数量，必然会多少受到美洲矿山产量丰富的影响。

就贵金属在某国的数量依赖这两种情况中的前者（购买力）而言，它们的真实价格，像所有其他奢侈品和非必需品那样，可能随着该国富裕和改良程度而上涨，随着该国的贫穷和衰退程度而下降。有大量多余的劳动和生活资料可供提供的国家，与只有较少多余的劳动和生活资料可供提供的国家相比，能花费更多劳动和生活资料去购买任何数量的这些金属。

就贵金属在某国的数量依赖这两种情况中的后者（当时供应商业世界的矿山的丰富或贫瘠程度）而言，它们的真实价格，即它们购买或交换的劳动和生活资料的真实数量，无疑会随着矿产的丰富程度而或多或少下降，随着矿产的贫瘠程度而上涨。

不过，在一定时期供应商业世界的矿产是丰富还是贫瘠，是同某国的劳动状况显然没有任何联系的一种情况。它甚至似乎与世界总体劳动状况也没有非常必然的联系。的确，当技术和商业逐渐传播到地球越来越多的地方时，新矿的寻找扩大到更广阔的范围内，那么，与限于狭小范围内找矿相比，成功的机会多少会更大一些。然而，当旧矿逐渐枯竭时，新矿的发现是最不确定的事情，人类的技能或劳动都无法去保证。我们承认，所有迹象都很可疑，只有新矿的实际发现和成功开采，才能确定其实际价值存在的真实性。在这个寻找过程中，人类劳动成败的可能性没有一定限度。在一两个世纪中，可能发现比任何已知矿山更丰富的新矿；同样可能的是，已知的最丰富的矿山可能比美洲矿山发现前正开采的矿山更贫瘠。这两种情况中哪种都会发生，它们对于世界的真实财富和繁荣，即对于土地和人类劳动年产物的真实价值无足轻重。但这种年产物如以金银数量来表示或代表的名义价值，无疑会有很大不同，不过它们的真实价值，即它们能购买或支配的劳动的真实数量，就会完全相同。前一种情况下，一先令代表的劳动不会多于现在一便士代表的劳动；后一种情况下，一便士代表的劳动与现在一先令代表的劳动同样多。而前一种情况下，口袋里有一先令的人不比现在有一便士的人更富；后一种情况下，有一便士的人与现在有一先令的人同样富。世界从前一种情况中所得的唯一利益就是金银器皿的低廉和众多；世界从后一种情况中所遭遇的不便就是这些不重要的必需品的昂贵和稀缺。

关于白银价值变动的离题论述的结论

收集古代物价的大多数学者似乎认为，谷物和一般货物的货币价格的低廉，换句话说是金银价值的高昂，不仅是这些金属稀缺的证明，而且是当时这个国家贫穷和野蛮的证明。这种观点与这种政治经济学体系有联系。该体系认为，国家富裕就是金银的富足，国家贫穷就是金银的稀缺；我将在本书第四篇尽力详细说明和考察这种体系。我现在只想说，任何国家贵金属价值的高昂，不证明它当时贫穷或野蛮，而只是证明当时供应商业世界的矿山的贫瘠。穷国由于无力购买更多的金银，因而无力支付更高的价格。所以，这些金属的价值在穷国不可能比在富国更高。在比任何欧洲国家都富裕的中国①，贵金属的价值比在欧洲任何地方都高得多。的确，自从美洲发现矿山以来，欧洲的财富大幅增加，金银的价值逐渐降低。但金银价值的降低不是由于欧洲真实财富的增加或欧洲土地和劳动年产物的增加，而是由于偶然发现比从前所知任何矿山都更丰富的矿山。欧洲金银数量的增加，以及欧洲制造业和农业的增长，虽然是几乎同时发生的两件事情，但却是由非常不同的原因而产生的，彼此间没有任何自然的联系。前者只是偶然发生，谨慎和政策在其中既没有也不可能起任何作用；后者是由于封建制度的灭亡，以及建立了一种政府，为劳动提供了它所需要的唯一鼓励，即它能享受自己劳动成果的某种差强人意的安全。现在在波兰仍存在封建制度，与发现美洲以前同样赤贫。不过，在波兰像在欧洲其他地方一样，谷物的货币价格已上涨，贵金属的真实价值已下降。所以，波兰的贵金属数量一定像其他地方那样已增加，并且相对土地和劳动的年产物的比例也一定几乎相同。然而，这些贵金属数量的增加，似乎没有增加那种年产物，也没有改良该国的制造业和农业，更没有改善该国居民的境况。西班牙和葡萄牙这两个拥有矿山的国家，也许是仅次于波兰的欧洲最赤贫的两个国家。可贵金属的价值在西班牙和葡萄牙比在欧洲任何其他地方都低，因为贵金属是从这两国运往

---

① 同样的语句在前面第 146 页中出现。

欧洲所有其他地方,不仅要负担运费和保险费,而且由于金银的出口被禁止或课税,还要负担走私的费用。所以,按照金银数量对于土地和劳动年产物的比例,金银数量在这两国一定比在欧洲任何其他地方都多。可是,这两国比欧洲大部分地区都更穷。尽管封建制度在西班牙和葡萄牙已被完全废除,却尚未被更好的制度代替。

就像金银价值的低廉不证明一国富裕和繁荣状态一样,金银价值的昂贵或一般货物尤其是谷物的货币价值的低廉也不证明一国贫穷或野蛮。

但尽管一般货物尤其是谷物的货币价值低廉不证明一国当时的贫穷或野蛮,而某些特种货物如牲畜、家禽和各种猎物比例于谷物的货币价格的低廉,却是决定性的证明。它清楚地表明,第一,它们与谷物相比更丰富,因而它们所占土地与谷物相比面积更大;第二,它们所占土地与谷物相比价值更低,因而该国绝大部分土地尚未耕作和改良。它清楚地表明,该国的牲畜和人口相对领土的比例与文明国家的一般比例不同,当时该国的社会处于幼稚状态。从一般货物尤其是谷物的货币价格的高低,我们只能得出当时为商业世界提供金银的矿山是丰富的还是贫瘠的结论,而不是得出该国是富裕的还是贫穷的结论;但从某些货物比例于其他货物的货币价格的高低,我们可以按几乎接近确定的可能程度得出结论:该国是富裕的还是贫穷的,大部分土地是否是经过改良,是处于或多或少的野蛮状态,还是处于或多或少的文明状态。

完全由于白银价值降低而造成的货币价格的任何上涨,会同样程度地影响所有各类货物,使其价格普遍上涨三分之一、四分之一或五分之一,与白银比从前贬值三分之一、四分之一或五分之一的比例相同①。但粮食价格的上涨,这一直是众说纷纭的题目,不会同等程度地影响所有各类食物。以本世纪的平均水平来看,谷物价格的上涨大大低于某些其他食物价格的上涨,这是大家都公认的,即使是将这种上涨归因于白银价值下降的人也是如此。因此,其他食

---

① 这里的数字略有错误,应为"比从前贬值四分之一、五分之一或六分之一"。

物价格的上涨不完全是由于白银价值的下降。我们必须考虑其他原因，而上面所提到的那些原因，也许不必去假定白银价值的下降，就足以解释为什么那些特定种类的食物的价格比例于谷物价格实际已上涨。

至于谷物自身的价格，在本世纪最初六十四年里，在最近的歉收非常时期之前，比上世纪最后六十四年的价格略低。对这个事实的证明，不仅有温莎市场的账目①，还有苏格兰各郡的公定谷价表②，以及法国许多不同市场的账目③，这些都是麦桑斯先生④和杜普雷·德·圣莫尔先生非常勤奋而翔实地收集来的。在本来极难确证的一件事情上，证据比我们所期望的更充分。

至于最近十年或十二年期间的高谷价，年成不好就足以解释，而不必假定白银价值的任何下降。

所以，认为白银价值在不断下降的观点似乎没有以任何正确的观察为基础，既没有观察谷物的价格，也没有观察其他食物的价格。

也许可以说，即使根据这里所提供的记载，现在同量白银所能购买的许多种食物的数量，也比在上世纪某时期所能购买的要少得多。去明确这种变化是由于这些货物价值的提高，还是由于白银价值的下降，只是一种徒劳无用的区分。这种区分对于只有一定数量白银的人或只有一定固定收入的人来说毫无帮助。我肯定不能说，掌握这种区分的知识能使他以较低的价格买到谷物，但也不能说，这种知识因此就毫无用处。

这种区分很容易就能证明一国的繁荣程度，这也许对公众有些用处。如果某些食物的价格上涨完全是由于白银价值的下降，就是处于这样一种情况，从中只能得出美洲银矿产量丰富的结论，而不能得出其他结论。在这种情况下，一国的实际财富，即该国土地和

---

① 参阅第 198 和第 199 页。
② 参阅第 59 页。
③ 《人口调查》，第 293~304 页。
④ 《论货币或关于白银与商品关系的反思》，1746 年，特别是"价格的变动"的第 181 页。

劳动的年产物，可能在逐渐减少，就像葡萄牙和波兰那样；也有可能在逐渐增加，就像欧洲大部分其他地区那样。但如果某些食物的价格的上涨是由于生产它们的土地的真实价值提高，由于土地肥沃程度的提高，或者是由于更广泛的改良和良好耕作使土地更适于生产谷物，那就是处于这样一种情况，它最清楚地表明该国处于繁荣和进步的状态。土地构成每个大国财富最大、最重要并最持久的部分。能为一国财富中最大、最重要并最持久的那部分的价值提高而提供这么有决定性的证明，对公众一定有些用处，至少使公众感到有所满足。

这种区分在规定某些低级雇工的货币报酬时，对公众也可能有些用处。如果某些食物价格的上涨是由于白银价值的下降，那么他们的货币报酬，如果从前不是太高，肯定应按白银价值下降的比例予以增加。如果不增加，他们的真实报酬显然会成比例地下降。但如果食物价格的上涨，是由于生产它们的土地的肥沃程度改进使得土地价值提高，那么，应按什么比例来增加这种货币报酬，甚至是否增加，就很难判断了。改良和耕作的扩大必然比例于谷物的价格或多或少地提高每种动物性食物的价格，我相信，这必然会降低每种植物性食物的价格。之所以提高动物性食物的价格，是因为用于生产这种食物的土地大部分已变得适于生产谷物，必须能为地主和农民提供谷地的地租和利润。之所以降低植物性食物的价格，是因为通过提高土地的肥沃程度，提高了土地的丰产程度。农业的改良还会引进许多种植物性食物，这些食物比谷物所需土地更少，所需劳动不会更多，在市场上的价格低廉得多。例如，马铃薯和玉米，即所谓的印度谷物这两种最重要的改良，是欧洲农业也可能是欧洲本身从其商业和航运的巨大扩张中得到的。此外，许多种植物性食物，在原始农业状态下仅限于在菜园里用锄头生产，在改良农业状态下被引进普通田地用犁生产，例如芜菁、胡萝卜和卷心菜等。所以，在改良进程中，如果一种食物的真实价格必然上涨，另一种食物的真实价格必然下降，就更难判断前者的上涨有多少能被后者的下降所抵消。当鲜肉的价格升到最高限度（也许除了猪肉，每种鲜肉一个多世纪在英格兰大部分地区就已达到这个高度），此后任何其他动物性食物的上涨都不会对下层人民的境况有太大影响。英格兰大部分地区穷人的境况,肯定不会受到家禽、鱼类、野禽或鹿肉价格上涨的太大的困扰,因为他们一定能从马铃薯的价格下降中得到救济。

在当前的歉收年份,高谷价无疑会使穷人受到困扰。但在一般丰收年份,当谷物处于其一般和平均价格时,任何其他天然产物价格的自然上涨不会对他们有太大影响。他们也许由于某些制造品因税收的人为涨价而受苦,例如食盐、肥皂、皮革、蜡烛、麦芽、啤酒和麦酒等。

改良进程对制造品真实价格的影响

但是,逐渐减少几乎所有制造品的真实价格,是改良的自然结果。几乎所有制造品的真实价格都会降低,没有例外。由于更好的机器、更熟练的操作、更适当的分工及工作分配,所有这些改良的自然结果,使执行任何一项具体工作所需的劳动量大大减少;并且尽管社会的繁荣状况会大幅提高劳动的真实价格,但劳动量的大量减少一般能绰绰有余地抵消价格中可能发生的最大上涨①。

的确,有少数制造品,原料真实价格的必然上涨会绰绰有余地抵消改良引进工作执行中的所有好处。在普通木匠和细工木匠的工作中,在制作精细家具的粗活中,木材的真实价格因土地改良而必然上涨,这会绰绰有余地抵消最好的机器、最熟练的操作、最适当的分工和工作分配中所得的全部好处。

但在原料真实价格根本没上涨或没大幅上涨的所有场合,制造品的价格会大幅下降。

在本世纪和上世纪,以粗金属为原料的制造品的价格最显著。一个质量较好的手表机芯,上世纪中叶需二十镑才能买到,现在也许二十先令就能买到。在同一时期,在刀匠和锁匠的产品中,在所有用粗金属制成的玩具中,以及在所有一般称为伯明翰制品和设菲尔德制品中,价格都有极大跌幅,尽管不像手表制品的跌幅那么大,

---

① 前面,第67页。

但这已经足以使欧洲其他地方的工人感到震惊了,他们在许多场合承认,他们用两倍甚至三倍的价格,也生产不出同样优质的产品。也许没有其他制造品能比以粗金属为原料的制造品进行更深入的劳动分工或使用改良更多的机器了。

在同一时期,毛织业却没有出现这样显著的降价。相反,有人告诉我,上等呢绒的价格在最近二十五年或三十年里,其价格相对于其质量还略有上涨。据说这是因为原料价格的大幅上涨,这种原料全是西班牙羊毛。的确,据说完全用英格兰羊毛制成的约克郡呢绒,其价格在本世纪相对于其质量已大幅下降。然而质量是非常有争议的一种事情,我把所有这类信息都看成是不太确定的。在毛织业中,现在的劳动分工与一个世纪前几乎一样,并且所用机器也没有很大不同。不过劳动分工和机器也许都有小的改进,这可能使毛织品的价格略微下降。

但如果我们把这种制造品现在的价格与它在十五世纪末那个遥远得多的时期的价格相比较,我们就会发现当时劳动分工可能远不如现在细,所用机器也远不如现在完善,而价格的下降也会显得非常显著和不可否认。

1487年,即亨利七世第四年的法律①规定,"凡零售上等红花呢或其他上等花呢每宽码超过十六先令者,所售每码罚款四十先令"。所以,十六先令含银量约与现在货币二十四先令相同,在当时被认为是一码上等呢绒的合理价格。由于这是一项禁止奢侈的法律,这种呢绒此前的通常售价可能略贵。现在一基尼就算呢绒的最高价格了。即使假定质量相同,实际上现在的呢绒质量可能好得多,但即便按这种假定,上等呢绒的货币价格自十五世纪末以来也已大幅下降,而它的真实价格则下降幅度更大。六先令八便士在当时及随后很久都被认为是一夸脱小麦的平均价格,因而十六先令就是两夸脱三蒲式耳多小麦的价格。现在小麦的价格以一夸脱二十八先令计算,一码上等呢绒的真实价格在当时至少等于现在货币的三镑六先令六便士。购买一码上等呢绒的人所放弃的能支配的劳动和生活资料的

---

① 第8号法律。

数量,必然和现在三镑六先令六便士所能购买到的同样多。

粗呢真实价格的下降尽管也很大,但不如上等呢绒下降那么大。

1463年爱德华四世第三年的法律①规定,"凡农业雇工、普通劳动者,以及住在城镇之外的工匠,不得使用或穿着每宽码两先令以上的呢绒"。在爱德华四世第三年,两先令所含白银与现在货币四先令的含银量几乎完全相同,但现在售价为四先令一码的约克郡呢,也许比当时供普通雇工中最贫穷的阶层使用的任何粗呢的质量都高得多。可见,即使他们的衣服比例于其质量的货币价格,在现在也比在从前略低,则真实价格肯定低得多。十便士在当时被认为是一蒲式耳小麦的适中的合理价格。两先令就是两蒲式耳和将近两配克小麦的价格,按现在每蒲式耳三先令六便士计算,值八先令九便士。为购买这样一码粗呢,贫穷雇工必须付出的生活资料购买力,等于现在八先令九便士所能购买的生活资料。这也是一项限制奢侈的法律,限制穷人的奢侈和浪费。所以他们的衣服普遍昂贵得多。

同一法律还规定,禁止这个最贫穷阶层的人民穿价格超过十四便士的长袜,约等于我们现在货币二十八便士。而十四便士在当时是一蒲式耳和将近两配克小麦的价格,按现在的价格每蒲式耳三先令六便士计算,值五先令三便士。我们在现在应将这个价格看成对最穷和最低阶层的雇工买长袜来说是极高的价格。不过在当时他一定为长袜付出了实际等于这种价格的东西。

在爱德华四世的时代,欧洲任何地区可能都不知道编织长袜的技艺。长袜是由普通呢绒制成的,这也许是长袜价格昂贵的原因之一。据说英格兰第一个穿长袜的人是伊丽莎白女王,她从西班牙大使那里收到这个礼物②。

在粗细毛纺业中,所用机器在古代均远不如在现代那样完善。此后它得到三项非常重要的改进,此外可能还有许多难以确定的和重要性的较小改进。这三项重大改进是:第一,用纺条和纺锤代替纺轮,这使得同量劳动可完成两倍以上的工作量;第二,使用多种

---

① 第5号法律。
② 豪威尔博士,《世界史》,第2卷,第222页。

巧妙的机器，以更大比例地便利和简化绒线及毛线的卷绕，也就是使经纬线在装入织机前得到适当安排，这种操作在这些机器发明之前一定极其单调、麻烦。第三，使用漂布机来浆洗呢绒，不再在水中践踏。在十六世纪初之前，英格兰还不知道任何种类的风车或水车，就我所知，欧洲阿尔卑斯山以北任何地区也不知道。它们在早些时候被引进意大利。

考虑到这些情况，也许可以在某种程度上向我们说明，为什么粗呢和细呢的真实价格在古代比在现在贵这么多。当时将这些产品送到市场须花费更多的劳动量。当这些产品被送到那里后，就必须购买或交换更多数量的产品或货币价格。

粗呢制造业在古代英格兰的经营方式，可能与工艺和制造还处于幼稚阶段的国家的惯有经营方式相同。它可能是一种家庭作坊业，工作的各个不同部分由每个私人家庭的所有不同成员偶尔完成，但这只是他们在没有其他事情可做时才做的工作，并且不是他们从中获得大部分生活资料的主要业务。前面已指出①，以这种方式完成的产品，与作为工人生活资料主要或唯一来源的产品相比，市场售价总是低廉得多。另一方面，细呢制造业当时不是在英格兰经营的，而是在佛兰德的富裕商业国经营的。当时在那里可能由那些从中获得全部或大部分生活资料的人以同样的方式经营。此外，细呢是一种外国制造品，一定向国王支付了某种税，至少须缴纳古老的关税，即吨税和磅税。当然，这种税可能并非很多。当时欧洲的政策不是以重税限制进口外国制造品，而是鼓励这种进口，以便商人能以尽可能低的价格，向人们提供他们所需而本国无力提供的便利品和奢侈品。

考虑到这些情况，也许可以在某种程度上向我们说明，为什么粗呢的真实价格比例于细呢在古代比在现在低廉这么多。

本章结论

我将以下面的观点结束这个漫长的章节：社会状况的每个改良，

---

① 前面，第92、93页。

都会直接或间接增加地租和增加地主的真实财富，即增加地主对他人劳动或劳动产品的购买力。

改良和耕种的扩大会直接提高真实地租。地主在产品中所占份额必然随着产量的增加而增加。

土地天然产物中的那些部分的真实价值的提高，首先是扩大改良和耕种的结果，然后又是改良和耕种进一步扩大的原因。例如，牲畜价格的提高，也会直接提高地租，并且提高的比例更大。地主所占份额的真实价值，即他对他人劳动的真实支配能力，不仅随着产品的真实价格而提高，而且他的份额占全部产品的比例也随着产品的真实价格而提高。这种产品在真实价格提高后，无须比以前更多的劳动来得到它。所以，这种产品的一小部分就足以补偿雇用这种劳动的资本及其普通利润，于是产品的大部分必然属于地主①。

劳动生产力的所有进步都会直接降低制造品的真实价格，并间接提高土地的真实地租。地主用超过自己消费能力的那部分天然产物（换种说法是那部分产物的价格）去交换制造品。不论什么降低了制造品的真实价值，都会提高天然产物的真实价值。于是等量的天然产物相当于更多的制造品，地主能购买更多所需的便利品、装饰品或奢侈品。

社会真实财富的任何增加，社会雇用有用劳动数量的任何增加，都会间接提高土地的真实地租。这种增加的劳动自然会按一定比例流向土地。更多的人和牲畜用于耕种土地，产品就会随着用于生产它的资本的增加而增加，而地租则伴随产品的增加而增加。

相反的情况则是，忽视耕种和改良，任何一部分土地天然产物的真实价格就会下降，制造品的真实价格由于制造技术和产业的衰退而提高，社会财富减少，这些都会降低土地的真实地租，减少地主的真实财富，降低地主对他人劳动或劳动产品的购买力。

任何国家的土地和劳动的全部年产物，或换种说法，这种年产物的全部价格，前面已提到②，自然分成三部分：土地的地租，劳动

---

① 第 5 号法律。
② 豪威尔博士，《世界史》，第 2 卷，第 222 页。

的工资，还有资本的利润。它们构成三个不同阶层的人们的收入：靠地租生活的人，靠工资生活的人，还有靠利润生活的人。这是组成每个文明社会的三个重要的基本阶层，其他各个阶层最终都是从这三个阶层的收入中得到自己的收入的。

从刚才提到的可以看出，这三大阶层中第一个阶层的利益与社会的一般利益密切而不可分割地联系在一起。凡是促进或阻碍前者的利益，必然会促进或阻碍后者的利益。当公众商讨关于商业和政治的规定时，土地所有者为了促进本阶层的利益，决不会起误导作用，至少在他们对这种利益有相当的了解时是如此。当然，他们常常太缺乏这种有限的知识了。他们获得收入无须劳心费力，而仿佛是自行得到，不依靠他们自己的任何计划或规划。因他们处境的容易和安全而自然造成的懒惰，使得他们常常不仅是无知，而且不会思考，而思考却是预见和理解任何公共规定的效果所必需的。

第二个阶层即靠工资生活的人的利益，与第一个阶层的人的利益一样，也与社会的利益密切联系在一起。前面已经说过[1]，当对劳动的需求持续上升时，或当雇用劳动的数量逐年大幅增加时，劳动者的工资会达到前所未有的高度。当这种社会真实财富停滞下来时，劳动者的工资不久就会减少到仅能使其养家糊口、延续香火的水平。当社会衰落时，劳动者的工资甚至还低于这个水平。社会繁荣时，土地所有者阶层所得可能多于劳动者阶层；但社会衰落时，没有一个阶层比劳动者阶层受害更惨。可是尽管劳动者的利益与社会的利益密切联系在一起，他却既不能理解这种社会利益，也不能了解它和自己的利益的联系程度。他的境况使他没有时间去接受必要的信息，并且即使他得到充分的信息，他所受的教育和习惯一般也使他不适合去判断。所以，在公众商讨时，他的声音几乎听不到或较少受到关注，除非在某些特殊场合，他的呐喊被他的雇主鼓动、激起并支持，但不是为了达到他的目的，而是为了达到雇主们自己的目的。

雇主们构成第三个阶层，即靠利润为生的人的阶层。正是为了

---

[1] 前面，第 54~55 页。

利润而运用的资本,推动了每个社会的大部分有用劳动。资本使用者的设计和规划,规定并支配所有最重要的劳动操作,而利润是所有这些设计和规划提出的目标。但是利润率与地租及工资不同,并不随社会的繁荣而提高,也不随社会的衰落而下降。相反,它在富国自然低,在穷国自然高,而且总是在迅速走向灭亡的国家最高。所以,第三个阶层的利益不像其他两个阶层的利益那样与社会一般利益有共同利益。在这个阶层中,商人和工场主这两类人一般运用最多的资本,因其财富而最受到人们的重视。他们一生中都从事设计和规划,因而常常比大多数乡绅有更敏锐的理解力。不过,由于他们一般思考的是自己具体业务的利益,而不是社会的利益,他们的判断即使是以最大限度的公正而作出的(并非任何情况下都是如此),也更多地取决于关于自身利益的考虑,而不是取决于关于社会利益的考虑。他们比乡绅优越,并非在于他们更了解公共利益,而在于他们对自己的利益比乡绅对自己的利益了解得更多。正是由于他们更了解自身利益,他们常常利用乡绅的慷慨,劝说乡绅们放弃自己和公共的利益。而这是根据一个极其简单而诚挚的信念来说服乡绅们的,即他们的利益(不是乡绅的利益)就是公共的利益。但在商业或制造业的任何部门,商人的利益在某些方面总是与公共利益不同,甚至互相抵触。扩大市场,减少竞争,始终是商人的利益。扩大市场常常与公共利益非常一致,可是减少竞争必然总是违背公共利益的,只不过使商人的利润超过自然应有的水平,从而为了自身利益向其余同胞征收了一种荒谬的捐税。对于这个阶层提出的关于商业的任何新的法律或规定,永远应该十分谨慎地去聆听,并且应该经过长期的细心审核,不仅要细致入微,而且要全面质疑,然后才能采纳他们的提议。这些提议来自这样一个阶层的人们,他们的利益从不与公共的利益完全一致,他们常常出于自身的利益来欺骗甚至压迫公众,因而在许多情况下确实欺骗和压迫了公众。

第十一章 论地租

年份 (共12年)	各年每夸脱 小麦的价格			同年各种 价格的平均数			换算为现在货币后 各年的平均价格		
	镑	先令	便士	镑	先令	便士	镑	先令	便士
1202	—	12	—	—	—	—	1	16	—
1205	{—	12	— 4 — }	—	13	5	2	—	3
	—	13							
	—	15							
1223	—	12	—	—	—	—	1	16	—
1237	—	3	4	—	—	—	—	10	—
1243	—	2	—	—	—	—	—	6	—
1244	—	2	—	—	—	—	—	6	—
1246	—	16	—	—	—	—	2	8	—
1247	—	13	4	—	—	—	2	—	—
1257	1	4	—	—	—	—	3	12	—
1258	{1 — —	— 15 16	— — — }	—	17	—	2	11	—
1270	4 6	16 8	— —	5	12	—	16	16	—
1286	{— —	2 16	8 — }	—	9	4	1	8	—

合计： 35　9　3

平均价格： 2　19　$1\frac{1}{4}$

年份 （共12年）	各年每夸脱 小麦的价格			同年各种 价格的平均数			换算为现在货币后 各年的平均价格		
	镑	先令	便士	镑	先令	便士	镑	先令	便士
1287	—	3	4	—	—	—	—	10	—
1288	—	—	8						
	—	1	—						
	—	1	4						
	—	1	6	—	3	$\frac{1}{4}$	—	9	$\frac{3}{4}$
	—	1	8						
	—	2	—						
	—	3	4						
	—	9	4						
1289	—	12	—						
	—	6	—	—	10	$1\frac{2}{4}$	—	10	$4\frac{2}{4}$
	—	2	—						
	—	10	8						
	1	—	—						
1290	—	16	—	—	—	—	2	8	—
1294	—	16	—	—	—	—	2	8	—
1302	—	4	—	—	—	—	—	12	—
1309	—	7	2	—	—	—	1	1	6
1315	1	—	—	—	—	—	3	—	—
1316	1	—	—						
	—	10	—	1	10	6	4	11	6
	—	12	—						
	2	—	—						
1317	2	4	—						
	—	14	—	1	19	6	5	18	6
	—	13	—						
	4	—	—						
	—	6	8						
1335	—	2	—	—	—	—	—	6	—
1338	—	3	4	—	—	—	1	10	—
						合计：	23	4	$11\frac{1}{4}$
						平均价格：	1	18	8

第十一章 论地租 217

年份 (共12年)	各年每夸脱 小麦的价格			同年各种 价格的平均数			换算为现在货币后 各年的平均价格		
	镑	先令	便士	镑	先令	便士	镑	先令	便士
1339	—	9	—	—	—	—	—	16	—
1349	—	2	—	—	—	—	—	5	2
1359	1	6	8	—	—	—	3	2	2
1361	—	2	—	—	—	—	—	4	8
1363	—	15	—	—	—	—	1	15	—
1369	{1 1	— 4	— —}	1	2	—	—	9	4
1379	—	4	—	—	—	—	—	4	8
1387	—	2	—	—	—	—	1	13	7
1390	{— — —	13 14 16	4 — —}	—	14	5	1	17	4
1401	—	16	—	—	—	—	—	8	11
1407	{— —	2 16	8 —}	—	3	10	2	11	—
1416	—	16	—	—	—	—	1	12	—

合计： 15　9　4

平均价格： 1　5　$9\frac{1}{3}$

年份 (共12年)	各年每夸脱 小麦的价格			同年各种 价格的平均数			换算为现在货币后 各年的平均价格		
	镑	先令	便士	镑	先令	便士	镑	先令	便士
1423	—	8	—	—	—	—	—	16	—
1425	—	4	—	—	—	—	—	8	—
1434	1	6	8	—	—	—	2	13	4
1435	—	5	4	—	—	—	—	10	8
1439	{1　—　— 　1　6　8}			1	3	4	2	6	8
1440	1	4	—	—	—	—	2	8	—
1444	{—　4　4 　—　4　—}			—	4	2	—	8	4
1445	—	4	6	—	—	—	—	9	—
1447	—	8	—	—	—	—	—	16	—
1448	—	6	8	—	—	—	—	13	4
1449	—	5	—	—	—	—	—	10	—
1451	—	8	—	—	—	—	—	16	—
				合计:	12	15	4		
				平均价格:	1	1	$3\frac{1}{2}$		

第十一章 论地租

年份 (共12年)	各年每夸脱小麦的价格			同年各种价格的平均数			换算为现在货币后各年的平均价格		
	镑	先令	便士	镑	先令	便士	镑	先令	便士
1453	—	5	4	—	—	—	—	10	8
1455	—	1	2	—	—	—	—	2	4
1457	—	7	8	—	—	—	—	15	4
1459	—	5	—	—	—	—	—	10	—
1460	—	8	—	—	—	—	—	16	—
1463	{— 2 — — 1 8}			—	1	10	—	3	8
1464	—	6	8	—	—	—	—	10	—
1486	1	4	—	—	—	—	1	17	—
1491	—	14	8	—	—	—	1	2	—
1494	—	4	—	—	—	—	—	6	—
1495	—	3	4	—	—	—	—	5	—
1497	1	—	—	—	—	—	1	11	—
						合计：	8	9	—
						平均价格：	—	14	1

年份 (共12年)	各年每夸脱 小麦的价格			同年各种 价格的平均数			换算为现在货币后 各年的平均价格		
	镑	先令	便士	镑	先令	便士	镑	先令	便士
1499	—	4	—	—	—	—	—	6	—
1504	—	5	8	—	—	—	—	8	6
1521	1	—	—	—	—	—	1	10	—
1551	—	8	—	—	—	—	—	2	—
1553	—	8	—	—	—	—	—	8	—
1554	—	8	—	—	—	—	—	8	—
1555	—	8	—	—	—	—	—	8	—
1556	—	8	—	—	—	—	—	8	—
1557	$\begin{cases} — \\ — \\ — \\ 2 \end{cases}$	$\begin{matrix} 4 \\ 5 \\ 8 \\ 13 \end{matrix}$	$\begin{matrix} — \\ — \\ — \\ 4 \end{matrix}$	—	17	$8\frac{1}{2}$	—	17	$8\frac{1}{2}$
1558	—	8	—	—	—	—	—	8	—
1559	—	8	—	—	—	—	—	8	—
1560	—	8	—	—	—	—	—	8	—
						合计：	6	0	$2\frac{1}{2}$
						平均价格：	—	10	$0\frac{5}{12}$

年份 (共12年)	各年每夸脱 小麦的价格			同年各种 价格的平均数			换算为现在货币后 各年的平均价格		
	镑	先令	便士	镑	先令	便士	镑	先令	便士
1561	—	8	—	—	—	—	—	8	—
1562	—	8	—	—	—	—	—	8	—
1574	2 1	16 4	— —	2	—	—	2	—	—
1587	3	4	—	—	—	—	3	4	—
1594	2	16	—	—	—	—	2	16	—
1595	2	13	—	—	—	—	2	13	—
1596	4	—	—	—	—	—	4	—	—
1597	5 4	4 —	— —	4	12	—	4	12	—
1598	2	16	8	—	—	—	2	16	8
1599	1	19	2	—	—	—	1	19	2
1600	1	17	8	—	—	—	1	17	8
1601	1	14	10	—	—	—	1	14	10
						合计:	28	9	4
						平均价格:	2	7	$5\frac{1}{3}$

温莎市场 1595~1764 年（包括这两年在内）报喜节和来迦勒节每夸脱（九蒲式耳）最佳或最贵小麦的价格，各年两个集市日最高价格的平均数。

年份		每夸脱小麦			年份		每夸脱小麦		
		镑	先令	便士			镑	先令	便士
1595	—	2	0	0	1621	—	1	10	4
1596	—	2	8	0	1622	—	2	18	8
1597	—	3	9	6	1623	—	2	12	0
1598	—	2	16	8	1624	—	2	8	0
1599	—	1	19	2	1625	—	2	12	0
1600	—	1	17	8	1626	—	2	9	4
1601	—	1	14	10	1627	—	1	16	0
1602	—	1	9	4	1628	—	1	8	0
1603	—	1	15	4	1629	—	2	2	0
1604	—	1	10	8	1630	—	2	15	8
1605	—	1	15	10	1631	—	3	8	0
1606	—	1	13	0	1632	—	2	13	4
1607	—	1	16	8	1633	—	2	18	0
1608	—	2	16	8	1634	—	2	16	0
1609	—	2	10	0	1635	—	2	16	0
1610	—	1	15	10	1936	—	2	16	8
1611	—	1	18	8		16)40		0	0
1612	—	2	2	4			2	10	0
1613	—	2	8	8					
1614	—	2	1	$8\frac{1}{2}$					
1615	—	1	18	8					
1616	—	2	0	4					
1617	—	2	8	8					
1618	—	2	6	8					
1619	—	1	15	4					
1620	—	1	10	8					
	26)54	0	$6\frac{1}{2}$						
		2	1	$6\frac{9}{13}$					

第十一章 论地租 223

续表

年份	每夸脱小麦 镑	先令	便士	年份	每夸脱小麦 镑	先令	便士
1637	—	2	13	0	接上半	—	79	14	10
1638	—	2	17	4	1671	—	2	2	0
1639	—	2	4	10	1672	—	2	1	0
1640	—	2	4	8	1673	—	2	6	8
1641	—	2	8	0	1674	—	3	8	8
1642	—	0	0	0	1675	—	3	4	8
1643	—	0	0	0	1676	—	1	18	0
1644	—	0	0	0	1677	—	2	2	0
1645	—	0	0	0	1678	—	2	19	0
1646	—	2	8	0	1679	—	3	0	0
1647	—	3	13	8	1680	—	2	5	0
1648	—	4	5	0	1681	—	2	6	8
1649	—	4	0	0	1682	—	2	4	0
1650	—	3	16	8	1683	—	2	0	0
1651	—	3	13	4	1684	—	2	4	0
1652	—	2	9	6	1685	—	2	6	8
1653	—	1	15	6	1686	—	1	14	0
1654	—	1	6	0	1687	—	1	5	2
1655	—	1	13	4	1688	—	2	6	0
1656	—	2	3	0	1689	—	1	10	0
1657	—	2	6	8	1690	—	1	14	8
1658	—	3	5	0	1691	—	1	14	0
1659	—	3	6	0	1692	—	2	6	8
1660	—	2	16	6	1693	—	3	7	8
1661	—	3	10	0	1694	—	3	4	0
1662	—	3	14	0	1695	—	2	13	0
1663	—	2	17	0	1696	—	3	11	0
1664	—	2	0	6	1697	—	3	0	0
1665	—	2	9	4	1698	—	3	8	4
1666	—	1	16	0	1699	—	3	4	0
1667	—	1	16	0	1700	—	2	0	0
1668	—	2	0	0		60)153	1	8
1669	—	2	4	4		2	11	$0\frac{1}{3}$
1670	—	2	1	8				
转下半，	79	14	10				

续 表

年份	镑	先令	便士	年份	镑	先令	便士
		每夸脱小麦				每夸脱小麦	
1701	—	1	17	8	接上半	—	69	8	8
1702	—	1	9	6	1734	—	1	18	10
1703	—	1	16	0	1735	—	2	3	0
1704	—	2	6	6	1736	—	2	0	4
1705	—	1	10	0	1737	—	1	18	0
1706	—	1	6	0	1738	—	1	15	6
1707	—	1	8	6	1739	—	1	18	6
1708	—	2	1	6	1740	—	2	10	8
1709	—	3	18	6	1741	—	2	6	8
1710	—	3	18	0	1742	—	1	14	0
1711	—	2	14	0	1743	—	1	4	10
1712	—	2	6	4	1744	—	1	4	10
1713	—	2	11	0	1745	—	1	7	6
1714	—	2	10	4	1746	—	1	19	0
1715	—	2	3	0	1747	—	1	14	10
1716	—	2	8	0	1748	—	1	17	0
1717	—	2	5	8	1749	—	1	17	0
1718	—	1	18	10	1750	—	1	12	6
1719	—	1	15	0	1751	—	1	18	6
1720	—	1	17	0	1752	—	2	1	10
1721	—	1	17	6	1753	—	2	4	8
1722	—	1	16	0	1754	—	1	14	8
1723	—	1	14	8	1755	—	1	13	10
1724	—	1	17	0	1756	—	2	5	3
1725	—	2	8	6	1757	—	3	0	0
1726	—	2	6	0	1758	—	2	10	0
1727	—	2	2	0	1759	—	1	19	10
1728	—	2	14	6	1760	—	1	16	6
1729	—	2	6	10	1761	—	1	10	3
1730	—	1	16	6	1762	—	1	19	0
1731	—	1	12	10	1763	—	2	0	9
1732	—	1	6	8	1764	—	2	6	9
1733	—	1	8	4		60)129	13	6	
	转下半，	69	8	8		2	0	6

续　表

年份		镑	先令	便士	年份		镑	先令	便士
		每夸脱小麦					每夸脱小麦		
1731	—	1	12	8	1741	—	2	6	8
1732	—	1	6	6	1742	—	1	14	0
1733	—	1	8	0	1743	—	1	4	10
1734	—	1	18	8	1744	—	1	4	10
1735	—	2	3	10	1745	—	1	7	6
1736	—	2	10	4	1746	—	1	19	0
1737	—	1	18	0	1747	—	1	14	10
1738	—	1	15	6	1748	—	1	17	0
1739	—	1	18	6	1749	—	1	17	0
1740	—	2	10	8	1750	—	1	12	6
		10)18	12	8			10)16	18	2
		1	17	$3\frac{1}{3}$			1	13	$9\frac{4}{3}$

第 二 篇
论资产的性质、积累和使用

引　言

　　当社会处于原始状态时，没有分工，也很少进行交易，每个人都可以做到自给自足，这种时候没必要预先积累或积蓄资产以备社会事业所用。人人都努力地通过自己的劳动来满足自身随时出现的需要。饥饿的时候就到森林里去打猎；衣服坏了便剥兽皮来缝制衣服；当房屋要倒塌的时候，便就近伐取树枝草皮，尽可能地加以修缮。

　　一旦分工被广泛采用之后，一个人通过个人劳动所获得的产品仅能满足自身随时的很小部分需要，其他的大部分必然需要他人劳动的产品来供给。他使用自己的产品或他自己产品的价格，购买所需要的产品。但在购买以前，不仅要生产出自己劳动的产品，还要将产品销售出去，所以在此之前，他必须可以有地方储备各种存货，用以维持其生活，并生产工作中所需要的材料和工具。例如，织匠在尚未完成织物及未出售其织物以前，就必须在自己或他人手中事先有所蓄积，以维持他的生活，并拥有原材料和工具，否则他就无法织出东西。很明显，这种储蓄必须在他开始从事这项长期的事业之前完成。

　　按照事物的本性，资产的积蓄必须在分工以前就进行。预先积蓄的资产越丰裕，分工才能按比例地越来越精细；而分工越细密，相同数量的工人所能加工的材料就能按更大的比例增加；每个工人所进行的操作越来越简单，就可以发明更多可以更为简便迅速操作的新机械。所以，随着分工的逐步发展，为了确保同等数目的工人能进行工作，预先积蓄的食物与劳动分工取得这样的进步就必须相同；而要预先积蓄的材料和工具却要比劳动分工没有这样进步时需要得更多。况且，一个行业中的分工越是精细，它的工人数量往往越增加。更确切地说，使分工能够越来越精细的原因就是人数的增加。

要大大改进劳动生产力，预先积蓄资产是绝对必要的，所以这种积蓄自然会导致这种改进，即运用资产维持劳动的人，自然希望其投资方式能够尽量生产出最多的产品。所以，他不仅要正确地对工人进行职务分配，而且使用自己投资或有能力购买的最好的机器。他在这两方面的能力往往要看他所拥有资产的多少，以及他能雇用工人的数量的多少。所以，在每一国家里，不仅产业的数量随着资产的增加而增加，而且由于上述增加，同样数量的产业还能产生数量更多的工作。

资产增加对劳动及生产力的影响一般就是如此。

本篇我要说明的是资产的性质、积蓄以及对各种资本的影响；资本用途不同所产生的影响。本篇共分为五章。第一章里说明个人或社会的资产自然分成的部分或部门是什么。第二章讨论货币作为社会总资产的一个特殊部门，它的性质和作用是什么。积蓄为资本形式的资产可以由所有者使用，也可以贷给其他人使用。第三章和第四章就这两种情形加以讨论。第五章所要讨论的是资本的不同用途对国民产业的数量及土地和劳动的年产量的直接影响。

第一章 论资产的分类

若一个人所拥有的资产仅足够维持他数天或数周的生活,他很少会想从这笔资产中获得收入。他将非常谨慎地使用这些资产,并希望在最终使用完这些资产之前,能依靠自身的劳动获得某些东西来取代它。在这种情况下,他的收入完全来自他的劳动。各国大部分的贫穷劳动者都过着这样的生活。

如果他所有的资产足够维持他数月或数年的生活,他自然希望可以利用这笔资产中的大部分来获得收入,仅保留适当的部分作为获得收入前的消耗或消费,以维持他的生活。于是他可以将全部资产划分成两部分:他所希望用来创造收入的部分被称为资本;另一部分则用于目前的消费。它们包含这三样东西:第一,原来为此目的而保留的部分资产;第二,逐渐获得且来源不同的收入;第三,以前使用以上两种资产购买但至今尚未使用完的物品,如被褥、衣服、家具等。为当前消费而保留的资产或包含上述其中的一种,或其中的两种,或三者兼而有之。

为投资者产生收入或利润的资本有两种使用方法。

第一,资本可被用来生产、制造或购买产品,然后将产品销售出去,取得利润。上述资本保留在所有者手中或保持原来状态时,不能为投资者产生任何收入或利润。商人的货物在未出售并换回货币前,不能产生收入或利润;货币在没有再次支付出去并换回商品前也是一样。商人的资本以一种形态不断地从其手中流出,并以另一种形态流入到其手中;而且也只有依靠这种流通,依靠这种持续的交换,商人才有利润可图。因此,这样的资本可称为流动资本。

第二,资本可以被用来改良土地,购买生产用的机器或工具,或用来购买不需要改变所有者或不需要再次流通就可以创造利润的东西。这样的资本可称为固定资本。

不同行业所必需的固定资本与流动资本间的比例也有很大差别。

譬如,商人的资本都是流动资本。他几乎不需要使用机器或工具,除非把商店或仓库看做机器或工具。

手工业者和制造者的一部分资本必须要投入到工具上。不过,这部分比例的大小在有的行业很小,有的行业很大。裁缝除了一包针外不需要其他种类的工具。鞋匠的工具比较贵些,但贵得不多。织匠的工具比鞋匠就贵得多了。但是,这一类手工业者的大部分资本都是流动资本,起初作为工人工资或原材料价格而流出,然后再以产品价格流入并创造利润。

其他工作就需要更多的固定资本了。譬如,一个大型的制铁厂要安装熔铁炉、锻冶场、截铁场,必须有非常大的投资。开采煤矿所需的排水机以及其他各种机械所需要的投资还要多。

农民购买农具的资本是固定的;用于维持雇工与支付工资的资本是流动的。他将前者保管在手中并支付后者而获取利润。耕畜的价格或价值和农具一样,可称为固定资本;饲养牲畜的费用和维持工人的费用一样,可称为流动资本。农场主通过保有耕畜和支付饲养牲畜的费用而获取利润。但如果只将牲畜用于出售而不是耕种,则所发生的购买费和饲养费都应归入流动资本。农民靠出售牲畜取得利润。在饲养牲畜的国家,买入的羊或牛如果不是用于耕种或贩卖,而是要剪毛、挤奶、繁殖并谋求获得利润,就应当被称为固定资本;这里产生利润的方法是保有它们。它们的维持费是流动资本;在这里,创造利润的方法就是支付维持费。这种流动资本和其创造的利润及牲畜全部价格所创造的利润(羊毛价格、产乳价格、繁殖育种价格)都会返回到所有者的手中。种子的全部价值也可被称为固定资本。虽然种子在土地与谷仓之间变动,但却没有改变所有者,所以并没有真正地流动过。农民不是靠出售种子而是由种子所生产出的产品来获取利润的。

一个国家或一个社会的总资产,就是它的所有居民的资产,所以也自然地被划分为这样三个部分,各有各的不同功能和作用。

第一部分是保留并用于目前消费的,其特点是不产生收入或利润。已由消费者购买但尚未完全消费掉的食物、衣服、家具等物都属于这类。仅供居住的国内房屋也是其中的一部分。投入在房屋上的资产，如该房屋由其所有者自己居住，那么，从那时刻起，这项资产就失去了资本的作用。就是说，它没有为房屋的所有者产生任何收入。这样的房屋虽然像衣服、家具一样对他很有用，但也像衣服、家具一样不能给他产生收入。它只是费用的一部分，而不是收入的一部分。将房屋租给别人就可以获得租金，但房屋本身不能生产任何东西①，租房者所支付的租金来自于利用劳动、资本或土地所得到的收入。所以，房屋可以为所有者产生收入，并具有资本的作用，但对社会公众而言，则没有产生收入，也没有资本的作用。它丝毫不能增加全体人民的收入。同样，有时衣服和家具也可以产生收入，对某些人而言具有资本作用。化装舞会盛行的地方，就有人以出租衣服为职业，租期为一个晚上。家具商人常常按月或按年出租家具；葬仪店往往按日、按星期出租殡葬用品。还有许多人出租备有家具的房屋，这样不仅可以收取房租，还可收取从家具上获得的租金。总之，这种租借到处都有。但归根结底，出租上述物品而获得的收入总是出自其他的收入来源。此外，值得注意的是，对个人或社会而言，在用于目前消费的各种资产中，消费最慢的是投入到房屋的那部分。衣服可以穿用数年，家具也可以使用五十年或一百年，但建筑坚固、保护周全的房屋却可使用几百年。尽管房屋要很长时间才会被消耗掉，但它仍和衣服、家具一样是用于目前消费的资产。

第二部分就是固定资本。其特征是不必经过流通，也不必更换所有者就可以产生收入或利润。其中主要包含四项：

第一项是一切方便劳动和节省劳动的机器与工具。

第二项是一切可以创造利润的建筑物，如商店、仓库、工场、农屋、厩舍、谷仓等。这类建筑物不仅为出租房屋的所有者产生收入，而且也是缴纳租金的人获取收入的手段。这种建筑物和居住的房屋不同，这是一种生产工具，也应该被看做是生产工具。

---

① 戴里的《重农主义者》，第487页。

第三项是利用开垦、排水、围墙、施肥等方法使土地变得更适于耕作,且有利可图。改良的农场像有用的机器一样,可以为劳动提供便利和节省劳动;它使投资者投下的等量流动资本能产生大得多的收入。这两者同样有利可图,但机器较容易磨损,而改良的土地却很持久。农场主除了按照最有利的方法投入耕作所必需的资本外,简直用不着对土地进行修葺。

第四项是社会上所有人掌握的有用才能。学习一种才能需要受教育,需要进学校,需要做学徒,要支付不菲的费用。这样的支出好像是固定并已经落实现在学习者身上。这些才能是他个人财产的一部分,也是他所属的社会的财产的一部分。工人熟练程度的提高可以像方便劳动、节省劳动的机器和工具一样,被看做是社会的固定资本。学习的时候,虽然要支付一笔费用,但这种费用可以得到偿还,并可以创造利润①。

第三部分是流动资本。其特征是要依靠流通改变所有者来产生收入。它也包含四项:

第一项是货币。其他三项流动资本必须依靠货币才能实现周转并分配给真正的消费者。

第二项是屠户、牧畜家、农民、谷商、酿酒商等人所拥有的食物,他们出售这种食物,可以获得利润。

第三项是耕作者、制造者、布商、木材商、木匠、瓦匠等人手中用来加工成衣服、家具、房屋的材料。不论这些材料是纯粹的原料或半加工的材料,只要尚未制成衣服、家具或房屋,就属于这类。

第四项是已经制成但仍保留在制造者或商人手中,尚未出售给或分配给真正的消费者的商品,例如锻冶店、木器店、金店、宝石店、瓷器店以及其他各种店铺柜台上陈列着的制成品。这样,流动资本包括商家手里的食物、材料、制成品及货币。食物、材料、制成品的流转和分配都必须有货币,不然就不能到达最终使用或消费的人的手中。

经常在一年内或在或长或短的期间内,上述四项中的三项——

---

① 但是在第一篇第十章中,提高熟练技术的报酬是工资。

食物、材料、制成品会由流动资本变成固定资本，或变成用于目前消费的资产。

固定资本都是由流动资本转变而来的，而且要不断地由流动资本来补充。生产过程中一切有用的机器工具都来自流动资本。流动资本提供建造机器的材料，提供维持建造机器的工人的费用。机器制成以后，又经常需要利用流动资本来修理。

没有流动资本，固定资本不能产生任何收入。工作所用的材料和工人生存所依赖的食物都出自流动资本。没有流动资本，即使最有用的机器工具，也不能生产任何东西。没有流动资本，土地无论怎样改良也不能产生收入。维持耕作和收获的工人也需要流动资本。

固定资本和流动资本具有相同的目的，也只有一个目的，那就是，使用于目前消费的资产不会匮乏，而且能够增加。人民的生计都依靠这种资产。人民的贫富也取决于这两种资本所能产生的这项资产到底是多还是少。

为补充社会上固定资本和用于目前消费的资产，需要不断地抽出大部分流动资本，所以流动资本也需要得到不断补充。如果没有这种补充，流动资本不久就会消耗光。流动资本的补充主要有三个来源：土地产品、矿山产品和渔业产品。这三种资源不断地提供食物和材料。其中的一部分通过加工被制成产成品。正是由于这种供给，从流动资本抽出的食物、材料、产成品才会有新的补充。此外，还必须从矿山中开采所需要的金属以维持和补充生产货币的需要。在一般情况下，虽然货币不需要从流动资本中抽出作为固定资本或用于目前消费的资产，但像其他东西一样，货币难免磨损和被输往外国，所以仍需要不断地加以补充，但数量会少得多。

土地、矿山和渔业都需要投入固定资本和流动资本来经营；其产品不仅要偿还所投入的资本并创造利润，还要偿还社会上一切其他资本和利润。制造者每年消费的食物和材料，由农民年年为其补充；农民每年消费的工业品则由制造者年年为其补充。虽然这两个阶级很少用制造品和农产品直接交换，但他们之间年年发生产品交换的情况就是如此。我们知道，农民拥有谷物、牲畜、亚麻和羊毛，但他需要衣服、家具和工具。购买谷物、牲畜、亚麻和羊毛的人不见得就是卖衣服、家具和工具的人。所以农民先用天然的产品换取货币，有了货币后就可以购买他所需要的制造品。经营渔业和矿业的资本也至少有一部分由土地来补充。从水里捕鱼，从地里采掘矿石，都离不开土地上的产品。

当土地、矿山和渔业的自然丰富程度相等时，它们的产量就和投资数量的大小与资金使用的好坏成比例。在资本数量相等而投资方法又同样适当的情况下，它们的产量就和它们的自然丰富程度的成比例。

在所有生活比较安定的国家里，每个有常识的人都愿意用可供他使用的资产来追求目前的享受，或追求未来的利润。如果要追求目前的享受，那么它就是用于目前消费的资产。如是用来追求未来利润，那么追求利润的方法不是把资产保留在手里，就是把资产投出去。在前面的情形中，它是固定资本；在后面的情形里，它是流动资本。在生命财产相当安全的情况下，一个人如果不把他所能支配的一切资产（不管是自有的或借入的）用于上述用途，我相信他是发疯了。

如果国家专制且君主暴虐，人民财产随时有受到侵害的危险，那么人民往往把大部分资产藏匿起来。这样，当时刻提防的灾难一旦来临的时候，他们就会随时将这些资产带往安全的地方。据说，在土耳其和印度常有这种事情，我相信在亚洲其他各国也是如此。在封建暴虐时代，我国似乎也发生过类似的情形。当时，发掘的宝物被视为欧洲大国的君主的一项大收入。凡埋藏地下、不能证明所有者的物品都被视为国王所有，如果没有得到国王的特令恩准，就不属于发现者也不属于该土地的所有者。当时这种宝藏很受重现。当时的金银矿产也不过如此。如果没有明令特许，金银矿产并不包含在一般的土地所有权之内，不可以随意开采。因为铅、铜、锡、煤等各种矿产相比并不重要，所以就听任人民开采。

第二章　论作为社会总资产的一部分或作为维持国民资本支出的货币

在第一篇曾指出，因为商品的生产和销售都曾经使用劳动、资本和土地，所以大部分商品的价格都可以分解为三个部分：一是劳动工资；二是资本利润；三是土地地租。诚然，事实上有些商品的价格仅由两部分构成，即劳动工资和资本利润，甚至还有极少数商品的价格单单由一部分构成，即劳动工资。但无论如何，商品价格终归要属于上述那三个部分。如不属于地租也不属于工资，则必然就属于利润。

分开来看，每一种商品的情况就是如此。合起来看，构成全国土地和劳动的年产品的全部商品的情况也相同。一国年产品的总价格或总交换价值也一定分解为上述三个部分并分配给国内每个居民，不是劳动工资、资本利润，就是土地地租。

虽然一国土地和劳动的年产品的全部价值按照上述方法分配给每个居民，并成为每个居民的收入，但像私有土地的地租可以分为总地租和纯地租一样，国内全部居民的收入也可以分为总收入和纯收入。

私有土地的总地租包括农民所有的开支；在总地租中，扣除管理、修缮的各种必要费用外，留给地主支配的其余部分被称为纯地租。换言之，所谓纯地租就是在不伤害其财产的条件下可用于地主目前消费的资产。或者说，可用来购置衣食、装修住宅、用来享受的资产。不能看总地租而是看纯地租的多少来确定地主的实际财富。

一个大国全体居民的总收入包含他们的土地和劳动的全部年产品。在总收入中扣除维持固定资本和流动资本的费用外，其余用于居民自由使用的便是纯收入。换言之，所谓纯收入就是在不减少资本的条件下用于居民享用的资产。这种资产可以用于目前的消费，或用来购置生活必需品、便利品和娱乐品等。国民真实财富的多少，不取决于其总收入的高低而是纯收入的高低。

很明显，补充固定资本的费用不能计算在社会纯收入内。有用的机器必须在修理后才能使用；生产中的工具也必须等修补后才可用；房屋必须等修缮后才能住。这种修缮所必要的材料，以及将这些材料加工成品所需要的劳动的产品，都不能计算为社会的纯收入。诚然，这种劳动的价格也许会成为社会纯收入的一部分，因为从事这种劳动的工人可能要把工资的全部价值当做用于目前消费的资产。但就其他的劳动而言，劳动的价格和劳动的产品都要归入这种资产；劳动的价格归入工人用于目前消费的资产，劳动的产品则成为别人用于目前消费的资产。别人的生活必需品、便利品和娱乐品，都因工人的劳动而增加。

固定资本的目的是增加劳动生产力。换言之，就是使相同数量的工人能够完成更多的工作。设备完善且拥有必要建筑物、围墙、水沟、道路等的农场，与没有这些设备的农场比较，即使大小、肥沃程度、劳动人数以及牲畜数量相等，所生产的产品也一定会多得多。拥有最精良机器设备的工厂与工具不那么完备的工厂比，虽然雇用工人的人数相等，生产量也一定会大得多。恰当地投入到固定资本上的任何费用一定能很快地创造出很大的利润，而且年产品的价值因此而产生的增加也会比其必要的维持费大得多。不过这种维持费要耗费一部分年产品。原来可直接用于增加食物、衣料以及各种必需品和便利品的材料和劳动力，其中的一部分就会被改作他用。这些新的用途当然是很有利的，但却与原来的用途不同。因此我们说，机械方面的改进可以使相同数量的工人使用较低廉和较简单的机器，也可以完成同样数量的工作，这的确可以创造社会福利。过去昂贵复杂机器的修理经常需要消耗一定数量的材料和人工。现在机器改良了，就可以将这些材料和人工节省下来，还可以增加产品的数量。譬如，大型制造厂主原来每年需要支出一千镑的机器修理费,现在,如果可以把修理费降为五百镑,其余的五百镑①可以用来购买材料,增加工人。这样,机器所生产的数量自然会增加起来。产品增加了,由这种产品产生的社会福利也相应增加。

在一个大国,固定资本的维持费,可与私有土地的保养费相比。保持土地产品,从而保持地主的总地租和纯地租的数额,都常常需要保养费。但当措施得当,保养费减少而产品并不减少时,总地租至少会依旧不减,而纯地租则一定会增加起来。

虽然固定资本的维持费不能列入社会纯收入,但流动资本的维持费却有所不同。流动资本包含四部分,即货币、食物、材料、制成品。我们说过,后三部分经常从流动资本转变成固定资本或被当做用于目前消费的资产。凡没有转变为固定资本的消费品就变成用于目前消费的资产,并成为社会纯收入的一部分。所以,维持上述三部分流动资本的也只是维持固定资本,并没从社会纯收入中抽出任何的年产品。

在这个方面,社会流动资本与个人流动资本不同。个人的流动资本不能算做个人的纯收入;个人的纯收入全由他的利润构成。但社会流动资本,虽由社会内各个人的流动资本合成,但不能因此便说社会流动资本绝对不是社会纯收入的一部分。虽然商店内存放的货物不是商人用于目前消费的资产,但可以是别人用于目前消费的资产。别人从其他财源中获得收入,可以经常用该项收入交换商人所出售货物的价值,并使商人获得利润。商人的资本不会减少,享用者的资本也不会减少②。

因此,社会流动资本中只有一部分的维持费会减少社会纯收入,这就是货币。

虽然货币是流动资本中的一部分,但就其对社会收入的影响而言,它和固定资本是很类似的。

---

① 似乎没有理由可以假定,这必须是"自然的"行动。
② 在这一段,把资本或货物资产同货币本身混淆了。构成资产的货物可以变成收入,而资产本身则不能变成收入。一种资产的维持费,即使是易毁坏和可消费的货物的维持费,也不形成社会劳动的开支。

第一,需要支出一笔费用来建造与维持生产中所使用的机器和工具。虽然这项费用是社会总收入的一部分,但却是从社会纯收入中扣除下来的。货币的积蓄与弥补也需要一项费用,虽然这项费用是社会总收入中的一部分,但也是从社会纯收入中扣除下来的。货币是商业中的重要工具,社会的生活必需品、便利品和娱乐品依靠货币而按照适当的比例并经常地分配给社会上的每个人。但货币是非常昂贵的工具。这种昂贵工具的维持需要消耗社会一定数量、价值很高的材料(即金银)和一定数量的精巧劳动,使其不能用来增加用于目前消费的资产。

第二,构成个人或社会的固定资本的机器和工具都不是总收入或纯收入的一部分。同样,虽然社会的全部收入依靠货币能经常地分配给社会每个成员,但货币不是社会收入的一部分。货币只是货物借以流通的辅助,而与通过它实现流通的货物大不相同。构成社会收入的只是货物,而不是流通货物的辅助物。计算社会总收入或纯收入时,必须从每年流通的全部货币与全部货物中,减去货币的全部价值①。

这个论述会使人觉得有些诡辩或存在疑问,这是因为所用文字暧昧不明;如果有合理的解释和理解,那几乎是自然就明白的。

我们说一定数额货币时,有时指的仅是货币内含的金块,有时又暗指这些数量货币所能交换到的货物,即指这些数额货币所对应的购买力。譬如,我们说英国的通货有一千八百万镑时,我们的意思是某人计算或设想的英国现今流通的金块数量。但如果说某人年收入是五十镑或一百镑时,我们通常所指的不仅是他每年可收入的金块量,而且也指他每年可以购买或可以消费的产品的价值。我们通常用这句话来表示他是怎样生活,或者说他应该怎样生活。换言之,他所能享受的生活必需品和便利品的数量和质量。

我们说一定数额货币,意思不仅指这数额货币内含的金块,而且还暗指这一数额货币所能交换到的货物。所以,在这种情形中,

---

① 如果此处不是用了过时的"流通"一词来替代新词"生产"的话,下面的解释就不需要了。没人会怀疑年产物包括所有的钱。

这些数额的货币所表示的财富或收入不能同时等于这两种价值,却只能等于其中一个。与其说等于前者,倒不如说等于后者;与其说等于货币,倒不如说等于货币的价值。

假设某人每星期领养老金为一基尼,一星期内,他可用这一基尼购买一定数量的生活品、便利品和娱乐品。他每星期的真实收入。换言之,他的真实财富,就和这数量的大小成比例。他每星期的收入不能既与一基尼相等,又与一基尼所能购买的货物相等。它只等于二者之一。事实上,与其说等于前者,倒不如说等于后者;与其说等于一基尼,倒不如说等于一基尼的价值。

如果这个人的养老金不是以金币付给,却是每星期得到一张一基尼的票据,很明显,与其说他的收入是一片纸,不如说是这片纸所能换得的物品。可以将一个基尼看做是一张票据。有了这张票据,可以向附近的商人购买一定数量的必需品和便利品。构成其收入的与其说是金块,倒不如说是他占有这个基尼而能够交换到的货物。如果这个基尼不能换到任何物品,那么它的价值就像对破产者所开的票据一样没有价值。

一国的全体居民每星期或每年的收入是用货币支付的,但他们真实财富的多少,他们每星期或每年的真实收入的多少,总是和他们用货币所能购买的消费品的多少成比例。因此,他们的全部收入显然不能既等于这些货币,又等于这些消费品,而只能等于其中的一个,与其说等于前者,不如说等于后者。

我们常用一个人每年领受的金块数量来表示这个人的收入。之所以如此,只因为这些金块数量可以支配他的购买力。换言之,可以支配他每年所能取得的消费品的价值。我们仍然认为,构成他的收入的,是这种购买力或消费力,而不是含有这种力量的金块。

如果就个人说,情形已经十分明白,而就社会说,情形则更明白。一个人每年领受的金块数量,往往恰好等于他的收入;也因此,他所领受的金块数量,最能简洁明白地表示他收入的价值。但流通在社会间的金块数量,决不等于社会全体人员的收入。同一基尼,今日付甲,作为甲的养老金,明日可付乙,作为乙的养老金,后日又可付丙,作为丙的养老金。所以在任何国家,年年流通着的金块数量,与年年付出的养老金比较,价值都要小得多。但购买力,换言之,由陆续付出的全部养老金陆续买进的全部货物,与这全部养老金比较,却总具有同样的价值;同样,全体领取养老金的人的收入,也必定与这全部养老金具有同样的价值。构成社会收入的,绝不是金块;社会上所有的金块,其数量比它的价值要小得多。构成社会收入的,其实是购买力,是那些辗转在各个人手中流通的金块所能陆续购得的货物。

货币是流通的巨轮,是商业上的大工具。像一切其他职业上的工具一样,那是资本的一部分,并已是极有价值的一部分,但不是社会收入的一部分。把收入分配给应得收入的人,固然是靠了铸币内含金块的流通,但那金块,绝不是社会收入的一部分。

最后,构成固定资本的机器和工具,与由货币构成的那一部分流动资本还有一点类似。建造和维持机器的费用的节省,若不减损劳动生产力,就是社会纯收入的增进。同样,积蓄和维持货币这一部分流动资本的费用的节省,也是社会纯收入的增进。

固定资本维持费的节省,为什么就是社会纯收入的增进,这问题是够明白的,而且我们曾作出局部的解释。企业家的全部资本,必然会分为固定资本和流动资本。在资本总额不变的场合,二者互相消长,乃势所必然。这部分越小,那部分就越大。生产材料,支付工资,推动劳动的,都是流动资本。所以,固定资本维持费的节省,若不减损劳动生产力,就一定会增加推动产业的基金,从而增加土地和劳动的年产品,增加社会的真实收入。

以纸币代金银币,可以说是以低廉得多的一种商业工具代替另一种极其昂贵的商业工具,但其便利,却有时几乎相等。有了纸币,流通领域无异使用了一个新轮子,它的建立费和维持费,比旧轮子轻微得多。但它怎样做流通的轮毂,怎样可增加社会的总收入或纯收入呢?其中理由,人们还不甚明了,所以需要进一步的说明。

纸币有多种,各不相同;银行的流通券是最普通的和最适合用的。一国人民若相信某银行家资产雄厚,行为诚实,处事谨慎。换言之,相信他有随时兑换现金的能力,那银行家发行的钞票便可在社会上通用,无异于金币银币。

第二章 论作为社会总资产的一部分或作为维持国民资本支出的货币

假设某银行家，以十万镑期票借给他的顾客。这种期票，既然与货币有同等作用，所以，债务人自当偿付利息，像借入货币一样。这利息，便是银行家得利的来源。发出去的期票，固然有一部分会不断回来兑现，但总有一部分不断在社会上流通。所以，虽然他发出去的期票是十万镑，但还有两万镑金银币，常常足够应付不时之需。这样，这种期票的发行使两万镑金银币可以达到十万镑金银币的效果。同等数量消费品的交换，同等数量消费品的周转和分配，都可以通过这十万镑期票而实现，与通常所使用十万镑金银相同。因此，国内流通过程中可以节省八万镑金银。假设国内银行很多而且都按照这个办法经营，那么，这时国内货物流通所需的金银就等于没有这种期票时代所需的五分之一了。

假设某国某个时代的通货总共为一百万镑，这个数目已足够支持全部国内年产品的流通。再假定，因为后来银行林立，发行兑现的期票是一百万镑，而在金柜内保留二十万镑以备不时之需。流通过程中就有八十万镑金银币和一百万镑期票，总共一百八十万镑了。但原来国内土地和劳动的年产品的流通、周转和分配只需要一百万镑；现在，银行又不能马上增加国内年产品的数量。所以，在银行发挥作用以后，国内年产品流通只要一百万镑就足够了。待售和待买的货物量照旧，用来买卖的货币量也自然可以照旧。流通的渠道——如果这个名称适当——自然也完全照旧。一百万镑就足以确保整个流通了。现在，我们投入了一百八十万镑，八十万镑必然溢出来，这个数额是国内流通领域中所无法容纳的。但国内不能容纳的数目，如果置之不用的话又未免损失太大。因此，一定会把它送到国外去寻求在本国无法寻求到的有利用途。不过，纸币无法被送到国外，因为国外离发行银行远，也远离可以利用法律强迫兑现该纸币的国家，所以，纸币在国外无法通用。送到外国去的一定是八十万镑金银。以前国内流通的渠道由一百万镑金银充满，现在，却将充满一百万镑的纸币。

如此巨量的金银被送往国外并不是毫无所得，也不是送给国外人作礼物。它的外流必然会交换到一些外国货来供本国人消费，或转卖给别国人民进行消费。如果甲国输出金银，他们现在使用如此巨量的金银购买乙国货物，并供两国人民消费。他们所经营的就是运输贸易。由此获得的利润当然是甲国的纯收入的增长。所以，如此巨量的金银就像新创的基金一样，可用来开办新的业务。现在国内贸易用纸币来经营，金银就转变成这种新贸易的基金。

如果他们用如此巨量金银购买外国货物，并供本国消费，购买进来的货物或许是：第一，闲散阶层所消费的商品，如外国葡萄酒、外国绸缎等；第二，更多的材料、工具和食物等，从而维持和雇用更多的勤劳人民，这些人再生产出他们每年消费的价值以及额外的利润。

如果被用于第一种情形就无异于鼓励奢侈，增加消费而不增加生产，或者是设置一种永久性基金来支持这种消费，无论从哪方面来说对社会都是有害的。

如果是用于第二种用途，就是鼓励勤劳，虽然会增加社会的消费，但也会产生维持这项消费的固定资金。消费者会将每年消费的价值全都再生产出来，同时产生利润。社会的总收入即社会上土地和劳动的年产品势必将增加，其增加的数量等于工人的劳动在材料上所增加的全部价值。社会的纯收入也必然增加，其增加的数量等于上述价值减去维护工具机械所需要的费用以后的部分。

由于银行的作用而被输出到国外的金银，如果是用来购买本国消费的外国货物，就有大部分是用来购买第二类货物。这不仅可能，而且几乎是必然的。当然也有这样的人，他们的收入虽没有增加，却忽然大肆挥霍起来，但我相信，世界上决没有一个阶层的人会全是这样。不能希望每个人都可以谨慎从事，但至少一个阶层中总有大多数人不奢靡和不乱花钱，大多数人的行为总能奉行谨慎的原则。那些闲散阶层的人的收入不能因银行的作用而有所增加，所以，除了少数例外，这个阶层的费用也不能因银行的作用而增加。闲散阶层的人对国外货物的需求是照旧的。由于银行的作用而被输送到国外并购买外国货物以供本国消费的货币，也只有很少部分被用来购买这些人所需要的物品。其中大部分当然是用来振兴实业，不是用来奖励游手好闲。

当我们计算社会流动资本所能推动的劳动量时，需要考虑的是社会流动资本中仅可计算食物、材料、制成品三项，而需要将货币部分扣除，因为货币只起到促使上述三者流动的作用。劳动需要三件东西，即材料、工具和工资。材料是劳动的对象；工具是劳动的手段；工资是工人劳动的目的。货币既不是劳动的材料，也不是劳动的工具；工资虽一般用货币支付，但工人的真实收入并非由货币或金块构成。构成工人真实收入的是货币的价值。或者说，是金块所能换得的货物。

一定数量的资本所能雇用的劳动量，显然等于该资本能购买到的材料、工具以及维持与工作性质相称的工人的数量。购买材料、工具和维持工人固然少不了货币，但该资本全部雇用的劳动量无疑不能同时等于用来支付的货币和所购买的材料、工具、食物，而只等于上述的一种价值，与其说等于前者，不如说等于后者。

以纸币代金银币，则全部流动资本所能提供的材料、食物和工具必然按照所代替的金银的全部价值而增加。现在，流动和分配过程的全部价值就被施加在本来依靠它而流通的货物的价值上面。这有点像某个大型工厂厂主的处境。由于改良了机器，于是就拆除旧机器，并将新旧机器之间的价格差额补充到流动资本中，即投入到购置材料和支付工资的基金里①。

一国流通的货币与依靠其流通的货物的价值之间保持什么比例也许无法确定，一比五、一比十、一比二十或一比三十②。但是，无论货币在全部年产品的价值中所占的比例如何微小，在年产品中常常只有一小部分被当做维持产业的基金，但货币在这部分年产品所占的比例不会很小。如果以纸币代替，流通所需要的金银量减少到原先的五分之一，那么，其余的五分之四的大部分被投入维持产业的基金内，当然会大大增加产业的数量，因而会大大增加土地和劳

---

① 前面，第 212、213 页。
② 配第在《献给英明人士》（Verbum Sapienti，1691 年）书中的计算，收入为四千万镑，铸币为六百万镑。乔治·金的估计，收入为四千三百五十万镑，铸币不少于一千一百五十万镑。见乔治·查尔麦斯，《评估》，1802 年，第 423、427 页。

动的年产品的价值。

近二三十年来，苏格兰几乎所有大都市都设立了诸多银行，穷乡僻壤有时也如此①。银行这种作用的结果也如同前面所述，国内贸易几乎完全用纸币周转；一切的购买和支付行为也都借助纸币。除了兑换二十先令的钞票外，银币很少出现，金币尤其少见。银行的行为并非不受到责难，所以议院试图立法加以管理，但国家从银行的繁荣中获得了巨大的利益。据说，格拉斯哥自从银行创立以来的十五年间，贸易已经增加了一倍。苏格兰自从两家公立银行（一家是苏格兰银行，1693年国会立法创立；另一家是皇家银行②，国王敕令于1727年设立。）在爱丁堡创立以来，贸易增加了不止四倍。在这么短的时期内，苏格兰和格拉斯哥的贸易是否取得了这样的增长无法妄加定论。如果的确如此，则这样巨大的增长似乎不能完全归因于银行的设立，或许还有其他原因。不过，这个时期苏格兰的工商业取得了很大的发展，而且银行的设立就是取得上述发展的一个重要原因，这样的论断无可怀疑。

1707年英格兰与苏格兰合并前，在苏格兰境内流通并在合并后不久由苏格兰银行再次铸造的银币的价值是四十一万一千一百一十七镑十先令九便士，可是无法分析金币。但根据苏格兰造币厂过去账簿的记录显示，每年铸造的金币的价值要略多于银币③。当时有许多人担心一旦银币进入苏格兰银行就不能重新归为己有，所以有许多银币始终没有被送到苏格兰银行。此外，还有一些流通的英格兰铸币也没有送缴④。所以，在没有合并前，苏格兰通用的金银币价值合计不低于一百万镑。这个数额是当时苏格兰的全部通货，虽然当

---

① 后面，第226页。
② 亚当·安德森，《商业》，1695年。
③ 参阅拉迪曼为安德森的《苏格兰古文书》所作的序言，第84、85页。见前面第212页注释。
④ 少数守财奴式的愚蠢的人们担心失去钱或者发生其他的危险和意外的恐惧，阻止许多人将苏格兰的旧铸币存入银行。前引文，第175页。拉迪曼在前引文中的一个注释中说："也要求上缴英国铸币。"但是在他的不少于九十万镑的估计中不包括英国铸币，第176页。

时的苏格兰银行没有竞争者,它发行的钞票也不少,但在全部通货中也只占很小的部分。现在苏格兰的全部通货应当不少于二百万镑,其中的金银币大概不超过五十万镑。但苏格兰的金银币大大减少了,它的实际财富和繁荣却丝毫没有受到损害。相反,很明显,农工商各个行业都很发达,土地和劳动的年产品也明显地增加。

银行发行钞票的主要方式是贴现汇票,即垫付货币购买未到期的汇票。不等汇票到期就可以持票到银行换得现金。银行将到期应收的利息从全部的贷款额中扣除。到期后,将汇票兑付后可以偿还银行预先贷出的价值,还会产生利息形式的纯利润。银行贴现汇票是以该银行发行的钞票而不是金银支付的。银行家可以在可能的范围内根据经验尽量把钞票垫付出去,所以,他能贴现的汇票金额增加,从利息上获得的纯利益也随之增加了。

如今苏格兰的商业不很繁荣,在上述两家银行创立的时候尤其如此。如果这两家银行仅经营汇票贴现,其业务必然很少。所以,它们发明了另一种方法来发行信用券,即所谓现金账户。任何人只要能找到两个有可靠信用并有可靠地产的保证人担保,并承诺在银行要求偿还的期限到期时如数还清所借金额及法定利息,这个人就可以向银行借一定数额的款项,如两千镑或三千镑。世界各地的银行都使用这种贷款方法。但苏格兰各家银行所接受的还款条件非常简单,这也许是这些银行业务兴旺、国家可以获得巨大利益的主要原因。

在苏格兰,凡具有上述信用条件的人都可以按照这个方法向银行借到(例如)一千镑,但可以随时分期还款,每次支付二三十镑也可以。从每次收款一直到全部数额都偿还的日期止,银行方面计算每次收回的数额,并在全部金额的利息中扣除相应数量的利息。各种商人和实业家都感觉这种方法很便利,因而愿意促进银行的业务,不但在所有的支付形式上欣然接受银行钞票,并劝其他人接受。当顾客借款的时候,多数的银行都会用本银行的钞票支付。商人用钞票购买制造者的产品,制造者用钞票购买农场主的食物、材料,农民用钞票向地主支付地租,地主用钞票向商人购买各种便利品、奢侈品,商人最后又把钞票交给银行以偿还借款。因此,全国货币的来往几乎都使用钞票，银行的业务当然就兴旺了。

　　商人们利用现金账户可以扩大其生意的规模，而不会有什么顾虑。假设有两个商人，一个在伦敦，另一个在爱丁堡，所经营的生意相同，所投下的资本也相等。因为有现金账户，爱丁堡商人的生意规模能够做得较大，也能够雇用更多的人员，也不会有危险。没有现金账户的伦敦商人经常需要在自己的金柜或银行金柜内（自然没有利息）存有大量的货币，以应付不断提出的追讨赊购贷款的要求。如果需要保持着五百镑的货币的话，那么，与不需要保持五百镑现金的情况相比，其仓库内货物的价值就会减少五百镑。假设一般每年商人所拥有的商品可以流动一次，这时候，与不需要保持呆滞资产的情况相比，因为要保持五百镑的呆滞资产，他每年售出的货物就少了五百镑。在这种情形下，他每年的利润以及所雇用的工人都一定比他前一种情形少。相反，爱丁堡商人不需要保持呆滞的资产以应付这种不时的需要，他可通过现金账户向银行借钱来应付急需，以后可以利用销售所得到的货币或钞票来逐渐偿还银行借款。与伦敦商人相比，他可以利用相同数量的资本购买到更多的货物，而且没有危险。因此，他可以赚取更大的利润，给予生产商品的劳动人民更多的就业机会，国家也因而获得更多的利益。

　　诚然，英格兰银行利用贴现汇票所给予英格兰商人的便利，等于现金账户给予苏格兰商人的便利，但要记住，苏格兰商人也可以和英格兰商人一样容易地向银行贴现汇票。此外，现金账户可以带来额外的便利。

　　每个国家可以轻易流通的所有纸币的全部金额不会超过其所代替的金银的价值，或（在商业状况不变的条件下）在没有这些纸币时所必需的金银币的价值。例如，假设苏格兰通用的最低纸币是二十先令，那么，在全苏格兰流通的这项通货的总额不能超过国内每年进行二十先令及二十先令以上价值的交易所需要的金银币的数额。如果超过了这个总额，过剩的部分既不能在本国流通，又不能输出到国外，最终会立刻返回到银行并兑换成金银。拥有钞票的人立即会发觉他们手中的钞票已经超过了国内交易所需要的数量。他们同样不能把纸币送往外国，也会马上到银行要求兑现。因为，过剩的钞票一旦被换成金银，可以很容易地在国外寻找到用处；如果仍然保持着纸币的形态，在国外就可能没有一点用处。如果银行对兑付表现出任何困难或迟缓，到银行要求兑换的钞票还会更多。由此而起的惊恐必然会使挤兑加剧。

各种企业的经营中都包含房租和雇工、办事员、会计师等人的工资，除此之外，银行还有两项特殊开支：第一，经常要在金柜内储存不会创造利息的大量货币，以应付不时出现的持票兑现的要求；第二，需要时时补充为满足兑付要求而将要枯竭的金柜。如果银行发行过多的纸币并超过国内流通的需要，过剩的且不能流通的数额不断地来兑现，在这种情况下，银行的金柜不但要按照过剩纸币的比例增加储存金银的数量，而且要按照更大的比例增加储存数量，因为兑付加剧的速度比发行过剩纸币的速度快得多。所以，银行第一项特殊开支不仅要按照兑现增加的比例而增加，且幅度还要更大。此外，这些过度发行的银行应当有比较充实的金柜，但其金柜枯竭的速度却一定比发行谨慎的情形下快得多。因此，要持续地对金柜进行补充。但如此不断地由金柜流出来的大量铸币不能在国内流通。这种铸币流出的目的是兑换超过流通需要的纸币，所以也是流通所不需要的。按照常理，铸币不会被废弃不用，如在国内没有用处，就会以这种或那种形态输送到国外以寻求有利用途。但金银不断地这样输出又会加剧银行寻找金银以补充金柜的难度，并增加银行的开支。所以，这样的银行必然会因为兑现的增加而提高第二项特殊开支，而且增加的幅度比第一项还多。

假设某银行所发行的四万镑纸币恰好是国内流通所能吸收和使用的数量，为应付随时的兑现要求，银行金柜常常储存一万镑金银。如果这家银行企图发行四万四千镑，超过社会容易吸收使用的四千镑将在发行的同时又流回。为应付随时的兑付要求，银行金柜应该储存的款项就不仅是一万一千镑，而是一万四千镑。于是，过剩的四千镑纸币将毫无利益可言，而且还产生了损失。因为这家银行要负担不断收回四千镑金银的费用，而这些金银一经收回，马上又要发行出去。

如果所有银行都理解而且注意本身的利益，流通过程中就决不会出现纸币的过剩。不幸的是，所有银行未必都理解其利益所在，因此流通过程中纸币过剩的现象就常常发生了。

由于发行纸币量过大，剩余的部分不断回到银行要求兑换金银，英格兰银行近年来每年都要铸造金币，从八十万镑到一百万镑不等，平均每年大约要铸造八十五万镑[①]。由于数年前金币发生了磨损，银行铸造金币的时候必须以每盎司四镑的高价格购买金块，随后却以每盎司三镑十七先令十便士半的价格发行，损失达百分之二点五至百分之三。由于铸造的数额很大，所以损失不小。虽然银行免付铸币税，造币的一切费用都由政府负担，但政府的慷慨却不能使银行免于损失。

苏格兰银行也因为发行过多而不得不常常委托伦敦代理人代他们收回货币，其费用很少低于百分之一点五或百分之二。这些收回到的货币通常用马车运送，保险费为每百镑缴纳十五先令，即百分之零点七五。但代理人所收回的货币还常常不能及时补充该银行的金柜。金柜枯竭的速度太快了。在这种情形下，苏格兰银行就向有往来的伦敦各家银行开出汇票，以筹集到所需要的数量。到期后伦敦银行向它们开出汇票要求偿还本金以及利息和佣金时，由于部分苏格兰银行发行过剩，经常苦于无法应付，不得不向原债权人或伦敦其他的往来银行开出第二批汇票。有时，同样金额的汇票会在伦敦爱丁堡间往返两三次以上。如此累积起来的全部金额的利息和佣金都要由债务银行支付。即使一向未曾过于冒险逐利的苏格兰各家银行有时也不得不使用这种自取灭亡的办法。

因兑换过剩纸币而由英格兰银行或苏格兰银行支付的金币也一定在国内流通中无法使用。这种金币以铸币形式输送到外国，或熔成金块输送到外国。有时熔成的金块，以每盎司四镑的高价出售给

[①] 从1766年至1772年（包括该年在内），每年铸币数平均约八十一万镑。下面提到了"连续十年"的数额，第397、第401页提到为每年八十万镑以上，虽然1763年至1772年的平均数仅为七十六万镑，但将铸币数量很大的1773年（一百三十一万七千六百四十五镑）加进去，就会大大提高平均数。每年年终的数字参阅麦克弗森，《商业年鉴》。

英格兰银行。输送到国外的或熔成金块的,在金币中总是最新的、最重的和最好的。因为保留在国内且保持其铸币形态时,轻和重的价值都一样。但在国外或在国内熔为金块时,重的价值就较大。所以,尽管英格兰银行每年铸造大批新币,年终仍不免发现每年都要面对铸币短缺。而且,尽管英格兰银行每年发行许多新且好的铸币,但铸币的状况还是不是一天一天地好起来,而是一天一天地变得糟糕。今年铸造了这么多的新币,明年又觉得有必要再铸造同样多的新币。又因为铸币常常发生磨损,金块的价格就不断地提高,因而,每年造币的费用也逐年提高。英格兰银行为了将铸币直接提供给该银行的金柜,也间接地将铸币提供给全国。英格兰银行金柜内的铸币会以各种方式不断地流向全国各地。所有用来支持过剩的英格兰、苏格兰纸币的铸币,所有由纸币造成的铸币的缺乏,英格兰银行都得提供。无疑,因为自己不小心和不谨慎,苏格兰各家银行总要吃很大的亏。不过英格兰银行不仅为自己的不谨慎,而且也为几乎所有苏格兰银行的更大的不谨慎付出了高昂的代价。

英国两个地区的某些冒险商人往往不估量自己的资本实力而过度进行贸易,这是造成英国纸币过剩的最初原因。

商人或企业家进行贸易的资本不应都从银行借贷,即使资本的大部分也不应向银行借贷。商人或企业家可以向银行借钱来应付随时的需要,不必储存一定数额的资本,但也只有这个部分的资本应向银行借贷。如果银行借出的纸币不超过这个限度,发行出去的纸币额也绝不会超过国内无纸币时流通所需要的金银的数量,不会产生数量过剩,也不会发生一部分的货币不被国内流通所吸收。

假设银行给商人贴现的是由真实债权人向真实债务人开出的汇票,而到期时后者会立即兑付,那么,银行垫付的就只是这部分的价值,即商人必须以现钱形式保留以备随时之需的这部分价值。这种汇票到期就会兑付。所以,银行垫付出去的价值及利息也一定可以得到补偿。如果银行只和这类顾客来往,银行的金柜就像一个水池,虽然水不断流出,但也有水不断流入,出入数量相等。因此,所容纳的水常常很满,不需要时刻留神。这种补充形式并不需要多少费用,甚至完全不需要费用。

一个没有过度贸易的商人在没有期票贴现的时候也时常需要现金。如果银行方面除了为其汇票贴现外，还允许按简单的条件使用现金账户，在需要金钱的时候贷给他货币，而在他出售商品的时候陆续零星偿还，可以说这为商人提供了很大的便利，他就不需要经常储备专款以应随时之需。而确有需要时，他就可凭借现金账户来应付。不过，银行应该十分注意这种顾客，看在短期内（比方说四个月、五个月、六个月或者八个月）从他们那里通常收回来的总额是否等于通常贷给他们的总额。如果在这段时期内，收入大都能够等于贷出，就可放心大胆地继续和这种顾客往来。在这样的往来中，金柜的流出和流入都很大，所以，不需要任何进一步的注意，金柜可一直保持充满，补充这样的金柜也不需要多大的费用。相反，如果顾客偿还的数额常常不及贷出的数额，那就不能继续放胆和他往来，至少不能继续按照这种方式和他来往。在这场合，金柜的出流，必远大于入流。除非不断地做出重大努力，支付巨额费以补充金柜，否则金柜就很容易趋于枯竭。

因此，苏格兰各家银行长期谨慎地要求一切顾客经常定期地归还贷款。如果他不能照办，那无论他有怎样丰厚的财产和良好的信用，也不能从银行贷到款项。由于这样的谨慎，银行除了几乎完全不必专门开支来补充金柜外，还可以获得其他两种很大的利益。

第一，由于这样的谨慎，银行方面不必另外去搜集其他的证据，只要借助自己的账簿就能相当准确地判断债务人的情况。债务人偿债情况是否正常，大都取决于其业务的优劣。私人放债一般不会超过数十家，所以，要检查债务人的行为和经济情况，只要委托一个经理人就可以了，甚至不需要经理人。但银行放债动辄有数百家，而且还要不断地留意许多其他事情，所以，除自己账簿中所包含的信息外①，还需要有关于大部分债务人情况和行为的其他经常性报告。苏格兰各家银行因此而要求债务人必须常常偿还贷款。

第二，由于这样的谨慎，银行方面就不会发行过剩的、社会所

---

① 但是普莱费尔（《国富论》的编者）指出，银行的顾客越多，就越可能了解他们每一个人的交易。

不能吸收的纸币。在一定期间内,如果顾客偿还的数额大都等于贷出的数额,就可以证明银行贷给他的纸币额并没有超过他在无银行贷借的场合里为应付不时之需所必须保留的金银数量,从而可以证明银行发出去的纸币额未曾超过国内在无纸币的情形里所应流通的金银数量。偿还的频率、偿还时期和偿还款项的数额都可以表明银行贷出去的数额是否超过顾客在无借贷时必须以现金形式保留以应付不时之需的那部分资本。只有这部分资本在一定期间内,持续不断地以铸币或纸币等两种货币形态流入和流出。如果银行借贷超过这部分资本,在一定的期间内,顾客偿还的数额一定不能等于贷出的数额。银行金柜流入一定无法满足货币的流出,因为发行的纸币超过了在无纸币发行时债务人所应保有以应急需的金银数量,也就马上超过了在无纸币发行时国内流通领域中所会有的金银数量,因而马上就会超过了在无纸币发行时国内流通领域中所容易容纳的数量。这种过剩的纸币很快会回到银行要求兑换金银。第二种利益和第一种利益同样真实,但苏格兰各家银行似乎没有清楚地了解这种利益。

银行用贴现汇票和现金账户努力消除国内有信用的商人的呆滞资产,国内的商人也不能对银行寄予其他的了。为了银行本身的利益与安全,它也只能做到这个地步。商人的流动资本不能全部是银行的贷款,即使大部分也不行。因为商人的流动资本总是表现为货币的形式,但实现全部收入的时间与投入全部开支的时间相差太远,要在短期间内符合银行的利益,使偿还的数额等于贷出的数额是办不到的。固定资本更不应大部分取自银行贷款。比方说,钢铁厂建立铁厂、铁炉、工场、仓库、工人住宅等的资本,矿主开坑掘井、排除积水、建筑道路车轨的资本,土地主开垦荒地、排积水、筑围墙、建农舍、厩舍、谷仓等必要建筑物的资本,都不宜大部分来自银行贷款。固定资本的收回速度比流动资本缓慢得多,即使投下的方法非常适当,固定资本一经投下也要经过许多年数才能收回。这样长的时间当然不利于银行。诚然,企业家可很恰当地使用借入资本进行他的大部分计划,但要使债权人不吃亏,债务人应持有充分的资本,足以保证(如果我可以这样说)债权人资本的安全,足以使债权人不会因债务人营业计划失败而蒙受损失,这样对债权人才算公道。然而,即使如此,必须要很多年才能偿清贷款。最好能利用抵押品向那些专门依靠利息为生的私人贷借,因为他们不想投资贸易,但愿意将钱提供给有信用的人,即使很多年不还也可以。不需要抵押品、印花费和律师费就将货币贷给其他人,而偿还条件又像苏格兰银行所愿意接受的那样简单,这是商人最方便的债权人。不过,这样的商人却是银行最不方便的债务人。

二十五年来①,苏格兰各家银行所发行的纸币至少完全地等于国内流通领域所容易容纳的数额。银行已经对苏格兰各种产业尽全力提供了帮助,为银行本身利益考虑,它们只能做到这样。事实上,它们的业务已经略为过度,因此,银行已经吃亏了,至少是利润减少了。在这种业务上,经营规模只要稍微过度,便不免出现这样的结果。但是追逐利益是人之常情,商人和企业家们还不满足,他们认为银行的信用业务可以任意推广,除了增加少量纸张费外,不需要增添其他什么费用。他们埋怨银行的理事们眼光狭小、谨小慎微。他们说,银行的信用业务还没有扩充到和国内各种业务的扩充相称的程度。银行所谓的事业推广是指把事业推广到超过银行自己的资本或能够凭借抵押品向私人借得的资本所能经营的范围。他们认为银行有义务设法为他们提供资本以弥补其资本的不足。他们觉得,银行有义务使他们得到所希望得到的全部资本。但银行有不同的意见。于是,在银行拒绝推广信用的时候,有些企业家想出了一个方法。在一段时期里,这个方法显得对他们很适用,虽然开支要大得多,但其有效性却与极度推广银行信用业务没有什么差别。这个方法就是大家知道的循环划汇。商人濒于破产时往往利用这个办法。利用这种办法获得资金的情形在英格兰已经不是新生事物。据说,上次战争期间,因贸易利润极大,商人们往往不度量自己的资本,把业务过分扩大,于是,这种循环划汇的办法大为流行。后来,这种办法又从英格兰传入苏格兰。在苏格兰,贸易非常有限,资本也很有限,所以,这种办法传入苏格兰后比在英格兰得到了更广泛的

---

① 第219页。

流行。

一般实业家当然都很明白这种循环划汇办法。但本书读者未必都是实业家,而且,即使一般实业家也似乎不大了解这种办法对银行的影响,所以,我将尽可能地提供明了的解释。

欧洲的野蛮法律并没有强迫商人履行契约,这时商人之间形成一种习惯,即给予汇票下述权利:使用汇票(尤其是期限不超过两到三个月的汇票)进行借款比任何其他借据都更容易成功。汇票到期,如果承兑人不能立即照付,他马上就成为破产人。汇票被拒付后立即回到出票人手中,如果他没有立即付款,就也要破产。如果汇票在未到期以前辗转流通,或者是购买商品购货,或者用来借款,经过背书,即他们在汇票背面签署上自己的名字,这些人就承担兑付汇票的责任,如果到期不能立刻兑付汇票,也要被宣告破产。近两百年来,这种惯例已为欧洲各国法律所采纳。即使出票人、承兑人、背书人的信用存在疑问,但因汇票期限很短,也可以为持票人提供一种保障;虽然他们都有破产的危险,但不见得在如此短促的期间内都会破产。一个非常疲惫的旅行者心里想,尽管房子已经倾斜了,也不能维持太久了,今晚不见得就会倒塌吧,我姑且冒险住一个晚上吧。

假设爱丁堡商人甲向伦敦商人乙开出汇票,期限是两个月,需要乙支付钱款。事实上,伦敦商人乙并不欠爱丁堡商人甲的款。他之所以愿意承兑甲的汇票,是因为两方协商的条件是在付款期限未到以前,乙也可向甲开出一张汇票,数额相等,外加利息和佣金,兑付期限也是两个月。所以,在两个月的期限未满之前,乙向甲开出一张汇票,甲又在这汇票到期之前再向乙开出汇票。在第二张汇票未到期之前,乙再向甲开出汇票,都是以两个月为期限。这样循环下去可连续数月,甚至数年的时间。不过乙向甲开出的一切汇票,累积下来的利息和佣金都要算在里面。利息一般是每年百分之五,每次的佣金至少是百分之零点五。如果每年往来六次,佣金就要加六倍,仅依靠这种办法筹款的甲每年需要支出的费用至少在百分之八以上。如果佣金大幅度上涨,或要对以前汇票的利息和佣金支付复利,那么利滚利之后的费用就要更大。这就是所谓的循环借款办法。

据说，国内大部分商业投资的一般利润都是在百分之六到百分之十之间。用这样方法借得货币，如果除了偿付借钱的巨大费用之外还能产生很好的剩余利润，那一定是一种非常幸运的投机项目。但是，近来有许多规模巨大的计划除了依靠利用这种方法支出巨额费来获得资金外，几乎没有其他资本。无疑，这些冒险商人只是在他们的黄金梦中看到了巨额的利润。但是，当他们醒来的时候，或在他们的项目要结束的时候，或他们无力再继续经营下去时，我相信，没有几个人会运气好得能够实现自己的梦①。

爱丁堡的甲向伦敦的乙开出的汇票，经常由甲于到期前两个月向爱丁堡银行贴现。伦敦的乙随后向甲开出的汇票也经常被乙向英

---

① 文中描述的方法，绝不是冒险商人通过循环出票筹资的最普通和最昂贵的方法。常常发生的情形是：爱丁堡甲在第一张汇票到期以前的几天内向伦敦的乙开出第二张汇票，限期三个月，使乙能兑付第一张汇票。这张汇票是付给甲自己名下的，所以他在爱丁堡按面额售出，用所得资金购买在伦敦对乙见票即付的汇票，通过邮局寄给乙。在最近一次战争终了时，爱丁堡与伦敦间的汇费常由爱丁堡贴水百分之三，这种见票即付的汇票常由甲负担这个贴水。这种交易常常每年至少进行四次，由于每次的佣金至少百分之五，甲每年至少要负担百分之十四。在另外的时候，甲为了使乙能兑付第一张汇票，就在它到期之前几天开出第二张汇票，限期两个月，不是对甲开，而是对第三者例如伦敦的丙开。这张汇票的收款人为乙，乙在丙承兑后，持着它向伦敦的某个银行家贴现；甲为了使丙能兑付汇票，在其到期之前几天开出第三张汇票，有时对第一个人乙开，有时对第四人丁或第五个人开。这第三张汇票指定向丙付款，丙在付款人承兑后，同样向伦敦的某个银行家兑现。这种循环每年至少重复六次，每次的佣金至少为百分之五，连同法定利息百分之五，这种筹款方法正如书中所描述的，甲有时必须花费百分之八的费用以上。可是由于省去了爱丁堡与伦敦之间的汇费，这个方法比本注前半部分所描述的方法较为低廉，但它要求在伦敦不止一家银行要建立这种信用，这种好处是许多冒险家难于得到的。本注首先见第二版。普莱费尔说，第一种方法损失百分之十四，是计算错误，因为"如果甲在爱丁堡出售伦敦汇票损失百分之三，那么他用这笔钱购买伦敦票据就会获得同样多。"——见他所编的《国富论》，第483页。

格兰银行或伦敦的其他银行贴现。银行贴现这些循环汇票时所付出的大都是钞票。在爱丁堡支付的是苏格兰银行的钞票；在伦敦支付的是英格兰银行的钞票。虽然这些贴现的汇票到期后都立刻得到偿还，但为贴现第一张汇票而实际支付出去的价值却永远没有实际归还贴现它的银行。因为，第一张汇票将到期的时候，第二张汇票又开出了，数额还要更大。没有第二张汇票，第一张汇票根本就没有兑付的可能。所以，第一张汇票的兑付全然是个名义。这种循环汇票的流转使银行金柜在发生了流出之后，一直没有流入来弥补这项流出。

银行因贴现这些循环汇票而发行的纸币，其数量往往可以等于大规模农业、工业或商业计划所要使用的全部资金，而不仅限于在没有纸币的情况下企业家必须保持在手中以备不时之需的那部分现金。所以，银行如此发行的大部分纸币是社会所不能吸收的，也超过国内在无纸币情况下流通领域中应有的金银价值。过剩的部分马上会返回到银行，并要求兑换金银。银行必须尽其所能地设法寻找这些金银。这是这些冒险商人施用巧计向银行弄到的资本，不但没有让银行知道或经过银行慎重考虑后的同意，甚至银行在一定的时间内可能并没有发现曾给他们提供这样的资本。

如果甲乙两人狼狈为奸，互相开出循环期票，向同一家银行贴现，银行不久就可以发觉他们的行径，能明白看出他们自己并没有资本，他们的资本全然是它借给他们的。但是，如果他们不常在一家银行贴现，而且两人并不一直互相开出汇票，而是兜个大圈子，经过其他很多人，这些人从各自利益出发互相帮忙，最后由其中的一位向他们开出汇票，那么，哪一张是真实汇票，哪一张是虚假汇票，就不容易辨认了。是有真实债务人和真实债权人的汇票呢，或是除了贴现汇票的银行别无真实债权人、除了猎取货币的冒险商人别无真实债务人的循环汇票呢，那就难以知道了。即使银行最终察觉，但可能已经太迟，这样的汇票已经支付了不少的贴现。这时，拒绝给他们贴现必然会使他们一同破产，而他们破产可能使银行随着破产。为考虑自身利益与安全，在这种危险境况中，银行也许只好再冒险继续贴现一段时间，企图慢慢地将贷款收回，或者提高贴现的条件,迫使他们逐渐转向其他人或者其他银行,从而使自己尽快从这个圈套中摆脱出来。然而就在英格兰银行、伦敦各家主要银行以及比较慎重的苏格兰各家银行陷入过深,开始对贴现提出较苛刻的条件时,这些人惊慌和愤怒起来。他们的苦恼无疑直接起因于银行的这种慎重和必要的准备措施,但他们竟把自己的苦恼说成是全国的苦恼。他们说,这种全国的苦恼完全是由于银行见识浅陋和举措失当造成的;他们想努力使国家日趋繁荣和富裕,而银行却吝于帮助。他们似乎认为银行按照他们所希望的借款期限和借款利息借给他们资金,乃是银行的义务。然而,要挽救银行自身的信用和国家的信用,银行拒绝对已经借款过多的人继续按照这种方法提供信用是这时候唯一可实行的办法。

在这种喧扰和窘困中,假设苏格兰开设一家以挽救国家为目的的新银行①。它的意图很明确,但措施却是失当的,而且似乎不清楚它所要解决的困难的性质和原因。银行的信贷,包括现金账户和贴现汇票,都比其他银行宽大。就后者说,它几乎不看汇票是真实汇票还是循环汇票,一律予以贴现。这家银行曾明白宣布,只要有相当的保证,甚至需要非常长时期才能偿还(像改良土地所使用的)的资本也可以全部向银行借得。甚至说,促进这样的土地改良是设立银行时就明确的一个爱国目标。由于对现金结算、期票贴现采取如此宽大的政策,银行必然要发行大量钞票,其过剩的部分既然不

---

① 在本书索引"银行"条目下举出了这家银行的名称:"艾尔银行"。它的本部设在艾尔,但在爱丁堡和邓弗里斯设有分行。详细历史见《道格拉斯和赫伦先生的公司——艾尔作为新最近银行的鲁莽和失败:由公司所有人任命的调查委员会调查和思考得出的该银行的困难和毁灭的原因》,爱丁堡,1778年。从这本书看,斯密对该银行运作的描述是十分正确的,这无疑是由于他过去的学生普尔邓尼公爵是该银行的主要股东之一。1772年9月5日,亚当·斯密在给普尔特尼的信中写道:"虽然我本人没有被牵连到这次公共灾难当中,但是我的一些朋友却陷入其中,我对他们非常关心,我十分关注使他们解脱的方法。主要的有效解救方法是出售可偿还年金。"参见拉易的《亚当·斯密传》,1895年,第253~255页。

易为社会所容纳,当然随时发行也随时返回兑换金银。银行的金柜本来就不大充实,两次招股募到的资本虽然名义上有十六万镑,但实收只有百分之八十,而且是分期缴纳的。大部分股东在第一次缴纳股款后,即用现金账户向银行借款。银行理事先生们认为股东借款应当受到同样宽松的待遇,所以,大部分股东缴纳了第一期股款后,其余各期缴入的几乎都是在现金账户下借出的款项。这样,他们后来的缴纳资金就不过是把先从银行某个金柜提出去的款项放入银行的另一金柜。所以,银行金柜即使原本充满,但过度的发行也必然使银行金柜很快枯竭,并走向失败。向伦敦银行开出汇票,到期限时加上利息佣金的数目再开出新的汇票,以兑付前一汇票,除了这种办法外,没有其他方法能及时补充金柜的枯竭。银行的金柜本来就不很充实,据说,这家银行营业不到数月就不得不借助于这个办法。幸而,各股东的田产都在数百万镑以上[1],他们认购股份时实际上等于用田产保证了银行的一切债务。由于充实的保证是银行信用的后盾,所以,贷借政策虽如此宽松,银行仍然可以继续营业两年多。到了非停业不可的时候这家银行发出的纸币数额已将近二十万镑了。这种纸币随时发行随时返回,因要支持这些纸币的流通,它不断地向伦敦各家银行开出汇票,累积下去,到了银行不得不倒闭的时候止,汇票价值已达到六十万镑以上。这样,在两年多的时间里,这家银行借出去的也达八十万镑以上,利息是百分之五。用纸币借出去的二十万镑可以得到百分之五的利息,这也许可视为纯利,因为除了管理费外,没有其他扣除。但向伦敦发出汇票借来的六十多万镑及其利息和佣金等却是百分之八以上。所以,两者对比,银行借出的金额要有不止四分之三的利息亏空超过百分之三。

这家银行经营的结果正和创办人的本意相反。他们的目的是对那些他们认为有勇敢进取精神的国内企业给予支持,同时把苏格兰各家银行,尤其是将设立在爱丁堡的那些在贴现方面被指责为过于畏缩的各家银行排挤掉,从而把整个银行业务集于一身。这家银行

---

[1] 麦克费森,前引书,第525页说,股东是布克劳公爵、昆斯贝里公爵、邓弗里斯伯爵、道格拉斯先生和许多其他绅士。

无疑曾给那些人提供了暂时的救济，使他们在困难的境况中多延续了两年左右。但事到尽头，仍不过使他们债务状况更糟糕，到失败的时候，他们的损失更严重，债权人的损失也更严重。所以，这些冒险商人所给自己及国家带来的困难不仅没有从这家银行得到救济，事实上，反而还加深了。为他们本身、债权人和国家考虑，他们大部分的业务不如早两年就被终止。不过这家银行提供给每个借款人的暂时性救济，最终成为对苏格兰其他银行的永久性救济。在苏格兰其他银行不肯贴现循环汇票的时候，这家新银行对出循环汇票的人伸出双手欢迎。其他各家银行从而很容易地走出恶性循环，否则它们就无法摆脱困境，一定要受到巨大的损失，甚至在一定程度上还要遭受名誉损失。所以这家银行经营的结果加剧了它所要消除的国家的灾难，但却使它所要取而代之的各家竞争银行逃脱了大灾难。

这家银行最初成立的时候，有些人认为，银行金柜虽然容易枯竭，但来贷借纸币的人都提供了担保品，用这种担保品做担保取得钱补充金柜也不是难事。但我相信，不久后的经验就告诉他们，这个筹款方法未免远水救不了近火。这样不充实而又容易枯竭的金柜一定会走上没落的道路，向伦敦各家银行开出一次汇票，到期限时再开出一张汇票，如此循环下去，累积的利息和佣金越来越多，简直没有第二个办法能够解决。即使这种办法能够保证需要款项的时候就能立刻借到，但结果不仅无利可图，而且每次都会受到损失，以致作为一个营利的公司最终一定会一败涂地，虽然灭亡的过程没有像一再采取这种费用高昂的筹款方法那么快。它不能从所发纸币的利息中取得利润，因为纸币是超过国内流通领域所能吸收和使用的，必然随发随回以换取金银，而为了兑换，银行必须不断地借债，借债的全部费用以及探听谁有钱可以出借、与有钱的人磋商、写债券、立契约等所需要的费用都要由银行负担。考虑收入和支出，显然上述做法对银行有损而无益。用这种方法补充金柜好像是叫人持水桶到远井汲水来补充只有流出而没有流入的水池，那是肯定要失败的。

这种办法对作为营利机构的银行不但适用，而且有利，但对国家不仅无利且有大害。这种办法丝毫不能增加国内贷出的货币量，只能使全国的贷款都集中在这家银行,而使它成为全国总贷款机关罢了。要借钱的,将不向有钱出借的私人贷借,而都来向银行申请。私家贷借,一般不超过数人或数十人,债权人熟悉债务人行为的谨慎和诚实,也有选择甄别的余地。和银行往来借款人的动辄数百,其中大多数的情况往往为理事先生所不熟悉的,选择甄别当然难以着手,因此,比较起来,银行在贷出上当然不如私家审慎。事实上,和这样一个银行往来的本来大部分要么就是善于冒险的商人,要么就是一再开出循环汇票的出票人。他们把资金投在奢侈浪费的生意上,这些生意即使得到一切可能的帮助,也必难以达到目的,即使能够成功,也决不能偿还所有的开支。它们也决不能拿出足够的基金维持其雇用的那么多的劳动量。相反,私家贷借就没有这种现象。诚实俭朴的债务人大概总是用借入的资本经营与他们自己的资本额相称的生意。这些生意,也许没有那么大,那么惊人,但更稳当,更有利,定能偿还投下的资本并有大的利润,定能产生一笔基金,足以雇用比它们原先雇用多得多的劳动量。所以,即使新银行的计划成功,结果也丝毫不能增加国内的资本,徒使大部分资本不投在谨慎有利的生意上去,而改投到不谨慎的且没有利益的生意上去。

著名的劳氏认为,苏格兰产业不振的原因就是缺少货币来支持。他提议设立一家专门银行,让该银行所发纸币等于全国土地的总价值。他觉得,这是解决货币短缺的好办法。在他最初提出这个计划的时候,苏格兰议会也觉得不可采纳①。但后来奥尔良公爵摄政法兰西的时候,却将他的提议略加改动后就实行了。可任意增加纸币数额的观念,就是所谓密西西比计划的真实根据。就银行业和买卖股票的生意而言,这个计划的狂妄在世界上都是空前的。杜浮纳在其《对杜托〈关于商业与财政的政治观察〉一书的评论》② 中,曾详细

---

① 《演讲集》,第 211 页。图书销售商在《货币与贸易》(下面,第 301 页注释③)第二版的前言中说,这项工作成员"由劳先生 1705 年向苏格兰国会提议的一些计划负责人组成"。
② 这两本书在博纳尔的《亚当·斯密图书目录》中的第 35、36 页。

说明这个计划的内容①,这里不赘述。这项计划所根据的原理在劳氏所著关于货币与贸易的一篇论文(在他最初提出这个计划时,就在苏格兰发表了)中也有说明②。在这篇论文以及其他根据同一原理的著作中所提出的那些宏伟而空幻的理论,至今仍然在许多人头脑中留有很深刻的印象。最近受人攻击认为生意毫无节制的苏格兰及其他各地银行,恐怕也多少受了这个理论的影响。

英格兰银行是欧洲最大的银行,它是1694年7月27日由国会决议并颁布敕令设立的。当时它借给政府共计一百二十万镑,每年可向政府支取十万镑,其中九万六千镑作为利息(年利百分之八),四千镑作为管理费。革命建立起来的新政府的信用一定还很差,否则不会有这样高的利息。

1697年,银行资本增加了一百万零一千一百七十一镑十先令。因此,这时其总资本达二百二十万零一千一百七十一镑十先令。这次增资,据说旨在维持国家信用。1696年,国库券要打四成、五成或六成折扣,银行纸币要打二成折扣③。这时,正在大量改铸银币,银行认为宜暂时停止兑现纸币,而这必然会影响银行信用。

按照安妮女王第七年第七号法令,银行将四十万镑贷给国库。加上原来借给政府的一百二十万镑,贷给政府的钱总计达到了一百六十万镑。因此,1708年,政府信用已等同于私人,因为政府能以百分之六的利息率借到款项,而这正是当时市场上普通的利息率。按照同一法令,银行又购买了利息六厘的财政部证券一百七十七万五千零二十七镑十七先令十便士半,使银行资本再增加一倍。所以,在1708年,银行资本就等于四百四十万零二千三百四十三镑,贷给政府的总额等于三百三十七万五千零二十七镑十七先令十便士半。

1709年,英格兰银行按百分之十五的比例催收股款,得到六十五万六千二百零四镑一先令九便士。1710年,又按照百分之十的比

---

① 《演讲集》中第211~218页中有一段长达八页的论述显然源自杜浮纳。
② 《论货币与贸易,附关于向国家供应货币的一项建议》,1705年。
③ 詹姆斯·波斯尔斯韦特的《公共收入史》,第301页。《1688~1753年公共收入史,附录至1758年》,1759年。还参阅下面,第656页。

例催收股款，得到了五十万零一千四百四十八镑十二先令十一便士。两次催收的结果使银行资本达到五百五十五万九千九百九十五镑十四先令八便士。

按乔治一世第三年第八号法令，英格兰银行又得到财政部证券二百万镑，因此，银行贷给政府的金额已经达到五百三十七万五千零二十七镑十七先令十便士。按乔治一世第八年第二十一号法令，银行购买南海公司四百万镑的股票。要购买这些股票，银行不得不再增募资本三百四十万镑。这样算下来，银行贷给政府的金额是九百三十七万五千零二十七镑十七先令十便士半。但其资本总额却不过八百九十五万九千九百九十五镑十四先令八便士。对比来看，银行贷给政府的有息贷款已多于其资本，或者说，已多于其要对股东分派红利的资金了。换言之，银行已开始有不分红的资本，而这种资本多于分红的资本了。这种情况一直继续至现在。1746年，银行陆续贷给政府一千一百六十八万六千八百镑，银行陆续募集的分红利资本也达一千零七十八万镑[①]。自那时到今日，这两个数目都没有改变。遵照乔治三世第四年第二十五号法令，为了延续银行营业执照，银行同意缴纳给政府十一万镑，不计利息，也不要偿还，所以这没有增加银行贷出的金额，也没有增加银行资本额。

银行红利有高低之分，主要参照各个时期银行对政府贷款的利息高低以及其他情况。贷款利息率已从百分之八逐渐减至百分之三。过去几年间，银行红利常为百分之五点五。

英国政府稳定，英格兰银行也随之稳定。贷给政府的金额不会发生损失，银行债权人也不会有损失。英格兰不能有第二个由国会决议设立的银行，或有六人以上的股东。所以英格兰银行已不是普通银行，而是国家的一个重要部门了。它收付每年大部分的公债利息，它负责财政部证券的流通。它往往垫付土地税、麦芽税的征收额，而纳税人往往逾期几年而没有到国库缴纳这些税款。在这种情

---

① 从第233页银行设立到这里，是波斯尔斯韦特《公共收入史》第301～310页"英格兰银行历史状况"的摘要。总数取自波斯尔斯韦特文章的末段。

况下，即使主管官员知道，但由于担负着对国家的职责，银行也不免发行过量的纸币。它为商人汇票进行贴现。有时，就连汉堡、荷兰的巨商也要求其贷款。1763年，据说英格兰银行在一星期内贷出了将近一百六十万镑，大部分还是金块。额数是否如此巨大，时间是否如此短暂，我不敢妄断。但英格兰银行有时的确是迫不得已，竟以六便士的银币来应付各种支出①。

　　慎重的银行活动，可以促进一国的产业。但促进产业的方法不是增加一国资本，而是使本来呆滞的大部分资本发挥作用，本不产生利润的大部分资本可以产生利润。商人不得不储存的应付急需的材料都是呆滞的资产，对商人自己和国家都没有好处。谨慎的银行活动可以使这些呆滞资产变成活动资产。换言之，变成工作所需的材料、工具和食物，并有利于自己和国家。国内土地和劳动产品的流通以及被分配给真正的消费者离不开金银币，在商人手上的钱也是呆滞资产。在一国资本中，虽然这种呆滞资产是很有价值的部分，但不能为国家提供任何产品。谨慎的银行活动用纸币代替大部分的金银币，使国家能把大部分呆滞资产转变成活动的资产，转变成有利于国家的资产。国内流通的金币银币可以看做是通衢大道。通衢大道可以使稻麦运送到国内各个市场，但它本身却不生产稻麦。慎重的银行活动用纸币代金银，夸张一点的话，简直像在空中凌空架轨，使昔日的大多数通衢大道变成良好的牧场和稻田，并大大增加土地和劳动的年产品。但是，我们又必须承认，国内工商业因为这种工具而得到促进，但当它们悬在纸币这种错综复杂的双翼之上时，是不及在金银币这种坚实的地面上旅行那样安全的。不很熟练地管理纸币的后果自然不用说，即使熟练慎重也同样会发生无法控制的灾祸。

　　比方说，战争失败后敌军占领首都，维持纸币信用的库藏也落入敌手。在这种情况下，比起国内流通大部分依靠金银的国家来说，完全依靠纸币的国家当然要困难得多。除了物物交换和赊欠，通常

---

① 1745年，梅更斯的《环球商人》第31页指出，可能有人怀疑货币被用做支持叛乱之用。

无法进行其他的交易。一切赋税如果用纸币缴纳，君主也就无法支付军饷和充实军备。在这种情况下，完全采用纸币的国家比大部分用金银的国家更难恢复原状。因此，一国君主要将其领土随时保持在易于防守的状态，就不仅要防止使发行银行破产的纸币发行出现过剩现象，还要设法使银行所发纸币不在国内流通领域中占较大的部分。

国内货物的流通可以分为两类：（一）商人间的流通；（二）商人与消费者间的流通。纸币或现金形式的货币可能会被用于上述两种情况，但由于这两种流通同时且持续进行，所以，分别需要一定数量的货币来支持。商人间流通的货物的价值不能超过商人和消费者间流通的货物的价值。商人所购买的一切最终要出售给消费者。商人间的交易往往是批发，所以每次总需要大量货币。商人和消费者间的交易往往表现为零售，所以每次只需要大量货币（如一先令或甚至半便士）就够了。但少量货币的流通速度比大量货币快得多。一先令比一基尼流转得快，半便士又比一先令流转得快。因此，每年所有消费者所购买的价值至少应等于全部商人所购买的价值，但每年消费者购买物品所需的货币量却小得多。由于流通速度较快，同一枚货币作为购买手段，对消费者的次数要比商人多得多。

纸币可以得到管理，使其仅仅在商人之间流通或扩大其流通范围，使商人与消费者间的大部分交易也可以用纸币。如果钞票面额没有十镑以下的，像在伦敦情况那样①，那么，纸币的流通势必只限于商人之间。消费者得到一张十镑的钞票，在第一次买东西的时候就须兑换这张钞票，哪怕所购的商品仅值五先令。所以在消费者把这张钞票用去四十分之一以前，钞票早已回到商人手上去了。苏格兰各家银行所发的钞票，却有二十先令的，在这种情况下，纸币的流通范围就自然扩大了，使商人与消费者间的大部分交易也可以使用纸币。在国会决议禁止通用②十先令和五先令的钞票以前，消费者

---

① 1759 年以前英格兰银行不发行二十镑以下的钞票，这一年发行五镑和十镑的钞票。——安德森，《商业》，1759 年。
② 乔治三世第 5 年，第 49 号法律。

购物便常使用小额纸币。北美洲发行的纸币竟有一先令的,结果,消费者购物几乎都用钞票。至于约克郡的有些纸币仅价值六便士。

如果发行这样的小额纸币得到准许而且普遍实施,无异鼓励许多普通人去开银行,并使他们有力量成为银行家。大家会拒绝使用普通人所发行的五镑甚至一镑的期票,但大家却不会拒绝他发出的六便士期票。这些乞丐般的银行家当然很容易破产,结果,可能使接受他们钞票的穷人面临很大的困难,甚至极大的灾难。

把全国各地银行钞票的最低面额限制为五镑也许是较好的办法。这样,各地银行所发的钞票一般就会只在商人间流通,像伦敦一样。伦敦发行钞票的面值不得少于十镑。虽然五镑所能购得的货物仅等于十镑之半,但在英国其他各地,人们对五镑如同富有的伦敦人对十镑那样重视,而且一次花掉五镑也像伦敦人一次花掉十镑那样少见。

如果纸币像在伦敦那样主要在商人间流通,市面上的金银便不会匮乏。如果像苏格兰尤其是像北美洲那样,纸币的流通被推广到商人与消费者间大部分的交易,市面上的金银就会被驱逐,国内贸易会利用纸币进行。苏格兰禁止发行十先令、五先令的钞票,曾稍稍减轻了市面上金银缺乏的困难;如果再禁止发行二十先令的钞票,当然有更大的功效。自从禁止发行若干种纸币以来,美洲的金银已经更加丰富了。在纸币未发行以前,听说美洲的金银更丰富。

虽然纸币应当主要限于商人之间的流通,但在这种情形中银行仍能帮助国内工商业,几乎像在全部通货差不多都是纸币的情形一样。商人为应付不时急需而需储存的呆滞资产本来就只在商人之间流通。在商人与消费者的交易中,商人没有储存呆滞资产的必要。商人只是收到货币,而不必支出货币。所以,虽然银行发行的钞票只限于如此数额,并使得钞票只在商人之间流通,但银行通过贴现真实汇票及现金账户依然能够使大部分商人不必储存那么多的现金。银行依然能够对各类商人做出它们所能做出的最大贡献。

也许有人说,无论银行钞票的数额是多少,只要私人愿意接受,就应当被许可发行。政府禁止并取缔其发行实在是侵犯天然的自由,这不是法律应有的。因为法律不应妨害天然的自由,而应予以扶持。

这种限制诚然是侵犯天然的自由。这些会危害整个社会的安全以及少数人的天然自由，要受到而且应受到一切政府的法律制裁，无论政府是最民主的或是最专制的。法律强迫人民建筑隔墙以预防火灾蔓延，其对天然自由的侵犯和我们这里主张以法律限制银行的活动一样。

如果由银行钞票构成的纸币由信用可靠的人发行，而且无条件地可以随时兑现，无论从哪方面说，其价值都等于金币银币，因为它可以随时换得金银。任何货物都可以用这种纸币买卖，其价格像用金银买卖一样便宜，不会稍贵。

有人说，由于多发行纸币增加了通货总量，从而降低了全部通货的价值，所以，一定会提高商品的货币价格。这种判断不见得正确，因为有多少纸币投入进来就会有多少金银被改作他用，所以，通货的总量不一定会增加。一个世纪以来，1759年苏格兰粮食价格最低。但因为那时发行十先令、五先令银行钞票，纸币之多并非今日可比。再者，现在苏格兰银行业得到了一定的增加，但现在苏格兰粮食价格和英格兰粮食价格的比例却与先前没有两样。英格兰的纸币增加了，法兰西的纸币减少了，但两国谷物价格的贵贱却大多相等。在休谟发表《政治论文集》① 的1751年和1752年间，以及在苏格兰增发纸币之后，粮食价格明显地上涨，但其原因不是纸币增加，而是天时造成的。

如果构成纸币的钞票是否能够立即兑现，还取决于发行人的有无诚意，或取决于持券人未必有能力履行的某种条件，或者要在若干年后才能兑现，而且目前不计利息，那情形就不同了。这样的纸币，当然要按照立即兑现的困难程度或不可靠性的大小，或者按照兑现期间的远近，大多要低于金银价值之下。

数年前，苏格兰各家银行常在所发行的钞票上加印选择权条款。依此条款，凡持票要求兑付的人可以要求见票即兑，也可以在见票

---

① 所指的或许是《货币论》和《论贸易平衡》中的一段，在那里休谟指责纸币是价格上涨的原因。——《政治论文集》，1752年，第43~45页和第89~91页。比较《演说集》，第197页。

六月后兑现，但后者要添付六个月的法定利息，这可以由银行理事决定。有些银行的理事有时利用这个条款，有时威胁持大批钞票求兑换的人，要他们满足于只兑现一部分，否则就要利用这条款。那时候，苏格兰的大部分通货几乎是这些银行的钞票。能否兑现既然是个疑问，其价值当然会低于金银。在这种弊病还没有消除的期间（尤其是1762年、1763年和1764年），卡莱尔对伦敦实行平价汇兑，达弗里斯距卡莱尔不及三十英里，但对伦敦的汇兑却往往贴水百分之四。很明显，这是因为卡莱尔以金银兑付汇票，达弗里斯则以苏格兰银行钞票兑付汇票。钞票要兑换现金不一定有把握，与铸币比较的价值就跌了百分之四。后来，国会禁止发行五先令、十先令钞票，又规定钞票不得附加选择权条款①，英格兰对苏格兰的汇兑才恢复自然汇率，即顺应于贸易情况和汇兑情况。

约克郡纸币竟有小至六便士的，但持票人按规定要存票至一基尼才可要求兑现。持票人往往难以满足这个条件。所以其价值也低于金银价值。后来，国会决议废止这种规定并认为它不合法，而像苏格兰一样禁止发行二十先令以下的钞票②。

北美洲纸币不是由银行发行的，也不能随时兑现。它是由政府发行的，不经过若干年不能兑现。虽然殖民地政府不向持票人支付任何利息，但曾宣告纸币为法币，须按票面价值支付债务。但是，即使殖民地政府非常稳固，在一般利息六厘的地方，十五年后才能支付的一百镑钞票的价值和四十镑现金也差不了多少。所以，强迫债权人接受一百镑纸币以清偿其所拥有的一百镑现金债权未免太不公平，任何以自由相标榜的政府大概都未曾试行过。显然像诚实坦率的道格拉斯博士所说的，这是不诚实的债务人欺骗债权人的一种勾当③。1772年，宾夕法尼亚政府第一次发行纸币，称纸币价值与金银相等，严禁人们以纸币卖货时索取比金银出售还要高的价格。

---

① 乔治三世第5年，第49号法律；前面第305页提到。
② 乔治三世第15年，第51号法律。
③ 威廉·道格拉斯，《不列颠所属北美殖民地初次殖民、不断进步的现状和历史及政治摘要》，1760年，第2卷，第107页。

就专横而言，这个法令与其本意所要支持的法令没有差别；如果说无效，则还要超过其本意所要支持的法令。法律可以使一先令在法律上等于一基尼，因为它可以让法庭在债务人拿出一先令时解除其一基尼的债务。但是，销售者可以自主决定如何出售其商品。强迫买卖的人将一先令看做一基尼却是法律所无法办到的。所以，有时候英国对一些殖民地的汇兑为一百镑等于一百三十镑，而对另一些殖民地，一百镑却简直可以等于一千一百镑，虽然有这样的法令，也无可奈何。如果探讨其中原因就知道，价值的悬殊乃是因为各殖民地发出去的纸币额极不相等。而且，纸币兑现期限的长短不一，兑现可能性也大小不同。

这样看来，国会决议殖民地以后发行的纸币都不得定为法币，这是最恰当不过的①。为什么各殖民地都不赞成这个决议案呢？

与我国其他殖民地相比较，宾夕法尼亚对发行纸币往往比较谨慎。那里的纸币，据说从来没有低落到未发纸币以前的金银价值以下。但在纸币第一次发行以前，宾夕法尼亚已提高殖民地铸币的单位名称，且由议会决议，英国五先令的铸币，在殖民地境内流通，可以当做六先令三便士，后来又提高至六先令八便士。所以，殖民地货币一镑，即使在通货是金银币的时候，与英币一镑比较，价值已低百分之三十以上，在通货是纸币时，其价值低于英币一镑的价值，很少大大超过百分之三十。主其事者，以为这样提高铸币单位名称，使等量金银在殖民地比在母国当做更大的数目使用，即可防止金银输出，却不知道殖民地铸币的单位名称提高后，由母国运来的货物的价格，也必按比例提高，金银的输出还是一样迅速。

殖民地的纸币允许人民按其面额来缴纳本州各种赋税。所以，即使纸币真的或被认为要在很久以后才能够兑现，其价值也可以有所增加。不过这种增加的价值要看这个殖民地发行的纸币额超过该殖民地缴纳赋税所能使用的纸币额的多少来确定。各殖民地的纸币额都大大超过本州缴纳赋税所能使用的纸币额。

一国君主，如果规定赋税中有一定部分必须用纸币缴纳，那么，

---

① 乔治三世第4年，第34号法律。

即使纸币什么时候兑现全凭国王的意志,也一定能提高纸币的价格。如果发行纸币的银行根据纳税的需要而使纸币额常常低于应付纳税人的需求,那纸币价值也将高于它的面值。或者说,纸币在市场上所能买得的金银币会多于其票面所标明的数量。但有些人就根据这点说明所谓阿姆斯特丹银行纸币的升水,即说明它的价值何以高于通用货币,虽然他们认为这种纸币不能由所有者随便拿出银行。他们说,大部分外国汇票必须用银行纸币兑付。换言之,需要在银行账簿上进行转账;该银行理事故意使银行纸币额常常低于应付这种用途的需要。他们说这就是阿姆斯特丹银行纸币常比金银币价值高百分之四甚至百分之五的理由。但我们将在后面看到①,这种账户在很大程度上是虚幻的。

虽然纸币价值可以低于金银铸币价值,但金银价值不会因纸币价值下跌而下跌。金银所能换得的其他货物的数量不会因此而减少。无论在什么场合,金银价值对其他货物价值的比例都不取决于国内通用纸币的性质与数量,而取决于当时供给商业世界大市场的金银矿藏的丰瘠程度。换言之,取决于一定数量金银进入市场所需要的劳动量对一定数量其他货物进入市场所需要的劳动量之间的比值。

如果银行被禁止发行低于一定数额的流通银行券或凭票即付的票据,如果他们有义务立即无条件地兑付这种银行券,那么他们的营业就可以完全自由而不会妨碍社会安全。近年来,英格兰和苏格兰两地银行增多,许多人非常担忧。但银行的设立不仅对社会没有妨碍,反而增进了社会的安全。银行林立且竞争者众多,为提防同业间进行恶意的挤兑,各家银行必须格外慎重地营业,所发纸币也必与现金额数保持适当的比例。这种竞争可以使各家银行的纸币限制在较小的范围内流通;可以使各家银行流通中的纸币减少。全部纸币分别在更多的区域流通,所以,一个银行的失败(这是必然的事)对公众的影响必然较小。同时,这种自由竞争又使银行对顾客的条件更为宽大,否则将为同业所排挤。总之,一种生意对社会有益,就应当任其自由发展。竞争越自由,越普遍,就越有利于社会。

---

① 后面,第 344~351 页。

第三章 论资本积累或论生产性劳动和非生产性劳动

有一种劳动投入在劳动对象上能增加它的价值；另一种劳动却不能。前者因为可以生产价值，所以称为生产性劳动，后者称为非生产性劳动①。制造业工人的劳动一般会把维持自身生活所需的价值与产生雇主利润的价值，加入到所加工的原材料的价值上。相反，家仆的劳动却不能增加什么价值。虽然制造业工人的工资由雇主垫付，但事实上雇主并没有其他支出。制造业工人把劳动投入到劳动对象上，劳动对象的价值增加。这样增加的价值通常可以补偿工资的价值，并产生利润。家仆的维持费却是不能收回的。雇用许多工人是致富的方法，维持许多家仆是致贫的途径②。但家仆的劳动也有它本身的价值，像工人的劳动一样应得到报酬。不过，制造业工人的劳动可以固定并且实现在特殊商品或可出售的商品上，可以经历一些时间而不会立刻消失，仿佛是把一部分劳动贮存起来，在必要时再提出来使用。那种物品或者说那种物品的价格，日后在必要时可以推动的劳动数量等于原来为生产它而使用的劳动数量。相反，家仆的劳动却不固定也不实现在劳动对象或可出售的商品上。家仆的劳动在提供后会立刻化为乌有，要把它的价值保存起来供日后雇

---

① 有些博学多才的法国学者使用这个词的不同含义。在第四篇最后一章我将尽力说明他们的用法是不当的。
② 正文中接下来的论述忽视了这样一个事实：只在雇用制造工人去生产供出售的商品时才会变富，雇用仆人只是为了使自己舒服时才会变穷。一个人可能会常常因雇人去制造"特种物品或可贩卖物品"以供自己消费而变穷，一家旅馆老板可能会常常因雇用仆人而变富。

用等量劳动是很困难的。

社会上等阶层某些人士的劳动与家仆的劳动一样不生产价值，不固定或体现在耐用物品或可出售商品上，也不能保存起来供日后雇用等量劳动之用。例如，君主以及他的官吏和海陆军都是不进行生产的劳动者。他们是公仆，其生计由他人劳动的一部分年产品来维持。无论他们的职务怎样高贵、有用和必要①，但终究是随生随灭，不能保留起来供日后取得同量职务之用。他们治理国事和捍卫国家，功劳当然不小，但今年的政绩购买不到明年的政绩；今年的安全购买不到明年的安全。这其中当然包含着各种职业，有些是很尊贵并很重要的，有些却可说是最不重要的。前者如牧师、律师、医师、文人；后者如演员、歌手、舞蹈家。在这类劳动中，即使是最低级的也有若干价值，支配这种劳动价值的原则就是支配所有其他劳动价值的原则。但这类劳动中，就连最尊贵的也不能生产什么东西供日后购买等量劳动之用。像演员的对白、雄辩家的演说和音乐家的歌唱这类的工作都是随生随灭的。

生产性劳动者、非生产性劳动者以及不劳动者，同样依赖于土地和劳动的年产品。无论生产品的数量如何大，都不是无穷的而是有限的。因此，用以维持非生产性人手的部分越大，用以维持生产性人手的部分必然越小，从而次年生产品也必然越少。相反，用以维持非生产性人手的部分越小，用以维持生产性人手的部分必然越大，从而次年生产品也必然越多。除了土地上天然生产的物品，一切年产品都是生产性劳动的结果。

固然，无论在哪个国家，土地和劳动的年产品无疑都是用来供给国内居民消费的，为国内居民提供收入，当其出自土地或生产性劳动者之手的时候，它们自然被分成两个部分：一部分（往往是最大的一部分）用来补偿资本，补充从资本中取出的食物、材料和制成品；另一部分以利润形式成为资本所有者的收入，或以地租形式成为地主的收入。就土地生产品来说，一部分是用来补偿农民的资

---

① 但在"导论及全书设计"中，"有用的"是和"生产性的"连用的，二者意义相同。

本的；另一部分用来支付利润，以作为资本所有者的收入，或支付地租作为地主的收入。就大型工厂的生产品来说，一部分（往往是最大的一部分）是用以补偿厂商的资本；另一部分则支付利润，作为资本所有者的收入①。

用来补偿资本的那部分年产品，从来没有立即用以维持非生产性劳动者，而用以维持生产性劳动者。一开始指定作为利润或地租收入的部分则可能用来维持生产性劳动者，也可能用来维持非生产性劳动者。

把一部分资产作为资本而投入的人无不希望收回资本并赚取利润。因此，他只用来雇用生产性劳动者。这项资产首先对其所有者发挥资本的作用，以后又构成生产性劳动者的收入。至于他用来维持非生产性劳动者的那部分资产，从使用的时候起，即从他的资本中提出来供其直接消费。

非生产性劳动者和不劳动者都要依赖收入。这里所谓的收入可分为两项：第一，一部分年产品中一开始即指定作为某些人的地租收入或利润收入；第二，年产品中又有一部分原本是用来补偿资本和雇用生产性劳动者的，但在转移到获得它的人们手中后，除被用来维持他们的衣食外，他们往往不分差别地用来维持生产性劳动者和非生产性劳动者。例如，在工资丰厚的情况下，大地主、富商和普通工人也常雇用家仆，偶尔去看木偶戏。这样，他就拿一部分收入来维持非生产性劳动者了。并且，他也许要纳一些税。这时，他所维持的那些人虽然尊贵得多，但同样是不生产的。不过按照常理，原定用来补偿资本的那部分年产品，在完成调动生产性劳动者的积极性前，在促使他们像原来那样工作以前，不会被转移用做维持非生产性劳动者。劳动者在未劳动获得工资以前，要想用一部分工资维持非生产性劳动者是绝不可能的。而且，那部分工资往往不多。这只是他节省下来的收入；生产性劳动者收入无论怎样也节省不了许多，不过，他们总有一些。在缴纳赋税方面，因为他们这个阶层

---

① 应当指出，在这一段，产物不是用来指普遍经济意义上的收入或净产品，而是包括所有产品，例如，用于织布的油和布匹。

的人数很多，所以，他们所纳的税虽然有限，但他们这个阶层所纳的税却很可观。无论地租和利润在什么地方，都是非生产性劳动者生活所依赖的主要资源。这两种收入是最容易节省的。它们的所有者可以用其来雇用生产劳动者，也同样可以用来雇用非生产性劳动者。但是，大体上，他们似乎特别喜欢用在后一类。大领主的支出通常大部分被用于供养游手好闲的人，而用于供养勤劳的人则少。虽然富商的资本只被用来雇用勤劳的人，但像大领主一样，他的收入也大都用来维持那些非生产性的人们。

我们说过，由土地和生产性劳动者生产出来的年产品一旦生产出来，就有一部分被指定作为补偿资本的基金，还有一部分作为地租或利润的收入。我们现在又知道，随便在哪一国，生产者对非生产者的比例，在很大程度上取决于这两个部分的比例。而且，这比例，在穷国和富国又极不相同。

今日欧洲各个富国，往往以土地生产品的极大部分用来补偿独立富农的资本，其余则用来支付他的利润与地主的地租。但昔日封建政府林立的时候，极小部分的年产品已经足够补偿耕作的资本。因为那时候耕作所需资本不过是几头老牛老马，而它们的食物就是荒地上的天然产品，因此，也可把它们看做天然产品的一部分。这些牲畜一般也是属于地主的，而由地主租借给土地耕作者。土地的其余产品也归地主所有，或作为土地的地租，或作为没有什么价值的资本的利润。耕种的人大都是主人的奴仆，他们的身家财产都同样是地主的财产。那些不是奴仆的耕种者是可以随意退租的佃户。他们所缴纳的地租名义上常常像免役租一样，但事实上依然等于全部土地生产品。而且，在和平的时候，地主可随时征用他们的劳役，在战争的时候，他们又须出去服兵役。他们虽然住得离地主的家远一些，但他们隶属于地主，无异于住在地主家里的家奴。他们的劳役都要听地主支配，全部的土地生产品当然属于地主。现在欧洲的情况却大不相同。在全部土地生产品中，地租所占的比例很少超过三分之一，有时还不到四分之一。但以数量计，改良土地的地租，却大都已三倍或四倍于往日；如今从年生产品中取出三分之一或四分之一，似乎就是往日全部年产品的三倍或四倍。在农业日益进步的时代,地租的数量虽然逐日增加,但与土地生产品的比例却逐日减少。

现在在欧洲各个富国,大规模的资本都投入到商业和制造业上。古代的贸易量很少,制造业简陋,所需要的资本很少,可是它们所产生的利润一定很大。过去的利息率很少在百分之十以下,这可以证明他们的利润必定足够产生这么大的利息。现在,欧洲各个先进国家的利率很少高于百分之六;最先进国家的利率有时也低到百分之四、百分之三甚至百分之二。因为富国的资本比穷国多得多,所以富国居民从资本利润中获得的收入也比穷国高得多。但就利润与资本的比例来说,那就通常小得多①。

与穷国比较,富国用来补偿资本的那部分土地和劳动的年产品当然要大得多。但不仅如此,与直接归属于地租和利润的部分比较,它在年产品中所占的比例也大得多。此外,与穷国比较,富国雇用生产性劳动的基金当然要大得多。但也不仅如此。我们说过,一国的年产品除了一部分用做雇用生产性劳动的基金外,其余用来雇用生产性劳动还是非生产性劳动则并不一定,但通常是用在后一种用途上。与穷国比较,富国雇用生产性劳动的资金,在年产品中所占比例也大得多。

在任何国家,这两种资金的比例都必然会决定一国人民是勤劳还是懒惰。与我们祖先比较,我们是更勤劳的。这是因为,与两三百年前比较,我们用来维持勤劳人民的资金,在比例上,比用来维持游手好闲人的资金大得多。我们祖先因为没有受到勤劳的充分奖励,所以就游手好闲了。俗话说,劳而无功,不如戏而无益。在下层居民主要依赖于资本运用的工商业城市,这些居民大都是勤劳的、认真的、兴旺的。英国和荷兰的大城市便是很好的例证。在主要依靠君主经常或临时的居住来维持的都市,人民的生计主要依赖于国家收入的开支,这些人民大都是游手好闲的、堕落的、贫穷的。罗马、凡尔赛、贡比涅、枫丹白露就是很好的例证。法国除了里昂、

---

① 完全忘记了首先提出来要说明的问题,即利润占产物的比例是否较大。由于同产物相比资本较大,低利润率仍可能使利润占产品的份额较大。

波尔多两市,其他各议会城市的工商业都微不足道。由于一般下层人民大都依靠法院人员及前来打官司的人的支出来维持,所以,他们大都是游手好闲的、贫穷的。里昂、波尔多两市则因地理位置的关系,商业颇为发达。无论物品由外国输入还是从沿海各地运来,里昂是巴黎所需物品的必要集散地点。波尔多则为加龙流域所产葡萄酒的集散地点。这些地方产酒量大,世界闻名,外国人都喜欢饮用,所以出口数量很大。这样好的地理位置,当然会吸引资本投入到这里来。因为这样,这两个城市的工业才会蒸蒸日上。其他各议会城市的情形便不同了。人们投入资本都只为维持本市的消费。换言之,投入资本的数量很有限,不能超过本市所能使用的限度。巴黎、马德里、维也纳的情形也都是如此。在这三个城市中,巴黎人民要算最勤劳的了,但巴黎就是巴黎本市制造品的主要销售市场;巴黎本城的消费就是一切生意的主要对象。在欧洲只有伦敦、里斯本和哥本哈根既是王公贵族居住的地方又是工商重镇,是既为本市消费而经营又为外地及外国消费而经营的城市。这三个城市所处的位置都很有利,适合作为大部分来自遥远地区的消费物品的集散地。但在一个有大量收入来消费的城市,除把资本用于供应本地的消费外,想有利地使用资本就不像在下层人民生计专靠资本的运用来维持的工商大城市那么容易。靠国家收入的支出来维持生活的大部分人都游手好闲惯了,使得一些应该勤勉做事的人也不免受到影响。所以,在这些地方使用资本自然比在其他地方有所不利。英格兰和苏格兰未合并前,爱丁堡的工商业很不发达。后来,苏格兰议会迁移了,王公贵族不一定要住在那里了,那里的工商业才慢慢振兴起来。但苏格兰的主要法院、税务机关等,未曾迁移,所以仍有不少国家收入是在那里花费。因此,就工商业来说,爱丁堡远不及格拉斯哥。格拉斯哥居民的生计,大都靠资本的运用①。此外,我们有时看到,在制造业方面很有进展的大乡村的居民,往往由于公侯贵族定居其间,从而变得懒惰和贫困。

---

① 在《演讲集》第 154~156 页中,与格拉斯哥相比,是爱丁堡和其他这类地方的悠闲导致了居民独立的愿望。

所以，无论在什么地方，资本与收入的比例似乎都支配勤劳的人与游手好闲的人之间的比例。资本占优势的地方，勤劳的人就多；收入占优势的地方，游手好闲的人就多。资本的增减自然会导致真实劳动量的增减和生产性劳动者人数的增减，因而，也会促使一国土地和劳动的年产品的交换价值的增减，以及一国人民的真实财富与收入的增减。

资本增加的原因是节俭；资本减少的原因是奢侈与妄为。一个人从收入中储蓄了多少，就增加了多少资本。增加的资本可以由所有者亲自投入用来雇用更多的生产性劳动者，也可以借给别人以获得利息，使其能雇用更多的生产性劳动者。既然个人的资本只能由储蓄每年收入或每年利得而增加，由个人构成的社会资本也只能利用这个方法而增加。

资本增加的直接原因是节俭，不是勤劳。诚然，没有节俭以前必须先有勤劳，节俭所积蓄的东西都是由勤劳得来。但如果只有勤劳，没有节俭，有所得而无所留，资本则不能增加。

节俭可增加维持生产性劳动者的基金，从而增加生产性劳动者的人数。他们的劳动，既然可以增加工作对象的价值，所以，节俭又有增加一国土地和劳动的年产品的交换价值的趋势。节俭可推动更大的劳动量；更大的劳动量可增加年产品的价值。

每年储蓄的资本就像每年花费的一样经常被消费掉，而且，几乎是同时被消费掉①。但消费的人有所不同。富人每年花费的收入大都由游手好闲的客人和家仆消费掉了，这些人消费完了就算了，没有留下什么作为报酬。每年储蓄下来的为获利而直接转为资本的部分也同样几乎同时被人消费掉，但消费的人是劳动者、制造者、技工，他们会利用其每年消费掉的价值进行再生产，并产生利润。现在假定富人的收入都是货币，如果他把它全部花掉，他用全部收入购得的食物、衣服和住所，就会分配给前一种人。如果储蓄的一部

---

① 这是个悖论，是由于混淆了生产性资本增加额的劳动者的报酬和这种增加额本身产生的报酬。实际储蓄的是资本的增加额，而这是没有被消费掉的。

分为获利而直接转作资本,亲自投入或借给别人投入使用,那么,他利用所储蓄的部分购买到的食物、衣料和住所就会被分配给后一种人。消费是一样的,但消费者不同。

节俭的人每年所储蓄的收入,不但可在今年或明年供养更多的生产性劳动者,而且,他像工厂的创办人一样设置了一种永久性基金,将来随便什么时候都可维持同样多的生产性劳动者。如何分派这种基金以及将用到什么地方,并没有法律予以保障,没有信托契约或永续的营业证书加以规定,但有一个强有力的原则保护其安全,那就是所有者个人的利害关系。如果把这基金的任何部分用于维持非生产性劳动者,不按照原指定用途而滥用该基金的人将要吃亏。

奢侈者就是如此滥用资本:不量入为出,结果就蚕食了资本。如同把一种敬神之用的基金的收入转移给渎神之用的人一样,他把父兄节省下来打算干点事业的钱,维持着许多游手好闲的人。由于雇用生产性劳动者的基金减少了,所雇用的能增加物品价值的劳动量也减少了,因而,全国土地和劳动的年生产品价值也就减少了,全国居民的真实财富和收入也相应减少。奢侈者抢得勤劳者的面包来供养游手好闲者。如果另一部分人的节俭不足抵偿这一部分人的奢侈,奢侈者所为不但会使自己陷入贫穷,而且将使国家陷于困境。

即使奢侈者所消耗的都是国内生产的商品,而不用任何外国货,结果也将同样影响社会的生产基金。每年总有一定数量的食物和衣服,本来应该用来维持生产性劳动者的,被用来维持非生产性劳动者。因此,每年一国生产品的价值,总不免低于本来应有的价值。

有人会说,这种花费没有被用来购买外国货,不曾引起金银的向外输出,国内的货币也不会减少。但是,如果这些食物和衣服没有被非生产者消费,而是分配给生产者,他们就不仅可用他们消费的全部价值进行再生产,而且可产生利润。同等数量的货币将依然被留在国内,却又再生产了同等价值的消费物品,所以最终将有两个价值,而不是一个价值。

此外,年产物价值日趋减少的国家不可能保留同等数量的货币。货币的唯一用途就是周转消费品。依靠货币,食物、材料与制成品才可以进行买卖,并分配给恰当的消费者。一国每年所用的货币量取决于每年国内流通的消费品的价值。如果每年国内流通的消费品不是本国土地和劳动的直接生产品,那就是用本国生产品购买进来的物品。国内生产品的价值减少了,每年在国内流通的消费品的价值也必然减少,因而,国内每年所能通用的货币量也一定减少。因生产品逐年减少而被逐出国内流通领域的货币不能被放弃。货币所有者因为利害关系而不愿让自己的货币闲置不用。国内没有用途,他就会不顾法律和禁令将之送往外国,用来购买国内有用的各种消费物品。货币逐年输出将持续一段时间,这样使国内人民每年的消费额超过他们本国年产品的价值。繁荣时代积累下来的用于购买金银的年产品,可以在短时期内支持这种逆境中的消费。但在这种情形中,金银的输出不是民生衰落的原因,而是民生衰落的结果。实际说来,这种输出甚至还可以暂时减轻民生衰落的痛苦。

反过来说,一国年产品的价值增加,货币量也必自然增加。每年在国内流通的消费品价值增加,当然需要更多的货币量流通。因此,有部分增加的生产品必定会寻找适合的地方购买额外的金银。但在这种场合,金银增加只是社会繁荣的结果,而不是社会繁荣的原因。无论在哪里,购买金银的条件都是一样的。从矿山挖掘出,再运到市场中,总需要一定数量的劳动或资本。为这项生意的劳动进行投资的人总需要衣食住的供给与收入。一定数量的供给和收入就是购买金银的价格。在英格兰和秘鲁购买金银都是如此。需要金银的国家只要出得起这个价格,就用不着担心所需的金银会永远缺乏,而不需要的金银也不会长久留在国内。

所以,无论是根据明白合理的说法认为构成一国真实财富与收入的是一国劳动和土地的年产品的价值,或是依据世俗的偏见认为构成一国真实财富与收入的是国内流通的贵金属数量,总之,无论从哪个角度看,奢侈都是公众的敌人,节俭都是社会的恩人。

再讲妄为。妄为的结果和奢侈相同。农业、矿业、渔业、商业和工业上一切不谨慎和没有成功希望的计划都会使雇用生产性劳动的资金呈现出减少趋势。固然,投入到这种计划上的资本也只由生产性劳动者消费,但由于使用不当,他们消费的价值不能被充分地再生产出来,与使用恰当的情形相比,总不免要减少社会上的生产资金。

幸而对大国而言,个人的奢侈妄为不能有多大影响。另一部分人的俭朴慎重足够抵消这一部分人的奢侈妄为而绰绰有余。

一个人所以会浪费,当然因为他有及时享乐的欲望。这种强烈的欲望有时简直难于抑制。但一般说来,那总是暂时的和偶然的。一个人所以会节俭,当然因为他有改良自身状况的愿望。虽然这种愿望是冷静的和沉着的,但我们从出生一直到死,从来没有放弃过这种愿望。我们从生到死的过程中,几乎没有一个人会有一刻对自身地位觉得完全满意,没有人不求进步,不想改良。但怎样改良呢?一般人都觉得,增加财产是必要的手段,这手段最通俗,最明显。增加财产的最适当方法就是在常年的收入或特殊的收入中节省一部分,储蓄起来。所以,虽然每个人都不免有时有浪费的欲望,并且有一种人是无时不有这欲望,但平均说来,在我们人类生命的过程中,节俭的心理不仅常占优势,而且大占优势。

再讲妄为。无论在何处,慎重和成功的生意总占极多数。不慎重、不成功的生意总占极少数。我们虽然常常看见破产的失意者,但在无数的经营商业的人中,失败的总是全体中的极小部分。一千个当中可能只有一个。对一个清白的人而言,破产这种灾祸实在是极大的和极难堪的灾祸。不留意避免它的人实在不多。当然,如同不知道避免绞刑架的人一样不知道避免它的人也并非没有。

地大物博的国家固然不会因私人奢侈妄为而贫穷,但政府的奢侈妄为却可能使国家穷困。在许多国家中,全部或几乎全部公众的收入都用来维持非生产者。朝廷上的王公大臣、教会中的牧师神父就是这一类人。又如海陆军,他们平时不需要生产,战时又不能有所收获以补偿维持他们的开支。甚至在战争继续进行的期间也如此。因为这些人不进行生产,所以他们不得不依赖别人的劳动产品。如果他们人数增加到不恰当的数额,就可能在某一年消费掉非常多的上述产品,以致没有足够数量的年产品来维持能在次年进行再生产的生产性劳动者。于是,次年的再生产一定不及上一年。如果这种混乱情形继续下去,第三年的再生产,又一定会比不上第二年。那些只应拿人民的一部分剩余收入来维持的非生产者可能消费了全国人民收入中很大的部分,使得如此多的人不得不侵蚀自己的资本,侵蚀维持生产性劳动的基金,以致不论个人多么节俭多么慎重,都不能补偿这样大的浪费。

然而,从经验上看,在大多数场合,个人的节俭和良好行为,又似乎不仅足以补偿个人的奢侈妄为,而且足以补偿政府的浪费。每个人改善自身境况的一致的、经常的、不断的努力是社会财富、国民财富以及私人财富所赖以产生的重大因素。这不断的努力,常常强大得足以战胜政府的浪费,足以挽救行政的大错误,使事情日趋改良。譬如,人间虽有疾病,有庸医,但人身上总是有一种莫名其妙的力量,可以突破一切难关,恢复原来的健康。

有两种方法可以增加一国土地和劳动的年产品的价值:一是增加生产性劳动者的数量,另一种是提高受雇用劳动者的生产力。很明显,要增加生产性劳动者的数量必须先增加资本,增加维持生产性劳动者的资金。要增加同等数量受雇用劳动者的生产力必须增加方便劳动、节约劳动的机械和工具,或者对它们改良。不然,就是使工作的分配更为适当。但无论怎样,都有必要增加资本。要改良机器少不了增加资本;要改良工作的分配也少不了增加资本。把工作分成许多部分,使每个工人一直专做一种工作,比由一个人兼任各种工作一定会增加不少资本。因此,我们如果比较同一国家人民不同时代的状况,可以发觉那里后代的土地和劳动的年产品比前代多了,土地耕作状况进步了,工业扩大了、繁盛了,贸易推广了。我们可以断言,在这两个时代之间,这个国家的资本一定增加了不少。那里一部分人民的节俭慎重所增加于资本的数额,一定多于另一部分人民的妄为和政府的浪费所侵蚀了的资本的数额。说到这里,我应该声明一句,只要国泰民安,即使政府不是节省慎重的,国家的状况也会有这种进步。不过,我们要正确判定这种进步,不应比较两个相距太近的时代。进步并不是显而易见的,时代太近了,不但看不出它的改良,有时,即使国家是一般地改良了,但我们往往因看到某种产业的凋零或某一地方的衰落,便怀疑全国的财富在减少,产业在退步。

与一百年前查理二世复辟时比较,现在英格兰土地和劳动的年产品，当然是多得多了。现在怀疑英国年产品增加的人，固然不多，但在这一百年时间内，几乎每隔五年，就有几本写得很好能打动人心的书籍或小册子出版，说英格兰的国家财富正在锐减，人口正在减少，并且说那里农业退步，工业凋零，贸易衰落。而且，这类书籍不见得全是党派的宣传品，全是欺诈和见利忘义的产品。里面的许多内容是由非常诚实和非常聪明的作者所写。这些人所叙述的都是他们所坚信的。

此外，查理二世复辟时代与在那之前一百年伊丽莎白即位时比较，英格兰土地和劳动的年产品也一定要多得多。伊丽莎白时代与在那之前一百年约克家族与兰卡斯家族争夺胜负的时代末期比较，英格兰的年产品一定又多得多。再向前推，约克家族与兰卡斯家族时代当然要超过诺曼征服的时代；诺曼征服的时代，当然又胜于撒克逊七王国统治的时代。在撒克逊七王国统治的时代，英国当然不能说是一个进步的国家，但与尤利乌斯·恺撒入侵时代（这时，英格兰居民的状况和北美野蛮人相差不远）比较又算是重大的进步了。

然而，在上述各个时期中，私人有很多浪费，政府也有很多浪费，而且发生了许多次不必要的和费用浩大的战争，原有许多用来维持生产者的年产品被转移用做维持非生产者。有时，在国内战争激烈的时候，在任何人看来，大量的浪费和资本遭到破坏都会被认为不但妨碍了财富的自然积累（实际上确是如此），而且会使国家在这个时期末陷入更为贫困的地步。查理二世复辟以后，英国境况是最幸福和最富裕的了，但那时又有多少纷乱与不幸的事件发生呢？如果我们出生在那时，我们一定会担心英格兰的前途，它不仅要陷于贫困，恐怕还会完全毁灭吧！试想，伦敦大火以后发生了大规模瘟疫，又加上英荷两次战争，革命的骚乱，对爱尔兰战争，1688年、1702年、1742年和1756年四次与法国之间耗费巨大的战争，还有1715年和1745年两次叛乱。不说别的，仅仅四次英法大战的结果就使英国欠下来的债务达到一亿四千五百万镑以上，加上战争所引起的各种特殊支出，恐怕总共不低于两亿镑。自革命以来，我国年产品，就常有这样大的部分用来维持很多的非生产者。如果当时没有战争，那么用于战争的资本中，一定有大部分会改变用途来雇用生产性劳动者。生产性劳动者既能再生产他们消费的全价值,也能产生利润,那么,我国土地和劳动的年产品的价值就会逐年增加。如果当时没有战争,建造起来的房屋一定更多;改良了的土地一定更广大;已改良土地的耕作一定更加完善;制造业增多了,已有的制造业又得到促进了;至于国民真实财富与收入将要怎样增加起来,我们也许难于想象。

尽管政府的浪费无疑曾阻碍英格兰在财富与改良方面的自然发展,但不能使它停止发展。与复辟时代比较,现在英格兰土地和劳动的年生产品是多得多了;与革命时代比较,也是多得多了。英格兰每年用以耕作土地维持农业劳动的资本,也一定比过去多得多了。一方面虽有政府的横征暴敛,但另一方面,却有无数个人在那里普遍地不断地努力改进自己的境况,他们的储蓄慎重地不动声色地、一步一步地累积起来。正是这种努力,使英国可以受到法律保障,并在最有利情况下自由发展,几乎在过去一切时代都能日趋富裕,日趋改良。而且,将来永远照样进行下去,也不是没有希望的。可是,英格兰从来没有很节俭的政府,所以,居民也没有节俭的特征。由此可见,英格兰王公大臣不自己反省,反而颁布节俭法令,甚至要禁止外国奢侈品输入,倡言要监督私人经济,节制铺张浪费,这实在是最放肆、最专横的行为。他们不知道,他们自己始终没有例外地是社会上最浪费的阶层。他们好好注意自己的开支就行了,人民的开支可以任人民自己去管理。如果他们的浪费不会使国家灭亡,那么人民的浪费也绝不会。

节俭增加社会资本,奢侈减少社会资本。而开支等于收入的人既不积累资本,也不蚕食资本,不增加资本,也不减少资本。不过,我们应该知道,在各种开支方法中,有些方法更能促进国家财富的增长。

个人收入中有的被用来购买立刻就可以享用的物品,即享即用,对未来没有好处。有的被用来购买比较耐久的且可以蓄积起来的物品,今天购买之后就可以减少明日的开支,或提高明天开支的效果。例如,有些富翁拥有众多的奴婢和马匹,吃和用都很铺张。有些人宁愿在饮食上很节俭,只用少量奴婢,却愿意装饰庄园,修葺别墅,不断地建造新的建筑,大量购买有用的或专门作为装饰的家具、书籍、图画等。有些人则愿意购买比较不重要的东西，珠宝、玩具和各种奇巧的小玩意。还有些人愿意积攒好衣服，就像数年前逝世的某位国王的宠臣一样①。假设甲、乙两位富人的财产相等，甲用其大部分收入来购买比较耐用的商品，乙则用其大部分收入购买即享即用的物品。到后来，甲的境况必能日趋改进，今日的开支多少可以促进明日开支的效果。乙的境况则不会比原先更好。最终，甲必然会比乙更富裕。甲还拥有若干商品，虽然其价值不如当时购买的价格，但总有一些价值。乙的开支就连痕迹也没留下来，十年或二十年浪费的结果是两手空空，好像什么都未曾有过。

对个人财富有益的消费方法也对国民财富比较有益。富人的房屋、家具、衣服转瞬可以变得对下层人民和中层人民有用。在上层阶层的人厌烦的时候，中下层阶层的人民可以将其买来。所以，在一般富人都是这样使用钱财的时候，全体人民的一般生活状况就逐渐得到改善了。在一个长期富裕的国家，虽然下层人民自己不能出资建造大厦，但往往占有大厦；虽然自己不能定制上等家具，但往往使用着上等家具。过去西穆尔的邸宅，现今已经成为巴斯道上的旅馆②；詹姆士一世的婚床（那是作为邻国通婚的礼物由皇后从丹麦带来的嫁妆）几年前已经被陈列在敦弗林的酒店③。在有些无进

---

① 杰曼·加尼尔在这一段的脚注（法文版《国富论》，1802年，第2卷，第346页）中说，这无疑是指布吕尔伯爵，波兰国王的御前大臣，他死后留下365套华丽的衣服。乔纳斯·汉韦（《不列颠对里海贸易的历史记录，附伦敦经俄罗斯至波斯、回程经过俄罗斯、德国和荷兰的旅行记》，1753年，第2卷，第230页）说，这位伯爵有300或400套华丽衣服，并在德累斯顿"收藏了各种牌子的颜色最好的呢绒、丝绒和丝绸，更不要提欧洲的各种花边和绣品了"，还有图画和书籍。他死于1764年。
② 这就是莫尔伯勒的卡西尔旅馆，现在已经不再是旅馆了，它在1843年变成了莫尔伯勒学院，这样又经历了一番变迁。
③ 酒店主人尔克太太是一位虔诚的拥护退位英王詹姆士一世的人，她拒绝了有人出价50基尼购买这张床的要求，而大约在1764年将其赠与埃尔金伯爵（约翰·弗尼，《邓弗姆林市和郊区的历史》，1815年，第71页），它的残存部分现在成为邓弗姆林附近布鲁姆豪尔一个餐厅的护炉架。

步也无退步或已稍稍没落的古城，我们有时可发现几乎没有一所房屋是目前的所有人所能建造得起的。如果你进入里面，还可见到许多仍可使用、非常讲究但已是老式的家具。这些家具绝不可能是眼前使用者花钱定制的。王宫别墅、书籍图像以及各种珍奇物品，常常是光荣又是装饰，不但对其所在的地方如此，对其所属国家也如此。凡尔赛宫是法兰西的装饰和光荣，斯托威和威尔登是英格兰的装饰和光荣。意大利创造名胜古迹的财富虽然减少了，创造名胜古迹的天才（也许因为没有用处）虽然似乎消失了，但那里的名胜古迹却仍然博得世人的赞赏。

把收入花费在耐用物品上不仅较有利于积累，而且较容易养成俭朴的风尚。假设一个人在这方面花费得过多，他可幡然醒悟而不致被社会人士所讥讽。如果将原来成群的奴仆骤然裁减，如果将原来广设的华筵骤然节省，如果将原来的华丽陈设骤然减少，就不免被邻人所注意，而且好像是自己承认过去行为的错误。所以，像这样大花大用的人不是迫于破产，很少有改变习惯的勇气。相反，如果他原来就爱用钱添置房屋、家具、书籍或图画，以后如果自己感觉财力不济，他就可以幡然改变习性，其他人也不会怀疑。因为这类物品此前已经购置，也不需要源源不断地购置。在别人看来，他改变习性的原因似乎不是财力不济，而是已经失去了兴趣。

何况，将资产用于耐用物品上能够提供更多的维持费，而将收入用于款待宾客所提供的维持费则较少。一个晚上的宴席要消耗两三百斤的粮食，其中也许有一半被倒进粪堆，浪费不可谓不大。假设将宴会的开支用来雇用泥水匠、木匠、装饰工及机械工等，则所消耗粮食的价值虽然相等，但所养的人数一定会增加。工人们将一便士一便士和一镑一镑地购买这些粮食，任何一镑也不会被浪费掉。一种消费方式用来维持生产者，能增加一国土地和劳动的年产品的交换价值，另一种消费方式用来维持非生产者，不能增加一国土地和劳动的年产品的交换价值。

读者不要认为将开支用于耐用物品就是良好的行为，将开支用于款待宾客都是恶劣的行为。一个富人把他的主要收入用于款待宾客时，就是用大部分的收入让大伙分享。如果他用上述资本购买耐用物品,则只有他自己可以获利,没有代价,也不允许别人分享。因此,后一种花费特别是用于购买珠宝、衣饰等琐碎东西时,常常表现出一种不仅是轻浮的而且是卑鄙和自私的性格。我上面的意思不过是说,将资本投入到耐用物品上可以促进有价值商品的积累,所以可鼓励私人的节俭习惯,有利于社会资本的发展;由于所维持的是生产者而不是非生产者,所以有利于国家财富的增长。

第四章　论贷出取息的资产

贷款人总是把贷出取息的资产视为自己的资本，期望届时收回。同时期待借款人给付一定年租作为使用的代价。借款人可以将其作为资本，或用作直接消费的资产。如果用做资本，借款人会用它来维持能够创造带利润价值的生产性劳动者。在这一场合，他既返还了资本、支付了利息，又没有花费或侵占任何其他的收入来源。如果用做直接消费的资产，借款人就起着一个浪费者的作用，把预定用来支持劳动者的钱浪费在维持懒惰之人上。在这种场合，他要是不花费或不侵占某种其他收入来源，例如资产或地租，就不能偿还资本及支付利息。

毫无疑问，贷出取息的资产有时会被用做这两种用途，但用于前者比用于后者更为常见。借钱消费的人不久就会破产，而借钱给他的人会常常后悔自己的愚蠢。在没有重利盘剥的情况下，在任何场合为消费目的而借贷对于双方都没有益处。虽然，人们有时的确会做这两种借贷，但是，从所有的人都会考虑自己的利益这一点上来看，这种借贷发生的次数不如我们想象得那么多。问一问任何一位比较谨慎的富人，他的大部分资产都是借给哪一种人的，是借给将其用于有利之途的人，还是将其用于无益开支的人，他会笑话你提出这样的问题。甚至在那些并不是世界上以节俭著称的借款人中，节俭和勤劳的人也比浪费的和懒惰的人要多得多。

通常，借钱而不用其创造利润的人，只有以不动产做抵押的乡绅。即使是他们，也很少仅仅是为了消费而借款。可以说，他们在尚未借款之前，就已经将所借的钱花光了。他们所消费的商品数量很大，不能再凭信用向店主和商人赊账，以致必须用利息借款来还债。由于乡绅们无法用自己地产的地租去偿付店主和商人们的资本，所以，只好用借来的钱去偿付这种资本。这不是借来供花销之用的，而是借来补偿以前被花掉的资本的。

几乎所有收取利息的贷款都是用货币进行的，或为纸币，或为金银币。但是借款人实际想要的和贷款人实际提供的并不是货币，而是货币的价值，或货币所能购买的商品。如果借款人想要的是供直接消费的资产，他所借入的就只是这种商品。如果他想利用借款作为雇用劳动的资本，他所借入的就是能为劳动者提供工具、原料和食物以便进行工作的那一类商品。通过贷款，贷款人好像是将自己对国家土地和劳动年产品的一定部分的支配权转让给借款人随意使用①。

因此，在任何一个国家能够取息贷出的资产，或通常所说的资产数量，不是由货币（纸币或铸币）的价值决定的，货币只是充当该国各种贷款的工具。资产的数量是由一部分年产品的价值来决定的：这一部分年产品从地里或从生产性劳动者手中被生产出来时，就被预定作为代替资本来使用，并且是其所有者不愿烦心亲自运用的资本。由于这种资本通常都是用货币贷出和偿还的，所以它构成所谓货币的权益。它不仅和土地的权益不同，而且也和贸易权益与制造权益不同，在后面这两种场合，所有者自行运用自己的资本。可是，即使在货币权益中，货币也似乎只是一种转让证书，将所有者不愿意自行运用的资本从一个人手中转移到另一个人手中。这种资本在数量上可能要比充当转移工具的货币大得多；同一笔货币可以先后多次用来充当贷款，并用来进行不同的购买。例如，A 贷与 W 一千镑，W 立即用来向 B 购买一千镑的商品。B 自己不需要这笔钱，又将其贷与 X，X 又用来向 C 购买一千镑商品。C 自己也不需要这笔钱，将其贷与 Y，Y 又用它向 D 购买商品。这样，同一笔货币（纸币或铸币）可以在几天之内充当三次贷款和用它来三次购买工具，每一次的价值都等于全部货币的数量。三个有钱的人 A、B、C 转让给三个借款人 W、X、Y 的，是进行购买的能力。这种购买力构成贷款的价值和用途。三个有钱人贷出的资产等于可以用其买到的

---

① 《演讲集》，第 220 页。

商品的价值，它是用来进行购买的货币价值的三倍。然而，这些贷款也许全都有可靠的保障，借款人购买的商品的使用到时候就能带回与铸币或纸币同等的价值，并附加利润。就像同一笔货币能充当三倍于或者甚至三十倍于其价值的贷款工具一样，它也能连续地充当偿还的工具。

用这种方式贷出取息的资本可以看做是一种转让，由贷款人向借款人转让一大部分的年产品，其条件是借款人在借款期内每年要转让给贷款人一小部分年产品作为回报，称为利息；借款人在借款期结束时，要转让给贷款人最初所转让的相同数量的年产品，称为还本。虽然货币（铸币或纸币）一般起到的是这一大部分或一小部分转让的转让证书的作用，它本身却与它所转让的东西不同。

在任何国家，所谓货币权益都会按照比例，随着从地里或从生产者手中创出出来即预定用来代替资本的那一部分年产品的增长而自然增长。所有者希望从其获得收入而又不愿自行使用的这些特殊资本，会随着一般资本的增长而自然增长。换句话说，当资产增长时，贷出取息的资产数量也会变得越来越大。

当贷出取息的资产数量增长时，利息或为使用这种资产而必须支付的价格也就必然下降，这不仅是由于商品数量增加时其市场价格普遍下降的一般原因，而且是由于在这种场合所特有的其他原因。当国家的资本增加时，使用资本所能获得的利润必然下降。在国内越来越难找到新资本的有利用途，因而不同的资本之间就产生竞争，一种资本的所有者力图占有另一种资本的所有者所占据的那种用途。但是在大多数场合，要想把其他的人从同种用途中排挤出去，只能靠更合理的条件来进行交易。他不但必须将他所经营的东西卖得略为便宜一些，而且为了将其售出，有时还不得不买得较贵一些。因为用来维持生产性劳动的基金在增长，所以对它的需求一天比一天大。劳动者容易找到工作，但资本所有者却难于找到他所要雇用的劳动者。他们的竞争抬高了劳动工资，降低了资本利润。但当使用资本所能得到的利润下降时，能为使用资本而付出的价格，即利率，也就必须随之下降。

洛克先生、劳先生和孟德斯鸠先生以及许多其他学者[①]似乎都认为，西班牙所属西印度群岛的发现使金银数量增加，这是欧洲大部分地区利率下降的真实原因。他们说，这些金属本身价值变小，其中任何一部分的使用价值也必然变小，因而能为它们付出的价格也就比较低。这种意见初看起来似乎很有道理，其实是错误的，已由休谟先生予以充分揭穿，不必再说什么。然而，下面简洁明确的论证，可以更加清楚地说明让这些先生们似乎迷惑不解的谬论。

在西班牙所属西印度群岛被发现以前，欧洲大部分地区的普通利率似乎是10%。从西印度群岛被发现之后起，在不同的国家利率似乎已下降到6%、5%、4%、3%。假定在每一个不同的国家，白银价值的下降比例与利率的下降比例完全相同，再假定在利率从10%下降到5%的国家，等量银币现在所能购买的商品是过去购买的一半。我相信，这种假设在任何地方都不是事实，但是对我们将要讨论的观点是最为有利的；即使按照这种假设，白银价值的下跌也完全不可能有促使利率下降的趋势。在这些国家里，如果现在一百镑的价值只相当于过去五十镑，那么十镑的价值也就只有过去的五镑。凡是使资本价值下降的原因，也必然是使利息价值下降的原因，而且下降的比例完全相同。虽然利率从未改变，但资本价值与利息价值之间的比例必须保持不变。与此相反，利率改变了，这两种价值之间的比例也必然会改变。如果一百镑现在只能值过去的五十镑，那么现在的五镑也只能值过去的两镑十先令。因此，将利率从过去的10%降到5%，那么我们为使用等于其过去价值一半的资本所付出的利息，就只等于过去所付利息价值的四分之一。

白银的数量在增加，而用它来流通的商品的数量则保持不变，

[①] 洛克，《对降低利息和提高货币价值后果的思考》，1696年版，第6、10、11、81页；劳，《货币与贸易》，第2版，1720年，第7页；孟德斯鸠，《法的精神》，第6章，第5、22页。洛克和劳认为，利息率随货币数量而升降，孟德斯鸠特别指明利息率的历史性下降是由于美洲矿藏的发现。坎梯隆不同意有效货币的增加降低利息率这种普遍的被接受的观点（《论一般商业的性质》，第282~285页）。

唯一的影响就是使白银的价值降低。所有的商品，其名义上的价值要大一些，但是实际上的价值却完全和以前一样。商品交换到的银币数量要多一些，但是银币能够支配的劳动数量、维持和雇用的劳动人数也和以前完全一样。虽然与从前等量的资本需要有更多的货币从一个人手中转移到另一个人手中，但是国家的资本会保持不变。转让证书像委托书一样更加冗长繁琐，可是转让的内容还和以前完全相同，并且效果相同。维持生产性劳动的基金完全相同，对生产性劳动的需求也完全相同。因此，生产性劳动的价值或工资，尽管名义上大一些，实际上却相同。付给生产性劳动的银币数量会比以前大，但是，所购买的商品量却不变。通常，劳动工资是按付给劳动者的银币数量计算的。因此，银币数量增加了，他的工资似乎也增加了，尽管这种工资有时不比过去多。但资本利润不是按所付银币的数量计算的，而是按银币数量与所用整个资本的比例来计算的。例如，在某一个国家，普通的劳动工资为每星期五先令，普通的资本利润达10%。但是，该国的全部资本还和从前一样，它所分成的许多个人资本之间的竞争也还会和从前一样。所有这些不同资本仍以完全相同的利弊进行贸易往来。因此，资本与利润之间的普通比例还会一样，从而货币的普通利息也是一样；通常为使用货币而支付的利息，必然由使用货币通常所得的利润来决定的。

与此相反，国内每年流通的商品数量在增加，而用来使其流通的货币数量保持不变，这种情况除了会提高货币的价值以外，还会产生许多其他的重要影响。国家的资本虽然名义上相同，实际上是增加了。它可能继续用相同的货币数量表示，但它会支配更大的劳动量。它所能维持和雇用的生产性劳动会增加，因而对这种劳动的需求也会增加。劳动工资自然会随着需求的增加而提高，但是，看起来可能在下降。可能会用较小数量的货币去支付劳动工资，但是这种较小数量的货币可能比过去较大数量的货币买到的商品更多，资本利润在实际上和在表面上都会下降。国家的全部资本增加了，而构成国家整个资本的不同资本之间的竞争自然会随之增加。这些不同资本的所有者们不得不满足于各自资本所雇劳动的较小比例的产品。虽然货币的价值或任何特定数目的货币可能购买的商品数量大大增加，但总是和资本利润保持同步的货币利息可能就大大下降。

有些国家以法律禁止收取货币利息。但是，由于用货币在任何地方都能获得一些东西，那么，为了使用货币，在任何地方就必须付出一些东西。经验证明，这种规定非但不能阻止反而会增加高利贷的罪恶；债务人不但要为使用货币支付代价，而且要为债权人所冒的风险支付补偿费。他不得不为债权人可能遭受的高利贷惩罚缴纳保险金，如果可以这样说的话。

在允许收取利息的国家，为了防止重利盘剥，法律常常规定可以收取不受惩罚的最高利率。这种利率总是应当略高于最低的市场价格，或者略高于能提供最可靠保证的人为使用货币通常支付的价格。如果这种法定利率固定在最低市场利率以下，其效果几乎和完全禁止收取利息相同。债权人在利息低于使用货币所值时不会贷出，而债务人则必须为债权人所承担的接受使用货币全值的风险支付补偿费。如果最高利率规定与最低市场价格相等，则不能提供最可靠担保的人便不能从遵守国家法律的诚实人那里借到钱，不得不去向高利贷者求助。在一个国家，如像英国，向政府贷款收取 3% 的利息，向有稳妥保证的私人贷款收取 4% 或 4.5% 的利息，现行法定利率 5% 或许是最适当的。

必须指出，法定利率虽应略高于最低市场利率，但不应高得太多。例如，如果英国的法定利率高达 8% 或 10%，供贷款之用的大部分货币就会落入浪费者和投机商之手，只有他们愿意支付这样高的利息。谨慎的人们为使用货币而支付的利息不能高于其使用货币所得的一部分，他们是不会冒险来参加竞争的。这样，国家的大部分资本便不会落到最可能有利和有益地使用它的人手中，而只能落到最可能浪费和摧毁它的人手中。与此相反，如果法定利率规定只略高于最低利率，谨慎的人通常优先于浪费者和投机商成为借款人。贷款人从前者得到的利息和他敢于从后者得到的利息差不多相同，而他的钱在前一类人手中就比在后一类人手中要安全得多。这样，国家的大部分资本便会落入最可能将其用在有益用途的人手中。

没有任何法律能使普通利率降到制定法律时的最低一般市场利率以下。尽管法国国王在 1766 年颁布命令，试图将利率从 5% 降到

4%，但在法国，货币仍按5%贷出，因为通过几种不同方式可以规避法律①。

应当指出，各处土地的一般市场价格都取决于一般市场利率②。拥有资本并且想从其获得收入而又不愿自己去运用资本的人，会反复思量是将资本用来购置土地呢，还是用来贷出取息。土地的高度安全，以及在各处的随土地而产生的一些其他好处，通常使他宁愿从土地得到较小的收入，而不愿从贷出货币取息得到较大的收入。这种好处足以补偿这两种收入的一定差额，但也只能补偿这一特定的差额；如果土地地租比货币利息少得太多，没有人会购买土地，这样不久就会降低到它的一般价格的水平上。与此相反，如果土地的好处比补偿这种差额更大，每一个人都会购买土地，不久又会抬高它的价格。当利息为10%时，土地售价一般为年租的十倍至二十倍。当利息降至6%、5%和4%时，土地价格涨至年租的二十倍、二十五倍和三十倍。法国的市场利率比英格兰高，而土地的一般价格则较低。在英格兰土地的一般售价为年租的三十倍，而法国则为二十倍。

---

① 前面，第70页。
② 这似乎是很明显的，但为洛克所明白否认，见《对降低利息和提高货币价值后果的思考》，第83、84页。

第五章　论资本的各种用途

虽然所有的资本都只是用来维持生产性劳动的，然而等量资本所能推动的生产性劳动数量，随资本的用途不同而大有差异；等量资本对土地和劳动年产品所能增加的价值，也是如此。

资本可以有四种不同的使用方法：第一，用来购买社会每年使用和消费的天然产物；第二，用来制造和准备这些天然产物，以供直接使用和消费；第三，将天然产物和制造品从丰富的地方运往缺乏的地方；第四，将天然产物和制造品分成小部分，便于满足想要得到的人的随时需求。第一种方法使用的是所有从事土地、矿藏和渔业的改良和开发的人的资本；第二种方法使用的是所有制造商的资本；第三种方法使用的是所有批发商的资本；第四种方法使用的是所有零售商的资本。很难想象，还有什么其他的资本使用方法不能归于这四类。

这四种资本使用方法中的每一种，既是其他三种方法的存在和扩大必不可少的，也是社会的一般福利不可或缺的。

除非使用资本使天然产物达到一定的丰富程度，否则任何制造业和商业都不能存在。

除非使用资本来制造需要先做大量准备才适于使用和消费的天然产物，否则这部分天然产物就不会被生产出来，因为不可能对它有需求；如果它是自然生长的，不会有任何交换价值，因而不能增加社会的财富。

除非使用资本将天然产物或制造品从丰富的地方运往缺乏的地方，否则除了当地消费所必需的以外，就不会生产更多。商人的资本使一个地方的剩余产品交换另一个地方的剩余产品，从而鼓励了产业的发展，并增加了两地的享用。

除非使用资本来将一定部分的天然产物或制成品分成许多小的部分，以适应想要得到它们的人的随时需求，否则每一个人便不得不大批买进所需物品。例如，如果没有屠夫这一行业，每一个人便不得不一次买进一整头牛或一整只羊。对富人是不方便的，对穷人就更不方便了。如果一个贫穷的工匠不得不一次购买一个月或六个月的食物，他就被迫把一大部分本来用做资本的资产，即用于可以为他提供收入的生产工具或店铺家具上的资产，转用在不能为他提供收入的直接消费的资产上。对这样的人来说，最方便的办法莫过于在他需要时一天一天地，甚至一小时一小时地购买食物。这样他就能将几乎全部资产用做资本。他因此可以使工作得到更大的价值，所获利润不仅足以支付零售商因要得到利润而略为提高的商品价格，而且有余。某些政治家对店主和商人所抱的偏见是完全没有根据的。零售商的增多，虽然会彼此造成伤害，却不会对公众造成伤害，不必对他们课税，或限制他们的人数。例如，能在某一城市售出的杂货数量，是受到该城市及其周边地区的需求限制的。因此，能在杂货业使用的资本不会超过购买需求数量的杂货所需要的。如果把这一资本分给两个杂货商，比起操在一个人手中，会使两者的售价更为低廉；如果在二十个杂货商中分开，他们的竞争就会更激烈，他们联合起来抬高价格的机会就会越小。他们的竞争或许会使一些人破产，但那是他们自己的事，可以听凭他们自己去处理。这既不可能伤害消费者，也不可能伤害生产者。相反，与全部商业掌握在一两个人手中相比，一定会使零售商贱卖贵买。他们中有些人也许有时会引诱顾客购买所需要的东西。可是这种弊端无足轻重，不值得公众注意，更不必用限制他们人数的办法去加以防止。举一个最显著的例子，普通人民酗酒不是因为酒店太多所致，而是另有原因引起的酗酒导致酒店林立。

把资本按上述四种方法之一使用的人，本身就是生产性劳动者。他们的劳动如果使用得当就会固定和体现在劳动对象或要出售的商品上面，在它的价格上一般至少会增加他们自己的维持费和消费品的价值。农民、制造商、批发商和零售商的利润，全都是从前二者所生产、后二者所买卖的商品的价格中得来的。可是在每种用途中使用的等量的资本，直接推动的生产性劳动的数量和所获得的收入极不相同，对所属社会的土地和劳动年产值的增加比例也完全不同。

零售商的资本补偿了他从其购货的批发商的资本和他们的利润，使批发商能继续营业。零售商本人是他自己的资本所直接雇用的唯一生产性劳动者。他的利润包含了零售资本的使用对社会土地和劳动年产品所增加的全部价值。

批发商的资本补偿了他从其购买天然产物和制造品的农民和制造商的资本，从而使他们能继续经营各自的产业。主要是由于这种服务，批发商对支持社会生产性劳动和增加社会年产值做出了间接的贡献。他的资本还雇用了将他的商品从一地运往另一地的海员和搬运工，在这些商品的价格上增加的价值，不仅有批发商的利润，还有海员和搬运工的工资。这就是他的资本所直接推动的全部生产性劳动和对年产品直接增加的全部价值。批发商的资本在这两方面所起的作用，比零售商的资本所起的作用要大得多。

制造商的资本中有一部分被用做固定资本，投在他的生产工具上，补偿了他从其购买这些工具的某些其他工匠的资本及其利润。他的一部分流动资本用来购买原料，补偿了他从其购买原料的农民和采矿人的资本及其利润。但大部分的流动资本总是每年或在更短的时间内在雇用的工人中分配。这种资本在原料的价值上所增加的，是工人们的工资以及制造商在工资、原料和生产工具上所使用的全部资本的利润。因此，与批发商手中的等量资本相比，制造商的资本直接推动的生产性劳动的数量要大得多，它在社会土地和劳动年产品上所增加的价值也要大得多。

没有任何其他等量资本所能推动的生产性劳动的数量比农民的更大。他的生产性劳动者不仅有他的劳动雇工，还有他的役畜。在农业中，大自然也和人一起劳动，但无须任何花费；而且它的产品和最昂贵的工人的产品一样具有价值。农业最重要的作用，不是增加大自然的生产力（虽然也使这种生产力有所增加），而是引导大自然的生产力，使之生产对人类最有利的植物。一块荆棘丛生的土地，常常也和耕种得最好的葡萄园和麦田一样，生产大量的植物。种植和耕作常常不是促进而是调节大自然活跃的生产力，在人类劳动之后，大部分的工作总是要留给大自然去做。可见，在农业中使用的劳动者和役畜所再生产的价值，不仅像制造业中的工人那样，等于他们自己消费的价值，或等于雇用他们的资本以及资本所有者的利润；而且还是一个大得多的价值。除了农民的资本及其利润以外，他们还经常再生产出地主的地租。地租可以看做是地主借给农民使用的自然力的产物。地租的大小取决于对自然力大小的猜测。换言之，取决于对土地的自然生产力或改进的生产力大小的估计。在扣除或补偿可以被认为是人类工作的一切东西以后，剩下来的就是大自然的工作。大自然的工作在整个产品中很少低于四分之一，常常占三分之一以上。用在制造业中的等量生产性劳动，很少能创造这么大的再生产。在制造业中大自然不起作用，是人做了一切，再生产一定总是同起作用的生产力的大小成比例的。所以在农业中使用的资本不仅比在制造业中使用的等量资本能推动更大数量的生产性劳动，而且能在国家土地和劳动年产品上，在它的居民的真实财富和收入上增加更大的价值。在能够使用资本的一切方法中，农业投资是对社会最有利的。

任何社会在农业和零售业中使用的资本，一定总是留在本社会内部。这些资本的使用几乎局限于某一个固定的地点，在农场，或在零售商的店铺。虽然有例外，通常也一定属于本社会的居民。

与此相反，批发商的资本似乎没有必要固定在任何一个地点，它可以从一处流往另一处，取决于能否贱买或贵卖。

制造商的资本无疑必须留在制造的地点，但究竟应在何处，也没有确定的必要。它常常可以离原料生产地或制成品消费地很远。里昂就离为它的制造品提供原料的地方和消费它的制造品的地方很远。西西里的时髦人物穿着其他国家制造的绸缎，其原料却是他们自己国家出产的。西班牙的羊毛有一部分在英国制造，随后又有一部分呢绒送回西班牙。

任何社会用资本来出口剩余产品的批发商究竟是本国居民还是外国人，是无关紧要的。如果他是外国人，本国的生产性劳动者的人数自然要比他是本国人时少，但也只少他一个人；本国的年产品的价值也比较少，但也只少这一个人的利润。但他所雇用的海员和搬运工仍然可以是他自己国家的、本国的或第三国家的人，如同他是本国人一样。外国人的资本也和本国人的资本一样，能用本国的剩余产品去交换一些国内需要的东西，因而使这些剩余产品具有价值。它同样有效地使这些生产者能继续经营自己的产业，批发商资本的主要贡献是支持本国生产性劳动，增加本国的土地和劳动年产值。

较为重要的是，制造商的资本应当留在国内。这样它推动的生产性劳动的数量必然较大，它增加的社会土地和劳动年产值也必然较大。但是，尽管它不留在国内，也仍然可能对国家非常有用。对每年从波罗的海口岸进口的亚麻和大麻进行加工的英国制造商，他的资本肯定对这些原料的生产国非常有用。这种原料是生产国剩余产品的一部分，如果不是每年用来交换一些本国需要的东西，它就没有价值，不久也会停止生产。出口商补偿了生产者的资本，从而鼓励他们继续生产，而英国的制造商又补偿了出口的资本。

一个国家像个人一样，可能常常没有足够的资本去同时改良和耕种它的所有土地，制造和准备它的所有天然产物以供直接使用和消费，把天然产物或制造品的剩余部分运往遥远的市场，以交换本国所需要的东西。英国许多地区的居民就没有足够的资本去改良和耕种他们的全部土地。苏格兰南部各郡的羊毛，就是因为缺乏资本在本地加工，不得不将其中的大部分羊毛经过恶劣的道路长途运到约克郡去加工。在英国许多小制造业城市里，居民们没有足够的资本把自己的劳动产品运往有需求能消费的远方城市。如果他们中间还有批发商，那也只是住在大商业城市的富商的代理人。

当任何一个国家的资本不足以同时投入在这三种用途上时，如果将大部分用在农业上，它所推动的生产性劳动量将是比较大的，它所增加的社会土地和劳动年产值也将是比较大的。除了农业之外，投入制造业的资本所推动的生产性劳动量最大，所增加的年产品的价值也最大。投入出口商业的资本是这三者中效果最小的。

没有足够资本投入到这三种用途上的国家，其富裕程度尚未达到应该有的水平。用不充足的资本过早地去从事所有这三种事业，肯定不是获得充足资本的最佳途径，对个人来说是这样，对社会来说也是如此。一个国家的全部个人的资本，就像每一个人的资本一样，是有限度的，只能用来达到某种目的。一个国家全部个人资本的增加，也像每一个人的资本增加一样，只有靠不断积累，不断地增加收入中的节余部分。因此，当资本使用在能为全国所有居民提供最大收入的用途上时，资本的增加也可能最快，因其能促使产生最大的节余。但国内所有居民收入的多少，必须同他们的土地和劳动年产值成比例。

我国美洲殖民地迅速走向富强的主要原因，就在于把几乎所有的资本都用于农业①。这些殖民地除了一些伴随农业进步必然产生的、常常是每一个私人家庭中妇女和儿童所从事的、粗糙的家庭工业以外，几乎没有什么制造业。美洲的大部分出口贸易和沿海贸易，都是用居住在英国的商人的资本来经营的。即使在某些地区，特别是在弗吉尼亚和马里兰的零售商店和货仓，有许多也属于住在宗主国的商人，这为一个社会的零售业不是由本地居民的资本经营的少数实例提供了一个例证。假如美洲居民联合起来，或用其他任何暴力办法来阻止欧洲制造品进口，并因此而垄断国内能生产同样产品的制造业，将大部分资本用在这方面，其结果只会阻止而不会加速年产值的增加，只会阻碍而不会促进国家向真实富强的迈进。如果他们同样试图垄断全部出口业，情形就会更加如此。

的确，人类繁荣的进程似乎很少能维持这样长久，以使任何大国能获得足够的资本去投入所有这三种用途；除非我们相信中国、古代埃及和古代印度关于财富和耕种的种种奇异报道。根据所有的记载，即使是世界上最富有的这三个国家，主要也是以农业和制造业方面的优越而著称。它们的对外贸易并不发达。古代埃及人有畏惧海洋的迷信②；印度人中间也流行类似的迷信；中国人在对外贸易方面从来就不出色。所有这三个国家的大部分剩余产品似乎总是由外国人出口，这些外国人用这三个国家需要的东西去和他们想要得

---

① 后面，第303页。
② 这一说法所根据的权威著作，可能是孟德斯鸠的《法的精神》，第6章，第5、22页。

到的白银和黄金做交易。

这样,任何一个国家的同一资本,按照其用在农业、制造业和批发业上的比例不同,所推动的生产性劳动的数量有大有小,所增加的土地和劳动年产值也有大有小。一部分资本按其用在不同种类的批发业上,差别也很大。

所有的批发业,所有大批购入以供大批再售出的商业,可分为三种:国内贸易、对外消费贸易和运输贸易。国内贸易是在同一个国家某一地区购入本国劳动产品,在另一个地区售出。它包括内陆贸易和沿海贸易。对外消费贸易是购买外国货物,供本国消费。运输贸易是从事各外国之间的商业,也就是将一个外国的剩余产品运往另一个外国。

投在购买本国一地的产品而在本国另一地出售的资本,每次运作就能补偿在农业或制造业中运用的两个资本,从而使之能继续运用。当这项资本从商人住地送出一定价值的商品时,一般带回至少是同等价值的其他商品。当两地都是本国劳动产物时,它每次运作自然补偿了两种不同的用来支持生产性劳动的资本,使它们能继续运用。将苏格兰的制造品送往伦敦,又将英格兰的谷物和制造品带回爱丁堡的资本,每一次运作,自然补偿了在英国的农业或制造业中运用的两个英国资本。

用于购买外国货物供本国消费的资本,当用本国劳动产物进行购买时,每次运作也补偿了两个不同的资本;但只有一个资本是用来支持本国劳动的。将英国货物送往葡萄牙又将葡萄牙货物带回英国的资本,每次运作只补偿了一个英国资本。所补偿的另一个资本是葡萄牙资本。所以,即使对外消费贸易资本的回收也像国内贸易资本的回收一样迅速,它所给予本国产业或生产性劳动的鼓励也只有一半。

然而,对外消费贸易资本的回收很少像国内贸易资本的回收那样迅速。国内贸易资本的回收一般在年终以前就可实现,有时是一年实现三四次。对外消费贸易资本的回收很少能在年终以前实现,有时要等两三年以后才能实现。因此,在国内贸易中使用的资本有时能运作十二次,即送出又收回十二次,而对外消费贸易的资本只能运作一次。所以，如果两个资本相等，一个能比另一个给予劳动的鼓励和支持多达二十四倍①。

供本国消费用的外国货物，有时不是用本国产品而是用一些外国商品去购买。但外国商品必须是直接用本国产品或是用本国产品购买的货物去购买的；如果是在战争的情况下，外国商品只能用本国产品去直接交换，或用本国产品交换两三次得来的货物去交换。所以，用于这种迂回的对外消费贸易的资本，在各个方面也同直接用于对外消费贸易的资本一样，只是最后的资本回收在时间上可能还要久些，因为它必须依靠两三次对外贸易资本的回收。如果里加的亚麻和大麻用弗吉尼亚的烟草去购买，而弗吉尼亚的烟草又是用英国的制造品购来的，商人要想运用同一资本再去购买相同数量的英国制造品，就得等待两次不同的对外贸易资本的回收。如果弗吉尼亚的烟草不是用英国的制造品购来的，而是用由英国制造品购入的牙买加的食糖和甜酒购买的，他就必须等待三次外贸资本的回收。如果这两三次外贸是由两三个商人进行的，第二个购买第一个人进口的商品，第三个人购买第二个人进口的商品，以便将其再出口，每个商人获得自己资本的回收的确要比较快些；在这种迂回贸易中使用的全部资本是属于一个商人还是分属两三个商人，虽然对各个商人可能有所不同，但是对国家没有什么区别。用一定价值的英国制造品去交换一定数量的亚麻和大麻，与制造品和亚麻与大麻直接交换相比，需要有三倍的相同资本。因此，用于这种迂回的对外消费贸易的全部资本，与用于同一种直接贸易的等量资本相比，对国家生产性劳动所给予的鼓励和支持一般要小些。

无论用什么外国商品去购买供本国消费的外国货物，在贸易的本质上，在给予进行贸易国家的生产性劳动的鼓励和支持上，都不可能造成什么本质的区别。例如，如果这些供本国消费的商品是用巴西的黄金或秘鲁的白银去购买的，这种金银也像弗吉尼亚的烟草一样，必然是用本国劳动的产品换来的，或是用本国劳动产品交换

---

① 如果本章早些使用这种快速回收的原则的话，就会引起有关农业优越性的激烈争论。

来的东西购买的。因此，就国内生产性劳动而论，用金银进行的对外消费贸易，其全部利弊也和其他迂回对外消费贸易完全一样，其补偿资本的快慢速度，也和直接用来支持生产性劳动的资本相同。不过，金银比其任何其他的同等迂回对外贸易都有个优点。这些金属由于体积小、价值大；从一地到另一地的运输成本比任何其他等值外国商品都便宜，运费较低，保险费也不变大。此外，在运输途中也相对不容易受到损坏。因此，用金银作媒介，比起用其他外国货物作媒介来，常常可以用较小量的本国劳动产物去交换等量的外国产品。所以，用这种方式，比起用其他方式来，本国的需求常常可以得到比较充分的供给，花费也比较少。这种贸易由于不断输出金银，是否会使国家贫困，我将在下面详细考察①。

任何国家用于运输贸易的那部分资本，从支持该国生产性劳动中被全部抽出来，去支持外国的生产性劳动。虽然它每次运作能补偿两个不同的资本，但是其中没有一个是属于该国的。荷兰商人用来将波兰谷物运往葡萄牙，又将葡萄牙的水果和葡萄酒运回波兰的资本，每次运作能补偿两个资本，但没有一个资本是用来支持荷兰的生产性劳动的，而是一个资本用来支持波兰的生产性劳动，另一个用来支持葡萄牙的生产性劳动。只有利润经常回到荷兰，并且一定会增加荷兰土地和劳动年产值。事实上，当一个国家的运输贸易是由该国自己的船舶和水手来进行时，其中用来支付运费的那一部分资本，是在该国一定数量的生产性劳动者中分配的，并推动了这种劳动。实际上，几乎所有进行大量运输贸易的国家都是以这种方式进行的。这种贸易也许就是因此而得名的，而这些国家的人民就成为其他国家的搬运工。但是，这种贸易的性质并非一定如此。例如，一个荷兰商人用他的资本来经营波兰与葡萄牙之间的运输业，他可以不用荷兰的船只，而用英国的船只。可以假定他在某些场合实际上是这样做的。可是，正是由于这个原因，运输贸易被认为对英国这样一个国家特别有利，它的国防和安全依赖海员和船只的数量。但是等量资本在对外消费贸易中甚至在国内贸易中（当其由沿

---

① 第四篇。

海船只进行时），可以雇用和运输贸易一样多的海员和船只。任何特定资本所雇用的海员和船只的数目不是取决于贸易的性质，而是部分地取决于商品的体积与价值的比例和两个口岸之间的运输距离，并且主要是取决于前一种情况。例如，纽卡斯托对伦敦的煤炭贸易，虽然两个港口相距不远，但是所使用的船只比英格兰的全部运输贸易使用的还要多。因此，任何国家要想通过特别鼓励，将比自然流入运输贸易更大份额的资本投入到该贸易上，并不一定总是增加该国的船只。

因此，任何国家在国内贸易中使用的资本，与对外消费贸易中使用的等量资本相比，通常支持和鼓励的生产性劳动数量更大，所增加的该国年产值也更多，而后者又比在运输贸易中使用的等量资本在这两方面的好处都更大。每一个国家的财富和实力（就实力取决于财富而言），必定总是和它的年产值以及包含支付全部税收的基金成比例的。因此，国家不应偏爱或特别鼓励对外消费贸易和运输贸易，也不应强迫或利诱资本的较大份额进入这两种贸易渠道，应该听其自然地自行流入。

但是，如果这三种贸易中的每一种都没受到任何约束或强制，而是顺应趋势自然发展起来的，那么，它们不仅是有利的，而且是必要的和不可避免的。

当任何一个产业部门的生产超过了本国的需求时，剩余部分都必须送往国外，交换一些本国所需要的东西。没有这种出口，本国的一部分生产性劳动必然会停止①，而年产值也必然会减少。英国的土地和劳动所生产的谷物、呢绒和金属制品一般都超过国内市场的需求。因此，它们的剩余部分必须送往国外，以交换国内需要的东西。只是由于有了这种出口，剩余产品才能获得足以补偿生产时所耗费的劳动和支出的价值。只是因为对剩余产品的出口和交换本地更需要商品的方便，才使临海地区以及所有通航河道两岸处于对产

---

① 但是，为什么不能将劳动导入生产"一些本国所需要的东西"呢？下面提到的"谷物、呢绒和金属制品"或许表明，是假定国家具有某种物质的特性，迫使它的居民去生产某种商品。

业有利的地位。

用本国的剩余产品交换得来的外国商品也超过国内市场需求时,其剩余部分必须再次送往国外,以交换国内更为需要的东西。英国用其产业的部分剩余产品,每年从弗吉尼亚和马里兰购来的烟草达九万六千大桶。但是英国的需求也许不超过一万四千大桶[1]。因此,如果剩下的八万二千大桶不能送往国外交换国内更加需要的东西,烟草的进口必然立即停止,英国居民的生产性劳动也会随之而停止,因为他们现在所制造的产品,就是用来交换这八万二千大桶烟草的。这些产品是英国土地和劳动产品的一部分,如果在国内没有市场,再剥夺了它们在国外的市场,就只能停止生产。可见,在某些场合,最迂回的对外消费贸易对于支持本国生产性劳动和增加土地和劳动年价值,也和最直接的对外消费贸易一样,是必不可少的。

当任何国家的资产增加到不能全部用来供应本国消费、支持本国生产性劳动时,其剩余部分自然会流入运输贸易,用来为其他国家履行相同的职责。运输贸易是巨大国民财富的自然结果和象征,但似乎不是国民财富的自然原因。倾向于重视它并予以特别鼓励的政治家们,似乎错把结果和象征当成了原因。从辽阔的土地面积和居民人数的比例来看,荷兰是迄今为止欧洲最富有的国家,因此,它在欧洲的运输贸易中占的份额最大。英格兰可能是欧洲的第二富国,同样被认为在欧洲运输贸易中占有很大的份额,虽然通常所说的英格兰运输贸易也许只是迂回的对外消费贸易。在很大程度上,这是将东、西印度群岛和北美洲的商品运往欧洲各个市场的贸易。一般来说,这些商品或者是用英国产业的产品直接购买的,或者是用这些产品交换得来的东西去购买的,这种贸易最后购回的商品一般是在英国使用或消费。英国船只在地中海沿岸各港口之间进行的贸易,与英国商人在印度各港口之间进行的贸易属同一种贸易,也许正是它们才是英国运输贸易的主要分支。

国内贸易的扩展和其能够使用的资本量,必然受到国内各遥远

---

[1] 后面,第360页。安德森,《商业》,1775年,1801年版,续编,第4卷,第187页所列的数字分别为九万六千大桶和一万三千五百大桶。

地区剩余产品价值的限制，这些地区要求相互交换各自的产品。对外消费贸易的拓展和其能够使用的资本量，受到整个国家剩余产品价值以及用它所购买的商品价值的限制。运输贸易的发展和其能够使用的资本量，受到世界所有国家的剩余产品价值的限制。因此，和其他两种贸易相比，运输贸易的发展可以说是无限的，而它所能吸收的资本也是最大的。

对个人私利的考虑，是决定任何资本所有者是将资本投在农业、制造业还是投在批发或零售贸易中的某一具体部门的唯一动机。资本投入这些不同用途所推动的生产性劳动数量的不同，以及所增加的社会土地和劳动年产值的不同，从来不是资本所有者所考虑的。因此，在农业是最赚钱的职业，以及耕作和改良是获取巨大财富的最佳捷径的国家里，个人的资本必然会以最有利于整个社会的方式去运用。然而，在欧洲任何地区，农业的利润都不比其他资本用途优越。诚然，在欧洲每一个角落的人们，近几年来以耕种和改良土地所得到的最辉煌的利润成绩，令公众感到欣喜。无须对他们的计算进行特别讨论，一种非常简单的观察就可以使我们相信，这些计算的结果一定是错误的。我们每天都会看到，商人和制造业者们在短暂的一生中所得到的巨额财富，而这些财富常常来自微薄的资本甚至白手起家。在本世纪的整个欧洲，在相同时间里，却没有看到一位靠微薄资本经营农业而发财的人。然而，在欧洲的所有大国中，许多良好的土地依然没有得到耕种，已耕的大部分土地也远远没有达到改良的程度。因此，几乎各处的农业都能吸收比已投入的大得多的资本。在欧洲的政策中什么情况下，城市中的贸易比乡村中的贸易有更大的优势，致使私人常常发现，从事最遥远的亚洲和美洲的运输贸易，也比在本地改良和耕种最肥沃的土地更为有利，关于这一点，我将力图在以下两篇中作详细说明。

第 三 篇

论各国财富增长的不同途径

第一章 论财富的自然增长

　　城乡居民之间进行的贸易是每个文明社会的最大商业。这种贸易由天然物产与加工产品的交换构成，交换可以直接进行，也可以用货币或者用某种充当货币的纸币作媒介来进行。乡村向城市提供生活资料和加工原料，城市向乡村居民返回一部分加工产品作为回报。城市没有也不可能有任何生活资料的再生产①；可以非常恰当地说，城市的全部财富和生活资料都是从乡村获得的。然而，我们绝不能因此就设想，城市的收益就是乡村的损失。两者的收益是共同的和相互的，这里的劳动分工也和在所有其他场合一样，对从事分工中不同行业的所有不同人都有利。乡村居民从城市购买加工产品而不必自己去制造，这样他们可以用自己较小量的劳动产品，去交换较大量的加工产品。城市为乡村的剩余产品，即超过维持耕者的东西提供市场；乡村居民在那里用剩余产品来交换自己需要的其他东西。城市居民的人数越多和收入越多，为乡村居民提供的市场也就越大；这种市场越大，对大多数人的好处就越大。离城市一英里的地方所生产的谷物在市场上的售价，与来自离城市二十英里远的地方所生产的谷物价格相同。但是后者的价格一般必须既能支付栽种和送入市场的费用，又能为农民提供一般的农业利润。因此，住在城市附近的乡村地主和耕种人在其所售谷物的价格中，节约了从远处将谷物运入城市所需运费的全部价值，还节约了从城市购回货物的运费的全部价值。比较一下在任何大城市郊区耕种土地和在离城市有些距离的地方耕种土地，你就会相信，城市商业对乡村是多

---

① 农业生产生活资料，而制造业只改变生活资料，这种错误，无疑是生产性劳动和非生产性劳动理论获得许多支持的基础。

么有益。在一切有关贸易差额的荒谬言论中,从来没有人认为,乡村同城市进行贸易自己会受到损失,或者说城市同乡村进行贸易自己会受到损失。

按照常理,生活资料先于便利品和奢侈品,所以,生产前者的产业必然要先于生产后者的产业。因此,提供生活资料的耕种和改良,必然要先于提供便利品和奢侈品的城市发展。只是乡村的剩余产品,即超过维持耕者的那一部分产品,构成城市的生活资料,因此,城市的生活资料只能靠这种剩余产品的增长才能增长。的确,城市可能并不总是从邻近的乡村,甚至也并不总是从本国获得全部生活资料,而是可以从非常遥远的国家进口;这一点,虽然并不形成一般规则的例外,却造成了不同时代和不同国家财富增长的巨大差异。

这种事物的顺序通常是由必要性造成的,虽然不是在每一个国家都是这样,但在每一个国家,人类的天性又促成了它。如果这种人类天性从来没有受到人类制度的阻挠,城市的发展就不可能超过所在地区的改良和耕种所能支持的限度,至少是在城市所在的地区全部得到彻底改良和耕种之前不会这样。在利润相等或大致相等的情况下,人们会选择将资本投在土地改良和耕种上,而不是制造业或对外贸易。将自己的资本投入土地上的人,能亲眼看到和支配资本,他的财产会比商人的少受意外事故的影响。商人不仅被迫任由自己的资本受到狂风巨浪的摆布,而且受到更难确定的人类愚蠢和不公正因素的支配,因为他必须非常相信遥远国家的人们,即使他并不十分了解其品质和情况。相反,地主的资本固定在土地上,其安全的程度达到了人类事务的性质所允许的极限。此外,乡村风景的优美,乡村生活的愉快,它给人带来的心境的宁静,它不受人类法律的不公正所干扰,以及乡村在实际上给人提供的独立性,这种种魅力都或多或少吸引着每一个人。由于耕地是人类的最初使命,所以在他生存的每一阶段,他似乎都保留了对这种原始职业的偏爱。

诚然,如果没有某些工匠的帮助,土地的耕种就不可能顺利进行,还会遭受巨大的不便和经常的干扰。铁匠、木匠、车匠、犁匠、泥水匠、泥瓦匠、皮革匠、鞋匠、裁缝等,他们的服务是农民常常需要的。这些工匠偶尔也需要彼此的帮助,由于他们的住所不像农民那样必须固定在一个地点,所以他们自然住在彼此附近,从而形成了一个小镇或村庄。很快,屠夫、酿酒人、面包师,还有许多其他的匠人和零售商,也参加进来,这些人都是满足他们不时之需的必要或有用的人们,他们使得城市进一步发展起来。城市的居民和乡村的居民是彼此相互的仆人。城市是一个经常的集市或市场,乡村居民常常到那里,用自己的天然物产交换加工产品①。正是这种商业,为城市居民提供了他们生产的原料和他们生活的资料。他们卖给乡村居民的加工产品的数量,必然决定他们所购买的原料和食物的数量。因此,城市居民的职业或生活资料都是随着乡村对加工产品的需求而均衡地增加的,这种需求又随着改良和耕种的扩大而均衡地增加的。因此,在每一个政治社会里,如果人类制度从来没有干扰事物的自然进程,财富的增加和城市的发展,都必然是地区或乡村改良和耕种的结果,并与之保持相同的比例。

在我国的北美殖民地,仍可按宽松条件取得荒地,在任何城市中尚未建立供远方销售的制造业。当一个工匠获得的资产,比为供应邻近乡村而经营的生意所必要的略有剩余时,他在北美洲不是用来建立一种供远方销售的制造业,而是用来购买和改良耕地。他从一个工匠变成了一个农民,无论是当地向工匠提供的高额工资还是容易得到的生活资料,都不能引诱他去为别人劳动而不为自己劳动。他觉得工匠是顾客的仆人,是从顾客那里获得自己的生活资料的;而农民则从自己家人的劳动中获得自己的必要生活资料,是一个真正的主人,独立于全世界。

与此相反,在没有未耕地或不能按宽松条件取得未耕地的国家,每一个已经获得超过周边生意需用资产的工匠,都力图为在远方销售而准备工作。铁匠建立某种制铁厂,织工建立某种麻织厂或毛织厂。这些制造厂随着时间的推移又实行分工,从而在各个方面得到改进和完善,这是很容易理解的,因此就不必进一步去说明了。

---

① 这一段,从开头到这里,很可能是受到坎梯隆的影响,见《论一般商业的性质》,第 11~22 页。

在寻找资本的用途时，在利润相等或大致相等的条件下，制造业自然先于对外贸易，其理由与农业自然先于制造业一样。就像地主或农场主的资本比制造商的资本更安全一样，制造商的资本也比外贸商人的资本更安全，因其随时都在他的监视和支配之下。诚然，在每一个社会的每一个时期，天然物产和加工产品的剩余部分，或在国内没有需求的那一部分，必须送到国外以换取本国所需要的东西。但是这种将剩余产品送往国外的资本，究竟是外国资本还是本国资本，是无关紧要的。如果一个社会没有获得足够的资本去耕种所有土地和以最完美的方式去加工全部的天然物产，那么，由外国资本来出口一部分天然物产甚至还有一个很大的好处，因为社会全部资本可以投入最有用的目的。古代埃及、中国和印度的财富充分说明了：虽然一个国家的大部分出口贸易由外国人经营，该国家仍然可以达到很高的富裕程度。我国北美洲和西印度群岛殖民地的进步，如果只使用它们自己的资本来出口它们的剩余产品，就一定不会那么快。

所以，根据事物的自然进程，每一个发展中社会的大部分资本首先应当投入农业，然后投入制造业，最后才投入对外商贸。这种事物顺序是极其自然的，所以我相信，在每一个拥有领土的社会里，总是可以看到对这种顺序的某种程度的遵循。在任何大城市建立以前，必须先耕种一些土地；必须先在这些城市建立某种粗糙的制造业，然后才能想到去从事对外商贸。

但是，虽然在每一个社会中这种事物的自然顺序必定在某种程度上发生，然而它在欧洲的所有现代国家中却在许多方面被完全颠倒了。欧洲某些城市的对外商贸采用了所有比较精细的制造业，即适于供在远方销售产品的制造业；而制造业和对外商贸一起，又造成了对农业的主要改良。这些城市原来政府所采用的以及经过很大改变的那个政府留存下来的方式和习惯，必然迫使它们采取这种不自然的和倒退的顺序。

第二章 论罗马帝国衰亡后欧洲旧状态下农业的抑制

当日耳曼和塞西亚民族侵占了罗马帝国西部各省时，在这样一场重大变革之后产生的骚乱持续了几个世纪。野蛮人对古代居民的掠夺和暴虐阻断了城乡之间的商业。城市无人居住，乡村土地无人耕种，在罗马帝国统治下曾经拥有过巨大财富的欧洲西部各省，现在变得极为贫穷和荒蛮。在持续的骚乱中，这些民族的头目和主要领导人将这些地区的大部分土地据为己有。这些土地中的大部分是荒芜的，但是不论已耕地或未耕地，没有一处是没有主人的。所有的土地都被占有了，大部分是由少数大地主独占的。

这种对未耕地最初的独占，虽然是巨大的，但也可能是暂时的灾难。这些土地可能不久就会通过继承或转让，被再次分割成许多小块。长子继承法阻止了通过继承的分割，限定继承制也阻止了通过转让将土地分成小块①。

当土地像动产一样只被看做是生活和享受的手段时，自然继承法将其像动产一样，在一个家庭的子女中实行分割。因为父亲对每一个子女的生活和享受都是同样关心的，所以，在罗马人中间产生了自然继承法。像我们分配动产一样，罗马人在土地的继承中不分长幼，不分男女。但当土地被看做不仅是生活的手段，而且是权力和保护的手段时，就被认为最好是把它完整地传给一个人。在那个动乱的年代，每一个大地主都是一个小诸侯。他的佃户就是他的臣民，他就是他们的法官；在某些方面，平时是他们的立法者，战时

---

① 《演讲集》第120、124、228页认为，长子继承权和限定继承权对农业有害，并对其进行了谴责。

是他们的头领。他可以随自己的意愿作战,常常是对他的邻人,有时是对他的君主。因此,地产的安全,地产所有者对住在其上的人所能提供的保护,都依赖于地产的巨大。分割它就是毁灭它,就是使它的每一部分在邻人入侵时遭受压迫和吞并。因此,长子继承的法律就产生了。这项法律不是立即产生的,而是随着时间的推移,在地产继承的过程中逐渐产生的,其理由和君主国的继承一样,虽然在立国之初时并不总是如此。为了使君主国的权力以及它的安全不致因分割而削弱,必须完整地将其传给子女中的一个。这样重大的恩惠应当赐予谁,必须由某种普通的规则来确定,而这种规则不能以不可靠的个人优点的区别为基础,而应以某种不容争议的明确区别为基础。在同一个家庭的子女中,除了性别和年龄之外,再无其他不容争辩的区分。一般认为男性优于女性;在其他条件相等时,年长优于年幼。因此就产生了所谓的直系继承的长子继承权[①]。

法律常常在最初使它产生并使它合理的情况不复存在时,仍然继续有效。在现在的欧洲,一英亩土地的所有人也和十万英亩土地的所有人一样,他的所有权十分安全。可是长子继承权仍然受到尊重,由于它在所有的制度中是最适于保持家族显赫的骄傲的,它可能还会持续许多个世纪。另一方面,一种为了使一个人富有就必须使所有其余的子女贫穷的权利,是最违背一个子女众多家庭的实际利益的。

限定继承制是长子继承法的自然结果。采用限定继承制是为了保持长子继承法最初所规定的某种直系继承,并防止由于继承人的胡作非为或遭遇不幸,致使原始的任何部分财产通过赠与、遗赠或转让,落入直系以外的人手中。罗马人完全不知有限定继承法。尽管某些法国的法律学家认为,那些古代制度的条款仍可适用于现代法制,但是,罗马人的预定继承人,或遗嘱指定受馈赠人,与限定继承法毫无相似之处[②]。

当大地产是某种大公国时,限定继承可能是合理的。就像某些

---

① 《演讲集》,第 117~118 页。
② 《演讲集》,第 123 页,人们似乎接受限定继承制起源于罗马。

君主国的所谓根本法一样，它可以阻止千万人的安全受到某一个人由于任性或挥霍所造成的威胁。可是在如今的欧洲，当大小地产的安全同样受到国家法律的保护时，这种制度就完全荒谬无比了。限定继承是建立在最荒谬的假设之上的，即人类的每一后代对这个地球和其上所有的财产的权利并不相等；当今一代人的财产，应当按照五百年前死去的人的意愿而受到限制和支配①。然而，限定继承权在欧洲大部分地区，特别是在高贵出身是享受民事或军事荣誉的必要条件的国家里，仍然受到尊重。限定继承被认为是维持贵族享有高官厚禄的专权所必不可少的；这一阶层已经篡夺了超于其同胞之上的一种不正当的利益，又唯恐自己的贫穷被人耻笑，因此认为他们还理应得到另一种利益。然而，据说英格兰的不成文法是厌恶永久不得转让的产业的，因此，尽管限定继承权在英格兰没有完全消失，但是却比在任何其他欧洲君主国家都受到更多的限制。目前在苏格兰，全国有五分之一以上或许是三分之一以上的土地，被认为是严格实行限定继承的。

　　这样，不仅大片未耕地被个别家族吞并，而且排除了将其重新分割的可能性。可是，大地主很少是大改良家。在产生这种野蛮制度的动乱年代，大地主完全忙于捍卫自己的领地，或将自己的管辖权和势力范围扩展到邻人的领土上去。他没有闲暇去照顾土地的耕种与改良。当法律和秩序建立以后使他享有这种闲暇时，他又常常没有耕种和改良的意愿，缺乏必备的能力。如果他的家庭和个人的支出等于甚至超过他的收入（这是常有的事）时，他也就没有资产去这样做。如果他是一个有经济头脑的人，他通常会发现，用每年的储蓄去购买新地产要比改良旧地产更为有利。要通过改良土地来获利，也像所有其他的商业计划一样，必须密切注意小额的节余和利益所得。一个出生在富豪家庭的人，即使具有节俭的天性，也是很难做到这些的。因为富裕的环境自然会让人去注意生活装饰，而不去注意并不需要的利润。衣着、陈设、住宅和家具的华丽，是他从孩提时代起习惯于追求的目标。当他想起改良土地时，自然要流

---

① 这一段与《演讲集》第124页的论述很接近，不断产生荒谬。

露出这种习惯所形成的心态。他或许在住宅周围装饰四五百英亩的土地,所花的钱十倍于土地改良以后的价值。他发现,如果按同样的方式去改良他的全部地产,即使没有其他的嗜好,那么在完成十分之一的工作以前,他或许就会破产。在联合王国的两个地区,仍然有一些大地产自从封建的无政府状态以来就一直掌握在同一家族手中。比较一下这些地产的现状和邻近小所有者的地产,不需有其他的论证,你就会知道,这种大地产是多么不利于改良①。

如果不期望这类大地主能做什么土地改良,那就更不能期望在他们下面占有土地的人进行改良。在欧洲古代状态下他们全都是可以随意令其退佃的佃户。他们全部或几乎全部都是奴隶,但是比起古希腊人和罗马人所知道的或我国西印度群岛殖民地所知道的那种奴隶来,他们的奴役是比较温和的一种。他们被认为比较直接地隶属于土地而不是隶属于他们的主人。因此,他们不能与土地分开,只能随同土地一起出卖。如果得到主人的同意,他们可以结婚;而且此后主人不能拆散他们的婚姻而将男人和其妻子分别卖给两个人。如果主人使其中一人残废或将其杀害,他就要受到若干罚款,虽然罚款一般很小。可是,奴隶不能拥有自己的财产。他们得到的任何东西都属于主人,主人可以随意将其拿走。凡是由这种奴隶进行的耕种和改良,实际上都是他们主人所进行的。费用是由主人支付的。种子、牲畜和农具全都是主人的。一切都是为了主人的利益。这种奴隶所得到的只是每天的生活资料。因此,在此种场合,是由地主完全占有土地,并用自己的奴隶去耕种。这种奴隶制仍然存在于俄罗斯、波兰、匈牙利、波希米亚、拉莫维亚以及德意志的其他地区。只是在欧洲西部和西南部各地,它才逐渐完全地被废除②。

但是,如果很少能期望大地主进行大改良,那么,当大地主用奴隶作为工人时,就更难期望他们进行土地改良。我相信,所有时代和所有国家的经验都表明,奴隶所做的工作虽然在表面上只需要

---

① 参见《演讲集》,第228、382、383、390页。
② "西欧的一小部分是全球仅有的废除了奴隶制的地方","而且与随处可见的奴隶制相比算不了什么"。《演讲集》,第96页。

维持费,归根结底却是最昂贵的。一个不能拥有财产的人,除了吃得尽可能多、劳动得尽可能少以外,再没有其他的利益。他所做的工作,除了足以购买他自己的生活资料以外,只有使用暴力才能多压榨出一些,没有他自己的任何利益去促使他多做。普林尼和科卢麦拉均曾指出,由奴隶来经营时,古代意大利的谷物种植退化到了何种程度,对于主人又变得何种不利①。在亚里士多德的时代,古代希腊的耕作也好不了多少。在谈到柏拉图法规中所描述的理想国时,他说,要维持五千个懒惰人(假定为了防卫而必需的战士人数),连同他们的妇女和仆人,要有一片像巴比伦平原那样无限广阔和肥沃的土地才行②。

人的骄傲使他爱好发号施令,当他不得不屈尊劝说下属时,就感到十分羞耻。因此,当法律许可时,当工作的性质足以办到时,他一般宁愿使用奴隶而不愿使用自由人。种植食糖和烟草可以支付得起奴隶耕作的花费。现在的谷物生产似乎负担不起这种费用。在谷物是主要的产物的英国殖民地,绝大部分工作是由自由人做的。宾夕法尼亚的贵格会教徒最近决定解放全部黑奴③。我们相信,这种黑奴的人数不会很多。如果黑奴构成他们大部分财产,这种决定是不会通过的。与此相反,在我国的食糖殖民地,全部工作都是由奴隶去做的,在我国的烟草殖民地,也有很大一部分工作由奴隶去做。在我国任何一个西印度殖民地,食糖种植的利润一般比在欧洲或美洲所知道的任何其他种植的利润要大得多;烟草种植园的利润虽然比食糖种植园的利润小,却也比谷物的利润大,上面已经说过④。两者均能付得起奴隶耕作的费用,食糖比烟草更能付得起一些。因此,我国的食糖殖民地比起烟草殖民地来,黑人的人数比白人的人数要

---

① 普林尼,《自然史》,xviii,第4章;科卢麦拉,《论乡间事》,第一册,序言。
② 《政治学》,1265a。
③ 雷诺尔,《哲学史》,阿姆斯特丹版,第6卷,第368~388页。
④ 雷诺尔,《哲学史》,阿姆斯特丹版,第6卷,第158页;《演讲集》,第225页。

多得多。

在古代的奴隶之后,逐渐兴起一种现在在法国称为分益佃农的农民。拉丁语称其为 Coloni Partiarii。这种农民在英格兰消失已久,现在我不知道他们的英文名字是什么。地主为他们提供种子、牲畜和农具。简言之,所有耕种土地必要的资产。在扣除判定为维持资产所必要的以外,产物在地主和农民之间平均对分,当农民离开农场或被逐出农场时,资产归还地主①。

这种佃农占用的土地也像奴隶占用的土地一样,是靠地主的开支来耕种的。然而,在这种佃农和奴隶之间有一个最主要的差别,即这种佃农由于是自由人,所以可以拥有财产;又由于他享有土地的一部分产物,所以他显然有一种利益,要想自己的那部分产物多一些,他就要让全部的产物尽可能地多。与此相反,奴隶除生活费外什么也得不到,考虑到自己的安逸,他就要使土地的产物在超过维持费以后尽可能地少。很可能部分地是由于这种好处,部分地由于总是妒忌大地主的国王逐渐鼓励奴隶去反抗地主的权力,最后使得这种奴役变得非常困难,所以奴隶制在欧洲大部分地区逐渐衰落了。可是,这样一种重大变革是何时以及以何种方式发生的,这在现代史上是最大的疑点之一。罗马教会宣称自己在这场变革中有很大的功绩。诚然,早在十二世纪,亚历山大三世②就颁布了一道普遍释放奴隶的赦令。可是,这道赦令似乎只是一种谆谆的劝告,而非要求严格执行的法律。此后几个世纪中奴隶制度继续几乎是普遍地实行,直到上述两种利益,即一方面是地主的利益,另一方面是国王的利益,共同作用将其逐渐废除为止。一个被释放的奴隶,同时被允许继续占用土地,因为自己没有资产,只能用地主预付给他的资产去耕种土地,因此他一定就是法国人所称的分益佃农。

然而,即使是这种耕种者,也绝不可能把他自己产品份额中可能节约下来的微薄资产用在进一步的土地改良中,因为地主不花分文,也会分得产品的一半。教会征收的什一税,虽然只占产物的十

---

① 雷诺尔,《哲学史》,阿姆斯特丹版,第6卷,第100、101页。
② 雷诺尔,《哲学史》,阿姆斯特丹版,第1卷,第12页。

分之一，就已被发现极大地阻碍了改良。那么，数额达到一半的征税，一定会非常有效地阻止改良的进行的。利用地主提供的资产使土地的产物尽可能多，这是合乎分益佃农的利益的，但是把他自己资产的一部分和地主提供的资产混在一起，却绝不可能符合分益佃农的利益的。在法国，据说整个国家有六分之五的土地由这种耕作者占用①。法国的地主抱怨说，他们的分益佃农利用一切机会将主人的牲畜用在运输上而不用在耕作上，因为运输的全部利润归佃农所有，而耕作利润则要和地主分成。在苏格兰某些地区这种佃农仍然存在。他们被称为由地主借给种子农具的佃农（steel-bow）。大贵族吉尔伯特和布莱克斯通博士所称的地主的仆从而非真正的农民的那种古代英格兰佃农②，或许就属于这一类。

在这种佃农之后，极其缓慢出现的才是真正可以称作为农民的人。他们使用自己的资产耕种土地，向地主交纳一定的地租。拥有一定年限租约的农民有时可能发现，利用自己的一部分资本来进一步改良土地对自己有利，因为他们有时可能期望在租约期满以前能收回资本，并取得可观利润。但是长期以来，即使是这种农民对土地的占用也是极无保障的。在欧洲的许多地区，情况依然如此。在租约到期以前，他们可以被新买主合法地解除租约；在英格兰，甚至可以通过一种虚构的普通胜诉的诉讼解除租约。如果他被主人以暴力非法地赶走，他们获得救济的诉讼程序是极不完备的。这种诉讼不能总是让他们重新占用土地，只是给他们一些不够弥补真正损失的补偿。即使在英格兰这样一个自耕农总是受到极大尊重的欧洲国家，也是直到亨利七世十四年左右，才采用收回地产诉讼法③，使佃农不仅得到补偿费，而且可以重新占用土地，但他的请示权不一

---

① 或许是根据魁奈的估计。比较他在《百科全书》中所写的"佃农"词条，在他的《全集》中重印，翁肯编，1888年，第160、171页。
② 吉尔伯特，《论租佃》，第三版，1757年，第34、54页；布莱克斯通，《纪事》，第2卷，第141、142页。整段与《演讲集》第226页极为接近。
③ 培根，《新法律简编》，第三版，1768年，第2卷，第160页，"收回地产"词条。

定通过一次审判就能得到结果。这种诉讼被发现是一种十分有效的救济办法，所以当地主需要为土地的占用而起诉时，他很少使用权利令或进入令①这种真正属于地主的诉讼，而是用佃农的名义，依退佃令去提起诉讼。因此，在英格兰，佃农的安全保障和地主的相等。此外，在英格兰，年租金四十先令的终身租约就是一种终身保有的不动产，使承租人有权投票选举国会议员；由于大部分自耕农拥有这种可以终身保有的不动产，这样就在政治上给予他们重要地位②，整个阶层变得受地主们的尊重。我相信，除了英格兰以外，欧洲任何地方都没有佃农在未签租约的土地上进行建筑的实例，他相信地主会以人格担保，不去夺取这样重要的一种改良。这种对自耕农如此有利的法律和习惯，对英格兰现在的伟大所做的贡献，或许比人们引以为豪的所有商业规章所做的贡献都要大。

据我所知，保证最长租期不受各种继承人侵害的法律，是英国所特有的。这项法律源自詹姆士二世的一项法律③，早在1449年就被引进苏格兰。可是这项法律的有利影响受到了限定继承制的诸多阻碍；限定继承人不能长期出租土地，一般不能超过一年以上。最近的一项国会条例④在这方面略为放松了对他们的束缚，虽然他们仍然受到过多的限制。此外，在苏格兰，任何租约均不享有投票选举国会议员的权利，所以自耕农不如在英格兰那样受到地主的尊重。

在欧洲的其他地方，虽然很容易保证佃农的租期不受继承人和购买人的侵害，但是保障条件仍然局限在短暂的期限内，例如，法国从出租之日起不得超过九年。尽管最近在该国已将租期延长到二十七年⑤，但是这个期限仍然太短，不能鼓励佃农去进行最重大的改良。土地所有者历来是欧洲每个地方的立法者。因此，有关土地的立法全都是从设想的所有者的利益出发的。他们设想，为了土地所

---

① 布莱克斯通，《纪事》，第3卷，第197页。
② 《演讲集》，第227～228页。
③ 1449年的法律，第3号，"为了在地上劳动的穷人的安全和利益而颁"。
④ 乔治三世第10年，第51号。
⑤ 下面，第488页。

有者的利益,他的前辈所订立的租约,不应妨碍他在长时期中享受土地的全部价值。贪婪和不公正总是目光短浅的,他们未曾预见到,这种规定会在很大程度上妨碍改良,从而损害地主们的真正利益①。

除了缴纳地租外,历来认为农民有义务为地主服大量劳役,这种劳役很少在租约中注明,也很少有明文规定,只是由庄园或领地的需要和习惯来决定。因此,这种几乎完全是随意决定的劳役,使佃农感受到许多痛苦。在苏格兰,取消所有租约中没有明确规定的劳役②,在短短的几年中就大大改善了该国自耕农的景况。

自耕农担负的公共劳役,也和私人劳役一样,是武断随意的。我相信,虽然在不同的国家强迫的程度不同,但是,修建和维修公路是各处依然存在的一种劳役,而且不是唯一的一种。当国王的部队、王室成员或任何一类官员过境时,自耕农有义务为他们提供马匹、车辆和粮食,其价格由粮食征购官来规定。我相信,英国是欧洲唯一完全取消了粮食征购这种压迫的君主国。这种粮食征购在法国和德国仍然存在。

自耕农应当缴纳的公共赋税,也和劳役一样不规范和具有压迫性。古代的领主虽然极其不愿为国王提供任何的金钱援助,却轻易地允许他向自己的佃农征收一种所谓的贡税③;无知使他们没有预料到,这在最后会对他们自己的收入影响很大。法国迄今仍然存在的佃农税可以作为这种古代贡税的一个实例。这种税是对假定的农民利润征收的,按农民投入农场的资本来估算。因此,农民为了自己的利益,尽量显得很穷,因此,用在耕种上的资本就尽可能少,不作任何的改良。假定一个法国农民手中能积蓄一点资本,佃农税就几乎等于永远禁止把它投到土地上。此外,这种税收还被认为使任何缴纳的人蒙受耻辱,使他的地位不仅降到绅士等级之下,而且降到市民之下,凡是租种他人土地的人就得缴纳这种税。没有一个绅士,甚至没有一个有资产的市民,愿意蒙受这种耻辱。因此,这

---

① 《演讲集》,第226、227页。
② 乔治二世第20年,第50号法律,第21条。
③ 《演讲集》,第227页。

种税收不仅阻碍了将从土地上积累的资产再用在土地的改良上,而且驱使所有的资产离开土地。古代的十分之一税和十五分之一税,过去①在英格兰极为常见,就其对土地的影响而言,似乎和贡税是同一种性质的税。

在所有这些阻碍之下,不能期望土地占有者进行任何的改良。这一阶层的人,拥有法律所赋予的一切自由和安全保障,在改良土地时一定处于极其不利的地位。农民和地主相比,就像把一个借钱做生意的人,与一个用自己的钱做生意的人相比一样。两个人的资本都可能增加,但是,如果两个人的行为都是同样审慎的,农民的资本总是比地主的资本要增加得慢些,因为一大部分利润被借款利息所吞噬了。同样,在行为同等审慎的条件下,农民耕种的土地的改良比地主耕种的土地的改良要慢些,因为一大部分产物被地租吞噬了。如果农民是土地所有者,本来可以用这些产物来进一步改良土地的②。此外,农民的地位当然比地主低。在欧洲的大部分地区,自耕农被看做是下等人,其地位甚至低于景况略好的手艺人和工匠;在欧洲所有地区,他们被认为是低于大商人和工厂主的。因此,很少会发生有钱的人放弃富贵的地位而去置身于下层的事情。所以,即使在现在的欧洲,也很少有资本会从其他的行业进入农业,去从事土地改良。在英国,流入农业的资金也许比在其他国家要多一些,但即使在那里,某些地方投入耕作的大笔资产通常也是通过耕作取得的,这一行业和所有其他行业相比,资产的积累或许是最慢的。可是,除了小土地所有者之外,富有的大土地所有者在每一个国家都是主要的改良者。这样的人在英格兰要比在其他欧洲君主国都要多。在荷兰和瑞士伯尔尼的共和政府统治下,据说农民的地位不低于英格兰的农民③。

---

① 最初是对动产课征 1/10 和 1/15 的税,随后按固定数目向教区居民课征,他们像其他地方税一样缴纳;参阅坎南《地方税捐史》,1896 年,第 14～15 页和第 18～20 页及第 22、23 页注。
② 《演讲集》,第 226 页。
③ 《耕种论文集》(沃尔特·哈特著),1764 年,第 69～80 页。

第二章 论罗马帝国衰亡后欧洲旧状态下农业的抑制

在所有这一切之外,不论是由地主进行还是由农民进行,欧洲的历来政策都是不利于土地的改良和耕种的。第一,除非有特许证,否则一般禁止谷物出口,这似乎完全是一个非常普通的规定;第二,由于反对垄断、收购和囤积居奇的荒谬法律、集市和市场的特权等,不仅限制了谷物,而且也限制了国内其他每一种农产品的贸易①。上面已经提到②,禁止谷物的出口,加上给予外国谷物进口的某些奖励的做法是怎样妨碍了古代意大利的耕种事业,而意大利自然是欧洲土地最肥沃的国家,当时是世界最大帝国的中心。这种对国内谷物贸易的限制,再加上一般禁止出口,对于土地不那么肥沃、环境不那么有利的国家的耕种事业会产生多大的阻碍作用,或许就很难想象了。

---

① 下面,第 377~386 页。
② 上面,第 117 页;《演讲集》,第 229 页。

第三章　论罗马帝国衰亡后城市的
　　　　兴起和发展

　　罗马帝国衰亡后，城市居民的处境并不比乡村居民好。不过，那时的城市居民与古代希腊和意大利共和国的最初居民大不相同。后者主要由地主组成，他们是最初分割公共土地的人。他们觉得彼此相邻地修建房屋，并环筑以围墙，对于共同御敌很方便。相反，在罗马帝国衰落后，地主似乎一般住在各自领地的城堡里，住在自己的佃农和依附者中间。城市主要由商人和技工居住，这些人在当时似乎处于一种奴隶或近似奴隶的地位。我们发现，向某些欧洲主要城市居民颁发的特许状所赋予的特权，充分证明了在此之前这些人的处境。这些人被赋予的特权有：无须领主允许就可以自由嫁女；自己死后，由子女而不是由领主继承自己的财物；可以订立遗嘱来处理自己的遗产。由此可见，在赋予这些特权以前，他们完全或接近和乡村土地占用者一样的奴隶的境地。

　　的确，他们似乎是非常贫穷、低贱的人，经常带着货物，从一个地方到另一个地方，从一个集市到另一个集市，到处售卖，就像现在沿街叫卖的小贩一样①。在当时欧洲的所有国家，也像在现在的几个亚洲的鞑靼政府一样，税捐是向旅行者的人身和货物征收的。当他们经过某些庄园的时候，当他们通过某些桥梁的时候，当他们带着货物从一个集市走到另一个集市的时候，当他们在集市上设立摊点的时候。这些征收在英格兰称为过境税、过桥税、落地税和摊贩税。有时，国王以及在某些场合有这种权力的大领主，特许某些商人，特别是住在他们自己领地之内的商人免缴所有这些税捐。虽

---

① 《演讲集》，第233页。

然这些商人在其他方面处于奴隶或接近奴隶的地位,但是还是因此被称为自由商人。他们通常向自己的保护人每年缴纳一次人头税作为回报。在当时,这种保护是出于对金钱的考虑而给予的,这种人头税或许可以看成是对保护者舍弃其他诸税所受损失的补偿。最初,这种人头税和豁免完全只限于个人,只影响到具体的个人的生活或者其保护者的舒适。在几个英格兰城市的土地勘察记录所公布的很不完全的记载中,时常提到个别市民向国王或为寻求保护向某些其他大领主所缴纳的这种税;有时只记有这些税收的总额①。

但是不管城市居民的最初处境是多么低贱,他们看来显然比乡村土地占用者获得自由和独立要早得多。国王收入中有一部分是这种城市人头税,通常由国王定出税额,在一定年限内包给各郡的司法行政官或其他人代为征收。但市民自己常常可以取得这样的信用,来承包本市的这种税收,对全部税收共同负责②。这种包税方式,我相信对欧洲各国君主的一般经济是最合适的,他们本来就常常将整个庄园交给全体佃农包办,后者共同对全部税收负责;但作为回报③,准许他们按自己的方式去征收,并经自己的官员之手将税收交入国库,不必再受国王官吏的凌辱,这在当时是非常重要的。

最初,像其他承包人一样,城市税收包给市民代征,只限于一定的期限。可是,随着时间的推移,似乎形成了一种普通的做法,永久地包给市民代征,税额以后永不改变。纳税就这样变成了永久性的,作为回报的豁免自然也就成为永久的。因此,这种豁免不再是个人的,以后不能看成是给予个别人,而是给予某个城市所有市

---

① 参阅布雷迪的有关城市的历史论文,第3页等。罗伯特·布雷迪,《关于城市和自治城市的历史论文集》,第2版,1711年。关于这两段中提到的市民和商人的地位,特别参阅第16、18页和附录第8页。休谟的《英格兰史》,1773年版,第1卷,第205页,提到土地勘察记录和布雷迪。本注首见于第2版。
② 参阅马多克斯,《自治城市》(Firma Burgi),1726年,第18页。还有马多克斯,《国库的历史和古迹》,第1版,1711年,第10章,第5节,第223页。
③ 在《自治城市》第21页提供了一个实例。

民的,因此,城市称为"自由市",市民称为"自由市民"或"自由商人"。

城市居民除了享有这种权利之外,还被普遍赋予上述各种特权,即嫁女权、子女承继权和遗嘱处理财产权。以前这种特权是否常常和贸易自由权一起赐给作为个人的某些市民,我不知道。也许真是如此,但是我提不出什么直接的证据。不过,不管情况如何,贱民地位和奴隶地位的主要特征就这样从他们身上除去,至少从这个时候起,按照现在"自由"一词的含义来讲,他们是真正自由了。

还不仅如此,他们在同时一般构成了一个社团或市区,有权选举自己的市长和市议会,有权为自治政府制定法规,有权建立城墙实行自卫,有权命令自己的全体居民接受军事训练,担负警戒和防守的义务。也就是说,按照历来的理解,要日夜守护和保卫城墙,防止一切进攻和偷袭。在英格兰,他们一般可以免受州郡法庭的管辖,除公诉外,他们之间所有的诉讼均可由自己的市长裁决。在其他国家,常常赋予市长更大和更广泛的司法权①。

对于允许其包征自己税收的城市,必须给予某种强制性的司法权,使之能迫使自己的公民纳税。在那种混乱的年代,如果让这些城市到其他法庭去寻求这种裁判,可能极不方便。但是看起来不同寻常的是,欧洲所有各国的君主,为什么要通过这种方式,用一部分在所有各种税收中,最有可能随着形势的发展,不必自己费钱费心②,而自然增加的税收,去交换一种固定的永远不会增加的租税。此外,为什么他们要通过这种方式,在自己领土的中心,建立一种独立的共和国。

要想理解此中道理,必须记住,在当时,欧洲没有一个国家的君主有能力在全国保护其臣民中的弱小部分不受大领主的压迫。那些法律不能保护且也没有能力足以捍卫自己的人们的权利,就只有两种出路:要么去请求某个大领主的保护,为了得到这种保护,不

---

① 参阅马多克斯,《自治城市》。还可参阅普菲尔关于苏阿比亚腓特烈二世及其后继者的大事记。
② 《演讲集》,第40页。

得不变成他的奴隶或农奴；要么成立互相保卫的同盟，以便彼此共同保护。城市居民作为单独的个人来看，是没有力量捍卫自己的；但是和邻居们建立攻守同盟以后，他们就能进行不容忽视的抵抗。领主们鄙视市民，不仅把他们看做是另一个阶层的人，而且看做是被释放的奴隶，与自己是不同的族类。市民的财富总是激起领主们的嫉妒之意，一有机会就予以掠夺，毫无怜惜之心和懊悔之意。市民自然憎恨和畏惧领主。国王也憎恨和畏惧领主；他虽然也鄙视市民，却没有理由要憎恨和畏惧他们。因此，共同的利益促使市民支持国王，也促使国王与市民同盟，共同反对领主。市民们是国王的敌人的敌人，尽可能地使这些敌人的敌人安全和独立，是合乎国王的利益的。国王使市民们可以有自己的市长，为实行自治有制定法规的特权，能建立城堡以实行自卫，能使所有的居民接受一种军事训练。这样，国王尽其权力之所及，给予市民保证安全和独立于贵族的一切手段。不建立这种颇为正规的政府，没有这种强迫居民按某种计划或制度行事的权力，任何自愿的攻守联盟均不能使他们获得永久的安全，也不能使他们给予国王以任何重大的支持。赋予他们以永久包征本市赋税的权利，国王使之成为自己的朋友，使之成为自己的同盟军，并从他们心中驱除了一切妒忌和猜疑，使他们不必担心国王以后会压迫他们，或是提高他们城市的租税，或是将其包给其他的人去征收。

因此，与领主最为不和的君主，在给予城市居民这种特权方面最为慷慨。例如，英格兰的约翰国王对他的城市似乎是毫不吝惜的恩人[1]。法国的菲力普一世丧失了对领主的所有权威。据神父丹尼尔说，到其统治的末期，其子路易，即后来称为胖路易的，曾和国内各主教商量约束大领主暴力的最适当办法[2]。主教们有两种建议：一是在国王领土内的每一个大城市设立市长和市议会，以建立一种新的管辖体系；二是组织一种新的民兵，使各城市居民在各自的市长统帅下，在适当的场合开出去支援国王。根据法国考古学家

---

[1] 参阅马多克斯，《自治城市》，第35、150页。
[2] G. 丹尼尔，《法兰西史》，1755年，第512～513页。

的观点①,法国城市的市长和议会制度应从这个时期算起。正是在苏阿比亚王室各国王统治衰落的时候,德国大部分的自由城市首次被赐予各种特权,著名的汉萨同盟也在此时首次变得难以对付②。

在当时,城市民兵并不弱于乡村民兵,由于他们在紧急的时刻可以比较迅速地集合,在和邻近领主的争执中常常占据优势。在意大利和瑞士这样的国家,城市距离政府的主要中心比较远,由于本国的天然力量,以及其他原因,城市一般变成了独立的共和国,征服了本地区所有的贵族,迫使他们拆除自己在乡村的城堡,与和平居民一样住在城市。这就是伯尔尼以及瑞士其他几个城市的简史。城市历史稍有不同的威尼斯除外,在十二世纪至十六世纪初,此起彼伏的意大利众多重要共和国的历史都是如此。

像法兰西或英格兰这样的国家,国王的权威虽然常常很低,却又并未完全被摧毁,所以城市没有完全独立的机会。可是,城市居民已经变得这么强大,所以除了上述城市的包税以外,不经他们的同意,不能向他们课税。因此,在紧急的场合下,城市居民和教士以及贵族一起被招到首都的国会,给予国王以某种特别的援助。城市一般是非常拥护国王权力的,所以城市的代表有时在这些会议中被国王利用对抗大贵族的权威。这就是欧洲各大君主国的议会中城市居民代表权的起源。

城市秩序和良好政府,随之是个人的自由和安全,就按照这种方式建立起来,这时乡村的土地占用者还处在各种暴政的压迫之下。处于这种没有自由状态下的人们,自然以得到必要的生活资料为满足,因为获取更多的东西,只会促使他们的压迫者更加暴虐。与此相反,当人们确实能享受自己的劳动果实时,他们自然会努力改善自己的状况,不仅要获得生活必需品,而且要获得生活便利品和娱乐品。因此,以生产更多生活必需品以外的东西为目的的产业,早在乡村土地占用者普遍都这样做之前,就在城市建立起来了。如果

---

① 或许是杜坎的《辞典》,"自由市"词条。丹尼尔,《法兰西史》第514页,休谟,《英格兰史》,1773年版,第2卷,第118页,均曾提到杜坎。
② 参阅普菲尔的书,见第290页注。

奴隶制奴役下的贫苦耕者手中稍有积蓄,他自然会小心翼翼地对主人隐瞒起来,否则就会落到主人手中;并且一有时机就会逃到城市中去。当时的法律是偏袒城市居民、削弱领主对乡村居民的权力的,所以如果逃到城市的人能隐藏一年,不被他的领主找到,他就永远自由了①。因此,在乡村勤劳居民手中积累的资产自然会向城市寻求保护,那是能确保资产操在获取人手中的唯一避难所。

然而,归根结底,城市居民必须从乡村取得自己的生活资料以及自己劳动的全部原料和工具。但是,位于海滨或通航河道两岸的城市居民,却不一定局限于从邻近乡村获得这些东西。这些城市居民的活动领域要宽广得多,可以用自己勤劳的加工产品,或是经营不同国家之间的贩运生意,从世界上最遥远的地方取得所需物品。通过这种方式,一个城市可以在邻近的乡村以及与之通商的所有国家还处于贫穷困苦的情况之下,逐渐发展,并繁荣昌盛起来。每一个这样的国家,单独来看,或许只能提供有限的生活资料或就业机会。但是综合起来,就能提供大量的生活资料和大量的就业机会。可是,在当时狭隘的商业圈子里,也有一些富裕和繁荣的国家。例如,未曾灭亡的希腊帝国,亚巴西德诸王统治下的撒拉逊帝国,被土耳其人征服之前的埃及,巴伯里海岸的某些地区,以及所有在摩尔人统治下的西班牙各省。

在欧洲,最早借助商业而达到极为富裕程度的城市似乎是意大利各城市。意大利处于当时世界进步和文明地区的中心。十字军虽然破坏大量资产和伤害许多居民,必然阻碍了欧洲大部分地区的进步,却极为有利于某些意大利城市的发展。为征服圣地而从各地开来的大批军队,对威尼斯、热那亚和比萨的航运业是非常大的鼓励。这些船只有把十字军运到那里,才能经常为他们供应食物。这些城市是这些军队的军需营地;降临在欧洲各国头上的最具毁灭性的狂乱②,

---

① 《演讲集》,第40页。
② 休谟,《英格兰史》,1773年版,第1卷,第292页,"在任何时代和国家曾经出现的人类愚蠢的最显著、最持久的时刻";同上书,1700年版,第1卷,第327页,休谟称之为"普遍的疯狂"。

却成为这些共和国富裕的泉源。

商业城市的居民从比较富裕国家进口较为精致的加工产品和昂贵的奢侈品,以此来满足大地主的虚荣心,而后者愿意用本国的大量天然物产去购买这些东西。因此,当时欧洲很大部分地区的商业,主要就是以他们自己的天然物产去交换比较文明国家的加工产品。这样,英格兰的羊毛常用来交换法兰西的葡萄酒和佛兰德的精制呢绒;同样,波兰的谷物也常用来交换法兰西的葡萄酒和白兰地,以及法兰西和意大利的绸缎和丝绒。

对于比较精良加工产品的嗜好,就这样通过对外贸易引进了尚未建立精工制造业的国家。但是当这种嗜好变得很普遍以致产生了巨大需求时,商人为了节省运费,自然力图在本国建立相同的制造业。这也许就是罗马帝国衰亡后欧洲西部各省建立首批向远方销售的制造业的起源。

必须指出,如果没有某种制造业,任何一个大国都不会也不可能存在。当说到没有制造业的大国时,指的是较为精美和先进的或适于在远方销售的制造业。在每个大国里,大部分居民的衣着和家具都是本国的产品。这种情况在普通没有制造业的穷国家里,比在制造业发达的富国里,更为普遍。人们常常会发现,富国下层人民的衣服和家具比起穷国的人民来,更大一部分是外国产品。

各国适于远方销售的制造业的产生似乎有两种不同的方式。

第一种是由个别商人和企业家投入大量资本按上述方式,模仿同类外国制造业而勇敢地(如果可以这样说)建立起来的。因此,这些制造业是对外通商的产物,例如十三世纪在卢卡兴盛起来的绸缎、丝绒、织锦制造业等。后来在马基雅弗利的英雄之一,卡斯特罗西奥·卡斯特拉卡尼的暴政下,这些制造业遭到了驱逐。1310年有九百个家庭被逐出卢卡,其中三十一家退居威尼斯,提出要在那里引进丝织业[①]。他们的请求被接受了,并被赋予了许多特权,他们开始用三百个工人从事这种制造业。伊丽莎白统治初期被引进英格

---

① 参阅维特·桑迪,《威尼斯共和国文明史纲要》,威尼斯,1755年,第1卷,第二篇,第247、256页。

兰而在古时就盛行于佛兰德的精细呢绒制造业,似乎也是这样产生的。现在里昂和斯皮塔菲尔的丝织业也是如此。这样引进的制造业,因为模仿外国制造业,所以一般使用外国原料。当威尼斯的制造业最初建立时,原料全部是从西西里和黎凡特运来。卢卡的比较古老的制造业也同样使用外国原料。十六世纪以前,种桑养蚕在意大利北部并不常见。直到查理九世在位的时候,这种技艺才引进法兰西。佛兰德的制造业主要使用西班牙的和英国的羊毛。西班牙羊毛虽然不是英格兰最初毛织业的原料,却是最初适于远方销售的英格兰毛织业的原料。现在里昂制造业一半以上的原料是外国丝,而当制造业最初建立时,全部或将近全部的原料都产自外国。斯皮塔菲尔制造业的原料中,可能没有任何部分是英格兰生产的。这种制造业一般是由少数人的计划和设计引进的,其中心有时位于沿海城市,有时位于内地市镇,根据他们的利益、判断和想象而定。

即使在最穷、最原始的国家里也有随时都在进行的家庭加工业,因此,供远方销售的制造业,有时是从比较粗放的家庭制造业逐渐改进而自然发展起来的。这种制造业一般使用本国原料,这些原料最初常常是在内陆国家、在离海岸很远甚至离水运很远的国家里得到改进和完善的。一个内陆国自然是土地肥沃,易于耕种,生产的食物大大超过维持耕者的需要,由于陆地运输的费用和河道运输的不便,常常难于将这种剩余产品送往国外。因此,粮食产量的丰富使得其价格低廉,鼓励大量的工人在邻近定居,他们发现自己的劳动在那里能获得比别处更多的生活必需品和便利品。他们从事本地所产原料的加工,以自己的制成品或制成品的价格(二者是一回事)交换更多的原料和食物。由于节省了运往水边或遥远市场的费用,从而给予天然物产剩余部分一个新的价值,使耕者可以按比以前更宽松的条件,来换取某些有用的或他们喜欢的东西。耕者自己的剩余产品能得到较高的价钱,从而更加低廉地购入自己需要的其他便利品。这样他们就受到鼓励并有能力去进一步改良土地,更好地耕作,以增加这种剩余产品。由于土地的肥沃产生了制造业,而制造业的进步又反作用于土地,进一步增加了它的肥沃程度。制造业首先供应本土的邻近地区,然后当其工作得到改进和完善时,就供应比较遥远的市场。因为，天然物产甚至粗糙的制成品要想维持长途运输，需要克服大量的困难，而改良和进步的制成品却很容易做到。在它的小小的体积中常常包含了大量天然物产的价格。例如，一匹精制呢绒重量只有八十磅，却不仅包含八十磅重羊毛的价格，而且有时还包含九百磅重谷物的价格，后者是不同工人及其直接雇主的维持费。很难按原来形状运往国外的谷物按这种方式实际上以完全制成品的形式运往国外，并可以很容易送往世界是最遥远的角落。利兹、哈利法克斯、设菲尔德、伯明翰、伍尔弗汉普顿的制造业，就是按这种方式自然产生的。这种制造业是农业的结果。在现代欧洲的历史中，它们的扩大和改进比对外通商产生的制造业要晚。早在上述各地十分繁荣的制造业适于对外国销售一百多年之前，英格兰就以用西班牙羊毛为原料的精制呢绒制造业而著称于世了。上述各种制造业的扩大和改进，随着农业的扩大和改进而产生。而农业的扩大和改进又是对外商业及其直接产生的制造业的最后的和最大的结果，这一点我将进一步予以说明。

第四章　城市商业如何对乡村改良做出贡献

工商业城市的增加和富裕，按照三种途径对其所在乡村的改良和耕种做出贡献。

第一，城市为乡村的天然物产提供了一个巨大而且方便的市场，从而鼓励了乡村的耕种和进一步改良。不仅仅城市所在的乡村，而是所有与城市有贸易的乡村都受到了这种实惠。对所有这些乡村来说，城市为它们的天然物产或制成品的某些部分提供了市场，从而鼓励了它们的耕种和改良。由于离城市较近，城市所在的乡村自然从这个市场获益最大。天然物产的运费较小，即使商人对种植人支付较高的价格，其销售价格也和来自较远乡村的产物一样低廉。

第二，城市居民获得的财富常常用来在乡村购置可供出售的土地，其中大部分是未开垦的荒地。商人们通常都渴望成为乡绅，当他们的愿望实现时，他们常常是最好的改良家。商人与乡绅不同，商人习惯将钱用在有利可图的事业上，而一个普通的乡绅则习惯将钱用在奢侈上。商人看到自己的钱花出去又收回来，还带着利润；而乡绅一旦把钱花出去，就很少有希望再见到它。这种不同的习惯自然会影响对事务的处理方式。商人通常是一个勇敢的经营者，只要他看到有希望成比例地提高土地价值的时候，就敢于在土地改良上一次性投入大笔资本。而乡绅则通常是一个怯懦的经营者，当他稍有资本时（情况并不总是如此），很少敢于像商人那样去使用。如果他也着手进行改良，通常不是用一笔资本，而是用每年收入的结余部分资金。有幸居住在一个周围都是未经改良乡村的商业城市中的人，一定会常常看到，比起一般乡绅来，商人按这种方式的运作要活跃得多①。此外，长期经营商业在一个商人身上自然养成的讲秩序、重节约、谨慎小心的习惯，使得他更适合进行任何改良计划，并获得利润和成功。

第三，也是最后一点，商业和制造业的发展逐渐建立了秩序和良好的政府，进而在乡村居民中建立了个人的自由和安全，这些人以前生活在经常和邻人不断作战的状态中，处于对他们上级的依附状态下。这一点虽然很少被人注意到，却是城市所有影响中最重要的一种。就我所知，休谟先生②是迄今为止唯一注意到这一点的学者。

在一个既没有对外商业又没有任何比较精密的制造业的国家里，大地主土地上超过维持耕者的大部分剩余产物没有什么可以交换的，他就将其全部用在乡村式的家宴和款待宾客上。如果这种剩余产物足以维持一百或一千人，他除了用来维持一百或一千人之外，没有其他的用途。因此，随时随地他都被一大群侍从和依附者围绕着，这些人没有什么等价物可以回报他的维持，但是既然靠他的恩惠来过活，就必须服从他，如同士兵必须服从支付饷银的君主一样。在欧洲的商业和制造业扩张之前，上自国王，下至小贵族的富人和达官贵人们款待宾客的宏大场面，都是我们现在所想象不到的。威斯敏斯特大厅是威廉·卢弗的餐厅，然而对他的同伴来说，常有人满之患。据说托马斯·贝克有一次把清洁的干草和灯芯草铺在大厅的地板上，以便使找不到座位而坐在地板上进餐的武士们和先生们不致弄脏他们华丽的衣服③。据说沃里克大公爵每天在他的各个庄园中宴请三万人，这个数字虽然不免有些言过其实，但数目一定很大，否则不会被夸大到这种程度④。几年以前在苏格兰高地的许多不同地区，也实行差不多相同的一种款待。这种事情在所有没有商业和

---

① 见第281页。
② 见《政治论丛》，1752年，"论商业"、"论奢侈"；《英格兰史》，1773年版，第3卷，第400页。
③ 显然引自休谟，《英格兰史》，1773年版，第1卷，第384页。
④ 同③，第3卷，第182页。

制造业的国家里，似乎是很普遍的现象。波科克博士说，他曾经看到一个阿拉伯酋长在他出售牲畜的城市中，当街宴请所有的过路人，连普通的乞丐也在被邀之列①。

土地占用者就像侍从一样，在各个方面都是依附于大地主的。他们即使不是处于奴隶地位的人，也是可以随意退租的佃农，他所缴纳的地租在任何方面都不能与土地为他提供的生活资料等值。数年前在苏格兰高地一带，足够维持一家人的土地通常支付的地租，仅为一克朗、半克朗、一头羊或一头小羊。某些地方今天的情形依然如此，货币在那里所购买的商品也不比在别处更多。在一个大地产所生产的剩余产品必须在本地产内部消费掉的国家里，对地主来说比较方便的是，在离他家较远的地方消费掉一部分剩余产品，只要消费者是依附于他的人，无论是他的侍从还是仆人都可以。他因此可以减少伴侣太多或家庭太大的麻烦。一个仅仅支付比免役税稍多一些的地租，占用能够维持一家生活的土地的可随意退租的佃农，他对地主的依附和任何仆人或侍从一样，必须毫无保留地服从。这样一种地主，就像他在自己家里养活他的仆人和侍从一样，也在佃农自己的家里去养活他们。两者的生活资料都出自他的恩赐，其继续与否完全取决于他的兴致高低。

古代贵族的权力，就是建立在此种情况下大地主对其佃农和侍从所必然具有的权威之上的。他们必然成为所有住在他们领土之内的人们的平时审判官和战时的统领。他们可以在各自的领地以内维持秩序和执行法律，因为他们每个人都能在那里调动所有居民的全部力量去反对任何的不公正行为。任何其他人都没有这样做的权力，特别是国王也没有这种权力。在古代，国王只不过是他国内的一个最大的地主；只不过是为了共同防御共同的敌人，其他大地主给予他一定的尊重罢了。国王如果试图凭借自己的权威，强迫一个全民武装并彼此扶持的大地主领地上的人偿还一笔小小的债务，那他所要花费的力气就像试图消灭一场内战一样。因此，他不得不在国内大部分地区放弃司法行政权，让能够执行法律的人去行使，不得不

---

① 里查德·波科克，《东方素描》，1743年，第1卷，第183页。

将乡村民兵的指挥权让给民兵会服从的人去行使。

　　要是认为这种地方司法权起源于封建法律，那是错误的。在欧洲知道有封建法律这个名称之前的几个世纪，大地主就拥有不仅最高民事和刑事司法权，而且有招募军队、铸造货币，甚至为治理自己的人民而制定法规的权力。英格兰的撒克逊贵族们的权威和司法权，在被征服以前就和被征服以后任何诺曼贵族的权威和司法权一样大。但是，直到征服以后，封建法律也没变成英格兰的习惯法①。法兰西大贵族本来拥有的最广泛的权威和司法权早在封建法律以前就引进了该国，这是一个不容置疑的事实。那种权威和那些司法权，必然全都产生于上述财产状况和风俗习惯。无需追溯法兰西或英格兰君主国的遥远历史，我们从晚得多的时候就可以找出许多证据来证明，这种结果必然总是产生于这种原因的。不到三十年前，洛基尔的卡梅隆先生是苏格兰洛赫巴的一位绅士，既不是一个贵族领主，甚至也不是一个大佃农，而只是亚盖尔公爵的一个家臣。他既没有正式的委任状，也不是治安推事，却常常对自己的人行使最高刑法裁判权。据说，虽然没有任何司法仪式，但他执法却十分公正；很可能该地区当时的情况要求他掌管这种权力，以便维持公共治安。这位绅士的地租每年不超过五百镑，却在1745年带领自己的八百人参加了斯托亚起义②。

　　封建法律的推行可以被看做是一种缩小大地主贵族权力的努力③，而不是要去将其扩大。它建立了一种从国王到最小的地主的正规隶属关系，并伴随有一长串的职责和义务。当地主未成年时，地租连同他的土地管理权，均落入他的直接上级手中，从而，所有大地主未成年时，他们的地租和土地管理权也落入国王手中。作为监护人，上级和国王有责任去维持和教育这些年轻人，有权为之办理

---

① 休谟，《英格兰史》，1773年版，第1卷，第224页。
② 休谟，《英格兰史》，1773年版，第1卷，第214页，"苏格兰高地早已由法律授予不列颠臣民的每一种特权，但普通人直到最近才在事实上享受这种特权"。比较《演讲集》，第116页。
③ 《演讲集》，第38、39页。

婚事，但要采用适于其身份的方式。但是，尽管这种制度必然会增强国王的权威，而削弱大地主的权力，却不足以在全国居民中建立秩序和良好政府，因为它不能彻底改变产生于混乱局面中的财产状况和风俗习惯。政府的权力依然和过去一样，上级太弱，下级成员太强，而下级成员力量强大正是上级软弱的原因。在封建隶属关系确立以后，国王仍然和从前一样，不能约束大贵族的暴力行为。他们依然继续按照自己的意愿进行战争，几乎不断地彼此作战，也极为经常地对国王作战，全国山河仍然是一幅暴力、抢劫和混乱的画面。

但是，封建制度的所有强制力量绝对办不到的事情，却由对外商业和制造业的无声无息和不知不觉的运作渐渐地做到了。它们渐渐地为大地主提供了一些可以用自己土地上的全部剩余产物来交换的东西，他们可以自己消费这些东西，不必和佃农与侍从分享。一切都归自己所有，这在世界的每个时代似乎都是人类主子们的卑鄙格言。因此，当他们一找到一种能自行消费自己地租全部价值的方法，他们就再也不愿意和其他任何人分享了。他们用一千人一年的生活资料或它的价格（二者是一回事），交换来的或许是一对钻石纽扣，或是一些同样没有价值的无用的东西，而在同时，这种生活资料给予他的全部势力和权威也被交了出去。可是，纽扣全部都是他们自己的，没有其他的人能分享；而按照古老的花销方法，他们至少得和一千个人分享。对决定取舍的裁判官来说，这种区别是十分明确的，要作出取舍的决定，有赖于明智的判断。就这样，为了满足最幼稚、最无价值和最卑鄙的虚荣心，他们终于将全部权力和权威交换了出去①。

在一个既没有对外商业又没有精密制造业的国家，一个每年收入一万镑的人，除了养活一千个俯首听命的家庭以外，没有其他使用收入的方法。在现在的欧洲，一个每年收入一万镑的人，不需直接养活二十个或十个以上的仆人就会花掉他的全部收入，当然他通常也是这样做的。他间接养活的人数或许同以前的花费方法所养活

---

① 休谟，《英格兰史》，1773年版，第3卷，第400页；第5卷，第488页。

的一样多,甚至更多。因为,他用自己全部收入所交换的贵重产品数量虽然很小,采集和制造它所雇用的工人数目却必然是非常之大。它的昂贵的价格,一般包括这些人的劳动工资以及他们直接雇主的利润。通过支付这种价格,他就间接地支付了所有这些人的工资和利润,也就间接地养活了所有这些工人和他们的雇主。可是,他一般只对每一个人的每年维持费贡献了很小的份额,对极少数人或许是十分之一,对许多人不到百分之一,对有些人不到千分之一,甚至不到万分之一。虽然他对维持全部这些人的生活有所贡献,但他们全都或多或少地不依赖于他,因为没有他,他们也照样能维持生活。

当大地主用地租来养活佃农和侍从时,他们各人所养活的全都是自己的佃农和侍从。但当他们使用地租来养活商人和工匠时,他们全体所养活的或许是和从前一样多的人,又由于乡村或款待客人必然造成的浪费,现在所养活的人数或许比以前更多。可是,分开来看,他们每一个人对这更多人数中每一个人的维持费只贡献了很小的一份。每一个商人或工匠的生活资料,不是从一个而是从一百个或一千个顾客那里得来的。因此,他们虽然在某种程度上仰仗他们全体,却不绝对依赖他们之中的任何一个大地主的个人开支就这样逐渐增长,他们的侍从人数在逐渐减少,直至最后完全消失。同样的原因使他们遣散不必要的佃农。农场扩大了,土地占用者的人数减到了按照当时的不完善的耕种和改良状态为耕种土地所需最少的人数,尽管佃农们对此不免抱怨。由于取消了不必要的人口,由于从农民身上挤出了土地的全部价值,地主获得了较大数量的剩余产物或剩余产物的价格,而商人和工厂主不久就为他提供了一种方法,而他就像对其他的产品一样,把全部剩余产品都用在自己身上。同样的原因继续起作用,使他渴望将地租提高,能超过在现在改良状况下土地所能提供的数量。但这样就需要进一步改良土地,佃农就要增加改良费用,如果租佃期限不够长,不能使他收回增加的费用及其利润,他决不会同意地主加租的要求。地主在开支方面的虚荣心使他乐意接受这种条件,这就是长期租约的起源。

一个支付土地全部价值的可随意退租的佃农,不是完全依附于地主的。他们从彼此获得的金钱上的利益是相互的和平等的,这样一个佃农会在为地主服务的同时顾及自己的生命和财产。但是如果他有一个年限很长的租约,他就是完全独立的;除了在租约中明文规定或国家习惯法所规定的以外,地主从他那儿得不到一点儿额外的服务。

佃农就这样变得独立,侍从们已经遣散,大地主就再也不能干扰司法的正常进行,再也不能扰乱国家的治安了。既已出售了他们与生俱来的权利——不是像伊骚那样为了饥饿和必需,而是在资产丰富的放荡中,为了只适于做儿童玩具而不值得人们认真追求的一些美观而无价值的小玩意儿——他们就变成与城市中的殷实市民或商人一样的平庸之辈。乡村也和城市一样,建立了正规的政府,既然没有人能扰乱政府在城市的治理,也就没有人能扰乱其在乡村的治理。

下面这一点或许与本题无关,但我还是不妨说一说。拥有从父亲到儿子许多代接连传下来的大宗地产的非常古老的家族,现在在商业国家里已经很少见到了。与此相反,在商业不发达的国家,例如威尔士和苏格兰高地,这种家庭还是很普遍的。阿拉伯的历史似乎充满了贵族世系,有一部由一位鞑靼可汗写的历史,曾经被译成许多种欧洲文字,但其中讲的全是有关贵族世系的事情①,足可证明古老家族在这些国家里是非常普遍的。在一个富人的收入只能用在养活尽可能多的人的国家里,富人的花费不可能会入不敷出,他似乎很少有强烈的仁爱之心去试图养活超过他的财力限度的人数。但是当最大收入可以用在自己身上时,他的支出就常常没有限度,因为他个人的虚荣心常常是没有限度的。因此,在商业国,尽管有最严格的法律规定防止财富的挥霍浪费,财富却很少能长期保留在同一个家庭手中。与此相反,在简朴的国家,虽然没有任何法律规定,财富却常常保留在同一家庭手中;因为在游牧民族,例如鞑靼人和阿拉伯人那里,财产不易消费,自然没有必要制定这类法律。

一种对公共福利至关重要的大变革,就这样由两个不同阶层的人民完成了,但是他们却丝毫没有为公众服务的意图。大地主的唯

---

① 作者为 D. 列登,出版于1726年。其前言中说,一些关押在西伯利亚的瑞士军官将它译成俄文,然后又译成其他文字。

一动机,就是满足最幼稚的虚荣心。商人和工匠虽不是那么可笑,但也只是从他们自己的利益出发,追求自己的小贩利益,能赚一个便士就赚一个便士。他们对于这种大变革既没有认识也没有预见,只是大地主的愚昧和商人与工匠的勤勉造就了这种大变革。

就这样,在欧洲的大部分地区,城市的商业和制造业是乡村改良和耕种的原因,而非它的结果。

可是,这种顺序是违反事物的自然进程的,所以必然是缓慢和不确定的。欧洲各国以商业和制造业为国家财富的根本基础,北美殖民地的财富则完全以农业为基础。试将前者的缓慢进步和后者的迅速发展作一下比较。在欧洲的大部分地区,居民人数在将近五百年间没有增加一倍。在我国的几个北美殖民地,居民人数在二十年或二十五年间就增加了一倍①。在欧洲,长子继承法以及各种永久所有权阻止了大地产的分割,从而妨碍了小地主的增多。可是,一个小地主熟悉他的小片面积的每一个部分;对它怀有财产特别是小财产自然激起的感情,因此他不但对耕种它而且对装点它感到快乐,所以他一般是最勤勉、最明智和最成功的改良家②。此外,这种种规定使得那么多的土地不能买卖,以致用来购买土地的资本总是多于出售的土地,因而土地总是按垄断价格出售。地租不够偿付购地款项的利息,此外也不够偿付维修费和其他偶然开支的负担。在欧洲各处购置土地是小额资本最不利的方法。诚然,一个不再做生意、经济状况中等的人,为了特别安全,有时会选择将自己的小额资本用在土地上。一个从事专门职业的人,他的收入来自另外的源泉,也常常喜欢把自己的储蓄用同样的方式保存起来。但是一个年轻人,不去从事商业或专门职业,却把他的两三千镑资本用来购买和耕种一小块土地,虽然可以期望生活得很幸福、很独立,但是要想获得大财产、成为大名人则绝不可能。而如果将他的资产用于不同的地方,他本来与其他人一样,是可以得到这种财富或名望的。这样一个人,虽然他不能成为一个地主,却也不屑成为一个农民。因此,

---

① 见第55页注。
② 见第281页。

第四章　城市商业如何对乡村改良做出贡献

市场上出售的土地数量很小，价格高昂，阻止了大量本来可以用在土地的耕种和改良上的资本的流入。与此相反，在北美洲，五六十镑资本常常就足以开始从事种植。在那里购置和改良未耕地，无论对最小的资本还是对最大的资本来说，同样是最有利的使用方法，是获得在该国可能获得的一切财产和名望的最直接的途径。诚然，这种土地在北美几乎可以不费分文地取得，或者按大大低于自然产物价值的价格取得，而在欧洲这是不可能的事情，在所有的土地长期已经私有的任何国家里也是不可能的事情。可是，如果地产在子女众多的所有人死后在子女中平均分配，那么这种土地一般均会出售。土地的自由地租大抵可以支付购地款项的利息，用在购买土地上的小额资本也就与用在其他方面一样有利。

英格兰由于土壤天然肥沃，海岸线比全国的还要长，许多通航河道纵横交错，为某些最遥远的内陆地区提供了水运的便利；或许同任何一个欧洲大国一样，大自然使之成为对外商业、供远方销售的制造业，以及这些所能带来的一切改良的中心。从伊丽莎白在位之初起，英格兰的立法也特别注重商业和制造业的利益。实际上，欧洲没有一个国家的法律，即使荷兰也不例外，比英格兰的法律更有利于这种产业。因此，在整个伊丽莎白时期，商业和制造业都在连续不断地发展。乡村的耕种和改良无疑地也在逐渐发展，但是其发展速度比商业和制造业的要缓慢得多，并且落后一段距离。也许在伊丽莎白时代以前，大部分乡村土地就已经得到耕种，但是现在还有很大一部分没有被开垦，而且绝大部分的已耕地的状况并不令人乐观。英格兰的法律不仅由于保护商业而间接地有利于农业，而且对农业还有几种直接的奖励。除了在歉收年份，谷物不仅可以自由出口，而且还有出口津贴。在一般的收获年份，对外国谷物进口课征已经禁止的重税。除了来自爱尔兰的以外，在所有的时候均禁止活牲畜的进口①，而且直到最近才准许从爱尔兰进口②。因此，耕

---

① 查理二世第 18 年，第 2 号法律。
② 乔治二世第 32 年，第 11 号法律第 1 条；乔治三世第 5 年，第 10 号法律；乔治三世第 12 年，第 2 号法律。

种土地的人对两项最大的和最需要的土地产物,即面包和鲜肉,享有垄断权,他人无权过问。这些鼓励至少能表明立法机关重视农业的良好意愿,虽然在实际上完全是空想,这一点我将力图在后面予以说明①。但比所有这一切更为重要的是,法律能够保证英格兰的自耕农享有安全、独立和受尊敬。因此,凡是存在长子继承权、缴纳教会什一税、在某些场合仍然容许与法律精神相违背的永久所有制的国家,没有一个比英格兰给予农业的鼓励更多。但是尽管如此,它的耕种状况仍然如此。如果法律没有在商业进步的间接影响以外给予农业以直接的鼓励,如果让自耕农处于同欧洲其他国家相同的状况,农业的情况又会怎样呢?自从伊丽莎白即位以来现在已经过去两百多年了,这个时期已经是人类繁荣过程通常所能持续的最长时期。

在英格兰以商业国著称以前将近一个世纪里,法兰西在对外商业中就占有很大的份额。法国的航海业在查理八世远征那不勒斯以前,根据当时的观念就已经很强大。可是法国的耕种和改良,总的来说不及英格兰。法国的法律从未给予农业以相同的直接鼓励。

虽然是用外国船只进行的,但是西班牙和葡萄牙对欧洲其他地区的国外贸易份额却非常大。他们对自己殖民地的贸易是用本国船只进行的,其贸易量还要更大,因为这些殖民地十分富有,面积辽阔。但这两国从未建立很大的供在远方销售的制造业,两国大部分地区仍然没有开垦。在欧洲各大国中,除意大利外,葡萄牙的对外商业历史最悠久。

由于对外贸易和供在远方销售的制造业而使每一部分国土都得到了耕种和改良,这样的国家在欧洲似乎只有意大利。据奎西阿丁说②,在查理八世入侵以前的意大利,不但平原的最肥沃的土地得到了耕种,就是山区和荒芜之地也同样得到了耕种。国家的优越的地理位置,以及当时存在的许多独立小国,可能有助于土地的一般耕种。但是既然这位明智而审慎的现代历史学家这么说,很可能当时

---

① 见第329~332页和第377~391页。
② 奎西阿丁,《意大利史》,威尼斯版,1738年,第1卷,第2页。

的意大利不如今日的英格兰耕种得好。

然而,任何国家通过商业和制造业而获得的资本,在没有将其一部分保存于和体现在其土地和耕种改良上之前,还是非常不可靠、不确定的财产。常言说得好,一个商人不一定是任何一个国家的公民。在哪里经商对他来说无关紧要,一件非常细小的不快之事,就可以使他把资本从一国调往另一国,随同迁移的是资本所支持的全部产业。在资本以建筑物或土地改良等方式扩散到一个国家以前,那些资本可以说是不属于任何国家。据说汉萨同盟的绝大部分城市拥有的巨大财富,除了在十三和十四世纪的幽暗的历史书中,再也没有留下什么痕迹。究竟那些城市位于何处,甚至它们的拉丁文名称究竟属于欧洲的哪个城市也不能肯定。但是,虽然意大利在十五世纪末和十六世纪初所遭遇的不幸大大减少了伦巴底和托斯卡纳各城市的商业和制造业,这些地区仍然属于欧洲人口最密集和耕种最好的地方。佛兰德的内战,以及后来的西班牙统治,赶走了安特卫普、根特和布鲁日的大商业,但佛兰德仍然是欧洲最富、耕种得最好和人口最多的省份之一。战争和政治所造成的普通大变革,很容易使靠商业产生的财富来源枯竭。而坚实的土地改良所产生的财富,除了由敌对野蛮民族在持续一两个世纪中的蹂躏所造成的比较激烈的变动,例如罗马帝国衰落前后在欧洲西部各省所发生的变动以外,是不可能被摧毁的。

西方经济学圣经译丛
晏智杰◎主编

The wealth of Nations

国富论（下）

［英］亚当·斯密◎著
唐日松 等◎译

华夏出版社
HUAXIA PUBLISHING HOUSE

目　录

第四篇　论政治经济学体系

引　言 / 347

第 一 章　论商业主义或重商主义的原理 / 348

第 二 章　论限制进口国内能生产的商品 / 365

第 三 章　论对其贸易差额被认为不利于我国的那些国家的几乎所有商品的进口实施特殊限制 / 381

　第一节　论即便根据重商主义的原则，这种限制也不合理 / 381

　第二节　论即便根据其他原则，这种特殊限制也不合理 / 394

第 四 章　论退税 / 403

第 五 章　论奖金 / 408

第 六 章　论通商条约 / 441

第 七 章　论殖民地 / 451

　第一节　论建立新殖民地的动机 / 451

　第二节　论新殖民地繁荣的原因 / 458

　第三节　论欧洲从发现美洲以及经由好望角到东印度的通道中得到的利益 / 479

第 八 章　关于重商主义的结论 / 517

第 九 章　论重农主义，或论把土地产物看做是各国收入及财富唯一或主要来源的政治经济学体系 / 534

第五篇　论君主或国家的收入

第 一 章　论君主或国家的开支　/ 555
　　第一节　论国防开支　/ 555
　　第二节　论司法开支　/ 567
　　第三节　论公共工程和公共机构的开支　/ 576
　　第四节　论维护君主尊严的费用　/ 648

第 二 章　论一般收入或公共收入的源泉　/ 650
　　第一节　专属于君主或国家的资金或收入源泉　/ 650
　　第二节　论赋税　/ 656

第 三 章　论公债　/ 728

附　　录　/ 765

第四篇

论政治经济学体系

引　言

被看做政治家或立法家的科学的一个分支的政治经济学，提出两个不同目标：第一个目标是为人民提供充分的收入或生计，更恰当地说，是使其能为自己提供这样的收入或生计；第二个目标是为国家或社会提供足以提供公共服务的收入。政治经济学的目标是使人民和君主都富裕起来。

不同国家不同时代的不同富裕程度，产生了两种不同的关于富民的政治经济学体系：一种可称为重商主义；另一种可称为重农主义。我将力求尽可能充分、清楚地解释这两种学说，并从重商主义开始。重商主义是当代学说，现在在我国又最为人所理解。

第一章　论商业主义或重商主义的原理

财富由货币或金银构成这个通行的观点，是由货币作为交易工具和价值尺度的两重性而自然产生的。由于货币是交易工具，我们用货币能比用其他任何商品都更容易得到我们所需的商品。我们总是认为得到货币是重要的。只要得到货币，随后再购买任何商品都毫无困难。由于货币是价值尺度，我们用其他所有商品能交换到的货币数量来估计这些商品的价值。我们称有大量货币的人为富人，而称只有极少货币的人为穷人。俭朴的或急于致富的人被称为喜爱货币的人；粗心的、慷慨的或浪费的人被称为漠视货币的人。致富就是得到货币。简言之，通俗地说，财富与货币在任何方面都可视为同义语。

与富人一样，富国被认为拥有大量货币。在任何国家，积累金银都被认为是致富的捷径。在发现美洲后的一段时期，西班牙人抵达任何陌生海岸后所提的第一个问题，就是附近是否能发现金银。他们根据收到的情报，判断当地是否值得殖民或是否值得征服。僧人普兰诺·卡皮诺是法国国王派往著名的成吉思汗的一个儿子统治的国家的一个使节，他说鞑靼人经常问他法国是否有很多牛羊①。鞑靼人的问题与西班牙人的问题目的相同。他们都想知道那个国家的富裕程度是否值得他们去征服。鞑靼人和其他所有游牧民族一样，一般不知道货币的用处。所以，在他们看来，财富由牲畜构成，这就像在西班牙人看来，财富由金银构成。其中鞑靼人的观点可能最

---

① 将教皇英诺森四世于1246年派遣圣方济社会修道士普拉诺·卡皮尼作为大使和路易九世派遣圣方济社会修道士奎诺姆·得·卢布诺奎作为大使好像混同在一起了。

接近真理。

洛克先生指出了货币与其他动产的区别。他说，所有其他动产从本质上都非常容易消耗，由这些动产构成的财富不大可靠。某年富有这些动产的国家，即使毫无出口，只是出于自己的浪费和奢侈，第二年也许就极度短缺这些动产。相反，货币则是可靠的朋友，虽然也在不同的人之间流动，但只要不流到国外，就不大可能被浪费和消耗掉。所以，根据洛克先生的看法，金银是一国动产中最稳固、最真实的部分。因此他认为，增加这些金属，应是一国政治经济学的重要目标①。

另一些人则认为，一国如能独立于全世界而存在，则国内流通的货币是多是少都不重要。通过这种货币而流通的消费品，只能交换到或多或少的货币。但该国的实际贫富，他们承认，完全取决于这些消费品的稀缺或丰裕程度。但他们认为，对于那些与外国有联系以及被迫对外作战在遥远国度维持海陆军的国家，情形则不同。他们说，只有向国外运送货币来支付给养，否则无法在遥远国度维持海陆军，并且除非该国在国内有大量货币，否则无法向国外运送太多货币。因此，这类国家都必须竭力在和平时期积累金银，以便一旦需要时有财力进行对外战争。

由于这些通行的观点，尽管漫无目的，但欧洲各国都研究在本国积累金银的一切可能的办法。西班牙和葡萄牙拥有向欧洲供应这些金属的主要矿山，两国以最严厉的刑罚禁止出口金银，或对金银的出口课以重税②。类似的禁令似乎是古代欧洲大多数其他国家政策的一部分。最出乎我们意料的是，甚至在某些古代苏格兰议会的法案中发现，曾以重刑禁止将金银运往国外。法国和英国在古代也曾采用类似政策。

---

① 全部这一部分都是没有根据的，也许是由于一些不正确的回忆引起的。《对降低利率和提高货币价值后果的思考》，1696年版，第17、18页和第77~79页；《文官政府》，第46~50页。
② 1436年第13号法律，1451年第15号法律，1482年第8号法律，1487年第11号法律。

当那些国家成为商业国时，商人们发现，这种禁令在许多情况下极为不便。他们用金银购买所需外国货物进口到本国或运往他国，比用任何其他商品购买常常都更加有利。所以他们抗议这种妨碍贸易的禁令。

他们提出，首先，为了购买外国货物而出口金银，未必会减少国内这些金属的数量。相反，常常会增加这些金属的数量。这是因为，如果该国外国货物的消费并未因此增加，那些货物可再出口到外国以高额利润销售，带回来的财富比当初为购买货物而出口的金银要多得多。托马斯·孟先生将这种外贸的经营与农业的播种期和收获期相比。他说："如果我们只见到农夫在播种期把许多优良谷物撒到地里的行为，我们会把他当做疯子而不是农夫。但如果我们考虑到他在收获期的劳动，这是他努力的目的，就会发现他的行为是有价值的并有很大收获的①。"

第二，这种禁令并不能阻止金银的出口，由于金银价值大体积小，很容易就能走私到国外②。只有适当地关注他们所说的贸易差额，才能防止这种出口③。当一国出口价值大于进口价值时，外国就欠该国一个差额，外国必然以金银偿还该国，从而增加该国这些金属的数量。当一国进口价值大于出口价值时，该国就欠外国一个差额，该国必然以金银偿还外国，从而减少该国这些金属的数量。在这种情况下禁止出口金银并不起作用，只不过使其更危险、费用更高而已，因而汇率就更不利于有贸易逆差的国家。购买外国汇票的商人付给出售汇票的银行的费用，不仅包括运送货币的天然风险、麻烦和费用，还包括由于禁止出口金银而带来的额外风险。而汇率越不利于一个国家，贸易差额必然越不利于该国。例如，如果英国

---

① 《英国得自对外贸易的财富或我们对外贸易的差额是我们贸易的尺度》，1664年，第4章至结尾。
② 托马斯·孟，同第311页注释③，第6章。
③ 乔赛亚·蔡尔德，《贸易新论》，1694年，第152页。贸易差额一词，在托马斯·孟的著作以前曾被使用过，参阅帕尔格雷夫，《政治经济学词典》，"贸易差额，这一理论的历史"词条。

与荷兰之间的汇率为百分之五不利于英国,那么,购买价值一百盎司白银的荷兰汇票就需要英国的一百零五盎司白银。所以,英国的一百零五盎司白银仅值荷兰的一百盎司白银,只能购买相应数量的荷兰货物;相反,荷兰的一百盎司白银值英国的一百零五盎司白银,能购买到相应数量的英国货物。按这个汇率的差额,英国的货物在荷兰以更便宜的价格出售,荷兰的货物在英国以更昂贵的价格出售。按照这个差额,英国货物所带回的荷兰货币就相应减少,而荷兰货物所带回的英国货币就相应增加。所以,贸易差额必然相应地更不利于英国,需要将更多的金银出口到荷兰。

这些论述一部分言之有据,一部分却是强词夺理。他们认为贸易中的金银出口常常有利于国家,这是有道理的。他们认为,当私人发现出口金银有利可图时,任何禁令都不能阻止金银的出口,这也有道理。但他们的这些看法却是强词夺理,即保持或增加本国金银的数量,比保持或增加本国其他有用商品的数量,更需要政府的关注;政府不必给予自由贸易这样的关注,即可适量供应这些商品。他们的强词夺理之处还在于,认为高汇率必然增加他们所谓的贸易逆差,造成更多的金银出口。这种高汇率确实极其不利于那些要向国外付款的商人,他们在购买外国汇票时的价格相应更高。但是,尽管由禁令而带来的风险可能使银行索取一些额外费用,却未必会向国外运出更多的货币。这种费用一般在走私货币时全在国内支付,很少会在所需金额之外多出口分文。高汇率也自然会使商人努力平衡其出口和进口,以便尽量少地以高汇率付款。此外,高汇率的作用必然类似税收,提高外国货物的价格,从而减少其消费。所以,高汇率不会增加而是减少他们所谓的贸易逆差,从而减少金银的出口。

尽管如此,那些论述却使其听众信服。那些论述由商人们向议会、王公会议、贵族和乡绅们陈述,即由那些被认为懂得贸易的人向那些自认为对此一无所知的人陈述。贵族及乡绅与商人一样,都凭经验知道外贸可以富国,但他们都不太了解外贸如何富国。商人们完全知道外贸如何使自己致富,这是他们的分内之事。而了解外贸如何富国就与他们无关了。除了在他们需要请求国家改变与外贸有关的法律时，他们从不考虑这个问题。那时他们必须提到外贸的有利结果，以及现行法律是如何阻碍这种有利结果。对于那些对此作出决定的决策者来说，告诉他们外贸能带货币回国，而现行与外贸有关的法律却不利于带回更多货币，似乎最能打动他们。所以，那些论述就产生了预期的效果。在法国和英国，禁止出口金银仅限于本国铸币。外国铸币和金银块则可自由出口。在和荷兰和其他一些地方，这种出口的自由甚至扩大到本国的铸币。政府的关注从监控金银的出口，转到控制贸易差额，把贸易差额当做导致国内金银数量增减的唯一原因。这是从一种毫无成果的管理，转向另一种更复杂、更困难而同样毫无成果的管理。托马斯·孟的著作《英国外贸财富》，不仅成为英国而且成为所有其他商业国家政治经济学的基石。内陆贸易或国内贸易是最重要的贸易，以同量资本提供最大收入，并为本国资本创造最多的就业机会，却仅被当做附属于外贸。据说国内贸易既不能把货币带入国内，也不能把货币带到国外。所以，除了其盛衰能间接影响外贸状况外，国内贸易决不会使国家变得更富裕或更贫困。

自己没有矿产的国家无疑必须从外国获取金银，这就像自己没有葡萄园的国家必须从外国得到葡萄酒一样。不过，政府似乎没必要在这两种物品中更关注其中一种。一个有财力购买葡萄酒的国家总会得到所需的葡萄酒；一个有财力购买金银的国家决不会缺少那些金属。金银像所有其他商品一样，须以一定的价格购买。由于金银是所有其他商品的价格，所有其他商品也是那些金属的价格。我们完全确信，贸易的自由无须政府的关注就总能提供我们所需的葡萄酒；我们也同样确信，贸易的自由总能提供我们有能力购买或使用的全部金银，用于流通商品或其他用途。

在任何国家，人类劳动所能购买或生产的每种商品的数量，自然会按照有效需求，即按照愿意为了支付生产和出售这种商品所必须支付的全部地租、劳动和利润的那些人的需求，来自行调节。但是没有一种商品能比金银更容易、更准确地根据这种有效需求自行调节。这是因为那些金属体积小而价值大，比其他任何商品都更容易从一地运往另一地，从其售价低的地方运往售价高的地方，从超出有效需求的地方运往不能满足有效需求的地方。例如，如果在英国对黄金有更多的有效需求，那么一艘邮船可从里斯本或其他任何能买到黄金的地方运来五十吨黄金，用于铸造五百多万基尼。但如果对于谷物有同样价值的有效需求，谷物的价格以一吨五基尼计算，就需要运送一百万吨谷物，也就是需要一千艘一千吨位的船只，即使用英国海军的船只也不够。

当进口到一国的金银数量超出有效需求时，政府的任何警戒措施都无法阻止其出口。西班牙和葡萄牙的所有严峻法律都不能将其金银留在国内。不断从秘鲁和巴西进口的金银超出了西班牙和葡萄牙这两国的有效需求，并使这两国金银的价格低于邻国。相反，如果一国的金银数量不能满足其有效需求，从而使其价格高于邻国，那么不必烦劳政府去进口金银。如果政府甚至费心去禁止进口金银，也不能生效。但当斯巴达人有财力购买金银时，就会冲破所有莱克加斯制定的法律所设阻止进口到斯巴达的障碍。所有严峻的海关法令都不能阻止进口荷兰和戈登堡东印度公司的茶叶，因为它们比英国东印度公司的茶叶便宜些。一磅茶叶通常以银计价，最高为十六先令，一磅茶叶的体积大概是十六先令茶叶的体积的一百倍；同样价格以金计算，一磅茶叶的体积大概是金的体积的两千多倍。因而走私茶叶的难度也是这么多倍。

金银很容易从金银充足的地方运到金银短缺的地方，而大多数其他商品由于体积的缘故，而不便从存货过多的地方转运到存货不足的地方。部分是由于这个原因，金银的价格不像其他大多数商品那样经常波动。当然，金银的价格并非完全不变，但这种变动一般是缓慢、渐进、统一的。例如，有些人可能没有太多根据就认为，在本世纪和上世纪的欧洲，由于不断从西班牙属西印度进口金银，金银的价值已经在持续地下降①。但要使金银价格突然变化，从而使所有其他商品的货币价格立即明显涨落，就需要像发现美洲那样所带来的那种商业革命。

---

① 此处没有提及第一篇第十一章中的冗长的离题论述，显示此段落是在那一离题论述编入本书之前完成的。

尽管如此,如果一个有财力购买金银的国家在任何时候短缺金银,供应的方法比供应其他任何短缺商品的方法都多。如果制造业的原料短缺,产业必须停顿下来。如果粮食短缺,人民必然挨饿。但如果货币短缺,易货贸易可以代替它,尽管这非常不方便。赊账购销,交易各方每月或每年清算一次,这种方法不便之处略少。用调控得当的纸币来补充,不仅没有任何不便之处,有时还会带来一些利益。所以,从任何方面来说,任何一国政府对于保持或增加国内货币量的关注都是最不必要的。

不过,对于货币稀缺的抱怨最常见。货币像葡萄酒一样,对于那些既无财力购买又无信用借贷的人来说,必然总是稀缺。有财力或信用的人很少会在需要货币或葡萄酒时缺少这些东西。不过对货币稀缺的抱怨,不总是来自无远见的挥霍者。有时整个商业城镇及其邻近乡村都普遍缺少货币。过度贸易是这种现象的普遍原因。如果投资项目与自己的资本不成比例,稳健的人就可能像不量入为出的浪子那样,既无财力购买货币又无信用借贷货币。在投资项目能产出之前,他们的资本已耗尽,他们的信用也随之而去。他们四处去借贷货币,而每个人都说无货币可借。即使这种对货币稀缺的普遍抱怨,也并不总能证明国内流通的金银数量不正常,而只能证明许多人需求金银却无物可以交换到金银。当贸易利润偶尔大于平常的时候,过度贸易是大小商人的通病。他们运到国外的货币并不总比平常多,但他们在国内外赊购数量异常的货物,运往遥远市场,希望在付款期之前收到货款。当付款期收不到货款时,他们手中一无所有,既不能购买货币,又不能提供可靠的借贷担保。对货币稀缺的普遍抱怨,根本不是由于金银的稀缺,而是由于这些债务人难于借贷,以及他们的债权人难于收回借款。

有人认为,财富不是由货币或金银构成的,而是由货币所购买的东西构成的,并且只在购物时才有价值。这种观点太可笑而没必要去认真证明。无疑,货币总是国家资本的一部分,但我们已论述过,它一般只是一小部分,并且总是最不产生利润的部分。

商人普遍觉得以货币购买货物比以货物购买货币更容易,这并非因为构成财富的更主要的是货币而不是货物,而是因为货币是已知并确立的交易工具,容易与一切货物交换,但要得到能交换一切货物的货币却未必那样容易。此外,大多数货物比货币更容易损坏,保存它们可能常常要蒙受大得多的损失。商人手中有货,与有同等价格的货币在金库相比,更可能面对自己也许不能应付的对货币的需求。另外,销售与购买相比更是其利润的直接来源,出于上述这些原因,以货物交换货币与以货币交换货物相比,对于商人来说急迫得多。但尽管对于仓库中有充足货物的某特定商人来说,有时也许因不能及时销售而破产,一国或一地区却不会遭受同样灾难。商人的全部资本常常由易损坏、预计用于购买货币的货物构成。而一国土地和劳动的年产物,却只有极小一部分预计用于购买邻国的金银,极大部分是在国内流通和消费的。即使在运往国外的剩余产物中,大部分也是用于购买其他外国货物的。所以,预计用于购买金银的那部分货物,即使交换不到金银,也不会使一国破产。当然,它可能遭受某些损失和不便,并被迫采取一些代替货币的必需方法。但它的土地和劳动的年产物与往常相比不变或几乎不变,因为它有同样多或几乎同样多的可消费资本来维持。并且尽管以货物交换货币未必总像以货币交换货物那样容易,但从长期看,以货物交换货币比以货币交换货物更必要。除了购买货币外,货物还有其他许多用处,但货币除了购买货物外就没有任何用处。因此,货币必然追求货物,而货物却未必追求货币。购买货物的人未必打算再出售,而是常常使用或消费这些货物,但出售货物的人总打算再购买货物。购买货物的人可能常常完成了全部任务,而出售货物的人至多完成一半任务。人们渴求货币,不是为了货币本身,而是为了用货币能购买的物品。

据说,消费品很快会被毁坏,而金银的耐久性更强,只要不持续出口,就能在长时期内积累起来,使国家的真实财富的增加到令人难以置信的程度。所以,据此认为,以这种耐用的商品交换那些易损耗的商品,是对国家最不利的贸易。不过,我们不认为以英国的铁器交换法国的葡萄酒是不利的贸易。而铁器就是非常耐用的商品,如果不是持续出口,也能在长时期内积累起来,使国内铁锅的增加令人难以置信。很容易即可看出,任何国家这类用具的数量必然受其用途的限制；储备多于烹制通常消费食物所必需的铁锅很荒谬；如果食物的数量要增加，很容易就能随之增加铁锅的数量，只要用一部分增加的食物来购买铁锅，或维持更多制造铁锅的工匠即可。同样容易看出，任何国家的金银数量都受这些金属的用途的限制，或是作为铸币流通商品，或是作为器皿在家里摆设。任何国家的铸币量都受以铸币流通为主的商品的价值的支配，商品的价值增加了，立即就会有一部分被运往国外有金银铸币的地方，去购买为流通商品所必须增加的那部分铸币。金银器皿的数量受国内喜好奢华的家庭的数量和财富的支配。这类家庭的数量和财富增加了，一部分增加的财富最有可能被送到有金银器皿的地方去购买更多的金银器皿。试图靠输入或保留不必要的金银数量来增加国家的财富，就像试图让家庭保有不必要的厨房用具来增加其快乐一样，非常荒谬。购买不必要的用具的开支会减少而不会增加家庭食品的数量和质量，同样，任何国家购买不必要的金银量的开支，都必然减少用于衣食住和维持人民生计的财富。必须记住，金银无论是以铸币还是以器皿的形态出现，像厨房器具一样，都是用具。如果增加金银的用途，增加靠金银来流通、支配和制造的消费品，肯定会增加金银的数量。但如果试图以非常方法来增加金银的数量，就肯定会减少它的用途，甚至会减少它的数量，因为那些金属的数量从来不会多于其用途所需要的数量。如果积累的金银数量超过所需，由于金银的运输这么容易，闲置不用的损失又这么大，任何法律都不能阻止其立即被运往国外。

一国为了能对外进行战争，在遥远国度维持海陆军，不一定要积累金银。海陆军是由消费品维持的，而不是由金银维持的。国内产业的年产物以及来自土地、劳动和可消费资本的年收入，是一国的财力来源。有财力在遥远国度购买那些消费品的国家，就能维持在那里进行的战争。

一国有三种方式为在遥远国度的军队支付军饷并供应粮食：第一种方式是把一部分积累的金银运往国外；第二种方式是把一部分制造业的年产物运往国外；第三种方式是把每年天然产物的一部分运往国外。

第一章　论商业主义或重商主义的原理

一国积累或储存的金银可分为三部分：第一部分是流通的货币；第二部分是私人家庭的金银器皿；第三部分是因多年节俭而积攒于国库的货币。

从一国流通货币中节省下大量金银的现象很少见，因为这方面很少能有大量剩余。任何国家每年买卖货物的价值要求有一定数量的货币来流通并分配这些货物给适当的消费者，流通的货币不能超过这个定量。流通渠道必然能吸引来充足的货币量，决不会容纳更多的货币。不过发生战争时，一般从这个渠道抽取一些货币。由于在国外维持大量人员，国内所要维持的人数就减少了。这种情况下一般发行大量各种纸币，例如英国的财政部票据、海军票据和银行票据。这些纸币代替了流通的金银，使得国家有机会运送更多的金银去国外。不过，对于开支浩大、延续多年的对外战争来说，靠这些办法来维持还很不够。

而熔化私人家庭的金银器皿的办法已证明更微不足道。上次战争开始时，法国采用了这个办法，但所得收益还不够补偿铸造的损失。

从前，王室积累的财宝曾提供大得多并持久得多的资源。现在，除了普鲁士国王，积累财宝似乎不是欧洲王室的政策了。

维持本世纪所进行的战争的基金，大概是历史上最庞大的了。这部分基金似乎几乎不依靠出口流通货币、私人家庭的金银器皿或王室财宝。上次对法国的战争使英国的开支在九千万镑以上，其中不仅包括七千五百万镑新发行的国债[1]，还包括在每镑土地税上所加收的两先令，以及每年从还债基金中的借款。这笔开支中的三分之二用于遥远国度，如德意志、葡萄牙、美洲、地中海各港以及东印度和西印度。英国国王没有积累的财宝。我们从未听说有超量的金银器皿被熔化。当时人们一直认为国内流通的金银不超过一千八百万镑。不过自从最近一次金币改铸以来，人们相信这种估计过低了。所以，根据我记的所见闻的最夸大的统计，我国金银总共有三千万镑。如果战争是用我国的货币来进行的，即使根据这个统计，

---

[1]《英格兰的现状》，第28页。

那么全国的货币在六七年的期间必然会全部运出运回至少两次。如果这种假定成立，就能提供最有决定性的论据来证明政府是多么没必要去监管货币的保存，因为根据这个假定，国内全部货币必然曾在如此短的期间内出入两次而不为人察觉。而在此期间流通渠道从未显得比平时更空虚。有财力换取货币的人几乎没有感到货币短缺。当然，在整个战争期间，尤其是在战争即将结束的时候，外贸的利润的确比平时高。这在英国所有港口产生了普遍的过度贸易。这又招致通常的对货币短缺的不满，而货币短缺总是伴随着过度贸易的出现的。许多人货币吃紧，他们既无财力去换取货币又无信用去借贷货币；并且由于债务人觉得难以借贷，债权人就觉得难以收回欠款。但拥有能换取交换金银的价值的人，一般都能按金银的价值得到金银。

因此，上次战争的巨大开支必然主要由出口英国的某种商品来支付，而不是由出口金银来支付。当政府或为其工作的人员与一个商人签约向外国汇款时，该商人就向国外来往伙伴出一张期票，他自然会尽力把商品而不是金银运往国外来支付这张期票。如果那个国家对英国的商品没有需求，他会尽力把商品运往其他某国，以便他能在那里购买一张期票付清那个国家的欠款。把商品运往适合其销售的市场，总能带来可观的利润，而运金银到国外却极少能带来任何利润。当这些金属被运往国外去购买外国商品时，商人的利润不是来自商品的购买，而是来自商品回国后的出售。但他如果把金银运往国外只是为了还债，就没有商品运回国内，从而没有利润。因此，他会想尽办法靠出口商品而不是金银来偿还外债。《英国现状》的作者①指出，在上次战争期间，英国出口了大量货物，却没有带回任何货物。

除了上述三种金银外，在所有大商业国，有大量金银块交替进口或出口来经营外贸。由于这种金银块在各商业国之间流通，就像

---

① 《英格兰的现状，特别是它的贸易、金融等，向国王和议会两院提出》，1768年（在乔治·格伦维尔的指导下由威廉·诺克斯执笔），第7、8页。

一国铸币在自己国内流通一样,所以可以被视为大商业共和国的货币。一国铸币的流动及其方向取决于在自己国境内流通的商品,商业共和国货币的流动及其方向则取决于在各国间流通的商品。二者的用途均在于便利交换,前者用于相同国家的不同个人之间,后者则用于不同国家的不同个人之间。大商业共和国这种货币的一部分也许已经而且可能曾经用于进行上次战争。在全面发生战争的时期,人们自然会认为,这种货币的流动及其方向与太平时期不同,应该在战场周围流动得更多,更多地用于在战场及邻近国家购买双方军队的军饷和粮食。但英国每年以这种方式使用的商业共和国的货币无论多少,都必须以英国商品或用英国商品购买的其他物品每年购买。这样我们又回到商品,国家土地和劳动的年产物才是我们能进行战争的根本资源。人们自然会认为,每年这样大的开支必然由大量的年产物支付。例如,1761年的开支在一千九百万镑以上。任何积累都不能维持每年这么大的开支,是即使任何年产物是金银也不能维持。根据最可靠的记载,每年进口到西班牙和葡萄牙的全部金银一般不会大幅超过六百万镑,在某些年份,都不够支付上次战争四个月的开支。

派往遥远国度的军队的军饷和食物要在当地购买,为了购买这些物品或购买商业共和国的货币来购买这些物品,就要出口一些商品。最适合为此而出口的商品似乎是更精细的、更先进的制造品,如那些体积小、价值大因而能以极少的费用出口到很远地方的制造品。一国的产业生产的这种通常出口的制造品如果有大量剩余,就能长年维持一场开支巨大的对外战争,而不必出口大量金银,甚至根本没有如此大量的金银供出口也可以。当然,这种情况下每年很大一部分剩余制造品必然被出口而不为国家带回任何利润,尽管它为商人带回了利润。这是因为政府购买了商人的外国期票,以便在外国购买军队的军饷和食物。不过,这部分剩余制造品中的一些仍会带回利润。在战争期间对制造业的需求加倍。首先,要求制造商制造商品出口,来偿付用于购买部队军饷和食物的外国期票;其次,要求制造商制造商品,来购买运回国内通常消费的外国商品。所以,在最具破坏力的对外战争中,大部分制造业常常非常繁荣;相反,战后恢复时期却可能衰落下去。制造业也许在国家的废墟上繁荣，在国家恢复繁荣时开始衰落。在上次战争期间以及战后一段时期，英国制造业的许多不同部门的不同状态，可以证明以上论述。

　　任何开支浩大或旷日持久的对外战争都难以靠出口土地天然产物来维持。把如此大量的天然产物运往外国去购买军饷和食物，所需费用太大。而且很少有国家生产的天然产物，大大超过足够维持本国居民生计所需要的数量。所以，往国外运送大量天然产物，相当于把人民的一部分必需生活资料运出国。而出口制造品则情况不同。制造业工人的生活资料仍留在国内，而只是出口了他们产品的剩余部分。休谟先生常常注意到，古代英国国王不能不间断地进行长期对外战争①。那时英国除了土地天然产物或一些最粗糙的制造品外，没有东西能用于为在外国的军队购买军饷和食物。而天然产物不能从国内消费中大量节省出来，粗制品则像天然产物一样运输费用太大。英国国王不能长期对外作战，并非由于货币的短缺，而是由于缺乏更精细、更先进的制造品。英国买卖交易的媒介在那时和现在一样都是货币。那时货币流通量与通常买卖交易的次数和价值的比例，必然与现在相同，或比例更大，因为那时没有现在已代替了大部分金银的纸币。在几乎没有工商业的国家，出现非常情况时，君主很少能从国民那里得到多大援助，这些我将在后面说明。所以，在这类国家，君主一般尽力积累财宝，以此作为应付意外的唯一资源。即使没有这种必要，这种情况下君主也自然会为了积累的必要而节俭。在那种简朴的状态下，即使君主的开支也不受喜好宫廷豪华的虚荣心的支配，而用于赏赐佃户和款待仆人。虽然虚荣几乎总是导致浪费，但赏赐和款待却极少如此。因而每个鞑靼酋长都有财宝。查理十二世著名的盟友乌克兰哥萨克酋长马捷帕的财宝据说极多。梅罗文加王朝的法国国王都有财宝。当他们把王国分给他们的孩子们时，也把财宝分给他们。撒克逊各君主及征服后的最初几个国王，似乎也曾积累财宝。每个新王朝开发财源的第一步通常是夺取上个末代国王的财宝，作为获得继承权的最重要的措施。

---

① 《英格兰史》，1773年版，第3卷，第19、20章，第103、104、165页。

第一章 论商业主义或重商主义的原理

先进的商业国家的君主却没有同等的必要去积累财宝,因为在出现意外情况时,他们一般都能得到国民的援助。他们也不太愿意这么做。他们自然会,也许必然会追随时代的潮流,并且他们的开支也像领地内所有其他大财主的开支一样,受奢华的虚荣心的支配。他们的宫廷中毫无意义的华丽装饰日渐灿烂,这方面的开支不仅阻止了积累,还常常侵占了预定的用于更必要开支的基金。德西利达斯关于波斯宫廷所说的话,可适用于许多欧洲君主的宫廷。他在那里看到太多富丽堂皇,却没什么力量;看到许多仆人,却没什么军人①。

进口金银不是一国得自外贸的主要利益,更不是唯一利益。不论在任何两地间经营外贸,国家都会得到两种不同利益。外贸运出在国内没有需求的土地和劳动的剩余产物,换回有需求的其他物品。通过用剩余产物交换能满足国内部分需求并增加享受的其他物品,外贸赋予剩余产物价值。通过这种方法,国内市场的狭小不会阻碍任何工艺或制造业部门的劳动分工发展到极度完善的境地。超过国内消费能力的那部分劳动产品开拓了更广阔的市场,会鼓励他们提高生产力,尽力增加年产量,从而增加社会的真实收入和财富。对于进行外贸的所有不同国家,外贸一直在完成这些伟大而重要的任务,各国均从外贸中得到巨大利益。不过,由于商人一般更关注供应本国的需求和出口本国的剩余产物,而较少关注外国,所以商人所在国家一般从外贸中受益最多。向没有金银矿产而对金银有需求国家进口金银,无疑是对外贸易的一部分,但这是最不重要的一部分。如果一国仅是为了这个目的而经营外贸,那么一个世纪都不会运来一船金银。

美洲的发现使欧洲致富,并非是由于进口金银。由于美洲金银矿产丰富,这些金属更便宜了。现在购买金银器皿所需谷物或劳动,与十五世纪相比,约为当时的三分之一。欧洲每年支出同样多的劳动和商品,购买的金银器皿大约是当时的三倍。但当一种商品的售

---

① "得西利达斯"好像是"安条克"的笔误。参阅色诺芬,Hellenica,第7章,第38节。

价是从前的三分之一时,不仅从前购买它的那些人能购买到从前三倍的数量,而且现在购买者的数量也大大增加,也许是从前的十倍,也许是从前的二十倍。因此,欧洲现有的金银器皿,与如果没发现美洲的金银矿产而且甚至在现有进步状态下相比,不仅可能多三倍以上,而且多二十倍或三十倍以上。迄今欧洲无疑已经得到了实际的便利,尽管这种便利确实微不足道。金银价格的低廉使这些金属不像从前那样适合做货币。为了购买同样多的物品,我们必须携带更多的金银,从前用四便士就能买到的物品,现在去买,口袋里则需装有一先令了。很难说这种不便和与之相对的便利哪种最不重要。本来二者均不会使欧洲的状况发生任何根本变化,然而美洲的发现确实带来最根本的变化。美洲的发现为欧洲所有商品开拓了新的无穷无尽的市场,带来新的劳动分工和工艺改进,这在从前狭小的流通范围内,由于缺少能容纳一国大部分产品的市场,是绝不可能发生的。在欧洲各国,劳动生产力提高了,产量增加了,居民的实际收入和财富也随之增加了。欧洲的商品对于美洲来说几乎全是新奇的,美洲的许多商品对于欧洲来说也是新奇的,于是开始产生一系列从前从未想过的新的交易,这自然而然本应表明对新大陆有利,就像对旧大陆有利一样。但欧洲人的野蛮和不公,使这一本来对所有方面都有利的事件,对于许多不幸的国家却是毁灭性的和破坏性的。

经由好望角通往东印度的航道的发现,几乎同时发生,尽管距离更远,但这可能开拓了甚至比美洲更广阔的对外贸易领域。当时美洲只有两个民族在各方面比野蛮人优越,并且几乎一经发现就被消灭了。其余的只不过是野蛮人。即使我们相信西班牙学者们关于墨西哥或秘鲁古代情况的夸张记载,其实那些都不值得相信,但中国、印度斯坦、日本等帝国以及东印度的许多其他帝国,除了没有更富饶的金银矿产以外,在其他各方面都比墨西哥或秘鲁更富裕,土地耕作得更好,所有的工艺和制造业都更先进。而富裕文明民族之间交易的价值,总是比他们与野蛮民族交易的价值大得多。可是,迄今欧洲从与东印度贸易中所得利益,大大少于从与美洲贸易中所得利益。葡萄牙人垄断东印度的贸易约一个世纪,只有间接通过他们，其他欧洲国家才能把任何货物运往东印度或从东印度运回任何货物。当荷兰人在上世纪初开始侵入东印度时，将全部东印度的商业交给一家专营公司经营。英国人、法国人、瑞典人和丹麦人均效仿其先例，以致任何欧洲大国都没有从与东印度的自由贸易中受益。这种贸易始终不如与美洲贸易那样有利的唯一原因，就是欧洲各国与其美洲殖民地之间的贸易对于所有属民都是自由开放的。那些东印度公司的专营特权和巨大财富，以及从各自政府得到的大量恩宠和保护，已经引来很多嫉妒。这种嫉妒使得人们常常将其贸易看做是完全有害的，因为经营这种贸易的国家每年都出口大量白银。相关方面的答复是，由于白银的这种持续出口，确实使欧洲总体上趋于贫穷，但对于那些从事这种贸易的具体国家却并非如此。这是因为由于出口一部分返程货到欧洲其他国家，这种贸易每年为本国带回的白银数量大大超过其运出的白银数量。反对和答复意见的根据都是我刚才一直在考察的通行的观念，因此无须赘述。由于每年将白银出口到东印度，欧洲银器的价格可能比不出口白银时略高，银币购买劳动和商品的数量可能更多。前一种影响是极小的损失，后一种影响是一种极小的利益，二者均太微不足道，不值得公众去关注。与东印度的贸易，由于为欧洲的商品开辟了一个市场，或以近似的说法，为那些商品所购买的金银开辟了一个市场，必然会增加欧洲商品的年产量，从而增加欧洲实际的财富和收入。迄今这种增加极少，可能是由于这种贸易处处受到限制的缘故。

关于财富由货币或金银构成这一通行观点，我认为有必要加以详尽考察，尽管这会难免沉闷。正如我已经论述过的，按照通常说法，货币常常象征财富。这种表达的含糊使这一通行观点对于我们非常熟悉，甚至那些深信这种说法很荒谬的人都往往忘记自己的原则，在其推理过程中确信其为确定的、不可否认的真理。英国一些研究商业的学者一开始就提出，一国的财富不仅由金银构成，而且由土地、房屋和各种消费品构成。但在他们的推理过程中，土地、房屋和消费品似乎从他们的记忆中消失了。他们的论证常常假定，所有财富均由金银构成，增加那些金属就是国家工商业的重要目标。

但是由于已确立这样两个原则：财富由金银构成；没有金银矿

产的国家，只有通过贸易差额，即出口价值超过进口价值，才能带来金银，所以政治经济学的重要目标必然成为，尽可能减少进口供国内消费的外国商品，尽可能增加国内产业产品的出口。所以，使国家致富的两大引擎就是限制进口和奖励出口。

对进口的限制有两种：

第一，对于供本国消费的外国货物，如能由本国生产，不论从哪个国家进口都加以限制。

第二，对于从与其贸易差额不利于本国的那些国家进口的几乎所有货物，都加以限制。

那些不同的限制，有时是高关税，有时是绝对禁止。

鼓励出口的措施，有时是退税，有时是奖励，有时是与外国订立有利的贸易条约，有时是在遥远的国家建立殖民地。

退税在两种不同情况下实行。如国产制造品已纳关税或货物税，在出口时常常退还已纳税的全部或一部分；如为了再出口而进口的外国货物已经课税，在出口时有时退还已纳税的全部或一部分。

奖励的发放是为了鼓励某些幼稚产业，或认为应特殊关照的其他产业。

通过有利的贸易条约，本国的货物和商人在某些外国获得优于其他国家的特权。

通过在遥远国度建立殖民地，不仅使宗主国的货物和商人享有某些特权，而且常常获得垄断地位。

上述两种限制进口的方法，以及四种鼓励出口的方法，是重商主义体系提出的六种主要方法，使贸易差额有利于本国，从而增加国内的金银数量。我将在以下各章分别讨论。我不过多关注这些方法提出的将货币带入本国的趋势，而是主要考察各种方法对国家产业的年产物可能带来的影响。根据它们增加或减少年产物的价值的趋势，它们显然一定会增加或减少国家的实际的财富和收入。

第二章　论限制进口国内能生产的商品

采取高关税或者绝对禁止的方式，对从国外进口国内能够生产的商品进行限制，多少能够确保国内从事这类商品生产的企业对国内市场的垄断。因此，禁止从外国进口活牲畜和腌制食品就确保了英国畜牧业者对国内肉类市场的垄断。对谷物进口课以高额关税（在丰收的年份里高额关税等于禁止其进口），给予谷物生产者相同的利益。禁止外国毛织品进口同样有利于毛织品制造业①。丝绸制造业虽然完全依靠国外进口原材料，但是近来也已获得同样的利益②。尽管麻布制造业尚未取得这样的利益，但也正在向这一目标大步迈进③。许多其他种类的制造业也以同样的方式在英国完全取得了或几乎取得了不利于同胞的市场垄断权。英国所绝对禁止进口或者在某些条件下禁止进口的商品种类繁多，不太熟悉关税的人是很难想象的。

享有这种国内市场垄断权的各种产业，往往受到极大鼓励，并且，毫无疑问，常常使社会较大部分的劳动和资本转到这些产业上来。但是，这样做能否增进社会总产业，并引导其朝着最有利的方向发展，也许并不十分明显。

社会总产业绝不会超过社会资本所能维持的限度。任何个人所能雇用的工人数必定和他的资本成某种比例，同样，一个社会的全体成员所能继续雇用的工人人数，也一定同那个社会的全部资本成

---

① 爱德华三世第 11 年和第 12 年，第 3 号法律；爱德华四世第 4 年，第 7 号法律。
② 乔治三世第 6 年，第 28 号法律。
③ 征收额外的关税，乔治三世第 7 年，第 28 号法律。

某种比例,绝不会超过这个比例。任何商业条例都不能使任何社会的产业数量的增加超过其资本所能维持的限度,它只能使本来不属于某一方向的一部分产业转到这个方向来。至于这个人为的方向是否比自然的方向更有利于社会,却不能确定。

每个人都在不断努力为自己所能支配的资本找到最有利的用途。当然,他所考虑的是自身的利益,而不是社会的利益。但是,他对自身利益的关注自然会,或者说,必然会使他青睐最有利于社会的用途。

第一,每个人都想把他的资本尽量投在离自己家乡较近的地方。如果这样做能使他获得资本的正常利润,或者比正常利润稍低的利润的话,他就会因此而尽可能地维护国内的产业。

所以,如果利益均等或者几乎均等,每一个批发商人就自然宁愿经营国内贸易而不愿经营消费品国外贸易,宁愿经营消费品国外贸易而不愿经营运输贸易。因为,投资在消费品国外贸易上的资本往往不在自己的监督之下,而投在国内贸易上的资本却常常在自己的掌控之中。他能更好地了解所信任和委托之人的品行和情况,即使偶然受骗,对于他为取得赔偿所必须依据的本国法律也了解得比较清楚。至于运输贸易,商人的资本可以说是分散在两个境外国家里,没有必要将其中的任何一部分带回本国,也没有任何部分资本由他亲自来控制和支配。例如,阿姆斯特丹商人从克尼斯堡运送谷物至里斯本,再从里斯本运送水果和葡萄酒到克尼斯堡。通常,他必须把一半的资本投在克尼斯堡,另一半投在里斯本。任何部分资本都没有必要进入阿姆斯特丹。这种商人自然应该住在克尼斯堡或里斯本;只有在某种非常特殊的情况之下,他才会选择住在阿姆斯特丹。然而,由于不放心远离的资本,他往往会把本来要运往里斯本的克尼斯堡货物和要运往克尼斯堡的里斯本货物的一部分运往阿姆斯特丹。这样做虽然要承担装货和卸货的双重费用,还要支付税金和关税,但是为了亲自监督和支配资本的若干部分,他甘愿担负这种特别的费用。也正是由于这样的情况,拥有相当份额运输贸易的国家才经常成为它通商各国货物的中心市场或总市场。为了免除第二次装货卸货的费用,商人们总是尽量设法在本国市场上出售各国的货物，从而尽量使运输贸易在可能的范围之内变为消费品的国外贸易。同样，经营消费品国外贸易的商人，当收集货物准备运往国外市场时，总会愿意以均等或几乎均等的利润，尽量在国内售出一大部分货物。当商人尽可能地使其消费品国外贸易变为国内贸易时，他就可以避免承担出口的风险和麻烦。这样一来，如果我可以这样说的话，本国总是每一国家居民的资本不断绕之流通并经常趋向的中心。虽然由于特殊原因，这些资本有时会被这个中心赶出来，用在更遥远的地方。可是，我已经指出，投在国内贸易上的资本，与投在消费品国外贸易上的等量资本相比，必然能推动更多的国内产业，并使国内有更多的人因此而得到收入和就业机会。投在消费品国外贸易上的资本，与投在运输贸易上的等量资本相比，也有同样的优点。所以，在利润均等或者几乎均等的情况下，每一个个人自然会运用他的资本来给国内产业提供最大的援助，使本国尽量多的居民获得收入和就业机会。

第二，每一个把资本用在支持国内产业上的个人，必然会努力引导那种产业，尽可能使其产品具有最大的价值。

工业生产是劳动对其对象或对其加工的材料所施加的东西。劳动者利润的大小，同产品价值的大小成比例。所以，仅以谋取利润为唯一目的而投资于产业的人，总会努力使他所投资的产业的产品具有最大价值，换言之，能交换最大数量的货币和其他商品。

但每个社会的年收入总是与其产业的全部年产品的交换价值恰好相等，或者说，是一个同那种交换价值恰好等值的东西。由于每一个个人都尽可能地用其资本来维护国内产业，并且努力经营，使其产品的价值达到最高程度，因此，他就必然尽力使社会的年收入尽量增大起来。的确，通常他既不打算促进公共利益，也不知道他自己是在什么程度上促进那种利益。他之所以宁愿投资支持国内产业而不支持国外产业，考虑的只是自己资本的安全；而他管理产业的目的在于使其产品的价值能达到最大程度，所想到的也只是他自己的利益。在此种情况之下，与在其他许多情况之下一样，有一只无形的手在引导着他去尽力达到一个他并不想要达到的目的。而并非出于本意的目的也不一定就对社会有害。他追求自己的利益，往往使他能比在真正出于本意的情况下更有效地促进社会的利益。我从来没有听说过，那些假装为公众利益而经营贸易的人做过多少好事。事实上，这种装模作样在商人中间并不普遍，用不着多费唇舌去劝阻他们。

关于把资本用于哪类能够生产最有价值产品的国内产业上面这一问题，显然每一个身临其境的人都能做出比政治家或立法家更好的判断。如果政治家企图指导私人应如何运用他们的资本，那不但是自寻烦恼，而且是沽名钓誉，想要得到一种权力，一种不能放心地委托给任何人、也不能放心地委托于任何委员会或参议院的权力。把这种权力交给一个大言不惭而又自认为有资格行使权力的人，是再危险不过的了。

让国内产业中任何特定的工艺或制造业的产品垄断国内市场，就是在某种程度上指导私人应如何运用他们的资本，而在大多数情况之下，这种管制几乎毫无例外地必定是无用的或有害的。如果国内产品在国内市场上的价格同外国产品的价格一样低廉，这种管制显然无用。如果价格不能一样低廉，通常这种管制必定有害。如果购买一样东西的代价比在家里自己制造所需的成本小的话，就决不会在家里生产，这是每一个精明的人都明白的道理。裁缝不想制作他自己的鞋子，而向鞋匠购买。鞋匠不想制作他自己的衣服，而雇裁缝制作。农民不想缝衣，也不想制鞋，而宁愿雇用那些不同的工匠去做。他们都觉得，为了自身的利益，应当把全部精力集中到比邻人有优势的方面；而以劳动生产的一部分或等价的东西，即其一部分的价格，来购买他们所需要的其他物品。

在私人家庭的经营中是精明的事情，在一个大国的管理中就不可能是愚蠢的行为。如果外国能够提供比我们自己制造还要便宜的商品，我们最好就用我们自己较有优势的产业生产出来的产品的一部分向他们购买。既然国家的总劳动量总是同其所涉及的资本成比例，就绝不会因此而削减，正如上述工匠的劳动并不减少一样，只不过任其寻找最有利的用途而已。去生产那些购买比自己制造得更便宜的商品，不是最有利的使用方式。而不把劳动用在显然比这更有价值的商品的生产上，一定会或多或少地减少其年产品的价值。

按照假设，向外国购买这种商品所花费的要比在国内制造还要便宜。因此，如果顺其自然，仅以等量资本雇用劳动，用国内所生产商品的一部分或其价格的一部分，就可以把这种商品购买进来。所以，上述管制的结果，是国家的劳动由较有利的用途改到较不利的用途上。其年产品的交换价值，不但没有顺应立法者的意愿增加起来，而且一定会减少下去。

诚然，由于有了这种管制，特定制造业有时可能比没有这种管制时更迅速地确立起来，而且过了一些时候，能在国内以同样低廉或更低廉的费用制造特定商品。不过，由于有了此种管制，虽然社会的劳动可以更迅速地流入有利的特定用途之中，但劳动和收入的总额，却都不能因此而增加。社会的劳动只能随社会资本的增加而有比例地增加。社会资本增加多少，又只看社会能在社会收入中逐渐节省多少而定。而上述那种管制的直接结果就是减少社会的收入。凡是减少社会收入的措施，一定不会迅速地增加社会的资本；要是任由资本和劳动寻找自然的用途，社会的资本自会迅速地增加。

没有那种管制，特定制造业虽不能在这社会上确立起来，但社会在其发展的任何时期内，并不会因此而更贫困。在这个社会发展的每一时期内，其全部资本与劳动，虽使用的对象不相同，但仍可能用在当时最有利的用途上。在每一时期内，其收入可能是资本所能提供的最大的收入，而资本与收入也许以可能有的最大速度增加着。

有时，某一国家在某些特定商品的生产上占有很大的自然优势，以致全世界都认为跟这种优势作斗争是枉然的。通过嵌玻璃、设温床、建温壁，苏格兰也能栽种极好的葡萄，并酿造极好的葡萄酒，其费用大约是从国外购进同样品质葡萄酒的三十倍。仅仅为了鼓励苏格兰酿造波尔多和勃艮第红葡萄酒，就以法律禁止进口一切外国葡萄酒，这难道是合理的吗？但是，如果苏格兰不向外国购买它所需要的一定数量的葡萄酒，而用比购买所需多三十倍的资本和劳动来自己制造，显然是不合理的。即使所用的资本与劳动仅多三十分之一，或者仅多三百分之一，也是不合理的。不合理的程度虽然没有那么惊人，但是同样不合理。至于一国比另一国占有优势，无论是固有的，还是后来获得的，都无关紧要。只要甲国有此优势，乙国无此优势，乙国向甲国购买，总是比自己制造有利。一种技艺的工匠比另一种技艺的工匠优越的地位，只是后来获得的，但他们两者都认为，互相交换彼此产品比自己制造更有利。

从垄断国内市场获得最大好处的是商人与制造业者。禁止从外国进口牲畜及腌制品，以及对外国谷物课以高关税，这在一般丰年就等于禁止进口，虽有利于英国畜牧者与农民，但其有利程度比不上商人和制造业者从同类限制中所得的利益。制造品，尤其是精制造品，比谷物和牲畜更易于由一国运至另一国。所以，国外贸易通常以贩卖制造品为主要业务。在制造品方面，只要能占一点点优势，甚至在国内市场上，也能使外国人以低于我国工人的产品的价格出售。但在土地天然产物方面，非有极大的好处不能做到这个地步。如果在这种情况下允许外国制造品自由进口，也许有几种国内制造业会受其损害，也许有几种国内制造业会完全毁灭，结果大部分资本与劳动将离开现在用途，被迫寻找其他用途。但是，即使土地天然产物完全自由进口，也不能对本国农业产生这样的影响。

例如，如果允许自由进口牲畜，但由于能够进口的数量很少，所以对英国畜牧业没有多大影响。活牲畜恐怕是海运贵于陆运的唯一商品了。因为牲畜能够行走，陆运时牲畜能自己搬运自己。但是如果海运，则被运输的不仅是牲畜，还有其所需要的食物和饮料，不仅花费大量金钱，而且还有许多麻烦。爱尔兰和不列颠之间海上距离很短，因此，爱尔兰牲畜的进口较为容易（最近只允许在有限的时期内进口）。虽然允许其永久自由进口，对不列颠畜牧业者的利益也不会有很大影响。不列颠靠近爱尔兰海的地方都是畜牧地，不需要进口牲畜。进口的爱尔兰牲畜必须经过那些地方，走很远的路程才能到达适当的市场，所费颇多，而且麻烦也颇多。肥的牲畜走不了那么远，所以只有瘦的牲畜可以进口。这种进口不会损害饲养牲畜或饲养肥的牲畜的地方的利益，因为瘦牲畜价值的降低对这些地方是有利的，这种牲畜的进口只会损害繁殖牲畜地方的利益。自从准许爱尔兰牲畜自由进口以来，爱尔兰牲畜的进口量不多，而瘦牲畜的售价依然高昂这一事实，足可以证明。就连不列颠繁殖牲畜的地方，受爱尔兰牲畜自由进口的影响也不见得有多大。据说，爱尔兰的普通民众有时会强烈反对牲畜的出口。但是，如果出口商认为继续出口牲畜有利可图，那么在有法律援助的时候，他们就会很容易地克服爱尔兰民众的反对。

此外，饲养牲畜及饲养肥牲畜的地方，一定都是已大为改良的地方，而繁殖牲畜的地方，却通常是未开垦的地方。由于增加了未开垦土地的价格，瘦牲畜的高售价等于是在鼓励反对改良。对于那种全境都已大为改良的地方，进口瘦牲畜比繁殖瘦牲畜更为有利。因此，据说现在的荷兰就信奉此原则。苏格兰、威尔士及诺森伯兰的山地，都不是能有多大改良的地方，并且看来先天注定要作为不列颠的繁殖牲畜的场地。准许外国牲畜自由进口，其唯一结果不过是使这些地方不能利用联合王国其他地方日益增加的人口和改革。就是说，不能把牲畜价格抬高到非常的高度，不能对国内已经改革和开垦过的地方收取一种真实的税。

像活牲畜一样，腌制食品自由进口也不能对不列颠的畜牧业者的利益有多大的影响。腌制食品不仅是笨重的商品，而且与畜肉比较，其品质较劣，其价格又因所需劳动和费用较多而较昂贵。所以，这种腌制食品虽然能跟本国的腌制食品竞争，但决不能与本国的畜肉竞争。它虽可作为远洋船只上的食品以及诸如此类的用途，但在人们的饮食中毕竟不占很大的部分。自从准许其自由进口以来，从爱尔兰进口的腌制食品数量并不多。这一事实从实际上证明，我国畜牧业者不必担心腌制食品的自由进口。畜肉的价格似乎没有受到腌制食品自由进口的明显影响。

甚至外国谷物的进口对不列颠农民的利益也没有多大的影响。谷物是比畜肉笨重得多的商品。四便士一磅的畜肉和一便士一磅的小麦一样昂贵。甚至在大荒年从国外进口的谷物数量也不多，这一事实足以消除我国农民对外国谷物自由进口的恐慌。根据见多识广的谷物贸易研究者的论文，平均每年进口的各种谷物的数量总共不过二万三千七百二十八夸脱，只占到本国谷物消费额的五百七十一分之一[1]。但是由于谷物奖金在丰收年份导致了超过实际耕作状态

---

[1] 查尔斯·史密斯：《关于谷物贸易和谷物法的三篇论文》，第144~145页。

所允许的出口，所以在歉收之年必然会导致超过实际耕作状态所允许的进口。这样一来，今年的丰收就不能补偿来年的歉收。既然奖金必然会增加平均出口量，那么，也一定会增大平均进口量，超过实际耕作状态所需要进口的程度。如果没有奖金，那么出口的谷物将会比现在少，因此，按年平均计算，也许进口量比现在还少。在英国和其他国家之间贩运谷物的谷物商人，将因此而失去许多生意，遭受许多损失。但就乡绅和农民来讲，吃亏却极为有限。所以我曾经说过，最希望奖金制度继续实行下去的人，不是乡绅和农民，而是谷物商人。

在所有的人当中，乡绅和农民是最没有那种卑鄙垄断精神的人，这对他们来说是很大的光荣。大制造厂商如果发现附近二十里内新建了一个同类工厂，有时会惊慌。在阿比维尔经营毛织品制造业的荷兰人，规定在那个城市周围六十里内不许建设同类工厂。反之，农民与乡绅通常愿意促进临近各田庄的开垦与改造，不会加以阻止。大部分制造业都有需要保守的秘密，而他们却没有什么秘密。如果他们发现了有利的新方法，他们一般都喜欢把这方法告诉邻人，而且尽可能来推广。老伽图曾说过，Pius Questus, stabilissimusque, minimeque invidiosus; minimeque male cogitantes sunt, qui in eo studio occuoati sunt. （这是最受人尊敬的职业，从事这种职业的人，生活最为稳定，最不为人嫉恨，他们也最没有不满之念。）乡绅与农民散居国内各地，联络不方便。商人与制造业者集中居于城内，容易结合，并且习惯于行业中盛行的独断专营风气。他们一般先取得违反各自城市居民利益的专营特权，后设法取得违反所有同胞的专营特权。为了保障对国内市场的垄断而限制外国商品进口的方法好像就是他们的发明。也许是效仿商人和制造业者，而且鉴于他们有意压迫自己，要和他们立于同等的地位，乡绅和农民们忘了他们自身地位所应有的宽容之心，起来要求谷物及畜肉供给的垄断权。他们也许没花时间考虑过，自由贸易对他们利益的影响比对商人和制造业者利益的影响少许多。

以长期的法律禁止谷物及牲畜的进口，实际上就等于规定一个国家的人口和产业永远不得超过本国土地原生产物所能维持的限度。

给外国产业加上若干负担以奖励国内产业,似乎在下面两种情况下通常很有利。

第一,国防所必需的特定产业。例如,大不列颠的国防在很大程度上取决于其海员与船只的数量。所以,大不列颠的《航海法》①在某些情况下,自然力图通过绝对禁止或对外国船只课以重税,使本国海员和船只垄断自己国家的航运生意。航运法的规定大致如下:

(1) 凡与大不列颠居留地和殖民地通商或在大不列颠沿岸经商的船只,其船主、船长及四分之三的船员,必须为英国籍臣民,违者没收船只及其所载的货物②。

(2) 各种体积庞大的进口商品,只能由上述那种船只或商品出产国的船只(其船主、船长及四分之三的船员为该国人民)输入大不列颠,如果由后一类船只输入,必须收取加倍的外国人税。若由其他船只输入,则处以没收船只及其所载货物的惩罚③。此法令颁布时,荷兰人之前是,现在仍然是欧洲的大运输业者。但这项法令公布后,他们再不能做大不列颠的运输业者了,再不能把欧洲其他各国的货物运入我国了。

(3) 各种体积庞大的进口商品禁止由进口国的船只输入,甚至英国船只运送也在禁止之列,违者没收船只及其所载货物④。这项规定可能也是专为荷兰人而设的。那时荷兰像现在一样,是欧洲各种商品的大市场。有了这个条例,英国船只就不能在荷兰国境内起运欧洲其他各国的商品了。

(4) 各种腌鱼、鲸须、鲸鳍、鲸脂,非由英国船只捕获及调制,在输入不列颠时,必须收取加倍的外国人税⑤。那时,欧洲捕鱼并提供给他国的渔民只有荷兰人,现在主要仍是荷兰人。有了这个条例,

---

① 查理二世第12年,第18号法律,"一项鼓励和增加船舶和航海的法律"。
② 第1、6条。
③ 第6、9条。
④ 第4条。
⑤ 第5条。

他们以鱼供给英国就须缴纳极重的税了。

该《航海法》制定的时候,英国、荷兰两国虽然实际上没有战争,但是两国之间的仇恨已达到极点。仇恨始于制定这项法律的长期议会统治时期①,不久在克伦威尔王朝及查理二世王朝的荷兰战争中爆发了出来。这个著名法令有几个条目很可能是从民族仇恨出发的,但确实又像深思熟虑的结果一样明智。当时的民族仇恨,以削弱唯一可能危及英格兰安全的荷兰海军力量为目的,这和经过最冷静的思考所得出来的正相同。

《航海法》对国外贸易,或对因此而带来的财富的增加是不利的。一个国家对外国的通商关系,如同商人与他所交易的不同人的关系一样,以贱买贵卖为有利。但是,在贸易完全自由的情况之下,作为一个国家最可能贱买,因为完全自由的贸易鼓励一切国家把它最需要的物品运到它那里。由于同一原因,它也最可能贵卖,因为买者集中在它的市场,商品售价可以尽量提高。诚然,《航海法》对到英国来运出英国产品的外国船只,未曾课税。甚至过去出口和进口商品通常都要缴纳的外国人税,也经过后来的若干法令被免除,有大部分的出口商品无须再缴纳了②。如果禁止或者课以高额关税,外国人就不能来此售卖商品,由于支付不起空船来我国装货的费用,也不能经常来此购买商品。所以,销售者人数就会减少,购买者人数也在减少。这样,与贸易完全自由的时候相比,我们不仅在购买外国货物时要买得更贵,而且在出售本国货物时要卖得更贱。但是,由于国防比国富重要得多,所以,在英国各种通商条例中,《航海法》也许是最为明智的一种。

第二,给外国产业加上若干负担以奖励国内产业,第二种有利的情况是在国内对国内产品课税的时候。在这种情况下,对外国的

---

① 1651 年,"一项增加本国船舶和鼓励本国航海的法律",《共和国法律汇编》,第 1449 页。
② 查理二世 25 年,第 6 号法律第 1 条,煤炭除外。文中"几项法律"似乎是后来更新的法律,亚当·安德森,《商业起源的历史的编年的推论》,1672 年。

第二章　论限制进口国内能生产的商品

同样产品课以同样的税似乎也合理。这种办法不会使国内产业垄断国内市场，也不会使流入某特殊用途的资产与劳动，比自然流入得多。课税的结果仅仅使自然流入这一用途的资产与劳动，转向较不自然的用途。而本国产业与外国产业在课税后，仍能在和课税前大约相同的条件下互相竞争。在大不列颠，当国内产业的产品课有此税的时候，为了避免国内商人和制造业者埋怨这些商品要在国内贱卖，通常就对进口同种类的外国商品课以高得多的关税，关于自由贸易这个第二种限制，有人认为，在一些场合，不应局限于进入本国而与本国课税商品相竞争的那些外国商品，应该扩大到所有能与国内产品竞争的外国商品。他们说，生活必需品要是在国内课税，那么，不仅对外国输入的同种生活必需品课税是正当的，而且对输入本国能和本国任何产业的产品竞争的各种外国商品课税也是正当的。他们说，这种课税的结果，必然抬高生活必需品价格，劳动者生活品价格抬高的结果，必然导致劳动价格跟着抬高。所以，本国产业生产的各种商品，虽没有直接课税，但其价格都将因此种课税而上升，因为生产各种商品的劳动价格上升了。所以，他们说，这种课税虽只以生活必需品为对象，但实际上等于对国内一切产品课税。他们认为，为了要使国内产业与国外产业位于同等地位，对进入本国而与本国任何商品竞争的任何外国商品，须一律课以与本国商品价格增高额相等的税。

生活必需品税，如英国的石碱税、盐税、皮革税、烛税等，是否必然提高劳动价格，从而提高一切其他商品的价格，我将在后面探讨赋税问题时加以考虑。但是，假定这种关税有这样的后果（它无疑有这样后果），这种因劳动价格的上涨而引起的所有商品价格普遍上涨的情况，与特定商品因直接课有特种赋税而涨价的情况，在以下两方面有所不同：

一是特种赋税能使特定商品的价格提高到什么程度，总是可以准确地判定的。但劳动价格的提高可在什么程度上影响各种不同劳动产品的价格，却不能相当准确地判定。所以，不可能相当准确地按各种国内商品价格上涨的比例，对各种外国商品课以适当的赋税。

二是生活必需品税对人民境况的影响，与贫瘠土壤和不良气候所产生的影响大致相同。必需品的价格因此变得比以前昂贵，正如在土壤贫瘠、气候不良的情况下生产粮食，需要异常的劳动和费用。在因土壤和气候造成的自然贫瘠时期，指导人们如何使用其资本与劳动是不合理的；在因对生活必需品课税引起人为的贫瘠时，指导人们应如何运用其资本与劳动，也是不合理的。很明显，在这两种情况之下，对人民最有利的是让他们尽可能适应自己的环境，寻找劳动的用途，使他们在不利的情况下，能在国内或国外市场上占有稍稍优越的地位。他们的捐税负担已经很重，并且对生活必需品支付了过高的价格，在这种情况下，再给他们课以新税，再要他们对其他大部分商品也支付过高的价格，无疑是一种最不合理的补救办法。

在达到一定高度时，这类赋税所造成的危害与土壤贫瘠和天时险恶所造成的危害相同。然而，征收这类赋税的地方通常却是最富裕和最勤勉的国家，其他国家都经不起这么大的失调。只有最强健的身体才能在不卫生的饮食下生存并保持健康状态，所以，只有各种产业都具有最大固有优势和获得优势的国家，才能在这类赋税下生存并且繁荣。在欧洲，荷兰是这一类赋税最多的国家，而荷兰之所以持续繁荣，并不是由于有了这一类赋税，而是由于有了特殊情况，使得这种赋税不能阻止其持续繁荣，这好像很不合理。

正如给外国产业增加若干负担以奖励本国产业，在上述两种情况之下一般是很有利的一样，在下述两种情况下，有时则须深思熟虑。一种情况是，在什么程度上继续准许一定外国商品自由进口是适当的；另一种情况是，在什么程度上或使用什么方式，在自由进口已经中断若干时间之后，恢复自由进口是适当的。

关于在什么程度上继续准许一定外国商品的自由进口是适当的这个问题，有时需要考虑的情况是：某一外国以高关税或禁止的方法来限制我国某些产品输入那个国家的时候。在这种情况下，复仇心理自然会引起报复，我们对他们某些或所有的产品，课以同样的关税或禁止其进口我国。各国一般都是如此进行报复的。法国人为了庇护本国的制造业，对于一切能和他们竞争的外国商品特别喜欢用限制进口的方法。这似乎是科尔伯特政策的大部分。科尔伯特先生才能虽不小，但是在这种情况下，却似乎为商人和制造业者的诡辩所蒙蔽了。这些商人和制造业者总是要求有害同胞的垄断权。现在，法国最有才智的人都认为他这种行为对法国无利。这位大臣1667年公布关税法，对大多数外国制造品课以极高的关税。荷兰人请求减轻关税不得，则于1671年禁止法国葡萄酒、白兰地及商品进口。1672年的战事，一部分可归因于这次商业上的争论。1678年尼麦根和约，接受荷兰人之请求，减轻了这种关税，荷兰人于是也撤回了进口禁令。英法两国大约是在同一个时候开始互相采用同样的高关税与禁止政策来压迫对方产业的，但首先采用的似乎是法兰西。从那时以来存在着的敌意使得两国都不肯减轻关税。1697年，英国禁止佛兰德制造的麻花边输入。那时佛兰德为西班牙领地，作为报复，其政府禁止英国毛织品进口。1700年，以佛兰德撤回禁止英国毛织品进口禁令为条件，英国撤回了禁止佛兰德麻花边进口的禁令[1]。

能达到撤销众人怨声载道的高关税或禁令，就可以说是良策。一般地说，大的外国市场的恢复，可以抵消由于某些商品价格暂时昂贵而遭受的暂时的困难。要判断这种报复能否产生这种效果，与其说需要有立法家的知识，不如说需要有所谓狡猾的政治家或政客的技巧。因为立法家的考虑，应受不变的一般原理的指导，而政治家或政客的考虑，则受事件短时变化的支配。在没有撤销这种禁令的可能性的时候，为了要补偿我国某些阶层人们所受的损害，不仅给那些阶层的人们，而且给几乎所有其他阶层的人们，再加上另一种伤害，这种做法似乎不是一个好办法。在我们的邻国禁止我国某种商品的时候，我们通常不但禁止他们同种类商品，而且禁止他们其他几种商品，因为仅仅前者，很少能给他们以明显的影响。这样做无疑可给我国特定阶层的工人以鼓励，替他们排除了一些竞争者，使他们能在国内市场上抬高价格。不过，因邻国禁令而蒙受损失的我国工人，决不会从我们的禁令中得到利益。反之，他们以及我国

---

[1] 麻花边的进口，被查理二世第13和14年的第13和9号法律予以禁止，威廉三世第10年第9号法律的通过，是为了使得禁令更加有效。

几乎所有其他阶层的人们,在购买某些货物时都不得不支付比从前更为昂贵的价格。所以,这一类法律,对全国课了真实的税,受益的不是受邻国禁令之害的那些阶层的工人,却是另外一些阶层的人们。

至于在外国商品自由进口已经中断若干时候以后,在什么程度上或使用什么方式来恢复自由进口才适当这个问题,一个也许值得深思的情况是:本国的某些制造业,因为所有能与其竞争的外国商品都被课以高关税或被禁止进口,所以扩大起来,并能雇用大量的工人。在这种情况之下,人道主义也许要求一步步地、小心翼翼地恢复自由贸易。如果骤然撤销高关税与进口禁令,较低廉的同种类外国货物将迅速流入国内市场,夺走我国千千万万人民的日常职业与生存手段。毫无疑问,由此引起的混乱是无法想象的。但依据下述两个理由,这种混乱也许没有一般所想象得大。

第一个理由是,那些没有奖金通常也可以出口到欧洲其他各国的商品,都不会受到外国商品自由进口的多大影响。这种商品出口到国外,其售价必与同品质、同种类的其他外国商品同样低廉。因此,在国内其售价必然较低廉,因而仍能控制国内市场。即使有些爱时髦的人,有时只因为是外国货就对其青睐,不买本国制造的价廉物美的同种类货物,然而这种蠢行总不会那么普及,所以对人们一般职业没有显著的影响。我国毛织品制造业、皮鞋业、铁器业中,却有很大一部分商品,每年不依赖奖金而出口欧洲其他各国,而雇用职工最多的制造业,也就是这几种制造业。从自由贸易受到最大损害的,也许是丝制造业,其次是麻布制造业,但后者所受损失比前者小得多。

第二个理由是这样恢复贸易自由,虽将使许多人民突然失去他们通常的职业和普通的谋生方法,但他们不会因此而失业或无生计。上次战争结束时,海陆军裁减了十万人以上,所减人数等于大制造业所雇用的人数,他们顿时失去了他们平素的职业,无疑会感到困难;但他们并不因此便被剥夺了一切职业与生计。水兵的较大部分也许逐渐转移到商船上去服务了,在这当中,被遣散的海陆军士兵,都被吸收在广大的人民群众之中,受雇于各种职业。十万多惯于使用武器,而且其中有许多惯于劫掠的人,他们的位置起了那么大的变化,却不曾引起大的动乱,也不曾引起显著的混乱。任何地方,流氓的数目并未因此而显著增加,而且,据我所知,除了商船海员外,无论何种职业的劳动工资也未曾减少。要是我们比较士兵和任何种类制造业工人的习惯,我们就可发现,后者改业的可能性比前者大,因为士兵一向赖军饷为生,而制造业工人则专赖自身劳动为生。前者习惯于怠惰与闲荡,后者习惯于勤勉与刻苦。由一种辛勤劳动改为另一种辛勤劳动,当然比由怠惰闲荡改为勤劳容易得多。此外,我曾说过,大部分制造业都有性质类似的相关制造业,所以,工人们很容易从一种制造行业转到另一种行业。而且这类工人中的大部分人,有时还被雇用从事农村劳动。以前在特定制造业上雇用他们的资本仍将留在国内,以另一种方式雇用相同数量的人。国家的资本和从前相同,劳动的需要也和从前相同或大致相同,不过是在不同地方和不同职业上使用而已。诚然,海陆军士兵如被遣散,有在不列颠或爱尔兰任何都市或任何地方操任何职业的自由。让我们恢复国王陛下的一切臣民选择自己喜欢的任何职业的天赋自由权,像海陆军士兵所享受的那样。换言之,摧毁同业公会的专营特权,废除学徒法令(这二者都是对天赋自由的实际侵害),再废除居住法,使穷困工人在此地失了业的,能在彼地就业,无须担心被人检举,也无须担心被迫迁移。这样,社会与个人,由于某特定制造业工人的偶然遣散而遭受的损害,就不会大于他们从士兵的遣散中所遭受的损害。我国的制造业工人,无疑对国家有很大的功劳,但和以血肉保卫国家的那些人相比,他们的功劳太小,对于他们,用不着有更好的待遇。

不能期望自由贸易在不列颠完全恢复,正如不能期望在不列颠建立理想国或乌托邦一样。不仅公众的偏见,还有更难克服的许多个人的私利,是恢复自由贸易不可抗拒的阻力。如果军队的将领,都像制造业者反对在国内市场增加竞争者人数的法律那样激烈并一致地反对缩减兵力,都像制造业者以暴力攻击这种法律的提议者那样激烈一致地鼓动他们的士兵以暴力攻击缩减兵力的提议者,那么要想缩编军队,正如现在想在任何方面减缩我国制造业者既得的有害于同胞的垄断权一样危险。这种垄断权已经在很大程度上增加了某些制造业的人数，他们像一个过于庞大的常备军一样，不但可以胁迫政府，而且往往可以胁迫立法机构。赞助加强此种垄断权提议的国会议员，不仅可获得理解贸易的赞誉，而且还可在一个人数众多和财富庞大而占重要地位的阶层中受到欢迎和拥护。反之，要是他反对这类提议，要是他有阻止这类提议的权力，那么，即使他被公认为是最正直的人，有最高的地位，有最大的社会功绩，恐仍免不了要受到最大的名誉侮辱和诽谤，不免受人身的攻击，而且有时有实际的危险，因为愤怒和失望的垄断者，有时会以无理的暴行加害于他。

大型制造业经营者，如果由于在国内市场上突然遇到了外国人的竞争而不得不放弃原产业，其损失当然不小。通常，用来购买材料、支付工资的那一部分资本要另觅用途，也许不会十分困难。但是，固定在工厂及贸易设备上的那一部分资本，要对其进行处理，却不免会造成相当大的损失。公平地考虑他们的利益，要求这种变革不要操之过急，而要徐缓地、逐渐地在发出警告很久之后实行。如果立法机构不为片面利益的要求所左右，而出于对大众谋福利的远见，那么，它为此要特别小心，既不建立任何新的垄断，也不推广已存在的垄断。这样的法规都会给国家带来一定程度的失调，而后来的补救措施也难免会引起另一种失调。

至于不是为了防止进口，而是为了筹集政府收入，在多大的程度上可对外国商品进口课税，那是我以后将探讨赋税问题时所要考虑的。但为阻止进口或减少进口而设的关税，则显然是既破坏贸易自由也有损于关税收入的。

第三章 论对其贸易差额被认为不利于我国的那些国家的几乎所有商品的进口实施特殊限制

第一节 论即便根据重商主义的原则,这种限制也不合理

重商主义所提倡的增加金银量的第二个权宜之计是,对其贸易差额被认为不利于我国的那些国家的几乎一切商品的进口加以特殊的限制。因此,西利西亚细竹布在缴纳了一定的关税后,即可进口英国,供英国本国消费。但是,法国的细葛布及细竹布,除了从伦敦港进口入仓以待出口外,禁止进口①。对法国葡萄酒进口所课的关税,要比葡萄牙或其他任何国家进口的葡萄酒的关税高。依照1692年所谓的进口税②,所有法国商品,都须缴纳其价值的百分之二十五的关税;但其他各国商品所纳的关税,却大部分要轻得多,很少超过百分之五。诚然,法国葡萄酒、白兰地、食盐、醋,不在此限;但这些商品,却依照别项法律或这个法令的特殊条款,缴纳别种重税。1696年,又认为百分之二十五的关税还不足以阻止法国商品的进口,于是又对白兰地以外的法国商品再课以百分之二十五的关税,同时对法国葡萄酒每大桶课新税二十五英镑,并对法国醋每大桶课新税十五英镑③。法

---

① 乔治二世第18年,第36号法律;乔治三世第7年,第43号法律。
② 威廉和玛利第4年,第5号法律第2条。
③ 威廉三世第7、8年,第20号法律,但是葡萄酒和醋同白兰地一样免征普遍增加的25%的税,白兰地每桶按单标准强度征税30镑,按双标准强度征税60镑。

国货物从未遗漏过税则上列举的各种货物或大部分货物必须缴纳一般补助税或百分之五的关税。要是把三分之一的补助税和三分之二的补助税也计算在内，作为全部要缴纳的补助税，那就有五种这样的一般补助税。因此，在这次战争开始以前，法国大部分的农产品和制造品，至少也须负担百分之七十五的关税。但是大部分商品实在担负不起这么重的关税。所以，课以这样的关税等于禁止其进口。虽然我不知道所课的关税究竟苛刻到什么程度，但是我相信，法国针锋相对地对我国的商品及加工品课以同样重的关税。这种相互的限制几乎断绝了两国间的一切公平交易，以致法国货物进入英国和英国货物进入法国，主要都靠走私。我在前章所探讨的各项原则，起源于私人的利害关系和垄断精神；在这章所要探讨的各项原则，却源于国民的偏见与敌意。因此，我在本章所要探讨的原则更不合理。甚至根据重商主义的原则来说，也是不合理的。

第一，例如，虽然英、法之间自由通商，贸易差额的确对法国有利，但是绝不是说这样的贸易会对英国不利；也不能因此便断言，英国全部贸易总差额会因为此种贸易而更加不利于英国。如果法国葡萄酒比葡萄牙葡萄酒价廉物美，其麻布则比德意志的麻布价廉物美，那么英国所需的葡萄酒与外国麻布，以向法国购买为有利，以向葡萄牙、德意志购买为不利。尽管每年从法国进口的商品的价值会因此而大增，但因同品质的法国商品比其他两国的便宜，所以每年全部进口商品的总价值定会按照便宜的比例而减少。即使进口的法国商品完全在英国消费，情况也是如此。

第二，所进口的全部法国商品中，有大部分可能再出口到其他国家去赚取利润。这种再出口，也许会带回与法国全部进口商品的原始费用有同等价值的回程货。人们常说的有关东印度贸易的话，对法国贸易也适用。就是说，虽有大部分东印度商品是用金银购买的，但由其中一部分商品的再出口所带回到本国来的金银，比全部商品的原始费用还多。现在，荷兰最重要的贸易部门之一，就是把法国商品运到欧洲其他各国。英国人饮的法国葡萄酒，也有一部分秘密由荷兰及西兰岛进口。如果英、法间贸易自由，或法国商品在

第三章 论对其贸易差额被认为不利于我国的那些国家的几乎所有商品的进口实施特殊限制

进口时与欧洲其他各国纳同样的关税,并在出口时收回,那么英国可能就会分享到那种对荷兰十分有利的贸易好处。

第三,我们没有一个明确的、可以作为依据的标准,来判定两国间的贸易差额究竟对何国有利,即何国出口的价值最大。我们对这一类问题的判断,往往根据由个别贸易者的私利所左右的国民偏见与敌意。在这种场合,人们往往使用两个标准,即关税账簿与汇率情况。由于关税账簿对各种商品的评价大部分不准确,所以现在大家都认为那是很靠不住的标准。至于汇率情形,恐怕也是同样不可靠。

当伦敦与巴黎两地以平价汇兑时,据说那就显示伦敦欠巴黎的债务,恰被巴黎欠伦敦的债务所抵消了。反之,购买巴黎汇票,若需在伦敦贴水,据说那就显示伦敦欠巴黎的债务,没被巴黎欠伦敦的债务所抵消。因此,伦敦必须以一定差额的货币送往巴黎。因为输出货币既有危险又很麻烦,并须给付费用,所以代汇者要求贴水,汇兑人也须给付贴水。据说,这两都市间,债权与债务的一般状态,必然受彼此间商务往来一般情况的支配。由甲都市输入乙都市的数额若不大于由乙都市输出到甲都市的数额,由乙都市输入甲都市的数额若不大于由甲都市输出到乙都市的数额,则彼此间债务与债权可以抵消。但若甲方从乙方输入的价值大于甲方向乙方输出的价值,则甲方负乙方的数额必大于乙方负甲方的数额,债权债务不能互相抵消,于是债务大于债权的方面,必须输出货币。汇兑的一般情况,既表明两地间债务与债权的一般状态,也必然表明两地间输出与输入的一般情况,因为两地间债权债务的一般状态,必然受两地间输出输入一般情况的支配。

可是,即使汇兑的一般情况,可充分表示两地间债务与债权的一般状态,但也不能因此便断言,债务债权的一般状态若有利于一个方面,贸易差额也即对它有利。两地间债务与债权的一般状态,未必完全取决于两地间商务往来的一般情况,而常受两地间任何一地对其他各地商务往来一般情况的支配。譬如,英国购买了汉堡、但泽、里加等处的货物,要是常以荷兰汇票兑付货款,那么英、荷间债务与债权的一般状态，即不完全受这两国间商务往来一般情况的支配，而受英国对那些其他地方商务往来一般情况的影响。在这些场合，即使英格兰每年向荷兰的出口远远超过英国每年从荷兰进口的价值，即使所谓贸易差额大有利于英国，英国每年仍须输送货币到荷兰去。

此外，按照一向计算汇兑平价的方法，汇兑的一般情况，也不能充分表示，汇兑的一般情况如果被认为有利于一个国家，那么债务与债权的一般情况也对它有利。换言之，真实的汇兑情况，与估计的汇兑情况，可能极不相同，而且事实上也往往极不相同，所以，在许多场合，关于债务债权的一般情况，我们决不能根据汇兑的一般情况得到确实的结论。

假设你在英国支付的一笔货币，按照英国造币厂标准，包含若干盎司纯银，而你所得的汇票，在法国兑付的货币额，按照法国造币厂标准，其中所含的纯银量恰好相等，人们就认为你付了贴水，并说汇兑对英国不利，对法国有利。如果你支付的少于兑付所得，人们就认为你得了贴水，并说汇兑对法国不利，对英国有利。

但是，第一，我们不能总是按照各国造币厂的标准来判断各国通货的价值。各国通货的磨损程度和剪削程度，以及与标准相差的程度，是有多有少的。一国通用铸币与他国通用铸币的相对价值，并不看各自应含的纯银量，而是依据各自实含的纯银量来定的。在威廉王时代改铸银币前，英国与荷兰之间的汇兑，按照各自造币厂的标准，用通常的方法计算，英国要贴水百分之二十五。但是，根据朗迪斯的调查研究，英国当时通用铸币的价值，却低于其标准价值的百分之二十五。所以，按照通常计算法，虽然当时两国间的汇兑对英国很不利，但实际上却有利于英国。在英国实际支付较小量纯银所购得的汇票，却可在荷兰兑得较大量纯银。被认为付了贴水的人，实际上是得到了贴水。在英国金币改铸之前，法国铸币比英国铸币磨损较少，接近其标准的程度也许比英国铸币大百分之二或百分之三。如果英法间的计算汇兑不利于英国，未超过百分之二或百分之三，则真实汇兑便对英国有利。而自金币改铸以来，汇兑一直有利于英国而不利于法国。

第二，有些国家的造币费用由政府支付；有些国家则由将银块送到造币厂铸造的私人支付，有时还要给政府提供若干收入。在英国，造币费用由国家支付，而且，如果你持一磅重的标准银块送到造币厂，你可取回六十二先令，内含同样的标准银一磅。在法国，铸币须扣除百分之八的税，这不仅足够支付造币费用，而且还可给政府提供小额收入。在英国，因铸币不收费，所以铸币的价值，绝不可能大大超过铸币内所含的银块量的价值。在法国，和加工费增加精制金银器皿的价值一样，加工费增加铸币的价值。所以，含一定重量纯银的一定数额的法国货币，比含等量纯银的一定数额的英国货币的价值更大，必须支付更多的银块或其他商品来购买它。所以，这两个国家的铸币，虽然同样接近各自造币厂的标准，但是含有等量纯银的一定数额的英国货币，不能购买含有等量纯银的一定数额的法国货币，因而也不能购买同样数额的法国汇票。如果购买法国汇票所支付的英国货币数量，恰好补偿法国铸币费用，那么事实上两国间的汇兑就是平兑。债务与债权可互相抵消，而且两国间的计算汇兑对法国也很有利。如果英国购买这张汇票，所支付的货币少于上述数额，那么两国间的计算汇兑对法国有利，而真实汇兑则有利于英国。

第三，有些地方，如阿姆斯特丹、汉堡、威尼斯等地，都以银行货币兑付外国汇票，但有些地方，如伦敦、里斯本、安特卫普、勒格亨等地，则以当地通用货币兑付。所谓银行货币，总是比同一名义金额的通用货币有更大价值。例如，阿姆斯特丹银行货币一千荷兰盾，就比阿姆斯特丹地方通用货币一千荷兰盾有更大的价值。两者之间的差额被称为银行的扣头，在阿姆斯特丹一般是大约百分之五。假设两国通用的货币接近各自造币厂的标准程度一样，但一国以通用货币兑付外国汇票，另一国则以银行货币兑付外国汇票，即使真实汇兑有利于用通用货币兑付的国家，但计算汇兑仍可能有利于以银行货币兑付的国家。同样道理，两国间的计算汇兑可能对用比较优质货币兑付的国家有利，但真实汇兑却是有利于以劣质货币兑付外国汇票的国家。在最近金币改铸以前，我相信，伦敦同阿姆斯特丹、汉堡、威尼斯，以及一切其他用所谓银行货币兑付的地方之间的计算汇兑，都是不利于伦敦的。但我们不能因此就断言真实汇兑也对伦敦不利。自从金币改铸以来，甚至与这些地方的真实汇兑也对伦敦有利了。我相信除法国外，伦敦对里斯本、安特卫普、勒格亨，以及欧洲大多数以货币兑付汇票的地方的计算汇兑，大都对伦敦有利，其真实汇兑可能也是如此。

关于储蓄银行尤其是阿姆斯特丹的储蓄银行的离题论述

像法国、英国那样的大国，其通货几乎全由本国铸币构成。如果这种通货因磨损、剪削或其他原因使其价值降至标准价值之下，国家可以通过改铸有效地恢复通货的地位。但是像热那亚或汉堡那样的小国，其通货很少全由本国铸币构成，一定有大部分是由它的居民常常往来的各邻国的铸币构成。像这样的国家，通过改铸，未必能改良其通货。这种通货的本身性质极不确定，一定数额的这种通货的价值也很不确定，因此，外国对其价值的评价必然低于其实际价值。所以，如果这种国家以这种通货兑付外国汇票，其汇兑就一定对它大为不利。

这样的小国，一旦注意到了贸易的利益，为了补偿这种不利汇兑带给商人们的损失，往往会规定，凡有一定价值的外国汇票，不得以通用货币兑付，只许以一定银行的邮政汇票兑付，或在一定银行的账簿上转账。这种银行是靠国家的信用，并在国家的保护下建立起来的，完全按照国家的标准，以良好、真正的货币兑付汇票。威尼斯、热亚那、阿姆斯特丹、汉堡、纽伦堡等地的银行，原来似乎都是为了这个目的而设立的，虽然其中有些可能在后来被迫改变了目的。这些银行的货币既然优于那些小国的通用货币，必然会产生贴水，贴水的大小视通货被认为低于国家标准的程度的大小而定。例如，汉堡银行的贴水，据说一般约为百分之十四。这百分之十四，乃是国家标准良币与由邻国流入的损削低价劣币之间被认为应有的差额。

1609年以前，阿姆斯特丹的广大贸易从欧洲各地带回来的大量剪削磨损的外国铸币，使阿姆斯特丹通货的价值比造币厂新出良币的价值约低百分之九。在这种情况下，新出的良币往往是一经铸造出来，即被熔化或被带走。拥有大量通货的商人，常常找不到足够的良币来兑付他们的汇票；尽管有若干防止汇票价值不确定的法规，此类汇票的价值在很大程度上还是变得不确定。

为了纠正这种不利情况，阿姆斯特丹于1609年在全市的保证下设立了一家银行。这家银行，既接受外国铸币，也接受本国轻度磨损了的铸币，只扣除必要的铸币费和管理费，即按照国家的良币标准，计算其真正价值。在扣除此项小额费用以后所余的价值，作为信贷记入银行账簿上。这种信贷叫做银行货币，因其所代表的货币价值与造币厂标准一致，故其真实价值一直不变，而其实际价值又大于通用货币。同时又规定，凡在阿姆斯特丹兑付或卖出的六百盾以上的汇票，都应以银行货币兑付。这项规定立即就消除了一切汇票价值的不确定性。由于有了这项规定，为了要兑付外国汇票，每个商人不得不与那家银行来往。这必然会引起对银行货币的需求。

银行货币，除了它固有的对通用货币的优越性以及上述需求所必然产生的增值外，还具有几种别的优点。它没有遭受火灾、劫掠以及其他意外的可能；阿姆斯特丹市对它负全责，而其兑付，仅需通过单纯的转账，用不着计算，也用不着冒风险由一个地方运至另一个地方。因为它有这种种优点，似乎一开始就产生了一种贴水，大家都相信，所有原来储存在银行内的货币，都任其留在那里，虽然这种存款拿到市场上出售，可以得到一项贴水，但是谁也不想要求银行支还。如要求银行支还，银行信贷的所有者就会失去此项贴水。既然由造币厂新造出的先令，不能在市场上比一般磨损了的先令购得更多的货物，所以，从银行金柜中取出来进入某私人钱袋中的真正良币，与通用货币混在一起，就不易辨认，其价值就不高于通用货币。当它存在银行金柜时，它的优越性是众所周知而且是确认的。当它流入私人金柜时，要确认它的优越性，所付代价要大于这两种货币的差额。此外，一旦从银行金柜提出来，银行货币的其他种种优点也必随之丧失。安全性丧失了，方便安全的移动性丧失了，支付外国汇票的用处也丧失了。不仅如此，要不是预先支付保管费，就不可能从银行金柜提出货币来。

这种铸币存款，或者说银行必须以铸币付还的存款，就是银行当初的资本，或者说就是所谓银行货币所代表的那种东西的全部价值。现在，一般认为，那只是银行资本的极小的一部分。许多年以来，为了方便用金银条块进行的贸易，银行采取的办法是对储存金银条块的人付给银行账簿信贷。这种信贷，一般比金银条块的造币厂的价格约低百分之五。同时，银行给予一张受领证书或收据，授权储存金银条块的人或持证人在六个月内的任何时候取回所存金银，条件是将等于那笔信贷的银行货币交还银行，并给付千分之二十五（如果存的是白银）或千分之五十（如果存的是黄金）的保管费。但同时又规定，若是到期不能支付所需款项，则所存金银条块即按收受时的价格，或按付给信贷时的价格，归银行所有。如此支付的储金保管费，可以看做是一种仓库租金。至于金的仓库租金，为什么要比银的仓库租金高那么多，也有几种不同的理由。据说，金的纯度比银的纯度更难确定。比较贵重的金属较容易作假，由作假而引起的损失也比较大。此外，银是标准金属，据说，国家的意图是鼓励以银储存，不太鼓励以金储存。

金银条块的储存在其价格比通常略低时最为普遍，到价格升高时，则往往被提取出来。在荷兰，金银条块的市场价格一般比其造币厂价格高，同样道理，英格兰在最近金币改铸以前的情况也是如此。其差额，据说一般为每马克六至十六斯泰弗，或者八盎司含纯银与合金之比是十一比一的银块。对于这样的银（在被铸为外国铸币时，其成色为众所周知，而且被确认，例如墨西哥银元）的储存，银行所给的价格，即银行所给的信贷，则为每马克二十二盾；造币厂价格约为二十三盾，市场价格为二十三盾六斯泰弗，乃至二十三盾十六斯泰弗，超出造币厂价格百分之二乃至百分之三①。金银条块的银行价格、造币厂价格及市场几乎保持着相同的比例。通常,一个人可以出售其受领证书而赚取金银条块的造币厂价格与市场价格间的差额。金银条块的受领证书多少还是值些钱的。所以,直至六个月期满还没把储金提出来,或忘记支付千分之二十五或千分之五十的保管费,而获取另六个月的新受领证书,致使储金按受时的价格归银行所有,这种情况却是很少有的现象。但有时也会发生,而发生在黄金储蓄上的时候要比白银的多,因为白银的保管费较低,黄金则因为是比较贵重的金属,其保管须支付较高的仓库租金。

由储存金银条块而换得银行信贷与受领证书的人,在其汇票到期时,以银行信贷兑付。至于受领证书是出卖或保留,那就看他对

---

① 阿姆斯特丹银行当时(1775年9月)金银块和各种铸币的价格如下:

		白银	
墨西哥元			
法国克朗	每马克	22 盾	
英格兰银币			
新铸墨西哥元	每马克	21 盾	10 斯泰弗
达卡银币	每马克	3 盾	
里克斯银元	每马克	2 盾	8 斯泰弗

包含纯银 11/12 的银块,每马克 21 盾,按照这个比例,降低至纯银为 1/4 时,则每马克 5 盾。

纯银块	每马克	23 盾	
		黄金	
葡萄牙金币			
基尼	每马克	31 盾	
路易多新币			
路易多旧币	每马克	300 盾	
新达卡	每达卡	4 盾	19 斯泰弗 8

金块或金锭的接受,按照其纯度对外国金币的比例。对于纯金块,银行给予每马克 340 盾。但是一般来说,银行对于纯度是已知的铸币比对于金银块的价格略高,这是由于金银块的纯度必须经过熔化和试验才能确定。

于金银条块价格的涨跌作出怎样的判断。但此种银行信贷与受领证书，大都不会长久保留，也没有保留的必要。有受领证书并要提取金银条块的人，常常发现有许多银行信贷或银行货币，可以以一般价格购买；同样，有银行货币想要提取金银条块的人，也发现有同样多的受领证书可以购买。

银行信贷所有者及受领证书持有者，是银行的两种不同债权人。受领证书持有者，如果不交给银行与被领金银条块价格等值的一定数额银行货币，就不能提取受领证书上所记明的金银条块。如果他自己没有银行货币，他就得向有银行货币的人购买银行货币。但是有银行货币的人，如果不能向银行提交表明所需数额的受领证书，他也不能提取金银条块。如果他自己没有受领证书，他也得向有受领证书的人购买受领证书。有受领证书的人购买银行货币，其实就是购买提取一定数量金银条块的权力，这种金银条块的造币厂价格，比其银行价格高百分之五。所以，他为购买银行货币而通常支付的那百分之五贴水，并不是为了一种想象的价值，而是为了一个真实的价值而支付的。有银行货币的人购买受领证书，其实也是购买提取一定数量金银条块的权力，这种金银条块的市场价格，一般比其造币厂价格高百分之二乃至百分之三。所以，他为购买受领证书而支付的价格，同样是为了一个真实的价值而支付的。受领证书的价格及银行货币的价格合起来，便构成金银条块的完全价值或价格。

以国内流通的铸币存入银行，银行既给予银行信贷，也发给受领证书，但是这种受领证书一般是没有价值的，在市场上也没有什么价格。例如，以流通中价值三盾三斯泰弗的达卡存入银行，所换得的信用只值三盾，或者说比流通价值低了百分之五。虽然银行也同样发给受领证书，使持票人在六个月内任何时候，支付千分之二十五的保管费，提出存在银行的达卡，但是这种受领证书，往往在市场上没有什么价格。三盾银行货币，虽然大都可在市场上售得三盾三斯泰弗，即在提取出来以后，可得到达卡的完全价值。但是由于在提出以前须缴纳千分之五的保管费，所以得失相衡，恰好相互抵消。可是，假如银行贴水，降为百分之三，这种受领证书便可在市场上得到一些价格，可按千分之一点七五售出了。但现行的银行贴水大都在百分之五左右，所以这种受领证书往往任其满期，或者像人们所说的，任其归银行所有。至于储存金达卡所得的受领证书，就更常听任其过期，因为其仓库租金更高，须付百分之五十的租金才能将其提取出来。在这种铸币或金银条块的储存听其归银行所有时，银行往往可得利百分之五，这百分之五，可看做是永远保管这种储存物的仓库租金。

受领证书过期的银行货币的数额一定很大，其中肯定包含银行的全部原始资本。一般认为，这些原始资本自从第一次存入以来，就没有一个人想要调换新的受领证书或把储金提出，因为根据前面举出的种种理由，无论调换新的受领证书或把储金提出，都会有损失。但这笔数额无论怎样庞大，在银行货币全额中所占的部分，据推测都是很小的。阿姆斯特丹银行，多年来一直是欧洲最大的金银条块仓库，但其受领证书却很少有过期的，或照一般所说，很少归银行所有。远比受领证书过期的银行货币数额大得多的银行货币或银行账簿上的信贷，都是过去许多年来，由金银条块商人不断储存、不断提取而创立的。

没有受领证书就不能向银行有所要求。证书过期的较少量银行货币，与受领证书仍然有效的较大量银行货币混在一起，所以没有受领证书的银行货币数额虽然很可观，但凭受领证书取款的某一特定部分银行货币是没有具体数目的。银行不能为同一事物而对两个人负担债务人的义务；没有受领证书的银行货币所有者，在未购得受领证书以前决不能要求银行付款。在平常时期，他要按照市场价格购得一张受领证书毫不困难。这种价格，一般与根据受领证书有权向银行提取铸币或金银条块能在市场售卖的价格，是相符合的。

但在困难时期，情形就两样了。例如，1672年法兰西入侵时，银行货币所有者都想从银行提出储金，归自己保存，大家都需要受领证书。这种需要可能会把受领证书的价格抬得极高。有受领证书的人，可能作非分之想，不要求受领证书所记明的银行货币的百分之二或百分之三，却要求百分五十。了解银行宪章的敌人，甚至会把一切受领证书收买进来，以防止财富被运走。一般认为，在这非常时期，银行会打破只对受领证书的持有者付款的常规。无银行货币但有受领证书的人，一定只领取了受领证书上所证明的储金价值的百分之二或百分之三。所以，有人说，在这种场合，银行定会毫不迟疑地以货币或金银条块，对有银行货币记在银行账簿上但无受领证书向银行提取储金的人支付完全的价值；同时，对于有受领证书但无银行货币的人支付百分之二或百分之三，在这个时候，因为这个数目已经是他们所应得的全部价值了。

即使在平常时期，受领证书持有者的利益在于降低贴水，以较低价格购买银行货币（从而以较低价格购买受领证书上所记明的可以提取的金银条块），或以较高价格把受领证书卖给有银行货币并希望提取金银条块的人；受领证书的价格，一般等于银行货币的市场价格及受领证书所记明的铸币或金银条块的市场价格之差。反之，银行货币所有者的利益，却在于提高贴水，以高价出售其银行货币，或以低价购买受领证书。这种相反的利害关系，往往会导致投机买卖的欺诈行为。为防止这种欺诈，近几年来银行决定，不论什么时候，卖出银行货币换取通货要贴水百分之五，而再度买进银行货币，要贴水百分之四。这种决定使贴水不能上升到百分之五以上，也不能下降到百分之四以下；银行货币与流通货币二者市场价格之间的比例，不论什么时候，都很接近它们固有价值之间的比例。但在没有此项决定以前，银行货币的市场价格高低不一，按照这两种相反利害关系对市场的影响，有时贴水上升到百分之九，有时又下跌至与通用货币平价。

阿姆斯特丹银行宣称，不以储金的任何部分贷出；储金账簿上每记下一盾，即在金库内，保存与一盾价值等值的货币或金银条块。受领证书尚未失效、随时可能来提取和事实上不断地流出和流入的那一部分货币与金银条块，全部保存在金库内，这是不容置疑的。但受领证书过期已久，在平常时期不能要求提取，而实际上大概在联邦国家存在的时期内永远留在银行里的那一部分资本，是否也是这样，却似乎有疑问。然而，在阿姆斯特丹，已确立的信条莫过于有一盾银行货币即有一盾金银存在银行金库里。阿姆斯特丹市做了这个信条的保证人。银行归四个现任市长监督，这四个市长每年改选一次。新任的四个市长,对照账簿核查银行金库,宣誓接管,后来,再以同样庄严的仪式,把金库点交给继任的人。在这个真诚的宗教国家里,宣誓一直受到重视。此种轮流更替,似乎足以抵御一切不正当的行为。在阿姆斯特丹政坛上有过多次革命,但在所有的革命中,占优势的党派都没在银行管理上攻击他们前任的不忠诚。对于失势党派的名誉与信用,再没有什么事情比这种攻击有更深刻的影响的了;如果这种攻击真有根据,我们可以断言,一定会提出来的。1672年,当时法国国王在乌德勒支,阿姆斯特丹银行付款迅速,无人怀疑它履行契约的忠诚。当时从银行金库中提出的货币,有一些还有被银行设立后不久的那场市政厅大火所烧的痕迹①。这些货币,一定是从那时候起就一直保存在银行金库内的。

银行的金银总额究竟有多少,很早就成为好事者臆测的问题。没有任何线索可以提供,只能推测。一般认为,与银行有账目往来的人大约有两千;假如他们每人平均有一千五百英镑的价值(那是最大的假设),那么银行货币总额,即银行金银总额,便大约等于三百万英镑,以每英镑十一盾计算,就大约等于三千三百万盾②。虽然这么庞大的数额,足以经营极广泛的流通,还是大大低于一些人所认为的数量。

阿姆斯特丹市从这家银行获得了很大的收入。除了所谓仓库租金,凡第一次来银行开立往来账户的,须交费十盾;每记一次新账,又须交纳三盾三斯泰弗;每转一次账,须交费两斯泰弗;如果转账的数目不及三百盾,则须缴纳六斯泰弗,以防止小额的转账。每年不清算账目两次的,罚二十五盾。转账的数目如果超过了储存的数目,须纳费等于超过额的百分之三,其请求单也被搁置。据一般人设想,银行将受领证书满期归为己有的外国铸币与金银条块,在有利时出售,也获得不少的利润。此外,银行货币以百分之五的贴水

---

① 这个故事毫无疑问是根据伏尔泰的《路易十四的货币》第10页,还有亚当·安德森的《商业起源的历史编年的推论》第88页(1672年)来引证的。
② 麦根斯:《环球商人》,霍斯利编,第32页和第33页。

卖出，以百分之四的贴水买入，也给银行提供利润。这些不同利得，大大超过支付职员的薪俸和必要开支的管理费用。单单储存所缴纳的保管费一项，据说等于十五万盾至二十万盾的年纯收入。不过，这家机构设立的初衷不是收入，而是公益。其目的在于使商人不至于因不利的汇兑而吃亏。由此而生的收入则是不曾预料的，简直可以说是一种意外。我为了要说明为什么用银行货币兑付的国家和用通用货币兑付的国家，其汇兑大都似乎有利于前者，而不利于后者，不知不觉地说出了冗长的题外话，现在，我该回到本题。前一种国家用以兑付汇票的货币，其固有价值总是不变的，恰与其造币厂标准相符；后一种国家用以兑付汇票的货币，其固有价值不断变动，而且几乎都多少低于其造币厂标准。

第二节　论即便根据其他原则，这种特殊限制也不合理

在本章的前一节，我极力说明，即使根据重商主义的原理，对于贸易差额被认为不利于我国的那些国家的商品进口，也不必加以特殊限制。

这种限制以及许多其他商业条例所根据的整个贸易差额宗旨，是极为荒谬的。该宗旨认为，当两地通商时，如果贸易额平衡，则两地各无得失；如果贸易额略有偏倚，就一方亏损，而另一方得利，得失程度与偏倚程度相称。这两种设想都是错误的。正如我在后面将要说明的那样，虽然设立奖金与垄断权是为了保障本国利益，但是由其所促成的贸易，可能而且通常对其设立国不利。反之，不受限制的自然、正常的两地间的贸易，虽然不总是同样有利，但是常常对两地都有利。

所谓有利或得利，我的理解是，不是金银量的增加，而是一国土地和劳动年产物交换价值的增加，或是一国居民年收入的增加。

如果两地间贸易额平衡，而两地间的贸易全部都由两国国产商品的交换构成，那么在大多数情况下，它们不仅都会得利，而且所得利益相等或几乎相等。双方为对方的一部分剩余产品提供了一个

市场。甲方为生产及制造这一部分剩余产品而投下的资本,即在一定数目的居民间分配并给他们提供收入或生计的资本,将由乙方补还;乙方投下的这种资本,将由甲方补还。所以,两国的居民都有一部分人将间接地从另一国取得他们的收入与生计。由于两国间所交换的商品的价值被假设相等,所以两国投在这种贸易上的资本则在大多数情况下也一定相等或几乎相等;并且,因为都是用来生产两国的国产商品的,所以,两国居民由此种分配而得的收入与生计,也必相等或几乎相等。彼此互相提供的这种收入与生计,按照商务往来大小的比例,有多有少。若彼此每年都等于十万镑,则彼此给对方居民所提供的也为十万镑的年收入;若等于一百万镑,则彼此给对方居民提供的也为一百万镑的年收入。

如果甲、乙两国间的贸易是下面的情况,即甲国出口至乙国的商品全部都是国产商品,乙国运到甲国的回程货则全部为外国商品,那么,在这种场合,两国的贸易额仍然被认为是平衡的,彼此都以商品偿付。两国都会获利,但获利的程度不同。从这种贸易中取得最大收入的,是出口国产商品的那一国居民。比方说,英国从法国进口的全部是法国生产的国产商品,但英国却没有法国所需要的商品,每年不得不以大量的外国商品,如烟草和东印度商品来偿付。这种贸易虽可给两国居民提供若干收入,但给法国居民所提供的收入定会多于给英国居民的。法国每年投在这种贸易上的全部资本,是在法国人之间分配的,但英国资本只有一部分,即用来生产与外国商品交换的英国商品的那一部分资本,是每年在英国人之间分配的。其资本中较大部分是用来补还弗吉尼亚、印度和中国的资本的,并对这些遥远国家居民提供一种收入与生计。即使两国所投资本相等或几乎相等,但法国资本的使用,给法国人民所增加的收入,要比英国资本的使用,给英国人民所增加的收入大得多。因为在这种场合,法国所经营的,是对英国的直接消费品的国外贸易;英国所经营的,是对法国的迂回消费品的国外贸易。这两种国外贸易所生的不同结果,已经在前面充分说明过了。

不过,两国间的贸易,也许既不能双方全为国产商品的交换,也不能一方全是国产商品,一方全是外国商品。几乎所有国家彼此间所交换的，都是一部分国产商品，一部分外国商品。但是，国产商品占交换商品最大部分，同时外国货物占交换商品最小部分的国家，总是主要的获利者。

假如英国用以偿还从法国每年进口商品的不是烟草与东印度货物，而是金银的话，那么在这种情况下，贸易额便被认为是不平衡的，因为不是以商品而是以金银偿付商品的。其实，这种情况也像前一种情况一样，能给两国人民提供若干收入，不过给法国人民提供的比给英国人民提供的多。这种贸易是会给英国人民一些收入的。为生产英国商品以购买金银而投的资本，即在英国一定人民之间分配并给他们提供收入的资本，会因此而得到补充，继续原来的用途。出口一定价值的金银，不减少英国资本总量，正如出口等价值任何其他货物，不减少英国资本总量一样。相反，在大多数场合下，都会增加英国资本总量。只有那些国外需求被认为大于国内的商品，以及其回程货在国内的价值大于出口商品在国内的价值的那些商品才出口到国外去。如果烟草在英国仅值十万镑，但是出口法国而购回的葡萄酒，在英国却值十一万镑，那么这种交换就可使英国资本增加一万镑。如果英国以价值十万镑的黄金所购得的法国葡萄酒，在英国也可值十一万镑，则这种交换也就同样可使英国资本增加一万镑。在酒库中存有价值十一万镑葡萄酒的商人，比在仓库中存有价值十万镑烟草的商人更富裕，同样也比在金柜中有价值十万镑黄金的商人更富裕。与其他二人相比，葡萄酒商人可推动更多的产业，并给更多的人提供收入、生计与职业。但是国家的资本等于所有居民资本的总和，而一国每年所能维持的产业，又等于这一切资本所能维持的产业量。所以，一国资本及其每年所能维持的产业量，通常会因此种交换而增加。当然，英国用自己的铁器及宽幅厚呢来购买法国葡萄酒，要比用弗吉尼亚烟草或用巴西、秘鲁金银来购买更有利。直接的消费品国外贸易，总比迂回的消费品国外贸易更有利。但以金银进行的迂回的消费品国外贸易，也不比其他商品进行的迂回的消费品国外贸易更不利。无矿产国每年出口金银，不会使金银更容易枯竭，正如无烟草国每年输出烟草，不会使烟草更容易枯竭。有财力购买烟草的国家，决不会长久缺乏烟草；同样，有财力购买金银的国家，也绝不会长久缺乏金银。

有人说，工人和麦酒店的交易，是一种亏本的交易，而制造业国和葡萄酒产国之间自然进行的贸易，也可以说有同样的性质。我却以为，工人和麦酒店的交易，并不一定是亏本交易。就此种贸易本身的性质来说，其利益和任何其他贸易相同，不过，也许比较容易被滥用。酿酒家的职业，甚至小酒贩的职业，与其他职业一样是必要的分工。工人偶尔所需的麦酒量，通常向酿酒家购买要比自己酿造更有利；如果他是一个贫穷工人，一般是向小酒贩小量地购买要比向酿酒家大量购买有利。倘若他是个贪食者，毫无疑问，他可能从周围任何商贩那里，既购买过多的麦酒，也购买过多的家畜肉；或者，他想扮作一个翩翩公子，就会购买过多的呢绒布匹。所有的贸易都应该是自由的，这对工人大众是有利的，但是这种贸易的自由可能会被滥用，而且在其中某些贸易中，特别容易发生这种滥用的情况。此外，有时会有因为嗜酒过度而荡尽家产的个人，但是似乎用不着担心会有这样的国家。虽然在每个国家都有许多人，在饮酒上的花费超过他们财力所允许的程度，但有更多人的饮酒花费小于他们财力所允许的程度。应该指出，根据经验，葡萄酒价格的低廉，似乎不是造成酗酒的原因，却可以导致节制饮酒。葡萄酒生产国的人，例如西班牙人、葡萄牙人、法国南部各省的人，通常是欧洲最节制饮酒的人。人们日常饮酒很少过量。没有人会为了表现自己的潇洒和好客，而在与啤酒一样廉价的饮料上浪费钱财。反之，在气候过热或过寒不能栽种葡萄树因而葡萄酒异常稀少昂贵的国家里，如北方民族、热带民族（如几内亚海岸的黑人），酗酒才成为普遍的恶习。据说，当法国军队从法国北部各省开发至南部各省，即从葡萄酒昂贵区域开发至葡萄酒低廉区域时，士兵们最初往往因上好的葡萄酒如此价廉和新鲜而沉湎其中。但驻留数月之后，其中大部分士兵便像当地居民一样节制饮酒了。同样，如果把外国葡萄酒税、麦芽税、麦酒税、啤酒税一律取消，可能会造成英国中下层人民暂时酗酒成风，但不久也许就会养成一种恒久普遍的节制饮酒的习惯。如今，在上流社会即有能力消费最昂贵饮料的人中，酗酒已经不是他们的恶习了。喝麦酒醉烂如泥的绅士极为少见。在英国对葡萄酒贸易的限制，与其说是为了阻止人们走入（如果可以这样说）酒店，不如说是为了阻止人们购买最物美价廉的饮料。这些限制有利于葡萄牙的葡萄酒贸易，而不利于法国的葡萄酒贸易。据说，葡萄牙人是我国商品比较好的顾客，法国人是比较不好的顾客，所以，我们应当对葡萄牙人加以鼓励。据说，他们照顾了我们，我们也应当照顾他们。小商人所采用的小手段，居然成为一个大帝国的政治原则。其实，只有小商小贩才会把这种手段看成是对待顾客的规则。至于大商人是不在乎这点蝇头小利的，总是在物最美、价最廉的地方购买商品。

根据这样的原则，各国都认为他们的利益在于使一切邻国变得穷困。各国都嫉妒与自己通商国家的繁荣，并认为这些国家的获利就是自己国家的损失。国际通商和个人通商一样，原本应该是团结与友谊的保证，而现在，却成为不和与仇恨的最大根源。在本世纪及以前的世纪里，王公大臣们反复无常的野心对欧洲和平所造成的危害，并没有商人和制造业者们狂妄的嫉妒心所造成的危害大。人间统治者的暴力与不正，自古以来就是一种祸害。我恐怕人间事务的这种本质是无法纠正的。商人和制造业者们既不是也不应该成为人间的统治者，他们卑鄙的贪欲和垄断精神，也许无法得到改正的，但是要防止他们扰乱别人的安宁却是极其容易的。

最初发明和传播这种原则的，无疑是垄断精神；最先教导这种原则的人并不像后来信奉这种原则的人那么傻。在任何国家里，人民大众的利益总在于而且必然在于，向售价最廉的人购买他们所需要的各种商品。这个命题是非常清楚的，花费心思去证明它，倒是一种滑稽的事情。如果没有这些商人和制造业者自私自利的诡计混淆了人们的常识，这也不会成为什么问题。在这一点上，这些商人和制造业者的利益与人民大众的利益正好相反。像同业联盟内自由人的利益在于阻止国内居民雇用其他人而只雇用他们自己一样，这些商人和制造业者的利益，在于保有自己在国内市场的垄断权。因此，在英国和欧洲的大多数国家里，对于几乎一切由外国商人输入的商品，都课以超常重税。因此，凡能输入本国、与本国制造品竞争的一切外国制造品，都课以高的关税，或禁止输入。因此,对于贸易差额被认为不利于我国的那些国家,换言之,对民族仇恨异常激烈的国家,几乎所有商品的进口都加以特殊的限制。

邻国的财富虽然在战争中和政治上对我国有危险,但是在贸易上则对我国有利。在战时,敌国的财富可使敌国能够维持比我国强大的海陆军。但在和平的通商情况下,邻国的财富,一定能让其为我们交换更大的价值,必定会为我国产业的直接产品和用这种产品购进来的商品,提供更好的市场。与穷人相比,富人对于周围勤劳的人们来说,可能是更好的顾客;邻近的富国,也是如此。诚然,经营同种制造业的富人是邻近各同业者的危险邻居,但是他的花费,可给邻近的其余一切人提供很好的市场,所以,对绝大多数邻人是有利的。不仅如此,由于他向较贫穷的同业经营工匠低价出售其产品,因而其他所有的人都能从中获利。同样,富国的制造业者无疑会成为邻国同种制造业者极危险的竞争者,但是这种竞争却有利于人民大众。此外,这样富国的巨大花费,必能在其他方面给人民大众提供良好的市场,使他们得到好处。想发财的私人,决不会退居穷乡僻壤,一定会住在首都或商业都市。他们知道,财富流通极少的地方,可供取得的财富极少;财富流通极多的地方,有些财富就会落到他们手里。如此指导着一个人、十个人、二十个人的常识的原则,同样也应该支配着一百万人、一千万人、二千万人的判断,应该让全体国民都认识到,邻国的富乃是本国可能获得财富的原因和机会。想靠国外贸易来致富的国家,在其邻国都是富裕勤勉的商业国时,是最有可能达到目的的。一个大国的周围,如果都是游牧的未开化人和贫穷的野蛮人,那么,耕作本国土地和经营国内商业,无疑可使国家致富,但是要靠国外贸易致富,就绝不可能了。古代的埃及人和近代的中国人似乎就是靠耕作本国的土地、经营国内商业而致富的。据说古代埃及人从不注意国外贸易;众所周知,近代中国人极为轻视国外贸易,不以法律正当保护国外贸易。以一切邻国陷于贫困境况为目标的近代外国通商原则,如果能够产生它所期望的结果,那就一定会陷国外贸易于不被人注意、不被人重视的地位。

法国和英国间的贸易，所以会在两国受到那么多的阻碍与限制，就是这种原则的结果。如果这两国能抛弃商业的嫉妒和国民的仇恨来考虑其真实的利害关系，那么对英国来说，对法国的贸易将比对欧洲任何其他国家的贸易更有利；由于同一理由，对法国来说，对英国的贸易也将比对欧洲任何其他国家的贸易更有利。法国为英国最近的邻国，英国南部沿海各地与法国北部及西北部沿海各地间的贸易，犹如国内贸易一样，可以每年往返四次、五次乃至六次。两国投在这种贸易上的资本，要比投在其他大部分国外贸易上的等量资本，能够多推动四倍、五倍乃至六倍的产业的发展，能够多雇用和养活四倍、五倍乃至六倍的人数。这两国彼此相隔最远的各地间的贸易，至少每年也可望往返一次。所以，就连这种贸易，也比我国对欧洲其他大部分地方的国外贸易同样有利。若与夸大的我国对北美殖民地的贸易（那一般要三年，乃至四年、五年以上才能往返一次）比较，那至少也有利三倍。此外，法国据说有居民两千三百万，而我国的北美殖民地居民却不过三百万。尽管由于法国财富分配不平均导致法国的贫民乞丐比北美多得多，但是法国还是比北美洲富饶得多。所以，与我国北美殖民地相比较，法国所能提供的市场，至少大八倍；加以往返更为频繁，利益要大二十四倍。英国的贸易也同样有利于法国。英国贸易对于法国的利益，要按照两国财富、人口与邻近的程度，大于法国殖民地贸易对于法国的利益。这就是两国的智者所认为应加以阻止的贸易和最应受奖励的贸易这二者间的巨大的区别。

然而，就是这种对两国都有利的开放和自由的贸易环境，却成为这种贸易的主要障碍。因为是邻国，它们必然是敌国，于是，一方的富强，增加另一方的恐惧，而本来可增进国民友谊的有利因素，却成为助长激烈的民族仇恨的原因。它们同是富裕勤勉的国家，每一国商人和制造者，都担心会在技术与活动上遇到另一国商人和制造业者的竞争。商业上的嫉妒，由激烈的民族仇恨所激起，而激烈的民族仇恨也助长了商业上的嫉妒，两者互相助长。两国的贸易者，都热烈地坚信他们自己的利益谬论，宣称不受限制的国外贸易必然会生出不利的贸易差额，而不利的贸易差额，又一定会导致国家的灭亡。

在欧洲各商业国里，自称是此种学说的学者们常常预言：不利的贸易差额将使国家濒于灭亡。在其所引发的焦虑过后，在各贸易国都试图改变贸易差额，使其对本国有利而对邻国不利的努力之后，似乎没有一个欧洲国家曾因上述原因而变得贫穷。与重商主义者的预料相反，实行开放门户政策并允许自由交易的都市和国家，不但没有因此种自由贸易而灭亡，反而因此而致富。从某些方面来说，在今日欧洲，可称为自由港的都市虽有几个，但可称为自由港的国家还没有。最接近于此的国家也许是荷兰，但相差仍很远。大家承认，不但荷兰国民财富全部来自对外贸易，而且大部分必要生活资料也来自对外贸易。

我在前面已经说明，有另一种差额和贸易差额极不相同。一国的盛衰，要看这差额是有利或是不利。这就是年生产与年消费的差额。前面说过，年生产的交换价值如果超过了年消费的交换价值，社会的资本每年就必然会按照这超过额的比例而增加起来。在这场合，社会在其收入内维持其生存，每年从其收入中节省下来的部分，自然会加到社会资本上去，并用以进一步增加年生产物。反之，如果年生产的交换价值，小于年消费的交换价值，社会的资本每年就必然会按照减少的比例而减少下去。在这场合，社会的支出超过了社会的收入，那必然会侵蚀社会的资本。资本必然会减退，其产业的年产物的交换价值也减退。

生产与消费的差额，与所谓贸易差额全不相同。在没有对外贸易、不与世界往来的国家内，可以发生这种差额。在财富、人口与改良都在逐渐增进或在逐渐减退的全球，也可以发生这种差额。

即使在所谓的贸易差额一般不利于一个国家时，生产与消费的差额仍可不断地有利于这个国家。也许半个世纪以来，这个国家进口的价值都大于出口的价值，在这期间内流入的金银，全部立即输出；流通铸币逐渐减少而以各种纸币替代铸币，甚至它对各主要通商国家所负的债务，也在逐渐增加；但它的真正财富，它的土地和劳动年产物的交换价值，仍可在这期间，按照比以前大得多的比例增加起来。我国北美殖民地的状态，以及他们在现今的骚乱①事件发生以前对不列颠的贸易状态，都可证明这并不是一个不可能的假设。

---

① 这一段是在1775年写的。在本书中的其他地方有时是"上次骚乱"，有时是"这次骚乱"。

第四章　论退税

商人和制造商并不仅仅满足于垄断国内市场，还渴望为自己的商品谋求最广泛的国外市场。但由于其母国在外国没有管辖权，几乎不可能取得这种垄断地位。因此，一般情况下，他们只好向政府请求某种出口奖励。

在所有奖励中，称为"退税"的奖励似乎最合理。对于国内产业所征的各种国内税，在出口时予以全部或部分退还，决不会使商品的出口量大于无税时商品的出口量。对出口退税的奖励，不会引导国内资本违反规律流向任何产业，只是防止税收导致某一产业的资本流失到其他产业。这种奖励不会打破社会上各产业间自然形成的平衡关系，只是防止税收去打破这种自然平衡。这种奖励不会破坏社会上劳动的自然分工和分配，而是起到保护作用。在大多数情况下，这种保护作用是有益的。

同理，对于进口的商品，在再出口时也可退税。在英国，退税大多占进口税的最大部分。议会曾制定法令征收现在所谓的"旧补助税"，其附则第二条规定[1]，每个商人，不论是否英国国民，均可就出口得到旧补助税一半的退税。但英国商人可在出口后十二个月内申请这种退税，而外国商人须在出口后九个月内申请这种退税。只有葡萄酒、葡萄干和丝织品，由于已经享受其他更有利的补贴，就不再适用这条规定。旧补助税在当时是唯一的进口商品税。申请这种以及其他退税的期限在后来延长到三年（乔治一世即位后第七年第二十一号法令第十条）[2]。

---

[1] 查理二世第12年，第4号法律，
[2] 亨利·萨克斯贝：《不列颠关税，有关这部分收入的每一个部门的历史的和实际的记录》，1757年，第10、308页。

在旧补助税之后征收的各种税,其中大部分在出口后予以全部退还。但这一通则有许多例外,所以退税的原则远不如最初制定时那样简单了。

对于某些外国商品,如果我们预计进口量大大超过国内消费的必要量,就在其再出口后退还全部税收,甚至连旧补助税的一半也不保留。在英国的美洲殖民地反叛前,我们垄断了马里兰和弗吉尼亚的烟草。我们进口约九万六千大桶烟草,但国内消费量估计不到一万四千大桶。其间的巨大差额必须出口。为促进出口,所纳关税可在三年内全部退还①。

我们还垄断(虽然不是全部垄断,不过已经接近全部垄断)了我国西印度群岛的砂糖。因此,如果砂糖在一年内再出口,则在进口时所缴纳的所有税均可退还②;如果砂糖在三年内再出口,则除了旧补助税的一半以外的其他所有税均可退还。在大部分商品出口时,旧补助税的一半仍然保留。尽管砂糖的进口量超出国内消费的必要量,但与烟草相比,这种超出微不足道。

某些商品,由于为我国制造商所嫉妒,被禁止进口用于国内消费。但若缴纳某些税,便可进口存入仓库,以便将来再出口。对于这些商品的再出口,所有已经征收的税不再退还。我国的制造商似乎也不愿意鼓励这种受限制的进口。他们担心存入仓库的商品会被偷运出一部分,与自己的产品竞争。只有在这种限制下,我国才可进口丝织品③、法国麻纱与上等细麻布、印花染色棉布等。

我们甚至不愿意贩运法国货,宁可让我们视为敌人的法国利用我们作为媒介赚取利润,也不自己去赚取利润。当所有法国货再出口时,不仅不退还旧补助税的一半,连附加的25%的税也不退还④。

---

① 亨利·萨克斯贝:《不列颠关税》,第12页。
② 同上,第11页。
③ 乔治三世第6年,第28号法律;乔治三世第11年,第49号法律。
④ 威廉三世第7、8年,第20号法律;乔治一世第1年,第12号法律第3条;亨利·萨克斯贝:《不列颠关税》,第45页。第一次25%的税于1692年征收,第二次于1696年征收。

根据旧补助税附则第四条，允许葡萄酒再出口后退还的所有税，比当初进口时所缴纳的税的一半还要多。立法者当时的目的似乎是要特别鼓励葡萄酒的运输贸易。与旧补助税同时或随后征收的一些其他税，如附加税、新补助税、三分之一补助税与三分之二补助税、1692年关税、葡萄酒检验税，也允许在出口后全部退还①。然而所有这些税，除了附加税和1692年关税，都须在进口时以现金支付。这笔巨额现金的利息为数不少，因此不可能希望葡萄酒的运输贸易会有利可图。所以，所谓葡萄酒关税，只有一部分允许在出口后退还。而进口法国葡萄酒时每大桶征收的二十五镑的关税②，即1745年③、1763年④和1778年⑤所征收的关税，出口后均不退还。1779年和1781年对于上述关税征收的两种5%的附加关税⑥，在所有商品出口后都允许退还，葡萄酒也不例外。1780年针对葡萄酒征收的最后一种关税⑦，也允许其全部退还。由于对葡萄酒征收的关税又多又重，如无上述优惠措施，也许连一大桶葡萄酒都不可能出口。这些规定，除了英国在美洲的殖民地以外，对所有合法出口的地方都适用。

查理二世第十五年第七号法令，又称"鼓励贸易法"，赋予英国

---

① 亨利·萨克斯贝：《不列颠关税》，第13、22、39、46页。"附加税"于1703年征收。"1692年进口税"，参阅之前注释。"葡萄酒铸币税"根据查理二世的第18年第2号法律征收，用来支付铸币厂的开支。
② 亨利·萨克斯贝：《不列颠关税》，第13、38页。
③ 乔治二世第18年，第9号法律。亨利·萨克斯贝：《不列颠关税》，第64页，法国葡萄酒每桶8镑，其他葡萄酒每桶4镑。
④ 好像是1762年。乔治三世第3年，第12号法律，法国葡萄酒每桶8镑，其他葡萄酒每桶4镑。
⑤ 乔治三世第18年，第27号法律，法国葡萄酒8镑8先令，其他葡萄酒4镑4先令。
⑥ 也就是不对商品的价值而是对现有的商品以前的税基础上加征收5%的附加税，乔治三世第19年，第25号法律；乔治三世第22年，第66号法律。
⑦ 乔治三世第20年，第30号法律，法国葡萄酒每桶8镑，其他葡萄酒每桶4镑。

以所有欧洲产物或制造物供给殖民地的垄断权，葡萄酒当然也包括在内。但在海岸线是如此之长的我国北美和西印度殖民地，我国的统治力量一向薄弱，并且当地居民最初被允许用自己的船舶，将政府未列举的商品运往欧洲各地，后来又被允许运往菲尼斯特雷角以南各地，因而这种垄断权不大可能受到尊重。并且无论何时，他们都可能设法从运往的国家带回一些货物。不过，他们想从葡萄酒的出产国进口欧洲葡萄酒，可能有些困难；想从英国进口欧洲葡萄酒，也并不合适，因为英国的关税繁重，并且关税的大部分在再出口时不能退还。美洲和西印度群岛可以与马德拉岛自由贸易各种未列举的商品，马德拉葡萄酒不属于欧洲货①，就可以直接进口到美洲和西印度群岛。我国在各殖民地的军官对马德拉葡萄酒的普遍喜好，最初起源于1755年的战争开始时，很可能就是在这种情况下形成的。后来这些军官又将这一喜好带回祖国。此前这种葡萄酒在我国还不太流行。那场战争结束后，在1763年（依照乔治三世第四年第十五号法令第十二条），除了法国葡萄酒，所有葡萄酒在出口到殖民地后，都允许退还所缴纳的三镑十先令以外的各种税。我国对法国的偏见不鼓励对法国葡萄酒的贸易和消费。不过这种优惠的实施与我国北美殖民地的反叛间隔时间可能太短，那些国家的习俗不可能有明显的变化。

关于除了法国葡萄酒以外的所有葡萄酒可以退税的法令，殖民地从中受益要比其他国家大得多。但对大部分其他商品的退税来说，殖民地从中受益要比其他国家少得多。大部分其他商品出口到其他国家后，可以退还旧补助税的一半。但这条法令规定，所有欧洲或东印度的产物或制造物，除了葡萄酒、白棉布和细棉布以外②，出口到殖民地后旧补助税均不退还。

设立退税制度的最初目的大概是鼓励运输贸易。外国人常以货

---

① 这项法律的起草人好像不能肯定马德拉岛是否属于欧洲，他们用特别的规定将马德拉岛和亚速尔群岛的葡萄酒除外。查理二世第15年，第7号法律的第7条和第13条。

② 乔治三世第4年第15号法律取消退税。

币支付船舶的运费,因此我们认为运输贸易特别能为国家带来金银。虽然运输贸易不应受特殊鼓励,而且设立退税制度的动机也十分可笑,但这种制度本身似乎非常合理。这些退税不会引导流向运输贸易业的国内资本多于没有进口税时自发流向运输贸易业的国内资本,只是防止进口税完全排斥运输贸易。运输贸易虽然不应受到特别关照,但也不应受到排斥,应当像其他行业一样自由发展。某些资本既不能投入农业,也不能投入国内制造业,既不能投入国内贸易,也不能投入消费品的国外贸易。运输贸易为这部分资本提供了一个必要的投资领域。

关税的收入会从这些退税中获利,而不是遭受损失,因为在退税时多少会保留一部分关税。如果关税被全部保留,那么纳税的外国商品由于缺少市场而不太可能再出口,因而也就不可能进口了。所以,本来还可以保留一部分的关税也化为乌有。

这些理由看来足以证明,对本国或外国商品的出口退税,即使是全部退税,也是合理的。当然,这种情况下,国内税收会略受损失,关税收入的损失更大。但或多或少被这种税收打乱的产业自然均衡,即劳动的自然分工和分配,却会因这种规定而更趋于均衡。

但这些理由仅证明,当出口商品到完全独立的外国时,退税是合理的;并不证明,出口商品到我国商人和制造商拥有垄断地位的地方时,退税也是合理的。例如,对于欧洲商品出口到我国美洲殖民地的退税,绝不可能使出口额大于无退税时的出口额。这是因为我国商人和制造商在那里拥有垄断地位,即使保留全部税收,出口额也可能保持不变。所以这种情况下,退税常是国内税收和关税的净损失,不会改变贸易状况或扩大贸易。关于这些退税在什么程度上可认为是对我国殖民地产业的适当鼓励,即在什么程度上,允许殖民地免征当地所有其他国民的各种税,才对母国有利,我将在讨论殖民地时予以论述。

但我们必须永远清楚的是,只有享受退税的出口商品真正出口到外国,而不再暗中返回到我国时,退税制度才会带来益处。我们已熟知的是,某些退税,尤其是烟草退税,常常被人滥用,产生了许多欺诈行为,既有害于国家税收,又同样有害于公正商人。

第五章 论奖金

在英国，经常有人请求对某些国内产业的产品发放出口奖金，并且政府有时也确实发放了出口奖金。其所谓理由是，依靠这种出口奖金，我国的商人和制造商就能在外国市场上，以与竞争对手同样低廉或更低廉的价格销售自己的产品。据说出口会因此增加，从而贸易结余也更有利于我国。在国外市场上，我们不能像在国内市场上那样，向我们的工人提供垄断地位。对外国人，我们不能像对待本国人那样，强迫他们购买我国的工人的产品。因而，想出了第二个最好的方法，即付钱给外国人来购买我国产品。重商学派就是提倡通过这种方法实现贸易顺差来富国富民的。

有人认为，只应该向那些没有奖金就无法经营的贸易部门发放奖金。但任何贸易部门，如果售货价格能收回购货成本和上市前后投入的资本，并带来一般水平的利润，即使没有奖金也能正常经营。这种贸易部门，与其他没有奖金也能正常经营的部门明显处于同一水平，因而这种贸易部门也同样不需要奖金。只有那些售货价格不能收回投入资本并带来一般水平的利润的贸易部门，或售货价格不能收回上市所投入资本的贸易部门，才需要奖金。对这些贸易部门发放奖金的目的是补偿其损失，鼓励其继续经营或创办一种可能投入大于收益的行业。这样每经营一次，投入的资本就亏损一部分。假如所有其他贸易部门都如此经营，全国的资本不久就会全部耗尽。

我们应当注意，靠奖金维持经营的贸易部门，只是那些在两国间长期经营而其中一国始终亏损的贸易部门。但如果没有奖金来补偿商人售货价格的损失，出于自身利益考虑，他很快就会被迫改变资本投向，也就是说，去寻找其他能以售货价格收回购货成本和上市前后投入的资本并带来一般水平的利润的贸易部门。发放奖金的效果，就如同重商学派提出的所有其他办法的结果一样，只是迫使一国贸易不按自身规律自由发展，而是向极为不利的方向发展。

有位聪明而见多识广的学者①，在他的关于谷物贸易的论文集中，很清楚地告诉我们，自从第一次设立谷物出口奖金以来，出口谷物的价格，按普通价格计算，超过进口谷物的价格；而按非常高的价格计算，则超过额大大超过在此期间发放的全部奖金。他设想，根据重商学派的正确原理，这清楚地证明，这种强制的谷物贸易对国家有利。因为出口价值对进口价值的超出额，大大超过国家为促进谷物出口所支出的全部特别费用。他没有考虑到，这种特别费用，即出口奖金，只是社会为谷物出口所实际花费中的最小一部分。农民用来种植谷物的资本也要同样考虑在内。如果谷物在外国市场的出售价格，不能补偿这种奖金和投入的资本并带来一般水平的利润，则其间的差额就是社会的损失，也就是国内资本的损失。但是人们认为有必要发放奖金，正是因为谷物在外国市场的出售价格完成不了上述任务。

据说，自从设立奖金制度以来，谷物的平均价格已明显下降。我曾尽力说明，谷物的平均价格在上个世纪末就开始小幅下降，并且在本世纪的最初六十四年继续下降。如果按照我所推断的那样，这一事实即使没有奖金也一定发生，而不是因为有奖金才发生。虽然法国不发放奖金，而且1764年以前还基本禁止出口谷物，但法国谷物的平均价格也同英国一样下降了。因此，这种谷物价格的逐渐下降，可能不是由于任何条例调控的结果，而应最终归因于银的真实价值在不知不觉中的逐渐提高。我曾在本书第一篇尽力说明，欧洲总体市场在本世纪都出现了银的真实价值逐渐提高的现象。看来奖金不可能带来谷物价格的下降。我们已经谈过，由于奖金在丰年带来额外的出口，必然会使国内市场的谷物价格要高于本来应自然下降到的价格。而这正是奖金制度的倡导者要达到的目的。在谷物歉收的年份，虽然奖金经常暂停发放，但由于在丰年大量出口，必

---

① 查尔斯·史密斯：《有关谷物贸易和谷物法的三篇论文》，第2版，1766年，第132~138页。

然会或多或少地影响以丰补歉。所以，无论是丰收还是歉收，奖金必然会提高谷物的货币价格，使其略高于无奖金时国内市场上谷物的货币价格。

在现有耕作情况下，奖金必然会造成这种趋势。我想理智的人对此都不会有异议。但许多人认为，奖金会以两种方式鼓励耕作。他们认为，第一，通过开辟更广阔的国外市场，会增加对谷物的需求，从而提高谷物的产量；第二，奖金使耕作者的谷物销售价格高于实际情况下的正常价格，从而鼓励耕作。他们认为，这两种鼓励在长期内，一定会提高谷物的产量，以致最终在实际耕作情况下，可能使国内市场上谷物价格的降幅远大于奖金引起的上升幅度。

我对上述看法的答复如下：无论奖金带来的外国市场有多大，必然以每年都牺牲国内市场为代价，因为那些靠奖金才出口的谷物如无奖金就不会出口，都会留在国内市场，从而增加消费，降低价格。谷物的出口奖金同其他商品的出口奖金一样，使国民负担两种税：第一，必须纳税支付出口奖金；第二，全体国民是谷物的消费者，必须缴纳由于国内市场这种商品价格提高而带来的税。因此，对于谷物这一商品来说，第二种税比第一种税要重得多。我们假设，逐年平均计算，出口一夸脱小麦奖励五先令，只是使国内市场小麦的销售价格比无奖金时实际情况下的正常价格每蒲式耳高出六便士，即每夸脱高出四先令。即使按照这一非常适中的假设，全体国民除了要纳税发放每夸脱小麦五先令的出口奖金以外，每消费一夸脱小麦，还要多支付四先令。但据上述那位关于谷物贸易论文集的见多识广的作者所言，出口谷物占国内消费的谷物的比例平均计算不到一比三十一①。因此，如果国民为第一种税付出五先令，他们一定为第二种税付出六镑四先令。对生活第一必需品征收如此重税，必然会减少劳苦人民的生活品，或必然使货币工资随生活品的货币价格而上涨。如果发生第一种情况，则必定会削弱劳苦人民教育和抚育子女的能力，从而抑制国内人口的增长。如果发生第二种情况，则

---

① 查尔斯·史密斯：《有关谷物贸易和谷物法的三篇论文》，第2版，1766年，第144页。

必定会削弱雇主雇用贫民的能力,雇工人数比无奖金时少,从而必定会限制国内产业。所以,出口奖金引起的谷物额外出口,每年不仅会减少国内市场和消费,减少比例与扩大国外市场和消费的比例相当,而且由于抑制国内人口和产业,最终必趋于限制国内市场的扩大。所以长期来看,奖金减少了谷物的总体市场和总体消费,而没有起到增加的作用。

然而有人认为,谷物货币价格的这种提高,对农民来说更有利可图,必然会鼓励这种商品的生产。

我对这种看法的答复如下:如果发放奖金的效果是提高了谷物的真实价格,也就是说,农民能以同等数量的谷物,按照当地劳动者的普遍生活水平,无论是宽裕、适中还是节俭,雇用更多的雇工,上述看法可能正确。但很显然,奖金不会产生这种效果,其他任何人为制度也不可能产生这种效果。奖金只对谷物的名义价格①,而不是谷物的真实价格产生明显影响。在这种制度下,全体国民的纳税负担沉重,对受益者来说却受益很小。

奖金的真实效果与其说是提高谷物的真实价值,还不如说是降低了银的真实价值。也就是说,同等数量的银,不仅只能交换来更少数量的谷物,而且能交换来的其他国产商品的数量也更少了,因为谷物的货币价格决定其他所有国产商品的货币价格。

谷物的货币价格决定劳动力的货币价格。劳动力的货币价格必须始终使劳动者足够购买一定数量的谷物,使其能够或宽裕或适中或节俭地维持自己和家庭的生活。雇主根据社会的进步、停滞或退步的状况,相应地按照宽裕或适中或节俭的方式维持劳动者的生活。

谷物的货币价格决定所有其他农业初级产品的货币价格。在社会进步的任何阶段,所有其他农业初级产品的货币价格都会与谷物的货币价格保持一定比例,只是这一比例在不同阶段各异。大

---

① 查尔斯·史密斯:《有关谷物贸易和谷物法的三篇论文》,第 2 版,1766 年,第 24~30 页。史密斯没有想到额外的谷物比等量的旧谷物要求有更多的劳动量来生产。

部分国内商业的货币价格,如牧草、干草、家畜肉、马匹、马匹饲料,因而陆路运输,都由谷物的货币价格来决定。

由于谷物的货币价格决定所有其他农业初级产品的货币价格,从而就决定了几乎所有制造业原料的货币价格。由于谷物的货币价格决定了劳动力的货币价格,也就决定了制造技术和勤奋的货币价格。而决定了这两者的货币价格,也就决定了制成品的货币价格。劳动的货币价格,以及所有农业初级产品和劳动生产物,都一定随着谷物货币价格的涨落而同比例升降。

因此,虽然发放奖金使农民出售谷物的价格由每蒲式耳三先令六便士提高到四先令,并向地主多交纳相同比例的货币地租,但是如果谷物价格提高后,四先令能买到的任何其他国产商品,并不多于从前三先令六便士的购买量,那么农民和地主的生活状况都不会因为这种价格变动而有很大改善。农民的耕作不可能有很大的改进,地主的生活不可能有很大的改善。这样提高的谷物价格,虽然在购买外国商品时也许能给他们带来微乎其微的好处,但在购买国产商品时则丝毫好处也没有。然而几乎农民的所有消费都用于购买外国产品,甚至对于地主来说,绝大部分消费也是用于购买外国产品。

由于矿产丰富而使银的价值下降,这一现象在大部分商业世界都相同或基本相同,所以对个别国家来说不会带来严重后果。由此引起的所有商品货币价格的上涨,虽不能使销售者实际上更富裕,却也不能使购买者实际上更贫穷。银器的价格实际上比从前更便宜了,而其他所有商品的真实价值仍然和从前完全相同。

但假如银的价值下降是个别国家的特殊情况或政治制度的结果,只在那个个别国家发生,就是非常重要的事件了。这决不会使任何人实际上更富裕,而是使所有人更贫穷。这种情况下那个国家所特有的所有商品货币价格上涨的现象,会或多或少地抑制该国各种产业的发展,并且由于该国工人在出售几乎所有商品时所要求的银的数量比外国多,使外国商品得以低价销售,不仅是在国外市场上,甚至在国内市场也是如此。

欧洲只有西班牙和葡萄牙有金银矿山,所以两国的金银向其他欧洲国家输送，因而这两种贵金属在西班牙和葡萄牙自然要比欧洲其他各地便宜些，但其间的差额不应大于运费和保险费之和。考虑到金银的价值高而体积小，运费不是大问题，而保险费也与其他等值货物相同。因此，如果这两国不通过政治制度恶化其特殊情况的不利面，从中受到的损失本来应该极小。

西班牙对金银的出口征税，葡萄牙则禁止金银出口。因此金银的输出须负担走私费用，导致金银在其他国家的价值大大高于在西班牙和葡萄牙的价值①，高出的那部分价值就等于走私的全部费用。这就如同在河流中筑起堤坝，堤坝内的水蓄满后，水必然会流出坝顶，就像根本没有堤坝一样。一国土地和劳动的年产物质，决定了该国在铸币、金银器皿、镀金和金银装饰上可使用的金银数量。西班牙和葡萄牙对出口金银的限制，并不能在国内保留超过由年产物质量决定的这个限制量以上的金银数量。如果国内的金银数量达到了这个限制量，就如同堤坝蓄满水时，此后流入的水必然全部外溢。所以尽管有这些限制措施，西班牙和葡萄牙两国每年出口的金银基本与进口持平。然而，如同堤坝内的水必定比堤坝外的水深，西班牙和葡萄牙由于出口限制而在国内保留的金银，与两国土地和劳动的年产物质相比，一定会多于其他国家的金银量。堤坝越高越结实，堤坝内外的水位差就越大。对金银出口征税越多，对违反金银禁令的惩罚越严厉，警察执法越严格，则西班牙和葡萄牙国内的金银量与两国土地和劳动的年产物质的比例，与其他国家这种比例间的差额越大。据说这种差额非常大，在西班牙和葡萄牙的百姓家中，常常可看到许多金银器皿，却看不到在其他国家与这种奢华相称的其他东西。金银价格的低廉，或换种说法，所有商品价格的昂贵，是贵金属过剩的必然结果。这会限制西班牙和葡萄牙的农业及制造业的发展，使外国能以比这两国自己生产或制造所需的更少的金银数量，提供许多种天然产品和几乎所有种类的制成品。对金银出口的

---

① 西班牙禁止金银出口只在最近才被取消。1768年以前征税为3%，以后为4%。参阅雷诺尔的《哲学史》，阿姆斯特丹版，1773年，第3卷，第290、291页。关于葡萄牙的黄金出口，参阅后面的注释。

税收和禁令在两方面产生影响，不仅大大降低了西班牙和葡萄牙的贵金属的价值，而且由于在自己国内保留了本应输出给其他国家的金银，使得其他国家的金银价值略高于原来的价值。因此使其他国家在与西班牙和葡萄牙通商时双重受益。如果开闸放水，则堤坝内的水将立即减少，堤坝外的水将立即增加，堤坝内外的水很快就会处于同一水平。同理，如果取消对金银出口的税收和禁令，西班牙和葡萄牙的金银数量会大幅减少，其他国家的金银数量会稍微增加，这些贵金属的价值，即对土地和劳动的年产物质的比例，很快就会在所有国家间处于同一水平或非常接近的水平。西班牙和葡萄牙由于金银出口而可能造成的损失，全都是名义上的和想象中的。它们商品的名义价值，以及土地和劳动的年产物质的名义价值将下跌，由比从前更少量的金银来代表，不过其真实价值仍和从前相同，足以维持、支配和雇用与从前相同数量的劳动。随着它们货物的名义价值的下跌，留在国内的金银的价值将上涨。相对而言，较少数量的金银，就能达到从前为经商和流通所需金银的目的。流到国外的金银决不会漫无目的，一定会带回同等价值的各种货物。这些货物也不会全是供不从事生产的闲人消费的奢侈品和消耗品。由于闲人的真实财富和收入不会因这种金银的额外出口而增加，所以其消费也不会因此大幅增加。因此，那些带回来的货物，也许其中大部分，当然至少其中的一部分，是原料、工具和粮食，可以用来雇用和维持劳动者。这些劳动者能够再生产自己消费的全部价值并带来利润。这样，就能激活社会沉淀资产的一部分，从而推动比从前更大规模的产业。国家的土地和劳动的年产物质立刻就会增加一些，几年后就可能大幅增加。产业界现在所承受的最沉重的一个负担就这样被卸掉了。

对谷物的出口奖金，必然与西班牙和葡萄牙的不合理政策所起的作用完全一样。不论耕作的实际情况如何，对谷物的出口奖金都会使国内市场上的谷物价格比无奖金时略高，并使国外市场上的谷物价格比无奖金时略低。由于谷物的平均名义价格或多或少决定所有其他商品的平均名义价格，这种奖金就会大幅降低国内的银的价值，并略微提高外国的银的价值。卓有成就的权威马修德克尔爵士明确指出①，这种奖金使外国人，特别是荷兰人，不仅能以比无奖金时更低廉的价格，而且有时甚至能以比有奖金时我们国内市场上更低廉的价格，吃到我国的谷物。这种奖金，使我国的工人不能像在无奖金时那样，为较少量的白银而提供货物；却使荷兰人能为较少量的白银而提供货物。这就使我国的制造品在任何地方，都比无奖金时略微昂贵；外国的制造品在任何地方，都比无奖金时略微低廉。结果就使外国产业双重受益。

因为这种奖金，在国内市场上并没有提高谷物的真实价值，只是提高了谷物的名义价格，所增加的不是一定量的谷物能维持和雇用的劳动量，而只是一定量的谷物能换来的白银量，所以不利于我国的制造业，对我国农民和乡绅也无明显益处。当然，农民和乡绅的货币收入会比从前增多一些。也许不太容易使他们相信这对他们并无明显益处。但是，如果随着货币收入的增多，货币贬值，单位货币能购买的劳动、粮食以及各种国产商品的数量减少了，货币收入增多的比例和货币贬值的比例相同，那么，货币收入增多带来的益处，也就不过是名义上和想象中的。

在整个国家中，也许只有一批人从奖金中实际受益，或者说有可能从中实际受益，他们就是谷物商人和谷物进出口商。奖金必然使丰年的谷物出口量比无奖金时要多，由于丰收不能调剂歉收，所以歉收的年份谷物的进口量比无奖金时也多。这样，无论是丰收还是歉收，奖金都增加了谷物商人的业务。尤其是在歉收的年份，如果丰收不能调剂歉收，奖金不仅使得谷物商人进口更多的谷物，而且售价也更高，从而利润比无奖金时更为丰厚。因此，我注意到，这批人对继续实行或恢复奖金制度的热情最高。

我国的乡绅对外国谷物的进口征收高关税，在普通丰年就等于禁止进口谷物以及对我国谷物的出口发放奖金，这似乎是模仿我国制造商的做法。通过前一种做法，他们垄断了国内市场；通过后一种做法，他们设法防止国内市场谷物库存过多。靠这两种做法，他

---

① 《论对外贸易衰落以及因而造成不列颠土地价值下降的原因和两者恢复的办法》，第 2 版，1750 年，第 55 和 171 页。

们设法提高谷物的真实价值。这与我国制造商所采取的方法相同，我国制造商曾靠这两种做法来提高许多种制成品的真实价值。但这些乡绅可能没注意到，谷物和几乎所有其他商品之间存在着巨大的本质区别。垄断国内市场，或对出口发放奖金，能使我国毛麻织品制造商以比无垄断或奖金时更高的价格出售产品。此时，这些产品不仅名义价格更高，真实价格也更高。如果这些产品等于较多的劳动量和生活品量，增加的就不仅是制造商的名义利润、名义财富和名义收入，也是真实利润、真实财富和真实收入。制造商就能改善自己的生活条件，或在自己的产业中雇用更多的劳动量。这实际上是鼓励这些制造商，使其雇用的国内劳动者比无垄断或奖金时更多。但是在通过这两种做法来提高谷物的名义或货币价格时，并没有提高谷物的真实价值。农民和乡绅的真实财富或真实收入不会因此而增加。这种做法也不能鼓励谷物的耕种，因为不能使谷物维持和雇用更多的谷物种植者。

谷物的性质决定了谷物的真实价值，不能随货币价格的变动而改变。出口奖金和国内市场的垄断都不能提高谷物的真实价值。最自由的竞争也不能降低谷物的真实价值。在全世界总体范围内，谷物的真实价值等于它能维持的劳动量；在个别地方，谷物的真实价值，等于按照当地的生活方式，谷物能够宽裕、适中或节俭地维持的劳动量。毛织品和麻织品不是那种最终衡量和决定其他所有商品的真实价值的决定性商品，而谷物却是。任何其他商品的真实价值，最终都按照它的平均货币价格与谷物的平均货币价格之间的比例来衡量和决定。尽管谷物的平均货币价格有时在各个世纪间不同，但其真实价值却不相应变动，只是白银的真实价值在相应变动。

对任何国产商品的出口奖金一般都应加以反对。第一，对重商主义的所有办法，也许都应提出反对，因为这些办法使国内一部分劳动者违反自然规律流入利益较少的产业。第二，尤其要反对的是，出口奖金不仅使得国内一部分劳动者流入利益较小的产业，而且流入实际上不利的产业。没有奖金就不能正常经营的产业必然是亏损产业。此外，对谷物的出口奖金由于以下原因更受到反对。它原本要促进那种商品的生产，但在任何方面都没达到目的。所以当我国的乡绅们要求设立谷物出口奖金时,虽然是在模仿商人和制造商,但商人和制造商完全理解奖金与他们自身的利害关系,行动一般也受这种理解的指导,而乡绅们却没有这种完全的理解。这些乡绅使国家的收入负担一笔极大的开支,使全体国民负担极为沉重的赋税,而他们自己商品的真实价值并未明显提高。而且由于略微降低了白银的真实价值,他们在某种程度上不利于国内一般产业的发展。因为土地的改良必然以国内一般产业为基础,所以他们没有促进土地的改良,反而或多或少地延缓了土地的改良。

有人可能会认为,为了鼓励某种商品的生产,奖励生产会比奖励出口更能直接起作用。此外,人民只需缴纳一种税来发放奖金。对生产的奖励,不但不会提高,反而会降低这种商品在国内市场上的价格。所以,这种办法使人民免于缴纳第二种税,而且人民缴纳的第一种税的一部分也回报给人民。然而,对生产的奖金很少真正发放。重商主义确立的偏见使我们相信,国民财富直接来自出口的要多于直接来自生产的。因而,作为更直接的带回货币的方法,出口更受欢迎。还有人认为,经验表明,奖励生产比奖励出口更易产生欺诈行为。我不知道这种说法的真实程度,但众所周知的是,出口奖金曾被滥用于许多欺诈行为。国内商品供应过多,并不符合那些发明上述办法的商人和制造商的利益,而奖励生产有时也许会产生这种结果。但是出口奖金可以使他们将过剩部分运往国外,维持留在国内市场那部分商品的价格,从而有效地防止出现国内商品供应过多的局面。因此,在重商主义所有办法中,他们最喜欢的就是出口奖金。我知道,某些特定行业的经营者私下达成协议,自掏腰包来奖励出口他们所经营商品的一部分。这个办法非常成功,虽然生产显著增加,仍在国内市场上使他们的商品的价格提高一倍以上。但是如果对谷物的奖励降低了谷物的货币价格,作用必定大不相同。

然而在某些特定场合,曾发放过类似的生产奖励金。对捕捞鲸鱼①和白鲱鱼按照渔船吨位发放的奖金,也许可看做具有生产奖金

---

① 根据乔治三世第 11 年第 38 号法律,发给捕捞鲸鱼的奖金起初是五年每吨 40 先令,第二个五年 30 先令,第三个五年 20 先令。

的性质①。有人认为，这种奖金使上述商品在国内市场上的价格比无奖金时低廉。必须承认，从其他方面来说，其效果与出口奖金的效果相同。通过这种奖金，一部分国内资本被投入来使这种商品上市，但其价格不能补偿其成本，也不能提供资本的一般水平的利润。

虽然按照渔船吨位发放的渔业奖金无助于国家财富的增长，但有人可能会认为，这会增加水手和船舶的数目，从而有助于国防。也许可以说，这种以发放奖金的方式来维持国防，与像维持常备陆军那样维持庞大的常备海军相比，所需费用有时也许要少得多。

然而，虽然有这些赞同的意见，以下四点却使我相信，议会至少在批准发放这些奖金中的一种时大大受骗了。

首先，对捕捞白鲱鱼的渔船发放的奖金似乎太多了。

从1771年冬季渔汛开始到1781年冬季渔汛结束，对捕捞白鲱鱼按照渔船吨位发放的奖金一直是每吨三十先令。在这十一年中，苏格兰白鲱鱼渔船捕捞的白鲱鱼总计为三十七万八千三百四十七桶。在海上捕捞后立即腌存的白鲱鱼称为海条。但要成为上市的商用白鲱鱼，还必须再加一些盐重新包装。在这种情况下，通常三桶海条重新包装成两桶商用白鲱鱼。因此，按照这种算法，在这十一年中捕捞的商用白鲱鱼共有二十五万二千二百三十一又三分之一桶。在这十一年中按照渔船吨位发放的奖金共计十五万五千四百六十三镑十一先令，即每桶海条得到奖金八先令二又四分之一便士，每桶商用白鲱鱼得到奖金十二先令三又四分之三便士。

腌制白鲱鱼的盐有时是苏格兰产的，有时是外国产的，都可免除所有国产税供应腌鱼者。现在苏格兰盐每蒲式耳须缴纳国产税一先令六便士，外国盐每蒲式耳须缴纳国产税十先令。估计一桶白鲱鱼大约须用一又四分之一蒲式耳外国盐，如用苏格兰盐则平均为两蒲式耳。如果白鲱鱼是供出口的，则不必缴纳盐税；如果白鲱鱼是供国内消费的，则无论腌制用盐是外国盐还是苏格兰盐，每桶只需缴纳一先令的盐税。这是从前苏格兰对一蒲式耳盐所征收的税，即使按照较低估计，腌制一桶白鲱鱼也需要一蒲式耳盐。在苏格兰，

---

① 参阅书末所附的账目。

外国盐基本上只用于腌鱼。但是从1771年4月5日到1782年4月5日，进口的外国盐总计九十三万六千九百七十四蒲式耳，每蒲式耳重八十四磅；而供应腌鱼者的苏格兰盐却不到十六万八千二百二十六蒲式耳，每蒲式耳仅五十六磅。由此可见，主要是外国盐用于渔业。此外，每出口一桶白鲱鱼，发放奖金两先令八便士。而渔船捕捞的白鲱鱼的三分之二以上都出口了。综合上述数字会得出以下结果：在这十一年中，渔船捕捞的每一桶白鲱鱼，如果用苏格兰盐腌制，在出口时，政府须支出十七先令十一又四分之三便士，在供国内消费时，政府须支出十四先令三又四分之三便士；如果用外国盐腌制，在出口时，政府须支出一镑七先令五又四分之三便士，在供国内消费时，政府须支出一镑三先令九又四分之三便士。一桶优质商用白鲱鱼的价格，介于十七或十八先令和二十四或二十五先令之间，平均约为一基尼①。

第二，对白鲱鱼捕捞业发放的奖金是按照渔船吨位计算的，直接与渔船的载重量相关，与船员是否勤奋和捕捞多少都毫无关系。我估计，大多数船舶装备成渔船的唯一目的，不是捕鱼，而是奖金。1759年，每吨奖金为五十先令，苏格兰所有渔船仅捕捞了海条四桶。这一年，每桶海条使政府支出奖金一百一十三镑十五先令，每桶商用白鲱鱼使政府支出奖金一百五十九镑七先令六便士。

第三，这种按渔船吨位接受奖金的白鲱鱼捕捞业，所用船舶大多为载重二十到八十吨的大渔船或甲板船，可能是在学习荷兰，但看来在苏格兰并不像在荷兰那样适应于当地情况。荷兰与白鲱鱼的主要聚居海域相距极远，因此经营这种渔业只能用甲板船，甲板船能携带充足的淡水和食品去远航。但在苏格兰的白鲱鱼主要捕捞区，赫布里兹群岛或西部群岛、海德兰群岛、北部海岸以及西北部海岸，却到处都是深入内陆的纵横交错的海湾，当地人称之为海湖。这些海湖就是汛期白鲱鱼的主要聚集地。由于并不是经常有这种白鲱鱼的汛期，看来小舟渔业最适合苏格兰当地的特殊情况，以便渔民捕获白鲱鱼后尽快将其运上岸，或腌制，或趁新鲜消费掉。但每吨三十先令的奖金极大地鼓励了大船渔业，必然就不利于小船渔业；小船渔业得不到这种奖金，就不能以与大船渔业同样的条件向市场提供腌鱼。因而,在没有按渔船吨位发放奖金之前,小船渔业的规模曾很可观,雇用了许多渔民,人数绝不少于现在的大船渔业规模,但现在几乎全都衰落了。然而我必须承认,对于这种现在已经衰落被放弃了的小船渔业的往日规模,我不可能发表十分精确的看法。由于并未对小船渔业发放奖金,海关和盐税官员那里没有相关的记录。

第四,在苏格兰的许多地方,一年中的某些季节,白鲱鱼是普通人民很重要的食品。奖金可使国内市场上白鲱鱼的价格下跌,这对于并不富裕的我国大多数同胞来说,可能是很大的救济。但对大渔船发放的奖金却无助于完成这个良好的目标。它破坏了到目前为止最适于供应国内市场的小船渔业,并且每桶两先令八便士的附加出口奖金,使大渔船捕捞所得的三分之二以上出口到外国。我确信,在三四十年前还未发放大渔船奖金之时,每桶白鲱鱼的普通价格为十六先令。据说十至十五年前,小船渔业尚未完全衰落之时,每桶白鲱鱼的普通价格为十七至二十先令。而最近五年的平均每桶白鲱鱼的普通价格为十七至二十先令。然而这种高价大概应归因于苏格兰海岸实际上缺少白鲱鱼。我也必须指出,通常与白鲱鱼同时售出的桶,桶价包括在上述所有价格内,自从美洲战争开始后,桶价已上涨约一倍,由约三先令升至约六先令。我同样必须指出,我所搜集的从前价格的记录,并非前后一致和完全可比。一位有着惊人记忆力和丰富阅历的老者告诉我,五十多年前,一桶优质商用白鲱鱼的通常价格是一基尼。我认为,现在仍可将这看做平均价格。然而我认为,所有上述记录都表明,对大渔船的奖励并未降低国内市场的白鲱鱼的价格。

这些渔业经营者在接受政府慷慨的奖金后,仍以与平时相同或更高的价格出售其商品,也许有人认为他们的利润应该非常丰厚。这对某些人来说,也许并非不可能。但在一般情况下,我有足够理由相信,情况大为不同。这种奖金的通常效果,是鼓励鲁莽者到自己不了解的行业去冒险。但他们的疏忽和无知所造成的损失,即使最慷慨的政府发放的奖金也补偿不上。1750 年,根据最先发放每吨三十先令奖金来鼓励白鲱鱼渔业的法令(乔治二世第二十三年第二十四号法令），成立了一家资本金为五十万镑的合资公司。此后十四年期间，出资人所付出的每一百镑资本金，每年都有权得到三镑奖金，由海关负责发放，每半年发放一半。此外还有其他各种奖金，如上述的吨位奖金，每桶两先令八便士的出口奖金，以及对无论是英国的还是外国的盐均享受免税待遇。这家大公司的经理和董事都住在伦敦。并且政府宣布，这家大公司在全国各海港成立资本金不少于一万镑的渔业分公司均为合法。各分公司自担风险，自负盈亏。这些分公司和总公司享受同样的年金和其他各种奖金。大公司的资本金很快就全部到位，并在全国各海港成立了许多渔业分公司。尽管享受了这么多的奖金，但几乎所有这些公司，无论大小，资本金的全部或大部分都损失掉了，现在很难看到它们了。目前白鲱鱼渔业全部或基本上全部由私人企业家来经营。

如果某一制造业的确为国防所必需，则依靠邻国的供应也许很不谨慎。如果这种制造业没有政府支持就不能在国内维持，则对所有其他产业征税来支持这种制造业也未必就没有道理。之所以对英国制造的帆布和火药的出口进行奖励，或许都可以依据这一原理来解释。

对大多数产业征税来支持个别产业，尽管很难说是合理的，但在空前繁荣时期，国民收入高涨，都不知如何花费自己的收入，此时，向自己喜好的制造业发放奖金，或许就同其他无用的花费一样自然。公共支出与私人支出一样，大富贵可能经常作为大愚蠢行为的理由。但在普遍困难和穷困的时候还继续这种浪费，就必然是非同寻常的荒谬了。

有时所谓的奖金，就是退税，因此没有真正意义上的奖金所具备的缺陷。例如，对出口精制砂糖的奖金，可看做是对其原料红糖和黑砂糖的退税。对出口精丝制品的奖金，可看做是对进口生丝和捻丝的退税。对出口火药的奖金，可看做是对进口硫磺和硝石的退税。按照海关术语，只有对那些出口时形态和进口时相同的货物发放的补助，才称为退税。如果货物的形态在进口后由某种制造业改变了，产生了新的名称，则所发的补助称为奖金。

社会向那些在本行业技艺出众的工匠和制造者发放的奖金，也没有真正意义上的奖金所具备的缺陷。通过鼓励超常的技巧和独创性，奖金保持在各行业的工人的竞争力，但不会使国家的资本违反自然趋势过多地流入任何一个行业。这种奖金不会打破各行业间的自然均衡，而只是使各行业的产品尽可能趋于完善。此外，个人所获奖金极少，而社会所费奖励金却极多。仅对谷物这一项发放的奖金，有时全国一年就须支出三十万镑。

奖金有时被称为补助，就如同退税有时被称为奖金一样。但我们任何时候都必须将注意力集中于事物的本质，而不是事物的名称。

关于谷物贸易和谷物法令的离题论述

人们对于规定谷物出口奖金的法律和一系列相关规定大加赞赏，在没有指出这种赞赏是完全不当之前，我还不能结束关于奖金这一章。对于谷物贸易的性质以及与之相关的英国主要法律的专门研究，能充分证明我的看法的正确性。这个问题极其重要，在此有充分理由再多加探讨。

谷物商的贸易由四个不同部门组成。虽然这四个部门有时由同一人经营，但就其性质来说是四种不同的独立的贸易。第一种是内地商人的贸易；第二种是供国内消费的进口商的贸易；第三种是供国外消费的国内产品出口商的贸易；第四种是运输商的贸易，即进口谷物以便再出口。

第一部分

内地商人以及大多数人民的利益，无论表面上看起来是多么对立，但即使在粮食最短缺的年份，也是完全一致的。内地商人的利益在于，尽可能提高谷物的价格，与粮食的实际短缺情况相符。但如果谷物价格高过这个限度，极不符合他的利益。价格的提高不利于消费，使每个人，尤其是底层人民，或多或少地节省粮食，精打细算。如果提价过高，将很不利于消费，以致一个季节供大于求。过了一段时间后，下一季农作物开始上市，他将面对两方面风险：上一季供过于求的那部分谷物不仅由于自然原因损耗了很大一部分，而且剩余部分也不得不以比几个月前低得多的价格出售。但如果提价不够高，对消费的不利程度不够大，一个季节又可能供不应求，他就不仅损失了一部分应得的利润，而且还使人民在这个季节末期面临可怕的饥荒，而不是节省粮食艰难度日。为人民的利益考虑，他们每日、每周、每月的消费，应尽可能地与一个季节的供给完全保持平衡。这样做也符合内地商人的利益。根据他尽可能准确判断和按照供需平衡的比例来提供谷物，他就可能以最高价格出售谷物，赚取的利润也可能最多。根据他对庄稼收成和自己每日、每周、每月的销售情况的了解，他就能或多或少地准确判断实际供需之间的差距。即使他考虑人民的利益，从自己的利益出发，在粮食短缺的年份，他也一定像谨慎的船长有时不得不对待船员那样对待人民。船长在预见到船上的粮食将要耗尽时，就减少船员每天的定量。尽管有时由于过于谨慎实际上毫无必要，带来许多麻烦，但是与有时由于不太谨慎而可能面对的危险、痛苦和死亡相比较，简直微不足道。同理，尽管由于过于贪婪，内地谷物商人有时将谷物价格提高到超过实际短缺的程度，给人民带来困难，但人民可有效地避免季节末期的饥荒，这与他们因谷物商人在季节初的慷慨而可能带来的季节末期的饥荒相比，也是微不足道。而谷物商人自己可能因这种过分贪婪而受害最深，这不仅因为一般会激起人们对他的愤慨，并且即使他能免受这种愤慨的影响，也会受到另一种损失，因为在季节末期他必然还留有一定数量的谷物，如果下一季节丰收，这部分谷物的售价肯定比此前可能的售价低得多。

如果一个大国的全部收成可能由一大群商人占有，出于自身利益，他们或许会像荷兰人处置马鲁古群岛的香料那样，为了维持部分货物的价格，将大部分货物毁掉或扔掉。但是想要如此广泛地垄断谷物，即使依靠法律的强制力，也几乎不可能。并且在法律规定自由贸易的任何地方，在所有商品中，最不易被能买走大部分商品的少数大资本势力所独占或垄断的商品就是谷物。这不仅是因为谷物的价值太大，超出少数私人资本的购买能力，而且即使少数私人资本有这种购买能力，谷物的生产方式也使这种购买完全不能实现。谷物在任何文明国家都是每年消费量最大的商品，所以，从事生产谷物的劳动力就多于从事生产其他商品的劳动力。当谷物第一次从土地上收获时，也必然要在其他更多的商品所有者之间分配。这些所有者绝不可能像许多独立制造者那样群居在一个地方，而是必定散居在国内各处。这些最初的所有者，或者直接供给周围地区的消费者，或者直接供给其他内地商人由他们来供给那些消费者。因此内地谷物商人，包括农民和面包师，必定多于经营任何其他商品的商人，并且他们分散在各地，也绝不可能结成任何联盟。所以在歉收的年份，如果其中任何一个商人发现，自己的谷物中有许多不能按现价在季节末期售尽，他绝不会让自己蒙受损失来维持现价，让竞争对手获利，而会立即降低售价，以便在下一季收成上市前将手里的谷物卖掉。调节任何一位商人的行为的动机和利益同样也会调节其他所有商人的行为，迫使他们全都根据自己的判断，按照与这个季节的收成多寡最相称的价格出售他们的谷物。

史料记载，本世纪和此前的两个世纪欧洲各地出现过多次粮食短缺和饥荒，其中许多记录非常准确。我相信，无论谁去仔细研究这一历史都会发现，粮食短缺从来都不是由于内地谷物商人的联盟造成的，而是因为粮食确实短缺。这种短缺有时在个别地方要归因于战争的浪费，但迄今在大多数情况下要归因于收成的不好。并且发生饥荒的唯一原因，就是政府以不适当的方法试图强制解决粮食短缺带来的困难。

在种植谷物的大国，只要各地之间能够自由贸易和自由交通，即使是最不好的天气造成的粮食短缺，也绝不会严重到引起饥荒。如果能精打细算，节俭使用粮食，哪怕是在最歉收的年份，也能在比普通丰年稍微节俭的水平下，养活同样多的人数度过一年。最不利于收成的天气就是过度的干旱和雨水。不过，由于谷物分别栽种于高地和低地，非常潮湿的土地和非常干燥的土地，对国内一部分土地有害的干旱或水灾，就对另一部分土地有利。尽管在多雨或干旱的季节，收成都比风调雨顺的季节少得多，但是无论是多雨还是干旱，国内任一部分的损失，都可在其他部分的所得上得到一定程度的补偿。在种植稻米的国家，作物不仅需要非常潮湿的土壤，而且在生长期的一段时间内还必须浸泡在水下，所以干旱的影响就更加不利。然而即使在这样的国家，如果政府允许自由贸易，干旱可能很少会经常导致饥荒。几年前孟加拉的干旱也许本来只会导致严重的粮食短缺,但东印度公司的官员对稻米贸易不适当的规定和限制,可能是粮食短缺最终转变成为饥荒的真正原因。

如果政府为了解决粮食短缺给人民带来的困难,命令所有商人以政府认为合理的价格出售他们的谷物,结果无非两种:或是阻碍了商人向市场提供谷物,从而有时甚至在季节刚开始就可能发生饥荒;或是如果商人听从了政府的命令,使人民能够快速消费,从而鼓励人民快速消费,最终在季节末期必然发生饥荒。由于无拘无束的谷物贸易自由是防止饥荒不幸的唯一有效办法,所以也是减轻粮食短缺痛苦的最好办法,因为真正的粮食短缺带来的困难是不可能完全解决掉的,只能设法去减轻困难。没有一种贸易比谷物贸易更值得法律去充分保护,也没有一种贸易比谷物贸易更需要法律的保护,因为没有一种贸易比谷物贸易更受人憎恶。

在歉收的年份,下层人民常将自己的穷困归咎于谷物商人的贪婪,谷物商人就成为他们憎恨和愤怒的目标。这种情况下,谷物商人不但赚取不到利润,反而经常要面对完全破产、粮仓被人民暴力抢劫破坏的危险。然而正是在粮食短缺的年份,粮价高昂之时,谷物商人期望赚取自己主要的利润。他通常是与一些农民签订合同,以确保在一定年限内,以一定价格,得到一定数量的谷物。合同价格是依照人们适当合理的价格,即一般或平均价格订立的。这一价格在最近几次歉收年份前,一般为每夸脱小麦约二十八先令。其他各种谷物的合同价格与此呈一定比例。因此在歉收年份,谷物商人就能以一般价格买到他所需谷物的大部分,并以高得多的价格出售。这种超常的利润,只够使他所从事的行业与其他行业处于平等水平,只够补偿他在其他场合下由于这种商品的易腐性和无法预见的频繁的价格波动而蒙受损失。这一点,从谷物行业很少像其他行业那样发大财就可看出。谷物行业只有在歉收的年份才能赚取丰厚的利润,这会招致人们的普遍憎恨。所以品格端正、家庭殷实的人士都不愿加入这个行业。这个行业就留给一群下层商人经营。在国内市场介于种植者和消费者中间的,就几乎只有磨坊主、面包房主、制粉商、面粉代理人以及一些穷苦的小贩了。

从前欧洲的政策，不但不去阻止人们对于这种有利于人民大众的行业的憎恶，反而似乎使这种憎恶合法化并加以鼓励。

爱德华六世第五年和第六年第十四法令规定，凡是购买谷物打算再出售者，即视为非法垄断者，对于初犯者，处以两个月的监禁，并处相当于所购谷物价值的罚款；对于再犯者，处以六个月的监禁，并处相当于所购谷物价值两倍的罚款；对于第三次犯法者，处以颈手枷刑和由国王决定期限长短的监禁，并没收全部货物和动产。从前欧洲其他大部分地方的政策与英国几乎完全相同。

我们的祖先似乎认为，向农民购买谷物要比向谷物商人购买便宜。他们担心谷物商人在支付给农民的谷物价格之上赚取高额利润。因此他们试图完全消灭谷物商人这一行业。他们甚至试图尽可能防止种植者和消费者之间有任何形式的中间人。这就是他们对他们称为谷物商或谷物运输商的行业施加种种限制的意图。当时如果没有证明自己正直公正的特许状，就不能从事谷物贸易这一行业①。依据爱德华六世的法令，必须经过三位治安法官的认可，才能得到这种特许状。但即使这样的限制，后来人们认为还是不够，所以依据伊丽莎白女王的一条法律②，颁发这种特许状的特权归于一年开四次的法庭。

从前欧洲的政策对于农村最大的行业即农业的管理方式，与对于城市最大的行业即制造业的管理方式截然不同。通过使农民除了消费者或直接代理商即谷商和谷物运输者之外，不再有其他顾客，这种政策强迫他们不仅要经营农民的业务，还要经营谷物批发商和零售商的业务。相反，在许多情况下，禁止制造商兼营商店，禁止他们零售自己的商品。前一种法律的意图是要增进国家的总体利益，

---

① 这两句话非常容易引起误解。上一段引述的规定的效果是，如果谷物不具备一定的资格，那么就会"完全取消"该行业。为了避免这种结果，因此爱德华六世第5、6年的第14号法律第7条规定，可以发给谷物运输商人证书，使他们在某种情况下可以购买谷物再另行出售。因此，对于谷物运输商人发放证书有很大的放宽，不是向文中所说的更严。

② 伊丽莎白第5年，第12号法律第4条。

也就是使谷物价格低廉。不过人们可能不很了解应如何操作。后一种法律的意图是要增进某一种人即商店老板的利益。人们认为,如果允许制造商零售,他们就会以低于商店的价格抛售,商店行将消亡。

虽然曾允许制造商兼营商店来零售自己的产品,但他不可能以比普通商店老板更低的价格出售产品。他投入商店的资本,无论大小,必定是从他的制造业中提取出来的。为了与他人处于同一水平的经营,他投入商店的资本必须取得商店老板的利润,就如同他投入制造业的资本必须取得制造商的利润那样。例如,假设在他居住的那个城市,制造业和商店业的一般资本利润率是10%,那么,他在自己商店出售自己的每一件产品的利润率必须是20%。当他将产品从自己的厂房运送到自己的商店时,他对产品的估价,必须与他批发给商店老板的价格相同。如果估价较低,他就损失了一部分制造业资本的利润。当他在自己的商店出售自己的产品时,如果售价低于其他商店老板的售价,他就损失了一部分商店业资本的利润。虽然表面上看,他在同一件产品上取得了两倍的利润,但由于这一产品先后作为两种不同资本的一部分,他只是在全部资本上一次性取得利润。如果少于这一利润,他就是损失者,他所投入的全部资本,没有取得与大部分其他邻居相同的利益。

禁止制造商去做的事情,却在某种程度上允许农民去做,允许农民将资本分别投入到两个不同的领域:一部分投入谷仓和干草场,以储存粮食满足市场临时需求;另一部分投入到谷物的耕作。但由于他投入后一部分的所得利润不能少于农业资本的一般利润,所以他投入前一部分的所得利润也不能少于商业资本的一般利润。实际用来经营谷物贸易的资本,其所有者无论是被称为农民还是谷物商,都要取得相同的利润,来补偿以这种方式投资的资本所有者,以便与其他行业处于相同水平,防止资本转移。所以,被迫兼营谷物贸易的农民最终出售谷物的价格,不可能比任何其他谷物商在自由竞争情况下不得不卖的价格还便宜。

将全部资本投入单一行业的商人,与将全部劳动用于单一作业的工匠享有同样的利益。后者使工匠学到一种技巧,能以同样的两只手完成多得多的作业；前者使商人学到一种简便的买卖货物的方法，能以同样多的资本经营多得多的业务量。一般情况下，工匠能因此以便宜得多的价格出售自己的产品；同样，商人出售货物的价格，比分散自己的资本和精力时也稍微便宜。大部分制造商在零售自己的产品时，都不可能以精明活跃的商店老板那样低的价格定价，这些商店老板的唯一业务就是成批采购货物然后再零售。大部分农民就更不可能以精明活跃的谷物商那样低的价格，将自己的谷物零售给四五英里外的城镇居民。这些谷物商的唯一业务就是成批购买谷物存入大粮仓内，然后再零售。

禁止制造商兼营商店业的法律试图强行加快资本的这种分工。强迫农民兼营谷物商业务的法律，却试图放慢资本的这种分工。这两种法律都显然侵犯了自然的自由，因此是不当的，也是同样失策的。对于这类事情，既不强制，也不妨碍，才符合任何社会的利益。如果某人以劳动或资本兼营对于自己并无必要的行业，那么绝不会以比他的邻人更低的价格出售货物，从而伤害他的邻人。他可能会伤害到他自己，一般情况下都是如此。谚语说，"兼营一切则不富"。法律应该相信人民有能力照顾自己的利益。作为当事人，人民一般都必然比立法者更了解自己的利益所在。但强迫农民兼营谷物商业务的法律，在上述两种法律中更有害。

这种法律不仅有碍于对任何社会都非常有利的资本分工，并且同样有碍于土地的改良和耕作。强迫农民兼营两业而不是专营一业，就使得农民被迫将资本分成两部分，只能将其中一部分投入耕作。但如果他在收割打谷后，能将全部收成尽快地自由出售给谷物商，他的全部资本就可以立即返回到土地，用于购买更多的耕牛，雇用更多的佣工，从而更好地改良和耕作土地。如果农民被迫零售自己的谷物，他就只好将大部分资本放在他的谷仓和干草场中，因此，虽然拥有相同数量的资本，但不可能像没有这种法律时耕作得那样好。所以，这种法律必然有碍于土地的改良，不可能使谷价趋于降低，必然比没有这种法律时的产量小，从而谷价也更高。

除了农民的劳作外，实际上最有助于谷物种植的，就是受到适当保护和鼓励的谷物商。如同批发商扶持制造商一样,谷物商对农民起到扶持作用。

批发商为制造商提供现成的市场,将制造商的产品在制成后尽快收购进来,有时甚至在产品未完工前就预付货款。这使制造商能将全部资本,有时甚至高于全部资本,始终投入到制造业。从而与被迫将产品卖给直接消费者或零售商相比,制造商能产出多得多的产品。而且批发商的资本一般相当于许多制造商的资本之和,他们之间的这种来往,使大资本所有者出于利害关系去扶持许多小资本所有者,并在他们遭受损失和不幸时予以帮助,否则他们有可能破产。

农民与谷物商之间广泛建立的同类往来关系,结果同样有利于农民。农民就能将全部资本,有时甚至比全部资本更多,始终投入到耕作中。农业比其他任何行业都容易遭受意外,但有了这种往来后,无论发生任何意外,农民都会发现,他们的老主顾,即富裕的谷物商,愿意并且能够扶持他们。他们就不会像现在那样,完全依赖地主的宽容和地主管家的仁慈。如能立即广泛建立这种往来(这也许不可能);如能立即将国家全部农业资本从其他行业撤回投入到适当的用途,即土地耕作;如能在需要时,为了扶持和帮助这种巨大资本发挥作用,能立即供给另一种几乎同样巨大的资本,那么就很难想象,仅仅这些变化,将对全部国土带来如何巨大、如何广泛和如何急剧的改进。

因此爱德华六世的法令尽量禁止种植者与消费者之间存在中间人,实际上是试图消灭一种行业。这种行业如能自由经营,不仅是减轻粮食短缺或困苦的最好方法,并且也是预防这种灾难的最好方法。除了农民的劳作外,实际上最有助于谷物种植的就是谷物商的业务。

这一法令的严厉和苛刻为后来的几个法令所缓和。这些法令相继允许,在小麦价格不超过一夸脱二十先令、二十四先令、三十二先令和四十先令时,可以囤积小麦①。最终,查理二世第十五年第七

---

① 苦苦地搜集但是至今仍未能发现这些法律。

号法令规定，当小麦价格不超过一夸脱四十八先令时，其他谷物以此类推，只要不是垄断者，即不是购买谷物后三个月内又在同一市场出售的人，囤积谷物或购买谷物以待出售均为合法①。依据这一法令，内地谷物商曾享受的所有贸易自由又得到了。乔治三世第十二年的法令废除了几乎其他所有反对囤积和垄断的古代法令，但没有取消查理二世第十五年第七号法令所设的限制，因此该法令继续有效。

查理二世第十五年第七号法令，在某种程度上认可了两个非常荒谬的世俗偏见②。

这一法令假设，当小麦价格涨至高达一夸脱四十八先令时，其他各种谷物也相应涨价，谷物有可能被大量囤积，从而有害于人民。我们前面已经论证过，似乎非常明显，无论价格高低，内地谷物商囤积谷物都不会有害于人民。并且一夸脱四十八先令的价格尽管看起来很高，但在歉收年份是刚刚收获后就常出现的价格，此时所有新收成还没开始出售，即使无知的人也不会认为新收成的任何部分会被囤积而有害于人民。

这一法令假设，在某一价格，谷物容易被垄断，也就是买入后不久又在同一市场出售，而有害于人民。但是如果谷物商前往某个市场或在某个市场尽量收购，以图不久在同一市场再出售，一定是因为他判断市场不会在全季都像当时那样自由供给，不久必将涨价。如果他判断错误，价格并未上涨，他就不仅损失如此投入资本的全部利润，还损失一部分资本，因为储藏谷物必然发生费用以及一定的损耗。所以他自己受到的伤害，必然比个别群众受到的伤害大得多。由于他的囤积，个别群众在某些交易日可能买不到谷物，但在

---

① 引用第 4 条是错误的。原文是"不是垄断或在三个月内在同一市场上出售同一谷物"。
② 乔治三世第 12 年第 71 号法律取消了爱德华六世第 5、6 年第 14 号法律，但没有取消乔治二世第 15 年第 7 号法律，后者纯粹表示准许的。如果查理二世第 15 年第 7 号法律在这方面仍然有效，那一定只是由于传统法律对于垄断行为是不赞成的。

此后他们都能以与其他任何交易日同样低廉的价格买到谷物。相反，如果他判断正确，他就不但无害于广大人民，而且对他们有至关重要的帮助。通过使人民较早地感受到粮食短缺的困苦，谷物商防止他们由于目前价格低廉而超过季节的实际短缺情况来消费，从而今后强烈地感受到粮食短缺的困苦。如果确实出现粮食短缺，对于人民来说最好的方法，就是将这种困苦尽可能平均地分配到一年的各月、各周、各日去。谷物商的自身利益促使他进行研究，尽可能准确地去做这件事。由于任何其他人都没有这种利益关系，也没有这种知识，更没有这种能力，像他那样准确地做这件事，所以应将这种最重要的商业业务全部委托给谷物商。也就是说，至少在国内市场的供给方面，谷物贸易应完全自由。

世人对于囤积和垄断的恐惧，与他们对巫术的恐惧和怀疑非常相像。因巫术被控告的不幸的人，与那些因囤积和垄断而被控告的人一样，都是无罪的。法律取缔了对巫术的起诉，使人们不能为泄私愤以这种想象中的罪名控告邻人，消除了鼓励和支持这种恐惧和怀疑的重要原因，似乎有效地打消了这种恐惧和怀疑。恢复内地谷物贸易完全自由的法律，同样也可能打消世人对垄断和囤积的恐惧。

查理二世第十五年第七号法令虽然有各种缺点，但与法典中任何其他法律相比较，更有利于国内市场的充足供给和耕作的改进。内地谷物贸易所有的自由和保护都是自这一法令起才取得。在国内市场的供给和耕作的改进这两方面，内地贸易比进出口贸易更有效地起到了促进作用。

根据那位关于谷物贸易的论文集的作者的计算，英国每年平均进口的各种谷物量与平均消费的各种谷物量的比例，不到一比五百七十。所以，对于国内市场的供给，内地贸易的重要性必然是进口贸易的五百七十倍①。

根据这位作者的计算，英国每年平均出口的各种谷物量不到年

---

① 查尔斯·史密斯：《关于谷物贸易和谷物法的三篇论文》，第二版，1766年，第145页。

产量的三十分之一①。所以，对于为本国产品提供市场起到鼓励耕作作用，内地贸易的重要性也必然是出口贸易的三十倍。

我不太相信政治算术，也无法保证上述两种计算的准确性。我在这里提及只是为了说明，在最明智、最有经验的人看来，谷物的国际贸易与国内贸易相比较，是如何不重要。就在出口奖金设立前几年，谷价极为低廉，也许自有其理由，但在一定程度上要归因于查理二世那项法令的作用，因为这项法令是在约二十五年前颁布的，有足够的时间产生这种结果。

关于其他三种谷物贸易部门，道理与此相同，我就不再赘述。

第二部分

进口谷物供国内消费的贸易，明显有利于国内市场的短期供给，必然直接有利于人民的大多数。当然，这会略微降低谷物的平均货币价格，但不会降低谷物的真实价值，也就是说不会减少谷物能够维持的劳动量。如果任何时候都可自由进口谷物，我国农民和乡绅每年出售谷物所得货币，与现在大部分时间实际上是禁止进口谷物相比，可能要少一些。但他们所得货币的价值将更高，可以购买更多其他商品，雇用更多的劳动。他们的真实财富和真实收入，虽然体现为较少数量的白银，但仍与现在相同；他们能够耕种和愿意耕种的谷物也不会比现在少。相反，由于谷物的货币价格下降使银的真实价值提高，略微降低了所有其他商品的货币价格，使一国产业在所有外国市场占有一定优势，因此能鼓励和促进该国产业的发展。但国内谷物市场的范围必须与种谷国的一般产业保持一定比例，也就是说，必须与生产并拥有与谷物交换的其他物品的人数，或与谷物交换的其他物品的价格保持一定的比例。但在任何国家，国内市场都是谷物的最近和最方便的市场，因此也是最大和最重要的市场。由于谷物平均货币价格的下降而提高了银的真实价值，趋于扩大谷物的最大和最重要的市场，因此会促进谷物的生产，而不是起相反作用。

---

① "出口仅为消费量的1/32，为除种子外生产量的1/33，包括种子在内的生产量的1/36"。——同上，第144页。

查理二世第二十二年第十三号法令规定，国内市场小麦价格不超过一夸脱五十三先令四便士时，进口小麦每夸脱须纳税十六先令；国内市场小麦价格不超过一夸脱四镑时，进口小麦每夸脱须纳税八先令①。前一价格在过去的一个多世纪，只在粮食严重短缺时出现过；后一价格据我所知则从未出现过。但是根据这一法令，小麦要在涨至后一价格之前缴纳非常高的关税；小麦在涨至前一价格之前缴纳的关税，就相当于禁止进口了。限制其他各种谷物进口的税率和关税，与其价值相比，也几乎同样高。此后的法令进一步提高了关税②。

---

① 这不是这种性质的敌意项法律。爱德华四世第 3 年第 2 号法律规定，当国内市场上每夸脱小麦价格不超过 6 先令 8 便士、黑麦不超过 4 先令、大麦不超过 3 先令时，禁止其进口，这项法律被詹姆士一世第 21 年第 28 号法律废止，查理二世第 15 年第 7 号法律规定，进口征税小麦 5 先令 4 便士、黑麦 4 先令、大麦 2 先令 8 便士、荞麦 2 先令、燕麦 1 先令 4 便士、豌豆和蚕豆 2 先令，其条件是，进口港的价格每夸脱不超过小麦 48 先令、大麦和荞麦 28 先令、燕麦 13 先令 4 便士以及黑麦、豌豆和蚕豆 32 先令。

② 在当今国王（乔治三世）第 13 年以前，各种谷物进口所缴纳的关税如下：

谷物	（每夸脱价格）	关税
蚕豆	28 先令以下	19 先令 4 便士
	40 先令以下	16 先令 8 便士
	40 先令以上	12 便士
大麦	12 先令以下	19 先令 10 便士
	32 先令以下	16 先令
	32 先令以上	12 便士
麦芽	年度麦芽法案禁止进口	
燕麦	16 先令以下	8 先令 10 便士
	16 先令以上	$9\frac{1}{2}$ 便士
豌豆	40 先令以下	16 先令
	40 先令以上	$9\frac{3}{4}$ 便士

在歉收年份，人民由于上述法令的严格执行而遭受的困苦，也许苦不堪言。但此时这些法令通常由于临时法令①而暂停实施。这些临时法令允许外国谷物在一定期限内进口。之所以必须实施这些临时法令，充分说明了原有法令的不适当。

黑麦	36 先令以下	19 先令 10 便士
	40 先令以下	12 便士
	40 先令以上	12 便士
大麦	12 先令以下	19 先令 10 便士
	32 先令以下	16 先令
	32 先令以上	12 便士
麦芽	年度麦芽法案禁止进口	
燕麦	16 先令以下	8 先令 10 便士
	16 先令以上	$9\frac{1}{2}$ 便士
豌豆	40 先令以下	16 先令
	40 先令以上	$9\frac{3}{4}$ 便士
黑麦	36 先令以下	19 先令 10 便士
	40 先令以下	12 便士
小麦	44 先令以下	21 先令 9 便士
	53 先令 4 便士以下	8 先令
	4 镑以上	约 1 先令 4 便士
荞麦	32 先令以下	16 先令

这些不同的税，部分是根据查理二世第 22 年的法律征收来代替旧的补助税的，部分是按照新补助税的 1/3 和 1747 年的补助税征收的。此注中的征税条款完全来自查尔斯·史密斯的《关于谷物贸易和谷物法的三篇论文》，第 2 版，1766 年，第 81 页。作者承认，这些数字根据"萨克斯贝先生的税率表（即亨利·萨克斯贝，《不列颠关税，包含这项收入的每个部门的历史的和实际的记录》，1757 年，第 111～114 页）"，但除了用不精确的不一致的方式将萨克斯贝的便士分数化为整数以外，又误抄了大麦的第一种税、豌豆的第二种税和小麦的第三种税。

① 这种法律似乎为数不多，1757 年和 1766 年有这种情况。参阅查尔斯·史密斯的税率表，《关于谷物贸易和谷物法的三篇论文》，第 2 版，第 44、445 页。

对进口的这些限制，虽然在设立出口奖金之前，但与后来制定出口奖金政策遵循的精神和原则完全相同。在设立出口奖金后，各种对进口的限制无论怎样有害，都是必要的。如果一夸脱小麦价格不到四十八先令，或超过这一价格不多时，外国谷物可以免税进口，或只缴纳极少的关税，可能有人会为了出口奖金而再把谷物出口。这将使国家收入蒙受巨大损失，有悖于出口奖金制度的初衷，没有扩大本国产品的市场，反倒扩大了外国产品的市场。

第三部分

出口谷物供外国消费的贸易，当然不会直接有利于国内市场的充足供给，但会间接产生有利作用。无论这种供给通常来自何处，或是来自本国生产，或是来自国外进口，除非国内通常生产的谷物或通常进口的谷物多于通常消费的谷物，否则国内市场的供给绝不会非常充足。但是一般情况下，除非剩余的供给能够出口，否则种植者将小心谨慎，并仅按国内市场的消费需求来生产，绝不生产更多；进口商也仅按国内市场的消费需求来进口，绝不进口更多。这种情况下，从事供给谷物生意的人们常常担心手里的货物积压，所以市场极少会供大于求，通常会供不应求。禁止进口限制了土地的改良和耕作，使谷物的供给仅限于满足国内居民的需求。出口的自由促进了国内耕作，为外国供给谷物。

查理二世十二年第四号法令规定，只要小麦价格不超过一夸脱四十先令，其他各种谷物与此价格成比例时[1]，就允许出口谷物。到查理二世第十五年时[2]，进一步放开，在小麦价格不超过一夸脱四十八先令时均可自由出口谷物；而到查理二世第二十二年时[3]，无论价

---

[1] 较早的法律有亨利六世第15年第2号；亨利六世第20年第6号；亨利六世第23年第6号；威廉和玛利第1年和第2年第5号；伊丽莎白第5年第5号第26条；伊丽莎白第13年第13号和詹姆士第1年第25号第26、27条。

[2] 第7号。

[3] 第13号。

格如何高，均可自由出口谷物。当然，这种出口须向国王交税。但所有谷物的税率都很低，对于小麦仅为一夸脱一先令，对于燕麦仅为一夸脱四便士，对于其他各种谷物仅为六便士①。而根据设置出口奖金的威廉和玛丽第一年的那个法令②，只要小麦价格不超过一夸脱四十八先令，实际上就不征收这小额税收。威廉三世第十二年第二十号法令则明令取消这一税收，无论价格如何高。

这样，出口商的贸易不仅受出口奖金的鼓励，而且比内地商人的贸易自由得多。根据上述法令中最后一个，无论价格高低，谷物都可囤积用于出口；但除非价格超过四十八先令，否则不许囤积用于国内销售③。前面已经论证，内地商人的利益绝不能与大多数人民的利益相对立，但出口商的利益却有可能与大多数人民的利益相对立，事实上有时的确如此。当本国处于粮食短缺时，如果邻国发生饥荒，也许将大量粮食运往邻国符合出口商的利益，这将大大加重本国粮食短缺的灾难。这些法令的直接目的不是使国内市场供给充足，而是以鼓励农业为借口，尽可能提高谷物的货币价格，从而尽量使国内市场经常供给不足。通过阻碍进口，即使在粮食严重短缺时，国内市场的供给也只能依靠国内生产。但通过鼓励出口，尽管价格高达一夸脱四十八先令，即使在粮食严重短缺时，国内市场也不能得到本国产物的全部。英国被迫经常颁布临时法令④，在一定限期内禁止出口谷物，在一定限期内进口免税，这充分说明了原有法律的不适当。如果原有法令是适当的，就没必要经常暂停实施了。

如果所有国家都实行自由进出口的制度，构成大陆的各个国家就如同构成大国的各个省一样。理论和实践都证明，在大国内各省之间的国内贸易自由，不仅是缓解粮食短缺的最好方法，并且是有

---

① "税率表"，估值每夸脱出口小麦 20 先令、燕麦 6 先令 8 便士、其他谷物 10 先令，税额按照这些价值为每镑 1 先令。
② 威廉和玛利第 1 年，第 12 号法律。
③ 因为在国内出售方面查理二世第 15 年第 7 号仍然有效。
④ 禁止出口的法律比其他法律更多，参阅前面注释中提及的查尔斯·史密斯的税率表。

效防止饥荒的最好方法；大陆内各国之间的自由进出口贸易，也是缓解粮食短缺和防止饥荒的最好方法。大陆地域越大，大陆各部分之间水陆交通越方便，其中任何部分遭受上述两种灾难的可能性越小，任何一国的短缺，越有可能由其他某国的丰足所救济。但极少有国家完全实施这种自由制度。谷物贸易的自由几乎在所有地方都多少受到限制。在许多国家，限制谷物贸易的荒谬法律，常常加重了不可避免的粮食短缺的不幸，最终发展成可怕的饥荒。这些国家对谷物的需求经常是巨大而迫切的，所以，相邻小国如果也正好粮食不足，为了避免自己遭受同样可怕的灾难，就不会冒险为他国提供粮食。因此，如果一国采用一种非常糟糕的政策，另一国采用原本会很好的政策，就将在一定程度上很危险而不稳妥。但是不受限制的自由出口对大国的危险性要小得多，因为大国的产量要大得多，无论可能出口的谷物数量如何，都很少受较大影响。在瑞士的一个州或意大利的一个小国，或许有时还有必要限制谷物的出口。但在法国或英国这样的大国很少有这种必要。此外，阻止农民随时将产品运到最有利的市场，显然是为了公共利益或国家的某种原因而违背了一般的公平法则。只有在迫不得已的情况下，立法机构才能采取这种行动，也才能得到谅解。如果要禁止出口谷物，应该在谷物价格非常高时才实施。

关于谷物的法律也许无处不与关于宗教的法律相似。对于今世的生存和来世的幸福，人民非常关心，因此政府必须听从他们的成见，并且为了确保公众的安宁，必须建立人民所赞同的制度。或许是出于这种原因，关于这两种重要事务，我们很少看到合理制度的建立。

第四部分

进口外国谷物以便再出口的运输商的贸易，也有利于国内市场的充足供给。这种贸易的直接目的确不是在国内出售谷物。但运输商也一般愿意如此，哪怕比他在外国市场所得货币少得多，因为如此做能节省装卸费用、运费和保险费。由于运输贸易而成为其他国家粮仓的国家，该国居民很少会缺少粮食。虽然运输贸易可能降低国内市场谷物的平均货币价格,但不会因此降低其真实价值,而只会稍微提高银的真实价值。

在英国,一般情况下,进口外国谷物须缴纳高关税,其中大部分不能退还;而在特殊情况下,粮食短缺迫使颁布临时法律暂停征收这些关税,又禁止出口谷物,所以运输贸易实际上受到禁止。这种法律的实施实际上在任何情况下都禁止谷物的运输贸易。

所以,与设立出口奖金有关的这种法律,根本不值得人们去称赞。英国的进步与繁荣,常常被归功于这些法律,其实从其他方面也许很容易就能找到原因。英国法律为所有人享有自己的劳动成果提供保护,尽管有上述和其他二十条荒谬的商业条例,但仅这种保护就足以使任何国家繁荣起来。并且革命完善了这种保护,几乎与设立出口奖金制度同时发生。每个人改善自己境遇的自然努力,当能够自由而安全地发挥时,将成为非常强大的力量,即使不借助任何帮助,也能使社会富裕繁荣,还能克服那些妨碍其发挥作用的愚蠢的人为法律所设置的无数顽固障碍,尽管这些愚蠢的法律或多或少地侵占了这种努力的自由,或减少了这种努力的安全。在英国,产业非常安全,虽然远谈不上完全自由,但与欧洲其他各国相比,至少同样自由或更自由。

尽管英国最繁荣、最进步的时期,是在那些与出口奖金有关的法律实施之后出现的,但我们绝不能就此将这种繁荣和进步归功于那些法律。这种繁荣和进步也是在发行国债之后出现的,但发行国债肯定不是英国繁荣和进步的原因。

虽然和出口奖金有关的法律体系,与西班牙和葡萄牙的政策一样,都在实施这类法律和政策的国家趋于稍微降低贵金属的价值,但英国无疑是欧洲最富有的国家之一,而西班牙和葡萄牙大概位于欧洲最贫穷的国家之列。这种境况上的差别,可以很容易地以两个原因来说明。首先,金银的出口,在西班牙须纳税,在葡萄牙则受到禁止,并且这种法律得到严格执行。这在这两个每年进口超过六百万镑金银的非常贫穷的国家,所产生的降低金银价值的作用,一定比英国实施的谷物法令所产生的作用,不仅更直接,而且更有力。其次,这两个国家实施的糟糕政策的不良影响,并无人民的全面自由和安全来抵消。那里的产业既不自由也不安全,即使通商条例很明智,但行政和宗教制度很糟糕,如同大部分其他条例非常愚蠢荒谬一样,足以使它们现在的贫穷状态持续下去。

乔治三世第十三年第四十三号法令似乎建立了一种与谷物法令有关的新体系。其中许多方面都优于旧体系,但在一两个方面则不如旧体系。

该法令规定,中等小麦的价格涨至一夸脱四十八先令,中等黑麦、豌豆或蚕豆的价格涨至一夸脱三十二先令,大麦的价格涨至一夸脱二十四先令,燕麦的价格涨至一夸脱十六先令时,取消对供国内消费的进口所征收的高关税,代之以小额税收,对小麦每夸脱征税六便士,其他各种谷物以小麦为准。对于这些不同种类的谷物尤其是小麦,外国供应品就能以比从前低得多的价格供给国内市场。

同一法令还规定,小麦价格涨至一夸脱四十四先令(从前是四十八先令)时,对一夸脱小麦五先令的出口奖金即行停止发放;大麦价格涨至一夸脱二十二先令(从前是二十四先令)时,对一夸脱大麦二先令六便士的出口奖金即行停止发放;燕麦片价格涨至一夸脱十四先令(从前是十五先令)时,对一夸脱燕麦片两先令六便士的出口奖金即行停止发放。黑麦的出口奖金从三先令六便士减至三先令。当黑麦价格涨至一夸脱二十八先令(从前是三十二先令)时,出口奖金即行停止发放。如果出口奖金像我前面所论述的那样不适当,那么,越早停止发放,数额越少,则结果越好。

同一法令又规定,当谷物价格最低时,只要把进口的谷物存入仓库,用分属国王和进口商的两把锁上锁,就允许为了再出口而免税进口谷物。当然,这种自由仅限于英国不到二十五个港口。这些都是主要港口,而其他大部分港口可能没有适用于这种目的的仓库。

就以上各点,新法令显然比旧法令有所改进。

但新法令规定,只要燕麦价格不超过一夸脱十四先令,每出口一夸脱可得奖金二先令。对于这种谷物的出口,与对豌豆或蚕豆的出口一样,以前未曾发放过奖金。

新法令还规定,当小麦价格涨至一夸脱四十四先令时,黑麦价格涨至一夸脱二十八先令时,大麦价格涨至一夸脱二十二先令时,燕麦价格涨至一夸脱十四先令时，均立即禁止出口。这些价格看起来都太低了。而且发放出口奖金的目的本来就是为了加强出口，在停止发放出口奖金的价格上全面禁止出口也似乎不妥。停止发放出口奖金的价格应该比禁止出口的价格低得多，否则就应该在比禁止出口的价格高得多的价格允许出口谷物。

就以上各点，新法令似乎又不如旧法令。虽然有各种缺点，但我们也许可以用前人评价梭伦法律的话来评价这个新法令：尽管它本身不是最佳，却是当时的利害关系、成见和趋向下所能容许产生的最佳法律。这或许会为将来更好的法律铺平了道路。

第六章　论通商条约

如果一国受条约的约束，只允许进口某一外国的某种商品，而禁止进口所有其他国家的这种商品，或只对某一外国的商品免征关税，而对所有其他国家的商品都征收关税，那么商业上受惠的国家，或至少该国的商人和制造商，必然从这种条约中得到极大利益。这些商人和制造商在如此宽容对待他们的国家，享有一种垄断。这个国家成为他们的商品的更广阔、更有利的市场。更广阔，是因为其他国家的商品或是被排除在这个市场之外，或是被征收更多的关税，从而失去一部分市场，为受惠国的商品所占领；更有利，是因为受惠国的商人在那里享有一种垄断，从而常常能以比与所有其他国家自由竞争时更高的价格，出售他们的商品。

这种条约虽然对受惠国的商人和制造商有利，但必然不利于施惠国的商人和制造商。这样施惠国就将一种不利于自己的垄断给予某一外国，必须常常以比允许其他国家的商品自由竞争时更高的价格，购买所需的外国商品。结果是，这个国家用于购买外国商品的那部分本国产品，必须以更低的价格出售，因为当两个物品彼此交换时，一个物品的低廉是另一个物品昂贵的必然结果，更准确地说，两者是相互作用。因此这个国家的年产物的交换价值，可能由于这种条约而减少。不过这种减少不是实际产量的损失，而只是本来可得利益的减少。它出售产品的价格虽然低于无这种条约时可得的价格，但不可能售价低于成本，并且不会像在有出口奖励时那样，售价收不回商品上市的成本而且得不到普通利润。否则，这种贸易不能长期进行。所以即使是施惠国也能从这种贸易中得利，不过利益不如在自由竞争时那么大。

某些通商条约，根据很不相同的原理，却认为有利。有时商业国给予某一外国某种商品一种不利于自己的垄断,是因为它希望在两国间的总体贸易中,本国每年出口能大于进口,每年都保持金银的盈余。正是根据这一原理,梅休因先生在1703年签署的英国和葡萄牙通商条约,才大受称赞①。以下是该条约的直译,只有三条②。

葡萄牙国王陛下,以他自己及其继承人的名义,承诺今后永远准许英国产的毛料和其他毛制品照常进口到葡萄牙,除非法律禁止,但须遵循以下条件:

英国国王陛下以他自己及其继承人的名义,必须今后永远准许葡萄牙产的葡萄酒进口英国。任何时候,无论英法两国是和是战,无论进口到英国的葡萄酒所用的桶是105加仑桶、52.5加仑桶或其他,都不得以关税、手续费或其他名义,对葡萄牙的葡萄酒直接或间接地征收比同量的法国葡萄酒更多的税费,并须减免三分之一。如果上述减免在任何时候以任何形式被侵害,那么葡萄牙国王陛下再禁止进口英国的毛料和其他毛制品,也就是正当而合法的。

两国全权大使承诺负责取得各自国王对条约的批准,并在两个月内互换批准文件。

该条约规定,葡萄牙国王有义务按照在禁止进口英国毛制品前的条件,准许进口英国毛制品,即征收关税不得比禁止进口之前还高。但他没有义务,以比进口其他任何国家如法国或荷兰的毛制品更好的条件,准许进口英国毛制品。相反,英国国王却有义务,以比进口最有可能与葡萄牙竞争的法国葡萄酒更好的条件,准许进口葡萄牙的葡萄酒,所纳关税仅为法国葡萄酒的三分之二。仅就这一点而言,该条约明显对葡萄牙有利,而不利于英国。

但该条约却被赞美为英国商业政策的杰作之一。葡萄牙每年从巴西得到的黄金,多于以铸币或器皿形式用于国内贸易的数量。多余的黄金价值太大,不适于闲置或锁入保险箱中,但在葡萄牙国内又找不到有利的市场,所以,尽管禁止出口黄金,也必须将黄金运

---

① 例如,在《不列颠商人》中,1721年,第3卷。
② 《大不列颠和其他强国间所有和平条约、联合条约和通商条约汇编,自1688年革命至今》,1772年,第1卷,第61、62页。

到国外交换某种在国内更有利于市场的物品。其中大部分黄金运到英国，以交换英国商品，或间接从英国交换其他欧洲国家的商品。巴勒特先生说，从里斯本出发的班轮每周给英国带来的黄金平均五万多镑①。这一数字可能被夸大了。照此计算则一年总计二百六十万镑以上，比人们认为巴西每年能向葡萄牙提供的全部黄金还多②。

前些年，我国商人曾失去葡萄牙国王的好感。一些并非由条约规定而是由葡萄牙国王恩赐的特权（可能是请求得来的，可结果是葡萄牙人从英国国王那里得到更多的优惠、防卫和保护），不是被侵犯，就是被取消了。因此，通常那些最赞成与葡萄牙贸易的人也认为，这种贸易并不像一般想象的那样有利。他们认为，每年输入到英国的黄金的大部分，几乎全部不是为英国的利益，而是为欧洲其他国家的利益；每年从葡萄牙进口到英国的水果和葡萄酒，几乎抵消了出口到葡萄牙的英国货物的价值。

即使我们假定，这些黄金全部是为了英国的利益，并且总额比巴勒特先生所想象的还大，这种贸易也不会因此比出口价值等于进口消费品价值的其他贸易更有利。

可以认为，输入的黄金中只有极小部分每年用来增加国内器皿或铸币，其余必然运往外国去交换某些消费品。但是如果直接用英国产品购买这些消费品，那就比先用英国产品购买葡萄牙黄金，再用这些黄金购买这些消费品，更有利于英国。消费品的直接的国际贸易总是比迂回的国际贸易更有利③。并且，从外国运相同价值的外国货物到国内市场，前一种贸易所需资本比后一种贸易少得多。如果只以较少部分的国内产业生产适合葡萄牙市场需求的商品，而以

---

① 约瑟夫·巴勒特：《伦敦至热那亚旅行记，途经英格兰、葡萄牙、西班牙和法国》，第3版，1770年，第1卷，第95、96页，但数目没有书中所说的那么大。"常常"是从"三万到五万甚至到六万镑"，也不是"每周平均"，而是"几乎每周"。黄金全部由邮船输入，因为由于是战船，可以免于检查。——雷诺尔的《哲学史》，阿姆斯特丹版，1773年版，第3卷，第413、414页。
② 同上，第1卷，第159、160页。
③ 同上，第268页。

较多部分的国内产业生产适合其他市场需求的商品,使英国从这些市场得到所需求的消费品,这对英国更有利。这样,英国要获得自身需用的黄金和消费品,所用资本就比现在少得多。因此,英国就有一部分多余资本可用于其他方面,提高工农业产量。

即使英国与葡萄牙完全没有贸易往来,英国在器皿、铸币或外贸方面每年所需黄金,也基本毫无困难就能全部得到。黄金和其他所有商品一样,只要是能对黄金支付价值的人,总能在某一地方得到所需黄金。并且,葡萄牙每年多余的黄金仍须输出,即使不是被英国买去,也必然被某个其他国家买去,而且这个国家也必然会如同现在的英国那样,乐于以某一价格将这些黄金再卖出。当然,在购买葡萄牙的黄金时,我们是直接购买;在购买除了西班牙以外的其他各国的黄金时,我们是间接购买,支出可能略多。不过这部分差额太小,不值得政府去注意。

据说,我国的黄金几乎全部来自葡萄牙。我国和其他各国间的贸易差额,不是不利于我国,就是对我国益处不大。但我们应记住,我国从某国输入越多的黄金,则从其他所有国家输入的黄金就必定越少。对黄金的有效需求,如同对其他任何商品的有效需求一样,在任何国家都有一定的限量。如果我国从某国进口这一限量的十分之九,这一限量就只有十分之一可从其他所有国家进口。我国每年从某些国家输入的黄金,超过我国在器皿和铸币上所必需的数量越多,从我国向其他某些国家输出的黄金也必然越多。与某些国家间的贸易差额,这一近代政策最无意义的目标,越有利于我国,与其他许多国家间的贸易差额,就必然越不利于我国。

正是基于英国不与葡萄牙进行贸易就不能生存这一可笑的观念,法国和西班牙在上次战争将要结束时①,在并未借口受到冒犯或挑衅的情况下,就要求葡萄牙国王禁止所有英国船只进入葡萄牙港口,并为了确保这一禁令实施允许法国或西班牙军队入港。如果葡萄牙国王接受了他的姻兄西班牙国王提出的不光彩的条件,英国就会免于比失去葡萄牙贸易还大得多的麻烦,摆脱一大负担,即支持一个

---

① 1762年。

毫无国防准备的弱小盟国，如果发生另一场战争，英国即使倾尽全力也许也不能保护这个盟国。失去葡萄牙的贸易无疑会给当时经营这种贸易的商人带来相当大的麻烦，他们可能在一两年内都找不到其他同样有利的投资渠道。这大概就是英国由于这一引人注目的贸易政策所带来的所有麻烦。

每年输入大量的金银，其目的既不是用于制造器皿，也不是用于铸币，而是为了进行对外贸易。迂回的消费品外贸，以金银为媒介，比以任何其他商品为媒介都更有利。由于金银是普遍的商业手段，所以比任何其他商品都更易于接受去交换商品；并且金银的体积小，价值大，比几乎任何其他商品从一地到另一地的来往运输所需费用都少，并且在运输过程中损失的价值也较少。人们在某一外国购买某些商品的唯一目的，就是再在另一外国出售或交换其他商品。在所有这类商品中，没有一种能像金银那样方便。与葡萄牙贸易的主要益处，就是使英国各种迂回的消费品外贸更为便利。尽管这不是最大益处，但无疑是相当大的益处。

一国每年的金银增量，可以合理地假设是用于器皿或铸币。很明显，这一增量每年仅需输入极少量的金银即可满足。即使我们不与葡萄牙直接进行贸易，这极少量的金银也很容易从其他某地得到。

虽然金匠这个行业在英国规模很大，但每年出售的大部分新器皿是用旧器皿熔化后制成的。所以英国每年全部器皿所需的金银增量不是很大，每年仅需输入极少量的金银即可满足。

关于铸币的情况与此相同。我相信，没有人会想象，在最近一次金币改铸①之前的十年期间，每年有八十万镑以上的铸币②，其中的大部分是用来每年增加国内一向流通的货币。在铸币费用由政府支付的国家，即使货币所含金银重量完全符合标准，其价值也绝不能比等量未铸金属的价值大太多。这是因为要以任何数量的未铸金银换取含等量金银的铸币，只需不怕麻烦去造币厂，最多耽误几个星期。不过在任何国家，流通铸币的大部分都几乎总是或多或少地

---

① 雷诺尔的《哲学史》，阿姆斯特丹版，1773年版，第3卷，第32页。
② 同上，第222页。

有所磨损，或由于其他原因而低于标准。在英国，在最近一次金币改铸之前就更有这种情况，金币低于标准重量百分之二以上，银币低于标准重量百分之八以上。但是如果四十四个半基尼含有十足标准重量，即一磅金，所能购买的未铸币的黄金不比一磅多些，那么重量有所短缺的四十四个半基尼就不能购买到一磅重的未铸币的黄金，还须另加若干以补不足。因此金块的市场流通价格与造币厂的不同，不是四十六镑十四先令六便士，而是大约四十七镑十四先令，有时大约是四十八镑。但是当大部分铸币都是这样低于标准重量时，刚从造币厂出厂的四十四个半基尼，与其他普通基尼相比，不能在市场上购买更多的商品。这是因为新基尼进入商人的保险柜后，与其他普通基尼混在一起，很难分辨，即使能够分辨，考虑到所需费用也不值得去做。新基尼和其他普通基尼一样，所值不会多于四十六镑十四先令六便士。但是如果将新基尼投入到熔炉，没有明显损失便可产出一磅标准黄金，在任何时候都可换取金币或银币四十七镑十四先令到四十八镑，并且效用和当初熔化的铸币一样。所以熔化新铸币明显有利可图，并且熔化速度之快，政府任何预防措施都无法阻止。因此造币厂的业务有些像珀涅罗珀在织布，白天织好的布在夜间又拆掉（珀涅罗珀是希腊神话中奥德修斯的忠实妻子，丈夫远征期间她拒绝了无数求婚者。——译者）。与其说造币厂在每天增加铸币，还不如说是在替换每天被熔化的最好的那部分铸币。

如果私人携带金银到造币厂铸币，铸币费用自行支付，就会像加工能增加器皿价值那样，增加这些金属的价值。已成铸币的金银将比未成铸币的金银价值更高。如果铸币税不是过高，全部税额将加入到金块和银块中，因为政府在任何地方都享有专有铸币特权，没有任何铸币能以更低的价格出现在市场。如果铸币税过高，大大超过铸币所需劳动和费用的真实价值，那么，金块和银块与金银铸币的价值之间的巨大差额，可能会鼓励国内外伪造货币者，将大量伪币投入市场，从而降低官方货币的价值。在法国，虽然铸币税是百分之八，但并未因此出现显著的伪币困扰。住在国内的伪造货币者到处都面对危险，住在国外的他们的代理人或通信人也有危险，这些危险太大，不值得为了百分之六或百分之七的利润去冒风险。

法国的铸币税，使铸币价值高于按纯金含量的比例所应有的价值。因此根据1726年1月的法令，二十四克拉纯金的造币厂价格定为七百四十利弗九苏一比十一迪尼厄，合巴黎八盎司的一马克①。扣除造币厂的损耗后，法国金币含有二十一又四分之三克拉纯金和二又四分之一克拉合金。所以一马克标准黄金的价值不超过六百七十一利弗零十迪尼厄。但在法国，一马克标准黄金铸成三十个金路易，每个金路易合二十四利弗，总计合七百二十利弗。因此，六百七十一利弗零十迪尼厄和七百二十利弗之差，就是一马克标准黄金成为铸币后所增加的价值，也就是四十八利弗十九苏二迪尼厄。

许多情况下，铸币税使熔化新铸币完全无利可图，并且在任何情况下都减少熔化新铸币的利润。这种利润通常来自流通货币应含纯金量与实含纯金量之差额。如果这一差额小于铸币税，那么熔化新铸币不但没有利润，还有损失。如果这一差额等于铸币税，那么熔化新铸币不赚不赔。如果这一差额多于铸币税，当然就会有利可图，不过利润比无铸币税时少。例如，在最近一次金币改铸之前，如果铸币税是百分之五，熔化新铸币将亏损百分之三；如果铸币税是百分之三，熔化新铸币将不赚不赔；如果铸币税是百分之一，熔化新铸币将有利可图，不过利润只有百分之一，而不是百分之二。只要是在按照个数而不是重量接受货币的地方，铸币税就是防止熔化铸币和输出铸币的最有效的防范办法。通常都是最大和最重的铸币被熔化或输出，因为只有这样才能获取最大利润。

通过免税鼓励铸造货币的法律，最早在查理二世时期制定②，在限期内有效，此后多次延长期限，直到1769年才改为永久法律③。为了补充保险柜中的货币，英格兰银行必须常常运送金块和银块到

---

① 参阅《货币辞典》，第2卷，"铸币税"词条，第589页，M．阿博·得·巴金恩著。
② 查理二世第18年，第5号法律。
③ 最初规定五年，查理二世第25年第8号法律延长为七年，詹姆士二世第1年第7号法律再延长七年，以后由各种法律予以继续，直到乔治三世第9年第25号法律使其永久化。

造币厂去铸币。英格兰银行可能以为,由政府负担铸币费用,与自己负担铸币费用相比,对自己更有利。大概就是因为要照顾这家大银行,政府同意将这一法律改为永久法律。如果以重量衡量黄金的习惯被废止,这很可能是由于其不方便;如果英国的金币按照个数来计量,像最近金币改铸以前那样,英格兰银行可能会发现,在这种情况下,就像在其他情况下一样,大大弄错了自己的利益所在。

在最近金币改铸以前,当英国的金币比标准重量低百分之二时,由于没有铸币税,金币的价值比应含标准黄金重量的价值低百分之二。因此当英格兰银行这家大银行购买金块来铸币时,购买价格必须比铸成金币后所值高百分之二。但是如果铸币须纳税百分之二,虽然普通金币比标准重量低百分之二,必然仍与应含的标准黄金重量的价值相等。在这种情况下,铸币过程的价值抵消了黄金重量的减少。银行虽然支付了百分之二的铸币税,但在全部交易过程中的损失还是百分之二,与现实中损失完全相同,并没有损失更多。

如果铸币税是百分之五,金币比标准重量低百分之二,这种情况下银行在金块的价格上获利百分之三;但由于银行须支付百分之五的铸币税,所以在全部交易过程中的损失同样是百分之二。

如果铸币税只有百分之一,金币比标准重量低百分之二,这种情况下银行在金块的价格上只损失百分之一;但由于银行须支付百分之一的铸币税,所以在全部交易过程中的损失,像在其他所有情况下那样,同样是百分之二。

如果铸币税比较合理,同时铸币含有就像最近金币改铸以来那样十足的标准重量,无论银行在铸币税上损失多少,都会在金块价格上补偿回来;无论银行在金块价格上损失多少,都会在铸币税上补偿回来。银行在全部交易上既无所得又无所失,在这种情况下,就像在上述其他所有情况下一样,处于与没有铸币税时完全相同的状况。

如果对一种商品征收的税收适中,不会鼓励走私,那么经营这种商品的商人虽然垫付了税收,但由于可在商品价格中取回,他并没有真正纳税。最终纳税者是最后的购买者,即消费者。但对于货币这种商品,任何人都是商人。如果不是为了再出售,没有人会去购买货币。对于货币来说，一般情况下不会有最后的购买者或消费者。因此当铸币税很适中，不会鼓励伪造货币时，尽管每个人都垫付了铸币税，但没有人最终纳税，因为每个人都在铸币提高的价值中取回了垫付的铸币税。

因此，适中的铸币税，在任何情况下都不会增加银行或其他持金块和银块到造币厂铸币的私人的费用，并且如果没有适中的铸币税，也不会减少这些费用。不论是否有铸币税，如果货币含有十足的标准重量，铸币对于任何人来说都不必破费；如果货币重量低于标准，铸币的费用必然等于铸币应含纯金量与实含纯金量之差。

因此，当政府支付铸币费用时，不仅须负担一小笔费用，还损失了可能通过税收得到的一小笔收入。而且银行和私人都不能从这种无用的慷慨中得到丝毫利益。

即使告诉银行的董事，征收铸币税虽然没有好处，但肯定没有任何损失，他们可能也不愿意同意征收铸币税。以金币的现状，只要继续以重量来衡量，他们当然不会从这种改变中受益。但是如果以重量来衡量的金币的习惯被废止（这非常可能），并且金币的质量又降低到最近金币改铸前那样，那么由于征收铸币税给银行带来的利益，更准确地说是给银行节省的开支，可能非常可观。将大量金块和银块送往造币厂去铸币的公司，只有英格兰银行。每年铸币的费用全部或几乎全部由英格兰银行来负担。如果每年的新铸币只是用于补充流通铸币不可避免的损失和必要的磨损，那就很少会超过五万镑，最多也不会超过十万镑。但是如果铸币低于标准重量，每年的新铸币必须在此之外还去填补流通铸币由于不断熔化和输出而产生的巨大缺口。由于这一原因，最近金币改铸前的十年或十二年间，平均每年的新铸币都超过八十五万镑①。但是当时如果征收百分之四或百分之五的金币铸币税，那么即使在当时的情况下，也可能有效地阻止铸币的输出和熔化。银行每年就不会在用来铸成超过八十五万镑金币的金块上损失百分之二点五，也就是每年损失不会超过二万一千二百五十镑，可能还不到这一数额的十分之一。

---

① 第 397 页。

议会从收入中拨出作为铸币的费用每年只有一万四千镑①。而政府实际支出的费用,即造币厂职员的开支,我相信一般情况下不会超过这一数额的一半。节省这样小的一笔开支,甚或得到比这大不了多少的收入,可能在某些人看来,太微不足道,不值得政府去重视。但是要每年节省也并非不能节省,而且过去常有现在也很可能发生的一万八千镑或两万镑,即使对于英格兰银行这样大的公司来说,也肯定值得重视。

上述论证中的一部分,放在第一篇的论货币起源和效用以及论商品的真实价格和名义价格的区别那几章,可能更恰当。但由于鼓励铸币的法律源于重商主义的流俗偏见,我觉得这些论证放在本章更恰当。重商主义认为,货币是真正构成所有国家财富的东西。对货币的生产发放奖励,就最能体现重商主义的灵魂,是重商主义的富国妙策之一。

---

① 根据乔治二世第 19 年第 14 号法律第 2 条,规定最高为 15 000 镑。

第七章 论殖民地

第一节 论建立新殖民地的动机

欧洲人最初在美洲和西印度建立殖民地的动机，并不像古希腊和古罗马建立殖民地的动机那样简单清楚。

古希腊各城邦只占有极小的领土。任何一个城邦的人口增多到本城邦的领土不易维持时，一部分人就被派到世界遥远的地方寻找新的居住地。而周围好战的相邻城邦使任何城邦都很难在国内大大扩张领土。多里安人的殖民地主要在意大利和西西里，在罗马帝国建立前是野蛮未开化的人居住在这两地。古希腊另外两大部落爱奥尼亚人和伊奥利亚人的殖民地，主要在小亚细亚和爱琴海各岛。当时这两地居民与意大利和西西里的状况大体相同。虽然母城视殖民地为孩子，总是给予很大恩惠和帮助，殖民地对此感恩戴德，但母城视殖民地为长大自由的孩子，并不要求直接的管辖权。殖民地自决政体，自定法律，自选官员，并以独立国的身份与邻国和谈或宣战，不必等待宗主国的承认或同意。建立这种殖民地的动机最简单清楚。

像大部分其他古代共和国一样，古罗马最初是在一种土地分配法律上建立起来的。这种法律将公共领地，按照一定比例分配给组成国家的不同公民。但结婚、继承、转让等人事变迁，必然打乱原有的分配，往往将原来分配给许多家族以维持生活的土地归一个人所有。为了纠正这种弊端——他们也认为是一种弊端，他们制定法律限制公民占有土地的数量，最多不得超过五百朱格拉，大约相当于三百五十英亩。虽然我们知道这种法律执行过一两次，但人们大都忽视或回避这种法律,财富不均现象日益严重。大部分公民没有土地,而按照当时的风俗习惯,没有土地的自由人很难保持独立。现在,贫民即使没有自己的土地,但如果他有少量资金,他也可以租耕他人土地,或经营某些小零售业。即使他毫无资金,也可做农村劳力或技工。但在古罗马,富人的土地全部由奴隶耕种。奴隶在监工的监督下工作,而监工自身也是奴隶。因此,贫穷的自由人几乎没有机会被雇为农民或农村劳力。所有商业、制造业甚至零售业,也都由富人的奴隶为着主人的利益而经营。富人的财富、权威和保护使贫穷的自由人很难与其竞争。所以,没有土地的公民,除了每年选举时能得到候选人的馈赠外,几乎另无生计。当护民官打算鼓动人民反抗富豪时,就用古代的土地分配方式提醒人民,并说明那种限制私有财产的法律是共和国的基本法律。于是人民大声疾呼要求得到土地,但是我们相信,那些富豪决心已定,不把自己的任何土地给予他人。因此,为了某种程度上满足人民的要求,富豪们往往提议开发新殖民地。但是征服了许多地方的罗马帝国,即使在这种情况下,也没有必要在不了解自己的民众定居何处时,就派自己的公民去广阔的世界寻找出路,如果我们可以这样说的话。罗马帝国一般是将意大利被征服的各省分配给自己的公民。他们在那里仍受罗马帝国的统治,绝不会建立任何独立的国家,最多形成某种自治团体。这种自治团体虽然拥有制定地方法律的权力,但隶属于罗马帝国的行政和立法机关,罗马帝国有权修订这些地方法律。建立这种殖民地,不仅部分满足了人民的需要,还常常在被新征服的地方驻军,因为当地居民是否顺从还未确定。因此,罗马的殖民地,无论从自身性质还是建立动机来看,都与希腊殖民地完全不同。原来语言中表示这两种不同殖民方式的词语的含义也极不相同。拉丁语"colonia"仅仅表示"殖民";相反,希腊语"απουχνα"表示"离家、离乡或出门"。但是,虽然罗马殖民地在许多方面与希腊殖民地不同,可建立的动机却同样简单清楚。这两种殖民制度都起源于迫不得已的必要和明显的实惠。

欧洲人在美洲和西印度建立殖民地的起因并非是必要。尽管从殖民地得到巨大实惠,但实惠并不明显。殖民地建立之初并不理解这种实惠,建立和发现殖民地的动机也不是这种实惠。并且,即使现在,这种实惠的性质、范围和局限也不大为人理解。

在十四世纪和十五世纪,威尼斯人从事一种非常有利的商业活动,就是将香料和其他东印度货物,销往欧洲其他各国。他们主要从埃及进货。埃及当时由马穆鲁克(中世纪埃及的奴隶骑兵,原为奴隶)统治。马穆鲁克是土耳其人的敌人,而威尼斯人又是土耳其人的敌人。这种利害关系的一致,加上威尼斯的金钱,形成一种纽带,使得威尼斯人几乎享有一种贸易垄断。

威尼斯人的巨额利润引发了葡萄牙人的贪欲。在十五世纪,葡萄牙人一直在努力寻找一条海路,以便通往摩尔人穿越沙漠带来象牙和金砂的国家。他们发现了马德拉群岛、卡内里群岛、亚速尔群岛、佛得角群岛、几内亚海岸,以及卢安果、刚果、安哥拉和本格拉各海岸,最后发现了好望角。他们早就希望从威尼斯有利可图的贸易中分一杯羹。最后那次发现使他们有可能实现希望。1497年,瓦斯科·达·伽马指挥四艘船组成的船队,从里斯本港出发,经过十一个月的航行,到达印度斯坦海岸。至此,在将近一个世纪的时间里,以非凡的坚毅和不断的努力所进行的发现历程完成了。

在此若干年前,当时葡萄牙的计划还不一定成功,欧洲对此心存疑虑,一位热那亚舵手提出更大胆的计划,要向西航行到达东印度。当时的欧洲,对东印度的情况还很不清楚。极少数曾去过那里的欧洲旅行家,夸大了从欧洲到那里的距离。这可能是由于他们的纯朴无知,对于那些不能测量距离的人来说,确实非常遥远的地方就显得遥不可及;也可能他们想夸大自己冒险游历距欧洲十分遥远地方的非凡成就。哥伦布提出正确的论点:向东的路程越远,向西的路程就越近。他于是提议向西航行,因为这条路最近而且最稳妥。幸亏他说服了卡斯蒂尔王国的伊莎贝拉相信自己的计划。他于1492年8月,比瓦斯科·达·伽马从葡萄牙出发的时间早大约五年,从帕罗斯港出发,经过两三个月的航程,先是发现了小巴哈马群岛,即卢拉扬群岛中一些小岛,然后发现了圣多明各大岛。

但是哥伦布这次航海和随后几次航海所发现的国家,与他计划要寻找的国家并不相似。他没发现中国和印度的财富、农耕和稠密的人口，在圣多明各和他去过的新世界其他所有地方看到的只是森林密布、土地未垦，当地居民也只有赤身裸体、穷苦不堪的野蛮部族。但他很不愿意相信，自己发现的国家并不是马可·波罗所描绘的国家。马可·波罗是欧洲人中第一个去过中国和东印度的，或至少是第一个描述当地一些情况的欧洲人。一些略微相似之处，如圣多明各一座西巴奥山的名字与马可·波罗提的西潘各的名字有些相像，就使得哥伦布以为这是他心中想去的地方，尽管有明显的证据证明并非如此①。他在致斐迪南和伊莎贝拉的信中说，他把自己发现的地方叫做印度。他坚信那就是马可·波罗所描绘的地方的一端，并且与恒河相距不远，也就是离亚历山大所征服的地方不远。甚至在后来明白那些是两个不同的地方后，他仍自我安慰地认为那些富庶国家已经离此不远了。因此在此后的一次航行中，他沿着火地岛海岸向达里安地峡航行，继续寻找那些国家。

由于哥伦布的这一错误，那些国家从那时起一直被称做印度。直到最后人们发现新印度与老印度完全不同时，才将前者称作西印度，后者称作东印度，以示区分。

然而，无论发现的是什么地方，对于哥伦布来说重要的是，向西班牙宫廷陈述这些地方极其重要。任何国家构成真实财富的都是产自土地的动植物产品，然而当时那里的动植物产品都不能证明哥伦布的陈述的正确性。

科里是介于鼠和兔之间的某种动物②，布丰先生认为它和巴西的阿帕里亚是同类动物。科里在当时是圣多明各最大的胎生四足动物，数量似乎从来都不太多。据说西班牙人的狗和猫很久以前就几乎吃光了这种动物以及更小的其他动物③。然而这些动物和称作伊文诺或伊关诺的一种大蜥蜴，就是当地所能提供的最主要的动物性食物。

---

① P. F. X. 得·夏勒瓦：《圣多明各埃帕诺尔岛史》，1730 年，第 1 卷，第 99 页。
② 《自然史》，第 15 卷，1750 年，第 160、162 页。
③ P. F. X. 得·夏勒瓦：《圣多明各埃帕诺尔岛史》，第 1 卷，第 35、36 页。

当地居民的植物性食物,虽然由于农业不发达不太充裕,但不像动物性食物那样缺乏。这些植物性食物主要有玉米、芋、马铃薯、香蕉等,当时对欧洲人来说一无所知,此后也不被欧洲人所看重,欧洲人并不认为这些植物能像很久以前就在欧洲种植的谷类和豆类那样维持生计。

当然,棉花是一种非常重要的制造业的原料,当时对欧洲人来说,无疑就是那些岛上最有价值的植物性产物了。尽管在十五世纪末欧洲各地都极其重视东印度产的软棉布和其他棉织品,但欧洲各地都没有棉织业。所以,即使是这种产物,在当时的欧洲人眼中也不是十分重要的。

由于在新发现的地方找到的动物或植物都不能证明这些地方的重要性,哥伦布将视线转移到矿物上。他自我安慰地认为,富饶的矿物生产完全能补偿微不足道的动物或植物生产。他看到当地居民用小金片装饰服装,并听他们说经常能在山上流下的溪水或急流中找到金片,这足以使他相信,那些山峦中到处都有最富饶的金矿。圣多明各就这样被描述成盛产黄金的国家,并因此(不仅根据现在的成见,而且根据当时的成见)被描述成西班牙国王及其国家源源不断的真实财富的源泉。当哥伦布结束第一次航海返回时,在凯旋仪式上被引见给卡斯蒂尔和亚拉冈国王。他所发现的国家的主要产物都由隆重的仪仗队抬着走在他前面。其中有价值的东西只有小金发带、金手镯和其他金饰品,以及几捆棉花,其余均为猎奇之物,如一些特大的芦苇,几只羽毛极美的鸟、几只大鳄鱼和海牛的标本。在所有这些物品之前,是六七个颜色和相貌奇异的土著,使得这次展示更为新奇。

由于哥伦布的陈述,卡斯蒂尔的议会决定占领这些明显没有防卫能力的国家。使当地居民皈依基督教的虔诚目的,为这一非正义计划披上了神圣的外衣。但实施这一计划的唯一动机就是希望找到那里的黄金宝藏。并且为了更重视这一动机,哥伦布提议,在那里发现的金银的一半归国王所有。议会同意了他的提议。

最初的冒险家输入欧洲的黄金,只要其中的全部或大部分是以极容易的方式取得的,即劫掠无抵抗能力的土著的,那么即使缴纳这样重的税可能也不太困难。但是一旦土著所拥有的黄金完全被掠夺干净——在圣多明各和哥伦布发现的其他所有地方,不到六年或八年就出现了这种局面——如果要发现更多的黄金,就必须从矿藏中采掘,从而根本不可能缴纳这么重的税了。据说,严格征收这种税,曾使圣多明各的金矿从那时起完全停产。因此不久金税就减少到金矿总产量的三分之一,再减少到五分之一,再减少到十分之一,最后减少到二十分之一。银税在很长时期内都是总产量的五分之一,直到本世纪才减少到十分之一。但是最初的冒险家对银的兴趣似乎不大。不如黄金贵重的物品似乎都不值得他们去注意。

在哥伦布之后的探索新世界的其他西班牙冒险家,似乎都出于同一动机。正是对黄金的狂热渴望,将奥伊达、尼克萨、瓦斯科·努涅斯·德·巴尔沃亚带到达里安地峡;将科特兹带到墨西哥;将阿尔马格罗和皮萨罗带到智利和秘鲁。当这些冒险家到达任何未知海岸时,首先要了解的就是那里是否曾发现过黄金。他们就是根据调查结果来决定去留。

在所有费用高昂、风险莫测并使大部分参与者破产的计划中,或许寻找新的金银矿最容易使人破产。这大概是世界上最差的彩票了,即得奖者的所得占失意者损失的比例最小,这是因为奖金很少,失意者居多,而一般每张彩票的价格却是一位非常富有的人的全部财产。采矿计划不仅不能收回采矿资本并提供资本的普通利润,还常常吞掉资本和利润。所以,这种计划是希望增加本国资本的谨慎的立法者所最不愿意特别鼓励,或使更多资本违反自然规律流入其中的那种计划。事实上,这是人们对自身的幸运所怀有的荒谬的信念,认为即使有最小的成功的可能性,也很有可能眷顾自己。

关于这些计划,尽管根据冷静的理智和经验作出的判断认为并不可行,但出于人类的贪婪所作出的判断却与此相反。要向许许多多的人提示过点石成金这种荒谬的想法,也向其他人提示了无限丰富的金银矿藏这种同样荒谬的想法。他们未曾考虑到,在所有时代和国家,这些金属的价值主要是出于其稀缺性。这种稀缺性,主要是由于其自然储量极少,并且包在坚硬和难处理的物质中,从而挖掘并得到这些金属所必需的劳动和费用很大。他们以为,金银矿脉在许多地方就像常常发现的铅、铜、锡、铁的矿脉那样广袤而富饶。沃尔特·雷利爵士关于埃尔多拉多（黄金国）的梦①，说明了即使智者也经常产生奇异的错觉。这位伟人去世一百多年后，耶稣会士加米拉还相信这个奇妙国度的存在，并且极其热忱地（我敢说，还是极其诚挚地说）表示，他乐于向那些能够以优厚报酬答谢传道工作的人宣传福音②。

现在看来，在西班牙人最初发现的那些国家，并没有值得去开采的金银矿。传说中最初那批冒险家所发现的金银的数量，以及第一次发现后立即开采的矿山的产量，可能被过分夸大了。但对那些冒险家的发现的报道，足以引起他们同胞的贪欲。每个航行到美洲的西班牙人都期望发现一个黄金国。这时，幸运女神像在其他极少数情况下那样来临了。她在某种程度上实现了她的信徒们的奢望。并且在发现和征服墨西哥与秘鲁时（前者在哥伦布第一次远航后大约三十年，后者在哥伦布第一次远航后大约四十年），幸运女神呈现给这些冒险家的贵金属的丰饶程度与他们所寻求的相差无几。

与东印度通商的计划，带来了西印度的第一次被发现。而一项征服的计划，又带来西班牙人在那些新发现的国家里建设的所有设施。促使他们去征服的动机是寻找金银矿的计划。而由于一系列人类智慧所预料不到的意外，这个计划比参与者的合理期望要成功得多。

欧洲其他各国最初试图去美洲殖民的冒险家，也是受同样的空想所鼓舞，不过他们不太成功。在巴西建立殖民地一百多年后，才发现金、银或钻石矿。在英国、法国、荷兰和丹麦的殖民地，迄今还未发现上述矿山，至少没有发现目前看来有开采价值的矿山。英国在北美的第一批殖民者，答应以所发现金银的五分之一上缴国王，

---

① 罗利的《著作》，托马斯·伯奇编，1751年，第2卷，第141页，"那个强大、富裕、美丽的基亚拉帝国，那个西班牙人称为埃尔多拉多的黄金城"。
② P. Jos. 古米拉：《奥里诺克河的自然文化史与地理》，1758年，第2卷，第46、117、131、132、137、138页。

以促使国王给他们发放执照。在发给沃尔特·拉雷爵士、伦敦和普利茅斯的公司以及普利茅斯议会等的执照中，都规定将所发现金银的五分之一上缴国王。为了发现金银矿，这些第一批殖民者也去寻找通往东印度去的西北通道，但迄今为止他们对两者都很失望。

第二节　论新殖民地繁荣的原因

文明国家的殖民地中，那些土地荒芜或人烟稀少而土著容易对新来的殖民者退让的殖民地，比任何其他人类社会都富强得快。

殖民者带来的农业和其他有用技术的知识，比当地未开化的野蛮人数百年间自发形成的知识更优越。殖民者还带来了尊卑习惯，关于自己国家所运行的常规政府的某些观念，维持政府的法律体系的观念，以及常规司法制度的观念。他们自然要在新殖民地也建立这些。但在未开化的野蛮人中，在保护自身所必需的法律和政府已经建立起来后，法律和政府的自然进步比技术的自然进步还慢。每个殖民者得到的土地都比自己力所能及所耕作的土地多。他不必支付地租，几乎不纳税。没有地主分享他的劳动果实，通常他只需将极小一部分上缴给君主。他有无穷的动力来尽可能多地提高产量，因为这些产品几乎都属于他自己。但是他拥有的土地通常非常广阔，即使自己以及能雇用的他人的全力劳动，也很少能使自己的土地的产量发挥出潜力的十分之一。因此，他急于从各地寻找劳动力，并支付给他们最优厚的工资。但这些优厚的工资，加上丰饶低廉的土地，很快就使这些劳动力离开他，自己成为地主，并以同样优厚的工资支付给其他劳动力。出于同样原因，这些其他劳动力也很快会离开他们。对劳动力的优厚报酬鼓励了结婚。孩子们在稚嫩的幼年营养充足，得到精心呵护。当他们长大后，其劳动的价值远远超过其抚养费用。当他们成年后，劳动的高价和土地的低价使他们能像父辈那样自立生活。

在其他国家，地租与利润耗尽了工资，两个上层阶层压迫下层阶层。但在新殖民地，两个上层阶层的切身利益，迫使他们必须更宽宏、更人道地对待下层阶层；至少，在那里，下层阶层的身份不是奴隶。有着巨大生产力的荒地，只需付出极少就可得到。通常身兼经营者的地主，期望通过改良耕作来增加收入，这部分增加的收入就构成利润的一部分。这种情况下利润一般极为丰厚。但是如果不雇用他人来开垦并耕作土地，就不能得到这种丰厚的利润。在新殖民地常常出现的土地广阔与人口稀少之间的比例失衡，使地主难以得到劳动力。因此，他不计较工资的高低，而愿意以任何价格雇用劳动力。劳动力的高工资鼓励了人口的增长。良田的低廉与丰饶鼓励了耕作的改良，使地主有能力支付高工资。土地的全部价格几乎都由这种工资构成。作为劳动力的工资，虽然显得很高，但作为价值如此巨大物品的价格，又显得很低。鼓励人口增长和耕作改良的，也鼓励真实财富的增加和国家的强大。

因此，许多古希腊殖民地增加财富以及增强国力的进程似乎非常迅速。在一个世纪或两个世纪的时间里，许多殖民地就能与母城邦不相上下，甚至超过母城邦。西西里的塞拉库西和阿格里真托，意大利的塔伦图和洛克里，小亚细亚的埃弗塞斯和米利都，在任何方面至少都可以与古希腊的任一城邦相媲美。尽管这些地方较晚才开始建设，但艺术、哲学、诗歌和修辞学等各方面，似乎如同宗主国的任何地方开发得一样早，发展水平一样高。值得注意的是，最古老的两个希腊哲学学派，泰勒斯和毕达哥拉斯学派，并不是形成于古希腊，而是一个形成于意大利殖民地，另一个形成于亚细亚殖民地①。所有这些殖民地都建立在野蛮、未开化民族的居住地，新殖民者在这些地方很容易得到一席之地。他们有大量良田，由于完全独立于母城邦，他们能以自己认为最有利于自己的方式，自由处理自己的事务。

罗马殖民地的历史就没有这么辉煌。当然，其中一些殖民地，如佛罗伦萨，经过许多代人的努力，在母城邦衰落后，成长为强国。但没有一个罗马殖民地能迅速发展。这些殖民地都建立在被征服的地方，大多数在此前人口已经非常稠密了。很少有大块土地分给这些殖民者。并且由于殖民地并非独立，他们不能以自己认为最有利

---

① 米列达斯和克罗托拉。

于自己的方式，自由处理自己的事务。

在殖民地拥有大量良田这方面，欧洲人在美洲和西印度建立的殖民地，与古希腊的殖民地相似，甚至大大超过古希腊的殖民地。在殖民地对宗主国的依附性这方面，欧洲人在美洲和西印度建立的殖民地，虽与古罗马的殖民地相似，但由于距离欧洲十分遥远，或多或少地降低了这种依附程度。它们的地理位置使其较少受到宗主国的监视和控制。在殖民地以自己方式追求自己利益的方面，不是由于欧洲不知道，就是由于欧洲不了解，其行为常常被忽视了。有时欧洲即使知道也只能容忍，因为相距太远，难以管束。即使像西班牙那样强硬专制的政府，由于担心全面反抗，也常常不得不将已经下发给殖民地政府的命令收回或修改。所以，所有欧洲的殖民地，在财富、人口以及土地改良方面，都取得了极大进展。

从最初设立殖民地以来，由于可以得到金银分成，西班牙国王从殖民地取得一些收入。这种收入也激起了人性的贪欲，对更多财富有着过分的期望。因此，西班牙的殖民地，从最初设立殖民地起，就得到宗主国的极大关注。而欧洲其他国家的殖民地，却在很长一段时间内被宗主国大大忽视了。前者并未因受到关注而更繁荣，后者也并未因受到忽视有所衰落。按国土面积比例来看，西班牙殖民地的人口和繁荣程度，都不如欧洲其他国家的殖民地。然而，即使西班牙的殖民地，在人口和土地改良方面的进步，也非常迅速而巨大。据乌罗阿讲，在征服后建立的利马市，前三十年的人口不到五万。基多只是印第安的一个小村落，但据乌罗阿讲，在他那时的人口与利马同样多[①]。杰梅利·卡勒里，虽然据说是个冒牌的旅行家，但其著作似乎都是以极可靠的资料为依据。据他说，墨西哥城有十万居民[②]。这一数字，无论西班牙学者如何夸大，可能都比蒙提祖马时代的人口数多出五倍。这个数字大大超过了英国殖民地最大的三个城市波士顿、纽约和费城的人口数。在墨西哥和秘鲁被西班牙人

---

① 胡安和乌罗阿：《航行史》，第 1 卷，第 229 页。
② 昂沙姆和约翰·丘吉尔：《航行记和旅游记大全》，1704 年，第 4 卷，第 508 页。

征服前，那里没有适用于役使的牲畜。驼马是那里唯一的驮畜，但力气似乎比一般驴子小得多。他们不知耕犁，也不知用铁。他们没有铸币，也没有任何确定的通商媒介。他们以物物交换的方式进行贸易。一种木锄是他们主要的农用工具。尖石是他们用来切割东西的刀斧。鱼骨和某种动物的坚腱，是他们用来缝纫的针。这些似乎是他们主要的工具。在这种状态下，这些帝国都不可能像现在那样进步，耕作得也不能像现在那样好。现在那里已经有大量的各种欧洲牲畜，已经使用铁和耕犁以及许多欧洲技术。但是所有国家的人口密度必定与其土地改良和耕作程度相称。尽管土著在被征服后惨遭杀戮，但这两大帝国现有人口可能仍比从前任何时候都多。我认为，我们必须承认，西印度群岛的西班牙移民后裔，在许多方面都优于土著。

除了西班牙人建立的殖民地，葡萄牙人在巴西的殖民地就是欧洲在美洲最早的殖民地。但由于巴西在第一次被发现之后很久都没有发现金矿或银矿，对国王贡献的收入极少甚至干脆没有，所以在很长一段时间内基本无人过问。但正是在受到忽视的情况下，巴西成长为强大的殖民地。在葡萄牙受西班牙统治时，巴西受到荷兰的攻击，荷兰占有了巴西十四个省中的七个省。荷兰本打算继续征服其他七个省，这时葡萄牙恢复独立，布拉干查王朝执政。当时作为西班牙敌人的荷兰，就成为葡萄牙的朋友，因为葡萄牙也是西班牙的敌人。因此，荷兰同意把尚未征服的那部分巴西省份留给葡萄牙；葡萄牙也同意把荷兰已征服的那部分巴西省份留给荷兰。两国都认为不值得为这件事与盟国发生争执。但是荷兰政府不久就开始压迫当地的葡萄牙移民。葡萄牙移民并不满足于发牢骚度日，而是拿起武器来反抗新主人。他们没有得到宗主国的任何公开援助，只不过得到宗主国的默许，仅凭着自己的勇气和决心，将荷兰人赶出了巴西。看到自己不可能占有巴西的任何部分，荷兰人同意将巴西全部归还给葡萄牙国王[①]。这个殖民地的人口据说有六十多万[②]，其中有

[①] 雷诺尔：《哲学史》，阿姆斯特丹版，1773年，第3卷，第347～352页。
[②] 同上，第3卷，第424页。

葡萄牙人、葡萄牙人的后裔、西印度群岛的西班牙移民后裔、黑人与白人的混血儿以及葡萄牙人与巴西人的混血儿。其他任何美洲殖民地都没有这样多的欧洲血统。

十五世纪末以及十六世纪大部分时间内,西班牙和葡萄牙是两大海军强国。尽管威尼斯当时与欧洲各地通商,但其舰队却基本活动在地中海范围内。由于是西班牙人最初发现了美洲,他们宣称全部美洲都归他们所有。虽然他们不能阻止像葡萄牙那样的海军强国在巴西殖民,但那时他们的威名使大部分其他欧洲国家十分恐惧,不敢在这个新大陆建立殖民地。试图在佛罗里达殖民的法国人就全部被西班牙人杀掉了①。但自从无敌舰队在十六世纪末被击败后,西班牙的海军力量衰落了,再也无力阻止其他欧洲国家去殖民。因此,在十七世纪,所有有海港的大国,如英国、法国、荷兰、丹麦、瑞典,都试图在新大陆建立殖民地了。

瑞典人在新泽西有殖民地。那里现在还有许多瑞典家族,这足以证明,如果这个殖民地受到宗主国的保护,非常可能繁荣起来。但由于瑞典忽视了这个殖民地,它不久就被荷兰人的纽约殖民地所吞并。荷兰人的纽约殖民地又于1674年归②英国人统治。

圣托马斯和圣克罗斯这两个小岛是丹麦人曾在新世界拥有的全部殖民地。这两个小殖民地由一家专营公司统治。只有这家公司有权购买岛上殖民者的剩余产品,并向他们提供所需的外国货物。因此,在收购和销售时,这家公司不仅有权力压迫他们,而且有最强烈的动机这样去做。不论在什么地方,专营的商业公司的统治可能都是最糟糕的统治。然而这并不能阻止殖民地的发展,只能起到延缓的作用。丹麦前国王解散了这家公司,从此这两个殖民地就非常繁荣。

荷兰在西印度和东印度的殖民地原来都由一家专营公司统治。因此,这些殖民地中的某些与旧殖民地相比,虽然有很大进步,但与大部分新殖民地相比,进步就很缓慢。虽然苏里南殖民地很可观,

---

① 雷诺尔:《哲学史》,阿姆斯特丹版,1773年,第6卷,第8页。
② 是1664年的笔误。

但仍不如其他欧洲国家的大部分蔗糖殖民地。现在已经分为纽约和新泽西两个省的诺瓦·伯尔基殖民地，即使仍受荷兰统治，不久也可能会很繁荣。良田的丰饶和低廉对繁荣所起的作用极大，即使最糟糕的统治也很难完全限制其有效发挥作用。与宗主国的遥远距离，也使得殖民者可以通过走私，或多或少逃避这家公司享有的不利于他们的垄断。现在这家公司允许所有荷兰船只在按照货物价值的2.5%纳税，取得许可证后，与苏里南通商，只保留了从非洲到美洲的直接贸易的独家经营权，这种贸易几乎全部是奴隶贸易。公司专营特权的减少，大概是这个殖民地现在能如此繁荣的主要原因。属于荷兰的两大岛库拉索亚和尤斯特沙是对所有国家船只开放的自由港，因为有这种自由，这两个岛虽然非常贫瘠，但由于周围条件较好的殖民地的港口仅对一国的船只开放，这两个岛却非常繁荣。

在上世纪的大部分时间和本世纪的部分时间，法国在加拿大的殖民地也由一家专营公司统治。在如此不利的管理下，与其他新殖民地相比，该殖民地的发展必然非常缓慢。但在所谓的密西西比计划失败后，这家公司解体了，该殖民地的发展却快得多。当这个殖民地归英国所有时，当地人口已经比查理瓦神父二三十年前所描述的人口增加了将近一倍①。这位耶稣会士曾遍游加拿大全境，不会少报当时的实际人口。

法国在圣多明各的殖民地由海盗建立。这些海盗在很长一段时期内既不要求法国的保护，也不承认法国政府。尽管他们后来接受招安承认了法国政府，但在很长一段时期内受到的管理必然很宽松。这段时期这个殖民地的人口增长和技术进步都非常迅速。虽然有一段时期，这个殖民地和其他法国殖民地一样被一家专营公司压迫，发展受到阻碍，但发展并未停止。这种压迫刚被解除，这个殖民地就立即像从前一样繁荣了。那里现在是西印度最重要的蔗糖殖民地。

---

① P. F. X. 得·夏勒瓦：《新西兰的历史和概况，附北美航行历史志》，1744年，第 2 卷，第 390 页，说居民在 1713 年是 20 000 人至 25 000 人。雷诺尔说，1753 年和 1758 年的人口，除军队和印第安人之外，为 91 000 人。——《哲学史》，阿姆斯特丹版，1773 年，第 6 卷，第 137 页。

其产量据说比全部英属蔗糖殖民地的总产量还大。法国其他蔗糖殖民地也基本上都非常繁荣。

但其他任何殖民地的发展速度，都比不上英国在北美的殖民地。

大量的良田，以及以自己的方式自由处理自己的事务，似乎是所有新殖民地繁荣的两个主要原因。

关于大量良田，英国在北美的殖民地虽无疑有很多良田，但这方面不如西班牙和葡萄牙的殖民地，也并不比上次战争前法国的某些殖民地强。但英国殖民地的政治制度，比其他三国任何殖民地的政治制度都更有利于土地的改良以及耕作。

首先，对未开垦土地的垄断，尽管在英国殖民地未能完全防止，但与其他殖民地相比，受到更多的限制。殖民地法规定，土地所有者有义务在限定时期内，按照一定比例改良并耕作自己的土地。如不履行义务，这部分土地可转授任何他人。尽管这种法律执行得不是非常严格，但还是起到一定作用。

其次，在宾夕法尼亚，没有长子继承权，土地和动产一样，平均分配给家中所有子女。在新英格兰的三个省，长子如同摩西律一样可以得到双份遗产。所以在那些省，尽管有时个别人曾独占大片土地，但经过一两代后，这些土地就可能又被分成许多块了。当然，在其他英属殖民地，与英国的法律一样，仍有长子继承权。但在所有英属殖民地，根据自由借地法所保有的土地借用权，使土地很容易割让，领到大片土地的人大都发觉，从自己利益出发，应该尽快将自己的大部分土地割让出去，仅保留小额免役地租。在西班牙和葡萄牙的殖民地，所有附有爵位称号的大片地产的继承都有所谓的长子继承权。这些大片地产全部归于一人，实际上都是限定继承，不可割让。当然，法国殖民地都沿袭巴黎的风俗，在土地继承方面，比英国法律更有利于弟弟。但在法国殖民地，有骑士尊号和领地称号的贵族保有地，如有任何部分被割让，则在限定期限内，年长的继承人或家族继承人有权赎回。而所有的大片地产都是这种贵族保有地，这必然有碍于土地的割让。但在新殖民地，未开垦的大片地产通过割让可能比通过继承分割要快得多。我们曾论证过，丰饶而低廉的良田是新殖民地迅速繁荣的主要原因。而对土地的独占实际上破坏了这种丰饶以及低廉。此外，对未开垦土地的独占是土地改良的最大障碍。用于改良和耕作土地的劳动，为社会提供了最多和最大价值的生产物。这种情况下，劳动的生产物不仅支付其自己的工资，以及雇用劳动的资本的利润，还支付劳动所耕土地的地租。因此，英国殖民者的劳动，与其他三国中的任何一国殖民地相比，都更多地用于土地的改良和耕作，从而所提供的生产物的价值可能更大，数量可能更多。其他三国的殖民地，由于土地被独占，劳动或多或少地流向其他领域。

再次，英国殖民者的劳动不仅可能提供更多并更有价值的生产物，而且由于赋税适中，生产物的大部分都归他们自己所有，可储存起来用于维持更多劳动力的投入。英国殖民者对母国的国防和行政费用从来就没有任何贡献。相反，迄今他们在保卫自己方面的费用几乎全部是由母国提供。海陆军的开支大大超过必需的行政开支。他们在行政方面的开支一直非常适中，通常只包括总督、法官和若干警官的适当薪金，以及某些最有用的公共设施的维持费。在目前的①骚乱开始前，马萨诸塞湾的行政设施费用过去每年为大约一万八千镑。新汉普郡和罗得岛的行政设施费用各为三千五百镑。康涅迪格的行政设施费用为四千镑。纽约和宾夕法尼亚的行政设施费用各为四千五百镑。新泽西的行政设施费用为一千二百镑。弗吉尼亚和南卡罗来纳的行政设施费用各为八千镑。新斯科舍和佐治亚的行政设施费用的一部分每年由英国议会拨款。此外，新斯科舍每年仅支付七千镑的行政设施费用；佐治亚则每年只支付两千五百镑。简而言之，北美殖民地的所有行政设施费用，除了马里兰和北卡罗来纳无准确记录可查外，在目前的骚乱开始前，当地居民仅承担六万四千七百镑。如此少的费用就能统治三百万人，而且统治得很好，确实令人永难忘怀。殖民地政府开支的最重要的部分，即国防费用，始终由母国负担。在欢迎新任总督以及新一届议会召开之时，殖民地政府的仪式虽然十分隆重，但并不铺张奢华。他们的教会也同样

---

① 所有版本在这里以及在第424页都写成"目前的"，但在第418页则写为"上次的"。

节俭。他们没有什一税,牧师也很少,仅靠适中的薪金或居民的捐助维持生活。相反,西班牙和葡萄牙政府的运转,一定程度上要依靠从殖民地征税。法国虽然从殖民地征税不多,并且来自殖民地的税收也大都用于殖民地,但法国同西班牙和葡萄牙一样,殖民地政府的行政开支以及各种仪式的费用,与英国殖民地相比,要大得多。例如,欢迎秘鲁新任总督常常耗资巨大①。这些仪式不仅使当地的富户在这种情况下纳税,是一种真正的税收,还使他们形成在所有其他情况下虚荣浪费的习惯。这就不仅是暂时的非常苛刻的税,而是形成长期的更苛刻的税,即能让私人倾家荡产的奢华浪费。在这三国的殖民地,教会的压迫也极为严重。这些地方都实行什一税,并且在西班牙和葡萄牙两国的殖民地执行得极为严格。此外,这些殖民地都被行乞修道士所困扰,不仅政府许可,而且受到宗教的尊崇。这对贫民是最苛刻的税,因为他们都受到精心教导,认为布施僧侣是自己的责任,拒绝布施是极大的罪过。由于上述原因,在这三国的殖民地,僧侣都是最大的土地独占者。

第四,在处置剩余生产物即自己消费不了的生产物方面,英国殖民地比欧洲任何其他国家的殖民地,都处于更有利的地位,拥有更广阔的市场。欧洲各国都或多或少地试图垄断对所属殖民地的贸易,并且出于这种考虑,禁止其他国家的船只与自己的殖民地进行贸易,并禁止自己的殖民地从任何外国进口欧洲货物。但各国实行这种垄断的方法大不相同。

某些国家将所属殖民地的全部贸易交由一家专营公司经营,规定殖民地必须向这家公司购买他们所需的全部欧洲货物,并且将剩余生产物全部出售给这家公司。因此,这家公司出于自身利益考虑,不仅以尽可能高的价格出售前一种货物,并以尽可能低的价格购买后一种货物,而且即使后一种货物的价格极低,这家公司购买的数量也不会多于该公司能以极高价格在欧洲销售的数量。这家公司出于自身利益考虑,不仅在所有情况下降低殖民地剩余生产物的价值,

---

① 胡安和乌诺阿:《航行史》,第 1 卷,第 437~441 页,对于仪式的隆重作了惊人的描述。

而且在许多情况下限制产量的自然增长。要阻碍新殖民地的自然增长,在所有能想象到的方案中,最有效的莫过于设立专营公司。而这一方案一直是荷兰所奉行的政策,尽管荷兰的专营公司在本世纪已经在许多方面放弃了专营特权。丹麦也是直到前一国王即位才放弃了这种政策。法国有时也奉行这种政策。最近,自1755年起,欧洲所有其他国家都认为这种政策不合理,而将其放弃,只有葡萄牙仍奉行这种政策,至少在巴西两大省费尔南布科和马拉尼翁仍实施这种政策①。

有些国家虽然没有设立这种专营公司,但限定所属殖民地的全部贸易只能与母国某一特定港口通商,只能在特定季节结成船队出航,或在有特许证(大都付费极高)的情况下单艘船只出航。此外,所有船只不得从这个特定港口出航。当然,这种政策使母国全体国民都能自由地与殖民地进行贸易,前提是在适当的港口、适当的季节并用适当的船只来进行贸易。但是由于出资装备船只并领取特许证的商人,出于自身利益将联合行动,以这种方式经营的贸易,其经营原理必然与专营公司极为接近。这些商人的利润与专营公司的利润同样都过高。殖民地将得不到良好供给,不得不以极高的价格购买和以极低的价格出售。直到最近几年前,这一直是西班牙的政策。相应地,据说所有欧洲产品的价格在西班牙所属的西印度都非常高。据乌罗阿说,在基托,一磅铁的售价约为四先令六便士,一磅钢的售价约为六先令九便士②。但殖民地出售自己产品的主要目的是购买欧洲产品。因此,他们对欧洲产品出价越高,他们出售自己产品的实际所得就越少。一方的高价同时就意味着另一方的低廉。在这方面,葡萄牙对除了费尔南布科和马拉尼翁两省外所有的殖民地实施的政策与西班牙从前的政策相同,而对这两个刚占领的省的政策则更加严厉。

---

① 马拉尼翁在1755年,伯南布哥在四年之后。雷诺尔的《哲学史》,阿姆斯特丹版,1773年,第3卷,第402页。
② 胡安和乌诺阿:《航海史》,第1卷,第252页。铁有时为每昆特尔100厄科,钢为150厄科。

其他某些国家允许其全体国民与殖民地开展贸易。人们可从母国任何港口与殖民地进行贸易，除了海关的一般文件外，不需任何特许状。这种情况下，由于商人为数众多，并且分散于各地，使他们不可能形成联合，他们的相互竞争阻止他们获得过高的利润。在如此宽松的政策下，殖民地就能以合理的价格出售自己的产品，购买欧洲的商品。而自从普利茅斯公司解散以来，当我国的殖民地还处在幼稚时期时，英国的政策一向如此。通常这也是法国的政策，自从英国通常所称的密西西比公司解散后，法国的政策就一律如此。因此，法国和英国从与所属殖民地贸易中所得的利润并非过高，尽管如果允许其他国家自由竞争，利润无疑会更低一些。因此，这两国大部分殖民地的欧洲商品的价格并非过高。

在英国殖民地的剩余产品出口方面，也只有某些商品限于在英国市场销售。这些商品由于曾被列举在《航海法》和其后的其他法令上，所以称为列举商品①。其余商品称为非列举商品，可直接出口到其他国家，但运输船只能属于英国或殖民地，船主以及船员的四分之三须为英国人。

在非列举商品中，有美洲和西印度某些最重要的产品，包括各种谷物、木材、腌制食品、鱼、糖和甜酒。

谷物自然是所有新殖民地耕种的最初的和主要的对象。法律通过准许殖民地的谷物有非常广阔的市场，用来鼓励殖民地推广耕作，使其产品大大超过当地稀少人口的消费，从而为不断增加的人口预先储存了丰富的生活用品。

在树木茂盛的地方，木材的价值极低或毫无价值。开垦土地的费用是土地改良的主要障碍。法律通过准许殖民地的木材有非常广阔的市场，提高本来价值极低的商品的价格，使殖民地能从本来只是纯粹投入的工作中获得利润，以此来试图鼓励推动土地的改良。

在人口不稠密、耕作不发达的地方，牲畜的繁殖自然会多于当地居民的消费，因此价值极低或毫无价值。但我们已经谈到，要想

---

① 查理二世第 12 年第 18 号法律第 18 条最初列举出的商品为：食糖、烟草、棉花、羊毛、靛青、生姜、佛提树染料和其他染色用的木料。

改良一国的大部分土地，牲畜的价格与谷物的价格必须保持一定比例。法律使美洲的牲畜无论死活都有非常广阔的市场，试图以此提高这种商品的价格，因为这种商品的高价对土地改良非常重要。然而，乔治三世第四年第十五号法令将皮革和毛皮定为列举商品，从而降低了美洲牲畜的价值。上述贸易自由的好处必然在一定程度上被这个法令抵消了。

通过拓展我国殖民地渔业来增加我国航运和海军的力量，似乎始终是议会着眼的一个目标。因此渔业便得到贸易自由所能给予的所有鼓励，从而繁荣起来。尤其是新英格兰的渔业，在最近的变乱之前，大概是世界上最重要的渔业之一了。英国对捕鲸业发放的奖金虽然很高，但作用不大。许多人认为（但我不想见证这种意见），英国捕鲸业的全部产量的价值比每年发放的奖金多不了多少。而在新英格兰，虽无任何奖金，经营规模却很大。鱼是北美洲与西班牙、葡萄牙以及地中海沿岸各国贸易的主要商品之一。

糖原来是列举商品，只能出口到英国。但在1731年，经甘蔗种植者请求，允许糖出口到世界各地①。不过这种贸易自由有各种限制②，再加上糖的价格在英国很高，这种贸易自由的作用不大。英国及其所属殖民地仍几乎是英国殖民地蔗糖种植园产品的唯一市场。它们的消费增长得非常快，尽管牙买加和被割让的各岛的土地在逐渐改良③，糖的进口在这二十年内增加了很多，而对外国的出口据说增加不多。

甜酒是美洲向非洲沿海地区出口的非常重要的商品，能用它来换回黑奴。

如果美洲的各种谷物、腌制食品和鱼类的全部剩余产品都列入

---

① 似乎有些错误。实际的年份为1739年，根据乔治二世第12年第30号法律。
② 不是驶往菲尼斯特雷角以南的各地的船只都被迫开往大不列颠的某一个港口。
③ 加尼尔在其为此段（第3卷，第323页）所作的注释中指出，1763年巴黎和约割让的岛只有格林纳达和格林纳丁斯群岛，但是这一词条中还包含战争中取得的其他岛屿，如圣文森特、多米尼加和多巴哥岛。

列举商品，并强制进入英国市场，那将大大妨碍我们自己的生产。这些重要商品之所以不仅未被列入列举商品，而且除了大米之外的一切谷物以及腌制食品，一般情况下法律还禁止其进口到英国，这大概不是为美洲的利益着想，而是为了防止上述妨碍的发生。

非列举商品从前可以出口到世界各地。木材和大米曾被列入列举商品，后来又列入非列举商品，但在欧洲市场只能出口到菲尼斯特雷角以南的欧洲各国①。根据乔治三世第六年第五十二号法令，所有非列举商品都受到同样的限制。菲尼斯特雷角以南的欧洲各国都不是制造业的国家，所以我们不太担心殖民地的船只从那里带回能妨碍我国产品的制造品。

列举商品分为两类。第一类是美洲特有的产物，或是母国不能生产，至少也是母国现在不生产的产物。这类产品有蜜糖、咖啡、可可豆、烟草、红胡椒、生姜、鲸须、生丝、棉花、海狸皮，以及其他各种美洲皮毛、靛青、佛提树和其他各种染色树木。第二类不是美洲特有的产物，母国也能生产，但母国的产量只能满足需求的一小部分，主要靠外国来供应。这类产品都是海军用品，包括桅杆、帆桁、牙樯、松脂、柏油、松节油、生铁、铁条、铜矿石、生皮、皮革、锅罐和珍珠灰。对于第一类商品进口再多也不会妨碍母国任何产物的生产和销售。我国商人期望，通过限制这类商品只能在本国市场销售，不仅能在殖民地廉价购买，并在国内高价出售，而且还能在殖民地和外国之间建立一种有利的运输贸易。这是因为，作为这些商品进口到欧洲的第一个国家，英国必然成为商业中心。有人认为，对于第二类商品的进口也应如此管理，使其不妨碍本国同类产品的销售，而只是妨碍外国进口产品的销售。这是因为，通过适当征税，这类商品始终比本国同类产品略微昂贵，但比外国进口产品要低廉得多。因此，限制这类商品只能在本国市场销售，并非对英国产品不利，而是对那些与英国的贸易差额不利于英国的某些外国产品不利。

---

① 糖由安妮第3、4年第5号法律列入名单，由乔治二世第3年第28号法律从名单中抽出；木材由乔治三世第5年第45号法律从名单中抽出。

禁止殖民地将桅杆、帆桁、牙樯、松脂、柏油出口到除了英国以外的任何其他国家，自然会降低在殖民地木材的价格，从而增加开垦土地的费用，这是殖民地土地改良的主要障碍。大约在本世纪初的1703年，瑞典的松脂柏油公司规定，这些商品必须由它的船只运送，由它自定价格，并以它认为适当的数量运出，否则禁止出口这些商品①。这家公司试图以这种方法来提高其商品出口到英国的价格。为了对抗这一引人注目的商业政策，并使自己尽可能不仅不依赖瑞典，而且不依赖所有其他北方国家，英国对美洲海军用品的进口发放奖金。这种奖金的作用是提高木材在美洲的价格，其程度大大超过限定木材只能进口到国内所起的降低木材价格的作用。由于这两个规定同时颁布，其共同作用是鼓励而不是干扰美洲土地的开垦。

虽然生铁和铁条也是列举商品，但如从美洲进口则免缴重税，而从其他国家进口则须缴纳重税②。这个规定中的前半部分起到鼓励美洲建设制铁厂的作用，而后半部分则起到干扰建设的作用，前者发挥的作用更大。任何一种制造业都不像制铁业的熔炉那样，对木材消费的需求非常大，或能极大地促进树木过于茂盛的地方的土地开垦。

这些规定中有些会提高木材在美洲的价值，从而促进土地的开垦。这既非立法机关本意，也不为立法机关所理解。尽管从这个角度来看，这些规定的有利效应是偶然产生的，但并不因此就不真实。

英属殖民地和西印度之间就列举商品和非列举商品的贸易，都有着完全的自由。那些殖民地现在人口稠密、兴旺发达，因而其中任何一个殖民地都能在其他地方为自己的产品找到广阔的市场。所有这些殖民地结合在一起，对于彼此的产品就形成一个大的内部市场。

然而，英国对所属殖民地贸易实行的宽松政策，主要限于原料或初级加工品。至于殖民地的精加工产品，英国的商人和制造商就

---

① 安德森：《商业》，1703年。
② 乔治二世第23年，第29号法律。

要自己经营了，他们向国会请求，以高关税或完全禁止，使殖民地不能建立这类制造业。

例如，从英属殖民地进口粗制砂糖，每百磅仅纳税六先令四便士，白糖须纳税一镑一先令一便士，而单制或复制的精制糖块则须纳税四镑二先令五又二十分之八便士。在征收如此之高的关税时，英国是英属殖民地出口砂糖的唯一市场，迄今仍是主要市场。这种高关税当初等于禁止白糖或精制砂糖出口到任何外国市场，现在又等于禁止白糖或精制砂糖出口到有可能销售其总产量九成的市场。因而，尽管法国蔗糖殖民地的砂糖精制业很兴旺，但在英属殖民地，除了供应当地市场，就几乎没有砂糖精制业了。在格林纳达被法国人占领时，几乎每个种植园都有一个砂糖加工厂，或至少能漂白。但英国占领格林纳达后，这类加工厂就几乎全部放弃了。现在（1773 年 10 月）我相信，这个岛上只剩下不超过两三个厂了。不过，现在由于海关管理不严，白糖或精制砂糖如能从块状改为粉末，一般可作为粗制砂糖进口。

英国一方面对美洲进口的生铁和铁条免征关税，而对从其他国家进口的同类商品则征收关税，以鼓励美洲的这种制造业；另一方面却完全禁止在其美洲殖民地建立钢厂和铁厂①。英国甚至不能忍受其殖民地人民为自己消费而制造这种精加工产品，却坚持要他们向英国商人和制造商购买他们所需要的所有这类商品。

英国还禁止由水运，甚至由车马陆运，将美洲生产的帽子、羊毛和毛织品②从一省运往另一省。这种规定有效地阻止了殖民地为了向远方销售而建立这些商品的制造业，并以这种方式将殖民地的制造业限于只能是家庭制造，用来生产自己使用或供同省邻人使用的粗糙物品或家庭用品。

禁止大多数人民制造他们所能制造的全部所有物品，或禁止他们根据自己的判断，将自己的资本和劳动投入到对自己最有利的用

---

① 乔治二世第 23 年，第 29 号法律。安德森：《商业》，1753 年。
② 帽子，根据乔治二世第 5 年第 22 条法律；羊毛，根据威廉三世第 10、11 年第 10 号法律。参阅安德森：《商业》，1732 年和 1699 年。

途,这明显侵犯了最神圣的人权。不过,虽然这种禁令不太公正,但并没有对殖民地造成太大损失。土地仍很低廉,劳动仍很昂贵,殖民地能以比自己制造更低廉的价格,从宗主国进口几乎所有的精加工产品。因此,即使不禁止殖民地建立这类制造业,在现有发展状况下,从自己利益出发,他们也可能不建立这类制造业。在殖民地现有发展状况下,这种禁令可能没有约束他们的劳动,没能阻止他们按照自然规律投入劳动,而只不过是宗主国的商人和制造商,出于无根据的嫉妒,没有任何充分理由,而强加于殖民地的无礼的奴役标志。在殖民地更进步的状况下,这种禁令有可能成为不能忍受的真正压迫。

英国限定殖民地的几种最重要的产物只能进口到本国市场。作为补偿,它使其中某些产物在这个市场中占有优势。其办法是,有时对从其他国家进口的类似产物征收较高关税,有时对从所属殖民地进口的产物发放奖金。按照第一种方法,它使所属殖民地的糖、烟草和铁在国内市场占有优势。按照第二种方法,它使所属殖民地的生丝、大麻、亚麻、靛青、海军用品和建筑木材在国内市场占有优势。第二种用发放奖金来鼓励进口所属殖民地产物的,据我所知,这是英国独有的。第一种方法就不是英国独有的了。葡萄牙不满足于对从所属殖民地以外任何其他国家进口的烟草征收较高关税,而是以最严厉的惩罚来禁止进口。

在殖民地进口欧洲货物这方面,对于殖民地的处置,英国也比任何其他国家更宽松。

对于外国商品进口时所纳的税,英国允许其在再出口时,退还一部分税。这部分税几乎总是一半,一般是大部分,有时是全部。我们很容易就可以预见到,如果外国商品进口到英国时须纳重税,在再出口时还不能退还任何部分,任何一个独立的外国都不会接受这种再出口的商品。因此,除非在再出口时退还一部分税,否则重商主义如此推崇的运输贸易就要消亡了。

然而我们的殖民地根本不是独立的外国,并且英国已经取得以所有欧洲商品供应其所属殖民地的专营权。英国本可以像其他国家对待自己的殖民地那样,强迫其所属殖民地接受这些商品,而这些商品在进口到宗主国时缴纳的关税不予退还。但与此相反的是，直到 1763 年前，大部分外国商品在出口到我国殖民地时，与出口到任何独立外国时享受同样的退税待遇。当然，根据 1763 年乔治三世第四年第十五号法令，这种宽松政策很大程度上被取消了。该法令规定，欧洲或东印度的农产品或制造品，除了葡萄酒、白洋布和细洋布外，从本王国出口到任何英属美洲殖民地时，称为"旧补助税"的税收分文不得退还①。在这项法令颁布前，许多外国商品在殖民地的价格可能比在宗主国还低，某些商品现在还是如此。

我们必须注意到，在制定有关殖民地贸易的大部分条例时，经营殖民地贸易的商人都是主要顾问。因此，我们不必奇怪，在大部分这类条例中，与殖民地和宗主国相比，商人的利益受到更多关注。商人有专营特权，可以供应殖民地所需的欧洲货物，还可以购买不会损害商人国内贸易的殖民地那些过剩产物。这种特权以牺牲殖民地的利益为代价来照顾商人的利益。这些商人在把欧洲和东印度的大部分货物再出口到殖民地时，与像再出口到任何独立国家时一样享有相同退税待遇。即使按照重商主义的利益观念，这也是以牺牲宗主国的利益为代价，来照顾商人的利益。对运往殖民地的外国货物尽可能少地纳税，对进口到英国的外国货物尽可能多地退回垫付的关税，这符合商人的利益。这样他们就能在殖民地销售同等数量的货物来得到较多的利润，或销售较多数量的货物来得到同样多的利润，从而以这两种方式中的任何一种都能获利。以尽可能低的价格得到尽可能多的这些货物，也同样符合殖民地的利益。但这未必总符合宗主国的利益。这常常在两方面对宗主国造成损失：一方面，退还进口这些货物时征收的大部分税收，会影响宗主国的收入；另一方面，由于这种退税，外国制造品以更方便的条件运到殖民地，使得宗主国的制造品在殖民地市场降价销售，会影响宗主国的制造业。人们常说，对再出口到美洲殖民地的德国亚麻布的退税，大大延缓了英国亚麻布制造业的发展。

但是，英国关于殖民地贸易的政策，虽和其他国家一样，受重

---

① 这个引证不是完全逐字逐句的。

商主义精神的影响,不过总体上不像其他国家那样狭隘、那样令人难受。

英属殖民地在除了对外贸易以外的所有方面有完全的自由,可以其自己的方式处理自己的事务。殖民地人民在所有方面,都享有和他们国内同胞同等的自由,并且同样有人民代表议会来确保这种自由。人民代表议会独家拥有课税的权力以维持殖民地政府。这个议会的权力超越行政机关的权力。不论是最低贱的还是最令人讨厌的殖民地人民,只要他们遵守法律,就不必害怕总督或文武官员对他们愤恨。殖民地议会虽然和英国众议院一样,并非总是非常平等的人民代表机构,但更接近这种平等的性质。由于行政机关无法收买议会,或者是因为行政机关的经费来自宗主国,而不必收买议会,所以议会通常受选民的倾向的影响可能更大。殖民地的参议院相当于英国的贵族院,但不是由世袭贵族构成的。在某些殖民地,如新英格兰的三个殖民地,这些参议院议员不是由国王任命,而是由人民代表决定。所有英属殖民地都没有世袭贵族。当然,所有殖民地都像其他自由国家一样,老殖民地家族的后裔比有相同功绩和财产的暴发户更受人尊敬。但他们只是受到尊敬而已,并没有给邻人带来麻烦的特权。在当前的动乱开始前,殖民地议会不仅有立法权,还有一部分行政权。在康涅迪格和罗得岛,总督由议会选举①。在其他殖民地,议会规定的税收由议会任命的征税官去征收,征税官对议会直接负责。因此,殖民地的人民比宗主国的人民更平等。他们的行为更具有共和精神,他们的政府,特别是新英格兰的那三个政府,迄今一直更具有共和精神。

相反,西班牙、葡萄牙和法国在其殖民地建立了专制政府。这些政府通常放权给所有下级官员。由于距离遥远,这种下放的权力执行起来自然比平时更强暴。在所有专制政府统治下,首都都比其他地方更自由。君主自己绝不想破坏司法制度或压迫人民大众。君

---

① 贸易和殖民委员会在1732年给下议院的一个报告中,坚持某些殖民地政府的民主性,并且提到了康涅狄格和罗得岛的总督选举。该报告在安德森的《商业》(1732年)中被引用。

主位于首都多少使那里的下级官员有所敬畏，但在遥远地区，人民的抱怨不太可能为君主所知，下级官员实施苛政就安全得多。但是欧洲在美洲的殖民地，比我们知道的最大帝国的最远的省份更远。迄今可能只有英属殖民地政府，能向如此遥远省份的人民提供完全保护。法国殖民地的管辖，与西班牙和葡萄牙殖民地的管辖相比，向来更温和宽松。这种比较优越的管辖既与法国国民的性格相称，也与形成一切国家国民性格的东西相称。法国政府的性质，虽然比英国更专横，但比西班牙和葡萄牙更守法、更自由。

在北美殖民地的进步过程中，英国殖民地政策的优越性表现得最明显。法国蔗糖殖民地的进步至少与英国大部分蔗糖殖民地的进步相当，或许进步还更大，可是英国蔗糖殖民地的统治几乎与英属殖民地的统治同样自由。只不过法国不像英国那样限制所属殖民地精加工当地产的糖。更重要的是，法国政府的特质很自然就会带来对黑奴更好的管理方法。

在所有欧洲殖民地，甘蔗都是由黑奴来种植。据说，出生于欧洲温带的人的体质，不能在西印度的烈日下去挖土劳动。目前种植甘蔗全部是手工劳动，尽管许多人认为使用耕犁有很大好处。但由于犁耕的利润和成效很大程度上依赖于对牛马的良好管理，奴隶耕作的利润和成效也必然同样依赖于对奴隶的良好管理。我认为，在对奴隶的良好管理方面，大都承认法国殖民者要优于英国殖民者。为防止主人暴行而对奴隶提供少量保护的法律，在统治极为专制的殖民地上，比在统治完全自由的殖民地上，可能执行得更到位。在所有设立不幸的奴隶法律的国家，地方官员在保护奴隶时，某种程度上就干涉了主人对私有财产的管理。在自由国家，主人不是殖民地议会代表，就是议会代表的选民，地方官员如非深思熟虑不敢干涉他们。地方官员不得不尊敬他们，从而就很难保护奴隶了。但在政府非常专制的国家，地方官员经常干涉个人的私有财产的管理。如果个人不按照地方官员的意愿来管理，有可能会收到拘票。因此地方官员向奴隶提供保护就容易得多。人类共有的爱心自然会使地方官员这么做。地方官员的保护使奴隶在他们主人的眼中不那么下贱了，从而促使主人更重视他们，对待他们更温和。这种温和的待遇不仅使奴隶更忠实,而且更聪明,从而对主人更有用。奴隶的状况更接近于自由佣人,并可能在某种程度上忠实于主人,与主人有共同利益。自由佣人常有这种美德,但奴隶绝不会有。在主人享有完全自由不受干涉的国家,奴隶通常就是被作为奴隶来对待。

我相信,所有时代和国家的历史都会证明,奴隶在专制政府下比在自由政府下待遇更好。在古罗马史中,第一次提到长官保护奴隶免受其主人暴虐,就是在皇帝统治时期。维迪·阿·波利奥在奥古斯丁皇帝面前,下令将他的一个犯了小错的奴隶砍成碎块投入鱼池喂鱼。皇帝非常生气,命令他立刻释放这个奴隶,还释放了属于他的其他所有奴隶①。而在共和体制下,长官没有足够的权力来保护奴隶,更别提去惩罚主人了。

需要指出的是,改良法国蔗糖殖民地尤其是圣多明各这个大殖民地的资本,几乎全部来自这些殖民地的逐步改良和耕作。这几乎都是土地和殖民地人民劳动的产物,也就是说,是因良好经营而积累起来并用以生产更多产物的那部分产物的价格。但是改良和耕作英国蔗糖殖民地的资本中的大部分是来自英国②,并不全是土地和殖民地人民劳动的产物。英国蔗糖殖民地之所以繁荣,主要是由于英国有巨额财富,其中一部分流到(如果可以这样说)那些殖民地。但法国蔗糖殖民地的繁荣却完全是出于殖民地人民的良好经营。因此在经营这方面,法国移民肯定优于英国移民。这一优点在对奴隶的良好管理上体现得最明显。

上述是对欧洲各国殖民地政策的总体概述。

因此,关于美洲殖民地的最初建立以及随后的繁荣,欧洲的政

---

① 这个故事在斯密的《演讲录》第97页有相同的叙述。但塞尼尔《愤怒》第三编第40章和狄奥卡希阿斯《历史》第五十四编第23章记载,不是说奥古斯丁命令释放所有的奴隶,而是命令将桌上的所有的高脚玻璃杯打碎。塞尼尔说,有犯过失的那个奴隶被释放了,而狄奥卡希阿斯没有提到释放的事情。

② 1775年,西印度商人和种植人认为,蔗糖殖民地资本共值60 000 000镑,其中半数属于大不列颠居民。——参阅安德森,《商业》续编,1775年。

策几乎没有值得夸耀之处。

支配着最初计划建立这些殖民地的动机,似乎是荒唐和不公的。寻找金矿和银矿属于荒唐;面对那些非但没有伤害过欧洲人,还对欧洲最初的冒险家热情好客的无恶意的土著,居然觊觎占有其国家,则属于不公。

当然,后来建立殖民地的冒险家,除了寻找金银矿的妄想外,还有其他更合理、更值得称赞的动机。但即使这些动机也基本不能为欧洲的政策增色。

英国的清教徒在国内受到压制,因而逃往美洲寻求自由,并在新英格兰建立了四个政府。受到更不公正待遇的英国天主教徒在马里兰建立了政府。教友派教徒则在宾夕法尼亚建立了政府。葡萄牙的犹太人受到宗教法庭的迫害,被剥夺了财产,还被流放到巴西。他们在原来由流犯和妓女居住的地方,示范引入了某种秩序和勤奋,并传授种植甘蔗的方法①。在上述各种情况下,使人民在美洲居住和耕作的,不是欧洲各国政府的智慧和政策,而是它们的混乱和不公。

在对于建立某些最重要的殖民地的计划和实施这两方面,欧洲各国政府几乎没有任何功劳。对墨西哥的征服不是西班牙国会的计划,而是古巴总督②的计划。而这一计划是由总督委托的冒险家的大胆精神来实现的,尽管总督随后就后悔了,对冒险家③横加阻挠。智利和秘鲁的征服者,以及西班牙在美洲大陆上几乎所有其他殖民地的征服者,在征服过程中,除了得到许可以西班牙国王的名义建立并征服殖民地外,并未得到政府其他支持。这些冒险家全部是风险自担,费用自负。西班牙政府对他们几乎没有任何帮助。英国政府对其最重要的一些北美殖民地的建立,也同样几乎没有任何帮助。

但当这些殖民地已经建立,并且重要性足以引起宗主国政府关注时,宗主国最初对殖民地颁布的规定,总是着眼于确保其垄断这

---

① 雷诺尔:《哲学史》,阿姆斯特丹版,1773 年,第 3 卷,第 323、324、326 和 327 页。
② 维拉奎。
③ 科特兹。

些殖民地的贸易，限制它们的市场并以此为代价来扩大自己的市场。因而，与其说这些规定加速了殖民地的繁荣进程，还不如说起到阻碍的作用。欧洲各国殖民政策最根本的不同之处，就在于实施垄断的方法各不相同。其中最好的是英国的方法，但也只是在某种程度上不如其他国家那样狭隘和压抑。

那么，欧洲政策对美洲各殖民地的最初建立或当前的繁荣有何贡献呢？在一个方面，仅仅在一个方面，欧洲政策贡献巨大。它培养和造就了能完成如此伟大事业并为如此伟大帝国打下根基的人才①。这些殖民地的积极进取的创建人的教育水平以及远大眼光，应该归功于欧洲的政策。而对于某些最大最重要的殖民地，就其内政来说，除了这一点外，其他方面与欧洲政策关系不大。

第三节　论欧洲从发现美洲以及经由好望角到东印度的通道中得到的利益

以上是美洲殖民地从欧洲政策中得到的利益。那么欧洲从美洲的发现和殖民中得到什么利益了呢？

这些利益可分为两类：第一，欧洲作为一个大国从这些重大事件中得到的总体利益；第二，各殖民国从统治所属殖民地中得到的特殊利益。

欧洲作为一个大国从美洲的发现和殖民中得到的利益也可分为两类：第一是享乐用品增多了；第二是产业规模增大了。

欧洲进口的美洲剩余产物，给这个大陆的居民提供了多种商品。如果不是由于美洲的发现和殖民，他们不可能拥有这些商品。其中有些给人们带来方便，有些给人们带来快乐，有些用于装饰，因此都有助于提高生活水平。

显然，美洲的发现和殖民促进了以下各国产业的发展。首先是那些与美洲直接贸易的国家，如西班牙、葡萄牙、法国和英国。其次是那些不直接与美洲贸易，而以其他国家为媒介，将本国产物运

---

① 弗吉尔：《农业诗歌集》，第2卷，第173~174页。

到美洲的国家,如奥属法兰德斯和德国的几个省,就以上述有直接贸易的国家为媒介,将大量麻布和其他货物运往美洲。所有这些国家显然为自己的剩余产物找到了更广阔的市场,从而必然受到鼓励来增加其剩余产物的产量。

这些重大事件,对于那些从未将自己的任何产物运往美洲的国家,如匈牙利和波兰,也促进了其产业的发展。这种促进作用虽然不那么明显,却无可置疑。匈牙利和波兰消费了美洲的一部分产品。那里对新世界的砂糖、巧克力和烟草也有一定需求。但这些产品必须用匈牙利和波兰产业的产品或其产品购得的产物来购买。这些美洲商品是新的价值和新的等价物,引入到匈牙利和波兰以交换那里的剩余产物。这些剩余产物运往美洲就开辟了新的更广阔的市场,提高了价值,从而促进其产量的增加。尽管匈牙利和波兰的剩余产物可能并未运往美洲,但可以运往其他国家,由其他国家用他们得到的一部分美洲剩余产物来购买。通过这种最初由美洲剩余产物引起的贸易,匈牙利和波兰的剩余产物找到了自己的市场。

这些重大事件,甚至对于那些不仅从未将自己的任何产物运往美洲并且没从美洲收到任何产物的国家,也能提高生活水平并促进其产业的发展。即使这些国家,也能从那些由于与美洲进行贸易而增加了剩余产物的国家里获得更多的其他商品。这些更多的其他商品必然会提高生活水平,从而也必然会促进其产业的发展。这就必然会有更多的新的等价物来交换其产业的剩余产物。这就必然为剩余产物开辟了更广阔的市场,提高其价值,从而促进其产量的提高。每年投入欧洲这个大商圈,并通过周转分销给欧洲各国的商品总量,也必然由于美洲全部剩余产物而增加。商品总量增多了,各国的商品数量相应也会增多,从而会提高其生活水平,促进其产业的发展。

由宗主国专营贸易,会降低宗主国特别是美洲殖民地的生活水平,抑制其产业发展,至少也会低于正常发展水平。这是一种巨大力量,使推动人类大部分活动的动力受到抑制。这种专营贸易使殖民地的产物在所有其他国家更昂贵,从而减少了对殖民地产物的消费,因而使殖民地的产业衰退,所有其他国家的生活水平和产业发展水平都下降。这是因为,为享乐用品支付的价格较高,生活水平就会降低；生产所得的价格较低，生产就会下降。同样，这种专营贸易使所有其他国家的产物在殖民地更昂贵，从而使所有其他国家的产业衰退，殖民地的生活水平的提高和产业的发展水平都下降。这是一个障碍，为了某些国家想象的利益，妨碍了所有其他国家的生活水平的提高和产业的发展，而殖民地所受的妨碍更多。这种专营贸易不仅尽可能排斥所有其他国家，使其不能进入某个市场，而且尽可能将殖民地限制在某个市场以内。某个市场是封闭的而所有其他市场是开放的，或某个市场是开放的而所有其他市场是封闭的，这其间的区别相当大。但殖民地的剩余产物，是欧洲由于美洲的发现和殖民而提高生活水平和产业发展的源泉，可宗主国的专营贸易却使这一源泉大大低于其本应有的水平。

各殖民国从其所属殖民地得到的特殊利益，分为两类：第一类是各帝国从所属省份得到的一般利益；第二类是特殊利益，估计是由欧洲在美洲的殖民地的非常特殊的性质而产生的。

各帝国从所属省份得到的一般利益也分为两类：首先是各省份提供的保卫帝国的军队；其次是各省份提供的维持帝国行政管理的收入。罗马帝国的殖民地有时能同时提供这两种利益。希腊的殖民地有时提供军队，但很少提供收入[①]。希腊的殖民地很少承认受母城的管辖。这些殖民地通常在战时是希腊的同盟，但在和平时期很少归希腊管辖。

欧洲在美洲的殖民地从未为宗主国的国防提供军队。这些殖民地的军队还不足以保卫自己。在宗主国参战时，常常要分散很大一部分兵力来保卫所属殖民地。所以，在这方面，所有欧洲殖民地一概莫能例外，与其说是其宗主国强大的一个因素，还不如说是削弱宗主国的一个因素。

只有西班牙和葡萄牙的殖民地为所属宗主国提供了一些收入，用于国防和日常开支。而欧洲其他国家，尤其是英国，从所属殖民地征收的税，在和平时期就很难与在殖民地上的开支相抵，在战时就更不够用了。所以，这些殖民地对于其宗主国来说是负担，而不

---

① 色诺芬：《长征记》，提供了一个有关收入的例子。

是财源。

这些殖民地为其宗主国带来的利益,只有那些特殊利益,估计是由欧洲在美洲的殖民地的非常特殊的性质而产生的。人们认为,专营贸易是所有这些特殊利益的唯一来源。

以英国为例,由于这种专营贸易,英属殖民地剩余产物中被称为列举商品的那部分,就只能运往英国,不能运往任何其他国家。此后其他国家必须向英国购买这些产品。因此,这些产品在英国与在其他国家相比,必然更便宜,更能提高生活水平,更能促进产业的发展。在用本国剩余产物交换这些列举商品时,英国必然能比其他国家得到更优惠的价格。例如,英国的制造品与其他国家同类制造品相比,能购得更多英属殖民地的砂糖和烟草。因此,迄今为止,当英国制造品和其他国家的制造品都能交换英属殖民地的砂糖和烟草时,在价格方面的优势鼓励了英国的制造业,而其他国家在这种情况下却得不到鼓励。由于殖民地专营贸易使没有这种专营权的国家的生活水平降低了,产业衰退了,或至少是低于其应有的发展水平,所以那些拥有专营权的国家就得到明显的利益。

但是也许这种利益,与其说是绝对利益,还不如说是相对利益。这种利益带来的优势,与其说是由于鼓励了拥有这种专营权的国家的产业和生产,使其发展超过自由贸易情况下的自然发展,还不如说是由于抑制了其他国家的产业和生产。

例如,马里兰和弗吉尼亚的烟草,由于英国的垄断,在英国的销售价格就较低。而法国通常须从英国购买很多烟草,烟草在法国的销售价格就较高。但是如果法国和所有其他欧洲国家总能与马里兰和弗吉尼亚自由贸易,这些殖民地的烟草,就不仅能以比现在实际价格更低的价格运往所有其他国家,而且同样能以更低的价格运往英国。由于市场比以往更广阔,烟草的产量可能大大增加,使种植烟草的利润降到与种植谷物的利润相同的自然水平。据说,现在种植烟草的利润仍然略微超过自然水平。从而烟草的价格可能下降,略微低于现在的价格。英国和其他国家的同等数量的商品,就能在马里兰和弗吉尼亚购买更多的烟草,因而能以更高的价格出售。所以这种烟草,如果由于价廉丰产,能提高英国或其他国家的生活水平，促进产业发展，那么在自由贸易的情况下，就可能在这两方面取得比现在更多的成果。当然，在这种情况下，英国相对于其他国家就没有任何优势了。这种情况下，英国也许能以比现在更低的价格购买其所属殖民地的烟草，从而能以更高的价格出售其商品。但与其他国家相比，英国既不能以更低的价格购买前者，也不能以更高的价格出售后者。英国可能会得到绝对利益，但肯定会失去相对利益。

然而，我们有充分理由相信，英国为了获得殖民地贸易的相对利益，为了实施尽量排斥其他国家在殖民地贸易中的份额的令人反感的糟糕计划，不仅牺牲了它和所有其他国家有可能从这种贸易中获得的一部分绝对利益，而且使英国在几乎所有其他贸易部门都处于绝对不利和相对不利的地位。

当英国根据航海条例垄断殖民地贸易时，此前投入到这种贸易的外国资本必然要撤出去。此前英国资本只是经营这种贸易的一部分，现在将经营其全部。此前只是供给殖民地所需的一部分欧洲货物的英国资本，现在要供给殖民地所需的全部欧洲货物。但英国资本不可能供给殖民地所需的全部欧洲货物，因此英国资本所能供给的货物必然以非常昂贵的价格出售。此前只是用来购买殖民地的部分剩余产物的资本，现在用来购买全部剩余产物了。但这部分资本不可能仍以与原价相差不多的价格收购全部剩余产物，因此实际收购价格必然非常便宜。但在运用资本时，如果商人能以非常高的价格出售，以非常低的价格购买，利润必然非常丰厚，大大超过其他贸易部门的一般利润水平。殖民地贸易的超额利润，必然把其他贸易部门的原有资本的一部分吸引过来。这种资本转移必然会逐渐加强在殖民地贸易中资本的竞争，从而必然会逐渐减轻在其他贸易部门中资本的竞争。这必然会逐渐减少殖民地贸易的利润，从而必然会逐渐提高其他贸易部门的利润，直到所有部门的利润达到新的水平为止。这个新的利润水平与以往不同，并且略微高一些。

这种双重效应，从所有其他贸易部门吸引资本，提高所有贸易部门的利润率，使其略高于从前，不仅是最初确立贸易垄断的结果，而且是持续这种垄断的结果。

这种垄断一直从其他贸易部门吸引资本，使其投入殖民地贸易。

虽然自从航海条例颁布以来，英国的财富已经大大增加，但殖民地的财富却没有同比例增加。任何国家的对外贸易，自然按其财富增长的比例而增长，该国的剩余产物也自然按其生产总量的增加的比例而增加。英国几乎独占了全部所谓的殖民地对外贸易，而其资本却没能与殖民地对外贸易量同比例增加。所以如果不能持续从其他贸易部门吸收一部分资本，并且同时阻止更多的资本流入到其他贸易部门，英国将无法经营殖民地贸易。因此，自从航海条例颁布以来，殖民地贸易不断增长，而其他对外贸易部门，尤其是从事与欧洲其他国家贸易的部门，却不断地衰落下去。我国的外贸商品，不像颁布航海条例前那样适合邻近的欧洲市场，或适合稍远的地中海国家的市场，而是大部分适合更远的殖民地市场。也就是说，适合有垄断权的市场，而不适合有许多竞争者的市场。关于其他贸易部门衰落的原因，马休·德克尔爵士[1]和一些人认为，是赋税过重、征税方式不当、劳动力价格高以及生活更奢侈等造成的。其实所有这些原因都是由于殖民地贸易的过度增长造成的。英国的商业资本虽然很多，但也不是无限多。自从航海条例颁布以来，英国资本虽然大大增加，但没能与殖民地贸易同比例增加。所以如果不能从其他贸易部门吸取部分资本，从而使贸易部门衰落，就不可能经营殖民地贸易。

必须指出的是，不仅在航海条例确立了对殖民地贸易的垄断之前，而且在殖民地贸易形成规模之前，英国就已经是贸易大国，商业资本雄厚，而且日渐增多。在克伦威尔执政期间与荷兰交战时，英国海军比荷兰海军强大，在查理二世初登王位后爆发的战争中，英国海军与法荷联合海军相比，至少实力相当，或许还更强大。这种优势现在似乎并未加强，至少不像荷兰那样海军和商业今昔保持同一比例。但在上述两次战争中，英国海军的强大并不能归功于航海条例。在第一次战争中，这个条例刚刚拟订。而第二次战争爆发

---

[1] 《论由于不列颠土地价值的下降而使对外贸易衰落，兼论恢复二者的方法》，第 2 版，1750 年，第 28~36 页。

前，这个条例虽已在立法机关通过并实施，但由于时间不长，不可能产生明显效果。条例中关于殖民地专营贸易那部分内容产生的效果最小。当时的殖民地和殖民地贸易与现在相比都是微不足道的。牙买加岛是个卫生状况不好的荒岛，人烟稀少，土地荒芜。纽约和新泽西为荷兰所占，圣克里斯托夫的一半为法国所占。安提瓜岛、南北卡罗来纳、宾夕法尼亚、佐治亚和诺瓦斯科夏还未殖民。弗吉尼亚、马里兰和新英格兰已经殖民。虽然极为繁荣，但当时欧洲或美洲可能没人能预见到或猜想到，那里的财富、人口和改良会取得如此神速的进步。在英属各殖民地中，当时与现在情形相似的只有巴巴多斯岛。在航海条例实施后一段时间内，由于直到多年后才严格执行，英国也只是经营殖民地贸易的一部分，所以殖民地贸易不可能是当时英国成为贸易大国的原因，也不可能是支持英国海军强大的原因。当时支持英国强大海军的贸易是与欧洲及地中海各国的贸易。但英国目前在这种贸易中占有的份额，在当时不可能支持如此强大的海军。如果日渐增长的殖民地贸易，对所有国家都自由开放，英国占有的份额（可能是很大一部分）必然比原来更多。垄断的结果是，殖民地贸易并未大大增加原有的贸易，只是使贸易方向完全改变。

这种垄断必然会提高英国各贸易部门的利润率，高于所有国家都能与英属殖民地自由贸易时的自然利润率。

由于对殖民地贸易的垄断，必然将更多的英国资本违反自然趋势地吸引到殖民地贸易中来，所以垄断殖民地贸易排斥了所有外国资本，必然会减少投入到这种贸易中的资本总量，低于自由贸易时自然流入的资本量。而由于垄断减少了资本在这个贸易部门中的竞争，必然提高了这个贸易部门的利润率。同时由于减少了英国资本在所有其他贸易部门的竞争，也必然会提高所有其他贸易部门的利润率。自从航海条例订立以来，无论英国商业资本在任一时期状况与规模如何，在航海条例延续期间，对殖民地贸易的垄断，必然会将普通的英国资本利润率提得比在那个部门以及所有其他英国贸易部门本来会有的更高。如果自从航海条例订立以来，英国的一般利润率已经大幅降低（现已大幅降低），那么，若不是这个条例确定的垄断使其提高，则一定会降得更低。

但是使一国的一般利润率高于本应有水平的因素，必然使该国在没有垄断权的贸易部门处于绝对的和相对的不利。

之所以处于绝对不利地位，是因为在这些贸易部门，该国商人如不以比原来更高的价格出售外国进口商品和本国出口商品，就不能取得更多的利润。他们的国家必须以更高的价格买外国进口商品和卖本国出口商品，从而必须买更少的外国进口商品，卖更少的本国出口商品。因此，与原来相比，该国必然生活水平下降，生产减少。

之所以处于相对不利地位，是因为在这些贸易部门，并未处于绝对不利的其他国家与该国相比，处于比从前更有利的地位，或处于比从前不利状况有所改善的地位。这使得其他国家与该国相比，生活水平更高，生产更多。其他国家与从前相比，优势更大，劣势更小。由于该国提高了商品的价格，使得其他国家的商人能在外国市场以更低的价格出售商品，从而将该国没有垄断权的所有贸易部门的商品从外国市场排挤出去。

英国商人经常抱怨，认为其制造品在外国市场遇到低价竞争的原因，是英国劳动力的高工资。但对于他们资本的高利润，他们却闭口不提。他们抱怨他人的过分所得，但对自己的过分所得却只字不提。英国资本的高利润和劳动力的高工资，在许多情况下，对提高英国制造品价格所起的作用相同，在某些情况下，前者所起的作用更大。

我们可由此认为，我国没有垄断权的各个贸易部门，尤其是与欧洲贸易和地中海国家贸易的部门，英国资本就是以这种方式，一部分被吸引走，一部分被排斥掉。

部分资本被吸引走，是因为殖民地贸易的持续增长，经营殖民地贸易的资本总是不足，从而带来超额利润，这种超额利润将其他贸易部门的资本吸引过去。

部分资本被排斥，是因为英国的高利润率使其他国家在英国没有垄断权的所有其他贸易部门都处于优势，这种优势将部分资本从这些贸易部门中排斥掉。

对殖民地贸易的垄断将一部分原本可能投入到其他贸易部门的英国资本吸引过去，使得许多外国资本流入到其他贸易部门。如果这些外国资本不是被排斥出殖民地贸易，它们绝不会流入到其他贸易部门。这使得这些贸易部门中的英国资本的竞争减少了，从而使英国资本的利润率高于其应有水平。另一方面，这加剧了外国资本的竞争，从而使外国资本的利润率低于其应有水平。这两方面的结果必然使英国在所有其他贸易部门中明显处于不利地位。

或许有人认为，殖民地贸易比其他任何贸易都对英国更有利，而对殖民地贸易的垄断使得更多的英国资本投入其中，使这部分资本转入对英国更有利的用途。

对于资本所属国家最有利的资本用途，就是能维持最多劳动力以及最能增加土地和劳动年产量的用途。本书第二篇曾指出，投入消费品外贸的资本所能维持的劳动力，与其周转次数完全成比例。例如，一千镑的资本投入一年通常周转一次的消费品外贸，所能持续雇用的本国劳动力，等于一千镑所能维持的本国劳动力。如果一年周转两次或三次，那么所能持续雇用的本国劳动力就等于两千镑或三千镑所能维持的本国劳动力。因此，一般情况下，与邻国进行消费品外贸，比与遥远国度进行的贸易更有利。出于同一原因，本书第二篇也曾指出，一般情况下，直接进行消费品外贸，比转口贸易更有利。

但是对殖民地贸易的垄断，从其迄今对英国资本用途的影响来看，在所有情况下，都使得一部分资本从与邻国的消费品外贸流入与遥远国家的消费品外贸，并在许多情况下，使得一部分资本从消费品直接外贸流入转口贸易。

第一，在所有情况下，对殖民地贸易的垄断，都使得一部分资本从与邻国的消费品贸易流入与遥远国家的消费品贸易中。

对殖民地贸易的垄断，在所有情况下，都使得一部分英国资本从与欧洲及地中海各国的贸易中，流入与更远的美洲和西印度的贸易中。与美洲和西印度的贸易周转次数必然较少，这不仅因为距离更远，而且因为这些地方情况特殊。我们说过，新殖民地的资本总是不足，总是比它们能用于改良和耕作土地带来巨大利润和利益的资本少得多。所以，它们始终对自有资本以外更多的资本有所需求。为了弥补自有资本的不足，它们设法尽可能多地向宗主国借债，所以它们总是欠宗主国的债。殖民地人民借债最常见的方法，不是立据向宗主国富人借债（尽管有时也这样做），而是在他们的欧洲供货商许可的前提下，尽可能多地拖欠货款。他们每年的还款常常不超过欠款的三分之一，有时还不到三分之一。因此，他们的欧洲供货商垫付的全部资本，很少能在三年内返回英国，有时四五年内也不能返回。但是，五年才周转一次的英国资本，以一千镑为例，所能经常雇用的英国劳动力，只是一年周转一次的资本的五分之一。一千镑一年内所能经常雇用的劳动力，仅相当于二百镑一年内所能经常雇用的劳动力。殖民地人民，以高价购买欧洲货物，以高利息购买远期票据，以高折扣调换短期票据，无疑能弥补其供货商由于货款拖欠而带来的所有损失，甚至可能在弥补损失之外还绰绰有余。但尽管这弥补了供货商的损失，却不能弥补英国的损失。在距离很远的贸易中，商人的利润可能与距离很近而往返次数很多的贸易产生的利润同样多，甚至更多。但他居住国的利益，他居住国所能经常维持的劳动力数量，他居住国的土地和劳动力的年产量，必然大为减少。与欧洲贸易甚至地中海各国贸易相比，美洲贸易的路途更遥远，更不定期和更不确定。西印度贸易更是如此。我认为，任何人只要稍有这些贸易部门的经历，都肯定承认这一点。

第二，对殖民地贸易的垄断，在许多情况下，使得一部分资本从消费品直接贸易流入转口贸易。

在不能运往英国以外任何市场的列举商品中，其中许多种的数量大大超过英国的消费量。因此，必须将其中一部分出口到其他国家去。但如果不迫使一部分英国资本流入迂回的消费品外贸中，就无法做到这一点。例如，马里兰和弗吉尼亚每年运往英国的烟草超过九万六千桶，而英国的消费量据说不超过一万四千桶。因此，超过八万两千桶的烟草必须出口到法国、荷兰以及地中海和波罗的海各国。将这八万两千桶烟草运往英国，然后再出口到其他国家，并从这些国家换回货物或货币的那部分资本，是投于迂回的消费品外贸中的，并且必须投于这个用途，才能处理庞大的剩余。如果要计算这种资本多少年才能全部回到英国,我们必须在对美洲贸易的往返时间上,再加上对其他各国贸易的往返时间。如果在与美洲的直接消费品外贸中,投入其中的全部资本常常三四年内都不能回到英国,那么投入迂回贸易的全部资本四五年内也回不到英国。与一年周转一次的资本比较,如果前者能经常雇用三分之一或四分之一的本国劳动力,则后者仅能经常雇用四分之一或五分之一的本国劳动力。在某些出口港,出口烟草的外国商人常常可以赊欠。当然,在伦敦港,常常是现款结算。规矩是称重量,付现款。因此,在伦敦港,全部迂回贸易资本的最终返回时间,仅比美洲贸易资本的往返时间多了货物售出之前在仓库存放的时间。不过,在仓库存放的时间有时也可能非常长。但如果殖民地的烟草不是仅限于在英国销售,在我国消费所需之外,几乎不可能有更多的烟草输入我国。这种情况下,英国现在用大量剩余烟草出口到其他国家所得款项购买的供本国消费的商品,可能就要用本国产业的直接产物或一部分制造品来购买。这些产物或制造品现在几乎全部仅供应一个大市场,这种情况下就可能供应许多较小市场。英国现在经营的是一个大的迂回外贸,这种情况下就可能经营许多小的直接外贸。由于周转很快,现在经营这个大的迂回贸易的资本的一部分,可能只是一小部分,不超过三分之一或四分之一,就足以经营所有这些小的直接贸易,就能经常雇用等量的英国劳动力,就能同样维持英国的土地和劳动的年产量。这样,这种贸易的所有目标仅需少得多的资本即可满足。就会有大量剩余资本可用于其他用途,改良土地,发展制造业,扩大商业规模。至少可以与投入所有这些用途的其他英国资本竞争,降低其利润率,从而使英国在所有这些用途对其他国家优势比现在更大。

对殖民地贸易的垄断还使得一部分英国资本从所有消费品外贸流入运输贸易,从而使或多或少维持英国产业的这部分资本,一部分用来维持殖民地的产业,一部分用来维持其他国家的产业。

例如,以这八万两千桶剩余烟草每年从英国再出口而购回的货物,并未完全用于英国消费。其中一部分,如从德国和荷兰购回的麻布,运往殖民地专供那里消费。但这部分购买烟草并以其购买麻布的英国资本，必然被抽出而不能用于维持英国产业，其中一部分用于维持殖民地产业，另一部分用于维持那些以本国产品购买烟草的国家的产业。

此外，对殖民地贸易的垄断，由于使得更多的英国资本违反自然规律流入这种贸易，似乎完全打破了所有英国产业部门本应有的自然平衡。英国的产业不是去适应许多小市场，而主要是去适应一个大市场。英国的商业不是在许多小渠道运行，却被引导主要在一个大渠道运行。因此，英国整个工商业系统就不大安全，其政治组织的全部状态也变得比较不健康。在目前状态下，英国类似不健康的机体，这些机体中某些重要器官生长得过大，容易发生许多在各部分比例均衡的机体所不常有的危险疾病。这个大血管人为地膨胀，超过自然限度，并且国家非正常比例的工商业被迫在其中流通。这个大血管的小小阻塞，就很可能给全部政治组织带来最危险的混乱。所以，英国人民对于殖民地决裂的惊恐，超过其对西班牙无敌舰队和法国人入侵的惊恐。正是这种惊恐，无论有无根据，使得对印花税法令的废除至少在商人中深受欢迎。如果殖民地市场完全排斥英国商品，只要持续数年，我国大部分商人往往会认为他们的贸易会完全停止；我国大部分制造商也往往认为，他们的生意会完全摧毁；我国大部分工人也往往认为，预计他们会完全失业。而与欧洲大陆任何邻国的决裂，虽然也可能给上述各类人的职业带来一些停滞或中断，但对其预期不会引起如此普遍的情绪。在某些小血管中循环的血液一旦停止流动，很容易就能排放到大血管，不会引起任何危险的疾病。但是如果大血管中的血液停止流动，其直接的不可避免的后果是痉挛、中风或死亡。靠出口奖金或对国内和殖民地市场的垄断，而人为地提升到非正常高度的过度膨胀的制造业，其中任一部分只要稍有停滞或中断，就常常能引起动乱和混乱，使政府惊慌，使议会困窘。可以想象，如果我国主要制造商的大部分突然完全停业，会引起多大的混乱。

将来任何时候，要使英国免于这种危险，要使英国能够甚至强迫它从过度发展的部门撤出一部分资本，投入其他利润较少的部门，要逐渐缩减一个产业部门，逐渐加强所有其他产业部门，逐步将所有产业部门恢复到完全自由贸易所必然建立,并只能由完全自由贸易所保持的自然、健康、适当的比例,唯一可行之道,似乎就是某种程度适当地逐渐放宽给予英国贸易专营权的法律,直到有很大自由为止。立刻对所有国家开放殖民地贸易,也许不仅会带来一些暂时的麻烦,还会给目前以劳动和资本经营殖民地贸易的大部分人带来巨大的、永久性的损失。即使仅仅是那些进口八万两千桶超过英国消费量的烟草的船只突然放弃而不使用,造成的损失就更加明显。这就是重商主义所有法规的不幸后果。这些法规不仅给政治组织带来非常危险的混乱,而且这种混乱至少在短时间内很难治理,以致带来更大的混乱。因此,应逐渐开放殖民地贸易。哪些限制应首先取消,哪些限制应最后取消;如何逐渐恢复完全自由与公正的自然制度,这些问题还是留给未来的政治家和立法者运用智慧去决定吧。

自从1774年12月1日①以来的一年多时间里,在殖民地贸易中占非常重要地位的北美洲十二个省联合起来完全排斥英国商品。一般情况下这本应使英国明显感受到损失,很幸运的是,发生了五个未曾预见也未曾想到的事件,使英国感受不到损失。(一)这些殖民地约定不进口英国商品,在做准备时,已将适合它们市场的所有英国商品全部买下。(二)西班牙舰队②出于特殊需要,在这一年买光了德意志和北欧的许多商品,尤其是亚麻布。这些商品过去常和英国制造品竞争,甚至在英国市场也是如此。(三)俄国与土耳其③和谈,使土耳其市场产生了异常需求。因为此前土耳其处于国难,俄国舰队又在爱琴海一带活动,土耳其市场的供应品奇缺。(四)过去

---

① 不进口协定开始生效的日期。
② 威廉送往美洲的贵重货物为了安全起见,以及为了防止造假,使西班牙与其殖民地贸易的商船队在强大的护航之下行驶。这种船队分成两种:一种是"加利昂斯"(大型帆船);另一种是"弗洛达"(一阵风),每年装备一次。以前从赛维尔出发,但由于发现加的斯港,从1720年起便改从这里出发。——W. 罗伯逊,《美洲史》,第八编,1825年,第7卷,第372页。
③ 根据凯拿基和约。

数年，北欧对英国制造品的需求逐年增加。（五）最近波兰被瓜分①和因而取得的平定，使这个大国的市场对外开放。在这一年，除了英国制造品在北欧日渐增加的需求外又增加了波兰市场的异常需求。这些事件除了第四个以外，在性质上都是暂时的偶然事件。而英国殖民地贸易如此重要的一部分被排斥，如果不幸持续更长时间，仍会带来一定程度的痛苦。而这种痛苦，由于是逐渐到来，与一次性的痛苦相比，难受程度要小得多。同时，英国的劳动和资本也能找到新的用途与方向，以便防止这种痛苦达到显著程度。

对殖民地贸易的垄断，由于使得更多英国资本违反规律流入这种贸易，因此在所有情况下，使英国资本从与邻国的消费品外贸流入到与遥远国度的消费品外贸中；在许多情况下，使英国资本从直接的消费品外贸中流入到间接的消费品外贸中；并在某些情况下，使英国资本从所有消费品外贸中流入到运输贸易中。因此，在所有情况下，都使英国资本从能维持更多劳动力的方面，流入到维持较少劳动力的方面。此外，对殖民地贸易的垄断，使如此大的一部分英国工商业仅适合于一个特定市场。这就使英国工商业的整体状态，比起让它的产品适合于更多市场时更不确定，更不安全。

我们必须仔细区分殖民地贸易和垄断殖民地贸易的影响。前者永远而且必然有益，而后者永远而且必然有害。殖民地贸易是如此有益，以致即使殖民地贸易被垄断，并且垄断的害处极大，总体而言，殖民地贸易仍然有益，而且大为有益。当然，如果没有垄断，殖民地贸易就更为有益。

在自然和自由状态下的殖民地贸易，为英国产业超过欧洲和地中海各国这些邻近市场需求的那部分产品，开发了一个遥远却巨大的市场。在自然和自由状态下的殖民地贸易，由于并未从原来销往邻近市场的产品中提取任何部分，从而鼓励英国不断提高剩余产品的产量。在自然和自由状态下的殖民地贸易，倾向于增加英国的生产性劳动力的数量，而并不改变原有就业结构。在自然和自由状态下的殖民地贸易，来自其他所有国家的竞争，会防止新市场和新行

---

① 1773 年。

业的利润率上升到一般水平之上。新市场不必从旧市场提取任何东西，就能创造（如果可以这样说）一个新产品来供应自己。这种新产品会构成一种新资本来经营一种新行业。新行业同样不必从旧行业来提取任何东西。

相反，对殖民地贸易的垄断，由于排斥了其他国家的竞争，从而提高了新市场和新行业的利润率，将旧市场和旧行业的产品和资本分别吸引走。增加我国在殖民地贸易中的份额，是垄断殖民地贸易的公开目的。如果我国在殖民地贸易中的份额，还不如没有垄断时多，就没有理由去建立这种垄断。殖民地贸易与其他大部分贸易相比，周转更慢，距离更远。如果迫使任何国家有更多的资本违反自然规律流入这种贸易中，必然会减少那个国家每年维持的生产性劳动力的总量，以及每年土地和劳动的总产量，这就使该国居民的收入低于自然状态下的收入，从而减少其积蓄能力。这不仅在任何时候都阻止其资本照常维持那么多的生产性劳动力，还阻止其资本照常增加，从而不能维持更多的生产性劳动力。

但是，对于英国来说，殖民地贸易的自然益处，足以抵消垄断的坏处且还有余。所以现在经营的这种垄断殖民地贸易，不仅有利，而且大为有利。殖民地贸易开拓的新市场和新行业，比旧市场和旧行业因垄断而损失的那部分大得多。殖民地贸易创造（如果可以这样说）的新产业和新资本，在英国所维持的生产性劳动力的数量，比由于资本从周转更快的其他贸易部门突然抽回而失去的生产性劳动力更多。然而，如果以目前这种方式经营的殖民地贸易对英国有利，那不是由于垄断，而是出于垄断以外的其他原因。

殖民地贸易所开拓的新市场，与其说是欧洲初级产品的新市场，还不如说是欧洲制造品的新市场。农业是所有新殖民地的适当产业。这是因为新殖民地的土地便宜，与其他各地相比，农业更为有利。所以，殖民地土地初级产品很富饶，不须进口这种产品，而且通常有大量剩余产品出口。在新殖民地的农业，或是从其他部门吸引劳动力过来，或是使农业劳动力不流入其他部门。留给必需品制造业的劳动力很少，留给装饰品制造业的劳动力更是几乎没有。对于这两种制造业的大部分产品，自己制造还不如向其他国家购买更经济。

殖民地贸易主要通过鼓励欧洲的制造业，从而间接鼓励欧洲的农业。殖民地贸易所维持的欧洲制造业，是欧洲农产品的新市场。最有利的市场，即谷物和牲畜、面包和鲜肉的国内市场，就这样因对美洲贸易而大大扩张了。

但是，对人丁兴旺、一派繁荣的殖民地贸易的垄断，不足以在任何国家建立甚至维持制造业。西班牙和葡萄牙的例子能充分说明这一点。这两个国家在没有任何大的殖民地之时，就是工业国了。而自从两国占有世界上最富饶的殖民地以来，就都不是工业国了。

在西班牙和葡萄牙，垄断的负面效应，再加上其他原因，可能几乎抵消了殖民地贸易的自然益处。这些其他原因似乎包括：其他各种垄断；金银价值低于其他大多数国家；对出口的不适当征税而被外国市场排斥，以及国内市场由于对国内各地间货物运输的更不适当的征税而萎缩；最主要的是司法制度的不规则和不公平，常常保护有钱有权的债务人，使其免于受债权人的追索，这使国内生产者不敢生产货物供这些傲慢的大人物消费。因为他们不敢拒绝这些大人物的赊购，而对欠款的归还又毫无把握。

相反，在英国，殖民地贸易的自然益处，再加上其他因素，很大程度上克服了垄断的负面影响。这些因素似乎包括：贸易的总体自由，虽有一些限制，但与任何其他国家相比，至少有同等的自由，甚至可能更自由；出口的自由，几乎所有种类的本国产业的产品都可以免税出口到几乎任何国家；更重要的是，不受限制的运输自由，可以将本国产业的产品从一地运往任何地方，不必向任何政府部门报告，不必接受任何盘查；但最重要的是，公平公正的司法制度，使最下层的英国人民的权利得到最上层英国人民的尊重，保护每个人的劳动成果，从而最有力最有效地鼓励了各种产业。

如果英国的制造业由于殖民地贸易而得到发展（事实确实如此），那不是因为对殖民地贸易的垄断，而是由于垄断之外的其他原因。垄断的后果，不是增加了英国制造业的产量，而是改变了一部分英国制造业的性质和形态，使其违反自然规律，不去供应周转较快、距离很近的市场，却去供应周转缓慢、距离遥远的市场，其后果就是，将一部分英国资本从能维持更多制造业产量的行业中抽出，转投入到维持少得多的制造业产量的行业中,从而不但没有增加,反而减少了英国制造业的总产量。

所以,对殖民地贸易的垄断,像重商主义所有其他平庸有害的方案一样,抑制所有其他国家的产业,其中主要是殖民地的产业,垄断殖民地贸易本来是为了本国产业的利益,可实际上不但没有发展哪怕是一点点本国产业,反而削弱了本国产业。

不论宗主国在特定时期有多少资本,这种垄断都使得其资本不能维持本来能够维持的那么多的生产性劳动力的数量,并使其不能为劳动者提供本来能够提供的那么多的收入。而由于资本仅能通过收入的储蓄而增加,垄断使资本不能提供本来能够提供的那么多的收入,必然使资本不能以本来能够增加的速度而增加,从而不能维持更多的生产性劳动力,也不能给该国的劳动者提供更多的收入。所以,对于劳动力的工资这一巨大来源,垄断在任何时候都必然使其不如没有垄断时那样充裕。

由于垄断提高了商业利润率,从而妨碍了土地的改良。土地改良的利润,取决于土地现实产量和投入一定资本后的可能产量之间的差额。如果这一差额提供的利润,大于等量资本从任何商业取得的利润,土地改良就能从商业抽取资本。如果土地改良的利润小于商业利润,商业就从土地改良业抽取资本。所以,无论什么原因提高了商业利润率,都会减少土地改良业相对高的利润,或是使其相对低的利润更少。前一种情况妨碍资本流入土地改良业,后一种情况使资本从土地改良业抽离。由于垄断妨碍土地改良,必然延缓另一大收入来源——土地地租——的自然增长。而垄断提高利润率,也必然使市场利率高于本应有的水平。但与地租成比例的土地价格,即一般根据若干年地租而计算的买价,必然随利率的提高而下跌,随利率的降低而上涨。因而,垄断在两方面伤害了地主的利益,首先是延缓了地租的自然增长,其次是延缓了与地租成比例的土地价格的上涨。

垄断确实提高了商业的利润率,从而略微增加了我国商人的所得。但由于垄断阻止了资本的自然增加,不会增加国民从资本利润所得收入的总额,而是减少这一总额,因而大资本的小利润,常常比小资本的大利润能提供更多的收入。垄断提高了利润率,但增加的利润总额不如没有垄断时那样多。由于垄断,所有收入的来源、劳动力的工资、土地的地租和资本利润,都不如没有垄断时那样充裕。为了促进一个国家一个小阶层的小利益,垄断伤害了这个国家所有其他阶层和所有其他国家所有阶层的利益。

只有通过提高普通利润率,垄断才能使任何特定阶层得利或可能得利。但是除了前面提到的高利润率对国家总体所必然产生的各种负面效应之外,还有一种可能比上述各种负面效应加起来还更致命。根据经验,这种负面效应与高利润率密不可分。高利润率似乎在任何情况下都会改变商人在其他情况下自然产生的节俭性格。利润丰厚时,俭朴似乎多此一举。而奢侈似乎更适合这种宽裕的境况。但大商业资本所有者,必然是每个国家产业界的领导者和指导者。他们的榜样对全国劳动人民生活方式的影响,比任何其他阶层都大得多。如果雇主小心、节俭,雇工也很可能如此;而如果雇主放荡不羁,雇工也会按主人的榜样工作,也会按主人的榜样生活。从而在所有最有积累倾向的人手中,积累就无法实现了。用于维持生产性劳动力的资金,不能从本来最能使这种资金增加的人们的收入中得到增长。国家的资本未能增加,反而逐渐枯竭。国内所维持的生产性劳动力的数量日渐减少。加的斯和里斯本的商人的超常利润可曾增加了西班牙和葡萄牙的资本?可曾减轻这两个贫穷国家的贫苦?可曾促进这两个贫穷国家的产业的发展?这两个贸易城市的商人的花费如此之大,以致超常的利润不但没有增加国家的总资本,而且几乎不足以维持原有资本。我敢说,外国资本日复一日更深地介入加的斯和里斯本的贸易了。正是为了把外国资本从自己资本日渐不够经营的这种贸易中排斥出去,西班牙人和葡萄牙人才费尽心机日益加强这种不合理的垄断。如果比较加的斯和里斯本的经商方式与阿姆斯特丹的经商方式,你就会感到,受高利润影响的商人行为和性格,与受低利润影响的商人行为和性格,是如何大不相同。诚然,伦敦的商人,不像加的斯和里斯本的商人那样一般都成为大地主,但与阿姆斯特丹的商人相比,一般情况下都更不小心,更不节俭。不过,许多伦敦商人可能比大多数加的斯和里斯本的商人富裕得多,但不如阿姆斯特丹的商人那样富裕。但伦敦的利润率一般比前者低得多，而比后者则高得多。俗话说，"来得容易去得快"。在任何地方，消费的一般状况，与其说是受真实消费能力的支配，还不如说是受赚钱消费的难易程度支配。

因此，垄断为唯一阶层带来的唯一利益，在许多不同方面伤害了国家的整体利益。只是为了培育顾客群而建立一个庞大帝国的计划，乍看起来似乎只适合于小商店主的国家。然而这种计划完全不适合于小商店主的国家，但非常适合于政府受小商店主影响的国家。这些政治家，也只有这些政治家，才会认为，以同胞的血汗和财富来建立并维持这样的帝国会有某些益处。如果你对一个小商店主说，卖给我一块地，我会经常在你的店铺买衣服，即使你的售价比别的店铺更贵，他不会踊跃接受你的提议。但如果是其他人卖给你这块地，并让你在那个小商店购买所需的所有衣服，那个小商店主便会对他非常感激。英国为某些在国内不能安居的国民在遥远的国度买了一大块土地，其价格确实很低，不是现在三十年年租这一普通地价，而只相当于最初发现、勘探海岸和掠取土地的各种费用。由于土地肥沃和广阔，耕作者有大量良田用于耕作，一段时间内还可自由地随意在任何地方出售其产品，所以他们在不到三四十年的时间内，就成为一个如此兴旺发达的民族。从而令英国的小商店主和其他各类商人想垄断对这些人的供货。他们并未伪装自己支付了部分最初购买土地和改良土地的费用，而是游说国会，要求美洲殖民地的人民将来只能在他们的店铺买卖：（一）殖民地所需所有欧洲货物都从他们的店铺购买；（二）他们认为适合购买的殖民地产品全都卖给他们的店铺。他们并不认为所有殖民地产品都适合购买，因为其中部分产品进口到英国也许会冲击他们在国内经营的某些行业。所以，对于这部分产品，他们希望殖民地到其他任何地方去销售，越远越好。并且出于这种考虑，他们提议，这些产品的销售市场应限于菲尼斯特角以南各国。在著名的《航海条例》中，这种真正小商店主的提议被定为一个条款了。

英国统治殖民地的主要目的，或更准确地说可能是唯一目的，迄今为止一直是维持垄断。殖民地从未提供任何收入和部队来支持宗主国的内政和国防。据说统治殖民地的主要利益就来自这种专营贸易。这种垄断就是殖民地隶属我国的主要标志，也是迄今我国从这种隶属中所得的唯一成果。英国用以维持这种隶属的费用，其真实目的都是为了维持这种垄断。在当前的骚乱开始之前，殖民地平时的军费一般包括：二十个步兵团的给养；炮兵和军需品的费用以及他们所需的异常供应；为了防范各国走私船只而警戒漫长的北美和西印度海岸，须经常维持的庞大海军的费用。殖民地平时的全部军费由英国的收入负担，但只是宗主国统治殖民地所需费用的最小部分。如果我们想知道费用的全部是多少，必须在平时每年军费之外，加上英国在各个时期为了保卫所属殖民地而投入费用的利息，尤其必须加上最近这次战争的全部费用以及这次战争之前那次战争的大部分费用。最近这次战争完全是一场殖民地战争，其全部费用，无论是用于世界上什么地方，或是德意志，或是东印度，都应记在殖民地的账上。这笔费用总计在九千万镑以上，不仅包括新债，还包括每镑附加两先令的土地税，以及每年动用的偿债基金。1739年开始的西班牙战争，基本上是殖民地战争。其主要目的就是阻止对殖民地与西班牙本土走私船只的搜查。这笔全部费用实际上是为了维持垄断而发放的奖金。名义上，其目的是鼓励英国的制造业和发展商业。而实际结果却是，提高了商业利润率，使我国商人将更多的资本，转投入周转更慢、距离更远的贸易部门。如果奖金能防止上述两种情况发生，也许非常值得发放这种奖金。

所以，在目前的管理体制下，英国统治殖民地一无所得，只有损失。

如果建议英国主动放弃对所属殖民地的所有统治权，让殖民地自己选举地方长官，自己制定法律，自己决定是战是和，就相当于提出一个从不曾也永远不会被世界上任何国家采纳的措施。没有一个国家曾主动放弃过对任何殖民地的统治权，不论其如何难于统治，不论其提供的收入与其花费相比是如何微小。尽管这种牺牲往往符合一国的利益，却总是有损于一国的威望。更重要的可能是，这种牺牲往往不符合其统治阶级的私人利益，因为他们对许多有责任和利润的处置权，以及许多获得财富和荣誉的机会，将从此被剥夺。

占据最动荡和对大多数人民最不利的殖民地，常常能得到这种处置权和机会。所以，即使是最富想象力的人士，也不会去认真地希望这种措施能被人采纳。不过，如果真实施这种措施，英国不仅能立即从殖民地平时每年全部军费中解脱出来，还能与殖民地订立通商条约，从而有效地确保自由贸易。这与现在享有的垄断权相比，对大多数人民更有利。当然，对商人就不那么有利了。由于殖民地和宗主国以这种好朋友分手的方式分离，因近来的争执而几乎消失的殖民地对宗主国的自然感情，就能很快恢复。他们不仅会长久尊重与我们分离时订立的通商条约，而且将在战争和贸易上站在我们的立场，不再骚扰捣乱，而成为我们最忠诚、最真挚、最慷慨的同盟。像在古希腊城邦与其殖民地之间，一方面有父母之爱，另一方面有子女之心的情感，在英国与其殖民地之间也会恢复起来。

要使一个省份对其所属帝国有利，平时提供的收入不仅要足够支付其平时的全部军费，还要按所占比例足以维持帝国总的政府的经费。每个省份都必然或多或少地增加帝国总的政府的开支。如有任何省份不按其所占比例支付这种费用，则将其负担转嫁给其他省份了。由于类似原因，每个省份在战争时期对整个帝国异常收入的负担，也应像平时收入一样，保持同一比例。英国从其所属的殖民地取得的平常收入和非常收入，在英帝国的全部收入中，均未保持这一比例，大家都承认这一事实。据说，垄断会增加英国人民的私人收入，从而增强其纳税能力，能补偿殖民地公共收入的不足。但是，我曾证明，这种垄断，尽管对殖民地是苛税，尽管可增加英国特定阶层的收入，却没有增加而是减少了大多数人民的收入。其结果是没有增强反倒减弱了大多数人民的纳税能力。因垄断而增加了收入的人是个特殊阶层，要他们超出其他阶层应纳税的比例，既是毫无可能，也是极大失策。我将在下一篇予以说明。因此，不可能从这一特殊阶层取得特殊收入。

殖民地议会可由其自己征税，也可由英国国会征税。

由宗主国来管理殖民地议会，使其能向居民征收足够的公共收入，不仅能在任何时期都能维持本地政府和军队，还能按其所占比例负担英帝国总政府的经费，这似乎不太可能。即使是直接受君主监督的英国国会，也经过很长时期才以这种方式管理，才能提供足够的税收以维持本国政府和军队。君主只是由于能将大部分军队和民政的职位和权力分给国会中特定议员，才能以这种方式来管理英国国会。而殖民地议会远离君主，数目众多，位置分散，组织多样，即使君主拥有同样的控制手段，也很难以这种方式来管理，何况他还没有这种控制手段。要君主把英帝国总政府的大部分职位和权力分给殖民地议会的主要成员，使他们违背民意向选民征税，来维持几乎所有薪水都分配给这些选民不认识的人的政府，这绝不可能。此外，很难避免的是，英国政府不知道各个议会中各成员的相对地位，在试图以这种方式来管理时，必然会触犯他们，犯下错误。这就使得这种管理方式对于殖民地议会完全不适用。

而且，殖民地议会对于全帝国必需的国防和日常经费，不可能作出适当判断。这类事务并未委托它们去考虑，不是它们的任务，它们也不能定期得到相关信息。一个省的议会就像教区委员会一样，对自己区域的事务能作出适当判断，但对全帝国的事务却无法适当判断。他们甚至不能适当判断本省占全帝国的比例，或本省相对于其他省份的重要性和富裕程度，因为其他省份并不受其监督和指挥。全帝国必需的国防和日常经费以及各省应负担的比例是多少，只能由监督和指挥全帝国事务的议会作出适当的判断。

于是，有人建议，对殖民地征税，其数额应由英国国会决定，由各省议会以最适合当地情况的方式去征税。这样，有关全帝国的事务，由监督和指挥全国事务的议会决定，而各殖民地的事务，仍由其自己的议会决定。这种情况下，虽然殖民地在英国议会没有代表，但我们可根据经验判断，议会对殖民地的派征不可能不合理。对于在英国议会没有代表的帝国所属各地，英国议会从未加以任何过重的负担。根西和泽西二岛，虽无任何手段抵抗议会的权威，纳税却比任何其他省份都少。议会虽试图行使其想象中的向殖民地征税的权力（无论有无根据），但迄今从未要求殖民地人民按接近国内同胞应纳的恰当比例来纳税。此外，如果殖民地的纳税额按土地税的增减而同比例增减，则议会不同时对其自己的选民征税，就不能对殖民地征税。在这种情况下，可以认为殖民地实际上在议会里有代表。

各省不按同一办法征税，如果我可以这样表述，而是由君主规定各省应纳税的数额，在一些省份由君主决定征税办法，在另一些省份则由各自省议会决定征税办法。这在其他帝国不乏先例。在法国某些省份，国王不仅决定纳税额，还决定征税办法。而在其他省份，他则规定一定纳税额，由各省自己决定征税办法。根据派征赋税计划，英国议会与殖民地议会，和法国国王与那些有权组织议会并且据说治理得最好的那些省的议会，情况几乎相同。

但是根据这个计划，虽然殖民地没有正当理由担心，他们对国家的负担会超过占国内同胞的适当比例，英国却有正当理由担心，殖民地对国家的负担没有达到其适当的比例。法国国王在那些有权组织议会的省份已确立统治，但英国在过去某些时期却没有确立同样的统治权。殖民地议会如不是十分同意（除非更巧妙地管理它们，否则它们不太可能十分同意），仍有很多借口来逃避或抵制国会最合理的派征。假设爆发了一场对法战争，必须立刻筹集一千万镑来保护帝国中心地带。这笔资金必须向人民来借，以国会某项基金为担保支付利息。国会提议，这项基金的一部分通过在英国国内征税来筹集，另一部分则向美洲和西印度的各殖民地议会派征。殖民地议会远离战场，也许有时还认为与其关系不大。而这项基金的筹集部分取决于殖民地议会成员的心情好坏。人民是否愿意立即根据这项基金的担保将钱借给国会呢？以这项基金担保所得的贷款，恐怕不会多于人们认为英国国内税收能偿还的数额。这样，由于战争而欠的全部债务，就像以往一样，都由英国负担。由帝国的一部分负担，而不是由帝国的全部来负担。人类历史上，大概只有英国，在扩张帝国领土的同时，只增加其费用，却未增加其资源。其他国家一般是将帝国国防费用的绝大部分分摊给属地，以解除自己的负担。但英国却一向自己负担几乎全部国防费用，而解除属地的负担。为了使英国与法律一向认为是其属地的殖民地处于平等地位，国会在派征赋税计划上，如果殖民地议会要逃避或抵制，国会似乎必须有手段使其派征生效。至于这些手段是什么，却不太容易想到，尚未阐明。

如果英国国会同时确立了即使殖民地议会也不同意的对殖民地征税的权力，这些殖民地议会的重要地位就会立刻终结，而英属美洲的领导人的重要性也随之终结。人们之所以想参与公共事务的管理，主要是因为这能使其取得重要地位。任何自由政府组织的稳定和持久，取决于这个国家大部分领导人（贵族阶层）保持或保卫其重要地位的力量。国内派系倾轧和野心活动，就是这些领导人不断互相攻击别人的重要地位，保卫自己的重要地位。美洲的领导人，如同所有其他国家的领导人一样，想要保持自己的重要地位。他们觉得或想象，如果他们的议会——他们称其为国会，认为其权力与英国国会相等——降格，仅成为英国国会外派的谦恭使节或执行官员，他们自己的重要地位就终结了。他们因此而拒绝国会派征赋税的建议，像其他胸怀抱负、志存高远的人一样，宁愿拔剑来保卫自己的重要地位。

当罗马共和国日渐衰落之时，承担防卫和扩张帝国主要责任的罗马同盟国，要求享有罗马公民所有的特权。这一要求遭到拒绝时，内战爆发了。在这场战争中，罗马将那些特权按独立程度逐个授予大部分同盟国。英国国会坚持对殖民地征税，而殖民地拒绝由没有其代表的议会来征税。假如对要脱离联盟的各殖民地，由于其纳税，英国准许其按对帝国公共收入贡献的比例选举代表，并允许其享有与本国同胞同样的贸易自由，其代表人数按今后纳税增加的比例而增加，那么，各殖民地的领导人就有了一种获取重要地位的新方法，一种新的更迷人的野心目标了。他们像其他人一样，对自己的才能和运气存有妄想，也许会希望从英国政治界这个国家大彩票中获得某种大奖，而不是从殖民地这个小彩票中仅得到小奖。除非用这种或其他方法（似乎没有其他更明显的方法）保持美洲领导人的重要地位并满足其野心，他们不太可能自愿服从我们。我们应考虑到，为了强迫他们服从我们而流淌的每一滴血，不是属于我们的国民，就是属于那些我们希望能成为我国公民的人。有些人自以为时机一到就能轻易仅以武力征服殖民地，这真是非常愚蠢。现在那些在他们所谓的大陆议会负责的人，自我感觉处于一种欧洲最显赫的公民都感觉不到的重要地位。他们由小商店主、商人和律师摇身一变成为政治家和立法者,为一个幅员辽阔的帝国设计一种新政体。他们自以为,这个帝国将成为世界上前所未有的最强大的国家。这似乎非常有可能实现。大概有五百人直接在大陆会议工作,也许还有五十万人在这五百人手下工作。他们都同样觉得,自己的重要性随着地位的提高而提高了。美洲执政党中几乎每个人现在都在想象,自己的位置不仅比过去优越,而且比自己过去所期望的还优越。除非某种新的野心目标出现在他或他的领导人面前,如果他还有常人的志气,一定会誓死保卫他的位置。

亨诺主席说过,我们现在很感兴趣地阅读关于同盟的许多小事件的记录。这些事件当其发生时,可能并未被看做极重要的新闻。他说,当时每个人都幻想自己有了相当重要的地位。那时流传下来的许多记录,其中大部分是由那些乐意记录并放大那些事件的人撰写的。他们自以为是那些事件中的重要角色①。这种情况下,巴黎城是如何顽固地保卫自己,宁愿忍受多么可怕的饥荒也不顺从最英明而且后来又是最受爱戴的法国国王,人们已经很了解了。巴黎大部分市民或管理大部分市民的那些人,由于预见到原有政府一旦恢复,他们的重要地位就会丧失,所以为自己的重要地位而战。除非我们能诱导我国殖民地同意与我们结合,否则它们极可能反抗最好的宗主国,其顽固程度就像巴黎人反抗最英明的国王一样。

古代没有代议制的观念。当一国国民在另一个国家也享有公民权时,他们除了与那个国家的国民一起投票,一起讨论外,没有其他方法行使这种权利。大部分意大利居民享有罗马市民的特权,这完全摧毁了罗马共和国。这样,就再也不能区分谁是罗马市民,谁不是罗马市民。也没有一个部族清楚自己的成员,任何一个暴民都可能被引入人民议会。他们可能赶走真正市民,并俨然以真正市民的身份决定共和国事务。但是,即使美洲派五十个或六十个新代表参加国会,众议院的门卫也不难区分谁是国会议员,谁不是国会议员。因此,虽然罗马政体必定由于罗马与意大利同盟国的联合而被摧毁,但英国政体却根本不可能由于英国与其殖民地的联合而受到损害。相反,英国政体将因此而更完善。如没有这种联合,似乎反而不完善了。讨论并决定帝国所有地方事务的议会,为了得到正确的情报，应当有来自各地的代表。不过，这种联合，是否容易实行，是否执行起来有困难，我不能妄下结论，但我还没有听说无法克服的困难。主要困难并非出于事物本性，而可能来自大西洋两岸人民的偏见和成见。

在大西洋这边的我们，担心美洲代表的众多会打破组织的平衡，不是过度增强国王的影响，就是过度增强民主的影响。但如果美洲代表的数目与美洲的纳税人成比例，则受统治的人数的增加，恰好与统治手段的增加成比例。而统治手段的增加，也与受统治人数的增加恰好成比例。在联合之后，组织中君主势力与民主势力的力量对比仍与从前完全一样。

在大西洋那边的人民，则担心其由于远离政府驻地而遭受许多压迫。不过他们在国会的代表一开始就很多，很轻易就能使其免受所有压迫。距离的遥远不会大幅减少代表对选民的依存性。前者仍会认为，要靠后者的好感才能得到议会席位及由此带来的好处。前者为了培养后者对他的好感，出于自身利益，会以立法机构成员的权力，进行对这个帝国那些偏远地方民政或军政官员的一切不法行为申诉。而且，美洲人民也似乎有理由认为，他们远离政府驻地的局面不会长久。按目前那里在财富、人口和土地改良上的快速发展，或许只需一个世纪，美洲的纳税就会超过英国的纳税。帝国中心届时自然会迁到对帝国总体国防和维持费用贡献最多的地方。

美洲的发现，以及经好望角到东印度的通路的发现，是人类历史上最伟大、最重要的事件。其影响十分巨大，但其全部影响，不可能在这两大发现之后短短的两三百年间展现出来。这些重大事件此后为人类带来的是利益还是不幸，是人类智慧不能预见的。通过世界上最遥远的地区在某种程度上的联合，使其互相满足彼此需求，提高相互的生活水平，鼓励彼此的产业的发展，它们总体趋势是相互受益。不过，对于东印度和西印度的人民来说，这两件大事本来可能产生的所有商业利益，都被它们所引起的不幸全部抵消了。只是这种不幸与其说是出于这两件大事的本性，不如说是出于偶然。当时，欧洲优势极大，使其能无法无天地在那些遥远国度做各种不正义之事。此后，这些地方的人民也许会日渐强大，欧洲人民也许会日渐衰落,世界各地人民的勇气和实力达到相同水平。只有这样才能产生相互恐惧,从而压制独立国家的不公正行为,使其能彼此尊重对方的权利。但最有可能建立这种实力平衡的,似乎就是互相交流知识和各种土地改良技术。这自然是(或不如说必然是)世界各国广泛贸易而带来的。

同时,这些重大发现的主要影响之一就是,将商业体系提升到一个繁荣壮大的程度,而没有这些重大发现,绝不可能达到这种程度。这一体系的目标,与其说是靠土地改良和耕作而使国家富强,还不如说是靠贸易和制造业来使国家富强;与其说是靠农村产业而使国家富强,还不如说是靠城市产业来使国家富强。但由于这两个重大发现,欧洲商业都市不再只是世界极小一部分(大西洋流经的欧洲各国、波罗的海及地中海周边各国)的制造商和运输商,而成为美洲繁荣兴旺的耕作者的制造商,以及亚洲、非洲和美洲几乎所有国家的运输商,并在某些方面也是这些国家的制造商。两个新世界对他们的产业开放了。每个新世界都比旧世界大得多、广得多。其中一个市场还在日益增长。

占有美洲殖民地并直接与东印度通商的国家,确实享有这大商业带来的全部表面益处。而其他国家,虽然受那要排斥它们的可恶的限制,却常常享有这大商业的大部分实际益处。例如,西班牙和葡萄牙的殖民地,为其他国家产业提供的真实鼓励,比为西班牙和葡萄牙的产业提供的真实鼓励还多。仅亚麻布这一项,据说这些殖民地的消费每年就超过三百万镑,不过我不能确保这个数字的准确性。但这一巨额消费,几乎全部由法国、佛兰德、荷兰和德意志供给。西班牙和葡萄牙只提供其中一小部分。为这些殖民地提供大量亚麻布的资本,每年在那些国家的人民中间分配,并为他们提供收入。只有这资本的利润在西班牙和葡萄牙消费,维持加的斯和里斯本商人最奢侈的挥霍。

即使一国为保证与所属殖民地的专营贸易而订立条例,对于这种条例所要使之受益的国家也比对于它所要加以损害的国家往往更有害。对其他国家产业的不当压迫,反过来(如果我可以这样说)落在压迫者的头上,对本国产业的打击更大。例如,依照那些条例,汉堡商人必须把要送往美洲的亚麻布运往伦敦，从伦敦带回要送往德意志市场的烟草，因为他既不能直接将亚麻布送往美洲，也不能直接从美洲带回烟草。受这种限制，他可能被迫以稍低的价格出售亚麻布，而以稍高的价格购买烟草，其利润也许会减少一些。然而，即使我们假定，美洲的付款像伦敦那样准时——这绝不是事实，在汉堡和伦敦的贸易中，商人资本的周转肯定比直接与美洲通商快得多。因而限定汉堡商人只能从事的这种贸易，与排斥汉堡商人的贸易相比，能在德意志雇用更多的经常性劳动量。尽管这样对于他个人来说利润也许减少了，但不可能对他的国家不利。而对于由于垄断而自然吸引伦敦商人资本流入的贸易来说，情形则完全不同。这种贸易可能对于他个人来说比其他大部分行业更有利可图，但由于周转较慢，可能对国家更不利。

欧洲各国虽然尝试过所有不正当方法来独占所属殖民地贸易的全部利益，还没有一个能从中独占什么，却还要负担平时维持和战时保卫其殖民地的压迫政权所需开支。由占有所属殖民地所带来的麻烦完全由自己负责，由这些殖民地贸易所产生的利益却不得不与其他国家分享。

乍看起来，对美洲大贸易的垄断，无可怀疑，似乎自然是获取了最高价值。在不辨是非的昏头的野心家眼中，在繁杂的政治和武力争斗中，这自然会以一种值得争夺的迷人目标出现。而这贸易的庞大，以这个目标的迷人外观出现，使垄断这种贸易的性质有害。也就是说，垄断使一种比大多数其他行业对国家利益更少的行业，吸收了比自然状态下多得多的国家资本。

第二篇论述过，任何国家的商业资本，自然会寻求最有利于国家的行业。如果投资运输贸易，它所属国家就会成为它所经营的各国货物贸易的商业中心。这些资本的所有者必然希望在国内销售尽可能多的这些货物。这样他就能省却出口的麻烦、风险和费用。并且出于这种考虑，他不仅乐于在国内以低得多的价格销售，而且所得利润也比他出口所期望的利润少。所以，他自然尽最多努力使运输贸易转变为消费品国外贸易。此外，他的资本如果投于消费品国外贸易，出于同一理由，他会乐于将收购来要出口到某些国家的本国产品,尽可能多地在国内销售,并尽最大努力使消费品国外贸易转变为国内贸易。

这种从事远途贸易的行业,一般情况下对国家的益处较小,但如果其中某一行业的利润偶然提高,足以抵消近途贸易行业的天然益处,这种高利润就会把资本从近途贸易行业吸引过来,直到各行业的利润都回归适当水平为止。然而,这种高利润证明,在社会现实情况中,远途贸易行业的资本与其他行业相比,供应略为不足;全社会的资本没有按最适当的方式在社会各行业间分配。它证明,某物违反了应有程度,即以较低价格买入,或以较高价格卖出;市民中某一阶层,会多少受到压迫,违反应有或自然会有的所有不同阶层平等的状态,支出较多或收入较少。尽管同量资本投于远途贸易不会像投于近途贸易那样维持相同的生产性劳动量,但对于社会福利来说,远途贸易也许与近途贸易同样必要。远途贸易经营的货物可能为许多近途贸易所必需。但如果经营这些货物的利润超过适当水平,这些货物就将违反应有程度,以更高价格出售,即以略微超过自然价格出售。所有从事近途贸易的人多少都会受这种高价格的压迫。这种情况下,他们的利益就要求,一部分资本应从近途贸易撤出,转入远途贸易,以便将远途贸易的利润降低到适当水平,并将远途贸易经营的货物的价格降低到自然水平。这种特殊情况下,公共利益要求,一部分资本应从一般情况下对公众更有利的行业撤出,转投到一般情况下对公众更不利的行业。这种特殊情况下,与所有其他一般情况下一样,人们的自然利益与倾向完全与公共利益一致,使他们从近途贸易撤出资本,转投入远途贸易。

个人的自身利益和欲望,自然会使他们将资本投于一般情况下最有利于社会的行业。但如果这种自然选择使他们将过多的资本投入这一行业,那么这一行业利润的降低和其他行业利润的提高,立即就会使他们改变这种错误的分配。不必法律干涉,个人的自身利益和欲望,自然会引导人们将社会资本尽可能按最适合全社会利益的比例,在所有各行业之间分配。

重商主义的所有法规,必然会或多或少扰乱这种自然而又最有利的资本分配。而有关美洲贸易和东印度贸易的法规,扰乱程度比其他法规更大，因为与这两大洲的贸易吸收的资本比其他任何两个贸易部门都多。不过，扰乱了这两个贸易部门的法规，却不完全相同。二者都以垄断为主要手段，却是两种不同的垄断。当然，每种垄断似乎都是重商主义的唯一手段。

在与美洲的贸易中，各国都大力排斥其他国家与自己所属的殖民地直接贸易，尽力独占所属殖民地的全部市场。在十六世纪的大部分时间，葡萄牙人试图以同样方式管理与东印度的贸易。他们声称，由于他们首次发现了这条通路，所以他们独家拥有在印度各海的航行权。荷兰人仍在继续排斥欧洲所有其他国家与其所属产香料的各岛的直接通商。这种垄断明显不利于欧洲所有其他国家，使这些国家不仅被排斥于本来便于他们投资的贸易，而且不得不以比自己直接从产地进口时略高的价格，购买这种贸易所经营的货物。

但自从葡萄牙力量衰落以来，没有一个欧洲国家声称独家拥有在印度各海的航行权。现在印度各海的主要港口都对欧洲所有国家的船只开放。不过除了葡萄牙和近来的法国，各欧洲国家与东印度的贸易都受一个专营公司管理。这种垄断所不利于的正是那个实行这种垄断的国家。这个国家的大部分人民，不仅被排斥于本来便于他们投资的贸易，而且不得不以比这种贸易对全国人民都开放时略高的价格，购买这种贸易所经营的货物。例如，自从英国东印度公司成立以来，被排斥于这种贸易的其他英国居民，为自己消费的东印度货物所必须支付的价格，不仅包含东印度公司由于垄断而产生的超额利润，而且如此大的公司处理事务，难免产生弊端从而造成的超额浪费，也由本国居民支付。因此，这第二种垄断的不合理，比第一种垄断的不合理更明显。

这两种垄断都多少会扰乱社会资本的自然分配，但其方式并非总是相同的。

第一种垄断总是吸引更多的社会资本，使其违反自然规律，流入享有垄断权的特殊贸易。

第二种垄断，在不同情况下，可能有时吸引资本流入享有垄断权的特殊贸易，可能有时又排斥资本流入这种贸易。在穷国，这种垄断当然是吸引更多的资本，使其违反自然规律流入这种贸易。但在富国，这种垄断当然是排斥大量资本，使其违反自然规律，不流入这种贸易。

例如，像瑞典和丹麦那样的穷国，如果东印度贸易不是受一个专营公司的管理，可能从来不会派一艘船去东印度。这个专营公司的成立必然会鼓励冒险家。他们的垄断权确保其在国内市场抵制所有竞争者，而在国外市场，他们又和其他国家的商人有同样的机会。他们的垄断权显示，他们有把握在大量货物上赚取丰厚利润，事实上他们也有机会从大量货物赚取丰厚利润。没有这种异常鼓励，这些穷国的穷商人可能绝不会想到，将其小资本冒险投入对于他们来说必然是那么遥远和不确定的。

相反，像荷兰那样的富国，在自由贸易的情况下，可能会派比现在更多的船只去东印度。荷兰东印度公司的有限资本，可能将许多本来会流入这种贸易的大商业资本排斥出去。荷兰的商业资本非常多，过去不断流出，有时流入外国公债，有时流入外国商人和冒险家的私债，有时流入迂回的消费品外贸，有时流入运输贸易。所有近途贸易都充满了资本，所有投入近途贸易略有利可图的资本已经投入，荷兰资本必然会流向最远途的贸易。如果东印度贸易是完全自由的，可能会吸收更多的这种过剩资本。东印度为欧洲的制造业和美洲的金银及其他产物，提供了更广阔的市场，比欧洲和美洲的市场加起来还大。

任何对资本自然分配的扰乱，必然有害于发生这种现象的社会，不论是排斥资本使其违反自然规律不流入某一特殊贸易，还是吸引资本使其违反自然规律流入某一特殊贸易。如果没有任何专营公司，荷兰与东印度的贸易规模会比现在更大。荷兰的一部分资本被排斥于对其最有利的行业，国家必然遭受巨大损失。同样，如果没有任何专营公司，瑞典及丹麦与东印度的贸易规模会比现在小，也许更可能的是根本不存在。这两个国家的一部分资本被吸引到不适合它们当前情况的行业，国家必然同样遭受巨大损失。按照它们当前的情况，可能最好是向其他国家购买东印度的货物，即使价格略高，也不要从它们不多的资本中抽取那么大一部分投入到那么遥远的贸易，因为这种贸易周转缓慢，所能维持的国内生产性劳动量又那么小,而国内又那么需要生产性劳动力,那么多事情尚未做,那么多事情将要做。

因此,如没有专营公司,尽管个别国家就不能与东印度直接贸易,却不能由此认为,应该在那里成立这样一个公司。而只由此得出结论,在这种情况下,这个国家不应该与东印度直接贸易。葡萄牙的经验足以证明,经营东印度贸易并非必需这种专营公司。葡萄牙没有任何专营公司,却从全部东印度贸易中受益达一个多世纪。

据说,没有一个私营商人有足够的资本维持在东印度各港的中间商或代理商,来为他不时开往那边的船只准备货物。除非他能这样做,否则寻找待运货物的困难,往往延误返航船期,船期延误产生的费用,不仅会吞掉冒险的全部利润,还往往造成巨大损失。不过,这种说法如果能证明什么,那所证明的就是,没有一种大的贸易部门能不靠专营公司而经营,这违反所有国家的经验。对于大的贸易部门,任何私营商人的资本,对于要经营主要贸易部门就必须经营所有的附属贸易部门来说都不够。但当一国经营某一大的贸易部门时机成熟时,自然会有一些商人投资主要部门,一些商人去投资附属部门。尽管各个部门都以这种方式经营,却很少出现由一个商人资本经营的情况。因此,如果某国经营东印度贸易的时机成熟了,自然会有一定比例的资本分别投入这种贸易的各个不同部门中。其中某些商人觉得,住在东印度,在那里投资为住在欧洲的其他商人供应货物,由他们的船只运出,这更符合自身利益。欧洲各国在东印度得到的殖民地,如果能从其目前所属的专营公司收回,直接归君主管理,至少对于这些殖民地所属国家的商人是既安全又方便的居住地。如果在某一时期,某国按照自然规律流向东印度贸易的那部分资本,不够经营这种贸易的各个部门,那就证明,此时这个国家经营这种贸易的时机尚未成熟,最好向其他国家购买所需的东印度货物,即使价格更高,也不要直接从东印度进口这些货物。因这些货物的高价格而可能产生的损失,很少能相当于因从其他更必要、更有用或更适合当地情况的行业抽取一大部分资本去经营东印度贸易而造成的损失。

尽管欧洲人在非洲海岸和东印度占有许多重要的殖民地,却没能在这些地方建立像美洲各岛和大陆那样兴旺发达的殖民地。不过,非洲和许多统称为东印度的国家的居民都是野蛮民族。这些民族不像可怜无助的美洲土著那么软弱和没有自卫能力;此外,与他们居住地的肥沃相对称,他们人口众多。非洲或东印度最野蛮的民族都是游牧民族,即使好望角的土著也是游牧民族。但除了墨西哥和秘鲁之外的美洲各地的土著均为狩猎民族。同样肥沃、同样大的土地,所能维持的游牧人数和游猎人数相差极大。因而,在非洲和东印度,要驱逐土著并把欧洲人的种植园扩张至土著居住的大部分土地上,就比较困难。此外,我们已经指出,专营公司的本质不利于新殖民地的成长,这可能就是东印度进步不大的主要原因。葡萄牙人经营非洲和东印度的贸易均未成立专营公司。他们在非洲海岸的刚果、安哥拉和本格拉以及东印度的果阿建立的殖民地,尽管受迷信和各种恶政的压制,但仍有些类似美洲殖民地,其中有些地方已经有几代葡萄牙人在那里居住。荷兰人在好望角和巴达维亚的殖民地,是目前欧洲人在美洲和东印度建立的最重要的殖民地。这两个殖民地的地理位置特别有利。好望角的土著几乎像美洲的土著一样野蛮、无抵抗力。此外,好望角是欧洲和东印度之间的中途客栈——如果可以这样说,几乎所有欧洲船只往返时都须在此停留数日。这些船只所需各种新鲜食品和水果,有时还有葡萄酒都在那里供应。仅这种供应,就为殖民地的剩余产物提供了一个极广阔的市场。如同好望角位于欧洲和东印度各地之间,巴达维亚位于东印度各大国之间,占据印度斯坦到中国和日本的要道,差不多在这条要道的中点。几乎所有航行于欧洲和中国之间的船只都在巴达维亚停泊。此外,巴达维亚还是所谓东印度国家贸易的中心和主要市场。不仅是欧洲人经营的那部分,而且包括东印度土著经营的那部分。在巴达维亚的港口,常常能看到中国人、日本人、越南人、东京人、马六甲人、交趾支那人和西里伯斯岛人的船只。这种有利的地理位置,使这两个殖民地能克服专营公司的压抑性质对其发展所带来的一切障碍。这种不利的地理位置,使巴达维亚能克服另一不利条件,即巴达维亚的气候大概是世界上最不利于健康的气候。

虽然英国和荷兰的公司，除了上述两个殖民地，没有建立任何大的殖民地，却均在东印度征服了许多地方。但在两国统治所属新殖民地的方式上，最明显地体现了专营公司的固有性质。据说，在生产香料的岛屿上，如果丰年所产的香料过多，超过荷兰人认为能以足够的利润在欧洲销售的数量时，荷兰人会焚毁过多的那部分香料。在他们没有建立殖民地的岛屿，他们给予采集丁香和肉豆蔻的幼花及绿叶的人一定奖金。这些植物天然生长在那里，但由于这种野蛮政策，据现在说几乎完全绝种了。甚至在他们建有殖民地的岛屿，据说他们也大大减少了这些树木的数量。即使是他们所属岛屿的产量大大超过市场需求，他们也怀疑土著可能设法将其中一部分运往其他国家。于是他们认为，确保垄断的最好办法就是，使产量不超过他们自己运往市场的数量。通过各种压迫手段，他们减少了马六甲群岛中许多岛屿的人口，使其人数只够为他们少数驻军和不时来运送香料的船只提供新鲜食品和生活必需品。不过，即使在葡萄牙的统治下，据说那些岛屿的人口也不少。英国公司还来不及在孟加拉建立这么完备的破坏制度。但他们政府的计划完全有这种趋势。我确信，各公司分支机构的主管常常命令农民在种植罂粟的良田犁地里改种植稻米或其他谷物。其借口是防止粮食短缺，而真实意图是有机会以更高价格出售其手中大量鸦片。而有时，当这些主管预见到鸦片可能带来超额利润时，其命令又转为让农民在种植稻米或其他谷物的良田犁地里，改种植罂粟。公司职员为了自身利益，曾多次试图在不仅是国外还包括国内的最重要的贸易部门建立垄断。如果允许他们这样做，他们不可能不在某一时刻企图限制他们垄断的特殊商品的生产，使其产量不超过他们能购买的数量，而且使其产量不超过能以足够的利润销售的数量。这样，在一两个世纪内，英国公司的政策就可能会像荷兰的政策一样完全具有破坏性。

然而，对于作为他们所征服的国家的统治者的这些公司，没有比这个破坏性计划更直接违背这些公司的真实利益的了。几乎所有国家统治者的收入都源于人民的收入。人民的收入越多，他们土地和劳动的年产量越大，他们向统治者上缴的就越多。因此，尽可能增加这一年产量符合统治者的利益。而如果这符合任何统治者的利益，对于像孟加拉那样收入主要来自土地地租的统治者，尤其如此。地租必定与产物的数量和价值成比例，而产物的数量和价值必然取决于市场的大小。其数量总是多少准确地适应有购买力人群的消费，而他们愿意支付的价格总是与竞争的激烈程度成比例。所以，这些统治者为了自身利益，应为本国产物开拓最广阔的市场，允许最完全的贸易自由，以便尽可能增加购买者的人数和竞争。出于同样原因，不仅应废除所有垄断，还应废除所有限制，即对本国产物从一地到另一地的运输限制，对本国产物出口的限制，对能用于交换的任何商品的进口的限制。这样，他就最有可能增加产物的数量和价值，从而最有可能增加自己在其中的份额，也就是说，最有可能增加他自己的收入。

但商人团体似乎不可能将自己当做统治者，甚至在他们成为统治者后也是如此。他们仍认为，自己的主要业务是贸易，即购买以后再出售。他们不可思议地认为，统治者的地位只是商人地位的一个附属物，有助于他们能在印度以较低价格购买货物，从而在欧洲出售得到更多利润。为了这一目的，他们企图从他们所统治国家的市场上尽可能排斥所有竞争者，从而至少能减少一部分所统治国家的剩余产物，使其仅够满足他们自己的需求，也就是说，使他们能在欧洲销售得到他们自认为合理的利润。这样，他们商人的习惯，几乎必然（也可能是不知不觉）使他们在所有一般情况下，宁愿得到作为垄断者的微薄的暂时利润，也不愿得到作为统治者的丰厚的长久收入。并且逐渐使他们像荷兰人对待马六甲群岛那样对待他们所统治的国家。作为统治者的东印度公司，为了自身利益，应以尽可能低的价格出售其运到印度境内的欧洲货物，而以尽可能高的价格在欧洲出售从印度出口的货物。但他们作为商人时，利益所在与此相反。作为统治者，他们的利益与所统治国家的利益完全一致。作为商人，他们的利益与所统治国家的利益直接对立。

但如果这样一个政府的性质，即使对于欧洲的管理来说，基本上可能是不可救药的，这对于印度的统治来说更是如此。这种统治机构必然由商会构成。商人的职业无疑极受尊敬。但这一职业在世界上任何国家都没有一种权威能自然威慑于人民，不用武力就使人民自愿服从。这种商会只能依靠身边的军队来命令人民服从。因此他们的政府必然是依赖武力的专横政府。而他们的正当业务是做商人，受主人的委托，出售从欧洲运来的货物，并购买在欧洲市场销售的印度货物。也就是尽可能高价出售前者，低价购买后者，从而尽可能在他们设有店铺的特定国家排斥所有竞争者。所以，就公司贸易而言，这种统治机构的性质和管理机构的性质是相同的。这将使政府从属于垄断的利益，从而阻止这个国家剩余产物至少是一部分剩余产物的自然增长，使其仅够满足这个公司的需求。

此外，所有管理人员都多少会为自己考虑而从事贸易。要对此加以禁止是徒劳的。这些人员的办公场所在万里之外，几乎不受主人的监视，指望凭主人简单的命令，就让他们立即放弃所有为自己打算的业务，永远放弃所有发财的希望（他们有办法来实现），满足于主人所许可的、很少会增加并通常与公司贸易所得真实利润成比例的一般薪水，那真是再愚蠢不过了。这种情况下，禁止公司职员为自己考虑而从事贸易，除了使上级能在自己不高兴时借口执行主人的命令压迫不幸的下级之外，几乎没有其他效果。这些公司职员自然会尽力建立像对公司因公贸易有利的垄断那样对他们个人贸易有利的垄断。如果容忍他们的为所欲为，他们会禁止所有其他人经营他们所经营的那些货物的贸易，从而公开地、直接地建立这种垄断。这大概是便利的最好而压迫又最小的方法。但如果来自欧洲的命令禁止他们这样做，他们就会以对国家更有害的方法秘密地、间接地建立同样的垄断。他们依靠代理人而秘密经营或至少不公开承认是自己经营的贸易部门，如有人干涉，他们就会运用政府的全部权力颠倒是非，加以干扰和破坏。但与公司的因公贸易相比，公司人员的个人贸易自然涵盖多得多的商品种类。公司的因公贸易仅限于对欧洲的贸易，仅包含这个国家外贸的一部分。而公司人员的因私贸易，却能涵盖所有国内外贸易部门。公司的垄断，仅会抑制在贸易自由时会出口到欧洲的那部分剩余产物的自然增长。而公司人员的垄断，却会抑制他们经营的所有产物，不论是用于国内消费还是出口，从而有损于全国的耕作，减少全国居民人数。这会使公司人员要经营的任何一种产物，甚至是生活必需品，减少到他们能够购买并按预期利润出售的数量①。

　　这些人员所处地位的性质，也必然使他们用比主人更严酷的手段来维护自己的利益而违背国家的利益。这个国家属于他们的主人，他们的主人难免会多少关注自己属国的利益。但这个国家不属于这些人员。他们主人的真实利益，如果他们能够理解，与属国的利益是一致的②。他们的主人压迫属国，是出于无知和鄙陋的重商偏见。但这些人员的真实利益与属国的利益绝不一致。即使有最完全的知识，也未必会使他们停止压迫属国。从欧洲发出的条例虽往往脆弱，却在大多数情况下是善意的。而印度的工作人员所订的条例，虽有时看起来更明智，但可能善意更少。这真是个奇怪的政府，其所有

---

① 斯密的图书室中有威廉·波尔茨的《关于印度事务的考虑，特别是关于孟加拉及其附属地区的现状》，1772 年版，第一编，第 14 章，有这方面的记载。

② 可是，每一股的"印度股票"的利益和国家的利益并不相同，在本国政府之中，他的投票权将会对他施加影响。参阅第五篇第一章的第三部分。此注释第一次见于第三版；在第二版中有注释如下："如果这些主人们没有别的利益，而只有拥有属于自己的作为印度股东的利益是完全真实的。那么，他们常常还有更加重要的其他利益。一个拥有庞大产业的人，甚至一个只有中等产业的人，通常愿意支付 13 000 镑或 14 000 镑（印度股票每 1 000 镑一股的现在价格），为的只是在股东法庭上投一票所产生的影响。给予他的这一股，尽管不是在对于印度的抢劫，却也是对于印度抢劫的确认；董事们虽然作出这种确认，但多多少少都是处于股东法庭的影响之下。股东法庭不仅选举董事，而且有时推翻他们的任命。但拥有庞大产业的人，即使只是拥有中等产业的人，只要能够享有这种影响几年，就会让他的一定数量的朋友被任命到印度的官员中去。他其实并不期望从如此微小的资本中得到股息，甚至也不关心他的投票权所依托的资本本身的增殖或者丧失。至于那个强大的帝国（在其政府之中拥有一股投票权）的繁荣或毁灭，他更加不会关心。从来没有统治者或者可能存在这种统治者，像他们这样漠不关心自己的臣民的幸福或灾难、自己属地的改良或荒芜、自己管理机构的光荣或耻辱。从不可抗拒的道德原则来说，这种商业公司的大部分股东事实上就是这样的，或者必然会是那样的。"这一段在第五篇第一章第三部分第一条又出现过一次。

成员都希望尽快离开这个国家,从而尽快脱离政府。在他们离开并带走所有财产之后,即使地震将那个国家吞没,也与他们的利益完全无关。

上述并非诋毁东印度公司人员的总体品格,更不是诋毁任何个别人员的品格。我要责备的是政府体制,是这些人员所处的境地,而不是那些执行人员的品格。他们所处的境地自然影响他们的行为。那些大声疾呼反对他们的人自己也未必能做得更好。马德拉斯和加尔各答的议会,在战争和谈判期间,多次表现出的果断和明智,有如罗马共和国全盛时期的元老院。而这些议会成员的职业素养与战争和政治相去甚远。但仅他们所处的境地,无须教育、经验甚至榜样,似乎就能立即培养出所需的所有伟大品质,使他们拥有连他们自己也不大知道拥有的这种能力和美德。所以,他们所处的境地,如果在某些情况下促使他们的行为出人意料地宽宏大量,那么在其他情况下促使他们的行为与上述行为多少有些不同,也毫不奇怪。

所以,这种专营公司在任何方面都令人讨厌,对设立这种公司的国家,多少会带来不便,对不幸受这种公司统治的国家,多少会造成破坏。

第八章 关于重商主义的结论[①]

虽然鼓励出口和抑制进口是重商主义提出的富国的两种主要手段,但对于某些特殊商品,实施的政策似乎与此相反,转为抑制出口,鼓励进口。但重商主义宣称,其最终目标始终相同,即通过贸易顺差来富国。重商主义限制工业原料和工具的进口,使我国劳动者处于有利地位,能在所有外国市场上以比其他国家货物更低的价格出售。同样,重商主义提出通过限制一些价格不高的商品的出口,来使其他商品出口的数量和价值都大得多。重商主义鼓励进口工业原料,以便我国人民能以较低价格将其制成成品,从而防止制造品在数量和价值上更大的进口。至少在我国的法律全书中,我没有看到任何鼓励进口工具的法令。当制造业发展到相当高的程度时,工具制作本身就成为许多极重要的制造业的目标。对进口这种工具的任何特别鼓励,都会大大影响那些制造商的利益。因此,这种进口,不但不被鼓励,还往往被禁止。这样,羊毛梳具的进口,除了来自爱尔兰,或作为难船货物禁止进口,或依据爱德华四世第三年的法令被禁止[②]。伊丽莎白女王第三十九年又重申了这一禁令[③]。后来的法令[④]继续这种禁止,并使其永远有效。

工业原料的进口有时靠免税来鼓励,有时靠发放奖金来鼓励。从许多国家进口羊毛[⑤],从所有国家进口棉花[⑥],从爱尔兰或英属殖

[①] 本章在第三版的"补充与修正"中出现。
[②] 第4号法律。
[③] 第14号法律。
[④] 查理一世第3年,第4号法律;查理二世第14年,第19号法律。
[⑤] 从爱尔兰进口,乔治二世第12年第21号法律和乔治二世第26年第8号法律,呢绒用西班牙羊毛,制毯用西班牙羊毛。——萨克斯贝:《不列颠关税》,第263页。
[⑥] 乔治三世第6年,第52号法律第20条。

民地进口生麻①、大部分染料②和大部分生皮③，从英属格陵兰渔场进口海豹皮④，从英属殖民地进口生铁和铁条⑤，以及许多其他工业原料，如果正常通过海关，就能受到免除所有关税的鼓励。这些免税和其他大部分商业条例，可能都是我国商人和制造商出于自身利益强迫立法机构制定的。然而这些规定是完全公正、合理的，并且如果符合国家需要，可将其推广到所有其他的工业原料上，公众一定会从中受益。

可这些免税，由于大制造商的贪欲，有时大大超过可正当地认为是加工原料的范围。乔治二世第二十四年第四十六号法令规定，每进口一磅外国黄麻织纱，仅征收一便士这样少的税。而此前的税收高得多，进口一磅帆布麻纱征税六便士，进口一磅法国和荷兰麻织纱征税一先令，进口一百磅普鲁士的麻织纱征税两磅十三先令四便士⑥。而我国制造商在长期内对这种减税并不满足。乔治二世第二十九年第十五号法令规定，对出口每码价格不超过十八便士的英国和爱尔兰麻布发放奖金，甚至对进口黄麻织纱征收这样少的税都免除了。由亚麻制成麻织纱所需的各种操作，比此后由麻织纱制成麻布的操作，须使用大得多的劳动量。别说亚麻种植者和梳理者的劳动，即使一个织工要连续工作，也至少需要配以三个或四个纺工。织麻布所需全部劳动量的五分之四以上是用于织麻纱。而我国纺工均为穷人，一般是妇女，散居国内各地，无依无靠。我国大制造商营利的途径，不是出售纺工的制品，而是出售织工的完全制成品。由于以尽可能高的价格出售完全制成品符合他们的利益，所以以尽可能低的价格购买原材料也符合他们的利益。他们强迫立法机构对

---

① 乔治二世第4年，第27号法律。
② 乔治一世第8年，第15号法律第10条。
③ 乔治三世第9年，第39号法律第1条，由乔治三世第4年第86号法律第1条及乔治三世第21年第29号法律第3条予以延长。
④ 乔治三世第15年，第31号法律第10条。
⑤ 参阅第420页。
⑥ 斯密在这里粗心地提供了查理二世第12年第4号法律的"估值表"中对于各种物品的估值，而不是按照估值征收的20%的关税。

自己的麻布的出口发放奖金,对外国麻布的进口征收高关税,完全禁止国内消费法国的几种麻布,从而试图以尽可能高的价格出售自己的货物。他们鼓励进口外国麻纱,使其与本国产品竞争,从而试图以尽可能低的价格购买穷苦的纺工的制品。他们打算压低自己织工的工资,就像他们压低穷苦纺工的工资一样。他们试图提高完全制成品的价格或降低原材料的价格,这绝不符合劳动者的利益。重商主义所鼓励的,主要是为有钱有势的人的利益而经营的产业。而为穷苦人民的利益而经营的产业,常常被忽视或被压制。

对出口麻布发放奖金和对外国进口麻纱免税的条例,颁布时有效期仅为十五年,但经两次延期①继续有效,将于1786年6月24日国会会议结束时失效。

对进口工业原料发放奖金予以鼓励,主要限于从我国在美洲的殖民地进口的工业原料。

最初发放的这类奖金,是本世纪初进口美洲的造船用品时发放的奖金②。这些造船用品包括适于制作船桅、帆桁、牙樯的木材,以及大麻、柏油、松脂和松香油。而对进口每吨船桅用木材一镑的奖金,进口每吨大麻六镑的奖金,也推广至从苏格兰进口到英格兰的这些产品③。这两种奖金一直继续发放,没有变化,直到期满为止。对进口大麻的奖金有效期至1741年1月1日。对进口船桅用木材的奖金,有效期至1781年6月24日国会会议结束。

对进口柏油、松脂和松香油的奖金,在有效期内经历了许多变更。原来规定,进口每吨柏油和松脂奖励四镑,进口每吨松香油奖励三镑。后来,进口每吨柏油奖励四镑,仅限于按特殊方法制造的柏油,对其他良好、洁净的商用柏油的奖励,减至每吨两镑四先令。

---

① 乔治三世第10年第38号法律和乔治三世第19年第27号法律。
② 安妮女王第3、4年第10号法律。——安德森:《商业》,1703年。
③ 船桅木材(还有柏油、松脂和松香油)根据安妮第12年第Ⅰ部分第9号法律,仅有船桅木材是根据乔治二世第2年第35号法律第12条规定的。鼓励在苏格兰种植大麻,这在乔治一世第8年第12号法律的序言中提到,现假设在条文中已包含了这种规定。

同样，对松脂的奖励减至每吨一镑，对松香油的奖励减至每吨一镑十先令①。

按照时间顺序，第二次对进口工业原料发放奖金，是根据乔治二世第二十一年第三十号法令对进口英属殖民地的蓝靛发放的奖金。当英属殖民地的蓝靛值上等法国蓝靛价格的四分之三时，依据这一法令，可得到每磅六便士的奖金。这一奖金和大多数其他奖金一样，都是有限期的，但得到多次延期，只是奖金减至每磅四便士②。其有效期至1781年3月25日国会会议结束。

第三次发放这类奖金，是根据乔治三世第四年第二十六号法令从英属殖民地进口大麻或生麻发放的奖金。在此大部分期间，我国有时讨好美洲殖民地，有时与其争执。这一奖励有效期为二十一年，从1764年6月24日到1785年6月24日止。最初七年每吨奖励八镑，随后七年奖励六镑，最后七年奖励四镑。这一政策不适用于苏格兰，因为那里气候不太适合种亚麻，虽然有时也种亚麻，但产量不大，质量也较差。如果英格兰从苏格兰进口亚麻也能得到这一奖金，将大大不利于英国南部的本土生产。

第四次发放这类奖金，是根据乔治三世第五年第四十五号法令对从美洲进口的木材发放的奖金。这一奖励有效期为九年，从1766年1月1日到1775年1月1日止。最初三年每进口优质松板一百二十条奖励一镑，每进口其他方板五十立方英尺奖励十二先令。随后三年，对优质松板的奖励改为十五先令，对其他方板的奖励改为八先令。最后三年，对优质松板的奖励又改为十先令，对其他方板的奖励改为五先令。

第五次发放这类奖金，是根据乔治三世第九年第三十八号法令对从英属殖民地进口生丝发放的奖金。这一奖励有效期为二十一年，从1770年1月1日到1791年1月1日止。最初七年每进口价值一百镑的生丝奖励二十五镑。随后七年，对生丝的奖励改为二十镑。最

---

① 乔治一世第8年，第12号法律；乔治二世第2年，第35号法律第3、11条。
② 乔治三世第3年，第25号法律。

后七年，对生丝的奖励又改为十五磅。养蚕造丝需要如此多的手工劳动，而美洲的劳动力又如此昂贵，以致发放这么多的奖金也不可能产生任何显著效果。

第六次发放这类奖金，是根据乔治三世第十一年第五十号法令，对从英属殖民地进口的酒桶、大桶、桶板、桶头板发放的奖金。这一奖励有效期为九年，从1772年1月1日到1781年1月1日止。最初三年每进口各种一定数量奖励六镑。随后三年，奖励改为四镑。最后三年，奖励又改为两镑。

第七次也是最后一次发放这类奖金，是根据乔治三世第十九年第三十七号法令对从爱尔兰进口的大麻发放的奖金①。这一奖励有效期为二十一年，从1779年6月24日到1800年6月24日止。与从美洲进口大麻和生亚麻发放的奖金一样，也同样以每七年为一期，每一期从爱尔兰进口大麻发放的奖金与从美洲进口大麻和生亚麻发放的奖金一样多。但与美洲不同的是，从爱尔兰进口生亚麻不享受奖金。对爱尔兰进口生亚麻发放奖金，大大不利于在英国种植这种植物。在最后一次发放这类奖金时，英国议会与爱尔兰议会的融洽程度，并不比从前英国和美洲的融洽程度强多少。但我们希望，对爱尔兰的恩惠比对美洲的恩惠更有利于当地。

从美洲进口时享受奖励的这些商品，如从任何其他国家进口则须缴纳高额关税。我国美洲殖民地的利益被认为与宗主国的利益相一致。他们的财富就被认为是我们的财富。据说，无论输出到那里的货币有多少，都会以贸易差额的形式回到我们这里。我们在他们身上的支出不会使我们减少一便士。从任何方面来说他们都是我们自己的。在他们身上支出就是为增进我们自己的财富而支出，对我国人民有利。我认为，这种制度的愚妄，已为糟糕的经验充分暴露出来，现在不必再多说。如果我国美洲殖民地真是大不列颠的一部分，这些奖金就可以认为是对生产的奖励，仍受这类奖励所受的所有非难，但不受其他非难。

工业原料的进口，有时因完全禁止而受抑制，有时因高关税而

---

① 第三类奖金。

受抑制。

我国呢绒制造商,游说国会使其相信国家的繁荣取决于他们这种业务的成功和推广。在这方面,他们比任何其他阶层都更成功。他们不仅靠完全禁止进口外国呢绒取得不利于消费者的垄断,还靠类似的对出口活羊和羊毛的禁止,同样取得不利于牧羊主和羊毛生产者的垄断。我国为确保收入而制定的法律,其中许多被适当地抱怨,对重罚那些在法律未颁布前本是无罪的行为过于严酷。但我敢说,即使最严酷的上述法律,与我国商人和制造商吵嚷着强迫国会颁布来支持他们荒唐、压迫的垄断的某些法律相比,也显得温和宽大。就像德拉科的法律那样,这些法律可以说是以鲜血写就的。

伊丽莎白第八年第三号法令规定,出口绵羊、小羊、公羊者,初犯没收其全部货物,监禁一年,然后在某一集市日,砍断其左手,钉于集市上;再犯,即宣告其为重罪犯人,处以死刑。这一法律的目的,似乎是为了防止我国羊种在外国繁殖。查理二世第十三年和第十四年第十八号法令又规定,出口羊毛也属重罪,对出口者像重罪犯人那样处以刑罚并没收货物。

为了国家的人道主义名誉,希望上述两种法律都不实施。据我所知,第一种法律虽未直接撤除,法学家霍金斯也认为它仍然有效①,但这一法律可能根据查理二世第十二年第三十二号法令第三节已实际上被撤除了。查理二世的法令并未明确取消伊丽莎白法令所规定的刑罚,而是规定了一种新刑罚②,即每出口或试图出口一只羊,罚款二十先令,并没收这只羊及其主人对船只的那部分所有权。第二种法律则依据威廉三世第七年和第八年第二十八号法令明确撤除了,该法令宣称:"查理二世第十三年和第十四年颁布的禁止羊毛出口的法令,将出口羊毛当做重罪。由于刑罚过于严酷,对罪犯的起诉并未有效执行。因此,该法令关于该犯罪行为定为重罪一节,予以撤除,宣告无效。"

---

① 威廉·霍金斯:《国王抗辩条约》,第4版,1762年,第一编第52章。
② 远远没有做到这一点;它还明白规定,以前所规定的任何较大的处罚仍然有效。

但是，这一较温和的法律所制定的刑罚，以及此前法律所制定而未被这一法律撤除的刑罚，仍很严酷。除了被没收货物外，出口者每出口或试图出口一磅羊毛，须缴纳罚金三先令，相当于羊毛价值的四五倍。任何犯此罪的商人或其他人，不得向任何代理人或其他人索取债务或清算账目①。不论其财产多少，不论其能否缴纳这样重的罚金，法律的意图是使其完全破产。但由于人民大众的道德尚未像法律制定者那样败坏，我还未曾听说有人利用这一条款。如果犯此罪的人不能在判决后三个月内缴纳罚金，就处以七年的流刑；如果在期满前逃归，就作为重罪犯人处罚，不得享受僧侣的特典②。船主知罪不报，没收其全部船只及设备。船长和水手知罪不报，没收其全部货物和不动产，并处三个月的监禁。后来的法律又将船长的监禁期改为六个月③。

为了防止出口，境内羊毛贸易全部受到极繁琐、极苛刻的限制。羊毛不能用箱子、木桶、盒子等来包装，而只能用皮革或包装布来包装，外面必须标有不少于三英寸长的大字"羊毛"或"毛线"。否则没收货物和包装，每磅罚款三先令，由所有者或包装者缴纳④。羊毛只能在日出和日落之间运输，不能用马或马车搬运，也不能在离海岸五英里内陆运输，否则没收货物和车马⑤。临近海岸的百户邑，对从那里或经过那里运输或出口羊毛的人，可在一年内提出诉讼，如果羊毛价值低于十磅，罚款二十镑；如果羊毛价值高于十磅，

---

① 查理二世第12年，第32号法。
② 乔治一世第4年，第11号法律第6条。
③ 这里可能指威廉三世第10、11年第10号法律的第18条，但这只适用于对于国王船只犯罪的上司，而不适用于犯法船只的主人。
④ 乔治二世第12年，第21号法律第10条。
⑤ 查理二世第13、14年，第18号法律第9条规定，禁止每年3月至9月间的下午8时至上午4时之间、10月至2月间的下午5时至上午7时之间在国内任何地区运输羊毛。威廉三世第7、8年第28号法律第8条不注意这一点，作出了正文中所引述的规定，查理二世第13、14年第18号法律由乔治三世第20年第55号法律予以废止，它不考虑威廉三世第7、8年第28号法律。

罚款羊毛价值的三倍和诉讼费的三倍。对居民中任何两人执行处罚,得向其他居民征税来偿还,就像在抢劫时那样。如有人疏通该地官吏来减少罚款,则处以五年监禁。任何人都可告发。这些法规通行全国①。

而在肯特和萨塞克斯这两个郡,限制更加繁琐。海岸十英里之内的羊毛所有者,必须在剪下羊毛后三天内,将所剪羊毛的数量和存放地点,以书面形式向附近的海关官员报告。在转移其中任何部分之前,他必须递交同样的报告,说明转移羊毛的数量和重量,买方的姓名和住址,以及转运地点。居住在离海岸十五英里内的人,在未向国王保证不以这样购买的羊毛的任何部分出售给离海岸十五英里的任何其他人之前,不得购买羊毛。如果发现有人向这两个郡的海边运送羊毛,除非作过上述报告和保证,否则没收其羊毛,对犯者处以每磅羊毛三先令的罚款。如有人未做上述报告将羊毛存放于离海岸十五英里内,则查封没收其羊毛;如查封后要求返还羊毛,须向国库提交保证,在败诉后,除了所有其他处罚,还支付三倍的诉讼费②。

当境内贸易受到这些限制时,我们相信,沿海贸易也不会太自由。任何羊毛所有者,要运送或试图运送羊毛到海岸任何港埠,以便从那里经海路运往海岸其他港埠,再将羊毛运至距出发港五英里以内之前,必须先到出发港报告羊毛的重量、标记和包数,否则没收羊毛以及马、马车和其他车辆,并处以其他禁止出口羊毛的仍有效的法律所规定的刑罚。但威廉三世第一年第三十二号法令是那么宽大,它宣布:"即使剪羊毛地点位于离海岸五英里之内,只要于剪羊毛后十天内,在转运羊毛之前,亲自向附近的海关的官员证明羊毛的真实数量和存放地点,并在羊毛转运前三天,亲自向附近的海关的官员说明其意图,任何人都可将羊毛从剪毛地点运回家③。"海运的羊毛必须提交保证,在登记的指定港口上岸,其中任何部分上

---

① 所有这些规定均根据威廉三世第7、8年的第28号法律。
② 引述不是逐字逐句的。
③ 引述不是逐字逐句的。

岸时如无官员在场，则不仅没收其羊毛，还处以通常每磅羊毛三先令的额外罚款。

我国呢绒制造商，为了证明他们要求这种异常的限制和规定的正确性，声称英国羊毛品质独特，优于任何其他国家的羊毛；其他国家的羊毛如不加入部分英国羊毛，就不能制成说得过去的产品；没有英国羊毛就不能制成精纺呢绒；英国如能完全阻止羊毛出口，就能几乎垄断全世界的呢绒业，从而没有竞争对手，可以自己满意的任何价格出售，在短期内凭最有利的贸易差额取得令人难以置信的财富。这种学说像许多人所确信的大多数其他学说一样，过去并且现在继续为更多的人所暗中信服。对呢绒业不熟悉或没有特殊研究的人，几乎全都相信这一学说。然而，无论从哪方面说英国羊毛对于制造精纺呢绒必不可少，都完全是谎言。英国羊毛根本就不适于制造精纺呢绒。精纺呢绒完全由西班牙羊毛制成。甚至在某种程度上，将英国羊毛混入到西班牙羊毛去织造，会降低呢绒的质量①。

本书前面章节曾论述，这些法规不仅压低了羊毛的价格，使其低于现在自然应有的水平，还使其大大低于爱德华三世时代的实际价格。苏格兰与英格兰合并后，也实施这一法规，据说苏格兰的羊毛价格因此下跌了一半。《羊毛研究报告》的作者约翰·斯密教士是位非常精明而聪明的人。他认为，最好的英国羊毛在英国的价格，一般比极劣质的羊毛在阿姆斯特丹市场上的通常售价还低②。这些法规公开提出的目标，就是将这种商品的价格压低至自然应有的价格之下。它们无疑已产生了预期的效果。

可能有人认为，这种价格的降低，由于不利于羊毛的生产，必然大大减少这种商品的年产量，即使不比从前低，也比目前状况下假如市场是公开开放允许价格上升到自然应有水平时的产量低。但我相信，年产量虽会受到这些法规的一些影响，但不会受到太大影响。羊毛的生产不是牧羊主使用其劳动和资本的主要目标。牧羊主

---

① "大家知道，真正非常精美的呢绒，在各处一定是完全由西班牙羊毛织成的。"安德森：《商业》，1669年。
② 《羊毛调查报告》，1767年，第2卷，第418页注释。

并不期望羊毛的利润会像羊肉的利润那样多。在许多情况下,羊肉的平均或一般价格能补偿羊毛的平均或一般价格的不足。本书前面章节已论述过,不论哪种规定导致羊毛或羊肉价格下降,使其低于自然应有的水平,只要在进步和耕作发达的国家,必然会略微提高羊肉的价格。在改良的耕地上饲养的大小牲畜的价格,必须足够支付地主的合理地租和农民的合理利润。这一合理利润是他们有理由期望从改良的耕地上得到的利润。如果不够支付合理利润,他们不久就会停止饲养牲畜。因此,羊毛和羊皮如不够支付的那部分牲畜价格,必须由羊肉支付。前者支付得越少,后者必然支付得越多。羊的价格如何在各部分间分配,地主和农民并不关心,而只关心全部价格是否支付了。所以,在进步和耕作发达的国家,虽然他们作为消费者其利益因这种规定提高了食品的价格而受到影响,但他们作为地主和农民其利益受这种规定影响不大。照此推理,在进步和耕作发达的国家,羊毛价格的这种降低,不可能导致这种商品年产量的减少。不过,由于羊毛价格下降,使羊肉价格上涨,可能略微减少这种家畜肉的需求,从而略微减少这种家畜肉的产量。然而甚至这样,其影响可能也不太大。

尽管它对年产量影响不大,也许有人认为,它对品质的影响必然非常大。英国羊毛的品质即使不低于从前,也低于目前改良耕地情况下自然应有的水平。也许有人认为,品质的降低,必然与价格的降低几乎成比例。由于羊毛的品质取决于羊种、牧草以及对羊的管理和清洁,我们自然可以想象到,在羊毛生产全过程中,牧羊者对这些条件的注意,与羊毛价格可能对这种注意所需的劳动和费用提供的补偿成比例。不过羊毛质量在很大程度上取决于羊的健康、发育和躯体。改良羊肉所必要的注意,在某些方面就足够改良羊毛了。虽然羊毛的价格下降了,据说英国羊毛品质甚至在本世纪已有很大改善。如果羊毛的价格更高,品质的改良也许更大。低价尽管阻碍了品质的改良,却没有完全阻止这种改良。

这些规定的粗暴,对羊毛年产量和品质的影响,似乎不如人们预期的那么大(我认为它对品质的影响可能大于对产量的影响);羊毛生产者的利益尽管必然受到某种程度的损害,但总体看来,这种损害比人们想象的小得多。

不过上述考虑并不证明完全禁止羊毛出口是正确的，但充分证明对羊毛出口课以重税的正确性。

一国君主应公正、公平地对待所属臣民的各阶层，只是为了促进一个阶层的利益而伤害另一个阶层的利益，不管伤害程度多大，都明显违反了这一原则。但是对羊毛出口的禁令，正是只为了促进制造商的利益而伤害了羊毛生产者的利益。

各阶层人民都有义务纳税以支持君主或国家。每出口一托德（羊毛重量单位，相当于二十八磅）的羊毛课税五先令甚至十先令，为君主提供了极多的收入。这种税，由于不可能像禁止出口那样极大地降低羊毛的价格，对羊毛生产者利益的损害程度略小。这为制造商提供了足够的优势，因为他虽然不能以禁止出口时那样低的价格购买羊毛，但与外国制造商相比，他的购买价格至少仍比外国制造商低五到十先令，此外还能节省外国制造商必须支付的运费和保险费。要设计出能为君主提供大量收入，同时又不会给任何人带来困难的赋税，那几乎是不可能的。

这种禁令尽管有各种处罚来保障，却没能防止羊毛的出口。我们都很了解，羊毛的出口量很大。国内外市场巨大的羊毛价格差，对走私者的诱惑非常大，即使严酷的法律也无法阻止。这种非法出口对除了走私者以外的人都无益处。缴税的合法出口，由于为君主提供了收入，从而避免了其他可能更苛刻、更麻烦的征税，这对国家所有臣民都有利。

人们认为漂白土是呢绒制造及漂洗的必需品，出口漂白土与出口羊毛所受处罚几乎相同①。甚至公认与漂白土不同的烟斗土，由于类似漂白土，而且有时可作为烟斗土出口，所以也受相同的禁止和处罚②。

查理二世第十三年和第十四年第七号法令规定，不仅是生皮，

---

① 查理二世第 12 年，第 2 号法律；查理二世第 13、14 年 18 号法律。
② 查理二世第 13、14 年第 18 号法律第 8 条，该条序言中说，大量的漂白土每天来到，以烟斗土的颜色出口。

而且鞣皮也被禁止出口，除非以靴子、鞋子或拖鞋的形态出口。这一法令为我国靴匠和鞋匠确立了不利于畜牧业和鞣皮业的垄断。此后的法令又规定，我国鞣皮业只要为每重一百一十二磅的鞣皮支付很少的一先令的税①，就可摆脱这种垄断。即使他们出口未深加工的鞣皮，也能得到三分之二的消费税的退税。所有皮革制造品都能免税出口，而且出口者还能得到消费税的全部退税②。我国畜牧业现在仍处于从前的垄断状态。畜牧者彼此隔离，散居国内各地，很难联合起来将垄断强加于同胞或摆脱其他人强加给他们的垄断。各种制造商由于集合在大城市的许多团体中，所以很容易联合起来。甚至牛角都禁止出口③，在这方面，制角器和制梳这两种不重要的行业也享受一种不利于畜牧业的垄断。

以禁止或征税的办法限制半成品的出口，并非皮革制造业所特有。只要某件商品还须加工来适于直接使用和消费，我国制造商就认为应由其完成。羊毛线和羊绒也被禁止出口，与羊毛出口所受处罚相同④。甚至白呢绒出口时也须纳税。我国染业享有不利于呢绒业的垄断地位。我国呢绒制造商本来能保护自己免于这种劳动，但大部分主要的呢绒制造商也兼营染业，因而不在乎这种垄断。表壳、钟壳、表针盘和钟针盘均禁止出口⑤。我国钟表制造商似乎都不愿这类产品的价格因外国人的竞购而提高。

爱德华三世、亨利八世和爱德华六世从前颁布的一些法令⑥，规

---

① 查理二世第20年，第5号法律；安妮第9年，第6号法律第3条。
② 安妮第9年第11号法律第39条，由安妮第10年第26号法律第6条和安妮第12年第9号法律第64条予以解释。
③ 除了在某种情况下禁止出口是根据爱德华四世第14年第8号法律的；完全禁止出口是根据詹姆士一世第7年第14号法律第4条的。
④ 根据查理二世第13、14年第18号法律和威廉三世第7、8年第28号法律。
⑤ 威廉三世第9、10年第28号法律，提出的理由是防止伪造。
⑥ 正文中引用的第二种法律的序言，提到了爱德华三世第18年第5号法律（铁）、亨利八世第33年第7号法律（黄铜、铜等）、爱德华六世第2、3年第37号法律（钟、铜等）。

定禁止出口所有金属。只有铅和锡例外，可能是因为这两种金属储量极丰富。铅和锡的出口占当时王国贸易相当大的部分。为了鼓励采矿业，威廉和玛丽第五年第十七号法令，规定由英国冶炼而成的铁、铜和黄铜不受这一禁令的限制。此后，威廉三世第九年和第十年第二十六号法令①，又允许外国产或英国产的铜条出口。未加工的黄铜，即所谓的枪炮金属、钟铃金属和货币鉴定人金属，仍继续禁止出口。所有黄铜制品都可免税出口②。

未绝对禁止出口的工业原料，在许多情况下都被课以重税。

乔治一世第八年第十五号法令规定，英国生产或制造的所有货物，按以前法令在出口时须纳税出口的，现在可免税出口。而下列货物例外：明矾、铅、铅矿石、锡、鞣皮、绿矾、煤、梳毛机、白呢绒、菱锌矿石、各种兽皮、胶、兔毛、野兔毛、各种毛、马匹和黄色氧化铅矿石。除了马匹，这些货物是工业原料、半成品（可视为深加工原料）或生产工具。该法令规定这些货物仍缴纳以前须缴纳的所有税，即旧补助税和百分之一的出口税③。

该法令还规定，许多染色用外国染料进口时免缴一切税。此后这些染料出口时须缴纳一定的税，当然，税并不重④。我国染业似乎认为，通过免税鼓励进口这些染料对自己有利，同时认为，对这些染料的出口略加抑制也对自己有利。商人出于贪欲而提出的这种令人瞩目的妙计，最可能的结果是使其大失所望。因为这必然提醒进口商更小心，进口量不应超过国内市场必需的供应量。国内市场可能始终供给不足。这些商品的价格可能始终比出口与进口同样自由

---

① 这项法律没有列入普通的汇编中，但是文中提到的规定见皮克林的索引"铜"词条，条文在一项更新法律（安妮第12年第I编第18号）中引述过。
② 根据下面即将提到的一项法律，即乔治一世第8年第15号法律。
③ 查理二世第12年第4号法律第2条和查理二世第14年第11号法律第35条。1%的税是对于运往地中海马拉加以南各地的货物所征的税。除非船上有16门炮和其他战争设备。参阅萨克斯贝的《不列颠海关》，第48、51页。
④ 每磅征税6便士，按照这项法律的估值。

时更高。

按照上述法令，塞内加尔胶或阿拉伯胶归列举染料内，可免税进口。它们再出口只需缴纳一英担（一百一十二磅）三便士这样少的税。当时法国垄断了塞内加尔附近盛产这种染料的国家的贸易。英国市场不容易从产地直接进口这些染料满足供应。因此，乔治二世第二十五年的法令规定①，塞内加尔胶可从欧洲各地进口（这违背了《航海条例》的总体精神）。由于该法令并未打算鼓励这种贸易，所以违背英国重商政策的一般原则，在进口时每英担课税十先令，此后在出口时不予退税。1755年开始的战争的取胜，使英国像从前的法国那样垄断了对那些国家的贸易②。战争刚结束，我国制造商就试图从中受益，建立一种有利于他们而不利于生产者和进口者的垄断。所以，乔治三世第五年第三十七号法令规定，从英王陛下的非洲属地出口塞内加尔胶，只能出口到英国，与英属美洲殖民地和西印度殖民地的列举商品一样，都受同样的限制、规则、没收和处罚的约束。诚然，进口这种胶一英担只需缴纳六便士这样少的税，但其再出口则须缴纳一英担一镑十先令的重税。我国制造商的意图是从那些国家进口其全部产品。为了能以自定的价格购买这些产品，他们规定其中任何部分除非负担足以抑制出口的费用，否则不得再出口。他们的贪欲在这里就像在许多其他情况下一样未能得逞。这种重税对走私者是巨大诱惑，大量的这种商品不仅从英国还从非洲秘密地出口到欧洲各工业国，尤其是荷兰。因此③，乔治三世第十四年第十号法令将这种商品的出口税减为每英担五先令。

按旧补助税所依据的地方税则，一张海狸皮估税六先令八便士。1772年前进口每张海狸皮所缴纳的各种补助税和关税，等于其地方税的五分之一，即十六便士④。除了旧补助税的一半即二便士，其他

---

① 第32号。
② 安德森：《商业》，1758年。
③ 如序言中所说。
④ 乔治一世第8年第15号法律第13条的序言中举出了事实。旧、新的1/3和2/3的补助税共1先令，额外的进口税4便士。

均可在出口时退税。人们认为,进口这么重要的一种工业原料须缴纳的关税太高了。1722年,地方税减为两先令六便士,进口税减为六便士,出口时已缴的进口关税退税一半①。1755年那次战争的胜利,使世界上最盛产海狸的地方归属英国管辖,并将海狸皮划归列举商品中,从而使海狸皮只能从美洲出口到英国市场。不久我国制造商②就考虑从这一局势中获利。1764年③,每张海狸皮的进口税减为一便士,而出口税却提高到七便士,还不退还进口税。该法令还规定,出口海狸毛或海狸腹部毛,每磅须纳税十八便士,而对这种商品的进口税却没有调整,由英国人以英国船只进口的每张皮,在当时纳税额为四先令与五先令之间。

煤炭既可视为工业原料,也可视为职业工具。因此对煤炭的出口课以重税,现在(1783年)是每吨五先令以上,即每焦尔伦(纽卡斯尔煤衡量单位,根据地区不同相当于三十二至七十二英国蒲式耳)纳税十五先令以上。这在大多数情况下比在煤矿井的商品原价还高,甚至比在出口港的商品原价还高。

但对职业工具的出口限制,通常不是通过高关税,而是通过绝对禁止来限制。于是威廉三世第七年和第八年第二十号法令第八条规定,禁止出口编织手套和长袜的机架或织机,违者不仅没收其出口或企图出口的机架或织机,还罚款四十磅,一半归国王,另一半归告发人。乔治三世第十四年第七十一号法令同样规定,禁止出口用于棉制造业、麻制造业、羊毛制造业和丝制造业的所有工具,违者不仅没收其货物,还罚款二百磅,对知情不报允许这些工具上船的船长也罚款二百磅。

当对死的生产工具的出口处以重罚时,活的生产工具即技工也不可能自由离开。因此,乔治一世第五年第二十七号法令规定,凡引诱英国制造业技工去国外从事或传授本行业工作的人,初犯处以一百磅以下罚款,并处以三个月监禁,直到罚款付清为止;再犯由

---

① 乔治一世第8年,第15号法律,1721年。
② 制帽人。
③ 乔治三世第4年,第9号法律。

法庭决定罚款数额,并处以十二个月监禁,直到罚款付清为止。乔治二世第二十三年第十三号法令又加重了这种处罚,初犯每诱骗一名技工即罚款五百镑,处以十二个月监禁,直到罚款付清为止;再犯每诱骗一名技工即罚款一千镑,处以两年监禁,直到罚款付清为止。

上述两个法令中的前者规定,如证明某人曾引诱某技工,或证明某技工承诺或签约为从事或传授本行业工作而去外国,那么该技工必须向法庭提出不出国的保证,在提出这种保证之前由法庭拘禁。

如某技工出国并在国外从事或传授本行业工作,在接到陛下驻外公使或领事的警告或当时阁员的警告后,六个月内不回国并继续在本国居住,那么,从那时起他就被剥夺一切国内财产继承权,不得任国内任何人的遗嘱执行人或财产管理人,也不得继承、受让或购买国内任何土地。他全部的土地、货物和动产也被国王没收,作为外国人对待,不受国王的保护。

我以为,不必说明这些规定与我们自夸的自由精神是多么矛盾。在这种情况下,为了我国商人和制造商琐碎的利益而明显牺牲了这种自由。

所有这些规定为人们所称赞的动机是在扩张我国的制造业,其扩张方式不是改进自我,而是压制邻国的制造业,并尽可能消灭这些讨厌的竞争对手。我国制造商认为,他们理应垄断他们同胞的技能。通过限制一些行业所雇用的学徒数量,并规定所有行业必须有长时间的学徒期,他们试图使各行业的知识由尽可能少的人所掌握。他们还不愿这少数人中有人去外国传授技能。

消费是所有生产的唯一目的。生产者的利益,只有在成为促进消费者的利益的必要条件时,才应加以关注。这一原则完全不言自明,无须加以证明。但在重商主义者看来,消费者的利益几乎总是为了生产者的利益而被牺牲。重商主义者似乎把生产而不是消费当做所有工商业的最终目的。

对能与本国产物和制造品竞争的所有外国商品的进口加以限制,显然是为了生产者的利益而牺牲了国内消费者的利益。国内消费者不得不支付这种垄断所提高的价格,就完全是为了生产者的利益。

对于本国某些产物的出口发放奖金,完全是为了生产者的利益。

国内消费者不得不负担两种税：一种是为了支付奖金所必须征收的赋税；另一种是国内市场价格的上涨所必然产生的更大的赋税。

著名的与葡萄牙订立的通商条约，通过高关税，使我国消费者不能从邻国购买我们本国气候所不宜生产的商品，而不得不从一个遥远国度购买这种商品。尽管公认较远国家的商品不及较近国家的商品的质量好，但国内消费者不得不忍受这种困难，以便本国生产者能以更有利的条件将某些产物出口到那个遥远国度去。消费者还不得不支付这些产品因强制输出而在国内市场上抬高的价格。

而为了管理我国在美洲和西印度的殖民地而订立的许多条约，与我国所有其他通商条例相比，为了生产者的利益，更多地牺牲了国内消费者的利益。一个大帝国已建立起来，其唯一目的就是供养一个消费者之国，这些消费者不得不从我国各生产者的店铺中购买我国所能供应的各种商品。为了这种垄断所能给我国生产者带来的价格的略微提高，我国消费者就要负担维持并保卫这个帝国的全部费用。为了这个目的，并且仅仅是为了这个目的，在最近的两次战争中，我国已支出两亿多镑，借债超过一亿七千万镑，这还不包括此前为了同一目的而发生的多次战争所支出的费用。仅这项借款的利息，不仅超过因垄断殖民地贸易据说能得到的超额利润的全部，还超过这种垄断贸易的价值的全部，即超过平均每年出口殖民地的货物的价值的全部。

不难确定是谁设计了重商主义。我们相信，那不会是消费者，因为他们的利益被完全忽视了。那一定是生产者，因为他们的利益受到细致的照顾。在生产者中，我国商人和制造商是主要的设计者。在本章讨论的商业条例中，我国制造商的利益受到最特殊的关注。消费者或不如说是其他生产者的利益，为了制造商的利益而被牺牲了①。

---

① 这一章首先在《补充和修正》及第3版中出现，无疑主要是由于斯密在1778年被任命为海关专员。在他的图书室中有 W. 希姆斯和 R. 弗雷温的《商品估值》，1772年，他或许还看到早先的著作如萨克斯贝的《不列颠关税》，1757年，该书提供了早期的关税等，还有规定关税的国会法律。

第九章　论重农主义，或论把土地产物看做是各国收入及财富唯一或主要来源的政治经济学体系

我认为有必要就重商主义给予较长的说明，而对于政治经济学中的重农主义则不必了。

据我所知，把土地产物看做是各国收入及财富唯一或主要来源的学说，从未被任何国家采用，目前只存在于法国少数博学机敏的学者的理论中①。对于一种尚未并且可能永远不会危害世界任何地方的学说的谬误，的确不值得连篇累牍地探讨。但我将尽可能清楚地解释这一极精妙学说的概要。

路易十四的著名大臣柯尔贝尔，为人正直，异常勤勉博学，对于公共账目的检查经验丰富，十分精明。简而言之，他的各方面能力都适于有序管理公共收入的征收与支出。这位大臣不幸持有重商主义的所有偏见。这种学说就其性质及实质而言，是限制和管理的学说。对于一个习惯于管理各公共部门，并设置必要的监察和控制将各部门限于适当范围，因而勤苦工作的事务家，这种学说很难不令其满意。他试图以管理公共部门的模式来管理一个大国的工商业。他不允许每个人按平等、自由和公平的计划以自己的方式去自由谋求自身利益，却给予某些产业部门超常的特权，同时对其他产业部门加以超常限制。他不仅像欧洲其他大臣那样，更多地鼓励城市产业而不是农村产业，还为了支持城市产业而愿意压制农村产业。为了向城市居民廉价供应食物，从而鼓励制造业和外贸，他完全禁止

---

① 经济学家或重农主义者。后面提及的是魁奈、米拉波和梅西埃·里维埃。

出口谷物,这使得农村居民产业最重要的一部分产品不能进入外国市场。这一禁令,加上从前法国限制各省间谷物运输的各省法令,再加上对几乎所有省份的横征暴敛,压制了这个国家的农业,使其大大低于在如此肥沃土壤和适宜气候下所自然发展的水平。这种压制的状态在全国各地都能或多或少感觉到。至于其原因已开始各种研究。柯尔贝尔先生对城市比农村更优惠的政策,似乎是其中原因之一。

有句谚语,矫枉过正。提出把农业作为各国收入和财富唯一来源的学说的那些法国学者,似乎采纳了这一格言。由于在柯尔贝尔先生的政策中,城市产业与农村产业相比的确被高估了,所以在重农学说中,城市产业似乎一定被低估了。他们把人们认为在任何方面对一国土地和劳动的年产物有贡献的各阶层人民,分为三个阶层:第一阶层是土地所有者阶级;第二阶层是耕作者、农夫和农村劳动者;他们对这个阶层授予生产阶层这一光荣称号;第三阶层是工匠、制造商和商人。他们瞧不起这个阶层,以不生产者这一侮辱性称号相称。

土地所有者阶层对年产物的贡献,在于不时投入资金用于土地改良、建筑物、排水沟、围墙及其他的改良或保养。通过这种投入,耕作者就能以相同的资本产出更多的产物,从而能支付更高的地租。这种提高的地租,可看做土地所有者支出或投入改良其土地所应得的利息或利润。这些费用在重农学说中称为土地费用。

耕作者或农夫对年产物的贡献,在于他们用于耕作土地的费用。重农主义把这种费用称为原始费用和每年费用。原始费用包括,农具、耕畜、种子,以及农夫的家庭、雇工和牲畜在至少第一年耕作的大部分期间里或在土地有若干收成之前的维持费。每年的费用包括,种子、农具的磨损以及每年维持农夫的雇工、牲畜和家庭(只要家庭成员中部分可看做用于耕作的雇工)的费用。在他支付地租后留下的那部分土地产物,首先应足以在合理的期间内,至少在其耕作期间,补偿其全部原始费用以及资本的一般利润;其次应足以补偿其全部每年费用以及资本的一般利润。这两种费用是农夫用于耕作的两种资本。除非他能定期收回这两种资本并得到合理利润,否则他就不能与其他行业处于同一经营业务水平。出于自身利益考虑，他必然会尽快放弃这一行业，转而寻找其他行业。为了使农夫能继续耕作而必需的那部分年产物，应看做是神圣的耕作基金。如果地主加以侵犯，必然会减少其自己土地的产量，从而若干年后，不仅使农夫无力支付这种繁重的地租，而且不能支付地主本来能从其土地得到的合理地租。地主应得的适当地租，不应多于此前投入生产全部产物所必需的所有费用完全付清后剩余的净产物。正是因为耕作者的劳动，在支付所有必需费用之后，还能提供这种净产物，所以这个阶层才在这种学说中被特殊尊称为生产阶层。由于同一原因，他们的原始费用和每年费用在这种学说中被称为生产性费用，因为这种费用在补偿自身价值之外，还能导致每年净产物的生产。

他们所谓的土地费用，即地主投入改良土地的费用，在这种学说中也被尊称为生产性费用。所有这些费用及资本的一般利润，在尚未通过提高的地租完全付给地主之前，教会和国王应将这种提高的地租视为神圣不可侵犯，不能课以什一税和赋税。否则，由于不利于土地改良，从而不利于教会自身的什一税在未来的增加，也不利于国王自身的赋税在未来的增加。因为在良好状况下，这些土地费用，除了能再生产其自身全部价值外，还能在一段时期后再生产净产物，所以在这种学说中被视为生产性费用。

即这种学说中仅有三种被称为生产性费用，地主的土地费用以及农夫的原始费用和每年费用。其他所有费用以及其他所有阶层，甚至一般认为最能生产的那些人，也由于这个原因而被视为完全不生产的。

尤其是工匠和制造商，一般认为他们的劳动能极大增加土地天然产物的价值，也在这种学说中被视为完全不生产的阶层。据说，他们的劳动只能补偿雇用他们的资本及其一般利润。这种资本是雇主预付给他们的原材料、工具和工资，是用于雇用雇工和维持他们的资金的。其利润是用于维持雇主的资金的。他们的雇主就像预付他们工作所需的原材料、工具以及工资那样，也预付维持自己的费用。他预付的这种维持费，一般与他期望从产品价格中所得的利润成正比。除非产品价格能补偿雇主预付给自己的维持费，以及为雇工预付的原材料、工具和工资，否则，他显然不能收回投入的全部费用。因此，制造业资本的利润，不像土地地租那样是完全付清所有必需费用后剩余的净产物。农夫的资本能像制造商的资本那样为资本所有者产生利润，但农夫的资本能为他人提供地租，而制造商的资本却不能。所以，用于雇用和维持工匠及制造商的费用，最多是继续（如果可以这样说）其自身价值的存在，并不产生任何新的价值。因此这种费用完全是非生产性费用。相反，投入用于雇用农夫和农村劳动力的费用，除了继续其自身价值的存在，还生产新的价值，即地主的地租，因此它是生产性费用。

商业资本与制造业资本一样都是不生产的，它只是继续其自身价值的存在，而不生产任何新的价值。其利润只是补偿投资人在投资期间或得到回报之前垫付给自己的维持费，只是补偿投资必需的费用中的一部分。

工匠和制造商的劳动从来不能使土地天然产物全年产量的价值有所增加。他们的劳动的确极大增加了土地天然产物某些特定部分的价值。但他们的劳动平时消费的土地天然产物的其他部分，恰好等于他们的劳动增加的那部分价值。因此，他们的劳动在任何时刻都不会丝毫增加全部价值。例如，制作一对花边的人，有时会把可能仅值一便士的亚麻的价值提高到三十镑。尽管乍看起来他似乎把一部分天然产物的价值增加了大约七千二百倍，但实际上他并未增加天然产物全年产量的价值。制作这种花边也许要花费他两年的劳动。花边制成后他所得到的三十镑，只不过是补偿他这两年工作期间预付自己的生活资料。他每日、每月或每年的劳动为亚麻增加的价值，只不过是补偿他在这每日、每月或每年自己消费的价值。因此，无论在任何时候，他都没有丝毫增加土地天然产物全年产量的价值。他一直在消费的那部分产物，始终等于他一直在生产的价值。被雇用从事这种费用大而又不重要的制造业的人，其中大部分都非常贫穷。这使我们相信，他们的产品的价格，一般情况下并未超过他们的生活资料的价值。对于农夫和农村劳动者的劳动而言情况则不同。一般情况下，他们的劳动，除了完全补偿其全部消费以及雇用并维持雇工和雇主的全部费用外，还继续生产一种价值，即地主的地租。

工匠、制造商和商人只能靠节俭增加社会的收入和财富，或按这种学说所表述的，只能靠穷困，即剥夺其用于自身生活资料的资金的一部分。他们每年只是再生产这部分资金。因此，除非他们每年能节省一部分，除非他们每年剥夺自身一部分享受，否则，社会的收入和财富决不会因他们的劳动而有丝毫增加。相反，农夫和农村劳动者却可完全享受用于其自身生活资料的全部资金，同时仍能增加社会的财富和收入。除了自身的生活资料外，他们的劳动每年还提供净产物，这种净产物的增加，必然会增加社会的财富和收入。因此，地主和耕作者占多数的国家，如法国和英国，能由劳动和享受而致富。相反，主要由商人、工匠和制造商构成的国家，如荷兰和汉堡，则只能由节俭和穷困而致富。各国情况如此不同，利害关系也极为不同，国民的共性也极为不同。在前一类国家，宽宏、直率和友爱自然成为国民共性的一部分，而在后一类国家，自然形成狭隘、卑鄙和自私的国民共性，避免一切社会娱乐和享受。

非生产性阶层，即商人、工匠和制造商，完全由地主和耕作者这两个阶层所维持和雇用。他们供给这个阶层工作材料和生活资料的基金，还供给这个阶层工作时所消费的谷物和牲畜。地主和耕作者最终支付非生产性阶层所有雇工的工资及其所有雇主的利润。准确地说，这些雇工和雇主是地主和耕作者的佣人。他们只是在户外工作，而仆人是在户内工作。两者都依靠同一主人来生活。两者的劳动同样都是不生产的，对于土地天然产物总量不增加任何价值。它不但不能增加这一总量的价值，反而还必须从中支付其费用。

但是这个非生产性阶层，对于其他两个阶层来说，不仅有用，而且大为有用。由于商人、工匠和制造商的劳动，地主和制造商才能以自己劳动的产物购买所需的外国货物和本国制造品，而他们生产自己产物所需的劳动，要比他们试图笨拙、不熟练地进口外国货物或制造本国那些制造品所需的劳动少得多。有了非生产性阶层，耕作者就能从许多事务中解脱出来，专心于耕作土地。由于不必分心，耕作者可以提高产量。提高的这部分产量，完全足够支付他们自己和地主维持及雇用非生产性阶层所需全部费用。商人、工匠和制造商的劳动,尽管从其本身性质来看是完全非生产性的,但以这种方式间接有助于提高土地产量。他们的劳动使生产性劳动者自愿专心于适于自己的职业,即耕作土地,从而提高生产性劳动者的生产力。耕作常常由于那些与其最不相关的人的劳动而变得更简单、更好。

在任何方面限制或抑制商人、工匠和制造商的产业,都绝不符合地主和耕作者的利益。这一非生产性阶层享有的自由越大,其中各行业的竞争就越激烈,其他两个阶层就能得到更低廉的外国商品及本国制造品的供应。压迫其他两个阶层也不符合非生产性阶层的利益。维持并雇用非生产性阶层的,正是扣除先后维持耕作者和地主所需之后的土地剩余产物。剩余产物越多,这一阶层的维持及就业状况就更好。确立完全的正义、自由和平等,是最有效地确保这三个阶层最高度繁荣的最简单的秘诀。

在类似荷兰和汉堡这样主要由非生产性阶层构成的商业国家中,商人、工匠和制造商也是这样完全由地主和耕作者来维持和雇用。唯一区别在于,为这些商人、工匠和制造商供应工作材料和生活资料资金的地主和耕作者,距离他们非常遥远,交通不便,是其他国家的居民,是其他政府的属民。

然而这些商业国,对于其他国家的居民来说不仅有用,而且大为有用。其他各国居民本应在国内找到商人、工匠和制造商,但由于该国政策的某些不足,在国内却找不到。这些商业国家在某种程度上弥补了这种非常重要的缺陷。

对这些商业国家的贸易或由其供应的商品征收高关税,从而不利于或抑制这些商业国家的产业,决不符合农业国家(如果我可以这样说)的利益。这种关税使那些商品更为昂贵,只能降低用来购买这些商品的他们自己土地的剩余产物或其价格的真实价值。这种关税只能阻止剩余产物的增加,从而不利于他们自己土地的改良和耕作。相反,提高剩余产物的价值,鼓励剩余产物增加,从而鼓励国内土地改良和耕作的最有效的策略,就是给予所有这些商业国家的贸易最完全的自由。

这种完全的贸易自由,甚至对于在适当时机提供他们国内所需的商人、工匠和制造商,并弥补他们在国内感到的那种非常重要的缺陷来说,也是一种最有效的策略。

土地剩余产物的持续增加,所创造的资本到了适当时机会多于一般利润率下用于改良土地或耕作土地的资本。多余的这部分资本自然会转而用于在国内雇用工匠和制造商。国内的工匠和制造商能在国内找到工作原料和生活资料资金,即使技艺和熟练程度远不如人,也能立即以与商业国同类工匠和制造商同样低廉的价格制造产品,因为这些商业国的工匠和制造商必须从遥远地方运来所需的材料和生活资料。即使由于缺乏技艺和熟练程度,他们在一定时期内不能以与这些商业国的同类工匠和制造商同样低廉的价格制造产品,他们也能在国内市场以同样低廉的价格销售其产品,因为这些商业国的同类工匠和制造商的产品只能从极为遥远的地方运来。并且当他们的技能和熟练程度提高时,他们不久就能以更低廉的价格出售其产品了。所以这些商业国的工匠和制造商将在那些农业国的市场上立即受到竞争,不久就降价出售其产品,进而被完全赶出市场。随着技能和熟练程度的逐渐提高,这些农业国制造品的低廉,将在适当时机使其制造品的销售超越国内市场,进入许多外国市场。在这些外国市场,他们以同样方式逐渐将这些商业国的许多制造品排斥出去。

那些农业国天然产物和制造品的持续增加,到适当时期,所创造的资本会多于一般利润率下用于农业或制造业的资本。多余的这部分资本,自然会转而用于外贸,将超出国内市场需求的那部分天然产物和制造品出口到外国。在出口本国产物时,农业国商人相对于商业国商人有优势,正如农业国工匠和制造商相对于商业国工匠和制造商有优势,因为农业国商人能在国内找到货物原料和食品,而商业国商人不得不到远方去寻找。因此,即使他们的航海技能和熟练程度较差,也能以和这些商业国商人同样低廉的价格在外国市场出售他们的货物。如果他们有相同的航海技能和熟练程度,就能以更低廉的价格出售其货物。因此,他们不久就能在外贸的这一部门与商业国竞争,并在适当时期将其完全排斥出去。

所以,按照这种自由宽松的体制,农业国培养本国工匠、制造商和和商人的最有效的方法，就是给予所有其他国家的工匠、制造商和商人最完全的贸易自由，从而提高本国土地剩余产物的价值。这种价值的不断提高，逐渐积累成一种资金，在适当时期培养出本国所需的各种工匠、制造商和商人。

相反，如果农业国以高关税或禁令抑制其他国家与自己的贸易，必然从两方面损害自身利益。首先，提高所有外国商品和制造品的价格，必然降低用来购买外国商品和制造品的本国土地剩余产物的真实价值。其次，通过给予本国商人、工匠和制造商在国内市场的垄断，将提高商业和制造业的利润，相对高于农业利润率，从而从原已投入农业的资本中吸引出一部分，或阻止原本要投入农业的那部分资本进入农业。所以，这一政策从两方面不利于农业。首先，降低农产品的真实价值，从而降低农业的利润率。其次，提高所有其他行业的利润率，农业就变得利益较少，而商业和制造业却变得更有利了。每个人出于自身利益，尽可能地将资本和劳动从前者转投到后者。

通过这种抑制性政策，农业国虽然能以比自由贸易条件下稍快的速度培养本国的工匠、制造商和商人，我们对此毫不怀疑，但这是在其完全成熟之前提前培养的（如果可以这样说）。过快培养一种产业，就会压抑另一种更有价值的产业。过快培养一种仅能补偿所投资本并带来普通利润的产业，就会压制另一种在补偿所投资本并带来利润之外还能提供净产物作为地主地租的产业。过快鼓励完全不生产性劳动，就会压制生产性劳动。

按照这个学说，土地的所有年产物如何在上述三个阶层中分配，不生产阶层如何仅补偿其消费的价值，而毫不增加所有年产物的价值，就由这个学说的最聪明、最具洞察力的鼻祖魁奈用一些数学公式表述出来。他对这些公式中的第一个特别重视，将其命名为《经济表》①。这个公式表述了，假定在最完全的自由状态下，因此也是最繁荣的状态下，在年产物能提供最多的净产物并且各阶层在全部年产物中享有适当份额的状态下，是如何进行分配的。随后的几个

---

① 参阅弗朗索瓦·魁奈：《经济表》，1758年。

公式表述了,假定在有各种限制和管制的状态下,在地主阶层或不生产阶层受惠多于耕作者阶层的状态下,在地主阶层或不生产阶层侵占生产阶层应得部分的状态下,是如何进行分配的。按照这个学说,每发生这种侵占,每次违反最完全自由的情况下的自然分配,必然逐年降低年产物的价值和总产量,并必然造成社会真实财富和收入的逐渐衰退。这种衰退进程的快慢,与对最完全自由情况下的自然分配的侵占程度成比例。随后的公式表述了,根据这个学说,与不同程度违反自然分配相对应的衰退程度。

一些爱思考的医生想当然地认为,人体的健康能靠某种饮食和运动的正确养生之道来保持,稍有违反,必将按违反程度引发疾病或不适。不过,经验似乎表明,在各种不同的养生之道下,人体常常能保持最佳状态,至少从表面上看是如此,甚至在某些一般认为极不符合养生之道的情况下也是如此。人体的健康状态似乎本身就具备某种未知的自卫机理,能在错误的养生之道下在许多方面预防并修正其不良后果。魁奈本身就是医生并喜欢思考,似乎对政体也持有相同观念,认为只有完全自由和公正的正确体制才能使国家兴旺发达。他似乎没有考虑到,在国家内,每个人为改善自身境况自然会付出的不断努力,就是一种保卫力量,能在许多方面预防并修正某种程度上是不公平的和压制的政治经济的不良后果。这种政治经济无疑会或多或少有碍于一国致富繁荣的进程,却不能使其完全停止,更不能使其倒退。如果一国不享有完全的自由和公正就不能繁荣,那么世界上任何国家都不能繁荣了。所幸,在政体内,自然的智慧有充分的准备来修正人类的愚蠢和不公所造成的不良影响,正如在人体内,自然的智慧有充分的准备来修正人类懒惰和放纵所造成的不良影响。

这种学说的主要错误似乎在于,把工匠、制造商和商人完全看做是全非生产性的阶层。以下观点可说明这种看法的不当之处。

第一,这种学说也承认这个阶层每年再生产其自身每年消费的价值,至少使雇用并维持他们的资金或资本继续存在。仅此一点,以无生产或不生产对其命名似乎很不恰当。仅生一儿一女代替父母以延续人类而并不增加人类数量的婚姻,不能称之为不繁衍的婚姻。

诚然，农夫和农村劳动者除补偿维持并雇用他们的资本外，每年还再生产一种净产物作为地主的地租。生育三个孩子的婚姻当然比仅生育两个孩子的婚姻更有生产力。同样，农夫和农村劳动者当然比商人、制造商和工匠的劳动更有生产力。但是，一个阶层生产更多并不能使另一阶层成为无生产或不生产阶层。

第二，将工匠、制造商和商人与家仆同样看待似乎完全不妥。家仆的劳动并不能使雇用和维持他们的资金继续存在。维持和雇用他们的费用完全由其主人承担；他们从事的工作在性质上并未偿还这种费用。他们的工作由随生随灭的服务构成，并不固定或实现在任何可售商品上以补偿其工资和维持费的价值。相反，工匠、制造商和商人的劳动却自然地固定并实现在可售商品上。所以，在讨论生产性和非生产性劳动那个章节中①，我把工匠、制造商和商人归入生产性劳动者内，而把家仆归入无生产或不生产性劳动者内。

第三，不论根据任何假设，说工匠、制造商和商人的劳动不增加社会的真实收入，似乎都不妥当。例如，即使我们假定，如同这种学说所假定的那样，这个阶层每日、每月及每年所消费的价值，恰好等于他们每日、每月及每年生产的价值，也不能因此认为，他们的劳动并不增加社会的真实收入，以及社会的土地和劳动的年产物的真实价值。例如，一个工匠在收获季节后六个月内完成了价值十镑的工作，即使他同时消费了价值十镑的谷物和其他必需品，他实际上仍为社会的土地和劳动的年产物增加了十镑的价值。在他消费价值十镑的谷物和其他必需品这一半年收入时，他又生产了一个能使他自己或别人购买相等的半年收入的等值产品。因此，这六个月内所生产和消费的价值，不等于十镑，而等于二十镑。诚然，无论任何时候，存在的价值不会多于十镑。但如果这价值十镑的谷物和其他必需品不是由工匠所消费，而是由士兵或家仆所消费，则这六个月末所存在的那部分年产物的价值，就比工匠劳动时少十镑。因此，即使工匠所生产的价值在任何时候都不超过其所消费的价值，但由于他的生产，市场上货物实际存在的价值在任何时候都比他不

---

① 第二篇，第三章。

生产时要少。

这种学说的支持者认为，工匠、制造商和商人的消费等于他们所生产的价值。这些支持者如此说时，可能是指工匠、制造商和商人的收入（用于他们消费的资金）等于他们所生产的价值。如果他们表达得更准确，只是认为这个阶层的收入等于其生产的价值，也许会使读者认为，这个阶层从这个收入所节省的，必将或多或少增加社会的真实财富。为了引出某种类似议论的东西，他们有必要像他们已经做的那样去表达。并且即使事情真像他们所假定的那样去假定，这种议论也极不可能得出定论。

第四，农夫和农村劳动者如果不节俭，就像工匠、制造商和商人那样，不能增加社会的真实收入（土地和劳动的年产物）。任何社会的土地和劳动的年产物都只能以两种方式增加：一是提高社会实际雇用的有用劳动力的生产力；二是增加社会实际雇用的有用劳动力的数量。

提高有用劳动力的生产力取决于两点：一是劳动者能力的提高；二是劳动者工作所用机械的改进。相对于农夫和农村劳动者的劳动，工匠和制造商的劳动由于能实行更细致的分工，使劳动操作更为简单。所以对于工匠和制造商来说，提高生产力的两种方法能达到高得多的程度①。所以，在这方面，耕作者阶层并不比工匠和制造商阶层更有优势。

任何社会实际雇用的有用劳动量的增加，必然完全取决于雇用有用劳动的资本的增加；而这种资本的增加，又必然恰好等于收入（资本管理人的收入或资本借出人的收入）的节省额。如果真像这个学说假定的那样，商人、工匠和制造商本能地比地主和耕作者更趋于节俭和储蓄，那么他们就更能增加其社会所雇用的有用劳动量，因而更能增加其社会的真实收入（土地和劳动的年产物）。

第五，即使真像这个学说假定的那样，一国居民的收入完全由其居民劳动所能获得的生活资料构成，在其他条件相同的情况下，商业国和工业国的收入也必然比无工业或无商业的国家的收入大得

---

① 参阅第一篇第一章。

多。一国通过商业或工业每年进口的生活资料的数量,就多于其土地在现有耕作状态下所能提供的。即使常常不拥有自己的土地,城市居民也能凭自身劳动得到足够的他人土地的天然产物,不仅有工作原料,而且有生活资料资金。城市与其邻近农村的关系,常常就是一个独立国家与其他独立国家的关系。荷兰就是这样从其他国家得到大部分生活资料的:活牲畜来自霍尔斯廷和日兰德,谷物来自几乎欧洲各国。少量的制造品购买了大量的天然产物。因此,工商业国自然就以小部分本国制造品购买了大部分外国天然产物。相反,无工商业的国家通常不得不以大部分本国天然产物为代价购买极小部分的外国制造品。一方所出口的生活资料和供应品仅是极少数量,而进口的却是较大数量;另一方出口的生活资料和供应品是较大数量,而进口的却仅是极少数量。前者的居民必然总能享用比其土地在现有状态下所能提供的多得多的生活资料,而后者的居民只能享用少得多的生活资料。

尽管这个学说有许多缺陷,但在以政治经济学为主题所发表的许多学说中,这个学说也许最接近真理。因此这个学说非常值得所有愿细心研究这个极重要的科学原理的人去留意。尽管这个学说认为投入土地的劳动是唯一的生产性劳动未免偏颇,但这个学说认为,国家财富不是由不可消费的货币财富构成的,而是由社会劳动每年所再生产的可消费的货物构成的,并认为完全自由是使这种每年再生产尽可能最大增长的唯一有效方法。这种论点无论从哪方面来说似乎都是公正的。这个学说的信奉者众多。人们喜好矛盾的事物,喜欢显示自己能理解常人所不能理解的东西。这个学说将制造业劳动定性为不生产的劳动,可能是它的追随者不断增加的原因。他们在过去的数年间形成了一个重要学派,在法国学术界以"经济学家"著称。他们的著作不仅将许多从前未曾仔细研究的题目提交大众讨论,某种程度上还影响国家机关扶持农业,这对其国家确有贡献。由于他们的论断,法国农业摆脱了以前所受的许多种压迫。任何未来的土地购买者或地主都不得侵犯的租期,已由九年延长到二十七年。以前国内各省对于各省间谷物运输的限制已完全解除;出口谷物到任何其他国家的自由,在所有普通场合,也由王国的习惯法所确定了。这个学派发表了许多著作，不仅探讨真正的政治经济学，即探讨国民财富的性质和原因，而且探讨政府所有其他部门的事情。这些著作毫不保留地追随魁奈的学说，没有任何明显不同。因此大部分著作与魁奈的学说几乎没有不同。最清楚、最连贯地阐述这个学说的，就是曾任马提克岛总督的梅西尔·德·拉·里维埃所著的小册子《政治社会的自然及基本制度》①。整个学派对于其宗师的颂扬，不逊于古代任何哲学学派对其创立者的颂扬。这个学派的宗师本人倒极其谦逊、质朴。勤奋并受人尊敬的学者马奎斯·德·米拉波说："有史以来有三大发明为政治社会带来安定，这三大发明与其他丰富和装饰政治社会的许多其他发明无关。第一个发明是文字，只有它使人类有能力将其法律、契约、历史和发现原样传达。第二个发明是货币，它是各文明社会之间所有关系的纽带。第三个发明是《经济表》，它是另两种发明的结果，完善了二者的目标，完成了二者的任务。它是我们这个时代的伟大发现，我们的后代将从中受益②。"

相对于农业，即农村产业，当代欧洲各国的政治经济学更鼓励发展制造业和外贸，即城市产业。其他各国则实行不同规划，相对于制造业和外贸来说更鼓励发展农业。

中国的政策更鼓励发展农业③。据说在中国农业劳动者的境况要优于工匠，就像在欧洲大部分国家工匠的境况要优于农业劳动者那样。在中国，每个人的远大抱负就是拥有一小块土地，做地主或佃户都可以。那里的租借条件据说很适当，对佃户有充分的保障。中国人不重视外贸。当俄国公使兰杰来北京商谈通商时，北京的官吏以惯常的口吻对他说："你们乞食般的贸易④！"除了与日本，中

---

① 1767年。是一本511页的四开本书，似乎不是"小册子"，但斯密所看到的可能是两卷本的12开本。
② 《乡村哲学》，阿姆斯特丹版，1766年，第1卷，第52、53页。
③ 杜·哈尔德：《中国地理等概况》，第2卷，第64页。
④ 参阅安特莫尼的约翰·贝尔《旅行记大全》，1763年，格拉斯哥版，其中载有德兰杰先生的旅行记，即《白俄国的彼得堡至亚洲各地区旅行记》，文中说，官员们要求俄国人停止"用他们的乞丐商业来麻烦朝廷"，第293页。

国人极少或完全不由自己或以自己船只经营外贸。他们甚至只允许外国船只进入自己的一两个港口。因此外贸在中国被局限在狭窄的范围内，而如果给予本国船只或外国船只更多的自由来经营外贸，范围会大得多。

制造品体积小却常常价值高，从而能以比大部分天然产物更低的费用从一国运至另一国，因此在几乎所有国家制造品都是外贸的支柱。此外，在那些幅员不如中国那样辽阔而且国内贸易不如中国那样发达的国家，制造业通常需要外贸的支持。如果没有广阔的国外市场，则在幅员不够辽阔仅能提供狭小国内市场的国家，或在国内各省间交通不便以致某地产品进入全国市场的国家，制造业不可能兴旺发达。必须牢记，制造业的完善完全依赖劳动分工。前面曾论述过，制造业所能实施的分工程度，必然受市场规模的支配。中华帝国幅员辽阔，人口众多，气候多样从而各地物产丰富，大部分地区之间水运便利，因而仅其国内的广大市场就足以支持大规模的制造业，并允许很可观的分工程度。中国的国内市场从规模上也许不逊于欧洲各国市场的总和。如能在广阔的国内市场之外再加上世界其他国家的国外市场，那么更广泛的外贸必能大大增加中国的制造品，大大提高其制造业的生产力。尤其是如果这种外贸的大部分由中国船只经营，情况更是如此。通过更广泛的航行，中国人自然能学到外国所用各种机械的使用和制造方法，以及世界其他国家技术和产业的其他改进。但在当今情况下，他们除了模仿日本外，几乎没有机会模仿其他国家来改进自己。

古埃及和印度政府的政策，相对于其他行业来说，似乎也更重视农业。在古埃及和印度，全体人民分为不同阶层或部族，由父至子世袭某一特定职业或某一种职业。僧侣的儿子必定是僧侣；士兵的儿子必定是士兵；农业劳动者的儿子必定是农业劳动者；纺织工的儿子必定是纺织工；裁缝的儿子必定是裁缝；依次类推。在这两国，僧侣阶层占据最高地位，其次是士兵，农夫和农业劳动力的地位都高于商人和制造商阶层。

这两国政府都特别关注农业的利益。古埃及国王为合理分配尼罗河水而兴建的工程在古代很著名，其部分遗迹至今仍为游客所称赞。印度古代统治者为合理分配恒河及其他许多河流而兴建的同类工程，尽管不如前者著名，但似乎同样伟大。因而这两国虽偶有粮食歉收，但都以粮食丰饶而著称。这两国虽然人口极其众多，但即使在一般年景也能向邻国出口大量谷物。古埃及有厌恶大海的迷信；印度教不许教徒在水上点火，从而不能在水上烹调任何食物，这实际上是禁止教徒去远洋航行。埃及和印度人必须几乎完全依赖外国航运业来出口剩余产物。这种依赖必然限制市场，并必然不利于剩余产物的增加。它对增加制造品的不利程度必然大于对于增加天然产物的不利程度。与土地天然产物最重要的部分相比，制造品需要大得多的市场。一个鞋匠一年能制造三百多双鞋，其家庭一年可能也不会穿坏六双鞋。因此，除非他有至少五十个像他家一样的家庭作为顾客，否则他自身劳动的全部产物就没有销路。在大国，即使人数最多的那类工匠，在国内家庭总数中所占比例也很少超过五十分之一或百分之一。但在法国和英国这样的大国，从事农业的人口占全部家庭总数的比例，据某些作者估算为二分之一，据另一些作者估算为三分之一，但据我所知，没有作者估算为五分之一以下。由于法英两国的农产物绝大部分都在国内消费，照此推算，每个从事农业的人员，只需要一家、两家最多四家像他那样的家庭来光顾，就能将其全部劳动产物销售出去。因此与制造业相比，农业更能在市场有限的不利情况下维持自身。诚然，在古埃及和印度，外国市场的有限在某种程度上从内陆航运的便利中得到补偿。内地航运以最有利的方式为本国各地的不同产物开拓了全国性的市场。印度幅员辽阔，能提供的国内市场也很大，足以支持许多种制造业。但古埃及幅员不广，始终不及英国，这必然使得国内市场总是很小，难以维持许多种制造业。因此，孟加拉这个通常出口谷物最多的印度省份，之所以一直很引人注目，与其说是因为它出口了许多谷物，还不如说是因为他出口了许多种制造品。相反，古埃及虽出口了一些制造品，尤其是精麻布和其他某些货物，却始终以出口大量谷物而最著名。古埃及曾长期是罗马帝国的粮仓。

中国、古埃及以及印度各时期各割据王国的统治者，一直从某种地税或地租取得全部或绝大部分收入。这种地税或地租，像欧洲的什一税那样，由一定比例（据说是五分之一）的土地产物构成，或以实物交付，或估价以货币交付，因而税收随各年产量不同而变化。所以，这些国家的统治者自然特别关注农业的利益，因为他们自己年收入的增减直接取决于农业的兴衰。

　　古希腊各共和国和罗马帝国的政策，相对于制造业和外贸来说，更重视农业。然而，与其说他们直接地或有意地鼓励后者，还不如说他们是抑制前者。在古希腊各国，其中许多完全禁止外贸；还有一些将工匠和制造商的职业看做有损人类的力量和敏捷，使人们不能养成在军事训练和体育训练中要努力养成的习惯，从而不能经受战争的疲劳和对抗战争的危险。这些职业被认为仅适于奴隶，禁止自由公民去从事这些职业①。即使在像罗马、雅典那样没有这种禁令的国家，人民大众还是不得从事现今通常由城市下层居民经营的各种职业。在雅典和罗马，这些职业均由富人的奴隶为其主人的利益来经营。富人有钱有势，得到保护，这使得贫穷的自由人几乎不可能以其产品与富人奴隶的产品在市场上竞争。不过奴隶极少有发明，所有最重要的便利和节省劳动的改进，无论是机械方面，还是工作安排和分配的方法方面，都是自由人发现的。如果一个奴隶提出这类改进，其主人很可能认为这种提议意味着懒惰，是奴隶想让主人破费而节省自己的劳动。可怜的奴隶不但不能得到奖赏，还有可能受到重责，甚至受罚。因此，与自由人经营的制造业相比，完成等量的工作，奴隶经营制造业一般需要更多的劳动量。由于这种缘故，后者的产品一般必比前者的产品更为昂贵。孟德斯鸠曾说，与邻近的土耳其矿山相比，匈牙利的矿山藏量虽不丰饶，却总能以较少的费用开采，因而得到较多的利润。土耳其的矿山由奴隶开采，土耳其人所想到使用的机械只是奴隶的手臂。匈牙利的矿山由自由人开采，他们使用了许多便利并节省自己劳动的机械②。我们很少了解古希腊和古罗马时代制造品的价格，但已知材料表明，那些精制品极其昂贵。丝绸与黄金以等重量交换。当然，当时丝绸不是欧洲制造

---

① 孟德斯鸠：《法的精神》，第6、7页，第8章。
② 同①注。

品，由于全部是从东印度运来，长途运输在某种程度上是其价格昂贵的原因。不过据说贵妇人有时也以同样昂贵的价格购买极精细的麻布，而麻布一直是欧洲的制造品，最远也就是埃及的制造品。这种高价只能是因为生产麻布所需必要劳动非常多，而之所以需要这么多劳动只是因为所用机械非常笨重。精制呢绒的价格尽管没这么昂贵，似乎也比现在的价格高得多。普林尼告诉我们，以某种特定方式染的呢绒，一磅价值一百迪纳里，即三镑六先令八便士；而以另一种方式染的呢绒，一磅价值一千迪纳里，即三十三镑六先令八便士①。必须记住，一罗马镑仅相当于常衡量十二盎司。诚然，这种高价似乎主要应归因于染料。但如果呢绒本身价格不是比现在高许多，这么昂贵的染料可能也不会用在呢绒上，否则，主料和配料之间的价值就太不成比例了。这位学者还说②，一种放在桌旁长椅上的毛织靠垫的价格令人难以置信。有些靠垫价值三万镑以上，还有些靠垫价值三十万镑以上。这样的高价也没说是因为染料。亚巴斯诺博士提出，古代时尚男女的服装并不像现在这样款式繁多③。我们从古代雕像上只能发现极少款式，这证明了他的说法。他以此推断，他们的服装价格总体上必然比现在低廉。不过他的结论似乎不对。当时装价格极贵时，款式必然极少。但当制造技术和制造业的生产力改进，使得任何服装的价格变得适中时，款式自然会极为丰富。当富人不能以一件服装的昂贵价格使自己与众不同时，就自然会凭借大量各种款式的服装来达到这一目的。

前面已谈到，任何国家的最大和最重要的贸易类别都是城乡之间的贸易。城市居民从农村得到天然产物作为工作原料和生活资料，而以向农村提供一部分制造品和半成品作为支付手段。这两种人之间的贸易，最终形式就是一定数量的天然产物与一定数量的制造品相交换。因此，后者越昂贵，前者越低廉。任何国家提高制造品的

---

① 普林尼：《自然史》，第1、10页，第39章。
② 普林尼：《自然史》，第1、8页，第48章。
③ 约翰·阿巴斯诺特：《古代铸币和度量衡表》，第2版，1754年，第142~145页。

价格,都会降低土地天然产物的价格,从而不利于农业。一定数量的天然产物,换句话说,一定数量的天然产物的价格,能购买的制造品越少,这一定数量的天然产物的交换价值就越小,对于地主改良土地和农夫耕作土地以增加产量的鼓励就越小。此外,任何国家减少工匠和制造业工人的数量,都会缩小国内市场即天然产物的最重要的市场,从而进一步不利于农业。

因此,那些学说主张,为了促进农业而相对于所有其他行业更重视农业,对制造业和外贸加以限制,但所起的作用却与其目标恰好相反,并间接不利于他们所要促进的那个产业。从这一点上看,他们的矛盾之处甚至可能比重商主义还大。重商主义相对于农业更鼓励制造业和外贸,从而使一部分社会资本离开更有利的产业去支持更不利的产业。不过它实际上最终鼓励了它所要促进的产业。相反,重农主义实际上最终不利于它所要扶持的产业。

所以,任何一种学说,如果试图通过特别的鼓励,违反自然趋势将更多的社会资本吸引到某一特定产业,或试图通过特别的限制,将本来有可能投入某一特定产业的资本抽走,实际上都有悖于它要促进的主要目的。这将阻碍而不是加速社会真正富强的进程;降低而不是增加其土地和劳动的年产物的真正价值。

所有优惠或限制的制度完全废除后,自然而自由的简洁制度水到渠成地就会建立起来。任何人,只要他不违反正义的法律,都有充分的自由,以自己的方式追求自己的利益,并以其劳动和资本与任何其他人或其他阶层去竞争。君主也能完全摆脱监督,引导私有产业并使其最符合社会利益的责任。要履行这种责任,君主必然始终面对无穷无尽的困惑,人类的智慧或知识难以正确完成这种任务。根据自然自由的制度,君主只有三种应尽职责。这三种职责虽然极其重要,但对于常人都是简单易懂的。第一,保护社会不受其他独立社会的侵犯;第二,尽可能保护社会任何成员不受其他任何成员的侵犯或压迫,即设立完全公正的司法机构;第三,建立和维护个人或小团体所不感兴趣投入的某些公共设施和公共机构,因为这些设施和机构产生的利润绝不可能补偿个人或小团体的投入,尽管对于社会整体来说常常是不仅能收回投入而且还能得到大得多的利益。

君主要正确履行这些职责必然需要一定的费用；而这一定的费用又必然需要一定收入来支持。因此，在下一篇我将努力说明以下各点：第一，什么是君主或国家的必要开支，其中哪些部分应由对全社会的一般课税来支付，哪些部分只应由对社会特定部分或特定成员的课税来支付；第二，应由全社会支付的费用，应以哪些不同的方式向全社会支付，以及各种方式的主要利弊；第三，促使几乎所有当代各国政府抵押这种收入的一部分来举债的理由和原因，以及这种债务对社会真实财富即土地和劳动的年产物的影响。因此，下一篇自然就分为三章。

第五篇

论君主或国家的收入

第一章　论君主或国家的开支

第一节　论国防开支

君主的首要职责在于保护社会不受其他独立社会的侵犯，只有依靠军队才能完成这一职责。但和平时期备战和战争时期动用军队的开支，在不同的社会状态及不同时期极为不同。

在处于最低级、最原始的社会状态下的狩猎民族中，如北美的土著，每个人都是猎手，同时也是战士。当他为保卫其社会或为其社会复仇而参加战争时，他以自己的劳动维持自己，就像平时在家里生活那样。他所在的社会在这种状态下既无君主也无国家，无须为他在准备战斗或战斗期间承担任何费用。

在处于更高级的社会状态下的游牧民族中，如鞑靼人和阿拉伯人，每个人也既是游牧者又是战士。他们通常没有固定居所，住在帐篷或便于各地移动的带篷马车里。整个部落或民族根据每年的不同季节或突发事件而迁移。当他们的畜群吃完一个地方的牧草后，就迁往另一个地方，然后从那个地方再迁往第三个地方。他们在干旱季节下到河岸，在潮湿季节回到高地。当他们参加战争时，并不把牲畜交给老人、妇女和孩子这样羸弱的人去看护，也不把老人、妇女和孩子留下而不加以保护和供养。此外，整个民族平时已习惯了流浪生活，一旦爆发战争，很快就能进入战争状态。不论是作为军队行进，还是作为游牧群体前进，他们的生活几乎相同，尽管目的大为不同。他们并肩作战，所以每个人都竭尽全力。我们常听说，甚至鞑靼族的妇女都加入战斗。如果他们得胜了，敌方的全部所有都成为他们的战利品。如果他们战败了，就一无所有，不仅是他们的牲畜甚至他们的妇孺都成为胜利者的战利品。即使大部分幸存下来的战士为当前生活所迫，也不得不向胜利者屈服。其余的人通常被驱逐逃亡。

鞑靼人或阿拉伯人在日常生活中的锻炼，使其为战争做好了充分的准备。跑步、摔跤、斗棍、投枪、拉弓等是他们普通的户外消遣，看起来像在作战。他们实际参战时，也像平时一样自带牲畜维持生活。对于那些有酋长或君主的种族来说，酋长或君主并不为训练他们作战而承担任何费用。在作战时，掠夺的机会是他们期望或要求的唯一报酬。

狩猎者的队伍很少超过二三百人。狩猎所提供的生活资料并不稳定，如果更多的人在一起生活，很难长期维持。相反，游牧者的队伍有时能达到二三十万人。只要他们的路途不受阻碍，他们能从吃完了牧草的一地前往牧草仍很丰盛的另一地，他们共同前进的人数似乎就没有限制。狩猎民族对其邻近的文明民族来说并不可怕，而游牧民族就有可能很可怕。所以，最不足虑的就是在北美与印第安人进行的战争，最可怕的就是鞑靼人在亚洲的屡次入侵。修昔底德斯①曾判断，"欧洲和亚洲都无法抵抗团结的塞西亚人②"。各个时代的经验证明了他的判断。塞西亚或鞑靼的广袤而无屏障的平原上的居民，常常在一个征服者部落或氏族的酋长的统治下统一起来，而被蹂躏和破坏的亚洲就是他们统一的象征。阿拉伯荒漠的居民是另一个大的游牧民族，除了在穆罕默德及其直接继任者的统治下联合过一次外，从未联合过。那次联合，与其说是征服的结果，还不如说是宗教热情的结果，他们联合的象征也与亚洲相同。如果美洲的狩猎民族成为游牧民族，他们对于邻近的欧洲各殖民地要比现在危险得多。

在一种更加进步的社会状态下的农业社会中，几乎没有外贸，

---

① 修昔底德斯（Thucgdides），约公元前460~前404年以后，希腊最伟大的历史学家。
② 见《历史》，第2卷，第97页，如果塞西亚人团结起来，欧洲民族或亚洲民族都不能抵御他们。

除了各家为自用而制造的粗糙的日用品外没有其他制造业,每个人也都是战士,或很容易就能成为战士。以农业为生的人一般整日露天工作,面对各个季节的恶劣气候。他们日常生活的劳苦使其能适应战争的艰辛。他们的部分日常基本工作与战争时部分辛苦的任务极其类似。平时的挖沟使其能挖掘战壕,围建营地。农夫的日常消遣也像游牧民那样像在作战。不过农夫的闲暇时间少于游牧民,不像游牧民那样经常从事这些消遣。他们虽是士兵,但对士兵的技能不是很熟练。但尽管如此,使其备战也很少需要其君主或国王来承担费用。

即使是最原始、最初级状态下的农业,也需要某种如果放弃会带来极大损失的固定住所。所以如果农业民族参战,就不可能全体出动。至少老人和妇孺必须留下照看住所。而所有符合兵役年龄的男子都上战场,小农业民族通常都是如此。在任何民族,符合兵役年龄的男子据估算约占总人口的四分之一或五分之一。如果战争在播种期后开始,在收获期前结束,即使农夫和主要劳动者离开农田,也不会遭受重大损失。他们相信,老人和妇孺能很好地完成在此期间所必须完成的工作。所以,如果短期参战,他们可以无偿地服兵役,可以像备战那样,常常不需要其君主或国家承担费用。在第二次波斯战争结束前,古希腊各城邦的市民似乎就是以这种方式服兵役的。在伯罗奔尼撒战争结束前,伯罗奔尼撒人也似乎以这种方式服兵役的。修昔底德斯注意到,伯罗奔尼撒人一般在夏季离开战场回家收获庄稼①。罗马人在各国王统治时和共和国初期,也以这种方式服兵役②。直到围困维伊之战,留在家里的人才开始承担参战人员的费用③。在罗马废墟上建立的欧洲各王国,在封建法确立前及其后一段期间,各大领主及其直接属民常常自费为国王服务。在战场上,就像在家里那样,他们以自己的收入来维持自己,并不因为参战而从国王那里得到任何薪金或报酬。

---

① 利维:《历史》,第7页,第27章。
② 利维:《历史》,第5页,第2章。
③ 利维:《历史》,第4、59页及以下。

但在更高级的社会状态下,作战人员自费维持自己就完全不可能了。原因有两个:一是因为制造业的进步;二是因为战争方式的改变。

即使农夫去远征,只要这种远征在播种期后开始,在收获期前结束,对其农活的打断就不会大大影响其收成。即使他们不劳动,大自然也能完成剩余的大部分工作。可如果工匠(比如铁匠、木匠、纺工)离开作坊去参战,其收入的唯一源泉就干涸了。大自然根本帮不上忙,他们的工作全靠自己。所以,如果他们参战保卫国家,由于他们没有收入来维持自己,就必须由国家来维持。如果一国大部分居民是工匠或制造业工人,大部分参战者必然来自这个阶层,他们服兵役期间就必然由国家来供养。

战争方式也逐渐发展为十分错综复杂的科学,不再是社会初级阶段那种不正规的单个小战斗,而是进行多次战役,每次战役都持续大半年。此时,参战人员至少是在作战期间就必须由国家来维持。否则,无论参战人员平时从事何种职业,自费参战对于他都是过重的负担。所以,第二次波斯战争后,雅典的军队似乎一般都由雇佣军组成,一部分由本国人民组成,一部分由外国人组成,均由国家雇用并支付薪金。罗马军队自从围困维伊之战以来,在作战期间也得到了报酬。在封建政府统治下,从一定时期后,各大领主及其直接属民的军事服役,以支付货币的形式代替,他们所交纳的货币用来维持那些代替他们服役的人。

在文明社会,服兵役人数与人口总数的比例,必然比初级社会小得多。在文明社会,士兵完全由那些不是士兵的劳动者来维持。那些劳动者根据各自情况,在维持自身及必须维持的政府行政司法官吏之外还能维持的能力有限,所以,士兵的数目绝不能超出这个限度。在古希腊小农业国,全体人民的四分之一或五分之一自认为是士兵,据说有时去参战。而在当代欧洲各文明国,一般估算士兵不超过居民总数的百分之一,否则会给那些承担士兵费用的国家带来危害。

直到作战开支完全由君主或国家承担之后很久,备战开支似乎才变得很大。在古希腊各共和国,军事训练是国家对自由市民教育的必要部分。在每个城市似乎都有一个公共场地,各种教师在地方官员的监督下对青年进行各种军事训练。古希腊各共和国的备战开支似乎就是这种非常简单的设施的开支。古罗马竞技场的训练和古希腊体育场的训练出于同一目的。各封建政府曾颁布许多法令,规定各区市民必须演练箭术并接受其他军事训练,也是为了同一目的,但所起作用似乎不大。可能是那些被委托执行这些法令的官吏对此不感兴趣,也可能是其他原因,这些法令似乎被忽视了。随着那些政府的更替,军事训练似乎在人民大众中逐渐废止。

在古希腊和罗马,在各共和国存在的整个时期,以及封建政府成立后很长时期内,士兵不是一种独立的、明确的职业,并不是某一市民阶层的唯一主要工作。每个人不论平时以何种职业为生,在和平时期都认为自己同样适于从军,在非常时期又认为自己有义务从军。

战争技术当然是所有技术中最高贵的,随着社会的进步,战争技术必然成为最复杂的技术。机械及其他必然与战争技术相联系的技术的状态,决定了战争技术在某一时期所能完善的程度。但为了使战争技术达到完善程度,有必要使其成为某一市民阶层的唯一或主要职业。与其他技术进步一样,战争技术的进步也必然要求劳动分工。在其他技术领域进行劳动分工,是个人慎重考虑的自然结果,因为他发现,专门从事某一特定职业比从事许多种职业对自己更有利。而促使士兵成为与其他职业明确不同的某一特定职业的,只能是国家的智慧了。在和平时期,一个市民如无任何来自国家的特别奖励而花费大部分时间于军事训练,无疑会在军事方面大有提高并从中得到极大乐趣,但肯定不会对其自身利益有所增进。只有国家的智慧才能使其出于自身利益花费大部分时间从事这种特殊职业。而很多国家,甚至在国家存亡要求有这种智慧的时候,常常仍没有这种智慧。

游牧民有大量闲暇时间;在初级阶段的农业社会,农夫也有一些闲暇时间;而工匠或制造业工人完全没有闲暇时间。第一种人可以将大量时间用于军事训练,没有任何损失;第二种人可以将一部分时间用于这方面,也无损失;而第三种人即使将一小时用于这方面也会有所损失,他出于自身利益会完全忽视军事训练。技术和制造业的进步必然会带来农业的各种改进,使得农夫也像工匠那样几乎没有闲暇时间了。农民变得也像城市居民那样忽视军事训练了,人民大众逐渐不再好战。同时,农业和制造业的改进所带来的财富,即这些改进所积累的财富,会招致邻国的入侵。勤劳并因此致富的国家是最有可能受到攻击的国家,除非国家在国防上采取新措施,人民的自然习性会使其根本不能保卫自己。

在这种情况下,国家似乎只能采取两种方法提供基本国防力量。

第一,不顾人民内的利益、才能和倾向,通过严厉的政策强迫其进行军事训练,命令兵役年龄内的所有市民或其中一部分,不论其从事哪种职业,都必须在某种程度上与士兵的职业相结合。

第二,可维持并雇用一部分人民经常进行军事训练,使士兵这种职业成为一种特殊职业,独立出来与所有其他职业明显不同。

如果国家采取第一种方法,其军事力量就是所谓的民兵;如果采取第二种方法,其军事力量就是所谓的常备军。进行军事训练是常备军唯一的主要职业,而国家为他们提供的维持费或薪金是他们主要的一般生活资金。而对于民兵来说,军事训练只是他们偶尔的职业,他们的主要的一般生活资金来自其他职业。对于民兵,作为劳动者、工匠或商人的身份超过士兵身份;对于常备军,作为士兵的身份超过其他身份,这种区别似乎是这两种军事力量的基本区别。

民兵有多种形式。某些国家只是对要参与国防的公民进行军事训练,并无编制,也就是说,不分成各个独立的部队,不是在各自正式和固定的官员指挥下进行军事训练。在古希腊和罗马各共和国,每位公民只要在家,都独自或和关系最好的同伴一起进行军事训练,直到实际应征参战时才编入某一特定部队。在其他国家,民兵不仅操练,还有编制。在英国、瑞典以及当代欧洲设立这种不完备的军事力量的其他国家,每个民兵即使在和平时期也都编入某一特定部队,在各自正式和固定的官员指挥下进行军事训练。

在火药武器发明之前,一支军队是否占优势,取决于其单个士兵使用武器的技巧和熟练程度。身体的力量和灵敏最重要,常常决定战斗的命运。学习灵活和熟练使用这种武器的方法,与现在的击剑相同，不能通过集体的方式获得，只能在特定的学校中，在特定老师的指导下，独自学习或与水平相当的特定伙伴一起学习。自从火药武器发明以来，身体的力量和灵敏，甚至是使用武器的特别熟练和技巧，虽不是毫无重要，但重要性小多了。火药武器的性质尽管不会使笨拙者的水平与熟练者的水平相同，却能使二者水平比从前更接近。一般认为，使用火药武器所必需的所有熟练和技巧，都能通过集体训练而很好地学到。

在当代军队，与士兵使用武器的熟练和技巧相比，纪律、秩序和迅速服从命令这些特性更能决定战斗的命运。但人们一进入炮火纷飞的战场就面对火药武器的噪声、硝烟以及无形的死神，必然使得纪律、秩序和迅速服从命令很难保持一定水平，甚至在战斗刚开始时就是这样。古代战斗中只有人的喊叫声，没有噪声，没有硝烟，没有无形中就使人负伤或死亡的东西。在致命武器接近之前，每个人都能看清周围是否有这种武器。在这种情况下，对自己使用武器的技巧和熟练有相当信心的军队，不仅在战斗的开始，而且在战斗的全过程，直到两军决出胜负为止，必然比使用火器的情况下更容易保持一定水平的纪律和秩序。不过纪律、秩序和迅速服从命令这些习性，只有集体一起训练的军队才能形成。

无论以什么方式培养纪律和进行训练的民兵，都必然远不如纪律严明、训练有素的常备军。

一周或一月训练一次的士兵，绝不如每日或隔日训练一次的士兵那样熟练地使用武器。军队熟练使用武器在当代虽远不如古代那样重要，不过大家公认普鲁士军队的强大，据说大部分要归因于他们更训练有素。这说明，即使在现在，熟练使用武器也非常重要。

一种士兵，每周或每月接受其长官的指挥仅一次，在其余所有时间都可自行处理个人事务，在任何方面都不必对其长官负责；另一种士兵，全部生活和行动每天都由其长官指挥，甚至每天的作息（至少是去营房休息）都遵照其长官的命令。对于其长官的敬畏程度以及服从命令的速度，前者绝不如后者。所谓的操作训练，即操纵和使用武器，民兵有时不如常备军；所谓的纪律，即迅速服从命令的习惯，民兵必然更不如常备军。但在当代战争中，迅速服从命令的习惯比熟练操纵武器重要得多。

在自己平时习惯于服从的酋长的指挥下作战的民兵,类似鞑靼或阿拉伯的那些民兵,是迄今最好的民兵。在尊敬长官和迅速服从命令方面,他们最接近常备军。苏格兰高地的民兵在接受其首领指挥时,也具备类似优点。不过由于他们不是四处漂泊的牧民,而是有固定住所的牧民,他们平时不习惯跟随其首领从一地转移到另一地,战时也不太愿意跟随其首领前往远方或长期参战。他们得到战利品时就急于回家,其首领的权威很少能挽留他们。在服从命令方面,他们远不如鞑靼人和阿拉伯人。此外,由于这些高地居民生活固定,在户外时间较少,不像鞑靼人和阿拉伯人那样习惯军事训练并能熟练使用武器。

但我们必须注意,不论哪种民兵,如果连续几次参战,就从任何方面来说都成为常备军了。他们每天都练习使用武器,并且经常接受其长官的指挥,从而像常备军那样习惯于迅速服从命令。他们参战之前的状况根本不重要。只要参加过几次战斗,他们必然会从任何方面来说都成为常备军了。如果美洲的战争能再延长一些①,美洲的民兵,与那支在上次战争②中出现的英勇至少不逊于法国和西班牙当年最强壮的老兵组成的常备军,从任何方面都能旗鼓相当。

充分了解这一区别,我们就可从各时期历史中证明,纪律严明的常备军对于民兵有无比的优越性。

据权威史料记载,马其顿国王菲力普的军队是最初的常备军之一。由于他经常与色雷斯人、伊利亚人、色萨利亚人以及某些希腊城邦作战,逐渐把最初可能是民兵的军队培养成纪律严明的常备军。在和平时期——这种时候很罕见而且时间不长,他小心地不解散军队。经过长期激烈的战争,他击败并征服了古希腊各主要共和国勇敢而训练有素的民兵;此后,不费吹灰之力就征服了大波斯帝国羸弱而缺少训练的民兵。希腊各共和国和波斯帝国的衰落,就是常备

---

① 由于第一版是在1776年3月初出版的,而这一段是在战争爆发后不到一年之内完成的,这次战争历时8年。
② 即"七年战争",1756~1763。

军对各类民兵拥有无比优势的结果。这是历史有明确详细记载的第一次人类事务大革命。

迦太基的衰落以及取而代之的罗马的兴起，是第二次大革命。这两个著名共和国的命运变迁均可由同一原因说明。

从第一次迦太基战争结束到第二次迦太基战争开始，迦太基军队一直在作战，相继由三位伟大的将军指挥，分别是哈米尔卡尔、他的女婿哈斯德拉巴及其子哈尼巴。他们先是惩戒了内部叛乱的奴隶，然后镇压了非洲各部族的叛乱，最后征服了西班牙大王国。由哈尼巴率领从西班牙进入意大利的军队，历经这些战争，必然逐渐成为纪律严明的常备军。而同一时期，罗马人虽然不是完全处于和平年代，却没有经历任何重大战争，通常认为他们的军纪相当松散。罗马军队与哈尼巴的军队在特雷比亚、斯雷米阿以及肯尼会战，是以民兵对阵常备军。这种情况可能对战争的命运最具决定性。

迦太基留在西班牙的常备军，与罗马派去作战的民兵相比，也具有同样的优势。所以这支常备军在哈尼巴的妹夫哈斯德拉巴的指挥下，几年内就把罗马的民兵完全逐出西班牙。

哈尼巴从国内得到充分的供应。而罗马的军队久经战阵，在战争进程中逐渐成为纪律严明、训练有素的常备军。哈尼巴的优势日渐消失。哈斯德拉巴认为有必要率领自己在西班牙指挥的全部或几乎全部的常备军去意大利增援妻兄。在这次行军中，据说向导指错了路。在这个陌生的国度，他们受到另一支在各方面都同样强大或更强大的常备军的突袭，全军覆没。

哈尼巴离开西班牙后，罗马大将西皮阿所面对就只是不如自己军队的民兵了。他征服并镇压了那些民兵，在战争的进程中，他自己的民兵必然会成为纪律严明、训练有素的常备军。这支常备军后来被派往非洲，在那里也只有民兵对抗他们。为了保卫迦太基，有必要召回哈尼巴的常备军。那些信心全无、屡战屡败的非洲民兵加入了哈尼巴的军队，其人数在查马会战中占哈尼巴军队的大部分。那天的战斗决定了这两个敌对的共和国的命运。

从第二次迦太基战争结束到罗马共和国的灭亡，罗马军队完全是常备军。马其顿的常备军对他们有所抵抗。在罗马军队军威处于顶峰时，也是经过两次大战争和三次大战役才征服了那个小王国。如果马其顿的末代皇帝不懦弱，征服这个国家可能更困难。古代的所有文明国家，如希腊、叙利亚和埃及，这些国家的民兵对罗马的常备军都只有微弱的抵抗。而一些野蛮国家的民兵的抵抗就激烈得多。米斯里德斯从黑海、里海以北各国调来的塞西亚或鞑靼民兵，是罗马人在第二次迦太基战争后遇到的最可怕的敌人。帕斯阿和日耳曼的民兵也始终令人尊敬，他们曾多次大胜罗马军队。不过，总体来说，如果罗马军队指挥得当，他们占据很大优势。罗马人并未谋求彻底征服帕斯阿或日耳曼，可能是因为他们认为不值得再为这个庞大帝国增加两个野蛮国家。古代帕斯阿人似乎是塞西亚或鞑靼人的系属，始终保持许多祖先的行为方式。古代日耳曼人像塞西亚人或鞑靼人一样，也是游牧民族，平时追随其酋长，战时接受同一酋长的指挥。他们的民兵与塞西亚或鞑靼的民兵完全属于同一种类，可能他们就是塞西亚或鞑靼人的后裔。

各种原因导致了罗马军队纪律松散，纪律的极度严厉可能是原因之一。在罗马军队的鼎盛时期，天下无敌，沉重的盔甲被当做不必要的负担搁置一旁，艰苦的训练被当做不必要的劳苦而忽略了。此外，罗马皇帝治下的常备军，尤其是防卫与日耳曼和班诺尼之间边境的常备军，对皇帝构成了威胁，他们经常自立将军来反对皇帝。为减少他们的威胁，据某些学者说是德奥克里希恩大帝，据其他学者说是康斯坦丁大帝，先是撤回一个由两三个军团组成的驻扎边境的大部队，然后分成小部队遍布各省城镇，除非有抵抗敌人入侵的必要，否则不得移动。这些驻扎在贸易和制造业城镇的小部队很少移动，士兵逐渐成为商人、工匠和制造业者。市民的身份超过士兵的身份。罗马的常备军也逐渐退化为腐败、疏忽、纪律涣散的民兵，不能抵抗后来日耳曼和塞西亚民兵对西罗马帝国的入侵。罗马皇帝只能靠雇用那些国家中的民兵来对抗另一些国家的民兵，才继续维持了一段时期。西罗马帝国的灭亡，是古代历史有明确详细记载的人类事务的第三次大革命。这次革命的原因，是野蛮国民兵相对文明国民兵的无比优势，是游牧国民兵相对由农夫、工匠和制造业者组成的国家的民兵的无比优势。这些民兵取得的胜利一般不是相对于常备军,而是相对于在训练和纪律方面都不如自己的其他民兵。希腊民兵战胜波斯帝国民兵,以及后来瑞士民兵战胜奥地利和勃艮第民兵,均属于这种情况。

在西罗马帝国的废墟上建立了日耳曼民族和塞西亚民族的国家,其军事力量在新的领地的一段时期内继续保持他们在原来国家的性质,是由牧民和农夫组成的民兵,在战时由他们平时习惯服从的首领指挥参战。因此他们的训练和纪律都有相当高的水平。不过,随着技术和产业的进步,首领的权威逐渐削弱,大多数人民能用于军事训练的闲暇时间也更少了。封建民兵的纪律和训练江河日下,只好逐渐建立常备军来代替民兵。此外,一旦某文明国采用了常备军这种方案,所有邻国必然会效仿。因为邻国发现,自己的民兵根本无法抵挡常备军的进攻,自身安全有赖于建立这种常备军。

常备军的士兵即使从未与敌人交手过,却也能常常显示出老兵的勇气,并且一上战场就能与最顽强、最老练的老兵旗鼓相当。1756年,俄国军队进军波兰,俄国士兵的勇气不逊于当时在欧洲最顽强、最老练的普鲁士士兵。而俄罗斯帝国在此前将近二十年时间都是和平时期,当时曾与敌人交手过的士兵几乎没有。1739年西班牙战争爆发时,英国也刚经历了二十八年的和平,但英国士兵的勇气并未因长期和平而退化,在攻打喀他基那时表现得更突出。这个战役是那次不幸战争中第一次不幸的冒险。长期太平,使将军有可能会忘记其技能,但正规的常备军士兵似乎绝不会忘记其勇气。

如果文明国的国防有赖于民兵,将随时面临被邻近的野蛮国征服的危险。亚洲各文明国常被鞑靼人征服,这充分证明了野蛮国民兵相对文明国民兵所具有的自然优势。正规的常备军相对于任何民兵却具有优势。只有富裕文明的国家才能更好地维持常备军,也只有这种军队才能保卫这种国家抵御贫穷野蛮邻国的侵犯。所以,只有建立常备军,一国才能永续文明,或在相当长的时期内保存其文明。

只有靠正规的常备军才能保卫一个文明国,同样,只有靠正规的常备军,一个野蛮国才能突然并相当地文明化。常备军凭其无可抵御的力量,将君主的法令推行到帝国最偏远的地方,并在没有常备军存在就不认可帝国统治的国家维持相当程度的正规统治。无论谁留心考察俄国彼得大帝变法所取得的成就，都会发现几乎所有这一切都源于正规常备军的建立。这支常备军是彼得大帝执行和维持所有其他规章的工具。俄罗斯帝国此后所享有的相当程度的秩序及和平，完全要归功于这种常备军的影响力。

共和主义者一直担心常备军会危及自由。如果将军和重要官员的利益与国家宪法的维持不是必然地联系在一起，这种危险确实存在。恺撒的常备军摧毁了罗马共和国。克伦威尔的常备军解散了英国成立很久的议会。不过如果君主自己就是统帅，社会显贵是军队主要将领，军事力量由那些由于自己享有行政权力最大部分从而自身最大利益在于支持行政权力的人指挥，常备军绝不会危及自由。相反，某些情况下它还可能有利于自由。有了常备军，君主就安全了，不必像当代一些共和国那样猜忌市民，去监视市民一言一行，时刻打算打扰市民的安宁。如果一国行政官员尽管得到国内大多数人民的支持，但人民的每次不满都威胁其安全，如果一次小骚乱几小时内就能引起大革命，政府必然会运用全部权力来镇压不利于政府的任何流言和不满。相反，如果君主感到支持自己的不仅有贵族，还有正规常备军，那么即使最无礼、最无稽、最放肆的抗议，也不会引起他的不安。他可以宽恕或无视这种抗议，他意识到自己处于优势地位自然就会倾向于这么做。那种接近于放肆的自由，只有君主得到正规常备军保护的国家才能予以容忍。也只有在这种国家，才无须为了公共安全而授予君主绝对权力来压迫哪怕是放纵的自由所带来的放肆无礼。

所以君主的第一职责就是保卫本国社会不受其他独立社会的侵略与欺侮。随着社会文明的进步，履行这种职责逐渐需要越来越多的费用。原来在平时和战时都无须君主开支的社会军事力量，随着社会的进步，开始是战时由君主开支维持，后来即使在平时也要由君主开支维持了。

火药武器的发明为战争方式带来的巨大的变化，进一步增加了平时训练以及战时使用一定数量士兵的开支。武器和弹药都比以前更贵。短枪是比投枪或弓箭更贵的武器；大炮或迫击炮是比弩炮或石炮更贵的武器。当代阅兵所消耗的火药一去不返，带来极大开支。古代阅兵所掷出的投枪和放出的箭很容易收回，价值极小。与弩炮或石炮相比，大炮或迫击炮不仅贵得多，而且重得多，因而不仅制造费用更大，而且运往战场的费用也更大。由于当代大炮与古代相比优势极大，为城镇设防来抵御这种大炮的攻击，即使是几个星期，困难也大得多，因而其开支也大得多。当代各种原因导致国防开支增加。在这方面，自然进化的不可避免的结果受到战争方式的大革命的极大促进。而引起这场大革命的，似乎只是一次偶然事件，即火药的发明。

当代战争火药武器的巨大开支明显有利于那些更能负担这种开支的国家，从而使富裕和文明国家比贫穷野蛮国家处于明显有利的地位。在古代，富裕文明国家很难抵御贫穷野蛮国家的入侵；在当代，情况则相反。火药武器的发明，初看似乎对文明的持久和传播有害，实际上却起到有利作用。

第二节 论司法开支

君主的第二个职责是尽可能保护社会所有成员不受其他成员的欺侮或压迫，即设立严正的司法机构。履行这种职责在社会不同阶段所需费用有所不同。

在狩猎民族的社会，人们几乎没有财产，即使有，至多值两三天劳动的价值，因而很少设立固定审判官或常规司法机构。没有财产的人们彼此伤害的只有身体或名誉。如果一个人去杀死、打伤或诽谤另一个人，尽管受害者受到伤害，而加害者却并未受益。而损害财产的情况则不同。伤害他人者的受益常常等于受害者的损失。促使人们去伤害他人身体或名誉的，只有嫉妒、怨恨、愤怒等情感。但大多数人并不经常受这些情感的影响，即使是最坏的人也只是偶尔受这些情感的影响。而且对于某些人来说，无论这种情感的满足是多么愉悦，都不会带来实际或长久的利益，因而大多数人都会慎重考虑克制自己。即使社会没有司法官员保护人们不受这些情感发作的侵害，人们也能在相当安全的环境中共同生活。但富人的贪欲及野心,穷人对劳动的厌恶和对眼前安乐的喜好,促使人侵犯他人的财产。这种情感在作用上更稳定,在影响上更普遍。哪里有大财产,哪里就有大不平等。有一个巨富,就至少有五百个穷人。极少数人的富足意味着多数人的短缺。穷人为生活所迫,或受嫉妒驱使,常常侵犯富人的财产。只有在司法官的庇护下,那些通过多年或几代人的劳动积累起财富的人才能安睡一夜。富人时刻被未知的敌人所包围。虽然他从未激怒这种敌人,但也无法进行安抚。他只能靠强有力的司法官的保护才能不受敌人的侵害。司法官能不断惩治非法行为。所以,要获得大笔财富,必然要求建立行政政府。在没有财产或财产至多值两三天劳动的地方,没必要建立行政政府。

行政政府要求人民服从。建立行政政府的必要性随着财产的增加而逐渐增加,同样,使人民自然服从的主要原因也随着财产的增加而逐渐增加。人民自然服从的原因,或者说,在成立任何行政政府之前,使某些人自然比大多数同胞优越的原因,似乎有四个。

第一个原因是个人资质的优越,即力量、容貌、灵敏、智慧、德行、正义、刚毅、克制等方面的优越。身体方面的资质,如无精神方面的特质来支持,在社会的任何阶段都得不到什么权威。一个非常强壮的人,仅凭体力,只能使两个弱者服从他。而单凭精神方面的特质,就能取得极大权威。不过,精神方面的特质是无形的,总是容易带来争议,并往往成为争议的对象。无论是野蛮社会还是文明社会,在确立等级和服从的法则时,均未曾以无形的资质为根据,而是以更明显、更具体的事物为根据。

第二个原因是年龄的优势。老年人如果没老迈到令人疑心其昏聩的程度,在任何地方都比与自己等级、财产、能力相同的年轻人更受人尊敬。在如北美土著那样的狩猎民族中,年龄是等级和优先地位的唯一基础。在那里,父亲是对上级的称呼,兄弟是对同级的称呼,儿子是对下级的称呼。在最富裕和最文明的国家,如果人们在除了年龄之外其他方面都平等,从而没有其他可以规定等级的标准,就以年龄来划分等级。在兄弟姊妹间,年长者占第一位。在继承父亲遗产时,不可分割而必须全部归于一人,如头衔、称号一类的东西,大多数情况下都给予最长者。年龄这种特质很明显、很具体，毫无争议。

第三个原因是财产的优越。富人尽管在社会各个时期都权威极大，但在财产最不平等的原始社会可能权威更大。鞑靼一个酋长所拥有的牲畜增加的数量足以维持一千个人，并且除了维持一千个人外没有其他用途。他所处的社会原始状态中，他不能将自己消费之外的原产物去交换任何制造品、小饰品或小玩意。他维持的那一千人的生计完全靠他，就必然会在战时服从他的命令，在平时也服从他的管辖。他于是必然成为他们的统帅和法官。他的酋长地位是他的财产优势的必然结果。在富裕文明社会，一个人可能拥有极多的财产，但能支配的人也许不过十来个人。尽管他的资产产出也许能维持一千或确实维持了一千人，但由于那些人从他那里得到的一切都是付费的，他并未给予他人任何东西，只是换取了等价物，所以几乎无人认为自己完全靠他生活，他的权威仅适用于几个家仆。不过，即使在富裕文明社会，财产的权威仍然极大。财产的权威比年龄及个人资质的权威大得多，这一直是财产不平等社会各个阶段人们的不满。狩猎社会是社会的第一阶段，没有财产的不平等。普遍的贫穷造成普遍的平等，年龄或个人特质的优势是权威和服从的薄弱而唯一的基础。所以在这个社会阶段，几乎没有或完全没有权威和服从。游牧社会是社会的第二阶段，财产极不平等。财产为所有者带来的权威在这个社会最大，因而这个阶段权威和服从最确定。阿拉伯酋长的权威极大，鞑靼可汗的权威完全就是专制了。

第四个原因是门第的优越。这种优越以祖先家产的优越为条件。任何家庭同样都有祖先。虽然王侯的祖先可能更为人所知，但数量并不比乞丐的祖先更多。古老的家族在任何地方都意味着它往日所拥有的财产，或是基于或伴随财产而来的名声。无论哪里，暴发户的名声都不如世家的名声那样受人尊敬。人们对于篡权者的憎恨及对往日王族的爱戴，很大程度上是基于人们自然会轻蔑前者而崇敬后者的心理。军官心甘情愿服从平时就指挥他的上级，而如果自己的下级升迁为自己的上级就不能容忍了。同样，人们很容易服从自己及祖先都服从过的家族，如果另一个他们从前认为比自己优越的家族来支配自己，就会激起他们的愤慨。

门第的显赫伴随财产的不平等而来,所以在所有人财产平等从而门第也几乎平等的狩猎民族不存在这种现象。当然,即使在那里,聪明勇敢者的儿子,与才干同自己相当但不幸为愚笨懦弱者的儿子相比,多少会更受人尊敬。不过这种差别不会太大。我相信,完全靠智慧和美德的传承来保持家族名声的大家族,世界上未曾有过。

门第的显赫不仅可能而且实际存在于游牧民族中。游牧民族一般对各种奢侈品一无所知,因而其巨大财富不可能挥霍光。由于这种民族将财富保持在同一家族中的时间最长,这种民族中借祖荫而受人尊崇的家族最多。

门第与财产显然是使某人地位高于另一人的两大主要原因。他们也是个人显贵的两大来源,因而也是在人类中自然确立权威和服从的主要原因。在游牧民族,这两个原因充分发挥了作用。拥有巨大财富并为许多人提供生计的牧羊大户或畜牧大户,因出身高贵、门第显赫而受人尊敬,对同族中所有不如自己的牧民自然就拥有权威。与其他任何人相比,他能指挥更多的人团结起来,他的兵力更多。与其他任何人相比,战时自然就结集到他旗下的人更多,于是他就自然地凭门第和财产获得了某种行政权力。由于能比他人指挥更多的人团结起来,他最能强迫其中伤害他人者作出赔偿。因此,那些弱小而无法保护自己的人自然就会寻求他的保护,那些认为自己受到伤害的人也自然就会向他申诉。他对这些纠纷的调停比他人更容易使被告服从。于是他就自然地凭门第和财产获得了某种司法权力。

在社会的第二个阶段即游牧时代,出现最初财产的不平等,并带来人们之间过去不可能存在的某种权威与服从。因此产生了保持权威和服从所非常必要的某种程度的民政政府,并且似乎是自然产生的,甚至与这种必要性的考虑无关。对这种必要性的考虑,此后无疑对权威和服从的维持与保护有极大贡献。尤其是那些富人必然对维护这种秩序感兴趣,因为只有这种秩序才能保护他们的既得利益。小富人联合起来保护大富人的财产,以便大富人联合起来保护小富人的财产。所有小牧民感到,自己牲畜的安全取决于大牧民牲畜的安全,自己小权威的维持取决于大牧民大权威的维持,自己的下级服从自己取决于自己服从大牧民。他们就构成了一种小贵族。他们对保护自己的小君主的财产并维护小君主的权威感兴趣，以便小君主保护他们的财产并维护他们的权威。民政政府的建立是为了保护财产，实际上是保护富人防范穷人，保护有产者防范无产者。

不过，这种君主的司法权力不但无须他破费，在长期内还是他的一个收入来源。向他申请裁决的人总是愿意付出报酬并赠送礼物。君主的权威完全确立后，被判定有罪者在赔偿原告损失之外，还须向君主缴纳罚金。因为被告给君主带来了麻烦和干扰，破坏了君主的安宁，对其处以罚金是理所当然的。在亚洲的鞑靼政府，在推翻罗马帝国的日耳曼民族和塞西亚民族建立的欧洲各政府，对于君主以及那些在特定部落、氏族或领地行使司法权的酋长或领主来说，司法行政都是收入的可观来源。原来通常由君主或酋长亲自行使司法权，此后他们普遍感到，委任代理人、执事或法官行使司法权更方便。不过代理人仍有义务向其主人报告司法收入。只要看看亨利二世对巡回法官颁布的敕令，就能明显看出，那些法官派往全国巡回的目的是为国王征集一部分收入，当时的司法行政不仅为君主提供一定收入，而且获取这种收入是君主希望由司法行政获得的主要利益之一。

使司法行政有助于获取收入的目的，难免弊端丛生。以重礼申请裁决的人所得到的可能很公正，以轻礼申请裁决的人所得到的可能就不太公正。而且裁决常常被拖延以期得到更多的礼物。为了对被告处以罚金，常常寻找有力的论证来证明其有罪，哪怕实际并非如此。司法的这种弊端绝非罕见，在欧洲各国的古代史中可得到证明。

如果是君主或酋长亲自行使司法行政，无论弊端多严重，都不太可能消除，因为无人有足够的权力责问他。不过如果他委托代理人行使司法行政，就有可能消除这种弊端。如果代理人只是为了个人利益而有任何不公正的行为，君主未必总是不愿惩罚他或强迫他纠正错误。但如果代理人的不公正行为是为了君主的利益，是为了向任命并赏识自己的人献媚，大多数情况下就会像君主自己有所不公那样无法纠正。所以，所有野蛮国家尤其是那些建立在罗马帝国废墟上的古代欧洲各国的司法行政,长期极为腐败,即使在最好的君主统治下也根本不平等、不公正,在最坏的君主统治下就完全不可收拾了。

在游牧民族中,君主或酋长只是部落或氏族中最大的牧羊人或牧民,与仆从或下属一样靠自己的畜群繁殖来生活。在那些刚刚脱离游牧状态尚未取得很大进步的农耕民族中,如特洛伊战争时期的希腊各族,以及最初在西罗马帝国废墟上定居的日耳曼和塞西亚人的祖先,君主或酋长同样只是最大的地主。他的生活像其他地主一样,依靠自己私有土地的收入,也就是当代欧洲所谓的御地的收入。他的属民除非需要他的权力来保护他们不受某些其他属民的压迫,一般不向他进贡。他在属民有所求时收取的礼物,构成他的全部经常收入,也是在极特殊紧急情况之外,来自他的统治权的全部报酬。《荷马史诗》中,阿伽门农为了阿喀琉斯的友谊,他赠送七个希腊城市的主权。他提到的可能来自这种主权的唯一益处就是那里的人民敬献的礼物①。只要这种礼物,这种司法报酬,或者所谓的司法费,以这种方式构成君主从其统治中获得的全部经常收入,就不太可能期望甚至提议他完全放弃这种收入。也许能并且确实曾向他提请将这种收入加以规定并确定下来。但即使规定并确定下来,如何防止一个权力无限的人超越规定范围,不要说完全不可能,也是极困难的。所以,在这种状态延续期间,由那些礼物的任意性和不确定性所自然导致的司法腐败,实际上无可救药了。

但由于种种原因,主要是因为抵抗他国侵略的国防开支不断增加,使得君主的私有土地的收入根本不够国家各项开支。当人民为了自己的安全必须缴纳各种税收来承担这些开支时,似乎才有了普遍规定,君主或其代理人法官在司法行政时不得以任何理由接受礼物。看起来,完全废除礼物似乎更容易,有效规定并确定礼物反倒更难。向法官发放固定薪金,相当于补偿其从前在司法酬劳中所占的份额,这就如同向君主缴税补偿其从前从司法酬劳中所得而有余。

---

① 《伊利亚特》,第十一章,第149~156页,但礼物并不是所提及的"唯一益处"。

司法行政从此就是免费的了。

然而，实际上在任何国家司法都绝非免费。至少诉讼双方必然总是付给律师和检察官报酬，否则他们不按实际情况履行职责。每年在各法庭付给律师和检察官的费用总额，大大高于法官的薪金。国王付给法官报酬，在任何地方都并未大幅减少诉讼的必要开支。不过，禁止法官向诉讼当事双方收取礼物或费用，与其说是为了减少费用，还不如说是为了防止腐败。

法官是非常受人尊敬的官职，即使报酬很少，人们也愿意当法官。治安官的职位低于法官，需处理大量麻烦，大多数情况下毫无报酬，但大多数乡绅都极力谋求这个职位。高低不同的各种司法人员的薪金以及司法行政的一切开支，即使处理极不经济，在任何文明国家都只占政府全部开支的极小一部分。

从法院手续费中支付全部司法经费也很容易，并且不必使司法行政面临实际腐败的风险，国家收入则不必负担虽然一笔或许是很小的开支。如果一个权力极大的人，如君主享有法院手续费的一部分，并且这部分收入占他收入的极大部分，就很难有效规定这种手续费。但如果法官是这种手续费的主要受益人，就非常容易规定这种手续费了。尽管不能使君主经常遵守规定，法律很容易就能促使法官遵守规定。如果能精确地规定并确定下来法院手续费，在诉讼的一定阶段一次性全部付给法院的出纳，由其在诉讼决定后而不是在诉讼决定之前，按照一定已确定的比例分配给各法官，那么，这与完全禁止收取手续费相比，发生腐败的危险并不会更大。这种手续费不会导致诉讼费用的大幅增加，足够支付全部司法开支。在诉讼结束前不付给法官手续费，可激励法院人员更加勤奋地审理并结案。在法官人数很多的法院，根据各法官在法庭或审判委员会审理案件所花的时间和天数来确定他们分得的手续费的比例，能激励各法官的勤勉。提供公共服务所得报酬只与其结果相关，并按勤勉程度来分配收入，这样才能提供最好的公共服务。在法国各高等法院，手续费占法官收入的绝大部分。图卢兹高等法院从等级和地位来说是法国第二大法院。该法院法官每年从国王那里得到的薪金，在扣除一切应扣数额之后所得净额，只有一百五十利弗，约合英镑六镑十一先令。这金额等于当地七年前①一个一般侍者每年的普通工资。上述法院手续费也是根据各法官的勤勉程度来分配。一个勤勉的法官靠工作就可以得到尽管适度但足以保持生活舒适的收入。而懒惰的法官在薪金之外则所得无几。那些高等法院在许多方面可能不是非常便利，但从未受到指责，甚至从未有人怀疑其腐败。

英国各法院的开支原来主要来自法院手续费。各法院都尽可能多地承揽案件，因而乐于受理许多原本不属自己管辖的案件。只要原告声称对其不公的被告犯了非法侵犯罪或轻罪，那么，只为审理刑事案件而设的高等法院也审理民事案件。只要原告申诉因被告不偿还欠自己的债务而不能偿还对国王的债务，为了征收国王的收入和强制人民偿还欠国王的债务而设的财政法庭也受理其他关于合同债务的诉讼。由于这些假定，许多案件应由哪个法院审理完全由诉讼当事人选择。各法院也更迅速、更公平地将尽可能多的诉讼案件承揽过来。英国现在的法院制度令人羡慕，这在很大程度上可能是通过从前各法院法官这种竞争才形成的。这些法官力求自己的法院在法律允许的范围内对一切不公正的行为予以最迅速最有效的补救。普通法院最初对违反合同的行为只是责令其赔偿损害。大法官法庭作为债权法庭是最先强制履行特定合同的。当违反合同的主要行为是不支付货币时，赔偿伤害的唯一方式就是责令其偿付货币，这相当于履行特定合同。所以在这种情况下，普通法院的救济是充分的。而在其他情况下，却不是如此。如果佃户起诉地主非法收回其租地，他所得赔偿决不等于占有土地。所以，这类案件在一段时期内全由大法官法院受理，使普通法院损失不小。为了吸引这类案件由自己审理，据说普通法院发明了虚扣土地的令状，这对不正当剥夺土地或侵占土地是最有效的救济。

各法院对受理的诉讼案件收取印花税，以此维持其法官和其他人员。这同样足以提供司法行政开支而不会对社会的一般收入增加负担。这种情况下，法官也许为了尽量增加这种印花税的收入而受

---

① 斯密在图卢兹的时间是 1764 年 2 月或 3 月至 1765 年 8 月。——《亚当·斯密传》，第 174、175、188 页。

到诱惑,在各案件中增加不必要的手续。大多数情况下,以律师和书记员所写材料的页数决定其报酬并规定每页的行数以及每行的字数,在当代欧洲已成为习惯。为了增加收入,律师和书记员设法增加不必要的文字。我相信欧洲所有法院都有这种陈腐的法院公文。同样的诱惑也许造成诉讼手续的同样腐化。

但是,无论司法行政开支由其自行设法解决,还是法官的固定薪金由其他基金支付,都不必委托行政机构来管理这种基金或支付法官薪金。这种基金可能来自地产的地租,法院既由地租维持,该地产也应交由该法院管理。这种基金甚至可能来自一笔货币的利息,法院既由利息维持,该笔货币也应交由该法院负责。苏格兰巡回法院法官的薪金中就有一部分(虽然是很小一部分)来自一笔货币的利息。不过这种基金必然不稳定,作为维持一种应当永远保留的机构的经费来源并不适合。

由于社会不断进步而导致社会事务增加,似乎是司法权从行政权中分离出来的最初原因。社会事务增多使司法行政变得那么麻烦而复杂,从而要求担任这个职务的人不能分心。担任行政职务的人无暇处理私人诉讼案件,就任命一位代表代为处理。在罗马帝国强盛时期,执政官政务繁重难以参与司法行政,于是就任命民政官代为行使这一职能。在罗马帝国废墟上建立的欧洲各王国时期,各君主和大领主们逐渐都认为,亲自执行司法行政既烦劳又失身份,所以他们都任命代表、执行官或法官去执行司法行政以解脱自己。

如果司法权与行政权结合在一起,要想公正而不经常为世俗所谓政治而牺牲几乎不可能。代表国家重要利益的人,即使没有腐败观念,有时也会认为为了国家的重要利益而有必要牺牲个人的权利。但每个个人的自由以及他对于自己的安全感,有赖于公平的司法行政。为了使每个个人感到属于自己的所有权利完全有保障,不仅有必要将司法权与行政权分离,而且有必要使司法权尽量独立于行政权。法官不应由行政当局任意罢免。法官的正常薪金也不应依赖于行政当局的意愿或经济政策。

第三节 论公共工程和公共机构的开支

君主或国家的第三种义务就是建立和维持某些对于一个大社会当然是有很大利益的公共机构和公共工程，而这类机构和工程的属性在于如果由个人或少数人办理，那所得利润绝不能偿还其所支付的费用。因此这项事业，不能期望个人或少数人出来创办或维持。并且，随着社会发达时期的不同，执行这种义务所需费用的大小也绝不相同。

除上述国防及司法行政两方面所必需的公共机构和公共工程外，与其性质相同的其他机构和工程，主要是为社会商业提供便利以及促进人民教育的。教育上的机构，可大致分为两种：一种是关于青年人教育的机构，另一种是关于所有年龄阶层人的教育机构。所有这种机构和工程所需费用的支付方式将在这一节分成三项进行研究。

第一项 论为社会商业提供便利的公共工程和公共机构

为一般商业提供便利的公共工程和公共机构

良好的道路、桥梁、运河、港湾等等公共工程和公共机构为商业的发达提供了极大的便利，但显然，这类工程建造和维持的费用在社会各不同发达时期极不相同。一国公路的建设费用和维持费用，显然必随其土地和劳动的年产量的增加而增加，换言之，必随公路上所搬运货物的数量及重量的增加而增加。桥梁的强度，一定要与可能通过它上面的车辆的数量和重量相适应。运河的深度和供水量，一定与可能在河上行驶的货船的数量及吨数相适应。港口的广度，一定要与可能在那边停泊的船舶的数量相适应。

这类公共工程的费用，似乎不必在通常所说的国家财政收入项下支付。在许多国家，国家财政收入的征收和动用都是靠行政权力进行操作的。这类工程的大部分也极易管理，即使它们自身的特定收入足以支付自己的花费，而无须给社会一般收入增加负担。

例如，在大多数场合，公路、桥梁及运河的建筑费用和维持费用，都可以来自于对车辆船舶所征收的小额通行税；港口的建筑费用和维持费用，都可以来自于对上货卸货船只所征收的小额港口税。此外，为便利商业而铸造货币的机构，在许多国家，不但能支付自己的费用，而且能对君主贡献一笔收入，即铸币税。另一类似的机构，如邮政局，几乎在一切国家，除提供本身的开支外，还给君主带来一笔可观的收入。

车辆通过公路或桥梁，船舶通过运河和港口，如果按照其重量或吨位数的比例缴纳通行税，那么，它们所支付的这些公共工程的维持费是和它们所造成的损耗完全成比例的。似乎不太可能想出比这更公平的方法来维持这些公共工程。况且，这通行税虽然由承运人支付，他只不过暂时垫支，最终仍是转嫁在货物价格上，由消费者负担。同时，因为有了这类公共工程，货物的运输费大大减少了，消费者虽然支付了这通行税，却比在没有这类公共工程因而没有通行税的场合，能购得较便宜的货物，因为货物价格由于支付通行税而抬高的程度，究竟比不上其由运费低廉而降低的程度。所以，最后支出这税金的人由于被征收该笔税金而得到的利益，完全超过了由于交纳该笔税金而遭受的损失。他的支出，恰恰和他所得到的利益成比例，实际上，不过是他的得利中的一部分，他必须舍弃这一部分来取得其余部分。看起来再没有比征税更公平的方法了。

就车辆来说，如果以重量为标准，对极尽奢华的车辆和对巨大马车、邮递马车等所征收的通行税，略高于对不可缺少的车辆如二轮运货马车、四轮马车等所征收的税，那就可使懒惰与虚荣的富人很容易地对贫民的救济有所贡献。换言之，使运往国内各地的笨重货物的运费降低若干。

如果利用商业的方式和手段来建造和维持公路、桥梁、运河等，那么，这种工程就只能在商业需要它们的地方兴建，因而只能在适合兴建的地方兴建。此外，建造的费用，建造的堂皇与华丽，也必须与该地区商业的负担能力相适应。宽阔的大道，绝不能在没有商业存在的荒凉国境内建造，也绝不能单为通达州长或州长所要献媚的某大领主的乡村别墅而建造。同样地，不能在无人通过的地方或单为使附近宫殿凭窗眺望增加一个景致，而在河上架设大桥。这类事情，在公共工程建设费不由该工程本身提供的收入支付而由其他收入支付的国家时有发生。

欧洲许多地方的运河通行税或水闸税，是个人的私有财产，这些人出于自身利益的考虑，当然竭力维护着运河。如果不加以相当的整治，则会无法通航，而同时他们由通行税收获得的全部利益也行将消失。如果运河的通行税交给那些没有任何利害关系的委员们征收，那么，他们对于产生这通行税的工程的维持，一定不会像个人那样注意。兰格多克运河，是由法国国王及兰格多克州拿出一千三百万里拉建造的，一千三百万里拉，按每马克折合二十八里拉的前世纪末法国的货币价值计算，约合九十万英镑。这个大工程完成时，人们觉得最妥善的维护方法，就是把这运河的全部通行税赠给设计并监督这工程的技师里格，叫他不断地加以维护。这项通行税，现已成了里格子孙后代的一大宗收入。因此他们对于这运河的经常维护非常在意。假使当时没有想出这妥善的方法，而把通行税交给一些没有利害关系的委员们管理，那么这全部的通行税，恐怕都要消费在徒劳的装饰及那些不必要的开销上了，而这工程最重要的部分则可能会损毁。可是，维护公路的通行税，却不能随便赠与个人作为他个人的收入。因为，运河不加维护，会变得完全不能通航，但公路不加维护，却不会完全不能通行。因此，收取公路通行税者，尽管完全不维护这道路，这道路却依然可以给他提供一样多的通行税。所以，维持这一类工程的通行税，应当交由委员们或受托人管理。

在英国，人们对由这些受托人在管理这种通行税方面所产生的弊端，常有抱怨。在大多数情况下，那些抱怨也都是非常正当的。据说，有许多道路所征收的通行税的金额，往往要比好好维护这些道路所必要的费用多两倍以上，然而工程却用极敷衍了事的方法进行，而且有时竟然全没进行。不过，我们应注意一件事：以通行税充当维护公路费用的制度，并未订立很久，所以，即使没有做到尽善尽美的地步，也不值得大惊小怪。如果卑鄙自私或不适当的人物常常被任命为受托人；如果没有设立监督机构对于他们的行为加以监督，或者降低通行税仅使能够满足他们实施此项工程的花费，这一切缺陷，都是由于这一制度的设立时间太短而造成的。随着时间的推移，议会将会采取明智的措施，许多问题将会迎刃而解。

据一般人的想象，英国各种收税道路所收的通行税，大大超过了维护道路所需的数额。据几位大臣考察，多余的数额如果不滥加动用，很可以成为国家应付不时之需的一大资金来源。有人说，收税道路由政府管理比由受托人管理的花费要少。对于维护道路的人，政府可用士兵，士兵是有正规薪金的，只需增加少量的货币报酬就行。至于受托人所能雇用的工人，则大都是一些工资劳动者，他们的生活费用则全部来源于工资。所以有人主张，通过自己管理收税道路，政府可不必增加人民负担而增添五十万镑的收入①，收税道路将会和现在的邮政一样，向国家提供一笔可观的费用。

政府管理收税道路可以获得的收入，虽然未必能像这计划的设计者所预期的那么巨大，但可由此获得一大宗收入那是毫无疑问的。不过，这计划本身似乎有若干较重大的缺点。

第一，国家如果把取自收税道路的通行税，看做供应急需的一个资金来源，那么，这种通行税将要随着想象上的急需所需要的程度而增大，而按照不列颠的政策，这些通行税一定会非常迅速地增加。一笔可观的收入能够这样不费力地取得，势必会使得政府动不动就向这笔收入动念头。虽然不能确定是否控制得当，是否能从现行通行税中省出五十万镑，但如把这通行税变成双倍，就可能省出一百万镑，变成三倍；或者可能省出二百万镑②。而且，这样一大宗收入的征收，并无需任命一个新的收税官吏。但是，设立征收通行税的道路，在于便利国内一般商业，假如把通行税像这样不断增加起来，那么原来可以便利商业的，却成为商业的阻碍。国内由一地运往他地的笨重货物的运输费，将迅速增加，其结果，这类货物的市场，将大大缩小，这类货物的生产，将大受妨碍，而国内最重要

---

① 自从本书前两版出版以来，我有充分的理由确信，在英国征收的全部通行税不能增加五十万镑的净收入；在政府的管理之下，这笔资金不能够维持国内的五条主要公路。此脚注及下一个脚注首次见于第三版。

② 我现在有充分的理由确信，所有的这些推测的数字都是夸张的。

的产业部门，说不定要全部消亡。

第二，按照重量比例而征收的车辆通行税，如果其唯一目的在于维护道路，这种税就非常公平；如果是为了其他目的，或为了向国家急需提供资金，那么这种税就非常不公平。征收道路通行税用以维护道路，各车辆可以说就是恰恰按照其对道路所损耗的程度的比例交纳税金。相反，如果道路通行税还有其他用途，即以资助国家其他急需，那对于车辆所征的税额，就不免要超过其所加于道路的损耗的程度。况且，由于这赋税使货物价格是按物重量的比例，而不是按货物价值的比例而升高的，所以这种课税的主要承担人，不是价值高而重量轻的商品的消费者，却是粗劣笨重的商品的消费者。因此，不论国家打算以这项税收应付何等急需，其结果是，提供这笔资金的人，不是富人而是穷人，不是最能承担这负担的人，倒是最没有能力承担这负担的人。

第三，假使政府对于损坏的公路疏于维护，我们要强制其适当地划出通行税的一部分充当此项用途，将会比现在更困难。以维护道路为唯一目的并取自人民的一大笔的收入，可能竟然完全没有划出任何部分来维护道路。如果对于今日卑贱贫困的征收通行税的道路管理者来说，有时还很难强制他们纠正所犯的错误，那么，换成一般富裕者或有权势者来管理征收通行税的道路，要强制他们纠正错误，恐怕比我们现在所假设的情况还要难十倍之多。

法国维护公路的基金，放在国家行政当局的直接管理之下。该基金的一个组成部分，是法国大部分地方乡下人民每年为维护公共道路所应提供的一定日数的劳役，另一个组成部分是国王在国家一般收入中规定不用于其他开支而专用于修路的那一部分收入。

按法国以及欧洲大多数国家的旧法律，乡下人民提供的劳役向来由地方长官指挥监督，地方长官对于国王的枢密院并无任何直接从属关系。但依据现行法令，乡下人民提供的劳役以及国王为某特定地域或特定税区维护道路的任何基金，全归州长管理；州长由枢密院任免废黜，接受枢密院的命令，并不断与枢密院保持联络。随着专制政治的发展，行政当局逐渐吞并国家的其他权力，所有指定作为公共用途的一切收入，全部都由自己管理。但法国的大驿道，即联络国内各主要都市的道路,一般都整齐可观;在若干州境内,这些道路比英国大部分道路宏伟得多。可是,我们英国称为"十字路"的乡下的大部分道路,却全都没有进行维护,有许多地方,重载车辆已不能通行,而在若干地方,甚至骑马旅行也有危险,只有骡子是安全可靠的运载工具。一个崇尚朝廷的骄矜的官员,往往乐意经营壮丽堂皇的工程,例如,王公贵人时常经过的大道。后者的赞赏不但使他感到光荣,甚至或许有助于增进他在朝廷上的地位。至于在偏远乡村的许许多多小工程,既不能使景色更加秀丽,又不能提高自己的声誉,除了实际上有极大的效用以外,没有其他任何可取的地方。这样,无论如何都似乎是过于琐碎不值一顾的工程,怎能引起官员们的注意呢?所以,在这种人的管理下,这种小工程总是要受到漠视的。

在中国以及亚洲其他若干国家,修建公路及维护通航水道这两大任务都是由行政当局担当的。据说,朝廷颁给各省疆吏的训示,总是不断加以勉励使其努力治河修路;官吏奉行这一训示的勤勉与懒惰状况如何,就是朝廷决定其升迁的一大标准。所以,在这一切国家中,对于这些工程都非常注意,特别在中国更是如此。中国的公路,尤其是通航水道,有人说比欧洲著名的水道要好得多。不过,关于那里的水道工程的报告,大都来自少见多怪的旅行者和无知好说谎的传教士,如果这些工程,的确是经过比较有见识的人的考察,如果这些报道,的确是比较忠实的目击者的叙述,那么那里的水道、公路工程恐怕就不值得我们如此惊异。伯尼尔关于印度这类工程的报告,就远没有其他大惊小怪的旅行者的记述那么夸张①。法国的大公路,常常成为朝廷及首都人士的谈资。联络各地方的通衢,无不惨淡经营,而其他地方纵横交错的道路,则更加漫不经心了。亚洲各国的情形,说不定也是这样的吧。此外,中印各国君主的收入,几乎都是以土地税或地租为唯一源泉的。租税征收额的大小,取决于土地年产量的多少。所以,君主的利益与收入,与国境内土地的开垦及耕种的状况,以及土地产物数量的多少,土地产物价值的大

---

① 《弗朗索瓦·伯尔尼航行记》,阿姆斯特丹版,1710年。

小，必然有极大的直接关系。要尽可能地使这种生产物又丰盈又有价值，必须使它获有尽可能广泛的市场。要做到这样，必须使国内各地方的交通状况既自由又方便。而维持这种交通状态，只有兴修最好的通航水道与最好的道路。然而在欧洲，各国君主的主要收入并非完全依赖于土地税或地租。固然，在欧洲的一些较大的王国，主要收入的大部分归根结底要依靠土地生产物，但是这种依赖不是直接的，而且不像亚洲各国那样明显。因为这样，欧洲各国君主不像亚洲君主那样急于增进土地生产物的数量和价值，换言之，那样急于维持良好的水道及公路，用以开拓土地生产物的广泛市场。因此，即使在亚洲某些地方，治河修路，行政当局办得成效卓著，正如传教士所说的（据我所知，至少含有若干疑问），在欧洲现状下，要得到任何地方行政当局的相当注意，恐怕是没有希望的了。

一项公共工程，如果不能由其自身的收入维持，而其便利又只限于某特定地方或某特定区域，那么把它放在国家行政当局管理之下，由国家的收入来维持，还不如把它放在地方行政当局管理之下，由地方收入维持来得妥当。比如，伦敦的照明与铺路费用，如果由国库开支，那街上的路灯和铺路的石头能做到现在这样完善吗？而同时费用又能像现在这样低吗？况且，这项费用如果不是来自于伦敦各特定街坊、特定教区、特定市区的居民所提供的地方税，那势必要从国家一般收入项下开支，其结果，国中不能受到这街灯利益的大部分居民，就要无端分摊这负担了。

地方政府和州政府管理地方收入和本州的收入，固然有时不免发生弊病，但是，这种弊病若与管理和花费一个大帝国的收入时所产生的弊病相比较，实在算不了什么。况且，与后者所时常发生的弊病相比较，前者的弊病容易消除多了。在英国，在地方或州治安推事管理之下乡下人民为维护公路，每年必须提供六日劳役，也许这不是最恰当的方法，但从没有发生虐待或压迫的行为。在法国，这项劳役归由州长管理，但不一定比英国用得适当，而强征勒索的举动，往往极尽残酷暴戾之能事。法国人所说的强迫劳役制，成了酷吏欺压人民的主要工具；如果某教区或某村社不幸为酷吏所嫉恨，酷吏往往会用这种手段施加惩罚。

便利特殊商业的公共工程和公共机构

上述公共设施和公共工程，其目的在于便利一般商业。若为了某些特殊商业的便利，则有待于特别的设施，而且须有一项特别的额外费用。

与野蛮未开化国家通商，常需要特别保护。普通客栈或旅店的设施，绝不能保障非洲西部海岸贸易商人的货物。为了防御小地方土人的劫掠，对于保存货物的场所，不得不在一定程度上进行建筑。印度人本来是温和驯良的，但是印度政府漫无秩序，所以，欧洲商人在此地进行贸易的时候，也很有必要采取同样的警戒措施。英法两国的东印度公司在印度所拥有的几个最早堡垒，就是为了防御暴力、保护生命财产而获得批准建造的。任何一个国家，坚强有力的政府绝不会容许陌生人在本国领土内建筑堡垒，因此就有必要互派大使、公使或领事。自己国民间发生争端，公使或领事可依从本国习惯予以裁决；自己国民与所在国国民间发生争端，他可以凭借其外交官的资格，比任何私人更有权力出来干涉。他所能给他的国人的保护，自然比他们能从任何私人处所获得的要多得多。有时一些国家也会出于商业利益的需要在外国设立使馆，本来无论是发生战争也好或结成同盟也好，都不需在这些外国设立使馆。例如，英国在君士坦丁堡派驻大使的原因首先是土耳其公司的商业利益[1]。英国设立在俄罗斯的最早的大使馆，也完全是起因于商业上的利益[2]。欧洲各国人民因商业利益关系不断发生的冲突，恐怕就是使欧洲各国即使在平时也要在一切邻国永久派驻公使的原因。这个前所未闻的制度开始创立的时间，似乎是在十五世纪末或十六世纪初。也就是说，是在商业开始扩展到欧洲大部分国家，欧洲各国开始注意到商业利益的时候。

国家为保护某一商业部门而支出的特别费用，如果通过向该商业部门征收适当的税来弥补，应该是合理的。例如，在商人开始营

---

[1] 安德森：《商业》，1606年。
[2] 同上，1620年，比较1623年。

业时，征收小额的营业税，或者对于商人从某个国家进口或向某个国家出口的货物，征收一定百分比的关税更显公平。据说，最初建立关税制度，就是为了支付保护一般贸易免受海盗抢劫的费用的。但是，如果认为保护一般贸易而支付的费用，理应来源于征收自一般贸易上的税，那么，为保护特殊贸易支付的特别费用，照理也应来源于对该贸易所课征的特殊税收。

保护一般贸易，常常被视为国防的重要事件，因而也就成了行政当局一部分必尽的义务。结果，一般关税的征收及应用，就往往也交由该行政当局管辖。对于特殊贸易的保护，既是一般贸易保护的一部分，所以也是行政当局应尽义务的一部分。如果国家的行动总是前后一致的，则为保护特殊贸易而课征的特殊税收，自当同样归该行政当局管辖。然而，事实上并不如此，无论就这方面或其他方面说，各个国家的行动常是矛盾的。欧洲大部分商业国家，就有若干商人集团说服立法机构，把行政当局这方面的义务，以及必然与这义务相关联的一切权力，统统交给他们执行。

这种公司自我承担一切费用，尽管对于引入某种商业类型来说很有益处，但是仍然作为政府有所顾虑、不敢贸然尝试的一个实验品，最终它们全无例外地或成为累赘或成为无用，而其经营管理，不是失当，就是范围过于狭窄。

这种公司有两类：一类是没有共同资本，只要具有相当的资格，就可缴纳若干资金加入公司，但各自的资本由各自经营，贸易风险，也由各自负担，对于公司的义务，只是遵守其规章和制度。这种公司被称为受管制公司。另一类是以共同资本进行贸易，各个入股成员对于贸易上的一般利润或损失，都按其股份比例分摊。这种公司称为股份公司①。这些受管制公司或股份公司，有时拥有专营的特权，有时又不拥有这种特权。

所谓受管制公司，在一切方面，都与欧洲各都市普遍通行的同业公会相类似，而且与同业公会同为一种扩大了的垄断团体。一个

---

① 参阅乔赛亚·蔡尔德，《商业新论》，第3章，将公司分为股份公司和"非股份公司，只在政府或规则之下经营业务"。

都市的任何居民,如果他不先从同业公会取得会员资格,他就不能从事该项职业。同样,在大多数场合,一国的任何居民,如不先成为这公司的一员,那么他就不能合法经营分组公司任何一个部门的国外贸易。这种垄断权的强弱,与公司入伙的难易程度相对应,也与公司董事权力之大小——即他们有多大权力能把公司控制得使大部分贸易只有他们自己和他们的亲友可以经营——相对应。最初,受管制公司的徒弟所享有的特权,与其他公司徒弟所享有的特权一样,凡在公司服务了相当年限的学徒,不用交什么入伙金,或只需交纳比平常人少得多的入伙金就可以取得公司成员的资格。只要法律不加制止,通常的同业公会精神,就充斥于一切受管制公司中。只要容许它们依照其自然倾向行动,它们总是设立种种苛刻规章企图约束有关贸易的经营,从而把竞争限制于尽可能少的人数之间。但当法律不许它们这样做的时候,它们就变成完全无作用、完全无意义的东西。

对外贸易的受管制公司,现在在英国还存有下面五个,即汉堡公司(昔日称为商人冒险家公司)①、俄罗斯公司、东方公司、土耳其公司及非洲公司。

汉堡公司的入伙条件,现在据说十分容易。公司董事没有权力将有关贸易加以约束,至少他们没有行使这种权力。不过,这还是最近的事,以前不是这样。在前世纪中叶,该公司的入伙金,有时需五十镑,有时需一百镑②。据说,那时候公司的行为非常专横。1643年、1645年、1661年,英格兰西部的毛纺织业者及自由贸易商,曾以该公司的垄断者的地位限制贸易,压迫国内制造商③,向国会投诉。这种投诉虽然不曾使国会采取什么行动,但该公司却因此吓了一跳,修改了不少它原来的行动准则。自那时起,至少没有人再控诉过它。俄罗斯公司的入伙金,由威廉三世第十年及第十一年

---

① "英格兰商人冒险者"公司或社团。
② 安德森:《商业》,1643年,这一年入会费加倍,伦敦人为100镑,其他地方人为50镑。
③ 安德森:《商业》,1661年,也提到其他两年。

第六号法律减为五镑①;东方公司的入伙金,由查理二世第二十五年第七号法律减为四十先令,同时,公司在瑞典、丹麦、挪威乃至波罗的海北岸一切国家的专营特权,全部被取消②。国会这两条法律,大概是由这两家公司的行动刺激而造成的。在国会未颁布这种法律以前,约西亚·蔡尔德曾称这两家公司及汉堡公司极端专横。他同时说,当时本国与公司特许经营所包含的国家间贸易状况之所以不发达,正是公司经营失当的结果③。现在,它们也许没有那么专横,但它们确是没有用处了。没有用处实际上是受管制公司应得的最好赞誉,就上述这三公司的现状说,它们均可受到这种赞誉而无愧。土耳其公司的入伙费,年龄在二十六岁以下者二十五镑,二十六岁者五十镑。如果不是纯粹商人不得加入。这种限制,实际上把一切店员和零售商都排斥在外④。另外,根据该公司章程,凡是从英国运往土耳其的制造品,如果不经该公司船舶装载,不许出口。该公司船舶都从伦敦港起航,因此,英国对土耳其贸易,就被局限于这个奢华的港口了。经营此项贸易,也就局限于伦敦附近的居民了。该公司的另一章程中又规定,凡定居在伦敦市二十英里以外,没有取得该市市民权的人不得加入该公司。这种限制,连同前一限制,必然把一切没有取得伦敦市民权的人都排斥在外了⑤。该公司船舶的上货及起航日期,均由该公司的董事决定,所以这些董事很容易把自己及有特殊关系友人的货物装满船舶,而以托运延迟为借口,拒绝装载他人的货物。在这种情况下,该公司无论从哪一点说,都可以说是一个严密的、专横的垄断组织。这种种弊端,引起乔治二世二十六年第十八号法律的颁布。依据这项法律,不论年龄大小,不论是否纯粹商人,也不论是否伦敦公民,凡属情愿入伙者,一律缴

---

① 序言中概述了公司的历史。
② 安德森:《商业》,1672 年。
③ 《贸易新论》第 3 章,安德森的《商业》1672 年曾援引。此书这部分直到 1672 年以后很久才发行。
④ 安德森:《商业》,1605 年,1643 年,1753 年。
⑤ 参阅乔治二世第 26 年第 18 号法律的序言。——安德森:《商业》,1753 年。

纳入伙费二十镑,即可取得公司成员的资格。并且,除禁止出口的货物外,这些入伙的人,可以自由地从英国任何港口运送任何英国货物土耳其任何地方;除禁止进口的货物外,都可以自由进口一切土耳其货物,不过,他们须缴纳普通关税和为支付该公司费用而征收的特定税,须服从英国驻土耳其大使与领事的合法训示,须遵照公司方面正式制定的章程。为防范此种章程流于苛暴,上述法律又规定,此法律通过后,凡公司所订章程,如使该公司中任何七个会员感到压迫,可向贸易殖民局(该局的此种权能,现由枢密院所组织的委员会执掌)呈请修改。但此种呈请,须在该章程制定后一年内提出。此外,此法律通过以前公司所制定的任何章程,如有七个会员感到压迫,也可呈请修改,但须在该法律实施后一年内提出。然而在一大公司中,各成员未必一一都能凭一年的经验,发现各种章程的弊害。如果某一章程的弊害,在限定期间以外才发现,那么,就连贸易局、枢密院委员会也无法挽救了。况且,像一切同业公会的章程一样,一切受管制公司的大部分章程,也不在于压迫已经加入的成员,而在于阻碍外人的加入。除规定很高的入伙费外,它们还可使用其他许多政策以达到这个目的。他们不断要求自己的利润增高,愈高愈好,因而,不断要求市场对于他们输出输入的存货感到不足,愈不足愈好。要做到这一点,就只有限制竞争,妨碍新冒险者从事同一贸易。就说二十镑的入伙费吧,对于一个想永久继续从事土耳其贸易的人,二十镑也许不够阻碍他的意向;但是对于一个只想试做一次土耳其贸易的投机商人,二十镑就足够成为障碍了。不论何种职业,从事时间长的人,即使从未缔结任何组合,他们也自然会连成一体,设法抬高利润。要使商业利润降低到相当水准,唯一的办法,就是让一般投机冒险者不时参与竞争。英国对土耳其贸易,在某种程度上说,虽由国会这个法案开放了,但在许多人看来,那实在距离自由竞争的状况还很遥远。土耳其公司还支付了一名大使和两三名领事的维持费,其实,公使领事同为国家官吏,应由国家收入维持,而对土耳其贸易,也应当对国王统治下的一切臣民开放。何况该公司为此目的及其他目的而征收的各项杂税,若全部提归国有,应不止维持这几个驻外官吏。

据约西亚·柴尔德的考察，驻外官吏虽常由受管制公司维持，但受管制公司从未在其贸易所在的国家维持任何堡垒或守备队。相反，股份公司却常常在这种国家维持堡垒和守备队①。看来前者与后者相比，实在是不适于承当这个任务。第一，受管制公司的董事，对于该公司一般贸易的繁荣，并没有特别的利益关系，而维持堡垒和守备队的目的在于维护这个繁荣。公司一般贸易的衰退，对于他们私人的贸易倒有不少利益。因为，如果公司一般贸易衰退，竞争者自然会减少，于是他们自己就可以贱买贵卖，从中得利。股份公司董事的情况，则与此正好相反。他们个人的利润，全部包含在他们管理的共同资本所生的共同利润中，离开公司的一般贸易，他们就没有贸易。他们个人的利益关系，与一般贸易的繁荣和保障这繁荣的堡垒或守备队的维持紧密相关，因此，他们似乎更会保持这种维持堡垒或守备队所必要的不断的和仔细的关注。第二，股份公司的董事，手中常掌管有一大项资本，即公司方面的股本。堡垒或守备队如果有设置、增补、维持的必要，他们当然随时可以划拨出一部分资本来使用。至于受管制公司的董事，他们并没有掌管什么共同资本，除了一点临时收入，如公司入伙金，以及对于公司贸易征收税金以外，没有其他资金可以动用。所以，对于堡垒和守备队的维持，即使他们与股份公司的董事一样，有利害的关系，需要同样的关注，但也很少有同等资金实力，使他们的关注成为有效。至于驻外官吏的维持，并不需要什么关注，所花费用也极其有限，完全与受管制公司的性质和能力相符合。

然而，在柴尔德的时代很久以后，即1750年间，又设立了另一个受管制公司，就是现在的非洲贸易商人公司。英政府最初曾令该公司负担非洲沿岸由布朗角至好望角间一切英国堡垒和守备队的维持费；最后，又令该公司只负担鲁杰角至好望角间一切堡垒和守备队的维持费。政府关于设立这公司的法案（乔治二世第二十三年第三十一号法律），似乎有两个明显目标：第一，对于受管制公司的董事自然会有的压迫精神和垄断精神加以抑制；第二，极力强迫他们

---

① 《贸易新论》，第3章。

去注意本来不会注意的一件事,即维持堡垒和守备队。

关于第一个目标,该法案限定入伙费为四十先令,并限定该公司不得以合股经营的身份,自己出来从事贸易,不得以公司名义借入资本;对于一切缴纳入伙费的英国人民,都应当允许其在各地自由贸易而不得设立限制。公司的管理权,集中在设于伦敦的由九人组成的委员会。委员每年由伦敦、布里斯托尔和利物浦三市的公司成员中各选三名,任何委员都不得连任三年以上。委员有不当行为,贸易殖民局(现由枢密院委员会接管)在听取了他本人的辩护之后,可以将其免职。该委员会不得由非洲输出黑奴,也不得将非洲货物输入英国。但因他们必须负责维持驻在非洲的堡垒和守备队,所以由英国向非洲输出的各种与这项任务有关的货物及军需品不在禁止之列。在伦敦、布里斯托尔、利物浦三市的办事人员和经理人从公司领取的钱,作为薪金、伦敦事务所房租和其他管理费用的开销,不得超过八百镑。如果还有剩余,作为他们辛劳的补贴,如何分配则可以自行决定。一切规定如此严密,本该切实限制垄断行为,而充分达到第一项目标,然而实际却并非如此。根据乔治三世第四年第二十号法律,塞内加尔堡垒及其属地,由非洲贸易商人公司管理。但至次年(根据乔治三世第五年第四十四号法律),公司方面不但要把塞内加尔及其属地,就连同由南巴尔巴利的萨利港至鲁杰角全海岸的管理权,也须统统移归国王支配。该法律宣称:凡属国王的臣民,都可自由进行非洲贸易。这个法律的宣布,当然是因为该公司有限制贸易发展并建立了某种不恰当的垄断的嫌疑。在乔治二世第二十三年法律的那种严密规定之下,我们很难设想他们如何能够这样做。但是,我曾在下院的议事录(这议事录并不总是完全正确的)中看到他们受到这种控告。委员会的九位委员,本来都是大商人,各堡垒及殖民地的大小官员又全都依靠他们的关照,那么,如果他们在商务上及事务上有所嘱托,那些官员很可能特别注意,这样可能就无形建立了一种垄断的局面。

对于第二个目标,该法律规定:堡垒的维持费用,每年由国会支付该公司一万三千镑。公司的委员会对此项资金的使用,每年必须向财政大臣提出报告,财政大臣再向国会报告。但国会对于国家的动辄数百万镑的开销尚且不会关注太多，这区区一万三千镑的使用，当然更不会特别在意了。何况，就财政大臣的职业经验和教育背景而言，他也不见得能具有高深的技能可以了解堡垒守卫费用是否应用得当。不错，王国海军舰长或海军部委派的将官，可以调查堡垒守卫的实情，向海军部报告，但海军部对该委员会似乎没有直接管辖权，也没有权力监督被调查者的行为。而舰长一类人物，对于卫戍这门科学，并不见得有多高深的造诣。这些委员除非由于侵吞公款，可以加重处罚，而其他顶多不过罢免官职。我们知道，委员这官职的任期，最长也不过三年而已，而其报酬又极有限，对于罢免的恐惧从来不会成为他们仔细做好与自己的利益并无关系卫戍事务的持续的动机。为修缮几内亚海岸卡斯尔角的堡垒，议会曾几次支出了超额费用，有人控告该委员会由英格兰长途运过去的砖石，据说质量很差，以致使用那些砖石修筑的城墙，有推倒再重新修筑的必要。鲁杰角以北的堡垒的守卫事务，不但维持费出于国家，而且管辖权也直隶于行政当局之下。但是该角以南的堡垒的守卫费用，至少一部分也由国家出资，而它的管辖权却另有所属，这实在令人百思不得其解。直布罗陀及梅诺卡守卫的设备，其本来目的在于保护地中海贸易。这类守备队的维持及管理，从来不曾由土耳其公司负责，而始终由行政当局管辖。统治领域的广大，在很大程度上依赖于该行政当局的声望，所以这片领域防御上的必要的设置，他们当然不会不问，实际上，直布罗陀及梅诺卡守卫的管理从来没被忽视过。虽然梅诺卡曾两次陷落，而且现在大概永远没有希望将它恢复成原来的模样，但人们也不曾认为这是由于该行政当局在管辖上的疏忽造成的。不过，我不愿意别人认为我是在暗示，这些花费巨大极尽奢华的要塞，至少对于原来要把它们从西班牙手中夺过来的目的来说是十分必要的。夺取这些要塞，没有什么实际意义，只不过是使法国和其天然的同盟者西班牙，这两个波旁王室的主要分支结成超过血缘关系的更紧密、更永久的同盟罢了。

股份公司的设立，或经国王特许，或经由议会通过。它的性质，不但与受管制公司不同，就是与私人合伙公司，也有许多不同点。

第一，在私人合伙公司中，除非经过全公司许可，合伙人不得把股份让渡给他人或介绍新的合伙人入伙。但合伙人如果想退出，须预先声明，过一定时间提回股本。股份公司则不然。股份公司不许股东要求取出股本，但转卖股票，从而介绍新股东，却无须公司同意。股票价值，等于市场上出售的价格。这价格时有涨落，因此，股票所有者的实际股金，就与股票上注明的金额经常是有差别的。

第二，私人合伙公司在营业上如果亏损的，各合伙人对公司的全部负债都要负责任。相反，股份公司在营业上如有亏损，各股东只不过在他所认购的股份范围内承担责任罢了①。

股份公司的经营，照例由董事会处理。董事会在业务上免不了要受股东大会的支配，但股东对于公司业务多半不够了解，如果他们没有派别之争，他们大概只接受董事会每年或每半年分配给他们的红利就心满意足了，不会找董事的麻烦。这样的做法既省事，而承担的风险又仅局限于一定的金额，难怪许多不肯把资产投资于合伙公司的人，都向这方面投资。因此，股份公司吸收的资本通常超过任何合伙公司。南海公司的营业资本，在某一个时期，曾达到三千三百八十万镑以上②。英格兰银行的分红股本，现时达一千零七十八万镑③。但是，在钱财的处理上，股份公司的董事为出资人尽心尽力，而私人合伙公司的合伙人，则纯粹是为自己打算。所以，要想股份公司董事们监视钱财用途像私人合伙公司的合伙人那样用意周到，那是很难做到的。有如富人的管家一样，他们往往只留意小节的问题，除非影响到主人的荣耀，一切微不足道的方面，就被置之不理了。这样，疏忽和浪费，常为股份公司业务经营上难以避免的弊病。正是由于这个原因，凡是属于从事国外贸易的股份公司总是竞争不过私人的冒险者。所以，股份公司没有取得专营的特权，成功的果然很少，即使取得了专营特权，成功的也不多见。没有特权，

---

① 这里所提及的股份公司是一种由法人组成的或领有特许证的公司。将这种说法普遍应用于其他公司，那是以后的事情。
② 安德森：《商业》，1723 年。
③ 1764 年至 1781 年始终保持这个数目，但在后来增股万分之八。——安德森的《商业》，1746 年，（续篇）1781 年。

他们往往经营不善，有了特权，那就不但经营不善，而且限制了这种贸易。

现在非洲公司的前身，即皇家非洲公司。该公司取得的专营特权，是根据国王颁给的特许状才获得的，并未经议会通过。因此，在民权宣布后不久，非洲贸易就向全国人民开放①。哈德逊湾公司的法律根据与皇家非洲公司相同②，它的特许经营权也从未经议会通过。南海公司在它作为贸易公司的时期内，始终享有一种经议会确认过的专营特权，现在和东印度进行贸易的联合商人公司也是如此。非洲贸易开放后不久，皇家非洲公司自知不是私人冒险者的竞争对手，于是不顾民权宣言，竟然把这些私人冒险者称为无执照营业的私商而加以迫害。1698年，公司对私人冒险者的几乎一切部门的贸易均征收百分之十的税，税款由公司充当堡垒及守备队的维持费。但尽管有这种重税，公司在营业上仍不能和私人竞争。公司的资本及信用逐年减退，至1712年，公司负债累累。这就使议会认为，为了公司及债权人的安全，有必要制定以下法案，即公司债务的偿付日期以及关于债务的其他必要协定，只需公司债权人（就人数来说，就价值来说）三分之二以上的决议，就对全体债权人有约束力。1730年，公司的业务陷于极度混乱。就连维持它的堡垒和守备队，也无能为力。当然当初设立这公司的唯一目的就是维持这些堡垒和守备队。议会见此情形，决定每年拨款一万镑③，此笔款项自那年起一直拨到该公司解散的年度为止。1732年，该公司因多年对西印度黑奴贸易都是亏损的，决定从此中止这项业务，而把已经由非洲海岸买得的黑奴转卖于美洲私人贸易商，利用公司中的雇员，用以从事非洲内地的金沙、象牙、染料的贸易。虽然缩小了贸易范围，但其经营并不比先前范围广泛的贸易更为得手④。公司的业务依然日

---

① 安德森：《商业》，1672年和1698年。
② 同上，第1670年。
③ 安妮第10年，第27号法律。安德森：《商业》，1712年。
④ 安德森：《商业》，1730年。每年拨款直到1746年为止。同上，1733年。

渐衰退，无论就哪一点说，都达到破产的境地。议会知道无可挽救，就下令把它解散。其堡垒及卫戍事务，则交由现在的非洲贸易商人所组织的受管制公司管理①。在皇家非洲公司设立之前，先后组织进行非洲贸易的，已有三家股份公司②，它们都没有成功；它们都持有特许状，该特许状尽管未经议会确认，但在当时被认为的确享有专营特权。

在上次战争中，哈德逊湾公司受到不小的冲击，可是在此以前却比皇家非洲公司幸运得多。它所承担的必要费用很少，因为它在各居留地及住所——冠之以荣誉称号的堡垒——所维持的人的总数，据说不过一百二十名③。人数虽然不多，但却能够在该公司的货船并未到达以前，把装满货船所必需数量的毛皮及其他货物准备妥当。当地海域结冰期长，船舶很少能停泊七八周以上，因此，预先准备货物成为必要。哈德逊湾贸易如果不能做到这一点就无法经营下去，而私人冒险者却很难做到这一点。所以，该公司资本虽然据说不到十一万镑④，但是已经足够使它将特许状所允许的进行贸易的那虽然辽阔但却是贫乏的地区的全部或将近全部的贸易和剩余生产物，都垄断无余。私人贸易者从来没有企图到那种地方与公司竞争，所以，该公司在法律上，虽然不一定拥有专营特权，而在实际上，却已经享受到了专营贸易的利益。另外，该公司所拥有的少量的资本，据说是由极少数股东认购而成的⑤。一个只有少数股东小额资本的股份公司，它的性质实际上与私人合伙公司很相近，因而在经营上，几乎能与合伙公司同样谨慎、同样注意。处在这样有利的地位，哈德逊湾公司在上次战争前贸易相当成功是毫不足怪的。不过，该公

---

① 乔治二世第23年，第31号法律；乔治二世第25年，第40号法律。安德森：《商业》，1750年。
② 安德森：《商业》，1618年，1631年，1662年。
③ 同上，1743年，引证克里斯托弗·米德尔顿船长的话。
④ 同上，1670年。
⑤ "八个或九个私人商人垄断了公司资本的十分之九。"安德森的《商业》，1743年，引自亚瑟·多布斯的《哈得逊湾附近各国概况……米德尔顿船长日记摘要及对他的行为的观察》，1744年，第58页。

司获得的利润,似乎没有达到多布斯所想象的那个程度①。《商业上历史和年代的推断》的作者安德森,是一个比多布斯远为率直而公平的作者,他研究多布斯的关于该公司数年中进出口的全部报告,并参考研究了该公司所承担的额外风险和所支付的巨额开支以后,认为该公司的利润并不值得羡慕,或者说他们本应该超过但是却并没有大大超过普通的贸易利润②。

南海公司从没有维持什么堡垒或卫戍事务,因而完全不需负担其他国外贸易公司通常应该负担的一大笔费用。不过,该公司股本额过大,股东人数极多,因此,在整个业务经营上,难免会出现迂腐、疏忽和浪费的现象。至于它的狡诈的和毫无节制的招股计划书并不是现在讨论的主题,而且为人所熟悉,就不必再次提及了。就它的商业计划来说,与招股计划比较,也好不了许多。该公司首次经营的贸易,就是把黑奴运往西班牙属西印度。它对于这项贸易(由尤特雷特条约所认可的所谓阿西恩托约定的结果),取得了一种专营的特权。然而,特权虽然取得了,但这项贸易不见得会有多大的好处。在该公司以前,经营同一贸易、享有同一特权的葡萄牙及法国两公司,早已经倒闭了。该公司有鉴于此,要求并得到准许每年派遣一定吨数的船舶,直接与西班牙属西印度通商③以作为弥补。无奈该公司所派的船舶航行十次当中,只有一次(即1731年加洛休皇后号的航行)获了巨额利润,其余九次,几乎或多或少都有损失。该公司的代理店及代理人都把营业的不成功归罪于西班牙政府的抢夺与压迫。但大部分的原因,恐怕是由于代理店及代理人的浪费与掠夺吧。据说,他们中的好几个在一年时间内就发了大财。1734年,该公司以营业利润微薄为理由,请求英王允许其变卖贸易权与船只,允许其等价卖给西班牙国王④。1724年,该公司开始经营捕鲸业。

---

① 在他的《概况》一书的第3、58页中,他谈到2000%的利润,但是这只是买卖价格之差。
② 《商业》,1743年,但是,审查不是十分完全,意见的表示也不像书中提及的那样肯定。
③ 《商业》,1713年。
④ 《商业》,1731年,1732年,1734年。

对于这项业务,它没有垄断权,不过,在它经营的期间,并没有其他英国人进入这一领域进行经营。该公司的船舶向格林兰航行的八次中,其中仅有一次获得了利润,其余几次均遭损失。在最后第八次航行结束时,即该公司拍卖其船只、积压的商品及渔具时,才发现这一部门包括资本及利息的全部损失达二十三万七千镑以上①。1722年,该公司请求议会,把全部贷给政府的三千三百八十万镑巨资,划分作两个相等的部分:一半即一千六百九十多万镑,作为政府的公债,与其他公债相同,不得由董事用以偿付和弥补该公司商业经营上的债务或损失;其他一半,依旧作为贸易资本,可用以偿付和弥补债务或损失。它的这种请求,因它的合理而被议会采纳了②。1733年,该公司再次向议会恳请,把贸易资本的四分之三作为公债,仅留其余四分之一充当营业失败的补偿资本③。到此为止,该公司所保有的公债及贸易资本两部分,因政府多次的偿还,已各减少了两百万镑以上,因而,这所谓四分之一,就不过三百六十六万二千七百八十四镑八先令六便士了④。1748年,该公司由于亚琛条约,放弃以前根据阿西恩托约定从西班牙国王取得的一切权利,而进行了等价交换。这样一来,该公司与西班牙所属西印度之间的贸易,就宣告终结。它的残余贸易资本全部转化为公债,于是该公司再也不是一个贸易公司了⑤。

可是,我们应注意一件事:南海公司所期望能多多获利的唯一贸易,就是每年派遣船只到西班牙属西印度进行的贸易。但当它经营这种贸易时,无论在国外市场,或在国内市场,都不是没有竞争者的。在卡塔赫纳,在贝洛港,在拉维拉克鲁斯,该公司碰到了西班牙商人的竞争,他们把该公司船舶装运的同类欧洲货物,由加的

---

① 《商业》,1724年和1732年。但航行并不成功;公司在八年中"每年都遭受重大损失"。
② 经由乔治一世第9年第6号法律许可。安德逊:《商业》,1723年。
③ 由乔治二世6年第28号法律准许实行。同上,1733年。
④ 《商业》,1732年和1733年。
⑤ 《商业》,1748年和1750年。

斯运往那些地方。在英国，该公司又碰到了英国商人的竞争，凡是该公司进口的西班牙属西印度的各种货物，他们也由加的斯进口。西班牙及英国商人的货物，确实要支付较高的税，但是该公司人员的疏忽、浪费和贪污，恐怕是一种更高的重税吧。至于说，如果私人贸易商能够公开地、正当地与股份公司竞争，股份公司还能够经营国外贸易而获得利润，那就与我们所有的经验相抵触了。

旧的英国东印度公司于1600年根据女王伊丽莎白的特许状而设立。在它最初十二次的印度航行中，只有船舶是共有的，贸易资本还是个人的，仿佛是以一种受管制公司的形式在进行贸易。在1612年，个人的资本才合并成为共同资本①。该公司持有专营特许状，虽然特许状没得到议会的确认，但当时被认为具有真正的专营特权，所以经营许多年，该公司从未受其他商人的侵扰。它的股本，每股为五十镑②，总额仅七十四万四千镑③。这个资本不是很大，而公司的营业规模也不很大，不致引起经营上的疏忽、浪费或贪污。所以，虽然荷兰东印度公司的陷害和其他意外事件使它蒙受了很大损失，但在很长一段时间里，它的业务经营却是很成功的。不过，随着时间的推进，当一般人对于自由的原理渐渐有了理解的时候，这个由女王发给而未经议会确认的特许状，能否赋予专营特权则日益成为一个疑问。对于这个问题，法院的决定并不一致，随政府权力的消长与各时代民意的变迁而时有变动。私人贸易商日益侵入公司特权范围。到查理二世晚年，在詹姆士二世整个统治时期和在威廉三世初年，该公司都是在困难中过日子④。1698年，有人向议会建议：愿以年息八厘贷款给政府二百万镑，其条件为购买公债者可设立一个有专营特权的新东印度公司。旧东印度公司也向议会提出同一性质的建议，愿贷给政府七十万镑（约与该公司的资本额相等），年息四厘。当时王国内的国家信用正处于这样的状态，即以年息四厘借

---

① 《商业》，1612年。
② 《商业》，1676年。
③ 《商业》，1693年。
④ 《商业》，1681年和1685年。

入七十万镑,倒不如支付八厘利息借入两百万镑来得便利。新公债应募者的建议被采纳了,结果,就出现了一个新东印度公司。不过,旧东印度公司的贸易有权继续经营至1701年。同时,该公司曾以它财务主管的名义,极巧妙地认购了新公司股本三十一万五千镑。由于给予东印度贸易特权的议会法案的用词含混不清,没有明确指出应募者的资本是否应合资经营①。于是,应募仅及七千二百镑的私人贸易商,坚持独自使用自己资本、自担风险责任进行贸易②。至1701年止,旧东印度公司也同时拥有使用其原有资本独立经营贸易的权利。并且,在这个时期前后,该公司和其他私人贸易商一样,也有使用其投入新公司的三十一万五千镑的资本单独经营的权利。新旧两个公司与私人贸易商之间的竞争,以及两公司彼此间的竞争,据说几乎使它们全部毁灭。1730年,有人向议会提议,主张把印度贸易交由一个受管制公司进行管理,让它向全体国民开放。对于这个建议,东印度公司的成员极力反对,他们用了非常激烈的词句,阐述了曾经有过的竞争造成的悲惨的后果。他们说,上述竞争,使印度土货的价格飞涨直到不值得采购;而在英国市场,该种货物的价格又由于存货过多,而下跌到无利可图的地步③。可是,由于供给方面十分充足,英国市场上的印度货物的价格则会大跌特跌,毫无疑问会使一般大众获得了廉价购物的利益;至于说求购的人数众多,印度市场上的土货价格则会大涨特涨,却不尽可信。由竞争引起的非常需求,在全部对印度贸易的汪洋大海中,不过是沧海一粟而已。况且,需求的增加起初或许会提高价格,但最终必将引起价格的跌落。因为购买的竞争,会鼓励生产,也会增大生产者间的竞争。各生产者为使自己的产品能以比他人产品更低的价格出售,会采用在其他情况下连想也没去想的新的分工和新的技术改良。该公司诉说的悲惨结果,即消费的便宜和对生产的奖励,正是政治经济学所要促进的结果。但是,他们垂泣而诉说的这种竞争,毕竟没有持续很

---

① 这样历史的全部,见安德森的《商业》,1698年。
② 安德森:《商业》,1701年。
③ 安德森:《商业》,1730年。

久。1702年，这两个公司通过三方协约（其中有一方是女王）在某种程度上联合起来①。1708年，又依据议会法案，完全合并成为一体，而成为今日所谓东印度贸易商人联合公司。该法案又附加一个条款，规定各独立私人贸易商，可以继续营业到1711年米迦勒节为止。同时授权该公司董事对这些独立私人贸易商发出通知，以三年为期，收买其七千二百镑的小额资本，从而把该公司的全部资本变为共同资本。此外，该法案还规定，由于对政府的新贷款，该公司的资本可由两百万镑增加至三百万镑②。1743年，该公司又贷与政府一百万镑，不过，这项借款并非来自于股东，而是由公司发行公司债券得来的，所以未增加股东得以要求分红的资本，但这一百万镑，对公司营业上的亏损和债务，与其他三百万镑相同，也负担责任，所以，总算是增加了公司的贸易资本。自1708年，或者至少自1711年以来，该公司由于摆脱了一切竞争者，完全掌握了英国在东印度的垄断贸易。贸易经营状况良好，股东逐年都由利润分有适度的红利。在1741年爆发的对法战争中，庞迪彻里地的法国总督杜不勒别具野心，以致东印度公司卷入战祸和印度土王的政治斗争中。经过无数次显著的成功及无数次显著的失败后，该公司竟把那时它在印度的主要殖民地马德拉斯丢掉了。随后，亚琛条约订立，马德拉斯重新归于该公司。这时，该公司派在印度的人员，似乎充满了战斗及征服精神，后来，他们也从未放弃过这种精神。在1755年爆发的法兰西战争中，英国在欧洲接连获得胜利。该公司的兵力，在印度也交了好运气，捍卫马德拉斯，占领庞迪彻里，收复加尔各答，并获得了一块富饶而广大的领土的收入。这收入在当时据说每年有三百万镑以上。该公司安然享有这收入好几年。但1767年，政府以该公司占领的领土及其收入属于国王的权利而提出要求，公司于是同意此后每年偿付政府四十万镑。在此以前，公司分派的红利，已逐渐由百分之六增至百分之十。就按全部资本三百二十万镑计算，

---

① "这项联合于1702年7月22日由女王与这两家公司签订的三方合约完成"。——安德森的《商业》，1702年。
② 安妮第6年，第7号法律。安德森：《商业》，1708年。

红利已增加了十二万八千镑,换言之,每年红利的数额已经由十九万二千镑增加至三十二万镑。但这时候,公司又企图把红利进一步增至百分之十二点五,这如果实行,公司每年分派给股东的金额,就要等于每年提供政府的金额,即四十万镑。可是,当公司与政府所订协约就要实施的那两年中,议会相继制定的两法案不许红利再有增加①。这些法案的目的,在于使公司方面加速偿还其所负债务。该公司当时的债务已达六七百万镑了。1769 年,公司与政府所订协约,议定延期五年,并约定在这五年中,公司得逐渐把红利增加至百分之十二点五;但每年增加不得超过百分之一。这样,红利增加到极限时,也不过使公司每年付给股东及政府的金额,两者合计多加六十万八千镑。前面说过,公司占领领地的总收入,每年计有三百余万镑。依 1768 年东印度贸易船克鲁登敦号所提出的报告,除去军事维持费及其他费用,纯收入也达二百零四万八千七百四十七镑。此外,公司方面据说还有其他收入。那笔收入一部分出自土地,而大部分则出自殖民地所设的海关,其总额也不下四十三万九千镑。至于当时公司的营业利润,据公司董事长在下院的证言,每年至少有四十万镑;据公司财务主管的证言,每年至少有五十万镑;不论怎样,再少也会等于每年分给股东的最高红利额。有这么大的收入,公司应当有能力每年增加支付六十万八千镑,同时还提供一项减债基金,用来偿还紧急债务。然而到了 1773 年,公司债务不但未见减少,却反而增大。尚未偿还的欠款尾数达四十万镑,未缴的关税,欠英格兰银行的借款,草率承兑由印度方面开出的汇票,上述金额总共达一百二十余万镑。这些债务所引起的困难,使公司不得已将股息减低至百分之六,不得不可怜地向政府求助:第一,豁免年交纳四十万镑的规定;第二,贷款一百四十万镑,以避免立刻破产。随着殖民领地的拓展以及雇用人数的增加,该公司的财产是增大了。但财产越多,对于公司人员,就似乎越成为更大浪费的口实,并且越好从中舞弊了。议会为了要探知其真相,开始着手调查公司人员

---

① 乔治三世第 7 年第 49 号法律和乔治三世第 8 年第 11 号法律。

在印度的行为，以及公司在欧印两方面的一般业务状况①。调查的结果，对公司管理机构的组织，国内也好，国外也好，都实行了几项至关重要的改革措施。在印度方面，该公司的主要殖民地，如马德拉斯、孟买、加尔各答，以前都是相互独立的，现在则交由同一总督的统治之下；辅佐总督的，有四名顾问组成的评议会。第一任总督及顾问，全部由议会指派，常驻在加尔各答。加尔各答现成为英国在印度的最重要的殖民地，与以前的马德拉斯相同。加尔各答的裁判所，最初是为了审理该市及其附近地方的商业上案件的目的而设立的，后来由于帝国版图的扩大，其司法管辖权也随之扩大了。这次改革措施缩小了该裁判所的权限，使其还原了本来面目，而重新设立一个最高法院来取代它，由国王任命的审判长一人及审判官三人组成。关于欧洲方面，以前股东只要出股五百镑，这是该公司每股的本来价格，就有权在股东大会上投票。现在规定，必须出股一千镑，才有这种资格。此外，凭这资格取得的投票权，如果股票不是由承继得来而是由自己购买得来，以前只需在购买后六个月就能行使，现在这个期限已延长至一年。另外，以前公司的二十四名董事，每年改选一次，现在也改变了，每个董事四年改选一次，但在二十四名董事中，每年有六个旧董事离职，有六个新董事当选，离职的董事，不能再选为次年的新董事②。有了这些改革，料想股东会及董事会应该能够较郑重地、稳健地执行任务，不能再像从前那样疏忽随便。然而，无论采取何种变革手段，要使他们这些人好好进行经营以促进印度的繁荣，绝非易事。他们大多数人的利益，与印度的国家利益，简直毫不相关。在所有方面，他们不但不配统治一个大帝国，甚至也不配参加这种统治。有大财产的人，有时甚至有小财产的人，往往只因为要取得股东大会的投票权，才购买一千镑的东印度公司股票。有了这投票权，纵使自己不能参加对印度的掠夺，也可参加对印度掠夺者的任命。这权力任命，固然是由董事会操纵，但董事会本身，也难免要受股东势力的影响。股东不但选

---

① 1772～1773年。
② 乔治三世第13年，第63号法律。

举董事，而且有时否决董事会关于派驻印度人员的任命。假若一个股东能享有这权力几年，因而可以在公司方面安插若干故旧，那么，不仅他对于股息不大注意，恐怕连对他投票权所根据的股份的价值也是满不在乎的。至于那投票权所给予他权利来参加统治的大帝国的繁荣，他更不会放在心上了。按照事物的本性来猜测，无论什么样的君主，他对于被统治者的幸福或悲惨，对于领土的改良或荒废，对于政府的荣誉或耻辱，总不会像这个商业公司的大部分股东那样漠不关心。议会依据调查结果，制定种种新规定，但这些法规与其说减少了这漠不关心的程度，倒不如说增大了这漠不关心的程度。例如，下院决议案宣称：当公司把所欠政府债务一百四十万镑还清，所欠私人债务减至一百五十万镑时，也只有到那时，才对股本分派八厘股息；此外，该公司留在本国的收入及纯利，应当分作为四部分，其中三部分应该交入国库，充当国家用途，另外一部分，则应该留作偿还债务及供应公司不时急需的基金①。但是，以往全部纯收入和利润都归自己所有，可以由自己自由支配的时候，公司尚且弊病丛生，而如今分去共四分之三的纯收入和利润，还须把所保留的四分之一部分置于他人监督之下，必须得经过他人许可方准动用，那如何能使公司的财务状况比以前有改善呢？

就公司方面说，分派八厘股息后，与其依下院决议案规定把一切剩余部分，交给那些不同道的一群人手中，还不如让公司的雇用人员和隶属人员随便滥用了，或者任意侵吞了，倒比较痛快。此外，公司雇用人员和隶属人员可能在股东大会里拥有很强的势力，以致股东有时竟对那些贪污舞弊直接违犯者，反而予以支持。就大部分股东说，他们有时甚至把维护自己权益这件事，看得较轻，反而把维护侵犯这权益的人的事情，看得较重。

因此，1773年的规定不能澄清东印度公司的混乱局面。有一次，公司因措施得当，在加尔各答金库中积存了三百多万镑。可是，尽管以后它的支配或掠夺范围更加扩大，延伸到印度好几个最富裕、最肥沃的地区，但对于它所获一切，都依旧浪费和葬送了完事。到

---

① 《下议院议事录》，1773年4月27日。

海德·阿利侵入，公司发觉完全没有准备，无法阻止与抵抗。由于这些混乱，现在（1784年）公司已陷入前所未有的困境。为救助当前濒临破产的危难，又被迫向政府恳求援助。关于改善该公司业务经营方面，议会中各党派提出了各种不同的计划。这些计划，似乎都只有一点可以达成共识，即该公司不配统治它所占有的领地。这实在是一向就非常明了的事实，就连公司自身也认为自己不具有统治能力，因而想把领地让给政府。

在偏远而野蛮的国境里面拥有设置要塞和守备队的权力，必然是与当地发动战争或促进和平的权力分不开的。拥有前一权力的股份公司，曾不断行使后一权力，且常常要求把权力明白地给予它们。它们在行使这种权力时究竟怎样不得当，怎样随便，怎样残酷，从最近的经验，我们已经知道得很清楚了。

一批商人自己出资，自己承担风险，在野蛮异域建立新的贸易，政府允许他们组成股份公司；并且在经营顺利时，给予若干年的垄断权利，那是非常合理的。诚然，政府要奖励这一既担风险又费钱财而且将来会造福大众的一种尝试，也只有这是最容易、最自然的方法。像这样一种暂时的垄断权力，和给予新机器发明者对这机器的专利权，给予新著述的著作对该著述的出版权，可依据同一原理加以解释。不过，在限定的时期内，垄断权是应当取消的。如果堡垒卫戍仍有维持的必要，也应当交由政府管理，由政府以相当代价作为补偿；而当地贸易，则可让全国人民自由经营。假如公司长期垄断经营，其结果是将增加全国其他人民不合理的负担。这负担有两种：第一，如果允许人民进行自由贸易，有关货物的价格必然低廉，如果进行垄断经营，这些货物的价格必然昂贵；第二，对大多数人民可能是便于经营、利于经营的一种事业，而现在人民被弄得不能染指。他们承受这负担，其目的只有一个，就是使某一公司能支持其疏忽、浪费乃至侵吞公款的雇员。由于这些人员的胡作非为，公司分派的股息，很少超过其他自由事业的一般利润率，且往往比这一般利润率低很多。我们可以将往事作为进行推断的依据，股份公司如果不能获得垄断权力，恐怕是无法长久经营任何国外贸易的。在一个地方购买货物，运往另一地方出售赚取利润，而在这两个地方都有许多竞争者,这样就不但需要时刻留心注意需求情况的偶然变动,而且需要时刻留心注意竞争的情况或者满足需求的供给情况的更大并且频繁的变动;运用巧妙的手腕和正确的判断力,使得各种货物数量都能适应需求、供给和竞争各方面的变动情况,这俨然是从事一种不断变化着的战争,只有不断注意着警惕着,否则决无胜利的希望。然而,我们哪能期望股份公司的董事先生们有这种持久力呢。所以,东印度公司在债款已无法偿还,专营特权也要被取消时,议会虽制定法案,允许其仍以股份公司资格,在东印度与其他商人进行贸易,但在这种情形下,私人冒险者的警惕与注意力,十之八九会顷刻间就使公司对于从事印度的贸易产生厌倦。

莫雷勒修道院院长是法国著名学者,对经济学很有研究。他曾列举 1600 年以后,在欧洲各地设立的国外贸易股份公司,一共有五十五家,据他说,这些公司都取得有专营特权,但都因管理失当,全部遭到失败。关于他列举出的这五十五家中有两三家不是股份公司而且未遭失败,是他弄错了。可是还有几个失败了的股份公司,他没有列出①。

一个股份公司没有取得专营特权而能经营成功的贸易,似乎只具有以下的特性,即所有营业活动都可简化为常规,或者说方法千篇一律,很少变化或毫无变化。这类事业,共计有四种:第一,银行业;第二,水火兵灾保险业;第三,建修通航河道或运河;第四蓄引清水,以供城市。

银行业的原理,虽不免几分深奥,但其实际业务操作,却可以定为一些规则来加以遵守。如果仅仅为了贪图眼前厚利,进行大胆投机,弃成规于不顾,总是极其危险的,而且往往将银行置于无可挽救的境地。但是,以股份公司与私人合伙公司作比较,前者确实比后者更能遵守成规。因此,股份公司就似乎很适于银行的营业,难怪欧洲主要银行,都是股份公司的性质。在这些公司当中,有许多并未取得专营特权,而它的业务经营却非常兴旺。英格兰银行也

---

① 《莫雷勒修道院院长:印度公司实际状况回忆》,1769 年,第 35~38 页。

全无特权可言,有的只是议会对于其他银行的组成有所限定,股东不得超过六人以上①。爱丁堡两家银行全为股份公司的性质,并没有任何垄断权力。

由火灾、水灾乃至战祸发生的危险,虽然其价值不能被正确地计算出来,但可以进行大概的估计,因而能够在某种程度上制定出严密规则和用一定方法加以规避。所以,没有特权的股份公司,很有可能顺利地经营保险业。如伦敦保险公司和皇家贸易保险公司,都没有取得这种特权②。

通航河道或运河一旦修造成功,它的管理就变得非常简单容易,可以制定出严密的规则与方法,甚至修筑一英里河道的价格,建成一个水闸的价格,都可以与承包人订立合同。他如果修造引导清水供给城市的运河、水槽或大水管,也可这样做。这些事业由股份公司出面经营,即使未取得特权,也能获得丰厚利润。

但是,设立股份公司,只因为这样能经营成功,或者说,让一群特定商人拥有其他人拥有不到的权力,只因为这样他们能够繁荣,那是绝对不合理的。要使股份公司的设立完全合理化,必须使其事业的经营能定出严密的规则及方法,同时还附有其他两个条件:第一,那种事业的效用,显然要比大部分一般商业更大和更普遍;第二,其所需资本,必大于私人合伙公司所能筹集到的数额。凡是以不很大资本就能创办的事业,纵使其效用特大,也不能成为设立股份公司的充分理由。因为,在这种条件下,对于那种企业所产出的东西的需要,很容易由私人企业者来供给。就上述四种事业说,这两个条件都同时具备。

银行业管理得当时,其效用既大又全,本书第二篇已详细说明了。但如果一家公共银行的设立,其目的在于维护国家信用,即当国家有特别急需时,对政府垫付某一年的全部税收,其数额也许达到数百万镑,而该税收又须一两年后才能收入,这种银行所需资本,应当不是私人合伙公司所筹集得来的。

---

① 安妮第6年,第22号法律。
② 至少就针对私人的特权而言,安德森的《商业》,1720年。

保险业能够给予个人财产以很大的保障。将可能毁灭一个人的损失分摊在许多人的身上，令全社会分担起来也毫不费力。不过，保险业者为了提供这种保障，他自己就必须有很大的一笔资本。伦敦两保险股份公司设立以前，据说，检察长处有一名单，开列二百五十个私人保险业者的姓名，他们全都开业不到几年就失败了。

通航水道、运河以及供给城市自来水的各种必要工程，很明显，不仅有很大、很普遍的效用，同时，其所必需的巨额费用，也不是寻常个人财力所能够负担的。

除了上述四种行业外，我还没有发现任何其他行业能同时具备设立股份公司所必须具备的三个条件。就说伦敦的英国制铜公司、炼铅公司以及玻璃公司吧。就其效用来说，并不见得怎样大和怎样特别；就其费用来说，也并不是许多个人的财力难于举办。我不知道，这些公司所经营的业务，是否能定出严密法则及方法，使其适于由股份公司管理，以及它们是否有它们自己所说的可以获得丰厚利润的理由。矿山企业公司早就破产了①。爱丁堡英国麻布公司的股票，近来虽没有从前跌落得那么厉害，但与其票面价值相比较，却是相差太远。我们再说其他基于爱国心即为着促进国家某特殊制造业而设立的股份公司吧。这种公司往往因为经营失当，以致减少社会总资本，而在其他各点上，同样是利少害多。它们董事的意图即使非常正当，但他们对某些特定制造业的不可避免的偏爱（这些制造业的当事人蒙蔽他们、欺骗他们），必定会妨害其他制造业的发展，必定会或多或少破坏在其他情况下必会存在的适当产业与利润间的自然比例。而这自然比例，却是对一国的一般产业的最大而最有效的鼓励。

第二项　论青年教育设施的开支

由本身收入来支付本身费用的行业，并不仅局限于上述的道路和运河等，对于青年教育的设施也是如此。学生付给教师的学费或礼金，自然构成这一类的收入。

---

① 安德森：《商业》，1690 年，1704 年，1710 年，1711 年。

即使教师的报酬,不全取自这自然收入,那也不一定就要由社会的财政收入来支付,在许多国家,只有行政当局有掌握这收入的征集和运用的权力。在欧洲的大部分地区,普通学校及专门大学的基金,并不依赖社会一般收入,即使有,其数目也非常有限。教育经费到处都是主要来自地方收入,来自某项地产的租金,或来自指定专用款项的利息。这专款或由君主自己拨给,或由私人捐助,交由保管人管理。

这些捐赠财产,是否曾对教育设施的促进有所贡献?是否曾激励教师的勤勉,增进教师的能力?是否曾改变教育的自然过程,使其转向对个人对社会双方都较有用的目标?对于这种种问题只作大概的答复,我想不会太困难。

不论从事哪种职业,这种职业的大部分人所作努力的大小,总是与他们不得不作这种努力的必要性的大小相称。这种必要性,由于各人境况不同而完全不同。一个人的职业报酬,如果是他所期望的财产或甚至是他的普通收入及生活资料的唯一源泉,那这必要性对他就最大。他为取得这财产或甚至为糊口,一年中必须做一定量有一定价值的工作。如果竞争是自由的,各人相互排挤,那么,相互的竞争便会迫使每人都努力把自己的工作弄得相当正确。当然某些职业的成功所能达到的伟大目标,有时会诱使一些意志坚强和有雄心壮志的人去努力。但是,最大的努力,却明明用不着大目标来进行敦促。哪怕是微不足道的职业,竞争和比赛,也可使胜过他人成为野心的目标,而且往往产生最大的努力。相反,仅有大目标而没有敦促其实现的必要,很少能够激起任何巨大的努力。在英国,精通法律,能使人到达许多极大的野心目标,但究竟有多少生长于富贵家庭的人能在这种职业上崭露头角呢?

一个普通学校或专门学校如果有了一笔捐助的基金,教师努力工作的必要性就必然要减少一些。教师的生活要是每月由一定的薪金来维持,显然与其教学成绩和名望毫不相关。有些大学,教师的薪金仅仅占他酬劳极小的一部分,其余大部分的薪金,则来源于学生的礼金或学费。在这种情况下,教师努力工作的必要性,虽然难免会减少一些,但却不会完全消失,教学的名望还是重要的因素①。此外，他还得关心学生对于他的敬爱、感谢以及好评，除了做出与这些好感相配的事情而无愧于心外，别无其他方法。也就是说，除了尽自己的能力和勤勉履行各项职责外，再也没有其他办法。

在其他大学，教师被禁止领受学生的礼金或学费，而他的薪金就是他从他的职业中所得到的全部收入。这时教师的权利和义务，就完全处于对立的地位了。每一个人的权利，在于能过着尽可能安逸的生活。如果对于某种非常耗费精力的义务，不管他是否履行这项义务，他的报酬没有任何改变，那他的权利至少应该是通俗意义上的利益，那就是完全不履行他的义务。如果这时有某种外加权力禁止他放弃该职业，那他就会在那种权力容许的范围内，尽量敷衍了事。如果他生性活泼，喜欢劳动，那他与其把活力使用在无利可图的职务上，还不如找点有利可图的事情去做。

教师应当服从的某种权力，如果掌握在法人团体即专门学校或大学的手中，而他自己又是这学校或法人团体中的一员，其他成员大部分也同样是教师或者可以是教师的人，那么这些教师们彼此间就会宽以待人，各个人以容许由自己疏忽义务为条件，而对于同辈疏忽他们的职责也持宽容态度，他们会把这样做看成是大家共同的利益。最近许多年来，牛津大学的一部分教授简直连表面上装作教师也不屑了。

如果教师们所服从的某种权力，不掌握在他们自己所属的法人团体而掌握在外部的人物例如主教、州长或阁员之手，那么，他们若想完全不履行义务是做不到的。不过，这些外部的人物能够强制教师所尽的义务，不过是使他们上一定时间的课，或者在一周或一年内，作一定次数的演讲。至于演讲的具体内容究竟如何，那依然要看教师的勤勉程度，而教师的勤勉程度，又要视其所以要努力的动机的强弱而定。况且，这种来自外部的监督，动辄流于无知和反复无常，性质往往是任意的、专断的。行使这监督权力的人，既不能亲自登堂听讲，又不一定能够理解教师所讲授的学科，要求其能

---

① 雷，《亚当. 斯密传》，第 48 页认为，斯密在格拉斯哥的薪金可能是 70 镑左右，外加一所住宅，他的学费约有 100 镑。

够精明地行使这种监督权力,那是很难做到的。另外,这种职务所产生的傲慢,往往使他们不关心如何行使其监督权力,使他们没有正当理由地、任性地谴责或开除教师。如果这样,必然要降低教师的品格,教师原来是社会上最受尊敬的人,现在却成为最卑贱、最可以被轻视和侮辱的人了。为了要避免这种悲惨状况的发生,他就不得不依赖于有力的保护,然而获得这保护的最妥善方法,并不是职务上的能力或勤勉程度,而是曲承他上级的意志,并准备为这种意志而牺牲他所在团体的权力、利益及名誉。要是在一个相当长的期间里关注法国的大学管理,就一定能够看到这种专横的、外加的监督权力所产生的影响。

如果在某种情况下,不管教师的学问如何、名望如何,强迫一定人数的学生进入某专门学校或大学,那么也没有必要考虑教师的学问和名望了。

如果只要在某些大学住满一定的年限就能够获得艺术、法律、医学、神学各科毕业生的特权,那必然迫使一定数量学生去上这些大学,而不论教师学问如何、名望如何。毕业生的特权,也算是一种学徒制度。正如其他上制度有助于技术上及制造上的改良,这种学徒制度,同样有助于教育上的改良。

研究费、奖学金、助学津贴那一类的慈善基金,必然会使一定数量的学生,贸然进入到某些大学学习,而不问其名誉如何。依靠这笔慈善基金而进入大学的学生们,如果能够自由选择他们最喜欢的大学,一定会激起各大学间一定程度的竞争。相反,如果规定各大学的自费生,不经本学校许可禁止转入其他学校,那么,各学校间的竞争就十之八九不存在了。

如果各个学院给学生传授科学艺术的导师或教师,不是由学生自由选择,而是由校长指派,并且如果教师怠慢和无能,而学生未经申请许可不得更换教师,这种规定,不但会大大减少同一学校内各导师各教师间的竞争,而且也会大大减少他们勤勉任教以及注意各自学生学习情况的必要性。像这类的教师,即使领受了学生非常优厚的报酬,也会像那些全没有接受学生报酬或者除了薪金以外也没有其他报酬的教师那样,玩忽职守,误人子弟。

如果教师是一个有理性的人，当他意识到他向学生讲授的都是一些无意义或是近似无意义的话，他一定会感到非常不安。此外，当他看到大部分学生不来听他的课或不听讲，而明显地表示出轻蔑嘲弄的态度，那他也一定会感到不快。因此，如果他必须作一定次数的演讲，纵然没有其他利益关系，他也必定会为此辛辛苦苦地做准备使其尽善尽美。不过，他很可能采用取巧的办法，而这些办法会削弱所有激励勤勉的动机。他有时可对所教的学科，不自加说明，而把关于那种学科的书籍拿来讲授，如果那种书籍是用呆板的外语写成的，他就用本国语向学生译述；而更不费力的方法，是叫学生解释，自己听着，间或加插几句话进去，这样，便可自吹是在讲授了。这种轻而易举的事，只需有限的知识和勤勉就足够了，既不致当面遭到轻蔑或嘲弄，也可避免讲出真正愚蠢、无意义乃至可笑的话。同时，还有学校的规则，可使教师强制学生全部规规矩矩地经常到课堂，并在他讲授的全部时间中，维持一种最礼貌的、最虔敬的态度。专门学校及大学的校规，大体上不是为了学生的利益，而是为了教师的利益，更恰当地说是为教师的安逸而设计出来的。在一切场合，校规的目的，总在维持教师的权威。不论教师是疏忽其职务，还是履行其职务，学生总得对教师保持虔敬的态度，好像教师在履行职务上已尽了最大的勤勉和能力那样。这似乎是根据这一前提，即教师有完全的智慧和德行，而学生则是大愚，而且有最大的弱点。但教师果真履行了他们的职务，大多数学生是决不会疏忽他们自己的义务的，我相信从来没发生过与这相反的事例。如果讲授果真值得学生到课堂倾听，无论何时举行，学生自会到课堂，用不着校规强制。对于年龄很小的孩童，进私立学校的要比进公立学校的普遍，但学习者却能够学到他所必须要学到的知识，几乎没有一个会发生学习失败的状况。例如，在英国，公共学校固然难免腐败，但和大学相比，却要好多了。在公共学校，青年能学到或至少可能学到希腊语和拉丁语。就是说，教师所声明要教的功课或教师应该教的功课，实际都会教给青年。但在大学，青年既没学到这些法人团体所应该教给他们的科学，也无法找到掌握这些科学的适当手段。公共学校教师的报酬，在多数条件下全部有所依赖，而在某种特殊条件下几乎完全有很大一部分学生的礼金或学费，这种学校是没有任何特权的。一个人要取得毕业学位，也无须交出在公共学校学过一段时间的证明材料。如果在考试时候，显示出他已经掌握了公共学校所教的东西，那就不必问他是在什么学校学的这些知识。

我们可以说，通常应该由大学所教授的那部分功课，都没有教得很好，但是如果没有这些大学，这部分的功课恐怕就完全教不成。而缺乏了这个重要部分的教育不论是从个人的角度，还是就社会的角度，又难免会遭受重大损失。

现在欧洲各大学，一大部分原是为教育僧侣而设立的宗教团体，他的创办者为罗马教皇。在创建之初，学校中所有的教师和学生，都完全置于教皇的直接保护之下，而拥有当时所谓的僧侣特权。有了这种特权，他们就只服从宗教法庭，而不受大学所在国民事法庭的约束。在这种学校里面所教的，当然要适合于其设立的目的，所以一大部分课程，即使不是神学，也是单为学习神学而准备的知识。当初基督教被法律确认为国教时，转译的拉丁语，简直变成了西欧全部的普通语。因此，在教堂中举行礼拜，教堂中诵读的圣经译文，全用这转译的拉丁语，也就是说，用教堂所在国的普通语。自颠覆罗马帝国的野蛮民族入侵后，拉丁语逐渐在欧洲各地不大通行了。但是，最初引入宗教形式和仪式并使其合理化的环境，虽然早已改变，而人民的虔诚，却自然把这些既定的宗教形式和仪式保存了下来。因此，拉丁语虽然在各地没多少人了解，教会举行的礼拜却依旧使用这种语言。于是，就像在古代埃及那样，在欧洲，通行着两种不同的语言，即僧侣的语言和人民的语言，神圣者的语言和凡俗人的语言，有学问者的语言和无学问者的语言。僧侣在执行祭祀事务当中，既然必须懂得一些这神圣的、有学问的语言，所以拉丁语就成为大学教育的重要组成部分。

至于希腊语和希伯来语的情况，却不是这样。所谓绝无错误的教会布告宣称，《圣经》的拉丁语译本，即普通所得的拉丁语《圣经》，与希腊语及希伯来语书写的原书，同为神的灵感所口授，因而，具有同等的权威。这样一来，希腊语和希伯来语的知识，对于僧侣就变成必不可少的了。于是，这两种语言的研究，很久未成为大学普通课程的必要部分。我敢断定，西班牙的若干大学从未把研究希腊语作为普通课程。最初的宗教改革者们，发现《新约全书》的希腊语原书，甚至《旧约全书》的希伯来语原书，比拉丁语《圣经》对他们的主张更有利。不难设想，拉丁语的《圣经》译文，已逐渐形成了适合于支持天主教教会的东西。于是，他们开始揭露拉丁译文的许多谬误，而罗马天主教的僧侣们，则被逼出来作辩护或说明。但是，如果没有希腊和希伯来语的若干知识，辩护或说明也一定行不通，所以关于这两者的研究，逐渐被拥护宗教改革教理和反对宗教改革教理的多数大学列入学校课程中了。希腊语的研究，与各种古典语言的研究是有密切关系的。搞古典研究的，虽然最初主要只是天主教教徒及意大利人，但到宗教开始改革教理的时候，这就成为时尚了。因此，在多数大学中，在修哲学之前，要先修希腊语，学生学习了若干拉丁语后就读希腊语。至于希伯来语，则因与古典研究没有关系，除《圣经》外，再也没有一部用希伯来文写成的有价值的书籍。所以，这种文字的学习，总是在学习哲学了之后，当学生学习神学时才开始教授。

最初，各大学的课程中，只要求有希腊语拉丁语的初步知识。直到现在，有的大学还是如此。另外一些大学则认为，学生至少应该对这两种语言之中的一种具有初步知识，期望加以继续学习。关于这进一步的学习，目前已成了各地大学教育中极重要的一部分。

古代希腊哲学分为三个部分，即物理学或自然哲学、伦理学或道德哲学及逻辑学。这样的区分，似乎完全合理。

伟大的自然现象，天体的运行，日食月食，彗星，雷电，还有其他异常的天文现象，植物和动物的产生、生活、成长及死亡，等等，必然会引起人类的惊奇，所以自然会唤起人类的好奇心，促使他们探究其原因。最初，迷信企图把这一切令人惊异的现象归因于神的直接作用，来满足这种好奇心。后来，哲学努力应用比神的作用更为常见、更为人类容易了解的原因去说明它们。因为这些伟大现象是人类好奇心的最初对象，所以说明这些伟大现象的科学，自然在哲学中成为最初开启人们心智的学科。历史上留有若干记录的最早的哲学家，似乎是一些自然哲学家。无论在哪个时代和哪个国家，人们总会相互注意性格、意向及行动，总会共同规定并确认关于人们生活行动的许多高尚规则及准则。到了写作流行的时期，许多聪明人或自作聪明的人，就自然尽力来证明这些既经确立和受人敬重的准则，并且表达他们自己对于某种行为是正当的、某种行为是不正当的意见。他们有时是采用比较虚构的寓言形式，如所谓《伊索寓言》；有时又采用比较单纯的箴言形式，如《所罗门金言》、提西奥尼斯及弗西里迪斯的诗，以及一部分赫西奥德的作品等。他们在一个很长时期内，总是这样增加智慧及道德的准则，而从来没有想要按一种很明确、很有组织的次序，把它们整理出来。也更谈不到用一些原则把它们连接综合起来，使得人们可以从原因推断其结果。把各种不同的观察，用若干普通原则连接起来，成为一个系统的整列，这种异于寻常的做法，最初出现在自然哲学方面的一些古代粗浅的论文之中。往后，与此相类似的事情，也渐渐地在道德方面出现。日常生活中的各项准则，像自然现象的研究一样，也按某种有组织的次序整理出来了，并且也用少数共同原理连接综合起来了。我们将这些起联结作用的原则的科学，称为道德哲学。

各个不同理论学家，将自然哲学及道德哲学归于各种不同的体系。但是支持这些不同体系的论述，往往是全无根据的，顶多不过是极其无力的综述而已。有时，他们的论述仅仅是诡辩，除了那些不正确的、暧昧的日常说法外，并没有其他根据。不论任何时代，思辨体系的采用，都只是关于琐细得不能对有常识的人的意见起决定性作用的推论，也没有什么金钱上的利害关系。诡辩对于人类的思想，除了在哲学及思辨方面产生影响外，几乎没有任何影响。各个自然哲学体系及道德哲学体系的维护者，自然要努力揭露不同意见者理论上的不足。在他们相互讨论的过程当中，必然会想到综述理论和论证理论的差异，似是而非的理论和决定性的理论的差异，由这精密审核所引起的种种观察，必然会产生一种科学，讨论正确的和错误的推论的一般原理，这科学就是逻辑学。就其起源说，逻辑学是较迟于物理学及伦理学的，但在古代大部分（虽然不是全部）的哲学学校中，逻辑学通常总是早于其他两者进行教授的。那时似乎认为，要使学生在物理学和伦理学这种非常重要的主题上从事推论,当然不能不预先教他们如何理解正确推论和谬误推论的差异。

古代哲学分为三部分,而在欧洲大部分大学中则改分为五部分。

在古代哲学中,凡是关于人类精神或神的性质的研究,均为物理学体系的一部分。至于这精神或神的本质,不论由什么构成,都是属于宇宙大体系的一部分,也就是能产生许多最重要的结果的部分。人类理智关于这两部分所能论断、所能推测出来的一切,似乎成为宇宙大体系如何起源和如何运行的科学的两章——无疑极其重要的两章。但在欧洲各大学中,哲学只作为神学的附属部分教授,所以对于这两章,自然要比哲学的其他部分教得详细些。这两章被逐渐地扩大,又细分为许多章节。结果,在哲学体系中,为我们知道得极少的精神学说,就与我们知道得极多的物体学说占有同样长的篇幅,于是,这两个学说,被视为断然不同的两种学科。所谓形而上学或精神学,与物理学相对立,它在这两种学科之中,不但被看做比较崇高的学科,而且就某一特定职业说,被看做比较有用的学科。在这种情况下,恰适合于实验及观察的主题,也就是在那上面仔细观察便可引出极多有用的发现的主题,几乎完全被忽视了。相反,与这正相对立的主题,即除了少数极其简单及几乎是明显的真理外,任凭怎么注意也只能发现暧昧的、不确定的东西,而因此只能产出狡智和诡辩的那种主题,却被人大加研究。

当上述两种学科这样被放在相对立的地位时,两者间的比较和对照,自然会生出第三种学科,即所谓本体学,或讨论其他两种科学的主题的共同特质及属性的学科。但是,假若各学派的形而上学或精神学,有大部分是狡辩与诡辩,那本体学这种无聊的学科——有时也称为形而上学——就全部是狡辩与诡辩。不仅被视为个人,而且还视为一个家族、国家乃至人类社会的一员的人,其幸福与至善何在?但古代道德哲学的目的,就是企图研究这个。古代道德哲学中,人生的各种义务,都被视为是为了人生的幸福与至善。但是,当教授道德哲学和自然哲学单是为神学的时候,人生的各义务,却被视为主要是为了来生的幸福。在古代哲学,德行的尽善尽美,被认为必然会使有这德行的人今生享受到最完全的幸福。而近代哲学的观点却认为尽善尽美的德行,往往或几乎总是与今生幸福有矛盾的。天国只有由忏悔、禁欲或者苦行僧的苦行和自卑才可跨进，一个人单凭慷慨、宽大、活泼的行动，是不能进入天国的。良心学及禁欲道德，简直占了各学校道德哲学的大部分，而哲学一切部分中最重要的部分，就这样成了其中被曲解得最多的部分了。

因此，欧洲大部分大学的哲学教育，就是依着以下程序：第一，教论理学；第二，教本体学；第三，教讨论人类灵魂和神的性质的精神学；第四，教一种变质的道德哲学，即被认为与精神学说、人类灵魂不灭学说以及由神的裁判而在来生予以赏罚的学说直接发生关联的学科；最后，通常教以简单粗浅的物理学，以结束全部课程。

欧洲各大学对古代哲学课程内容所作的修改，均以僧侣教育为目的，使哲学成为神学研究的比较适当的入门的学科。但其所增添的狡辩与诡辩，以及由这次修改而导入的良心学与禁欲道德，无疑并未使哲学更适宜于绅士或一般世人的教育，或者说，对于他们悟性的发达或情感的启悟，并不见得更有作用。

在现在欧洲一大部分大学中，这种哲学课程仍然由教师在大范围或小范围进行讲授，各大学的组织使教师在这方面勤勉的必要性的大小成为主要的决定因素。在那些最富裕、有最多捐赠基金的大学，导师们往往只教授这种变质的课程的零碎片断即可，而且，即使对零碎片断，也还是教得非常马虎和肤浅。

近代关于哲学若干部分的改进，虽然无疑有若干部分已在大学中实行，但还有一大部分未在大学中实行。大多数大学虽然作了改进，但仍不肯尽快加以采用。那些被推翻的体系和陈腐的偏见，虽然已经为世界各地所不容，而这些学术团体，仍在一段很长时间中，愿意为它们提供避难所，将它们隐藏在那里，使它们得到保护。大概最富裕、有最多捐赠基金的大学，采用这些改进最迟，也最不愿意对行之已久的教育计划作任何显著的变动。比较贫困的大学，教师们衣食的大部分都仰赖于自己的名声，他们不得不更加注意世界的时代思潮，因此，在这些大学中比较容易进行这些改进。

但是，欧洲公共学校及大学，虽然其设立原是仅为某种特定职业而实施的教育，即僧侣职业的教育，但是，这些学校也并没有十分用心地向学生讲授那些对于这种职业认为必要的学科。他们却逐渐把几乎一切人民的教育,特别是绅士及有钱人家子女的教育,吸引到它们这边来。从人的幼年时期到他认真地从事某种事业,也就是他所要毕生经营事业那个时期到来之前,还有很长的一段时间。在这期间的最有利的消费,在当时似乎没有比进大学还好的方法。然而各公共学校各大学所教授的大部分东西,对于学生后来所从事的事业,却并没有最恰当的帮助。

在英国,青年人刚从学校毕业,不把他送入大学,却把他送往外国游学,这已经日渐成为流行的风尚。据说,青年人游学归来,其智能都有很大的长进。一个由十七八岁出国至二十一岁归来的青年人,回国时比出国时大三四岁,在这个年龄,在三四年之中,智商要是没有很大的发展,那才是怪事。他在游学的过程中,一般获得一两种外语知识。但是这种知识,很少能够使他说得流利,写得通顺。另一方面,他回国之后,一般就变骄傲了,更随便,更放荡,更不能专心用功、勤奋做事。如果他不到外国,留在家中,在这短期之中,绝不会变得如此。这样年轻时的漫游,远离双亲及亲戚的督责、管理和控制,而把一生最宝贵的时光消磨于极放荡无聊的生活之中,以前的教育使他的一切良好的习惯,不但不能最终养成,反而部分消失,或者全部消失了。这样全无意义的早期漫游的风尚得以流行的原因,只是社会对于各大学的不信任。当了父亲的人,不忍心看到他的儿子就在自己面前,无所事事地、漫不经心地堕落下去,所以,只能暂时把他们送往外国。

这就是近代教育实施的结果。

而在其他时代的国家中,似乎实行各种不同的教育方法。

就以古代希腊各共和国为例,当时的自由市民,在国家官吏指导之下学习体操及音乐。体操的用意,在于强健身体,增加勇气,提高忍耐战时疲劳和危险的能力。根据记录,希腊的民兵曾是过去世界上最优良的民兵之一,所以,这一部分国家教育,无疑完全达到了它的目的。至于其他一部分教育,即音乐教育,根据那些对这种实施留有记述给我们的哲学家及历史学家的意见,其用意在于使人的性情柔和,并使人们有履行社会生活及个人生活上一切社会义务、道德义务的倾向。

古代罗马有竞技场的体操教练,与希腊称为体育馆的体操教练,其目的相同,并且也似乎同样收到了好的效果。但在罗马人中间,没有与希腊的音乐教育相类似的东西,可是,罗马人的道德,在个人生活上,或在社会生活上,都不比希腊人的差,而且整体来说,还比希腊人更好。罗马人在个人生活上好于希腊人的地方,曾由最通晓两国国情的学者波利比奥斯①和哈利卡尔那索斯的狄奥尼修斯②两人予以证明。至于罗马人社会道德的优越,则可由希腊及罗马全史内容得到实证。各党派间争执的成员,不发脾气,不走极端,这是自由民族社会道德上至关重要的事情。希腊人各党派间,动辄引发暴力冲突,表演流血惨剧。相反,罗马人,他们至格拉古兄弟时代为止,却从未因为党争而掀起流血事故。此后,罗马共和国实际上已算解体了。这样,不论柏拉图③、亚里士多德④及波利比奥斯⑤具有怎样值得尊重的权威,也不论孟德斯鸠支持此权威有怎样聪明的理由⑥,好像希腊人的音乐教育对改善道德并未有明显的效果。罗马人没有音乐教育,其道德总的来说要比希腊人更好。古代这些哲人对于祖先所制定制度的尊敬,说不定曾使他们认为可以从太古社会一直继续流传下来的古代习俗中寻找政治的智慧,因而这习俗未曾中断地传到了社会有显著文化的时期。音乐及舞蹈这两项几乎是一切野蛮民族的大娱乐,同时也是使他们用于款待朋友的技艺。在今日非洲海岸的黑人间是如此,在古代居尔特人及斯堪的纳维亚人间也是如此,而据荷马所说,在特洛伊战争以前的古代希腊人间也是如此⑦。当希腊各部落自己组成各小共和国的时候,对于这种艺能

---

① 《历史》,vi,56;xviii,34。
② 《罗马古代生活及风俗》,ii,xxiv,xxvii.,特别是xxvi。
③ 《共和国》,iii,第400~401页。
④ 《政治学》,1340a。
⑤ 《历史》,iv.,第20页。
⑥ 《法的精神》,liv. iv.,第viii章,在这里引证了柏拉图、亚里士多德和波利奥斯的言论。
⑦ 《伊利亚特》,xiii.,第137页;xviii.,第494、594页;《奥赛罗》,i.,第152页;viii.,第265页;xviii.,第364页。

的研究于是很自然在一个时期内成为当时人民公共教育、普通教育的一部分。

以音乐或军事训练教授学生的教师们，在罗马，甚至在我们熟知那些法律、习俗的希腊共和国的雅典，似乎都不是由国家供给薪水的，也不是由国家任命的。为了在战争中捍卫国家，国家要求各自由市民接受军事训练。但进行军训的教师，则让市民自己去寻找，国家除了安排了公共广场作为市民操练的运动场所外，再也没有做什么了。

在希腊、罗马各共和国初期，除上述种种科目外，教育上其他科目，就是朗读、书写以及当时的算术。对于这些技能，富人往往在家庭内请家庭教师教授。而贫穷市民则一般到以教读为职业的教师所设的学校去学习，这些教师一般为奴隶，或是由奴隶解放了的自由人。但是，不论在家庭学习，还是去学校学习，教育的这一部分听任各个学生的父母或监护人的安排，国家不曾进行监督或指导。据梭伦所制定的法律，作为父母的人如果忽视这项义务，不让子女学习这些有用的知识，那么子女也可以免除其为父母养老的义务①。

随着文化的进步，当哲学和修辞学成为流行科学的时候，上流社会的人物，常为了学习这一技能而把他们的子女送往哲学家及修辞学家所设的学校。可是，对于这种学校，国家没给予任何支持，在一个很长的时期内，国家只是予以默认而已。久而久之，哲学及修辞学的需求很少，以致最初的一两位专业的教师，竟不能在任何一个城市找到永久性的工作，而不得不由一个地方跑到另一地方。埃利亚的曾诺、普罗塔哥拉斯、戈吉阿斯、希皮阿斯以及其他许多学者，都过着这种生活。后来需求增加，教授哲学及修辞学的学校，就由流动的变为固定的。从雅典开始，接着其他城市，也有同类学校的设立。可是，国家对于这种学校，除了有的拨给一个特定场所作为校址外，再也不作进一步的奖励。这些学校的校址，有时也是私人捐赠的。柏拉图的学院、亚里士多德的讲学地和斯多葛学派创

---

① 普卢塔克：《卢梭的生平》；孟德斯鸠：《法的精神》iv., xxvi., 第5章援引。

建者基齐昂的芝诺的学府,似乎都是国家所赐予的。但伊壁鸠鲁的学校,则由他自己的花园改作。至马卡斯安托尼阿斯时代为止,无论什么等级的教师,都不曾从国家领得薪水,或者说,教师除由学生奉送的礼金或酬金以外,再没有其他任何报酬。鲁西安告诉我们:有位嗜好哲学的皇帝,曾给一位哲学讲师一笔奖金,但这种奖金似乎在他死后就停发了①。毕业于这类学校并没有什么特权,想从事某项特殊职业或事业,也不必在这些学校修学。对于这些学校教学效果的舆论,如果不能将学生吸引前来,那学生就不会来了,因为法律既不强制任何人进这类学校,也不给进入了这类学校的人什么好处。学校的教师对于学生是没有管辖权的。教师除了根据自己的德行、才能博得对学生的自然权威以外,再也没有其他权威可言。

在罗马,关于民法的研究,没成为大部分市民的教育的一部分,而只成为少数特定家族的教育的一部分。想获得法律知识的青年,并没有一个可以进入的公家学校可以进修。他们除了时常与了解法律的亲戚故旧往来之外,再也没有其他的研究手段。值得指出的是,虽然十二铜表的法律有许多是由古代某希腊共和国的法律抄来的,但法律并不曾在希腊的任何一个共和国发展成为一门学科。在罗马,法律很早就成为一门学科了。凡具有通晓法律名声的市民,都会博得显著的荣誉。在古代希腊各共和国,特别在雅典,普通的法院都是由许多的无秩序的人民团体组成的。他们所作的判决,几乎常是随意的,常是由一时的宗派意见或党派精神来决定的。可是,他们不正当裁判的坏名誉,可由五百人、一千人或一千五百人(希腊有的法院,包括有这么多的人数)分担,落到任何一个人身上的,就不见得怎么厉害;相反,罗马就不是如此。罗马的主要法院,按照惯例由一个裁判官或由少数裁判官构成,判决要是草率或不公,裁判官的人格,特别是在公审的场合,就要大受损害。所以,遇到有疑问的案件,这些法院由于希望避免世人的诘难,自然常常力图以本法院或其他法院各前任裁判官所留的先例或判例作为护身符。正是因为对于惯例或判例的留意,罗马法成为有规则、有组织的体系

---

① 鲁西安:《一位太监》,iii。

流传至今。其实,任何别国的法律,凡法院作了同样的留意,都会产生同样的结果。就性格说,罗马人比希腊人优越,波利比奥斯和哈利卡尔那索斯的狄奥尼修斯都曾极力主张此说。但是罗马人之所以有这种优越性,与其说是由于这两位学者提出的种种情况,倒不如说是由于这较好的法院制度。据说,罗马人以他们对于誓约的尊重而著称。当然,惯于在办事勤奋、消息灵通的法院前发誓的人,比那惯于在无纪律和无秩序的集会前发誓的人,必定会更尊重自己的誓言。

与现代任何一国的国民相比较,希腊人和罗马人关于行政上及军事上的能力,至少是不分伯仲的。我们的偏见或许是对他们的能力评价过高。但是,除了关于军事的训练,国家对于这种能力的形成,似乎不会尽什么力量,因为我怎么也不相信,希腊音乐教育对于才能的形成有什么重大的影响。不过,上流社会的人民,如要学习当时社会环境视为必要或有益的一切技术及科学,并不难找到教师。对于这种教育的需要,促成了它总要促成的东西的产生。也就是说,促成了满足此需要的才能的产生。此外,自由竞争所激起的竞争心,更使这种才能达到极高的完善程度。古代哲学家似乎比近代的教师更能够诱发听讲者的注意,控制听讲者的思想和头脑,并对听讲者的行动和言论施加一定的格调和风格的影响。近代公家教师所处的环境,使他们多少不必关心自己在特定业务上是否有名望,是否已成功。他们的勤勉,便不免多少因此受到阻碍。加之,他们所得的薪水,把那些想与他们竞争的私人教师,放在那样一种境地,即好比一个未得到任何奖金的商人,想与那得到了很多奖金的商人竞争。假设前者以近似相同的价格出卖货物,那他也不能得到相同的利润,即使没有破产没落,至少,对他来说,贫穷乞丐的命运是避免不了的。如果把货物高价出售,顾客就非常有限,因而,他的境遇也不会有所改善。况且,在许多国家中,毕业生的特权对于多数从事有学问的职业的人,对于大多数需要这种学问进行教育的人必不可少,至少有了这种特权,就非常便利。但是,要想获得这种特权,只有去听公家教师的讲授。私人教师虽然最具有教授能力,学生虽然最小心地听他们的讲授,但不能由此获得要求这特权的资格。由于这种种原因,讲授大学普通课程的私人教师,在近代一般人看来,是学者中最卑微的。有真本领的人要找工作,这要算最贱、最无益处的职业了。这样,普通学校及专门大学的捐赠基金,不但使公家教师的勤勉精神堕落了,并且还使优良的私人教师也不容易找到。

如果全然没有公家的教育机构,那么,不是有相当需求的体系或学科,或者说,按当时情形来说,不是特别必要的、特别有用的或特别流行体系或学科,根本不会有人教授。一种以前认为有用但已被推翻或流为陈腐的学科体系,或一种大家都信其为无用,是卖弄学问和胡说的学科,私人教师一定不会由于教授它得到好处。像这种体系,这种学科,只能继续存在于教育机构这种法人团体。在那里,教师的繁荣与收入,大部分与其名声无关,且全然与其勤勉无关。如果根本没有公立教育机构,一个绅士用尽其勤勉能力,受了当时所提供的最完全的教育之后,那他与世人谈论普通问题,我敢断言,绝不会是一无所知的。

对于女子教育的公立机构,是根本没有的。因此,女子教育的普通课程中,便从来没有无用的、不合理的或者荒谬的东西。女子所学的,都是她的双亲或监护人判定她必须学习或者学了对她有用的课程,而别无其他东西。她所学的一切,无不明显地具有一定的用处:增进她肉体上自然的风姿,形成她内心的谨慎、谦逊、贞洁及节俭等美德,教以妇道,使她将来不愧为家庭主妇等等。女子在她的整个生涯中,会感到她所受教育的各部分,差不多没有一个不对她有某种方便或利益。若在男子则不然,他们所受的尽管是极辛苦、极麻烦的教育,可是一生由这种教育得到了多少方便或权益的人却不多见。

因此,我们不禁要问:国家对于人民的教育,不应加以注意吗?如果有注意的必要,那么,对各等级人民,国家所应注意的是教育的哪些部分呢?而且,它应该怎样注意呢?在某种场合,政府尽管不注意社会的状态,也必然会把大多数人安排于一种境地,使他们自然养成那为当时环境所需要、所容许的几乎一切的能力和德行。在其他场合,因为社会状态,不能把大多数人安排在那种境地,所以为防止这些人民几乎完全堕落或退化起见，政府就有加以若干注意的必要。

随着劳动分工的进步，大部分靠劳动为生的人的职业，也就是大多数人民的职业，就局限于少数极单纯的操作，往往单纯到只有一两种操作。可是大多数人的理解力必然是通过他们的普通的职业形成的。一个人如把他一生全消磨于少数单纯的操作，而且这些操作所产生的影响，又是相同的或极其相同的，那么他就没有机会来发挥他的智力，或运用他的发明才能来寻找克服困难的方法，因为他永远不会碰到困难。这样一来，他自然要失掉努力的习惯，而变成最愚钝最无知的人了。他精神上这种无感觉的状态，不但使他不能领会或参加一切合理的谈话，而且已经使他不能怀有一切宽宏的、高尚的、温顺的情感。其结果，对于许多私人日常生活上的平常事务，他也没有能力来作出恰当的判断。至于国家的重大和广泛的利益，他更是完全不能判断。除非经历一番特别的努力，教他在战争时期如何捍卫国家，否则他无法做到。他的毫无变化的单调生活，自然消磨了他精神上的勇气，使他厌恶兵士们的不规则、不确定和冒险的生活。就是他肉体上的活力，也被这种单调生活给毁坏了，除了他已经习惯了的职业之外，对于无论什么职业，他都不能奋发地、坚定地去从事。这样看来，他对自身特定职业所掌握的技巧和熟练，可以说由牺牲他的智能、他的交际能力和他的尚武品德而获得的。但是在一切进步、文明的社会，政府如不花费点气力加以防止，劳动贫民，即大多数人民，就必然会陷入这种状态。

在一般所谓野蛮社会，即猎人社会和牧人社会，甚至在制造业未发达及国外贸易未扩大的幼稚农业状态下的农夫社会，情形就不是这样。在这些社会中，每个人的工作各种各样，使他不得不奋发图强，不得不随时想方设法去对付不断发生的困难，发明定会屡屡出现，人的心力也不会陷于呆滞无用的状态，像文明社会几乎全体下层人民的智力都不起作用那样。我们在前面说过，这所谓野蛮社会中的每个人，都是一个战士，并且，在某种程度上都是政治家。关于社会的利益，关于他们统治者的行动，他们都能作相当正确的判断。酋长在平时是怎样的裁判官，在战时是怎样的指挥者，几乎每个人都是一清二楚的。不过,有一点,在未开化社会有人能获得在文明状态下有些人所具有的大智慧。在未开化社会,每个人的职业虽然多种多样,但整个社会中职业的种类却并不多。每个人几乎都在做或能够做人所做或能做的一切,每个人也具有相当程度的知识、技巧和发明才能,但没有一个人具有相当程度的知识、技巧和发明才能。不过,以他们所具有的那种程度去对付社会的全部单纯事务,大概是足够了。相反,在文明社会,虽然大部分个人的职业,几乎没有多少变化,但整个社会的职业则种类多得不可胜数。这各种各样的职业,对于那些自己没有特定的职业,有闲暇有意向去研究他人职业的人,可以说提供了无限的研究对象。对这样如此众多的对象的观察,必然会迫使观察者不断运用心思比较,从而使他的智能变得异常敏锐,异常广泛。可是,他们这少数人如果不是碰巧占据非常特殊的地位的话,他们这么大的能力,纵然对自身来说是一种光荣,但对社会的良好治理和幸福,却可能没有多少贡献。尽管这少数人有巨大能力,但人类一切高尚的品性,在大多数人民群众中,仍可能在很大程度上消失了。

在文明的商业社会,对普通人民的教育,恐怕比对有身份有财产者的教育更需要国家的关注。有身份有财产的人,他们大概都是到十八九岁以后,才得以从事可以扬名的特定事业和职业。在此以前,他们有充分时间来取得那能使他们博得世人尊敬或值得世人尊敬的一切知识;至少,他们有充分时间来准备自己,使他们在日后能获得这一切知识。他们的双亲或监护人,大概都十分希望他们能有这样智能,在大多数场合,对于必需费用的支出是毫不吝惜的。如果他们不能总是受到适当的教育,那不是由于费用的不足,而是由于费用的使用不当;不是由于教师的缺乏,而是由于教师的马虎与无能,或由于在当前情况下不易找到或无从找到更好的教师。此外,有身份有财产者其大部分生涯中所从事的职业并不像普通人的职业那样单纯和不变。他们的职业,几乎全都是极为复杂的;用手的时候少,用脑的时候多。从事这种职业的人的理解力,是不大会因为不用脑力而变得迟钝的。况且,他们这种人所从事的职业,又不大会使他们终日忙碌,他们一般有很多空闲时间,来对他们在早年已打有相当基础或已有的各种有用的知识作进一步的钻研,从而完全掌握。

普通人则与此完全不同。他们几乎没有受教育的时间。就是在幼年期间,他们的双亲也几乎无力供养他们。所以,一旦他们能够工作,就必须立即就职谋生。他们所从事的职业,大都很单纯,没有什么变化,无须运用多少智力。同时,他们的劳动又是那样没有间断,那样松懈不得,他们哪有闲暇做其他的事情和思考其他的事情呢?

不过,无论在哪种文明社会,普通人民虽不能受到有身份有财产者那样好的教育,但教育中最重要的几部分如诵读、书写及算术,他们却是能够在早年获得的。就是说,在此期间,使大部分预备从事最低贱职业的人,也有时间在从事职业以前学习这几门功课。因此,国家只要以极少的费用,就几乎能够便利全体人民,鼓励全体人民,甚至强制全体人民必须获得这最基本的教育。国家可在各教区或各地方,设立教育儿童的小学校,收费低廉,使一个普通劳动者也能负担得起,这样,人民就容易获得那基本教育了。这种学校教师的报酬,不应由国家全部负担,国家最好只承担其一部分,因为全部甚至大部分由国家负担了,教师马上便会习于怠惰。在苏格兰,这种教区学校的设立,几乎帮助全体人民都会朗读,使大部分人民都会书写计算。在英格兰,慈善学校的设立,曾收到同一效果。不过,因为没有设立得像苏格兰教区学校那么普遍,所以效果也没有那么普遍。如果这些小学校所教的儿童课程,比现在普通所教的更有教育意义一些,如果将普通人的孩子在学校学习的但于他们全无用处的一知半解的拉丁语取消不教,而代之以几何学及机械学的初步知识,那么,这一阶层人的文化教育,也许就会达到所可能达到的最完善程度。没有一种普通职业不为应用几何学及机械学的原理提供机会,从而,没有一种普通职业,不能逐渐使普通人民能了解的这些原理——这些原理是最高尚最有用的科学的必要入门知识。

普通人的孩子中,有些在学业上较为优良。国家对于这种儿童,如果能给以小奖赏或小荣誉奖章,必定能鼓励这最基本部分教育的获得。国家如果规定,在取得加入某种同业公会权利以前,或在有资格在自治村落或自治都市中经营某种职业以前，一切人都必须接受国家的考试或检定，那么，国家就几乎能强制全体人民获得这最基本部分的教育。

希腊和罗马共和国维持全体人民的尚武精神就是依照这种方法，便利人民，奖励人民，强制人民接受军事上及体育上的训练。为便利人民，使人民容易学习，各共和国都备有一定的学习和实练场所，并给予教师在这场所教授的特权。不过，这类教师似乎没有薪俸，也没有任何专教特权。他们的报酬完全出自学生。在公立体育馆或演武场操练的市民，还有师从私人教师操练的市民，如果后者也学得一样好的话，并不享有何等法律上的特权。为鼓励这项学习，各共和国对成绩特别优异的学生，给予小奖赏或小荣誉奖章。在奥林匹克运动大会或地峡运动大会或纳米安运动会上获奖，不但获得奖赏者本人光荣，其家族及亲戚全体都光荣。凡是共和国市民，只要被召集，都须在共和国军队中服务一定年限。这项义务，就能够强制全体市民学习军事操练及体育操练，因为不学习这些操练，是不适于服兵役的。

军事操练，便须由政府花费相当气力予以支持，否则就会日渐松懈，从而大多数人民的尚武精神同时随着衰退。关于这种趋势，近代欧洲事例提示得十分明显。各个社会的安全，都要依赖大多数人民的尚武精神。当然在近代，没有精练的常备军，单靠尚武精神防御社会、保障社会，也许是不够的。但是每个公民如果都具有军人精神，那所需的常备军就可减去不少。况且，通常对有常备军会危害自由的忧虑，无论这个危害是真的危害或只是想象的危害，也会因为市民具有军人精神而减少许多。这种尚武精神、军人精神，一方面在外敌侵入时，可以大大便利常备军的行动，另一方面，假使不幸常备军发生违反国家宪法的事故，它又可以大大地加以阻止。

就维持大多数人民的尚武精神来说，希腊及罗马古代的制度，似乎比近代所谓民兵制度有效多了。前种制度，简单得多。制度一经确立，即可自行其是，并以最完全的活力维持下去，几乎不用政府的关注。至于要在相当程度上维持近代民兵的复杂规则，就需要政府不断并费力地关注，政府如果不加关注，这规则就完全被忽视，或者完全废弃不用。此外，在古代制度深远影响下的那种制度，全体人民都会使用武器。近代则恐怕除瑞士外其他各国由民兵规则、施教的范围，都只不过占有国民中的最小部分。但是，一个不能防御自己或为自己复仇的怯懦者，分明缺乏了人类本性中最重要的一部分。这样，在精神方面的残废或畸形同某一重要部分肢体的残疾相比，前者显然更不幸，更可怜，因为，苦乐的感觉，完全产生于心理，肉体的健全或不健全即残废所受的影响少，而精神的健全或不健全所受的影响多。即使在社会的防御上已用不着人民的尚武精神，但为防止怯懦必然会引起的这种精神上的残废、畸形及丑陋怪异在人民中间蔓延传播，政府仍应加以最切实的关注。这好像一些讨厌的、令人不愉快的疾病，虽不会致死，或者没有危险，但为防止在大多数人民中间传播，政府仍应加以最切实的关注。这种关注，即使除了防止社会的这种公害外，没有任何其他公共利益，也是势在必行。

　　同样的说法，可同样适用于那些在文明社会中，会使全体底层人民的理解力变得无知和愚钝。如果说一个人不能适当使用人的智能是可耻的话，那么精神的残废和畸形比怯懦者还要可耻。国家即使由对下层人民的教育中得不到任何利益，这种教育也仍然值得国家注意，使下层人民不至陷入全无教育的状态。何况，人民受了教育，国家会受益匪浅。在无知的国民间，狂热和迷信往往惹起最可怕的骚乱。一般下层人民所受教育愈多，愈不会受狂热和迷信的迷惑。另外，有教育及知识的人，常比无知识而愚笨的人更知礼仪或更守秩序。他们每个人都觉得自己的人格更高尚，自己更可能得到法律上的尊重，因而他们就更加看重那些法律。对于想要煽动或闹党派之争的言论，他们就更能看透其底细；因此，反对政府政策的文字的或不必要的论调，就愈加不能欺骗他们了。在自由国家中，政府的安全，大大依赖于人民对政府行动所持的友好看法，倾向于不轻率地、不任性地判断政府的行动，对政府却是一件非常重要的事。

第三项　论各个年龄阶层的人的教育费用

　　对于各种年龄阶层的人民进行教育，主要是宗教教育实施。这一种教育其目的与其说是使人民成为今世的优良公民,还不如说是准备他们在来生进入另一个更好的世界。这种教师的生活费用,也与其他普通教师一样,有些来源于听讲者的自由捐献,有些则来源于被国家法律认可的某些财源,如地产、什一税、土地税和薪金等。他们的努力、热心和勤勉,在前一种状况下,好像要比在后一种状况下大得多。从这个角度上来说,新教的那些牧师们,因为要攻击成立悠久的古旧体系,往往处于有利地位。由于旧教的牧师完全依赖薪金的支持,往往不大关注于维持大多数人民的信仰和皈依的热情,他们已经习惯于懒惰了,甚至已不能奋发图强来保护他们自身的教会。获得财产捐赠的成立悠久的国教的牧师们,常常成为博学及文雅的人,具有绅士风度或者足以使他们博得绅士所受尊敬的一切品质,但另一方面,他们易于丧失那些使他们对下层人民有权威和感化力的各种品质,也许这些品质就是使他们的宗教成为国教的根本原因。这些牧师,当遇到一群勇敢的、不负众望但也许是愚鲁无知的信徒们的攻击时,就像亚洲南部懒惰的、柔弱的、饱食终日无所事事的国民碰着了活泼、坚忍而贫苦饥饿的北方的侵略者一样,完全没有自卫的手段。在这种紧急情况下,这些牧师通常所采取的手段就是向行政长官申诉,声称反对他们的新教徒扰乱治安,因而要对他们加以迫害或驱逐。罗马天主教教士迫害新教徒,就是这样借行政长官之手的。英格兰教会迫害非国教派也是这样。其实,一个既被认为国教并且已经存在了一两个世纪的宗教,遇有某种新宗教对自己的教义或教律进行攻击却无法做有力的抵抗时,一般都是请政府出面加以阻止。在这些情况下,也许有时国教派方面占优势,但新起的反对派,总是更擅长收买人心,更善于拉拢新信徒。在英国,这些技能早被那些拥有巨额捐赠财产的国教教会的牧师们抛在一边了。现在只有反对国教派及美以美派教徒培养这些技能。不过,在许多地方,反对国教派教师曾靠自由捐赠、信托权力及其他逃避法律的行为,得到了独立的生活资料,他们的热情和活动力,似乎已因此大大减少了。他们很多已变成非常有学问、非常聪慧及非常高尚的人物,他们一般已经不是众望所归的传道者。就今日说,比反对国教派牧师更得人心的,就是那些学问远不如反对国教派牧师们的美以美派教徒。

在罗马教会中，下级牧师的勤勉和热心出于强烈的利己动机，比任何成立悠久的耶稣教教会的牧师都保持得更持久。许多教区牧师的生活资料，很大部分是得自人民自愿的捐献，而秘密忏悔又给予他们许多机会来增加这种收入源泉。托钵教团的生活资料，全都出自这种捐献。他们很像那些轻骑兵和轻装步兵，不行掠夺就没有给养。教区牧师也有像那些一部分以薪金的形式而另一部分以学生所交学费为报酬的教师，而要获得这报酬，就必然总是或多或少依赖其勤勉和名声。托钵教团，也有像那些专靠勤勉以换得全部资料的教师，因此，他们不得不用能够促进普通民众皈依的种种技术。据马基雅弗利观察①，在十三世纪及十四世纪，圣多米尼克及圣弗兰西斯两大托钵教团的设立，曾把人民对天主教教会日渐衰落的信仰和皈依复活了起来。

在罗马天主教各国，这皈依精神全部依赖于贫苦的教区牧师的支持。至于那些教会大人物，尽管他们具有绅士及通达世故的人的一切艺能，有时且具有学者的艺能，并对于维持下级牧师的必要纪律也十分注意，但关于人民的教育却没有几个肯费神去做。

有一位最著名的哲学家兼历史学家说："一个国家的大多数技术及职业，都具有这样的性质，在增进社会利益的同时，只对某些人有用或适合于某些人。国家在这种情况下，除在一种技术刚刚传入的时候，其所定立的规则，应听任这个职业自由的选择，把鼓励职业的任务，交给那些可以从中收获好处的个人。工艺制造者知道了他们的利润来自顾客的光顾，他们是会尽可能增加其熟练程度与勤劳的作风的。事物如果没有受有害的干预而被扰乱，那无论什么时间，商品的供给都会与其需求保持差不多相称的比例。

"不过，还有些职业，对于国家虽然有用，甚至还很必要，但是对于个人，却没有益处或者快乐可言。对待从事这类职业的人员，最高权力当然是要给予不同的奖励。以维持他们的生活并使他们健康、向上止其自然流于怠慢，必须要对那种职业给予特别荣誉，或

---

① 见"有关提图斯·利维阿斯开头十年的布道"，第三篇第 1 章。

者严格规定升降的原则，或采取其他敦劝方针。从事财政、海军及政治的人，都是这一类人的实例。

"乍看起来，我们可能自然地认为牧师、教士的职业属于第一类的职业，与律师及医师的职业一样，对于他们的奖励，我们可以把它看做是那些信仰其教义并从其精神上的服务及帮助中得到利益或安慰的人们对他们的施舍。他们的勤勉和警觉，一定会由于这个附加的动机而增强。他们职业上的技巧，他们支配人民思想的机智，也必由于不断增加的实践、研究和注意而有所提高。

"但是，我们如果更仔细地加以考察就会知道，一切贤明的立法者所要防止的就是牧师们这种利己的勤勉。除了真的宗教以外，其余一切宗教都有极大的害处，而且有一种自然倾向，把迷信、愚昧及幻想，强烈地灌输到真的宗教里面，因此宗教的从事者，总是向信徒宣说其他所有教派如何残暴讨厌，并且不断努力制造新奇的事件，以鼓舞听众的信心，使其不致松懈，同时也为了使他自己在信徒眼中更显得高贵神圣。至于所讲授教义中所含的真理、道德或礼节，他们却不注意，但是那些最适合于扰乱人心的教理，却全被采用了。为吸引光顾的人，各国教徒的集会不惜以新的勤勉、新的技巧，调动俗众的情绪，骗取大众的轻信。结果，政府发现不为教士们设定固定薪金表面上是节省，而所付代价却更加高昂。并且，实际上，政府要与精神领袖结成最紧密最有利的关系，就是给他们固定薪金，用来贿赂他们，引诱他们，使他们懒惰，使他们感到除了防止羊群误寻新的牧场而外，其他进一步的任何活动都是多余的。这样，宗教上的固定薪金的制度，通常在最初虽出于宗教的观点，但结果却说明是有利于社会、政治上的利益的①。"

但是，给牧师、教士以独立的薪俸，不论利弊如何，规定这一制度的人，恐怕很少考虑到这些利弊。宗教上争论激烈的时代，大概也是政治上斗争激烈的时代。在这时候，各政治党派都发觉，或者都想象与相争各教派的某一教派同盟，毫无疑问会有益处。不过，

---

① 休谟：《英格兰史》，1773 年，第 4 卷，第 29 章，第 30、31 页，这一版与先前的和以后的版本在文字上略有差别。

要做到这一点，又只有采纳或赞成那特定教派的教理。某特定教派如果非常幸运因而是站在胜利的政党那一边，它就必然要与其共享其同盟者的胜利。借着同盟者的赞助和保护，它马上会在一定程度上使一切敌对教派沉默屈服。这些敌对教派，大概都会与胜利党的政敌结为同盟，它们因此也就成了胜利党的敌人。这样，这特定教派的教士，即完全成了战场上的支配者，对于大多数人民的影响与权威，达到了最高顶点，有足够的力量使本党的领袖们慑服，并使政府不得不尊重他们的见解和意向。他们对于政府的第一个要求，一般是为他们镇压并制服一切敌对的教派。第二个要求，是给他们以独立的供养。他们既然对胜利做出了很大贡献，要求分享若干胜利品似乎也是合情合理的。另外，人心反复无常，他们已经觉得一味迎合民众的心理，借以取得生活资料是讨厌的事情了。所以，当这个要求提出时，他们只是为自己的安逸和快乐打算，至于将来会如何影响他们教会的势力和权威，却没有过多考虑。在政府方面，要答应这个要求，就只有把归自己所有和归自己保留的一些东西给予他们。所以，对于这种要求，政府很少立即批准。不过，虽然政府往往几经延搁，多次推诿，但是在需要面前，政府总是要屈服下来的。

但是，假若政治之争不曾要求宗教的援助，而胜利的党派当政后，又不曾特别采用任何教派的教理，那么，这个政党对于一切不同的教派，就会平等看待，一视同仁，让每个人去选择自己认为适合的牧师和宗教。在这种情况下，必然会有许许多多的教派出现。各种不同的教众，几乎都会自成一个小教派，抱有自己的若干特殊教理。这时，充当教师的人，既要保持现有教徒，又要增加教徒数目，他定会感到有必要大卖气力并使用一切技巧。可是，其他所有牧师同样也会感到有此必要，人人卖气力，人人使用一切技巧，因此任何一个教师或任何一教派教师的成功，都不会过大。宗教教师利己的、积极的热心，只在社会只容许一个教派的场合，或一个大社会全体只分成为两三个教派，而各教派的教师，又在一定纪律、一定服从关系下协力合作的场合，才会发生危险与麻烦。如果一个社会分为两三百乃至数千个小教派，没有哪一个教派的势力能够大到搅扰社会，教师们的热心，也就全然无害了。在这种条件下，各宗派教师见到他们四周的敌人多于朋友，于是就不得不注意到那常为大教派教师所漠视的笃实与中庸了。大教派教师之所以如此，是因为大教派的教理，有政府为其支援，博得广大王国或帝国几乎一切居民的尊敬，而教师们的周围，就因此布满了门人、信徒及俯首低眉的崇拜者，几乎没有一个反对的人。小教派教师，因为觉察到自己几乎是独立无助的，一般不得不尊敬其他教派的教师，他们彼此感到便利而且适意，这种互让可能使他们大部分的教义，脱去一切荒谬、欺骗或迷惘的夹杂物，而成为纯朴的、合理的宗教。这样的宗教，是世界各时代仁人贤士们最希望见其成立的宗教。然而成文法律，从来未曾使其成立，而且将来恐怕也没有一个国家能看到其成立。其原因是，关于宗教的成文法律，一直受世俗的迷信及狂热的影响，而且今后恐怕还要常常受此影响。这种教会所谓的管理方案，也就是根本没有管理方案，即所提倡的独立教派，这个教派必然是一个具有极其狂热信徒的教派，当英国内战结束的时候，有人建议在英国成立这种教派。假使它成立，虽然起源是通过极其非哲学的途径，但时至今日也许会使一切宗教教义，都出现了最和平的和最适中的精神。宾夕法尼亚是实施了这个方案的地方。虽然那里教友占最多数，但其法律对于各教派，其实是一视同仁的，绝非厚此薄彼。据说，那里就产生了这种合理的和平的、适中的精神。

对各教派平等待遇，不分轻重，即使不能使一个国家中各教派全体甚至一大部分，产生这种和平而适中的精神，但教派的数目，如果十分繁多，而且每个教派的势力，都小到不够搅扰社会治安，那么，各教派对于各自教理的过度热心，就不会产生很有害的结果，相反，却会产生比较好的结果。从政府方面考虑，如果断然决定让一切宗教自由，并不许任何教派干涉其他教派，那就用不着担心它们是否会迅速自行分裂，而形成占有多数的教派了。

在各个文明社会，即在阶层区别已完全确立了的社会，往往有两种不同的道德主义或道德体系同时并行。一种被称为严肃的或刻苦的体系，另一种则被称为自由的或者说放荡的体系。前者一般为普通人所赞赏和敬重的，后者则一般为所谓时下名流所尊崇和采纳的。不过,我认为,这种邪恶的品德——一般认为容易由过度繁荣或由过度的欢乐产生出恶德——不知其程度究竟如何,实质即构成了这两个相反主义或体系间的主要区别。例如放肆,甚至扰乱秩序的欢乐,无节制的欢乐,破坏贞节,至少是两性中的一方面破坏贞操等等,只要不至于败坏风化,不流于虚妄或不义,自由的或放荡的体系下,人们大概就会非常宽大地予以看待,而且会毫不踌躇地予以宽恕或原谅。至于严肃的体系则不然,这些过度的放荡行为,都是被极度憎恶与嫌厌的。轻浮的恶德,对于普通人总会招致毁灭。即使仅仅是一个星期的胡行乱为与浪费挥霍,往往就可以使一个贫穷的劳动者,永远沦落,并使他陷于绝望的深渊,从而铤而走险,犯下大错。所以普通人中比较贤明而良善的,总是极度厌恶这些放荡行为。经验告诉他们,这些行为会马上给他们这种境遇的人以致命打击。相反,几年的放荡及浪费,却不一定会使一个上流人没落。他们很容易把某种程度的放荡,看做是他们殷实财产的另外一种利益,把放荡但却不受谴责看做是他们地位上的一种特权。因此,与他们同一阶层的人,就不大指责这种放荡,而只加以极轻微的责备,或者根本不责备。

差不多一切教派,都是在普通人民中创始的,它们从普通人民中吸引那些最初和最多数的新的皈依者,因此,严肃的道德体系,不断被这些教派所采用,其中虽然也有例外,但为数极少。这个体系,就是各教派最易博得那些他们首先向其提出改革旧教理方案的阶层的欢心的体系。为了博取这些人的信任,许多教派,也许大多数教派,经多方努力,变本加厉地改进这个严肃体系,一直到有几分愚蠢、几分过度的程度。这种过度,往往更容易博得普通人民的尊敬和崇拜。

有些身份或有财产的人,就其地位说,是社会中显赫的人物。他的一举一动,社会都时刻在注意,因此他也就不得不注意自身的一切行动。社会尊敬程度的大小,和他的权威与名望有很大的关系。所以,凡社会上污名失信的事,他都不敢妄为;无论这种道德是自由的或是严肃的,他都得小心翼翼地坚守社会对于他这种有身份有财产的人一致要求的那种道德。相反,一个地位低下的人,就截然不同。由于不是显赫的人物,当他在乡村中的时候,他的行为,也许有人注意,所以他自己必须当心自身行为,在这种情况下,而且只有在这种情形下,才可以说他有他的名声,行为不正,就会损及名声;但当他一走进大的社会,他马上就沉于卑贱和黑暗中了。他的行为,再也没有人观察注意了,于是他就任情而动,不加检点,投身于一切卑劣的游荡和罪恶。这是常有的事。一个人想摆脱其贫贱地位,想引起一个体面社会对他行为的注意,那最有效果的方法,莫过于做一个小教派的信徒。一旦成为某教派的信徒,他马上就会受到几分从来不曾受过的尊重。为了教派的名誉,一切教友都要留心观察他的行为,如果他做出了寡廉鲜耻的事,或者他所做的大大违反了同门教友所相互要求的严肃道德,他就要接受一种极其严厉的惩罚,即开除教籍,虽然这惩罚不带有民法上的效力。因此,在小教派普通人的道德上,几乎常是特别有规则有秩序的,比在国教要严肃得多,说实话,这些小教派的道德,往往未免过于严格,过于不合人情,使人觉得讨厌。

可是,国家对于国内一切小教派道德上的任何不合人情及严肃到讨厌程度的缺陷,不需使用暴力,只需依两种极容易而有效的办法就可弥补。

第一种办法,由国家强制国内有中等乃至中等以上的身份及财产者,几乎全都从事科学及哲学的研究。国家不应当给教师定额薪金,以助长其懒惰的情绪。国家甚至可对较高深较困难的学科,设定一种检定或考试制度,不论何人,他在从事某种自由职业以前,或在被提名候选某种名誉的或有报酬的职业以前,都须经过这种检定或考试。国家如果对这一阶层的人,强迫其研究学问,就不需要费神替他们供给适当的师资。因为他们自己马上会找到比国家为他们供给的教师还要好的教师。科学是可以消除那些狂妄及迷信之毒的。将一国上流社会人士从这些毒害中救出之后,一般下层人民也就不致大受其害了。

第二种办法,增进民众的娱乐。民众的迷信及狂妄,常常是由心中的忧郁或悲观情绪所导致的。很大一部分民众的这种情绪,可由参与绘画、诗歌、音乐、舞蹈甚至戏剧表演来消除。所以,为着自己的利益，在不伤风败俗的范围内，特别引人开怀，叫人解闷，而从事这些技艺的人，国家应当予以奖励，或者完全听其自由发展。煽动俗众的狂热者，总是担心公众娱乐，厌恶公众娱乐。由娱乐引起的快乐与惬意，与最适合达到他们的目的和与最便于他们的煽动的，是截然相反的。另外，戏剧表演常会揭穿他们的奸诈手段，使其成为公众嘲笑的目标，有时甚至使其成为公众憎恶的目标。因此，戏剧这种娱乐活动，比其他任何娱乐活动，更让他们忌讳。

一国的法律条文，如果对于国内一切宗教的牧师，都一视同仁，这些牧师、君主或行政当局，就不必要保持任何特定的或直接的从属关系；而同时君主或行政当局，也不必要在他们职务的任免上有所安排。在这种情况下，君主或行政当局对待他们，也就像对待其他人民那样，维持他们彼此之间的和平就成为唯一的目的。同时阻止他们相互的迫害、欺侮或压迫，此外，便无须给予其他关注。但是，一国如有国教或统治的宗教存在，那情形就完全两样。

在那种场合，君主如果对于该宗教的大部分牧师，没有一种有效的控制手段，他就永无宁日。

一切国教，其教士都组织成一个大的法人团体。他们同心协力，以一种计划、一贯精神，追求他们的利益，就像在一个人指导下那样，并且实际上也常常是在一个人指导之下。作为法人团体，他们的利益，与君主的利益从来不会相同，有时正恰恰相反。他们的最大利益，就是要维持他们对于人民的权威。这种权威完全是基于两种设想：第一，设想他们所谆谆教导的全部教义，乃是确实而又十分重要的；第二，设想要永远从悲惨中解脱出来，则必须要有绝对信仰。如果君主不识相，敢对他们教义中哪怕最细微的部分，表示嘲笑或怀疑，或是对其他嘲笑怀疑教义者以人道精神施加保护，这些同君主没有从属关系的教士们就会认为有失体面，从而宣布君主渎神，同时使用一切宗教上的恐怖手段，使人民的忠顺从他转向另一位比较驯服的君主。假使君主对于他们的任何要求或行为表示反对，危险也同样的大。一个君主如果敢于这样反对教会，他的叛逆的罪名是确定无疑了。此外，不管他如何严肃地声明他的信仰，以及他对于一切教会认为君主应当恪守教义，大概还不免要被加以异己者的罪名。宗教的权威绝对胜过其他权威。宗教所带来的恐怖，可以胜过其他恐怖。所以，国教教会的牧师，如要宣传颠覆君权的教义，那君主就只有凭借暴力，即凭借常备军的武力，才能维持其权威。有时就连常备军也不能给以永久的保障，因为兵士如果不是外国人——外国人充当兵士的很少——而是从本国民间招募来的，大概常是如此，那么，这些兵士，不久也恐怕会为那种教义所腐化。我们知道，在东罗马帝国存续的期间，希腊教士曾在君士坦丁堡惹起多次革命，往后几百年间，罗马教士也曾在欧洲各地惹起了许多次动乱，这些事实充分证明了，一国君主如没有控制国教或统治宗教教师的适当手段，他的地位就是非常危险的，也是不安定的。宗教信条，以及一切其他有关心灵的事件，很明显都非尘世君主所能管辖的；君主纵使有资格好好保护人民，却很少被人相信有资格好好教导人民。所以关于上述教条及有关心灵的事件，他的权威，往往抵不过国教教会教士们结合起来的权威。可是，社会的治安和君主自己的安全，常依赖于教士们对于这些事件所宣传的教义。君主不能以适当的压力和权威，直接反抗教士们的决定，所以君主必须有影响他们决定的能力。影响的方法，只有使教士这一阶层中的大多数人产生既有所恐惧而又有所希望的心理情绪。撤职或其他处罚，是他们所恐惧的；获得升迁，是他们所希望的。在一切基督教会中，牧师的薪金，可以说是他们终身享有的一种不动产。享有这一切，绝非仅凭授予者一时的兴致；只要行为端正，就不得任意夺其职位。保有这项财产的权力，如果不是非常稳固，稍稍得罪了君主或者达官，就有被强夺的危险，那么，就再也不能维持他们对于人民的权威了。人民会将他们看成是从属于宫廷的雇佣，对于他们真诚的教导，毫无信心。但是，假若君主滥用暴力，借口他们过于热心散布党朋间的或煽动的教义，竟强行夺去他们终身享有的不动产，那么，这种迫害，只不过使被迫害的牧师和他所宣扬的教义，徒增十倍的声誉，因而对于君主自身来说，却是徒增十倍的烦难与危险。几乎在一切场合，恐怖手段总是治国治人的一种工具，决不可用于对付那些独立自主哪怕只有一点点要求权利的人。企图恐吓这种人，只有使其更感受刺激，坚定其反抗，如果对这反抗的处置稍为宽大一点,就很容易使其缓和下来,或者完全放弃。法国政府常用暴力强迫议会及最高法院公布不负众望的布告,虽然很少成功。可是,它通常所用的手段,就是把一切顽固不服者均监禁起来,可算是十分厉害的了。斯图亚特王室各君主有时也用与此相类似的手段来控制英国议会的若干议员。那些议员也是同样地顽强不屈。因此他们不得不改弦更张了。英国议会现在是在另一种方式上被操纵着。约在十二年前,奇瓦赛尔公爵曾对巴黎最高法院进行了一个极小型的实验,那个实验充分表明,一件事如果采用英国现在使用的方法,法国一切最高法院,应该更容易加以操纵。但这个实验没有继续进行下去。因为,强制与暴力,总是政府的最坏最危险的工具。尽管权术与劝说被认为总是最容易最安全的工具,但人类似乎生来就是傲慢的,除非他们不能或不敢使用坏的工具,他们总是不屑使用好的工具。法国政府能够而且敢于使用暴力,所以不屑使用权术与劝说。不过,根据一直以来的经验,我相信以强制和暴力加诸于国教教会的受人尊敬的牧师身上,它的危害性和导致毁灭的可能性,实在超过了把强制和暴力加诸任何其他阶层的人民身上。牧师有他们的权力,有他们的特权,也有他们个人的自由,只要他们与本阶层中的人结有良好关系,即使在专制的政府下,与其他具有同等身份的有产者比较,其权力和自由,是更受人尊重的。在巴黎宽大温和的专制政府就是如此,在君士坦丁堡狂暴的专制政府也是如此,而在此两极间各种不同程度的专制政府,大都莫不如此。但是,牧师阶层虽难以暴力强制,却与其他阶层同样容易操纵。君主的安全,社会的治安,似乎在很大程度上依存于君主操纵他们的手段,而这手段似乎完全在于他如何提升他们的权力。

  古时候按照基督教教会的制度,各主教领区的主教,通常是由主教所辖都市的牧师及人民的共同选举。人民的这种选举权,并不曾保有很长时间;而且就在享有该权利的时候,他们多半也是唯牧师们马首是瞻;牧师们在这类有关心灵的事件上,俨然是以人民的自然指导者自居了。不过,这样操纵人民,也是一种麻烦的事,牧师们不久就厌倦了。他们觉得,主教由他们自己选举容易得多。同样的,修道院院长也由院中修道士选举,至少大部分修道院的情况是如此。主教领区内的一切下级有薪酬的职位，通常由主教任命，主教认为合适的，即授予其职务。这样，教会中一切升迁权力，就完全掌握在主教手中了。在这种情况下，君主对于他们的选举事项，虽然也拥有一些间接的控制能力，虽然教会关于选举乃至选举的结果，有时也请求君主的同意，但是君主毕竟没有直接或充分手段操纵他们。因此，每一个牧师的野心，就自然而然地使他要阿谀本教会中的人，而不是阿谀君主，因为只有他们才能满足其升迁愿望。

罗马教皇最先逐渐把欧洲大部分的主教职、修道院院长职（或即所谓主教公会有薪酬的人员）的任命权，拿到手中。其次，又以种种诡计及口实，把各主教领区内大部分下级有薪酬的职员的任命权拿到手中。这样一来，所留给主教的，就仅仅剩下使其维持对所管辖牧师们的权力了。同时，这种安排使得君主的境况，也被弄得大不如以前了。欧洲各国的牧师们就这样简直编组成了一种宗教军队。这种军队虽散布于各国，但它的一切活动、一切行为，都可由一个首领指挥，并在一种统一的计划下进行着。每个特定国家中的牧师，可视为这支军队的一个支队；而各支队的行为，又很容易得到四周其他支队的支持和援助。每个支队，不仅对于各自驻在国及给养他们的国家的君主是独立的，而且还隶属于一位外国君主。这个外国君主随时可叫他们反戈转向该特定国家的君主，并使用其他一切支队为其声援。我们无法再能想象到比这种武力更可怕的事情了。当时，当欧洲技艺及制造业未发达之前，牧师们的富有，使他们对普通人民拥有诸侯对其家臣、佃户及仆从的同样权力。诸侯在他的领地上，拥有一种司法权；依据同一理由，牧师们在皇族及私人基于错误的虔敬而捐赠教会的所有土地上，也确立了一种类似的司法权。在所有这种土地范围内，牧师们及其助手们，不必依靠君主或其他任何人的支持和援助，就能够维持和平；但是，没有牧师们的支持及援助，即使是君主或其他任何人，在那里都维持不了和平。因此，有如世袭大领主在其特定领地及庄园所保有的司法权一样，牧师们的司法权就与国王的法院独立，在国家司法的管理范围以外了。牧师们的佃户与大领主的佃户相同，几乎全是可自由退租的佃户，完全依靠其直接隶属的主人。所以，牧师们一旦有了争斗如果需要他们参加，他们就得应召前往。牧师们的收入，共有两种：一种是这些所有地的地租；另一种是从什一税中所得到的欧洲所有国家的一切土地地租的一大部分。这两种地租，大半以实物缴纳，如谷物、葡萄酒及牲畜等。它们的数量，大大超过牧师们自己所能消费的限度。当时也没有艺术品或制造品可以交换，他们对于这些大量的剩余，就除了像诸侯处置其剩余收入一样，大宴宾客和大行慈善以外，再也没有其他有利的使用方法了。因此，据说以前牧师们款待宾客和施舍的规模是非常大的。他们不但维持了几乎所有国家的全部贫民的生活，并且，许多无以为生的骑士绅士们，也往来于各修道院之间，假借皈依之名，行款待之实。若干特殊修道院院长的仆从，往往与最大领主的仆从同样多。如果把一切牧师们的仆从合计起来，也许比一切领主共有的仆从还要多得多。各牧师间的团结，在很大程度上超过了领主间的团结。前者是在一种正规的纪律和从属关系下的服从罗马教皇的权威，后者则不然，他们彼此间常常在相互猜忌，并且同是嫉恨国王。所以，虽然把佃农和仆从合计起来，牧师们所有的比大领主少，而单就佃农说，也许少得多，但牧师们的团结力量，却使他们更为人所恐怖。此外，牧师们的款待和慈善，不但给了他们支配一支强大的世俗力量的权力，同时大大增加了他们精神武器的力量。他们已由这乐善好施的善举，博得了一般下级人民最高的尊敬和崇拜，这些人民的生活，许多是不断由他们维持的，几乎全体有时都由他们维持的。一切属于或有关这个有声望的阶层的事物，它的所有物，它的特权，它的教义，必然在普通民众眼中成为神圣的了，而对于这些神圣事物的侵犯，不论真伪，均为罪大恶极。通常君主抵抗其统治下的少数大贵族的同盟，就常常感到困难，现在，就难怪他抵抗牧师们的联合力量，更感到困难；何况这种联合力量，还有各邻国的同一种力量为其声援呢。此种情况下，君主有时不得不屈服，这倒不足为怪；君主常能抵抗那才是怪事。

古代牧师们的完全不受世俗司法权支配的特权在我们今日看来，是最不合理的，例如，英格兰所谓牧师的特权，正是这种势力的自然结果或更正确地说是必然结果。一个牧师不论所犯何罪，他的教会如有保护他的意向，并表示犯罪证据不够处罚神圣人物，或者说对于神圣人物的惩罚过严，那么，君主这时若想执法惩治那位牧师，该有多么危险！在这种情况下，最好的办法，不如由教会法庭去审判那位犯罪者。为了他们全教会的名誉，该法庭必尽可能抑制教会中每一个牧师：犯大罪是不许的，而犯惹起世人反感的丑行，更是必须禁止的。第十世纪、第十一世纪、第十二世纪、第十三世纪以及这前后的一段时期，罗马教会组织，可以说是竭力反对政府权力和安全的，反对人类自由、理性和幸福的。在这种制度下，极愚蠢的迷信幻想，得到多数私人利己观念的支持，以致任何人类理性的攻击都不能动摇它。因为，理性虽然也许能够揭穿某些迷信妄想，使普通人明白它的不合理之处；但理性决不能瓦解那基于利己之心的结合。假使教会组织没有碰到其他对头，只有无力的人类理性对之施行攻击的，它是一定会永远存在的。然而这个广大牢固的组织，这个为一切人类智慧德性所不能动摇尤其不能颠覆的组织，却由于事物的自然趋势，先变成了衰弱，然后部分毁灭。而按照现在的倾向，不到百年，恐怕还要全部瓦解。

大领主权力的瓦解的原因正是技艺、制造业及商业逐渐的发达，同时这也是牧师们在欧洲大部分的世俗权力全部瓦解的原因。同大领主一样，牧师们在技艺、制造业及商业的生产产品中，找到了可用以交换自己所有的产品的东西，并且由此发现了自己可以消费自己全部收入的方法；自己能完全消费自己的所有财产，不必分给旁人，所以他们的施予逐渐缩小范围，他们的款待，也不像先前那样慷慨而丰盛。结果使他们先前那么多的仆从，渐渐减少以致全部散去了。为了要过着大领主那样的生活，为了要满足虚荣和无意识的欲望，这些牧师也想由他们的所有地获取较多的地租。但是，如果要增加地租，只好答应跟租地人缔结佃租契约，这么一来，租地人大体上就脱离他们而独立了。从此，使下层人民要听牧师们支配的利害关系，一天不如一天，一天天瓦解。与那使该阶层人民受大领主支配的利害关系的减弱甚至瓦解比较，前者的减弱甚至瓦解，还要来得迅速。这是因为大部分教会的领地，远不如大领主的领地那么多，因此，每个领地的所有者，自己消费掉全部收入就更快更容易了。在十四世纪和十五世纪的大部分时期，封建诸侯的势力，在欧洲大部分达到顶点。但牧师们的世俗势力，即他们曾一度拥有对大多数民众的绝对支配权，却在这时就非常弱了。教会这时在欧洲大部分的势力，几乎就只剩下了心灵上的权威，甚至连这心灵上的权威，也因牧师们慈善不举而显得非常弱了。下层人民对于这一阶层的看法有明显的改变，不再视他们为苦恼的安慰者和贫穷的救济者了。在另一方面，富有的牧师们的虚荣、奢侈与耗费，又惹起这般下层人民的愤激和嫌恶，因为一向被视为贫民世袭财产的东西，现在竟被这些牧师们为自己寻乐而浪费了。

在这种情况下，欧洲各国君主力图挽回他们曾一度享有的支配教会重要职务的影响。他们一方面恢复各主教领区副主教及牧师选举主教的原有的权力，另一方面恢复各修道院修道士选举院长的原有权力。这种制度的撤销和建立，就是十四世纪英格兰制定的若干法令，特别是对于所谓有薪酬的职位颁布条例的目的，也是十五世纪法国颁发的基本诏书的目的。依据这条例或诏书，要使选举生效，进行选举须先得君主的同意；被选的人物也必须征得君主的同意。这样，选举虽在想象上仍是自由的，但君主的地位，必然会使他掌握有种种间接手段来支配其属下的牧师。在欧洲其他地方，也设有与这同一倾向的规定，但罗马教皇任命教会重要职位的权力，在宗教改革前，似乎在英法两国，被限制得最厉害而且最普遍。以后在十六世纪时，罗马教皇与法国国王之间签订了一种协定，根据这协定，法国对于法国教会一切重要的职位（即所谓主教大会职位），有了绝对的推荐权[1]。

自基本诏书及上述协定订立以来，法国一般牧师对于教皇命令的服从，不像其他天主教国家了。每当君主与教皇有所争议，他们几乎常是站在君主一边。这样看来，法国牧师们对于罗马教皇的独立，主要就是由于这基本诏书和协定了。在早先时代，法国牧师们像其他国家的牧师一样极其忠心教皇。当克培王室第二君主罗伯特

---

[1] 丹尼尔：《法国史》，1755年，第7卷，第158、159页；第9卷，第40页。

被教皇逐出教会时，教皇的处置虽极不正当，但法王的大臣，据说就把法王餐桌上的食物扔给了狗吃。他们拒绝吃法王所玷污了的一切东西①。不难推测，法王的大臣敢这样做，必定是受了当时国内牧师的指使。

对于教会重要职位任命权的要求（为了维护这种要求，教皇宫廷常使基督教国家若干最有力君主的王位发生动摇，甚至于倾覆），就是这样在欧洲各国，甚至在宗教改革以前，被抑制了，被变更了，或者完全放弃了。随着牧师们对人民的势力的减少，国家对牧师们的势力日益加大。因此，牧师们搅扰国家治安的势力和意向，比从前小多了。

引起宗教改革的争论开始在德国发生的时候，罗马教会权威就是处于这种状态。该争论不久就传播到欧洲各地。新教义到处大受欢迎。传播这新教义者，以一般人攻击既定权威时所常具的那样热烈奋发的精神从事宣传。就其他方面说，新教教师，也许不比许多拥护旧教的牧师们更有学识，但大体上，他们对于宗教的掌故似乎比较熟悉，也比较知道旧教权威树立的思想体系的起源与沿革，所以在全部可以争论的问题上，他们总占优势。他们的态度是严肃的，普通人民把他们循规蹈矩的行动，和自己大多数牧师们的浪漫生活对照起来，就分外觉得他们可敬了。此外，博取名望及吸收信徒的种种技术，这般新教教师，都比其反对者高明得多，反对者是教会的骄子，自视不凡，他们将这些被视为无用的技术抛在脑后。新教义的理论，新教义新奇，使某些人喜欢它；新教对旧教牧师们的憎恶和轻侮，使更多的人喜欢它。不过，使最大多数人喜欢它的，还是宣传新教义者到处谆谆教诲这教义的雄辩才能，有些人虽不免流于粗野下流，然而是热诚的、热情的、狂热的。

新教义几乎到处都取得极大的成功。当时与罗马教皇宫廷发生龃龉的君主，仅凭着这教义，就不难把自己领域内的教会颠覆下来；教会已失去下层人民的尊敬和崇拜，一般都不能有所反抗。德意志

---

① 丹尼尔：《法国史》，1755年，第7卷，第305、306页。赫诺的记载相同，《新编年史简编》，1768年，第1卷，第114、996页。

北部有若干小君主，因一向受罗马教皇宫廷轻视，曾有些对不起他们的地方，因此，他们就在自己领土内进行宗教改革。克雷蒂恩二世及阿普索大主教特诺尔的暴虐无道，使古斯塔瓦斯·瓦萨能够把他们逐出瑞典；教皇要袒护这暴君及主教，所以卡斯塔瓦斯瓦萨在瑞典就进行宗教改革，但并未发现什么困难。往后雷蒂恩二世又在丹麦被废，因其行为不改，也像在瑞典时招人厌恨。但教皇还是袒护他，于是，继登王位的霍斯泰思的弗雷德里克为报复教皇，仿古斯塔瓦斯·瓦萨的前例实行宗教改革。伯尔尼与苏黎世政府，原是和教皇无特别争执的，但因少数牧师一时的越轨行为，导致了这两个地方人民憎恶和轻视其整个阶层；在这种事发生不久，宗教改革就极容易地在这两个地方完成了。

在这种危机四伏的状态下，教皇宫廷不得不苦心孤诣地求好于法兰西及西班牙的强有力的君主。后者在当时为德国的皇帝。仗着他们的援助，教皇宫廷才得以在很大困难和很大流血的惨痛教训之下，把领土内的宗教改革运动完全镇压住，或者大大地阻止了其发展。对于英格兰国王，教皇宫廷也分明是有意拉拢的，但在当时的情况下，因为怕得罪了更强有力的西班牙国王兼德国皇帝查理五世，最终结成了友好的关系。英王亨利八世原不尽信革新的教义，但因这教义已在国内流行了，所以他就乐得顺水推舟，撤销领土内一切寺院，消除一切罗马教会权威。他虽然做到这里就停止了，没有更进一步，但那些宗教改革的拥护者，却已有几分满意了。往后英王嗣子继位，政权却操纵在这群宗教改革者之手，亨利八世未完成的心愿，就由他们毫不费力地完成了。

有的国家，其政府是薄弱的，不得民心的，并且不是十分稳固的。好像苏格兰就是如此。那里的宗教改革运动，不但有力地推翻罗马教会，并且同样有力地推翻那企图支持罗马教会的国家。

宗教改革的信奉者，已经散布在欧洲各国了。但他们之间，尚未有一个最高法庭，像罗马教皇宫廷或罗马全体教会会议那样，能够解决一切成员间的争议，并以不可抗拒的权威，给他们规定正教正确范围。所以，一国宗教改革的信徒，如同另一国宗教改革的信徒的意见发生龃龉，因为没有共同裁判官可以申诉，所以那争论从未得到解决；而他们彼此之间，发生这类争论很多。在各种争论中，关于教会的统治及教会职务的任命这两者，也许和市民社会的和平与福利最有关系。因此，在一切信徒之间，就产生了两个主要党派或教派，即路德派和加尔文派。新派原本也分有不少的宗派，但是其教理与教律曾在欧洲各地由法律加以规定的，却只有这两个宗派。

路德的信奉者与所谓英格兰教会，都多少保存了监督制度的形式，牧师之间，建立有一定的从属关系，一国领土内一切主教职及其他主教会议牧师职的任免权给予君主，从而使君主成为教会的真正首脑了。至于主教领区内下级牧师职的任免权，虽仍掌握在主教手里，但君主及其他新教拥护者，不但有推荐权，而且这种推荐权还受着鼓励。这种教会管理组织，从一开始即对于和平及良好秩序有利，对于对君主的服从也有利。所以，不论何国，这种教会管理组织一经确立，就从来没有成为任何骚扰或内讧的根源。特别是英格兰教会，它自夸对于所信奉的教理忠心恪守，始终没有例外，这的确不是没有理由的。在这种教会管理制度之下，牧师们还会努力博取君主、宫廷及国中贵族巨绅的欢心，因为他们所期待的升迁，就为这些人的意向所左右。为讨这些人的欢心，他们无疑有时流于下流的阿谀奉承，但他们通常都很讲究那最值得尊敬从而最易博得有身份有财产者的敬重的技巧，如各种增添风雅的学识，安详自在的仪态，温文尔雅的社交谈吐，公然轻蔑一般狂徒的背信弃义，诸如此类。他们所以公然轻蔑那些狂言者的，是因为这些狂言者要博取普通人民的尊敬，同时为使普通人民对大部分宣称不能刻苦的有身份有地位者怀抱憎恶，才教诲和假装实行伪善的苦行。但是，这种牧师，在谄媚于上流阶层的同时，很容易完全忽略了维持他们对人民的感化力与权威的手段。不错，他们是受上等人物的注意、称赞和尊敬的，但当他们在下层人民前受到那些最无知的狂热者的攻击时，常常不能有效地、使听众信服地防卫他们的稳重和不走极端的教义。

茨温克利的信奉者，或者比较妥当地说，加尔文的信奉者与路德的信奉者不同。他们把各教会牧师职的选举权，赋予各教区人民，牧师随时出席，人民随时可以选举。此外，他们在各牧师之间，树立最完全的平等关系。就这制度的前一部分说，在它风行的时期，似乎也只不过导致了无秩序和混乱的状态，并使牧师们及人民双方都陷于道德沦落。就后一部分说，除了达到完全平等外，似乎没有任何结果。

各教区人民在保有牧师选举权的期间内，几乎常是依照牧师们的意旨行事，而这些牧师又多半是最富于党派精神、最为狂热的。为保持他们在这民众选举上的势力，他们多数人自己成了宗教狂热者，或者装成了宗教狂热者，他们鼓励民众成为狂热的信徒，并常把优良位置授予那些狂热的候选人。一个教区牧师的任命，原是一件小事，但结果不但在本教区内，并且动不动在一切邻近教区内，酿成了猛烈的斗争。教区如在大城市中，这斗争便会把全区居民分成两个党派。如果那个城市自身构成了一个小共和国，或者是小共和国的首都，如瑞士、荷兰等许多大城市那样，那么，这无聊的斗争，除了激起其他党派间的憎恶情感以外，更会在教会内留下新的宗派，在国家内留下新的党派。因此，在那些小共和国中，政府为了维持社会治安起见，不久就把牧师职位推荐权掌握在自己手中。在苏格兰，也就是建立长老管理教会制度的最大国家，在威廉三世执政之初设立长老会的一个法令，事实上撤销了这种推荐权①。这法令至少使各教区某些阶层的人，可以以少许的代价购买本区牧师的选举权。基于那项法令形成的制度，大约存续了二十二年，由于这比较普遍的选举，到处惹起无秩序和混乱，就由安妮女王第十年的第十二号律令废除了。不过，苏格兰是一个幅员辽阔的国家，偏远教区发生纷扰，究竟不会像在一个小国那样容易惊动朝廷。所以安妮女王同年的法律，把牧师职推荐权再要回来。根据这个法律，凡有推荐权者推荐的人物，法律虽然规定全部被授予牧师职位，全无

---

① 所提及的是"有关推荐的法律"，威廉和玛利第一次议会第二次大会第五十三号，但这同"批准信仰并承认和建立长老管理教会制度法"是一项不同的法律。《苏格兰议会法律》，1822年，第9卷，第144、196页。

例外，可是教会（教会关于这方面的决定，并不一样）在授予被推荐者以灵魂监督权或教区的教会管辖权以前，有时要求须先得到人民的赞同。至少，它有时以教区治安为借口，一直延宕至这赞同能够得到时才授予。邻近有些牧师有时为了使他得到赞同，但更经常为了阻止赞同而进行私下干涉，有时还为更有效地利用这样的机会而研究出了颇为有名的手段和技巧，这也许就是苏格兰民间或牧师间还有着狂热倾向的主要原因。

长老管理教会制度在牧师间树立的平等，共有两种：第一是权力或教会管辖权的平等；第二是薪酬的平等；在一切长老的教会中，权力的平等总算做到了，薪酬的平等却没有做到。不过，薪酬之间的差别，终究还没有大到那种程度，使一般牧师们为要获取较优厚的薪酬，不惜对于推荐者作下流的阿谀谄媚。在牧师职务推荐权就此确立了的长老教会中，牧师要取得其上级的关照，大概都要凭着学问、生活严肃而有规律、履行职务忠实勤勉这一类比较高尚比较冠冕的技术才能获得。不过，就是这样，他们的提拔者还埋怨他们过于独立，忘恩负义。其实，他们也只不过因无进一步的希求，态度疏于冷淡罢了。因此，欧洲各地最有学问、最有礼节、最有独立精神、最值得敬重的牧师们，恐怕要算荷兰、日内瓦、瑞士及苏格兰长老教会内的大部分牧师了。

教会的薪酬将近同等，其间没有一个很大的差别，而薪金这样的拉平，虽然有时难免操之太急，但对教会本身，却有若干极好的结果。一个小有产者想保持威严，唯一的方法就是要有德行。要是轻薄虚华，品行乖戾，势必惹人嘲笑，而且会使他趋于毁灭，与一般浪荡者无异。因此，他们这种人在自己的行为上，就不得不遵循普通人所最尊崇的道德体系。他博得普通人的尊敬和好感的生活方式，就是他自己的利益和地位指引他去遵循的生活方式。一个人的情况，好像同我们自己情况接近，而且在我们看来，应该优于我们，那我们对于这个人，就自然而然会发生亲切的感情。所以，普通人对这种牧师就同我们对上述人那样亲切，而牧师也会很小心地教导他们，很关心帮助并救济他们。对于像他这样亲切的人，他甚至不会看不起他们的私心偏见，他决不会像富裕教会的傲慢牧师那样，动辄以轻侮的态度对待他们。因此，对于普通人民思想的支配力，也许长老教会的牧师，要胜过其他国教教会的牧师。由于这个缘故，普通人民不加迫害，即全都改信国教教会教理的事实，只有在实行长老教会制的国家才能见到。

一国教会大部分的薪酬如果很普通，那么，大学教职所得的报酬就一般要比教会有薪酬的职位的报酬优厚。在这种情况下，大学的教授便会由全国所有牧师中抽取选拔，因为在任何国家，牧师是有最多数学者的阶层。相反，一个教会大部分的薪酬，如果很可观，那教会自然会把大学中大部分知名的学者吸引过去，这些教会一般不难找到有权推荐他们的人；因为这些人常以推荐他们为荣耀。在前一种情况下，全国知名的学者，将云集于各大学，而在后一种情形下，留在各大学的知名学者将仅限于少数，而其中最年轻的教师，早在他们获有充分的教授经验与学识以前，说不定也已被网罗去了。据伏尔泰的观察，耶稣教徒波雷，原不算学者中怎样了不起的人物，但在法国各大学的教授中，还只有他的著作值得一读①。在产生这么多的知名学者的国家，竟然其中没有一个充当大学教授的，看起来一定该有几分奇怪吧！有名的加桑迪，在他青年时代，原是艾克斯大学教授。后来正当他天才发挥的初期，有人劝他进教会去，说那里容易得到比较安静、比较愉快的生活，并且容易得到比较适合于研究的环境。他听信了，立即舍去大学教职，而投身到教会中去。我相信，伏尔泰的观察，不但可适用于法国，对一切其他罗马天主教国家也可适用。除了教会不大会有法律和医学这两方面的人才外，你要想在这些国家的大学教授中找出知名学者，那就真是凤毛麟角了。罗马教会之外，在一切基督教国家中，英格兰教会要算最富裕、有最高捐赠财产的了。因此，英格兰各大学的一切最优秀、最有能力的学者，就不断被这教会吸引过去。其结果，想在那里找到一个学问驰名于欧洲的老教师，其困难程度几乎与在任何罗马天主教国家不相上下。相反，在日内瓦、瑞士新教各州、德意志新教各国、

---

① 伏尔泰的口气没有书中所说的那么强烈，见《路易十四时代》中的作者名单。

荷兰、瑞士、瑞典、丹麦，它们培养出来的最知名的学者，虽非全部，但至少是最大的部分，在充当大学教授。在这些国家，教会中一切最有名的学者，不断被大学吸引过去。

在古代希腊罗马，除了诗人、少数雄辩家及历史学家外，其余大部分知名的学者，大概都是充当哲学或修辞学的教师，这件事也许值得我们注意一下。从吕西阿斯、伊素克拉底、柏拉图及亚里士多德时代到普卢塔克、爱比克泰德、苏埃托尼乌斯及昆体良时代，这个说法都可适用。某一特定的学科，由一个人年复一年地去教授，那实际上是使他完全掌握那门学科的最有效方法。因为，他今年教那一门，明年、后年还得教那一门，如果他不是什么都做不成的人，在数年之内，他一定能通达那一门学科的各部分；并且，如果他在今年对于某个问题还欠斟酌，到明年讲到这同一个问题时，他多半会加以修正。科学的教师，确是真正想成为学者的人的自然职业，而同时这职业又是使他得到充实学问的最恰当的教育。一国教会的薪酬，如果适中，则学者中的大部分，自然会从事这最有利于国家和社会的教学职业，同时可由此获得他所能接受的最良好的教育。这样一来，他们的学问，便会成为最充实、最有用的了。

应该指出，各国国教教会的收入，其中除特定土地或庄园收入外，虽然也是国家财政收入的一部分，但这一部分没用在国防上，而转用到与国防非常相异的项目上去了。例如，向教会缴纳的什一税，是一种真正的土地税，教会如不把它收去，土地所有者对国防所能提供的贡献是要大得多。国家紧急支出的资金，有些人说是专靠土地地租，有些人说是主要依靠土地地租。教会从这项资金中取去的部分愈多，国家能从这项资金中分得的部分就愈少，这是明明白白的。如果一切情形都一样，教会愈富有，君主和人民就必然愈贫乏，而国家防御外敌入侵的能力也就愈弱，这是一个不变的原则。在若干新教国家，特别是在瑞士新教中，以往属于罗马天主教教会的收入，即什一税和教会所有的收入，已被发现是很大的收入源泉，不但足够提供国教牧师们适当的薪俸，而且只要略加补充甚至不需要补充，就足够开销国家其他的一切费用。尤其是强大的伯尔尼州政府，它把以前供给宗教的资金储存起来，约有数百万镑的金额，其中一部分储存在国库，另一部分投资于欧洲各债务国的公债生息，主要是法兰西及大不列颠国家公债。伯尔尼或瑞士其他新教州各教会，花费国家多少费用，我不敢妄加推断。根据一种非常正确的计算，1755年苏格兰教会牧师们的全收入，包括教会所有地及其住宅的房租，合起来共有六万八千五百一十四镑一先令五又十二分之一便士。这项极平常的收入，每年要供给九百四十四名牧师的相当于生活的资料，再加上教堂及牧师住宅不时修缮或建筑的支出，总计每年大致要八万镑乃至八万五千镑。苏格兰教会基金过于贫乏，那是自不待言的。可是，就维持大多数人民信仰的统一，皈依的热忱，乃至秩序、规则及严肃的道德精神说，没有一个基督教国的最富裕教会，能够超过苏格兰的教会。凡被认为国教教会所能产生的一切良好结果，属于社会方面的也好，属于宗教方面的也好，其他教会能产生的，苏格兰教会也同样能产生。而比苏格兰教会并不见得更富裕的瑞士新教教会，还能在更大程度上产生出这些结果。在瑞士大部分的新教州中，差不多找不出一个人宣称他不是新教教会信徒的。的确，如有人承认他是其他教会的信徒，法律就会强迫他离开州境。但是，要不是牧师们勤勉，预先诱导人民全体——或许有少数例外——改信国教，像这样严酷或者说是压迫的法律，是绝难在这种自由国家施行的。因此，在瑞士某地方，因为新教国与罗马天主教国偶然的结合，改变宗教信仰者不像其他地方那么普遍，这两种就不但同为法律所默认，而且同被认为是国教。

不论何种职业，其报酬或薪俸似乎应尽可能与该职业的性质相称。如报酬过低，那就很容易使有职位的人受到损害；而如报酬过高，也很容易导致疏忽懒惰。一个有巨额收入的人，无论他从事什么职业，他总会觉得，他应当与其他有巨额收入者过同样的生活，并且在欢乐、虚荣及放荡上面消费其大部分时间。但是，对于一个牧师，这样的生活方式是不行的，照此下去，他不但会把他应该用在职业上的时间消费掉，并且会在普通民众心目中完全摧毁了自己的神圣品格。而这种神圣品格，正是使他能以适当的权力履行其职责的唯一凭借。

第四节　论维护君主尊严的费用

一国君主，除了承担种种职务所必要的费用以外，为了维护他的尊严，也必须有一定的开支。这笔开支金额的大小，随着社会发达程度的不同而不同，随着政治体制的不同而不同。

在富裕而发达的社会中，各阶层人民的房屋、家具、食品、服装以及游玩观赏的物品，都由质朴而趋向于奢华，在这种情况下，很难使君主洁身自好、独善其身。他的一切物品及所支付的费用必然日益增多。因为如果不是这样，就不能保持他的尊严。

从尊严的角度来说，一国君主君临于其臣民，与共和国元首对于其同胞市民相比，更要高不可攀、望尘莫及，所以为维护这种较高的尊严，势必需要较大的费用。总督或市长的官邸的华丽程度自然不能与国王的宫廷相提并论。

本章结论

防御社会的开支，维护一国元首尊严的开支，都是为社会的一般利益而支付的。因此，按照正当道理，这两者应当来自全社会一般的贡献，而社会各个人的资助，又须尽可能与他们各自的能力相称。

司法行政的开支，毫无疑问是为全社会的一般利益而支付的。这种费用，由全社会一般的贡献支付并没有什么不恰当。不过，国家之所以有支付此项费用的必要，是因为社会有些人多行不义，所以非得设置法院保护其他人不可；而最直接感受到法院好处的，又是那些由法院恢复其权利或维持其权利的人。因此，司法行政费用，如按照特殊情形，由他们双方或其中一方支付，即由法院开设手续费项目最为妥当。除非罪犯自身无财产资金足够支付此手续费，否则，这项费用是无须由社会全体负担的。

凡是便利地方的地方费用或州区费用（例如为特定城市或特定地区支出的警察费），应由地方收入或州区收入支付，而不应由社会的一般收入支付。为了社会局部的利益，而增加社会全体的负担，那是不大正当的。

维护良好道路及交通机关，无疑是有利于社会全体的，所以，其费用由全社会的一般收入支付并无不当。不过，最直接得到这好处的人，是那些往来各处转运货物的商人以及购买那种货物的消费者。所以，英格兰的道路通行税，欧洲其他各国所谓的路捐和桥捐，完全由这两种人负担，从而使社会一般人的负担减轻许多。

一国教育的实施及宗教教育的实施分明是对社会有利益的，其费用由社会的一般收入支付并无不当。可是，这笔费用如果由那些直接受到教育和宗教好处的人支付，或者由自以为有必要接受教育或宗教教育的人自发地出资支付，也是一样恰当，说不定还带有若干好处。

凡有利于全社会的各种设施或土木工程，如果不能全由那些最直接获得好处的人维持，那么，在大多数情况下，不足的金额就不能不由全社会一般的收入弥补。因此，社会的一般收入，除支付国防费用及维护君主尊严的费用外，还必须补充许多具体部门的不足。这一般收入或公共收入的源泉，我将在下一章详细说明。

第二章 论一般收入或公共收入的源泉

国家收入里必须要负担国防费用和维护君主尊严的费用，而且还有国家宪法未规定由特定收入支付的其他必要的政府开支。这些收入可以从两个渠道获得：第一，专属于君主或国家，而与人民的收入没有任何关系的资金；第二，来自于人民的收入。

第一节 专属于君主或国家的资金或收入源泉

专属于君主或国家的资金或收入的源泉，由资本或土地构成。

与其他许多资本所有者一样，君主利用其资本获得收入的方式有两种：一种是亲自使用一笔资本；另一种是把资本借给他人。在第一种情况下他的收入是利润，而在另一种情况下则为利息。

鞑靼或阿拉伯酋长的收入都是利润，他们是本集团或本部族中的主要牧畜者，他们亲自监督管理饲养牲畜，其收入来源则是牛奶和所饲养牲畜的增加。然而，只有在最初期、最幼稚的政权状态下，利润才会是王国公共收入的主要部分。

小共和国常常可从商业经营的利润中获得相当多的收入。据说，汉堡共和国的大部分收入就是来自于国营酒窖及国营药店①。如果

---

① 参阅《关于欧洲法律及赋税的记录》，第1卷，第73页。法国为了考虑出财政改革的恰当方案，几年以前曾设立该委员会。这本书是宫廷命令教师编纂以供委员会使用的。《关于法国赋税的记录》（四开本第2~4卷）可以认为是完全真实的。《关于其他欧洲国家赋税的记录》（第1卷），是根据法国驻各国大使所提供的资料编纂的，篇幅较短，或许不如对法国赋税的记录那样准确。编者是摩罗得·波芒，巴黎，1768~1769年，全书共4卷。斯密得到此书，极为重视，相信它是非常稀少的。参阅波拿的《书目》，第10页。

君主有闲暇可以从事酒或者药的买卖,那么那个国家当然不会很大。对于更大一些的国家而言,国营银行的利润是一个收入来源。不但汉堡如此,威尼斯及阿姆斯特丹亦然。许多人认为,就连英国这样大的一个帝国也未忽视这种收入。英格兰银行的股息为百分之五点五,资本为一千零七十八万镑,支付营业费用后,每年剩下的纯利润会达到五十九万二千九百镑。假设政府可以用百分之三的利息把这项资本借过来,将银行的管理掌握在自己的手中,则每年可得二十六万九千五百镑的纯利润。经验表明,像威尼斯及阿姆斯特丹那种贵族政治下有秩序的、谨慎的、节约的政府,才最适合经营这种事业;但像英格兰这样的政府,不论其优点如何,从来没有以善于理财而著名。在和平时代,君主国经营这种事业总是会由于怠惰和疏忽而造成浪费,战时又常常出现民主国家容易发生的欠考虑的浪费。这种事业必须在类似于项目的管理中才可以得到信任,但也至少需要相当大的疑问。

邮政局就是一种商业项目。政府事先投资建设不同的办公机构,购买或租赁必要的车辆马匹,由于邮政局所承担的业务回报高,这种预先支付的钱款很快就会获得丰厚的利润。我相信,这可能是政府所经营的各种商业项目中最成功的一个了。预先投入的资本不很多。其业务也没有什么秘密,回报不但确定,而且迅速。

但各国君主们却往往从事其他许多商业项目,他们像普通人一样为改善其财产状况常常会成为一般商业领域中的冒险家。他们中很少有获得成功的。君主们经营业务不免有浪费,这就使其成功变为不可能。君主的代理人认为主人有无尽的财富,他们不关心货物以何种价格买来,以何种价格销售;他们也不关心从一地运往另外一地的运输费用;这些代理人与君主们过着一样富裕的生活;有时就是浪费了,仍能以恰当方法捏造账目,并掠夺君主们的财产。据马基雅弗利说,麦迪西斯的洛伦佐并不是无能的君主,而他的代理人就是这样替他经营商业的。佛罗伦萨共和国不得不为他偿还了好多债务。于是,他放弃了他的家庭赖以发家的经商事业。在后半生,他把剩下的财产及可由他支配的国家收入都投入到更适合于自己地位的事业及开支上①。

从来没有任何两种性格像商人性格与君主性格那样互不相容。如果英属东印度公司的贸易精神使它变成极坏的君主,君主精神似乎也使他们成为极坏的商人。当他们仅仅是商人的时候,他们可以成功地管理交易,并能从赢得的利润中支付给股东相当的红利。但从它成为当地的统治者以后,虽说还有三百万镑以上的收入,却仍然要乞求政府的临时援助以避免破产。在先前的状况下,该公司在印度的人员都把自己看做是商人的伙计;在目前的状况中,他们却视自己为君主的钦差。

一个国家公共收入的若干部分有些时候或许来自于货币利息和资本利润。如果国家积蓄了一笔财富,就可将其中的一部分贷给其他国家或本国的臣民。

伯尔尼联邦将一部分财富借给外国而获得了很多的收入;也就是说,把这些财富投资于欧洲各债务国(主要是英国、法国)的公债。首先,要看所投资公债的安全性以及管理该公债之政府的信用程度;其次,要看与债务国保持长期和平的可能性或确定性。如果有战争,债务国方面最初采取的敌对行为恐怕就是没收债权国的公债。据我所知,只有伯尔尼联邦采取将货币借给外国的政策。

汉堡市②设立了一种公家当铺,当铺贷款给那些送交质押物的国民,收取百分之六的利息。正如预先假定的,当铺向国家提供了十五万克朗的收入,按照每克朗可以兑换四先令六便士,这些收入大约合三万三千七百五十镑。

宾夕法尼亚政府没有积累财富,但它发明了一种向国民贷款的办法,不是实际的货币,而是一种货币等价物。国民要获得这种证券,须以两倍价值的土地作为担保,并要支付利息。此证券规定十五年赎回,在赎回以前,这种证券可以像银行钞票一样在市面流通;而且由议会法律宣布为本州一切居民之间的法币。节俭而有秩序的宾夕法尼亚政府可以从上述证券发行中获得相当多的收入,而该州

---

① 《佛罗伦萨史》,第八篇到最后。
② 参阅《关于欧洲法律及赋税的记录》,第 1 卷,第 73 页。

每年的支出不过四千五百镑；不过，这种权宜之计的功效如何，须要考虑以下三种情形：第一，对金银货币以外的其他交易手段的需求，或者说是对于必须以金银向外国购买的消费品的需求；第二，利用这种权宜之计的政府的信用；第三，信用证券全部价值决不应当超过在没有这种证券的情况下流通中所需金银的全部价值。美洲的其他几个殖民地也曾实行过这种办法，但由于滥用无度，最终的结果多半是混乱而非便利。

能够维护政府安全与尊严的只有那些确实的、稳定的、恒久的收入，至于资本及信用的不确定和不持久的本质特征使得它们被当做政府的主要收入资源。所以，一切已经越过游牧阶段的大国政府，其大部分的公共收入都不是来自于上述资源。

土地是一种比较确定和恒久的资本。所以一切越过了游牧阶段的大国的公共收入大都是以国有土地地租为主要来源的。古希腊及意大利各共和国在很长时间内就是从国有土地的产品和地租中获得大部分收入以负担国家大部分必要的开支的，而以往欧洲各国君主大部分收入在很长时间内也来自于王室领地的地租。

近代，战争及准备战争这两件事情占用了所有大国大部分的必要开支。但是在古希腊及意大利各共和国，每个市民都是士兵，服役和准备服役都需要自己负担费用。因此，在上述两种情形中，国家无须支出很多的费用。所以，一项不大数额的土地地租就可以完全承担政府一切必要的开支。

在欧洲古代君主国中，由于当时的风俗及习惯，大多数人民都可以为战争做好充分准备；一旦参加战争，或者是他们承担自己的费用，或者由直属领主出资，君主不需要增加新的负担。政府其他费用大都非常有限。司法行政不仅不会产生开支负担，反而成为收入来源。每年收获前及收获后，乡下人民要提供三日劳动，这足以建造和维护国内商业活动中一切必要的桥梁、道路及其他土木工程。当时君主的主要费用，似乎就是他的家庭及宫廷的维持费。因此，他宫廷中的官吏就是国家的官员。户部卿是为君主收地租的，宫内卿及内务卿是为他的家庭掌管支出的。君主的厩舍委任给警卫卿、部署卿分别料理。君主所居住的房子通常是城堡形式，看起来就是他所拥有的要塞。这些城堡的守护者则被看做是卫戍总督。在和平时期,君主支出费用所维持的军事官员也就是这些人。在这些情况下,一大宗土地的地租通常就可以负担政府一切必要的开支了。

欧洲多数文明君主国的现状是,全国所有土地被管理得如同全部属于一个人所有一样,全部土地所能够提供的地租,恐怕决不会达到各国和平时期向人民征收的经常性收入那么多。例如,英国经常性收入中不仅包括其用作每年的必要开支,而且还要支付公债利息,清偿一部分公债,这些大约要达到每年一千万镑以上。然而,所收土地税按照每镑征四先令计算,还不到两百万镑。按照设想,这所谓的土地税不仅包括一切土地地租的五分之一,而且包括英国一切房租、一切资本利息的五分之一,免纳此税的资本,只涉及贷给国家以及用于农场土地耕作的资本。这种土地税,很大部分是来自房租及资本利息。例如,按照每镑征四先令计算,伦敦市的土地税,可以达十三万三千三百九十九镑六先令七便士;威斯敏斯特市,六万三千零九十二镑一先令六便士;白厅宫及圣詹姆斯两宫殿,三万零七百五十四镑六先令三便士①。在英国的其他城市,一定比例的土地税也是按照同样方式估计的,而且几乎全都出自房租及商业资本和借贷资本的利息。总之,英国土地税既然不到两百万镑,则全部地租、房租、资本(贷给政府及用于耕作的资本除外)利息收入总额当然不超过一千万镑,也就是说不超过英国在和平时期向人民征收的收入总额。就全王国平均起来,英国为征收土地税对各种收入所作的估计无疑与实际价值相差太远,虽然说在几个州和几个区,该估计数额和实际价值很接近。有许多人估计,不计算房租及资本利息,单单土地地租一项每年总额就应当有两千万镑。他们的这种估计是非常随意的,我认为大概要高于实际情况②。但假若在目前耕作状态下,英国全部土地所提供的地租每年没超过两千万镑,那么,这土地如由一个人占有,而且置于他的代办人、代理人的怠慢、浪

---

① 数字根据各项土地税法所列。
② 关于这些估计,参阅罗伯特·吉芬爵士的《资本的增长》,1889 年,第 89、90 页。

费和专横的管理之下，别说两千万镑的二分之一，全部地租总额恐怕连四分之一也难以达到。英国今日王室领地所提供的地租，恐怕还无法达到如果土地属于私人所有情况下所能提供数额的四分之一。如果王室领地更加扩大，则其经营方式必然更加恶劣。

人民从土地中获取的收入并不与土地地租成比例，而与土地产品成比例。除保留播种的种子外，一国土地的年产品都会被人民消费，或者用以交换他们所需要的其他物品。无论什么原因使得土地产品少于其本来可能增加到的水平，它使人民收入所减少的程度总会大于它使土地所有者收入减少的程度。英国土地地租，即农产品中属于土地所有者的部分，几乎没有达到全农产品三分之一以上的。如果在某种耕作状态下，土地一年只提供一千万镑地租，而在另一种耕作状态下，一年可提供两千万镑地租，又假使在这两种场合，地租都是农产品的三分之一，那么，土地所有者收入因土地被阻碍在前一耕作状态下所受的损失，只不过一千万镑，而人民收入因此所受的损失要达三千万镑；没有考虑在内的只不过是播种的种子罢了。一国土地农产品既减少三千万镑，其人口就也要按照这三千万镑减去种子价值后的余额，按照各阶层人民的生活方式和费用方式加以维持。

在欧洲现代文明国家中，以国有土地地租为大部分公共收入的情况已不复存在，但君主拥有大片领地仍然是一切大君主国共有的现象。王室领地大都是森林，可有时即使你行走数英里，也不一定能找到一棵树木。这种土地状况造成国家人口的下降。欧洲各国君主出售其私有领地，则所获得的收入一定很可观；如果再用于清偿国债，收回担保品，那从中所得到的收入恐怕比土地在任何时候给君主提供的收入都要多得多。在土地高度改良且耕种得好的国家，出售时也能产生获得丰厚的地租。土地的出售以三十年为准。如果既未经改良耕植，且地租较少，其出售相当于四十年、五十年或者六十年，君主就立即可以享受到高价格担保品所提供的收入。而在数年之内，还会享有其他收入。因为，当王室领地变为个人财产后，不到几年，就会得到很好的改良和耕植。农产品由此增加了，人口也必定随着增加，人民的收入和消费必因此增大。人民收入和消费增大,君主从关税及消费税中得到的收入势必随之增加。

文明国君主从其领地中所获取的收入,看来似乎对人民个人无损,但其实是对全社会造成了损害,比君主所享有的收入要大得多。所以,为社会全体利益考虑,不如拍卖王室领地,分配给人民,而君主以前从其领地得到的收入则由人民提供其他收入来代替。

用于游乐与观赏的土地、公园、花圃及散步场所不仅不是收入的源泉,而且还需要投入费用加以维护。在大的文明君主国,这种土地应当属于君主。

因此,作为君主或国家所特有的两项收入源泉,公共资本和土地,它们既不适合支付也不够支付任何大文明国家的必要开支;这些必要开支的大部分就必须依靠这样或那样的税收。换言之,人民必须从自己私有的收入中拿出一部分上缴给君主或国家,以弥补公共收入。

第二节 论赋税

本书第一篇曾提及,个人的私有收入最终总是来自于三个不同的来源,即地租、利润与工资。归根结底,每种赋税必定是由这三种收入源泉的这种、那种或共同由这三种收入来源来承担。因此,我将竭尽所能地论述以下各个要点:第一,打算加于地租上的税;第二,打算加于利润上的税;第三,打算加于工资上的税;第四,打算不分彼此地加于这三项收入来源上的税。由于要分别研究上述四种赋税,因此要把本章第二节分为四个部分,其中的三个部分还得进一步细分。后面还可以看到,尽管开始时这些赋税是打算加于某项资金或收入源泉的,但结果却并非如此。

在讨论上述各项特殊赋税之前,有必要列举出关于一般赋税的四种原则。

(一)每个国家的国民都必须按照各自能力,也就是说,按照各自在国家保护下所获得收入的比例,尽可能地缴纳税赋以确保政府运转。一个大国中每个国民所需缴纳的政府开支,正如一大宗土地的联合承租所需要承担的管理费用一样,他们必须按照各自在土地中所获得的利息的比例来划分。所谓赋税的平等或不平等,就看是尊重还是忽视这条原则。必须注意的是,而且只提一次,任何赋税如果仅由地租、利润、工资三者之一负担,而其他两者不受影响,那必然是不平等的。在此后对各种税赋的讨论中,我将很少深入地分析这种不平等,在多数案例中,我将只讨论由于某种赋税不平等地落在它所影响的特定私人收入上而引起的那种不平等。

(二)每个国民应当完纳的赋税必须是确定的,且不得随意变更。完纳的日期、方式和数额都应当让一切纳税者及其他人了解得十分清楚明白。否则,每个纳税人就会或多或少地为税吏的权力所左右;税吏会乘机向任何讨厌的纳税者加重赋税,或者以加重赋税为恐吓,勒索赠物或贿赂。赋税的不确定会纵容专横与腐化,即使那些税吏原本不是专横和腐化的人。个人赋税额的确定性是非常重要的,我相信,根据一切国家的经验看,赋税如果不平等,其对纳税者的危害尚小,而赋税一旦不确定,则会产生相当大的危害。

(三)各种赋税征收的日期和方式必须给予纳税者最大的便利。地租税或房租税应在通常缴纳地租、房租的同一时期征收,因为这样安排对纳税者最为便利;或者说,这个时期他最容易拿出钱来。至于对奢侈品一类消费物品的赋税,最终要由消费者支付,通常也要采取对其最为便利的方法。当他购买这类商品时,就需要逐渐地缴纳。他有购买或者不购买的自由,只要他乐意,如果他因这种赋税的征收而感到相当大的不方便,那也是他自己的问题。

(四)一切赋税的征收要有所安排,设法从人民那里征收的尽可能等于最终国家得到的收入。如果从人民那里所征收的远多于国家最终的收入,主要是四个方面的原因:第一,征收赋税可能使用了大批官吏,这些官吏消耗了大部分税收作为薪俸,而且还要向人民征收更多的税赋。第二,它可能妨碍了人民的经营,使人民不愿意投入到事关国计民生的商业活动中。而这种做法还可以使本来可利用以举办上述事业的基金,由于要缴纳税款而缩减乃至于消失。第三,对于那些不幸的逃税未遂者而言,将其资产充公及其他的惩罚办法往往会摧毁他们,因而社会失去了从使用这部分资本的过程中所能获得的收益。不明智的赋税会产生逃税的强大诱惑。但对逃税的惩罚又势必随着诱惑的增加而相应地加重。与其他所有的一般性司法原则相反，这样的法律首先产生了逃税的诱惑，然后对逃税施以惩罚并常常按照诱惑的大小确定刑罚的轻重①。第四，税吏频繁的造访及令人讨厌的稽查常使纳税者面临不必要的麻烦、困扰和压迫。严格地讲，这种烦扰虽算不上什么金钱的损失，但的确等同于一种损失，因为每个人都不愿意面对这种烦扰。总之，赋税之所以往往给人民造成更大的负担，而国家却没有获得同样的收入，不外乎上述四种原因。

上述四条原则，道理明显，效用显著，任何国家或多或少地都注意到了。它们都竭尽可能地设法使赋税尽可能保持公平，使得到的税收等于所预先计划的；对纳税者而言，纳税日期和支付方式务必确定和便利，并参考他们各自承担的税赋比例，还要尽可能避免给人民增加更多负担。以下对不同时代及各国主要赋税的简短评述，将表明各国在这方面的努力并未得到同样的成功。

第一项

地租税，即加在土地地租上的赋税

加在土地地租上的赋税有两种征收方法：其一，按照某种标准，给不同地区分别评定出一定地租水平，评定之后就不可以变更；其二，税额随土地实际地租的变动而变动，随土地耕作的改善或恶化而增减。

英国就是采用前一种方法，各地区的土地赋税根据一个固定标准来评定。尽管这种固定税在设立之初是平等的，但由于各地耕作

---

① 参阅《人类历史纲要》，1774年，作者亨利·霍姆（凯姆斯勋爵），第1卷，第474页及以下。这位作者在所引述的地方提出了征收赋税的六条"一般规则"：（1）"在有机会走私的地方，赋税应当适中"。（2）"应当避免征收费用高昂的赋税"。（3）"应当避免不确定的赋税"。（4）"通过免除穷人的负担和使富人负担来纠正赋税的不平等"。（5）"应当极力拒绝征收每一种造成国家贫困的赋税"。（6）"应当避免要求纳税人宣誓的赋税"。

上的不同程度的改良或者疏忽，在一段时间后也必然会流于不平等。英格兰由威廉及玛丽第四年所设立的土地税在设定之初就是不公平的。因此，这种赋税就违反了上述四原则的第一条。不过，它完全符合其他三条原则。它是十分确定的。征税与纳税为同一时期，对纳税者是很便利的。虽然在一切场合中，地主都是真正纳税者，但税款却通常是由佃农垫付的，不过地主在收取地租时，必将其扣还给佃农。此外，与其他数额相同的税比较，这种税赋征收时使用的官吏很少。各地区的税额不随地租增加而增加，君主也无法分享到地主从改良土地中所获得的利润。实际上，这些改良有时会造成同一地区其他地主的破产。但针对某些特定地产而加重税赋，其所产生的影响程度通常很小，不会阻碍土地的改良，也不会使得产量低于预期的水平。由于减少土地产量的倾向没有了，抬高农产品价格的可能性自然也就不存在了。也不会阻碍人民的经营。地主除了要面临缴纳赋税这种不便利外，不会有其他任何的不便。

不过，英国地主从上述估价保持不变中获得的利益主要体现在土地税上，但上述利益和赋税本身的性质无关，而主要是由于若干外部状况。

自从英国建立起土地估价制度以来，几乎整个国家的每个地方都得以繁荣，一切土地地租都在持续增加，而鲜有下降。因此，所有的地主都可以从按现时地租计算应付税额与按旧时估价实付税额间的差额中获得利益。如果实际情况与此相反，地租因耕作衰退而逐渐降低，那一切地主就几乎都得不到这差额。在英国大革命之后，土地税赋估价的不变性就有利于地主而不利于君主；在另一种情况下，可能反而会有利于君主而不利于地主。

由于赋税以货币征收，土地的估价当然用货币表现。自从估价建立之后，银价十分固定；在重量和品质上，铸币的法定标准都没有变更。如果银价显著上升，像在美洲矿产被发现之前的两个世纪里那样，则此估价的不变性将使地主很吃亏。如果银价显著跌落，像在美洲矿产被发现后的一世纪里那样，则君主的收入会因估价的不变性而大大减少。此外，如法定货币标准发生变动，同样重量的银，或被低估为较少的名义价格，或被高估为较高的名义价格，例如，一盎司白银原来可以铸造五先令二便士，现在不采用此办法，而用来铸造二先令七便士或十先令四便士。这样，在后面的情况中吃亏的是收税的君主，在前一情况下吃亏的则是纳税的地主。

因此，在与当时实际情况多少有差别的情形下，这种估价的不变性就不免要给纳税者或国家造成极大的不便。然而，只要经过一定时期，那种情况就必定会发生。各个帝国虽然与一切其他人为事物一样，其命运有时候会终结，但它们却总试图永久存在。所以帝国的任何制度都应当像帝国本身那样永久存在，也必须是非常便利的，不能仅仅在某些特定环境中，而应当适合所有的情况。换言之，制度不应当只适合于过渡的、一时的或偶然的情况，而应适合于那些必然的而因此是长久的情况。

土地税随地租的变动而变化，或按照耕作状况的改善或退步而增减，这曾被法国自命为经济学派的那些学者推崇为最公平的赋税。他们主张，一切赋税最终总是要落在土地地租上，因此应该平等地课于最终支付这些赋税的资金上。一切赋税应该尽可能平等地落在承担其的最终源泉上，这无疑是对的。但是，如果深入到支持他们学说的那些形而上学且充满争议的讨论当中，从下面的评述就可以非常明显地看出，何种赋税最终出自地租，何种赋税最终出自其他资源。

在威尼斯境内，一切以租约形式交与农夫的可耕土地，通常从地租中征收十分之一的税①。租约要在各省或各地区官吏所保管的公证记录中登记。如果土地所有者自己耕地，其地租由官吏公平估价，并可以扣减税额的五分之一。因此，土地所有者为这种土地所纳的赋税就不是所估价地租的百分之十，而是百分之八了。

这种土地税比英国的土地税要公平得多，但它没有那样确定。所估价的税额常常可能使地主感到更多的烦恼，在征收上可能要耗费更多的费用。

设计这样一种管理制度，既能在很大程度上防止上述的不确定性，又能在很大程度上减少上述费用。

---

① 《关于欧洲的法律及赋税的记录》，第1卷，第240、241页。

比如，地主及佃农双方都必须到公家登记册上登记租约。如果一方有隐匿或伪报情形，即课以相当罚金；如果将罚金一部分给予告发及证实此情形的另一方，那么就可以有效地防止地主和佃农合伙骗取公家的收入。而租约中的所有条件就可以从登记册里充分了解到。

在重订租约时，有些地主不是增加地租，而是收取罚金。在大多数场合下，这是挥霍者的做法，他们为了迅速获得现金而放弃了价值要大得多的未来收入。因此，在大多数情况下，这种行为对地主是有害的，通常也会损害佃户，也常常有害于国家。佃农常会因此而投入大部分的资本，并大大减低其耕作土地的能力，他发现支付少量的租金反而比支付较高的租金更加困难。降低佃农耕作能力，也会降低作为国家最重要的一部分收入的土地租金，这是非常有害的。如果课于这种租金的赋税比普通地租重得多，这种有害的行为应该可以被阻止，对所有相关利益方，如地主、佃农、君主乃至全社会，都会受益不浅。

有的租约规定佃农在整个租期内所应采的耕作方法以及应轮种的谷物。这个规定大多是地主自负其具有优越知识的结果（在大多数场合，这种自负是毫无根据的）。佃农受此拘束，无异于提供了额外的地租，所不同的只是以劳务租金而替代货币租金罢了。为了阻止这种办法，惟有对于此种地租从高评定，课以较普通货币地租为更高的税率。

有些地主不收取货币地租，而要求以谷物、牲畜、酒、油等实物缴纳地租；有些地主则要求劳务地租。类似的地租通常都更加利于地主，而使佃农受损。佃农所支付的往往要多于地主最终所得到的。在实行这些地租的国家中，佃农往往是贫困的，而其贫困程度则与上述赋税征收的程度相关。这是一种危害全社会的举动，如果对这种地租进行过高的估计，课以较普通货币地租为更高的税率，当然也许可以制止。

当地主亲自耕作一部分自有的土地时，其地租可以参照邻近农户及地主的地租来公平估价。此估价的地租，可照威尼斯境内所采取的办法略减其若干税额，只要不要超过某一定额。鼓励地主亲自耕作自有的一部分土地很重要。因为地主的资本大多比佃农多,所以即使耕作不及佃农熟练,常常也能够得到较丰厚的回报。他有财力进行试验,而且一般是有意进行试验的,试验不成功也只会造成有限的损失。而如果试验一旦成功,则将大大有利于全国范围内的耕种和改良。可是,减税只可诱使地主亲自耕作其一部分土地的程度。如果一大部分地主都被引诱去亲自耕作其所有的土地,那全国将充满着懒惰放荡的地主管家(为自身利益而不得不在所拥有的资本及所掌握的技术的范围内而尽力耕作的认真和勤勉的佃农,全会被那些地主管家所替代)。地主管家的这种经营没有多久便会使耕作荒废,使土地年产量缩减。受其影响的将不仅是地主的收入,全社会最重要收入中的一部分也将因此减少。

这样的行政管理体制一方面也许可以免除由于这种税收的不确定性所施加给纳税者的压迫与不便;另一方面,也许会使土地的日常经营引入一种对全国土地的改良及耕作改善都有极大贡献的计划或政策。

土地税随地租变动而变动,其征收费用,无疑比数额标准不变所消耗的要多。在这种制度下,将不得不在各地增设登记机构,当地主决定自耕其土地时,还需要重新评估该土地的地租。而上述两项活动都要增加费用。不过,这一切费用大都很轻微,和税收的征收费用相比实在算不上一回事。

可变土地税会阻碍耕地改良,看起来也可作为反对此税的最重要理由。因为,如果君主不分摊改良土地的支出而分享改良之后的利润,地主必然很不愿意进行土地改良。不过,有办法可以消除这种阻碍。要是在地主进行改良土地之前,允许其会同征收赋税的官吏,依照双方共同选择的若干邻近地主及佃农的土地价值标准公平确定其土地的实际价值,并在一定年限内,按照此标准估价课税,使其改良所支出的费用可以完全得到赔偿,他就愿意改良土地了。这种赋税的一个主要好处就是使君主因注意自身收入的增加而留心土地的改良。因此,为补偿地主而规定的上述期间,只需达到目的而不应定得过长;如果享受这种利益的时间过长,恐怕也会使君主失去兴趣。可是,期限长一些倒是比期限短一些要好。因为,促使君主重视的刺激根本无法与阻止地主注意改良土地的最小障碍相提并论。君主的重视至多只能出于一般的、广泛的考虑，看怎样才能对全国大部分土地的改良有所帮助。地主的重视则是特殊的和详细的考虑，看怎样才能最有利地利用他的每寸土地。总之，君主应在其权力所及范围内，以种种手段鼓励地主及佃农重视农业，就是说，使他们双方能依自己的判断及自己的方式追求自己的利益；让他们能最安全地享受其勤劳之后的收获；并在领土内设立最便利最安全的水陆交通部门，使他们所有的农产品有最广泛的市场，同时并能够自由无阻地输送到其他各国。凡此种种，才是君主应当非常重视的地方。

如果这种管理制度能使土地税不但不会阻碍土地的改良，而且可以促进土地改良的话，那么土地税就不会使地主感到不便了，要说有，那就是无可避免的纳税义务了。

在任何的社会状态下，在农业进步或退步时；在任何银价时，在所有的铸币法定标准中，这样一种赋税即使没有得到政府重视，也会自然而然地与实际情况相适应，并在所有的变化中保持公平和公正。所以，最恰当的办法就是建立起一种不可改变的制度，或者是国家的基本法，即任何赋税都要按照一个既定的估价来征收。

有的国家没有采用简单明确的土地租约登记法，而不惜多劳多费，对全国的土地进行丈量。它们这样做也许是担心出租人和承租人会合谋隐藏租约的实际条件以骗取政府收入。土地丈量册似乎就是这种精确丈量的结果。

在过去的普鲁士王国领土内，征收土地税都以实际丈量及估价为准，随时丈量随时变更①。按照当时的估价，对普通土地所有者征收其收入的百分之二十至二十五的税，对教士们则课以其收入百分之四十至四十五的税。西里西亚土地的丈量及估价是按照国王命令而进行的，据说非常精确。按照这种估价，布勒斯洛主教的土地要被征收其地租的百分之二十五的税；而新旧两教教士的其他收入则被征收其地租的百分之五十的税；条顿骑士团采邑及马尔达骑士团

---

① 《关于欧洲法律及赋税的记录》，第1卷，第114、115、116页。

采邑都须缴纳百分之四十；贵族保有地为百分之三十八点三三；平民保有地则为百分之三十五点三三①。

据说波希米亚土地的丈量及估价是花费了一百多年才完成的，直到1748年和平后，现女王发布命令而限其完成②。由查理六世时着手的米兰公领地测量到1760年以后才结束。据评论，这次丈量的精确程度前所未有。萨沃伊及皮德蒙特的丈量则是出于已故王沙廷尼亚的命令③。

在普鲁士王国中，教会收入的课税比土地所有者收入的课税要高得多。教会收入的大部分都出自土地地租，但很少看到他们用这些收入来改良土地，或在其他方面支出以增加大多数人的收入。也许是这个缘故，普鲁士国王觉得教会收入理应对国家的急需承担得更多一些。然而有些国家，教会土地却全都免税；有些国家也是比土地税要轻一些。1577年以前，米兰公国领土内一切教会土地仅按它实际价值的三分之一课税④。

在西里西亚，向贵族保有地征收的税比课于平民保有地的税要高出百分之三。这种差异大概是由于普鲁士国王有以下的想法：前者既享有种种荣誉、种种特权，就可以抵偿他略高的赋税负担；后者往往感觉低人一等，所以可从减轻赋税负担中得到几分弥补。然而在其他国家则不然，它们的赋税制度不但不减轻平民的负担，反而加重平民的负担。如在沙廷尼阿国王领地内以及实行贡税的法国各省，其赋税全由平民保有地负担，贵族保有地反而都可以得到豁免。

按照一般丈量而估价的土地税，其开始虽很公平，但实行不到多久就必定变为不公平。为防止这种弊端，政府要不断地和耐心地关注国内各农场的状态及其产量的所有变化。普鲁士政府、波希米亚政府、萨迪尼亚政府以及米兰公国政府都曾这样做。不过，这种

---

① 《关于欧洲法律及赋税的记录》，第1卷，第117~119页。
② 同上，第83、84、79页。
③ 同上，第280页及第287~316页。
④ 同上，第282页。

注意与政府的性质非常不相符合，所以也很难持久；即使可以长久注意下去，久而久之，不但对纳税者无所帮助，而且会引起更多的麻烦。

据说，1666年蒙托班课税区所征收的贡税是以极精确的丈量及估价为准①。但到1727年，这种赋税却变为完全不公平了。为解决这个问题，政府除了对全区追加征收一万二千利弗的附加税外，再也找不出其他较好的方法。按规定这项附加税只针对一切依照旧估价税额征收贡税的税区征收，但事实上却是只向依照旧的估价税额而实际纳税过少的地方征收，借以补偿依照旧的估价税额而实际纳税过多的地方。比如，现在有两个地区：其一是按实际情况应缴纳税九百利弗的地区；其二是应缴纳税一千利弗的地区。如果按旧的估价税额，两者都要缴纳税一千利弗。在征收附加税后，两者的税额都定为一千一百利弗。但现在要缴纳附加税的只限于此前负担过少的地区，而此前负担过多的地区则可以从此附加税额得到补偿。所以后者所需要缴纳的不过九百利弗。附加税完全用于解决旧估价税额上所产生的不公平，所以对政府而言并没有什么得失。不过这种方法的使用多是依据税区行政长官的命令，所以在很大程度上是独断专行的。

不与地租成比例而与土地农产品成比例的赋税

课于土地农产品的赋税实际就是课于土地地租的赋税。这种赋税最初虽由农民垫付，但最终仍由地主负担。当一定比例的农产品被作为赋税支付时，农民必然尽其所能地计算这一部分在每年中的大体价值，然后从同意付给地主的租额中扣除相当的数目。向教会缴纳的什一税就是这一类赋税。没有任何农民会在交出当年的农产品时不预先估算其在每年的价值。

什一税和其他一切类似的土地税，从表面上看似乎十分公平，实际上却非常不公平。在不同情况下，一定比例的农产品往往会等于不同部分的地租。肥沃的土地往往会带来丰富的农产品，农产品

---

① 《关于欧洲法律及赋税的记录》，第2卷，第139页和第145~147页。

有一半就足够偿还农耕资本及其一般利润。在无什一税的情况下，另一半或者另一半的价值足够向地主提供地租的。但是，租地者如把农产品的十分之一缴付了什一税，他就必然要求减少五分之一的地租，否则他就会失去一部分的资本及利润。在这种情况下，地主的地租就不会是全部农产品的一半或十分之五，而只有十分之四了。有时，贫瘠土地的产量非常少，而费用却很大，以致要用全部农产品的五分之四去偿还农耕资本及其普通利润。在此情况下，即使没有什一税，地主所得到的地租也不会超过全部农产品的五分之一或十分之二。如果农民又把农产品的十分之一缴付了什一税，他就要从地租中扣除相同的数额，这样，地主所得就要减少到全部农产品的十分之一。在肥沃土地上，往往什一税不过是占每镑五分之一的税或每镑四先令，而在较贫瘠的土地上，有时什一税要等于每镑二分之一或每镑十先令的税。

什一税通常是加在地租上的极不公平的赋税，因此是地主改良土地及佃农耕种土地的一大障碍。当不需要支出任何费用的教会可以分享到如此大的利润时，一方不会投资去进行最重要但一般也是最昂贵的改良；另一方也不会收取到最有价值也是最昂贵的谷物。欧洲自实施什一税以来，栽培茜草并独占此染料的只有荷兰，因为它是长老教会国家，并没有这种糟糕的赋税。最近英格兰也开始栽培茜草了，因为议会制有法律规定，种茜草地时每亩只征收五先令以代替什一税①。

正如欧洲大部分地方的教会一样，亚洲许多国家的主要收入都依靠征收不与土地地租成比例而与土地农产品成比例的土地税。中国皇帝的主要收入由国家全部土地农产品的十分之一构成。不过，宽松估计的话，这所谓的十分之一在很多省份还没有超过一般农产品的三十分之一。印度在东印度公司统治以前，孟加拉回教政府所征的土地税据说约为土地农产品的五分之一。古代埃及的土地税据

---

① 乔治二世第 31 年的第 12 号法律，由乔治三世第 5 年第 18 号法律得以延续。

说也是五分之一①。

亚洲的这种土地税使亚洲的君主们都关心土地的耕作及改良。据说中国的君主、回教治下的孟加拉君主、古代埃及君主为尽量增加其国内所有土地农产品的数量和价值,都曾竭尽心力地建设和维护公路及运河,使得全部农产品都能畅通无阻地运输。欧洲实施什一税的教会则不同。各教会所分得的什一税数量很少,因此没有一个会像亚洲君主那样关心土地的耕作及改良。一个教区的牧师,决不会向国内偏远地方修建运河或公路以拓展本教区农产品的市场。因此,如用这种税维持国家,它所带来的若干利益尚可在某种限度抵消其所带来的不便;若用它来维持教会,那么除了不便之外,就再也无其他利益可言了。

课于土地农产品的赋税,有的征收实物,有的则依照某种估价征收货币。

教区牧师和居住在私有田庄内且只有少量财富的乡绅有时或许觉得以实物收取什一税或地租有一些好处。因为所征收的数量很少,征收的区域又小,自己就能够亲自监督。可是,一个住在大都市而资产丰厚的绅士要向分散在各地的田庄按照其地租来征收实物的话,那就不免要承担其承办人及代理人怠慢的风险,尤其是这些人可能会舞弊的风险,比税吏滥用职权给君主的损失无疑还要大得多。一个哪怕凡事极其粗心大意的普通人,在用人上都要比小心谨慎的君主强得多。如果以实物征收公共收入,税吏糟糕的管理可能会带来巨大的损失,实际缴纳到国库的往往不过是人民所支付的一小部分。然而,中国公共收入的若干部分据说就是这样征收的。中国的高层官员及税吏们无疑都愿意保持这种征税的惯例,因为征收实物过程中舞弊远比征收货币中容易多了。

土地农产品税以货币缴纳,有的是按照随市场价格变动而调整的估价;有的则是按照保持不变的估价,例如,无论市场状态如何变动,一蒲式耳小麦总是估价为同一货币价格。按照第一种方法征收的税额,随耕作勤劳和懒惰对实际农产品所产生的影响而变动,

---

① 《旧约·创世纪》,第47章,第26节。

按照第二种方法所征收的税额,就不但随土地农产品的变动而变动,而且会随贵金属价值的变动,乃至各时代同名铸币所含贵金属分量的变动而变动。因此,就第一种方法而言,总是保持着税额相对于土地实际农产品价值的相同比例;就第二种方法而言,税额相对于土地实际农产品价值,在不同时期会表现为非常不同的比例。

不采用一定比例的土地农产品或一定比例农产品的价格,而是收取一定额货币来完全代替所有赋税或什一税,这种赋税就正好与英格兰土地税具有相同的性质。这种税,既不会随土地地租变化而上涨,也不会妨碍或促进土地的改良。许多教区不以实物而是货币征收什一税。这种方法也和英格兰土地税相类似。在孟加拉回教政府时期,其所属大部分地区据说是以相当少的货币来代替向农产品征收五分之一的实物。此后,东印度公司的某些人员借口把公共收入恢复到其应有的价值,在若干地区里也把货币付税改为实物付税。可是,在他们的管理之下,这种改变一方面阻碍耕作,另一方面又造成征收上出现了营私舞弊的新机会,所以与他们最初采用的税收相比较,公共收入大大减少。公司人员大都从这个改变中得到了好处,但恐怕也是以他们的主人及国家的利益损失为代价的。

房租税

房租可以分为两个部分:其一,可称为建筑物租;其二,通常称为地皮租。

建筑物租是建筑房屋时所投入资本的利息或利润。为使建筑业与其他行业保持在同一水准上,这种建筑物租就必须能够:第一,给予建筑业者一种足够的利息,相当于他把这些资本贷出所能得到的利息;第二,保证他不断地修理房屋,换句话说,就是他在一定年限内能收回其建筑房屋所投入的资本。因此,各地的建筑物租或建筑资本的利润,就经常受到货币利息的影响。在市场利率为百分之四的地方,除去地皮租后的建筑物租金还能提供相当于全部建筑投入的百分之六或百分之六点五的收入,建筑商的利润就算是足够了。在市场利率为百分之五的地方,建筑商利润或许要达到相当于全部建筑投入的百分之七或百分之七点五才算是足够。利润与利息成比例，在任何时候如果建筑业的利润大大超过上述比率，则其他行业上的资本将会有很多转移到建筑业上来，直至该行业的利润下降到正常的水平。反之，在任何时候如果建筑业的利润大大低于该比率，则该行业的资本立即会转移到其他行业中，直至建筑业利润再上升到原来的水平。

全部房租中超过合理利润的部分自然归作地皮租。在地皮所有者与建筑商为不同人的时候，这部分多数要全部付给前者。这种剩余租金是住户为房屋地理位置给其带来的某种真实或想象的利益而负担的代价。在远离大都市而可供选择建筑房屋空地很多的地方，那里的地皮租就几乎等于零，或者其所得几乎等于将地皮用于农业所得。大都市附近郊外别墅的地皮租有时就要昂贵得多。那些拥有特殊便利或秀美风景的位置就更加昂贵了。在一国首都内，尤其在那些对房屋最大需求的特殊地段内（不管这种需求是营业、游乐或仅仅是虚荣和时尚），地皮租大都是最高的。

如果由住户支付对房租所课的税，而且和每间房屋的租金成比例，至少在相当长的时间内不会对建筑物租产生影响。建筑商如果得不到合理利润，他就不得不离开这个行业，这样一来，不要多久，对建筑物的需求就会上升，建筑商的利润便会恢复原状，而与其他行业的利润保持同一水准。这种赋税也不会完全落在地皮租上。它往往会这样自然而然地分为两部分：一部分由住户负担；另一部分由地皮所有者支付。

比如，假定有一个人认为他每年能支付六十镑的房租，又假定加在房租上由住户负担的房租税为每镑四先令，或全部租金的五分之一，那么，在这种情况下，六十镑租金的住宅就需要其支付七十二镑；其中，有十二镑超过了他认为能担负的数额。因此，他将愿意住差一点的房子或租金为一年五十镑的房屋，这五十镑再加上必须支付的十镑房租税，恰恰是他认为自己每年所能负担的六十镑。为了支付房租税，他不得不放弃房租高十镑的房屋所能提供的额外一部分便利。所以说他得放弃另外一部分的便利，是因为他很少要放弃全部的便利。由于有房租税，他不得不以五十镑租房，而这个房子比无房租税时五十镑所租的房屋相差很多。这种税已把他这个竞争者排除,年租六十镑的房屋的竞争自然会减少,而年租五十镑的房屋的竞争也一定同样减少,依此类推,除了租金最低且无可再减的房屋会在一定时间增加竞争外,其他一切房屋的竞争都会同样减少;其结果是所有竞争激烈程度减弱的房屋的租金都必然会有所下降。但由于租金下降至少在相当长的时期内不会影响建筑物租的,所以,它就必然要落在地皮租上。因此,最后支付的房租税的一部分要落在因分担此赋税而不得不放弃一部分便利的住户的头上,另一部分则落在因分担此税而不得不放弃一部分收入的地皮所有者的头上。至于他们两者间最终以什么比例来分担这种最后的支付租金,或许不容易判断。在不同情况下,这种分配有非常大的差别;而且,随着情况的不同,住户及地皮所有者也会因此税而受到不同的影响。

地皮租所有者由此税可能受到的不平等,完全是由于上述的分别承担而偶然发生的不平等。但住户由此税所可能受到的不平等,除了分别承担的原因外,还存在其他原因。房租在全部生活费中的比例与财产的多少有关。一般地,财产最多时这个比例最大;财产逐渐减少,这个比例也逐渐减低;财产最少时这个比例也最小。生活必需品在穷人所需要支付费用中占大部分。他们经常难以获得食物,所以他们收入中的大部分都花费在食物上。而富人则不然。他们主要收入大都花费在生活中的奢侈品及装饰品上;而华丽的居室又最能陈列他所拥有的奢侈品,并显示他的虚荣。因此,富人所负担房租税一般最重。这种不平等也许不算违反常理。富人不但应该按照收入比例向国家缴纳赋税,而且还应该多贡献一些,难道可以说这是不合理的吗?

尽管在某些方面房租与土地地租相似,但在下述方面却与土地地租根本不同。缴纳土地地租是因为使用了一种有生产力的资源,可以从需要缴纳地租的土地中生产出收入以支付地租。至于支付房租却因为使用了一种没有生产力的资源。房屋乃至房屋所占用的地皮都不会生产出什么。所以,支付房租的人必须由其他与房屋毫不相关的收入来源中提取所需要的金钱。只要房租税需要住户承担,它的来源一定和房租本身的来源相同,由他们用收入来支付,不管这收入是劳动工资、资本利润还是土地地租。只要房租税由住户负担,它就是这样一种税,即不单独课于某一种收入来源,而是无区别地课于上述一切收入来源,从任何方面看都和其他消费品税具有相同的性质。一般来讲,恐怕没有哪一种费用或消费比房租更能反映一个人到底是奢侈还是勤俭。对这种特殊消费对象征税所得到的收入会多于今日欧洲任何其他种类的税收。不过,如果将房租税定得太高,大多数人就会尽力回避,反而追求较小的房屋住,而把大多数支出转移到其他方面。

如采用确定普通地租时所必须采用的方法来确定房租,很容易做到十分准确的程度。没有人居住的房屋自然不需要缴税。如果对其征税,赋税就要全部由房屋所有者负担,使他不得不为并没有他带来收入也不给他提供便利的东西交纳税金。如果所有者自己居住,其应纳税额就不应当以其建筑费为准,而应按房屋出租后公平裁定所能租得的租金为准。如果按照其建筑所投入的资金为准,那么每镑三先令或四先令的税再加上其他赋税,就几乎会把全国的富人全部毁掉。我相信,其他一切文明国家如果都这样做,也都会面临同一结果。不论是谁,只要留心观察本国若干富人在城市里的住宅及乡下别墅,他就会发现,如果按照这些住宅最初建筑费的百分之六点五或百分之七,他们的房租就将近等于其地产所收到的全部净租金。他们所建造的华丽住宅虽然经过数代的经营,但与其最初所投入的资金相比,交易价值要小很多①。

与房租比较,地皮租是更合适的课税对象。对地皮租课税不会抬高房租。而税金将完全由地皮所有者负担。地皮所有者总认为自己是排他性享有者,尽可能地从地皮的使用中获得最多的租金。其所得租金的多少取决于竞争地皮的人的贫富程度。换言之,取决于

---

① 自从本书第1版出版以来,征收了和上述原则几乎相同的赋税。本脚注首见于第3版。此项赋税首先根据乔治三世第18年第26号法律征收,对于每年价值为5镑至50镑以下的房屋每镑征税6便士,较高价值房屋每镑征税1先令;但是根据乔治三世第19年第59号法律,修改为年价值5镑至20镑以下的房屋每镑征税6便士,20镑至40镑以下的房屋每镑征税9便士,年价值40镑以上的房屋每镑征税1先令。

他们能够出多少资金来满足其对一块地皮的爱好。在所有的国家里,首都中争夺地皮的有钱人最多,所以首都中的地皮常能得到最高的租金。不过,竞争者的财富不会因地皮税而有所增加,他们也不愿出更多的租金来争夺地皮,即地皮租的税到底是由住户垫付,或是由地皮所有者垫付,无关紧要。住户所必须缴纳的税越多,其愿支付的地皮租就越少。所以,最终支付的地皮税完全要落在地皮所有者的身上。无人居住房屋的地皮租当然不应该课税。

在许多场合,地皮租及其他普通土地地租都是所有者不需要劳神费力便可获得的收入。尽管需要从这项收入中提出一部分以弥补国家的开支,也都不会对任何产业产生妨害。对地皮租课税以后,与未征收税以前比较,土地和社会劳动的年产量、社会中大多数人的实际财富和收入都不会有什么变化。因此,地皮租及其他普通土地地租就是最适合于负担特定税收的收入了。

单就这点说,地皮租比普通土地地租更适合作为征收特定赋税的对象。因为,在许多场合下普通土地地租至少可以部分归因于地主的重视和经营。过重的地租税足以妨害这种重视和经营,而地皮租则不然。地皮租在数额上超过普通土地地租,完全是因为君主良好的管理。这种良好的管理可以保护全体人民的产业,同时还可以保护若干特殊的产业;或由于某些特殊地方的居住者,使他们可以为其住房所占地皮支付大大超过其实际价值的租金;或者说,使这些地皮所有者能够获得的报酬大大超过其地皮被人使用所遭受的损失。对那些借助国家良好的管理而存在的资源课以特殊的赋税,或让其缴纳更多的税金以支持国家的开支,那是再合理不过的。

虽然欧洲各国对房租多数都进行征税,但就我所知,没有一个国家把地皮租看做是另一个征税对象。对确定房租中哪些部分应归地皮租,哪些部分应归建筑物租,税法设计者也许曾感到有些困难。然而要把它们彼此区分开来,毕竟不是非常困难的事情。

在英国,依照所谓的年土地税,房租税应该是与地租税按照相同比例收取的。不同的教区和行政区所依据的征税估价也经常一样。最初的非常不公平到现今依然如此。就整个王国来说,课在房租上的这种赋税仍然比课在地租上的要少一些。仅有原来税率很高而房租近来又大幅下降的少数地区，土地税是每镑三先令或四先令，据说与实际房租的比例相同。虽然法律规定无人居住的房屋要纳税，而在大多数地区，却由于估税官员的好意而得到免除。这种免除有时会引起某些特殊房屋税率的微小变动，但整个地区的税率总是一样。房屋建筑修理，租金有增加，房租税却无增加，这就使特定房屋的税率发生进一步的变动。

荷兰①的所有房屋一律按其价值课税百分之二点五，不管实际的房租是多少，也不管有人住着还是空着。让房屋所有者为其并没有出租的房屋缴纳赋税未免苛刻。荷兰的市场利率不超过百分之三，对房屋按照其全部价值课百分之二点五的重税，在大多数场合就要达到建筑物租三分之一以上，或达到全部租金三分之一以上。不过，用以参照征税的估价虽非常不平等，但大都在房屋的实际价值以下。当房屋重建、修缮或扩大时，就要重新进行评价，其房租税即按照这个新的估价为准。

英格兰每个时代房屋税的设计者似乎都有这个想法，即认为要非常正确地评定每间房屋的实际房租是非常困难的。因此，他们在确定房屋税时，就根据一些比较明显的事实，即他们认定的在大多数场合里要在房租中占一定比例。

最初的是炉捐，或者说每炉收取两先令。为了确定一间房屋中究竟有几个炉子，收税的官员有必要进入到每个房间进行调查。这种令人讨厌的调查使这种赋税成为普通人讨厌的对象。所以，在革命后不久，即被视为奴隶制度的标志而被废除了。

继炉捐之后是对每个居住的房间课以两先令的税。如果房屋有十扇窗户，则需要多缴纳四先令。如果有二十扇窗户乃至二十扇窗户以上，则需要多缴纳八先令。这种赋税后来有了很大的改变。凡有二十扇窗户以上且不到三十扇窗户的房屋，需要缴纳十先令，那些有三十扇窗户甚至更多窗户的房屋，则要缴纳二十先令。窗户数量可以从房子外面数出来，而不需要进入到每个人的房间。因此，这种赋税的征收就没有炉捐那样令人讨厌了。

---

① 《关于欧洲法律及赋税的记录》，第 1 卷，第 223 页。

此后这种赋税又被废止，而代之以窗税，后来也经过更改和增加。到现在（1775年1月），英格兰每处房屋除征收三先令、苏格兰每处房屋除征收一先令以外，每扇窗户另外需要缴纳税金若干。在英格兰，税率逐渐从不到七扇窗户的房屋要缴纳最低两便士的税，上升到有二十五扇窗户甚至更多窗户的房屋需要缴纳最高两先令的税。

各种赋税遭到反对的主要原因是不平等，而且是最糟糕的不平等，这些赋税通常给穷人施加的负担比富人要更重一些。在乡镇里十镑租金的房屋有时比伦敦五百镑租金房屋的窗户数量还要多；而且尽管前者的住户要比后者的住户贫困得多，既然窗税已经确定，前者就要承担更多的税收。因此，这种赋税就直接违反了前面所提到的四条原则的第一条了。不过，看起来并没有与其他三条原则发生矛盾。

窗税乃至其他一切房屋税的本质都是要降低房租。很明显，一个人纳税越多，他所能负担的房租就越少。不过据我所知，英国自施行窗税以来，在所有的市镇乡村，房屋租金或多或少地都有所提高。这是因为各地房屋的需求在不断增加，并推动房租的提高，这种影响程度要大于窗税对其负面的影响程度；这可以表明国家繁荣，居民收入也持续增加。如果没有设立这种赋税，房租也许会增加得更多。

第二项

利润税，即加在资本收入上的赋税

由资本所产生的收入或利润自然会被分成两个部分：其一是支付利息，属于资本所有者；其二是支付利息之后的剩余。

后一部分利润明显不是能直接课税的对象。那是一种补偿，在大多数情况下不过是对投资风险及困难的少量的补偿。资本使用者必须要得到这项报酬，否则他不会继续有兴趣也不会继续投入。如果要按照全部利润的一定比例来直接缴纳赋税，他就不得不提高其利润率，或把这种负担转嫁到货币利息上。也就是说，他要少付利息。如果按照赋税的比例提高其利润率，尽管这些赋税首先由他垫付，但结果还是按照他所管理资本的投资使用方式，由以下两类人来承担。如果他将资本用于土地耕作的农业资本，他就只能通过保留较大比例的土地农产品来提高利润率，或者提高大部分土地农产品的价格，两者做法是一样的。因为只有扣除地租才可以这样做，所以最终支付此赋税的就是地主了。如果他将资本用于商业或制造业，他就只能通过提高货物价格来增加其利润率。在这种情况下，最终支付此赋税的就是消费者了。如果他没有提高利润率，他就不得不把赋税转嫁到利润中属于货币利息的那部分上。他只能向所借资本支付较少的利息，那种赋税就最终由货币利息来负担。当不能以某一方法来减轻自己负担时，他就只有采用其他方法来补救。

乍看起来，货币利息就好像和土地地租一样，是能够直接课税的对象。正如土地地租一样，货币利息是扣除投资风险与困难的全部补偿之后所剩下的纯收入。地租税不能抬高地租，因为扣除掉农场主的资产及其合理利润后，所余的税后纯收入不会大于税前。所以，同样的理由，货币利息税也不会抬高利息率。可以认为，一个国家资本或货币的数量在税前税后都是一样的，就如同土地的数量一样。本书第一篇说过，一般利润率都受到可供使用的资本量和已经使用的资本量之间比例的直接影响。换言之，受到可供使用的资本量与使用这些资本所进行的经营收入之间比例的直接影响。但资本使用量，或使用资本所得到的经营收入，不会因任何利息税而有所增减。如果可供使用的资本没有增减，那么，一般利润率就必然要保持不变。但是，利润中投资者因其所面临的危险和困难而得到的补偿部分也同样会保持不变，因为投资的危险和困难并没有改变。因此，剩余部分是属于资本所有者的货币利息也必然要保持不变。所以，乍看起来，货币利息就好像土地地租一样，是可以直接课税的对象。

然而，与土地租金相比，有两种不同的情况导致货币利息最终并不适合作为直接课税的对象。

第一，个人拥有土地的数量与价值并不能保密，而且常常可以得到准确评估。但一个人所拥有的资本数额却几乎经常是秘密的，要非常正确地断定差不多是无法做到的。此外，资本额容易随时发生变动。如果慢的话或许是一年，不过即使只有一个月或一天也可能会发生增减变化。为了能够实现正确的征税，需要对每个人的私人情况加以调查，调查监视每个人的财产变动，这些行为必然会令人生气，因而没有人会加以支持。

第二，土地是无法移动的，而资本则容易移动。土地所有者必然是其土地所在国的公民。资本所有者则不然，他或许是一个世界公民，而不必专属于某个国家。如果一个国家为了征收重税而要对其财产进行调查时，他可能会放弃这个国家，并将个人的资产转移到其他国家，只要那里可以比较舒服地经营业务或者享有财富。通过转移资本，他可以终止此前在该国所经营的一切产业。资本耕作土地，资本也雇用劳动。一个国家的税收如果有驱逐国内资本的倾向，那么，君主及社会的收入源泉也将会枯竭。由于这种转移，资本利润、土地地租以及劳动工资都会因此而缩减。

因此，要对资本收入加以课税的国家历来都不采用严厉的调查方法，而他们不得不采用非常宽松的、随便的估算方法来满足纳税者。这种课税方法非常不公平和不确定，只能够采用非常低的税率才能抵偿，每个人都觉得自己所要缴纳的税金比其实际收入要低得多，那么他邻居所缴纳的税要更低一些，他也没有什么更多的不高兴。

英格兰所实施的所谓土地税，最初打算采用的税率与向资本课税相同。当土地税率是每镑四先令的时候，即相当于假定的地租的五分之一时，也打算向资本征收其估计的利息的五分之一。当现行的土地税刚刚实行时，法定利息率为百分之六，因此，每百镑资本应该课税二十四先令，即六镑的五分之一。自从法定利息率缩减为百分之五，每百镑资本应该只征收二十先令。土地税所征收的数额由乡村及主要市镇分摊，其中的大部分是由乡村负担。市镇方面所负担的部分大多是来自房屋，其对市镇上的资本或营业（因为不打算对投入到土地上的资本课税）征税的部分远低于资本或营业的实际价值。因此，不论原始估价的税额多么公平，由于其影响和轻微，所以始终没有引起任何纠纷。现在全国都非常繁荣，许多地方的土地、房屋及资本的价值都已上升了很多，然而各教区、各地区向这些对象所征收的赋税却依旧使用最初估价的税额，因此，在现在看来，最初的那种不公平更没有什么关系。而且各地区的税率很久没有发生变动，这种税按照个人的资本来计算，其不确定性已经大大减少了，同时也变得更不重要了。如果英格兰的大部分土地没有按照其实际价值的一半来估价税额，那么，英格兰的大部分资本恐怕就没有按照其实际价值的五十分之一来估价税额。在如威斯敏斯特这样的市镇中，全部土地税的征收对象都是房屋，而资本和营业则免于征收。不过，伦敦却不这样。

所有的国家都在小心谨慎回避着对个人情况的严密调查。

汉堡①的每个居民都需要为其所有的财产向政府缴纳千分之二点五的税。由于汉堡人民的财产主要是资本，所以，这项税实际上可以看做是一种资本税。每个人缴纳到国库的税额须由自己估价，而且每年都要在官员的面前将一定数额的货币缴纳到国家金库，并宣誓那是他所有财产总额的千分之二点五，但无须宣布其财产额，也不受任何盘诘。一般情况下，这种税的完纳都是非常忠实的。因为，在一个小小共和国中，那里的人民完全信赖官员，都相信赋税对维持国家运转是非常必要的，并且都相信，其所缴纳的税将忠实地为维持国家运转而使用，这种凭良心而自发纳税的办法在一些时候是行得通的，而不仅仅限于汉堡人民。

瑞士的翁德沃尔德联邦常常要筹集临时支出以应对暴风及洪水的灾害。在这些时候，人民就聚集在一起，非常坦白地宣布其财产额数，然后依此课税。根据久里奇的法律，每当有紧急需要的时候，法律就会命令每个人按照其收入的一定比例纳税，人人都有义务发誓来宣布其收入的数额。据说，当地行政当局从来没有猜疑过其市民是否欺骗他们。在巴西尔，政府的主要收入都出自向出口货物征收的小额关税。一切市民都应宣誓要每三个月依法缴纳所应纳的税款。所有的商人和旅馆主人都要亲自登记其在领土内外所销售的货物，到了每三个月的末尾，就把计算单（在该单的下端算出税额）

---

① 《关于欧洲法律及赋税的记录》，第1卷，第74页。

送呈国库官员。没有任何人怀疑国库收入会因此而受到损失①。

在瑞士各联邦中,让每个市民有义务公开宣誓其财产的数额似乎不算是一件痛苦的事。但在汉堡,那就是最痛苦的事情了。从事冒险性贸易的商人时刻害怕要公开其财产实际情况。人们认为,这样做十之八九要破坏他们的信用,并使投资项目失败。从未从事此类冒险事业的质朴和节约的人民却不会感到他们有隐蔽财产实情的必要。

在荷兰已故奥伦治公爵就任总督后不久,向全市民的财产课以百分之二或所谓五十便士缴纳一便士的税。每个市民自行估计其财产和完税,这样的做法与汉堡完全相同。按照一般的推想,他们纳税的时候也很诚实。当时的人民对刚由全面暴动而建立起来的新政府抱有很大好感。这种赋税只征收一次,而且是为了解决国家特别急需而设立的。这种赋税要永久征收就未免太重了。在一个市场利息率很少超过百分之三的国家里,百分之二的赋税,即每镑征十三先令四便士,大概是向资本征收的最高水平了。几乎没有人可以在缴纳该赋税的同时还可以保持其资本不受侵蚀。当万分危急的时候,人民出于爱国热情而非常努力放弃其部分资本,也是为了挽救国家。但他们不可能持续地这样做;如果他们这样做,这种税将会彻底地毁坏他们,并使他们完全没有能力支持国家了。

英格兰按照土地税法案所征收的资本税,尽管和资本额成比例,但并不打算减少或剥夺任何资本。而仅仅按照土地地租税的比例,向货币利息征收相同的税。所以,当地租税是每镑四先令时,货币利息税也是每镑四先令。汉堡征收的税,还有翁德沃尔德和久里奇所征收的更轻微的税,也同样打算以资本的利息或纯收入为对象,而不是以资本为对象。至于荷兰就是向资本课税。

特定营业的利润税

有些国家向资本利润征收特别税,这些资本有时是投入到特殊

---

① 《关于欧洲法律及赋税的记录》,第 1 卷,第 163、166、171 页。关于在这种自行估算赋税过程中的信任的陈述,不是根据上述一书。

商业部门的，有时则是被使用在农业中的。

在英格兰，向商人、小贩及行商所征收的税，向出租马车及肩舆所征收的税，还有酒店业主为得到麦酒及火酒的零售执照所缴纳的税，都属于前一类税。在最近的战争中曾经提议对店铺征收同类的税①，据说，战争发动起来后可以保护本国商业，由此获利的商人自然应当担负战争费用。

不过，向特殊商业部门资本所征收的税最终都不是由商人负担（在一切情况下他都必须有合理的利润，并且，在商业自由竞争的地方，他的所得也很少能超过合理利润），而是由消费者负担。消费者所要购买的商品的价格里必然包含了商人垫付的税额。而在大多数情况下商人还会把价格提高一些。

当这种赋税与商人的营业数额成比例时，最终总是由消费者承担，对商人却没有什么影响。但当它不与商人营业金额成比例，而同样课于所有的商人时，尽管最终仍然由消费者承担，但对大商人有利，对小商人则成为或多或少的负担。向每辆出租马车一周征收五先令的税，向每乘出租车舆一周征收十先令的税，这种税由车舆的所有人分别垫付，与他们的营业数额成比例。照这样征收的方法，它既不有利于大商人，也不剥削小商人。获得麦酒贩卖执照所要缴纳的税是每年二十先令；火酒贩卖执照所缴纳的税是每年四十先令；葡萄酒贩卖执照所缴纳的税是每年八十先令。这种税制将零售酒店一律看待，大营业者必然要获得很多的好处，小营业者也必然要受到一些剥削。要在货物价格里获得其预先垫付的税款，前者一定比后者更容易。不过，因为这种税率很小，即使不公平也不很重要，许多人认为，小麦酒店到处都有，如果施加适当的阻止措施也没有什么不恰当的。向店铺征收的税本来计划是大小店铺相同，而实际上也只得如此，没有其他的办法。要想相当准确地按各店铺的营业数额比例课征这种税，除了实行自由国家里的民众难以忍受的调查外，没有其他办法。如果这种赋税很重，就会成为对小商人的重大

---

① 莱格在 1759 年提出。参阅道尔的《英格兰征税和赋税史》，1884 年，第 2 卷，第 137 页。

剥削，并使全部零售业集中到大商人的手中。小商人的竞争将不会存在，大商人也会享受经营上的垄断；像其他行业中的垄断者一样，他们会很快联合起来增加利润，并使所增加的远高于需要缴纳的税金。这样的话，最终支付的店铺税就不是由店铺主来负担，而是由消费者负担；不仅如此，消费者还需要支付更多的钱作为店主的利润。因此，就把这种店铺税抛在一边，而代以1759年所设计的补助税。

在法兰西，有一种税被称为个人贡税，这种税也许是对农业资本的利润所课的最重的税了，欧洲其他任何地方都实行这种税。

在昔时欧洲封建政府盛行的混乱局面下，君主不得不满足于仅对一般无力拒绝纳税的人民课税。大领主们虽愿意帮助君主解决紧急事情，却拒绝缴纳一般性的赋税，而君主也无法强迫他们。欧洲的土地占有者最初大部分都是农奴。在欧洲大部分国家，这些人后来都逐渐得到解放。其中一部分人获得土地财产，他们以贱奴条件来保护其地产，有时在国王之下，有时则是在大领主之下，如英格兰古时候根据官册享有土地的人一样。其他没有获得土地的人则在他们的领主之下以若干年为期限租得其土地，这样使他们也不太依附于其领主了。大领主们看到这些下层人民繁荣和独立起来，有些恼怒和瞧不起，又不甘心，因而愿意看到君主向他们征收赋税。在一些国家里，这种税的对象仅限于那些以贱奴条件而保有的土地；在这样的情况下，可以说这种税就是不动产的贡税。沙廷尼阿已故国王所制定的土地税，还有在兰多克、普冯斯、多菲那及布列塔尼各州、芒托本课税区、亚琛及康顿选举区乃至在法兰西其他若干地区所征收的贡税，都是向上述保有地征收的赋税。在其他各国里，这种赋税的对象就是那些租用他人土地的人所获得的预定利润，而不考虑土地的保有条件如何。在这样的情况下，这种赋税就是个人的贡税。法兰西的选举区大部分都采用这种赋税。不动产的贡税只向一个国家的部分土地征收赋税，这必然是不公平的。可虽然不公平，毕竟不是完全武断的赋税。个人的贡税按预计是依据某一阶层人民利润的一定比例征收，而利润究竟有多少却只能进行推测，所以必然是武断的和不公平的。

法国目前（1775年）所实行的个人贡税，每年都要在各选举区的二十个课税区加以征收，总计达四千零十万七千二百三十九利弗十六苏①。各州负担这种赋税的比例每年都有变化，都要取决于枢密院所收到各州收获丰歉程度以及其他可影响它们各自纳税能力情况的报告。每个课税区被区分为若干个选举地域，所有课税区所分担的总税额则分配于各选举地域；各选举地域分别承担的总额也是同样按照枢密院所收到的关于它们各自纳税能力的报告，而每年都有所不同。照此看来，枢密院的初衷虽然很完美，但要想以正确的比例决定该年度某州、某地区、某地域的实际纳税能力却似乎是不可能的。无知与误报必然在一定程度上使公正的枢密院最终做出错误的判断。一个教区对整个选举地域课税额所应分担的比例，每个人对所属教区课税额所应分担的比例，也是按照不同情况而每年都有所不同。在前一个场合下，这些情况由选举地域的收税员判定；在后一个场合下，则是由教区的收税员判定，这两者或大或小地受到州长的指导及影响。据说，这些收税员往往对那些情况做出错误判断，不仅是由于无知和误报，而且是因为党同伐异乃至个人私怨。在税额未评定以前，任何纳税者都不能确知他要纳多少税；甚至在税额经评定以后，他还不能确切地知道所需要缴纳的税额。如果一个应该免税的人被征收赋税，或一个人所缴纳的税超过他应税的比例，虽然他们都必须暂时支付税额，但如果他们申诉不平等，并能够证实其不平等的证据，那么翌年全教区便会追加征收一个附加税额来补偿他们。如果纳税者破产或者无支付能力，其应缴纳的税则必须由收税员垫付，而翌年整个教区也会追加征收一定的附加税额来补偿收税员。如果收税员自身破产了，选出他的教区就必须对此负责。但是，控诉整个教区是总收税员自找麻烦；所以，他往往先随机选定那个教区中最富有的五六个纳税人，让他们补偿收税员无力支付的损失，而以后再向全教区追征以补偿他们。这种追征税是在特定年度贡税以外另外征收的数额。

当向特定商业部门利润施加一种赋税时，商人们都会注意避免

---

① 《关于欧洲法律及赋税的记录》，第2卷，第17页。

使上市的货物量过多，这样可以确保销售价格足够偿还他们事先所垫付的税。他们中有的人从营业上撤回一部分资本，使市场上的供给减少。如此，价格自然会上涨，最后支付的赋税就落在消费者身上。但是，向农业资本利润征收赋税时，如果农民撤回一部分资本，一定不会得到什么好处。每个农民拥有一定数量的土地，为其土地支付地租，所以他们有必要要求土地适宜耕作以及他们拥有一定数额的资本。如果他将这些必要的资本撤回一部分，他就不会有能力支付地租或赋税。为了能够缴纳赋税，他决不会减少农作物产量，也绝不会减少市场上农作物的供给量。因此，这种赋税不会使他抬高其产物的价格，把赋税转嫁于消费者以补偿其所支付的税。不过，农民也与其他的营业者一样必须有合理的利润，否则他就会放弃他这种行业。当他有这种负担之后，只有少付给地主地租他才能得到合理的利润。必须缴纳的赋税越多，能够提供的地租就越少。如果这种税在租约未满之前征收，无疑会使农民陷于困境当中，甚或面临破产。可是，当租约到期的时候，这种赋税通常就必须要转嫁给地主了。

在实行个人贡税的各个国家里，农民所纳的税通常与他在耕作时所使用的资本成比例。因此，他经常不愿意拥有良马好牛，而尽力使用那些最恶劣和最无价值的农具耕作。他一般不信任估税员的公正，担心其强行征收重税，所以总要假装贫困以表示没有能力缴纳。采用这种可怜的策略，大概没有认真考虑自己的利益。从减少农产品产量中所遭受的损失说不定比减少赋税所节约的还要多。这种恶劣耕作的结果是使市场的供给下降，但由此引起的轻微价格上涨，恐怕无法补偿其农产品产量减少所带来的损失，如何还能使其向地主支付更多的地租呢？公家、农民、地主都会因为这种耕作的退化而蒙受损害。个人贡税在许多方面都妨害耕作，从而使富裕国家的财富源泉逐渐枯竭，我在本书的第三篇已经陈述过这个问题。

北美的南部各州及西印度群岛实行所谓的人头税，即针对每个黑奴逐年征收的赋税。恰当地说，这种赋税就是施加在农业资本利润上的一种赋税。因为耕作者大部分都是农民兼地主，所以这种赋税最终就由他们以地主的资格负担了。

过去欧洲都曾向农业中所使用的农奴征收若干赋税,迄今为止,俄罗斯帝国仍实行这种税。也许是因为这个缘故,人们常常认为各种人头税具有奴隶的象征①。但对纳税者而言,一切赋税不仅不是奴隶的象征,相反却是自由的象征。一个人纳税表明他隶属于政府,而他还拥有要纳税的财产,因此他本人就不是其主人的财产了。向奴隶征收的人头税和施加在自由人身上的人头税是截然不同的。后者是由被课征税的人自行支付的,前者则是由不同阶层的其他人支付的。后者完全是武断的或根本是不公平的,而在大多数场合里,它是既武断又是不公平的。至于前者,在一些方面虽然是不公平的,因为不同的奴隶有不同的价值,但无论就哪方面说都不是武断的。主人知道他的奴隶人数,就明确地知道他应当缴纳多少税。不过,这种税尽管不同,但因为使用同一名称,所以常被人视为具有相同的性质。

荷兰对男女仆役所征收的税不是施加在资本上的,而是施加在开支上的,因此,就有类似以消费品为对象的一种消费税。英国最近对每个男仆课税二十一先令②,与荷兰的仆役税相同。中等阶层负担的这种赋税最重。每年收入百镑的人,大概要雇用一个男仆;每年收入达到一万镑的人,却不会雇用五十个男仆。至于穷人则不会受到影响③。

特定营业资本的利润税不会影响货币利息。将资本用于有税项目的人在借得资本的时候,所需要缴纳的利息比那些将资本用于无税项目的人必然要多。一个国家的政府如果试图按照非常正确的比例向各种用途资本的收入一律征收赋税,在许多场合里这种税就会落在货币利息上。法兰西二十分之一即二十便士缴纳一便士的税,与英格兰所谓的土地税相同,同样以土地、房屋及资本的收入为对象。其向资本征收的税虽然不很严厉,但与英格兰施加于资本上同样的土地税相比却要准确多了。在许多情况中,它完全加在货币利

---

① 例如,孟德斯鸠的《法的精神》,liv., xiii.,第14章。
② 乔治三世第17年,第39号法律。
③ 这一段在第1版中没有。

息上面。在法兰西，人们往往把钱投资于所谓的年金契约，这是一种永续年金，债务者若能偿还原来所借的金额，就可以随时清偿，但债权者除了特殊情况外却不许请求清偿。这种二十缴一的税虽然针对一切年金征收，但似乎没有使年金率提高。

第一项和第二项的附录

加在土地、房屋和资本上的资本价值税

当财产为同一个人拥有时，对这些财产所征收的税无论如何恒久，其用意绝不是减少或攫取其财产中任何的资本价值，而只是得到该财产所产生的收入的一部分。但当财产易主时，由死者转到生者或由一个生者转到另一个生者时，就往往要对这些财产征收这种性质的税，即必然要攫取其资本价值的某一部分。

由死者转移给生者的一切财产，还有由生者转移给另一个生者的如土地、房屋等不动产，其转移在性质上总是公开的和无法隐瞒的，所以政府对这种对象可以直接征税。而生者彼此间利用借贷关系发生的资本或动产的转移却常是秘密的，并总能保守秘密。对这种秘密转移直接征税则不容易做到，可以采用两种间接方法：第一，规定债务契约，必须写在已经支付一定数额印花税的纸张或羊皮纸上，否则不具有效力；第二，规定此类相互接受行为必须在一个公开或秘密的簿册上登记，并征收一定的注册税，否则同样不具有效力。对容易直接课税的财产转移，包括对由死者转移给生者的各种财产的有关证件，还有对由一生者转移给另一生者的不动产的有关证件，也常常征收上述印花税和注册税。

古代罗马由奥古斯塔斯建立的二十便士缴一便士的遗产税，就是针对由死者转移给生者的财产所征收的税。迪昂·卡西阿斯[①]曾详细地记述了这种税。据他所说，这种税虽然是针对因死亡而发生的一切继承、遗赠和赠与行为的，但如果受惠者是最亲的亲属或穷人，则给予豁免。

---

① 《历史》，第55页。

第二章 论一般收入或公共收入的源泉

荷兰针对继承所征收的税也一样①。如果是亲属继承，针对其继承的全部价值，则按照亲疏的程度征收百分之五乃至百分之三十的税。如果遗赠旁系也采用此税法。不论夫赠给妻或妻赠给夫，夫妻遗赠都要收取十五分之一的税。如果是直系继承，且属于后辈传与长辈，则仅征收二十分之一的税。如果是直接继承，由长辈传与后辈，一般都不需要缴纳赋税。父亲去世后，其生前住在一起的子女很少能增加收入，且其收入往往会大大减少。父亲去世后，他的劳动力、他在世所享有的官职或某些终身年金都要消失，如果还要通过征税攫取走一部分遗产，必然会加重这种损失，那就未免过于残酷和剥削。但对罗马法所谓解放的子女，苏格兰法上所谓分过家的子女，即已经享有财产、拥有家室、不仰仗父亲且另有独立财源的子女，情况则有不同。父亲的财产留下一分，他们实际的财产就会增加一分。所以，对这部分财产征收的继承税不会像其他类似的税那样引起更多的不便。

封建法使得死者遗赠给生者和生者转让给生者的土地转移都要缴税。过去和现在，这种税都是欧洲各国国王的主要收入来源之一。

直接封臣的继承人继承采邑时必须支付一定税额，大约是一年的地租。如果其继承人尚未成年，在他未成年的这些年里，此采邑的全部地租都归国王所有，国王除抚养该未成年的继承人及向寡妇支付其应得到的那部分亡夫遗产外（采邑中应有遗产的寡妇），没有其他任何负担。继承人到成年时，他还要向国王支付一种交代税，此税大概也等于一年的地租。就目前而论，如果很多年后未成年人达到成年，往往可以解除地产上的一切债务，恢复其家族已往的繁荣；但当时不会产生这种结果。那时一般的情况不是解除债务，而是土地荒芜了。

根据封建法，采邑的拥有者不经过领主同意不能直接进行让渡，领主大多要索取一笔金钱才会同意。最初，这笔钱的数额可以随意确定，以后，许多国家都将其规定为土地价格中的一个部分。有的国家虽然废止了其他大部分封建惯例，但却仍然让土地让渡税存续

---

① 《关于欧洲法律及赋税的记录》，第1卷，第225页。

着,进而成为君主收入的一个重要来源。在伯尔尼联邦,这种税率非常高;贵族保有的土地要征收其价格的六分之一,平民保有的则征收其价格的十分之一①。在卢塞恩联邦,土地变卖税只局限于一定地区,并不普遍。但是,一个人如果为了搬迁到其他地区而出售土地,则要从销售价格中征收十分之一的税②。此外,有的国家对一切土地变卖都课税,有的则对按照一定的土地拥有条件而对保有土地的变卖进行课税,这些税都或多或少地成为君主的一项重要收入。

上述交易可以印花税或注册税形式间接征收,而这种税也可和转移物的价值成比例,也可不和转移物的价值成比例。

英国印花税的高低不是按照转移财产的价值(最高金额的借据只需贴一先令六便士或二先令六便士的印花),而是按照契据的性质确定的。最重的印花税为每张纸或羊皮纸贴六镑印花;这种税主要针对国王敕许证书及某些法律手续,而不管转移物的价值大小。英国对契约或文件注册并不征税,如果说有,不过是管理此册据的官吏的手续费罢了。即使是这种手续费,也很少超过该管理者劳动所应得到的合理报酬的数额。君主并没有从这里获得好处。

荷兰③同时采用印花税和注册税。在一些场合里,征收这种税是按照转移财产价值的比例;而在其他场合,又没有按照此比例。一切遗嘱都需要使用印花纸书写,该纸的价格与所处理财产的价值成比例,因此,印花纸的种类就有三便士或三斯泰弗一张到三百弗洛林(即二十七镑十先令)一张的。如果所用印花纸的价格低于其应使用的印花纸的价格,所继承的财产就会被全部没收。这项税是在其他各项针对继承行为所征收的税之上的一种赋税。除汇票及其他若干商用票据外,所有一切票据、借据等都应完纳印花税。但此税不按照所转移物价值的比例而增高。一切房屋、土地的出售以及一切房屋、土地的抵押契据都须注册,在注册时向国家缴纳变卖品或抵押品价格的百分之二点五的税。出售载重两百吨以上之船舶的时

---

① 《关于欧洲法律及赋税的记录》,第1卷,第154页。
② 《关于欧洲法律及赋税的记录》,第1卷,第157页。
③ 波斯特思韦特:《公共收入史》,第223、224、225页。

候,不管其有无甲板,也要完纳此税。这大概是把船舶看做水上的房屋。依据法庭命令而出售的动产,也同样缴纳百分之二点五的印花税。

法兰西也是同时实行印花税和注册税的。前者被看做是国内消费税的一部分。实施此税的各州,都由国内消费税征收人员征收。后者则被当做国王收入的一部分,由其他官吏征收。

利用印花及注册来课税的方法都是最近的发明,还不到一百年的时间,但印花税几乎在整个欧洲都得到了采用,注册税也非常普遍。向其他政府学习管理方法的时候,一个政府学得最快的莫过于从人民的钱包里搜刮金钱的方法。

对由死者转移到生者的财产所征收的税,最终将直接落在接受此财产的人身上。对变卖土地所征收的税却完全要落在出卖人身上。其出售土地往往是迫于情况,所以必须接受所能得到的价格。而买者则没有非买不可的需要,所以他只肯给出所愿出的价格。他把购买土地所要支付的价格和赋税放在一起考虑;必须缴纳的赋税越多,他愿意支付的价格就越低。因此,这种税经常由那些经济困难的人负担,而且一定是不堪重负的。在不出售地皮的情况下,对出售新房屋所征收的税大都由购买者负担,因为建筑商必须要获取利润,如果没有利润,他一定会放弃这个行业。如果他垫付了税,购买者总得要给予补偿。对出售的房屋所课的税一般由出售者负担,其理由与出售土地相同。他出售房屋大概是因为有这个必要或因为出售了之后更方便一些。每年出售的新房屋数量的多少是受需求支配的;如果这种需求无法给建筑商提供利润,他就不会继续建筑房屋。而每年出售的旧房屋的数量却是受偶发事件影响,这些事件多数与需求没有什么关系。一个城市如果发生了两三件重大的破产事件,就会有许多房屋要出售,并且都会以所能够得到的价格出售。对出售地皮所征收的税也由出售者负担,其理由与出售土地相同。借贷字据契约的印花税及注册税全部由借方承担,而事实上也经常由他支付。向诉讼事件所征收的印花税及注册税也由诉讼者负担。这种税肯定会减少原告或被告等诉讼对象的资本价值。为争得某项财产所要支付的越多,最终获得财产的净价值一定越少。

财产转移的各种赋税会减少财产的资本价值，也必会减少用以维持生产性劳动的资源。这种做法或多或少有些浪费，因为其增加了君主的收入，而君主的收入多半是用来维持非生产性劳动者；人民的资本要减少，而这部分资本则用来维持生产性劳动者。

即使按照转移物的价值的比例征收这种税也还是不公平的。因为相同价值的财产未必都发生相同次数的转移。而像大部分印花税及注册税那样不按照价值的一定比例征收，或许就更不平等了。不过，在任何场合下这种税都是明确而不是任意决定的。虽然有时会落在无力负担的人身上，但缴纳的时间总是会方便纳税者。到了支付的时候，纳税人总会有钱来付税。此外，征收此税所需的支出很少。除纳税本身不可避免的不便外，一般这种税不会给纳税者增加其他任何不便。

在法兰西，人们对印花税几乎不曾有什么怨言，但对所谓的注册税却充满怨言。它使负责征税的官员有了进行勒索的机会，而这种勒索又是随意的和不确定的。反对法国现行财政制度的小册子大半都以注册税的弊害为主题。不过，不确定性并不必然是这种赋税的内在性质。如果普遍的抱怨确有理由，大多不是产生于此税的性质，而是因为课税敕令或法规用语有欠精确和明了。

抵押契据以及一切不动产权利的注册都会给予债权者和买入者双方很大的保障，所以会非常有利于大众。至于其他大部分契据的注册对大众没有什么好处，却往往给个人带来不便，甚至危险。一般认为所有应当被保密的注册簿当然从来不会存在。个人信用的安全不应当依赖像下级税收官员的正直与良心那样薄弱的保障。但是，在注册手续费成为君主收入源泉的情况下，则应注册的契据必然需要注册，不应注册的契据也需要注册，所以通常会没有限制地增设注册机关。法国有各种保密的注册簿。这种弊端虽然不是此税的必然结果，但我们总得承认，那是此税自然而然的结果。

恰当地说，英格兰在纸牌、骰子、新闻纸乃至定期印刷物等上征收的印花税都是消费税；这些税最终的支付都是由使用或消费这些物品的人负担。麦酒、葡萄酒及火酒零卖执照所征收的税虽然要加在这些零售者的利润里，但结果同样由消费者负担。虽然这类税也被称为印花税,虽然与上述财产转移所征收的印花税一样都是由同一收税人员用同一方法征收,但其性质完全不同,且由完全不同的资源负担。

第三项

劳动工资税

我曾在本书第一篇里努力地说明过,低级劳动者的工资始终受到两种不同情况的影响,即劳动的需求价格和食物的一般的或平均的价格的影响。劳动的需求价格到底是增加、不增不减,还是减退呢?换言之,人口数量是增加、不增不减,还是减退呢?支配劳动者的生活资料是丰裕、一般或是短缺?食物的一般或平均价格决定必须支付给劳动者多少货币,使得他们每年能购买这丰裕、一般或少量的生活资料?当劳动需求价格及食物价格没有变动时,对劳动工资直接征税的唯一结果就是将工资数量提高到稍稍超过这个税额。比如,假定有一个特定的地方,那里的劳动需要及食物价格使一般的劳动工资为十先令一周。又假定对工资所课的税是五分之一,即每镑征收四先令。如果劳动需求价格及食物价格保持原状,劳动者仍必须在那个地方获得每周十先令所能购得的生活资料。换言之,必须在付过了工资税之后,还有每周十先令的可自由支配的工资。但是,为使缴纳税后劳动者还能有这个工资额,那么,这地方的劳动价格就得马上提高,不但要提高到十二先令,而且要提高到十二先令六便士。这就是说,为使他能够支付五分之一的税,他的工资就必须立即提高,不但要提高五分之一,还要提高四分之一。不论工资税率如何,在一切场合,工资不但会按照税率的比例增高,而且还会按照稍微高于这种税率的比例增高。例如,此税率如为十分之一,则劳动工资不久就会上涨八分之一,而不仅仅是十分之一。

直接对劳动工资所征收的税虽然可能由劳动者付出,但严格地说,连由他垫付都说不上;至少,在课税后劳动需求价格及食物价格仍保持课税前的原状的情况下就是如此。在这种情况下,工资税以及超过此税额的若干款项其实都是直接由雇用他的人垫付的。至于最后的负担者则会根据场合不同而由各种不同的人负担。制造业的劳动工资由课税而提高的数额,垫付者为制造业的业主。制造业业主有权利而且不得不把垫支的数额以及因此应得的利润转嫁到货物价格上。因此,工资提高的数额及利润增加额最终都是由消费者负担。乡村里的劳动工资由课税而提高的数额的垫付者为农场主。农场主为维持以前相同的劳动人数,势必要投入较多的资本。为收回这些数额较多的资本及其一般利润,他必须留下大部分的土地农产品或大部分土地农产品的价值。结果,他就不得不少付地主地租。所以,劳动工资提高的数额及利润增加额最终都要由地主负担。从长期看,在一切场合里对劳动工资直接课税将会产生的效果是,必会使地租产生更大的缩减,也必会使制造品价格发生更大的上涨;而征收一种与该税收数额相等的税,则只会一部分课于地租,一部分课于消费品。

如果直接对工资征收的税没有使工资相应提高,那就是因为劳动需求因此发生了大规模缩减。农业的衰退,穷人就业的减少,一个国家土地年产品的下降,大概都是这种税的结果。不过,由于此税的存在,劳动价格一定会比在没有此税时根据劳动需求的实际状况所对应的劳动价格要高一些,并且,这上涨的价格以及垫付此价格的人的额外利润,最终总是由地主和消费者来负担。

对乡村劳动工资所征收的税并不会按照这种税的比例而提高土地农产品的价格,就如同农场主利润税不会按照该税的比例而提高农产品价格一样。

虽然这种税不合理且很有害,但许多国家仍然在实行。严格地说,法国对乡村劳动者及领取日薪的工人的劳动所征收的那部分贡税就属于此种税。这些劳动者的工资按照他们所居住地域的一般工资率计算,而且为使他们尽可能少承受格外的负担,其每年所得只按不超过两百日的工资来估计①。每个人需要缴纳的税则根据各年度的情形而有所不同,上述情形的评估权属于州长委派协助他的收税员或委员。1748 年波希米亚开始改革财政制度,结果是对于工业

---

① 《关于欧洲法律及赋税的记录》,第 2 卷,第 108 页。

者的劳动课征一种非常重的税。这些手工业者被划分为四个等级：第一级，每年缴纳税一百弗洛林，每弗洛林按一先令十便士半换算，计达九镑七先令六便士；第二级，每年缴纳税七十弗洛林；第三级每年缴纳税五十弗洛林；第四级，还包括乡村手工业者及城市里最低级的手工业者，每年缴纳税二十五弗洛林①。

我在本书第一篇曾说过，优秀艺术家及自由职业者的报酬必然与较低级的职业保持一定的比例。因此，对这种报酬课税的唯一结果就是使该报酬按略高于该税的比例而提高。假若报酬没有像这样提高，那优秀的艺术家及自由职业者就不再与其他职业保持相同的水平，于是，从事这些职业的人将大为减少，使其不久后又重新恢复到原先的水平。

因为政府官吏的报酬不像普通职业者的报酬那样受自由竞争程度的影响，所以该职业性质所要求的报酬并不总是保持适当的比例。在大多数国家，这种报酬大都高于该职业性质所要求的限度。掌理国政的人大概都倾向于向自身乃至那些所属的官员提供超过限度的报酬。因此，在大多数场合，官吏的报酬是可以课税的。而且，任官职的人，尤其是担任报酬较丰厚的官职的人，在各国都是遭受嫉妒的对象。对他们的报酬课税，即使较其他收入所征收的税高，也一定大快人心。比如，在英格兰，当各种其他收入②依照土地税法每镑征四先令时，除皇室新成家者的年金、海陆军官的薪俸，还有其他少数不受人嫉妒的若干官薪外③，对每年薪俸在百镑以上官吏的薪俸征收每镑五先令六便士的税，并非常得人心。英格兰没有对劳

---

① 《关于欧洲法律及赋税的记录》，第 1 卷，第 87 页。
② "被认为"意味着"在名义上是但实际上不是"。
③ 据第一版和第二版记载，"对每年超过 100 镑的官员的薪俸每镑征收 5 先令的不动产税，审判官和少数其他不受嫉妒的官员的薪俸除外"。根据乔治二世第 30 年第 22 号法律，所有每年超过 100 镑的官员的薪俸每镑征税 1 先令，海陆军军官除外。审判官不除外，但是他们的薪俸后来也被提高了。参阅道尔的《征税和赋税史》，第 2 卷，第 135~136 页。6 便士可能是不正确的，5 先令是由 4 先令的土地税（这是"不动产税"）和这个 1 先令相加构成的。

动工资征收其他的直接税。

第四项

打算无区别地施加在各种收入上的税

打算无区别地加于各种收入上的税，就是人头税和消费品税。这种税必须不分彼此地从纳税者各种收入中征收，不管那收入是来自土地地租、资本利润还是劳动工资。

人头税

如企图按照各个纳税者的财富或收入比例征收人头税，就要彻底成为随意的了。一个人的财富状况每天都有不同。不加以令人感到厌烦的调查，或每年至少不重新修订一次的话，那就只有依靠推测。因此，在大多数场合，税额的评估必然要以估税员一时的好恶为转移，也必然会成为彻底随意的和不确定的。

如果不按照每个纳税人所推定的财富的比例征收人头税，而按照每个纳税人的身份征收这种税，那就完全是不公平的。相同身份的人的富裕程度经常不一样。

因此，如果试图使这类税公平，就要完全成为随意的和不确定的；如果试图使其确定而不流于随意，就要完全变成不公平的。不论税率是重或轻，不确定总是产生不满的重要原因。如果是轻税，人们大约还可以容忍巨大的不公平；如果是重税，一点的不公平都是糟糕的。

在威廉三世时，英格兰曾实行过各种人头税①。大部分纳税者的税额都是按照其身份确定的。身份的等级有公爵、侯爵、伯爵、子爵、男爵、士族、绅士及贵族长子末子等。一切财富在三百镑以上的行商坐贾，换句话说，商贾中较富裕的同样要被征税；而三百镑以上的人财富的差异则不加以考虑。在考虑他们的税额时，更多的

---

① 其中第一种是根据威廉和玛利第 1 年第 1 次会议的第 23 号法律而规定的。

是考虑身份而不是财富①。有些人的人头税,起初是按照所推定的他们拥有的财富来课税的,此后则改按照其身份课税。法律人士、辩护人、代诉人起初是按其收入征收人头税每镑三先令,后来则改为按绅士的身份课税②。在征收的过程中曾发觉所征收的税不很重的话,就会产生相当程度的不公平,不过这倒还没有什么;一旦这种税有很大的不确定,纳税者就不能忍受了。

法国于本世纪初推行的人头税现在仍继续实行。向人民中的最高阶层所课的税率不变;而依最低阶层所推定的财富程度,每年都有所不同。宫廷的官员、高等法院的裁判官及其他官员和军队的士官等,都采用第一方法缴纳税。各州中较低阶层的人民则以第二方法缴纳税。对法国的达官显贵有影响的税如果不过重的话,即使很不公平,一般也能够被接受;但他们则丝毫不能忍受州长任意估价税额的作风。在那个国家,底层人民都能忍受其管理者给予他们的待遇。

英格兰所实行的各种人头税从来没有使政府获得其所期望的金额,即从未收足精确程度下应可收到的金额。反之,法兰西的人头税却总是征收到其所期望得到的金额。英国政府是温和的,当它对各阶层人民课征人头税时,常常为所征收的金额而满足;不能完纳的人、不愿完纳的人(这种人很多)或者因法律宽大而未强制其完纳的人,他们虽然使国家蒙受损失,但政府并没有要求其补偿。法国政府则是比较严厉的,它对每个课税区都征收一定的金额,州长

---

① 威廉和玛利第1年,第2会议,第7号法律第2条。
② 根据威廉和玛利第1年的第13号法律第4条,这三种人和一些其他阶层的人按照收入每镑征税3先令。根据威廉和玛利第1年的第7号法律第2条,事务律师和皇室诉讼监督及其他人除了已经征收的赋税之外,另行征收20先令。根据威廉和玛利第1年第1次的第2号法律第4条,高级律师除了每镑征收3先令之外,另行征收15镑。根据威廉和玛利第3年的第6号法律,从来没有提到附加税。这种转变毫无疑问是为了获得一种确定性,纯粹是为了政府的利益——想要获得一个预定的金额。根据威廉三世第8、9年第6号法律(土地税法)第3条,对于这三种人又重新征收所得税。

必须竭尽所能收足上述金额。如果某州抱怨所征收的税太高，可以在次年的估价税额中按照前年度多缴纳的比例予以扣减，但本年度还是要按照估价来缴纳的。州长为确保能收足本税区的税额，有权把税额估得比应收足的金额高一些；这样，因纳税人破产或无力完纳而受到的损失就可以从其余人的额外负担中加以补偿。到1756年，这种额外课税的决定还是由州长裁定。但就在这年，枢密院把这种权力掌握在自己手中。据见闻广博的法国赋税记录人士观察，各州贵族及享有不纳贡税特权者负担的人头税的比例最轻。最大的部分却是向负担贡税的人征收的，办法是按照他们所支付贡税的多寡每镑征收一定金额的人头税①。

向底层人民征收的人头税就是一种对劳动工资的直接税，征收这种税会产生种种的不便。

征收人头税所消耗的支出有限。如果能够得到严格的执行必然会为国家提供一项极稳定的收入。因为这个缘故，在不把下层人民的安逸、舒适及安全放在眼中的国家里，人头税极其普遍。不过，一个普通的大帝国从这种税所得到的往往不过是其公共收入的一小部分，况且，这种税所提供过的金额也可以由其他对人民便利得多的方法征得。

消费品税

不论采用哪种人头税，要按照人民收入的比例来征收都是不可能的；这种不可能，似乎就引起了消费品税的出现。国家不知道如何直接并按比例地对人民的收入课税，它就试图间接地对他们的支出加以课税。这些费用被认为在大多数场合里与他们的收入保持一定比例。对他们的费用课税，就是把税加在费用所对应的消费品上。

消费品或是必需品，或是奢侈品。

我所说的必需品不但是维持生活上必不可少的商品，而且一国习俗决定了如果没有这种消费品，就是最底层人民也觉得有伤体面的那些商品。例如，严格说来，麻衬衫并不算是生活上必要的。据

---

① 《关于欧洲法律及赋税的记录》，第2卷，第421页。

我推想，希腊人罗马人虽然没有亚麻，他们还是生活得非常舒服①。但到现在，在欧洲大部分国家里，哪怕是一个领取日薪的工人，如果没有穿上麻衬衫也羞于走到别人面前。没有衬衫表示他穷到了丢脸的程度，并且，一个人没有做极端坏事的话，是不会那样穷的。同样的习俗使皮鞋成为英格兰生活的必需品。哪怕是最穷的体面男人或女人，没穿上皮鞋也不肯出去献丑。在苏格兰，习俗虽然也是使得社会最下层男子以皮鞋为生活所必需的消费品，但对同阶层的女子却不然，赤脚没有什么不体面。在法国，皮鞋对男人和女人而言都不是生活的必需品。法国最下层的男女可穿着木屐或打着赤脚走在别人的面前，而不会伤体面。所以，我的解释是，在必需品中不但包括那些大自然使其成为最底层人民所必需的物品，而且还包括那些涉及面子的习俗使其成为最底层人民所必需的物品。此外，其他一切的物品都被我叫做奢侈品。不过，称之为奢侈品，并不是要对其适度使用而有所责难。比如，英国的啤酒、麦酒，甚至在葡萄酒产国的葡萄酒，都被我叫做奢侈品。不论哪一阶层的人，如果他完全放弃这类饮料，决不会遭到别人的非难。因为，大自然没有使这类饮料成为维持生活的必需品，而各地风俗也没有使其成为少了它便有失面子的必需品②。

由于各地的劳动工资部分地受劳动需要的支配，部分地受生活必需品平均价格的支配；凡提高平均价格都必然会提高工资，这使得劳动者仍有能力来购买按照当时劳动需求情况他们所应该有的各种必需品，不管那时候劳动需求情况是怎样，是增加、不增不减或减少。对这些必需品所征收的税必然会使其价格提高，并且要略高于税额，因为垫付此税的商人一定要收回这项垫付的金额，额外要加上由此应得的利润。因此，这种必需品税必定使劳动工资按此类必需品价格升涨的比例而提高。

---

① 约翰·阿巴斯诺特博士在他的《古代铸币衡量和度量表》（第 2 版，1754 年，第 142 页）中指出，直到亚历山大·塞维鲁的时期，罗马人不使用亚麻，至少是男人不使用。

② 在第 1 版第 432 页注，啤酒似乎被当做是必需品而不是奢侈品。

这样一来，对生活必需品课税所产生的影响和对劳动工资直接课税恰恰相同。劳动者虽然要自己支付此税，但从长期看，他甚至连垫付也说不上。那种税最终总是通过所增加的工资而由其直接雇主返还给他。如果雇主是制造业者，他将把增加的工资连同一定的增加利润都转嫁到货物的价格上，所以，最后支付此税的以及支付增加利润的将是消费者。如果雇主是农场主，则此税将由地主负担。

对所谓的奢侈品课税，甚至对贫穷者的奢侈品课税，则又另当别论。课税商品价格的上升并不一定会引起劳动工资的提高。例如，香烟虽然是富人和穷人的奢侈品，但对这种奢侈品课税不会导致劳动工资的提高。英格兰的香烟税达到香烟原价的三倍，在法国则达到原价的十五倍，税率虽然这么高，但劳动工资似乎没有因此而受到影响。在英格兰和荷兰，茶和砂糖已成为底层人民的奢侈品了；巧克力糖，在西班牙也是如此。对此类奢侈品课税与对香烟课税相同，并没有对工资产生影响。对各种酒类所课的税也没有人去考虑对劳动工资是否有影响。对浓啤酒每桶征附加税三先令，导致黑麦酒价格陡增①，然而伦敦普通工人的工资并未因此提高。在此附加税未征收以前，他们每天的工资约为十八便士、二十便士，而现在的工资也没有增加多少。

这类商品的高价格不一定会降低下层人民养家糊口的能力。对朴实勤劳的穷人而言，向这些商品课税的作用类似于取缔奢侈的法令，这种课税会使他们少用或完全克制不用那些他们已不再能轻易就买得起的奢侈品。由于这种强制的节约，他们养家的能力不但不因此税而降低，反而往往会因此税而提高。一般地说，养活大家庭及提供所需要劳动力的人主要都是这些朴实勤劳的穷人。固然，所有的穷人并不都是朴实勤劳的；那些放肆的、胡作非为的人，在奢侈品的价格上升以后依然像以前一样消费这些奢侈品，不考虑其放纵的行为将如何使其家族陷入困境。不过像这样胡作非为的人很少能养育大家庭；他们的孩子大概都因为照料不周、处理不善及食物缺乏与不卫生而夭折了。即使孩子身体健壮，能忍受其双亲不当行

---

① 乔治三世第1年，第7号法律。

第二章 论一般收入或公共收入的源泉

为所带来的痛苦而活下去,但双亲不当行为通常也会败坏孩子的德行。这些儿童长大了,不但不能用其勤劳贡献社会,而且会成为社会上伤风败俗的害群之马。所以,尽管穷人的奢侈品价格的上升不免多少增加这种胡作非为家庭的困苦,从而多少降低了其养家的能力,但不会大大减少一个国家里有效的劳动力的数量。

不论必需品的平均价格上升多少,如果劳动工资不相应地增加,必然会多少降低穷人养家的能力,从而降低其提供有效劳动的能力,不管劳动需求状况如何,是增加、不增不减,还是减少。

对奢侈品课税除了引起这种商品本身价格的变化外,其他任何商品的价格都不会因此而提高。对必需品课税会提高劳动工资,也必然会提高一切制造品的价格,从而减少它们销售与消费的程度。奢侈品税最终是由课税品的消费者毫无补偿地支付的,它们会不分彼此地落在土地地租、资本利润及劳动工资等收入上。在其影响穷人的限度内,最终有一部分必需品税由地主以减少地租的方式为其支付,另一部分则是从提高制造品价格的过程中,由富有的消费者、地主或其他人为其支付。而且他们往往要另外支付一笔相当大的数额。以担负起真正为生活所必需而且是供穷人消费的制造品来说,例如,粗制毛织物等的价格上升必然要通过提高工资使贫民得到补偿。中等及上等阶层人民如真能了解他们自身的利益,他们就应该一直反对生活必需品税,反对劳动工资直接税。最后支付这两者的还是他们自己,而且还要有一个相当大的额外负担。地主的负担尤其重,他常常以两重资格支付此类税:一是以地主的资格减少地租;二是以消费者的资格增加费用。马太·德克尔关于生活必需品税的观察是十分正确的。他认为,某种税转嫁到某种商品的价格上,有时竟会重复累积四次或五次。比如,就皮革的价格而言,你不但要支付你自己所穿的鞋所用皮革的税,还须支付鞋匠及制革匠所穿的鞋所用皮革的税的一部分;而且这些工匠在为你服务期间所消费的盐、肥皂及蜡烛等的税,乃至制盐者、制肥皂者、制蜡烛者生产期间所消费皮革的税,都需要由你付出。

英国对生活必需品所征收的税,主要是针对刚才提到过的那四种商品——盐、皮革、肥皂及蜡烛来征的①。

　　盐为最古老且最普遍的课税对象。罗马曾对盐课税,我相信,现在欧洲各地无不实行盐税。一个人每年消费的盐量极少,还可以随时地少量购买所必需的盐。因此,虽然盐税很重,但没有人会因此而感到如何难堪。英格兰的盐税为每蒲式耳三先令四便士,大约是原来价格的三倍。其他各国的盐税可能更高。皮革是一种真正的必需品。亚麻布的使用使肥皂也成了必需品。冬天夜晚较长的国家,蜡烛成为各行各业的必要工具。英国的皮革税和肥皂税都是每磅三便士半。蜡烛税则为每磅一便士②。就皮革的原价而言,皮革税约达百分之八或百分之十;就肥皂的原价看,肥皂税约达百分之二十或二十五;就蜡烛的原价看,蜡烛税约达百分之十四或十五。这些种税虽然比盐税要轻一些,但仍然是很重的。这四种商品都是真正的必需品,如此重税势必在一定程度上增加那些朴实勤劳的穷人的生活开支,也必然引起他们劳动工资的提高。

　　在英国这样冬季非常寒冷的国家,不考虑烹调食物,仅仅就在户内工作的不同劳动者所需要得到的生活上的舒适而言,严格地讲,燃料也是这个季节的必需品。在所有的燃料中,煤是最低廉的。燃料价格对劳动价格影响如此重要,以致英国所有主要制造业都设立在产煤区域;由于这种必需品很稀缺,在其他区域,人们就难得像这样很方便地使用了。在一些制造商那里,煤是重要的贸易手段;此外,与玻璃、铁及其他的金属工业等相关的制造业也是如此。如果在某种场合下奖励是合理的,或许可以有助于将煤从出产的地方运输到需要的地方。但立法机构不但不加奖励,而且对沿海岸运输的煤征收一吨三先令三便士的税。多数种类的煤所要负担的税已经达到出矿价格的百分之六十以上。陆路运输或内河航运的煤则一律免税。煤价自然而然便宜的地方,就可以无须缴纳税而消费,煤价昂贵的地方却反而要负担重税。

---

① 皮革是德克尔所举的例子,《论对外贸易的衰落》,第 2 版,1750 年,第 29、30 页,还可以参阅第 10 页。
② 参阅道尔:《征税和赋税史》,1884 年,第 4 卷,第 318、322 页。

第二章　论一般收入或公共收入的源泉

　　这类税虽然会提高生活必需品价格，从而提高劳动价格，但却为政府提供了一项不容易由其他方面获得的大宗收入。因此，继续实行这类税有相当的理由。在实际农耕状态下，谷物出口的奖金会提高此必需品的价格，所以必然要产生上述的那些恶果。可是，它不但不能给政府带来收入，反而要支出一笔很大的费用。在通常丰收的年度，对外国谷物输入课以重税等于禁止其进口。绝对禁止输入活牲畜及盐腌食品是在法律的正常状态下实施的，现在因为缺乏此等物品，所以这条法律对爱尔兰及英国殖民地的产品暂停适用。这些规定都产生了必需品税所有的一切恶果，而政府却没有收入。要废止这些规定，只要使大众确信这些规定现有的制度没有什么好处就够了，似乎不必要采取其他手段。

　　和英国比较，其他许多国家对生活必需品所征收的税要高得多。许多国家对磨坊里磨的麦粉及粗粉征收税，对火炉上烘烤的面包也征收税。在荷兰的都市里，据说，此税导致面包的消费价格增加了一倍。住在乡村的人则有代替一部分此税的其他类税，即根据假定的每个人消费面包的种类，每年各征收一些税。例如，消费小麦面包的人需要缴纳税为三盾十五斯泰弗，约合六先令九便士半。这种税和其他相同的若干税使得劳动价格提高，而使荷兰大部分制造业都荒废了①。在米兰公国、热那亚各州、摩德拉公国、帕马、普拉森舍、瓜斯塔拉各公国，乃至在教皇领地，也可以看到同类的税，只不过没有那样繁重罢了。法国有一位有声望的学者②曾提议改革该国财政制度，用这种最有破坏性的税去代替其他大部分税收。正如西塞罗所说的，"哪怕是最荒谬绝伦的事，有时也会有若干哲学家加以主张③"。

---

① 《关于欧洲法律及赋税的记录》，第 210、216、233 页。
② 《改革家》，阿姆斯特丹版，1756 年。加尼尔根据这段话作出的注释（《研究》，第 4 卷，第 387 页）中认为，作者是法国工商业总监，后来的权威学者或怀疑或否认他是作者。参阅朱尔斯·得·弗罗尔，《关于 Clicquet‑Blervache 的研究》，1870 年，第 31~33 页。
③ 《论神性》，得·蒂维纳斯恩，第 2 章，第 58 页。

家畜肉税比上述面包税实行得还要更普遍。固然，家畜肉在各地是否为生活必需品尚令人怀疑。但根据经验，米、麦及其他蔬菜，还有牛奶、干酪、牛油——弄不到牛油，则代以酥油——即使没有家畜肉，也可以提供最丰盛、最卫生、最营养、最增加精神的食物。在许多地方，为着维持体面要求人人穿一件麻衬衫和一双皮鞋，但却没有一个地方要求人民吃家畜肉。

不论是必需品或是奢侈品，都可以用两种方法对消费品课税：其一，根据消费者曾使用某种产品及消费某种产品的理由，要求其每年完纳一定的税额；其二，当产品还留在商人手中，尚未移交到消费者之前，即征收一定数额的税。不能立即用完而可继续消费相当长时间的商品，最适合采用前一种方法征收税；可以立即消费掉或消费较快的商品，则最适合采用后一方法课税。马车税及金银器皿税，可以作为前一种课税方法的实例；国内其他大部分的消费税及关税，则为后一种课税方法的实例。

如果得到良好的管理，一辆马车可以使用十年或十二年。在它离开造马车者之前，不妨一次性征收一定数额税。但对购买者来说，为了拥有马车的特权而每年需要缴纳四镑的税，这无疑要更为方便些，否则还需要另外支付给马车制造者四十镑或四十八镑，或相当于他使用该马车期间大约要完纳的税金。同样，一件金银器皿有时可以使用百年以上。对消费者来说，该器皿的重量每达到一百盎司就需要每年支付五先令的税，即大约相当于其价值的百分之一，这种征收方法的确要容易些，而不是一次付清这项年金的二十五倍或三十倍。因为在后一种情况下，此器皿的价格至少将上升百分之二十五或百分之三十。对房屋所征收的各种税，自然按照每年支付一次较小的数额更为方便。如果在房屋最初建造或出售时，一次征收相当于各年税额的重税，纳税者必然会感觉到很大的不便利。

马太·德克尔爵士有一个非常著名的主张，包括立即或快速消耗商品在内的所有商品都必须按照下面的方法课税，即消费者为得到可以消费某商品的许可执照①，逐年缴纳一定金额，商人不缴纳任

---

① 《论对外贸易衰落的原因》，第2版，1750年，第78～103页。

何税额。他所提出的这项计划的目的在于撤销一切进口和出口税,商人的全部资本和全部信用都能使用在商品购买及船舶租赁上,而不必把其中的任何部分用于缴纳税款,这样可以促进所有的对外贸易,特别是贸易运输。但是,对立即或快速消耗的商品也采用上述方法课税,似乎会产生以下四种非常严重的弊端:第一,这种课税方法比一般的课税方法较不公平,就是说,不能很好地按照各纳税者的费用和消费按比例课征。由商人预先缴纳的麦酒、葡萄酒及火酒税最终由消费者按照他们各自消费数量按比例完全负担。如果这种税以购买饮酒许可执照的方式缴纳,那很少饮酒的人所缴纳的比例较好酒者所缴纳的就要比前一种情形多得多了;宾客比较多的家庭所缴纳的比例就要比宾客少的家庭少得多了。第二,按照这种方法课税,消费某种商品可以一年一次、半年一次或一季一次地缴纳许可执照的费用,这样,对快速消耗商品征收各项税的一种主要便利——陆续缴纳,便要大大减少了。现在一瓶黑啤酒的价格是三个半便士,其中对麦芽、酒花、啤酒所征收各项税以及酿酒者为预先支付这些税所要求获得的额外利润大概要占一个半便士。如果一位劳动者能够支付得起三便士半,他就可以购买一瓶黑啤酒;如果不能,他将会满足于一品脱,由于节约一便士即等于获得一便士,所以他从这种节制中获得了一些钱。由于税可以陆续支付,他愿意支付就支付,还可以选择支付的时间,所有的支付行为完全是自发的;如果他想避免支付税也做得到。第三,这种税减少奢侈的作用变小了。一旦领得消费执照,无论获得执照者饮酒的数量是多少,其所缴纳的税都一样。第四,现在一名劳动者喝每瓶或每品脱的黑啤酒时就缴纳了税,这令他并没有感觉到什么不方便,如果要求他一年一次、半年一次或一季一次缴纳其在这段时间里所应缴纳的所有税额,恐怕会使他难以承受。因此,如果这种课税方法没有施加以残酷的手段的话,就不会取得现在这种没有任何残酷手段的课税方法所取得的收入。然而,有些国家就是采用这种残酷手段的方法对立即消耗或快速消耗商品所征收的税。荷兰人获得饮茶执照的时候需要缴纳一定数额的税。此外,我已经说过,该国也按同样方法对农家和乡村所消费的面包征收税。

国内消费税主要是针对那些由国内制造且用于国内消费的商品。那种税只向使用最广泛的一些种类的商品征收。所以，课税的商品、各种商品的税率都很清楚，不存在任何疑问。除了前面所讲到盐、肥皂、皮革及蜡烛外，或者还加上普通玻璃，这种税几乎都是像我所说的奢侈品那样征收。

关税远比国内消费税更早地实行。此项税称为"习惯"，表示这种支付形式是由远古沿袭下来的一种惯例。最初，它似乎是对商人利润所征收的税。在封建的无政府的野蛮时代，与城邑中的其他居民一样，商人的人格受到轻视，其获得的利润也被其他人忌妒，这种情形差不多与解放后的农奴没有大的区别。而且，大贵族们已同意国王对其佃农的利润加以课税，自然也愿意国王对那些在利益上与自己没有关系且不想加以保护的那个阶层的利润课以贡税。在那个愚昧时代，他们不懂得无法对商人的利润直接课税，换言之，所有的这种税最后都要落在消费者身上，此外还要增加一项额外负担。

与英国本国商人的收益相比，外国商人的收益还要受到更大的歧视。因此，后者自然要比前者缴纳更重的税。对外国商人与英国商人所课的税有所区别开始于蒙昧时代，以后，又由于垄断思想的存在，即要使本国商人在外国市场及本国市场占据有利地位，这种情况就存续下来。

除上述区别外，对于一切种类的商品古代的关税都平等课税，不管是必需品或奢侈品，也不管是进口商品或出口商品。同是商人，那时人们的想法是，为什么某种商品的商人要比其他种商品的商人享有更多优惠呢？为什么出口的商人要比进口的商人享有更多优惠呢？

古代的关税被划分为三类：第一类是针对羊毛和皮革的关税，或者说是一切关税中实行最早的。这种税主要或全部是出口税。当英格兰形成毛织物制造业时，国王害怕毛织物的出口会令他失去羊毛关税，于是也针对毛织物实行了同样的税。第二类是葡萄酒税，即对每吨葡萄酒征税，称为吨税。第三类是对其他一切商品所征收的税，是按照所认定的商品价格每镑征收若干的课税，称为镑税。爱德华三世四十七年，除征收特别税的羊毛、羊皮、皮革及葡萄酒外，其他一切进口和出口的商品都需要每镑缴纳六便士的税。查理二世十四年，此税提高到每镑一先令，但三年以后，又由一先令缩减至六便士。亨利四世二年，又提高到八便士，第四年又恢复到一先令。从这一年到威廉三世九年，这项税一直是每镑一先令。经议会依据同一项法令，吨税及镑税都划归国王，称为吨税镑税补助税。在一个很长的时期内，镑税补助税一直是每镑一先令或百分之五，因此，关税用语上所谓的补助税一般都是指这种百分之五的税。这种补助税——现在称"旧补助税"——至今仍然按照查理二世十二年所制定的关税表征收。据说在詹姆士一世以前①，就使用过这种按照关税表审定应纳税商品价值的方法。威廉三世九年、十年两次征收的新补助税是对大部分商品额外征收百分之五的税②。三分之一补助税及三分之二补助税③合起来又组成另一个百分之五。1747年④的补助税是对大部分商品课征的第四个百分之五。1759年⑤的补助税是对一些特定商品课征的第五个百分之五的税。除这五项补助税外，有时为解决国家急需，有时为按照重商制度的原理来管制本国贸易，还有针对一些特定商品的若干种税。

重商制度日益流行起来。旧补助税不分差别地对出口商品及进口商品一律课征。除若干特殊的税外，以后的四种补助税以及其他一些对特定商品所课的各种税则是完全针对进口商品的。对本国产品及国内制造品出口所课的各种税中，大部分被减轻或完全废除，还甚至向出口的商品发放奖金。对进口然后又出口的外国商品，有时退还其进口时所缴纳的全部税金，而在大多数场合下只退还其中的一部分。在商品出口的时候，其进口时按照旧补助税所征收的税

---

① 吉尔伯特：《论有关税收的民事法庭》，1758年，第224页提到于1586年印制的"税率表"。道尔：《征税和赋税史》，第1卷，第145、165页，认为此项制度的创立源自于1558年后不久。
② 第23号法律。
③ 安妮第2、3年，第9号法律；安妮第3、4年，第5号法律。
④ 乔治二世第21年，第2号法律。
⑤ 乔治二世第32年，第10号法律，针对烟草、亚麻、糖和其他杂货（除了小并且无核的葡萄干之外）、东印度货物（除了咖啡和粗丝之外）、白兰地和其他酒类（除了殖民地的甜酒之外）及纸类征税。

金只退还一半；但对大部分商品的出口而言，按照以后的补助税及其他关税在其进口时所征收的税金则全部返还。由于这种对出口所给予的越来越大的好处以及对进口的抑制，只有两三种制造原料的进口才没有受到影响。我们的商人及制造业者都希望尽可能便宜地得到这些原料，并尽可能昂贵地销售给其国外的竞争者。因此，有时会允许若干外国原料免税进口，例如西班牙的羊毛、大麻及粗制亚麻纱线。有时则对国内原料及殖民地特产原料的出口加以禁止或课以重税。比如，英国羊毛的出口是遭到禁止的；海狸皮、海狸毛及远志树胶的出口则被课以较重的税，自从占领加拿大及塞内加尔以来，英国几乎垄断了这些商品。

我在本书第四篇说过，重商学说对民众的收入，对一国土地劳动的年产量并不怎么有利。对君主的收入也不见得很有利，至少，对那种仰赖关税的收入而言是这样的。

这种学说流行的结果是一些商品的进口被完全禁止。在某些情况下，进口商被迫走私，这种禁令迫使并没有发挥任何作用，而在其他情况下，则大大减少了这些商品的进口。外国毛织品的进口完全被阻止了；外国丝绒的进口也大大减少。在这两种情形中，可以从这些商品进口而征得的关税收入完全化为乌有了。

在很多情况下，为阻止英国消费许多国外进口商品而征收的重税只不过鼓励走私而已，却使关税收入低于所能收到的水平。斯威弗特博士说，在关税的算术中，二加二并不等于四，有时只能得到一①；

---

① 斯威夫特说，这句话是一位不知道姓名的关税委员说的。"我将告诉你一个在许多年前从伦敦的关税委员们那里听来的秘密：在对于商品征收过于轻的税时，会使这项收入降低一半。他们中有一位绅士认为，这是因为将二加二说成是等于四；但是在征收赋税时，二加二不会超过一，这是因为减少了进口。同时征收很重的税时又会对于所针对的货物产生强大走私的动力，至少在本国就是这样"。对一篇名为"爱尔兰王国穷人、商人和劳动者的请愿书"的文章的回复（见《著作全集》，斯科特编，第2版，1883年第7卷，第165、166页，休谟从斯科特的书中引述了这句话。见《论贸易差额》，凯姆斯勋爵也引述了，见《人类历史纲要》，1774年，第1卷，第474页）。

他的这种评论对我们现在所说的重税是十分恰当的。如果在多数场合里重商学说让我们把课税当做获得垄断的手段，而不是获得收入的手段，那么，那种重税就不会被人采用了。

有时对国内商品及制造品出口所给予的奖励，还有对大部分外国商品再出口时所退还的税金，曾引起许多欺诈行为，并且引起了对国家收入破坏作用最大的走私行为。如一般所知道的，为了得到奖励或退税，人们往往把商品装到船上驶出港口，马上又从本国其他沿海地方登陆。由于奖励及退税所导致的关税收入缺口非常大，其中的大部分落到了欺诈者手中。到1755年1月5日为止，该年度的关税总收入达到五百零六万八千镑。从这笔总收入中支出的奖励（虽然该年度对谷物还没有发给奖励）达十六万七千八百镑。按照退税凭证及其他证明书所支付的退税金达两百一十五万六千八百镑。这两笔合计两百三十二万四千六百镑。将这笔金额扣除掉的话，关税收入就只有两百七十四万三千四百镑。再从这个数额中扣除包括官员的薪俸及其他开支在内的关税行政费用两十八万七千九百镑，那么该年度关税纯收入就只有两百四十五万五千五百镑了。关税行政费用相当于关税总收入百分之五到百分之六之间，相当于扣除奖励及退税后的剩余部分的百分之十以上。

由于几乎对所有进口商品都课以重税，所以我国进口商都力求增加走私进口而减少报关进口。反之，我国出口商所报关出口的往往超过实际出口的数量；这样做有时出于虚荣心，特别是那些装做经营免税商品的巨商；有时则为了获取奖励或退税。因为存在这两方面欺诈行为，在海关登记簿上的我国出口数额似乎大大超过了我国的进口数额，对那些以所谓贸易差额来衡量国民繁荣的政治家们而言，他们获得了一种说不出来的快感。

除极少数特殊的免税品外，一切进口商品都要被征收一定的关税。如果进口的某种商品并没有列入关税表中，按照进口商的申报，这种商品就要依据其价值每二十先令被征收四先令九又二十分之九便士的关税①，即大约相当于前面所提到的五种补助税或五种镑税

---

① 萨克斯贝：《不列颠关税》，第266页。

的比例的关税。关税表中所包含的类别极其广泛，有许多商品是很少被使用并不为一般人所知道的。因此，常常难以确定某种商品应属于哪个类别，应当按照什么税率征收。这方面的差错往往使税收官员出现失误，并使进口商遇到很大的麻烦和苦恼，还要支付很高的费用。所以，就明白、准确和明显而言，关税远不如国内消费税。

为使社会中大多数人能按照他们各自费用的比例来提供国家收入，似乎没有必要对费用所对应的每项商品进行征税。国内消费税与关税似乎是同样平等地由消费者负担。但国内消费税，则只课加于若干用途极广而消费极多的物品上。于是，许多人有这种意见，以为如果管理适当，关税也可同样只课于少数物品上，而不致亏损公家收入，而且可给对外贸易带来很大的利益。

在英国，现在使用得最广泛且消费最多的外国货主要是国外的葡萄酒和白兰地酒，还有美洲及西印度出产的砂糖、蔗糖、酒、烟草、椰子、东印度出产的茶、咖啡、瓷器、各种香料及一些纺织品等。这些商品提供了如今的大部分关税收入。如果将针对刚才列举的外国商品所征收的关税除外，现在对外国制造产品所课的大部分税并不是以收入为目的而征收的，而是为了谋求垄断，即要确保国内市场中本国商人的利益。因此，废除一切禁令，对外国制造的商品课以适度的关税以确保向国家提供最大收入，我国的工人可以依旧在国内市场中保持很大的利益，而如今没有向政府提供收入以及仅提供少量收入的许多商品到那时也可以提供丰厚的收入了。

有时一种重税会减少该种商品的消费，有时会鼓励走私，其结果是重税给政府所提供的收入往往比不上较轻的税负水平所提供的收入。

当收入减少的原因是消费减少时，唯一的解决方法就是降低税率。

当收入减少的原因是走私得到鼓励时，大约有两种解决方法：一是削弱走私的诱惑力；二是增加走私的难度。只有降低关税才能减少走私的诱惑；只有设立最适于阻止走私的税收制度才能加大这种违法行为的难度。

根据经验，我认为消费税法抑制走私活动的效果比关税法大得多。在各种赋税性质可以接受的情况下，将类似于消费税的税政制度引入到关税里，就能大大加大走私的难度。这种改变比较容易做到，而且也是许多人想象得到的。

有人主张，进口那些应缴纳关税的商品的进口商可以将这些商品搬进他自己所准备好的仓库，或存放在由其自己支付或由国家支付费用的仓库里，但仓库的钥匙掌握在海关人员手里，只有海关人员在场的时候才可以开启仓库。如果这些商人将商品运往自己的货栈，就应当立即缴纳税金，以后也不会退还；并且，为确定仓库中所存放的数量与缴纳税金的商品数量相符，海关人员可以随时检查。如果他将商品存放在国家的仓库里，在用于国内消费之前这些商品不需要缴纳税金。如果再出口到国外，这些商品则完全免税；不过，他必须提供适当的保证以担保其商品一定出口。此外，不论经营这些商品的商人是批发商或零售商，都要随时接受海关人员的检查，并且还要提供适当的凭证，证明其商铺中或仓库中的全部商品都已缴纳了关税。现在英国对进口蔗糖、酒征收的所谓消费税就是按照这种方法征收的；这种管理制度不妨扩大到一切进口商品的课税上，只要这些税与消费税同样只针对少数使用最广且消费最多的商品。如果现在所说的所有种类的商品都改用这种方法缴纳税金，恐怕无法设立如此大的货栈；况且，商人不会将非常精致的商品或必须精心保存的商品存放在别人的仓库里。

如果采用这种税收管理制度，即使关税很高，走私也可以被大大地抑制；如果各种赋税根据是否可以向国家提供最多的收入而加以提高或降低；税收总是被用作获取收入的手段，而不是用做获得垄断的手段；那么，只对使用和消费最多的少数商品征收关税，似乎就可以获得至少与现在相等的关税纯收入，而关税还可以变得和消费税同样纯粹、明晰和正确。在这种制度下，现在国家从外国产品再出口（实际上会再进口以供国内消费）的退税中所蒙受的收入上的损失就可完全免除了。这项节省下来的数额非常巨大，再加上取消对国产商品出口给予奖励——这些奖励事实上没有一种是此前所缴纳的消费税的退税，结果是，在制度变更以后，关税纯收入无疑至少可以和未变更以前相等了。

如果在制度的这种变更中，国家的收入并无任何损失，全国的贸易和制造业就会获得非常大的利益。绝大多数未课税商品的贸易将完全自由，可出口到世界各地，并获得一切可能得到的利益。这些商品包含一切生活必需品及所有制造品的原料。由于可以自由进口生活必需品，其在国内市场上的平均货币价格必然会下落，因此，劳动的货币价格也一定会相应下降，但劳动的真实报酬却不会减少。货币的价值和它所能购买的生活必需品的数量相称，而生活必需品的价值则与它所能交换到的货币数量全然无关。劳动货币价格下降，国内所有制造品的货币价格也必然随着下降，国内的制造品就可以在所有的国外市场中获得利益。由于原料可以自由进口，一些制造品价格的下降幅度可能更大。如果能够免税进口中国及印度生丝，英格兰丝制业者就可以比法兰西意大利的丝制业者销售更低廉的商品。在那种情况下，就没有必要禁止外国丝绒的进口。本国廉价的制造品不但会保证我国商人占有国内市场，而且可以使其更好地占据国外市场。就连一切课税商品贸易的收益也会比现在多。如果这些商品从国家仓库中取出后要出口到国外，而且一切税都被免除，那种贸易就完全是自由的。在这种制度下，各种商品的运输贸易将享有一切可能得到的利益。如果这些商品从国家货栈取出后用于国内消费，进口商在没有将商品销售给其他商人或消费者时，并没有垫付税金的义务，因此与一进口就要垫付税金的情形相比较，其销售商品的价格就更低廉了。在相同的税率下，即使经营需要缴税的消费品的外国贸易，获得的利益也会比现在多得多。

著名的罗伯特·沃尔波尔消费税案的目的就是设立一种与上面所提及的内容没有很大差别的针对葡萄酒及烟草的税制。尽管那时他向议会提出的提案只包含这两种商品，但按照一般的推想，那只是一项针对性更广泛的计划的开端。因此，与走私商人利益结合在一起的党派强烈反对这项提案，并促使首相也认为撤回该项提案是正确的；由于担心引起同样的反对，以后再也没有人敢提起这项计划了。

对从国外进口并在国内消费的奢侈品征税，虽然有时会落在贫民的身上，但主要还是由中产及中产阶层以上的人负担。如针对外国葡萄酒、咖啡、巧克力糖、茶、砂糖等的关税都属于此类。

对国内生产且国内消费的比较便宜的奢侈品所征的税，是按照每个人费用的比例很平均地落在所有人的身上。贫民要为其消费的麦芽、酒花、啤酒、麦酒缴税；富者则为其及其奴仆所消费的各种商品缴税。

这里要注意一件事，在任何国家，与中产阶层或与中产阶层以上人的全部消费相比，下层人民或中产阶层以下的人民所全部消费的数量和价值都要大得多。与上层阶层的全部费用相比，下层人民的全部费用要大得多。第一，各国的全部资本几乎都被用于生产性劳动的工资，并分配给下层阶层的人。第二，由土地地租及资本利润所产生的大部分收入都被用做奴仆和其他非生产性劳动的工资及维持费用，并分配给这个阶层。第三，一部分的资本利润被当做使用自有资本所得的收入，并属于这个阶层。小店主、小商贩乃至一切零售商每年挣得的利润总额非常大，并在年收入中占有很高的比例。第四，即使一部分的土地地租也会属于某些特定阶层的人。其中的一大部分为比中产阶级略低的人所有，一小部分为底层人民所有，因为普通的劳动者有时也拥有一两亩土地。尽管就每个人来看，这些底层人民的费用非常少，但从总量上看，却是社会总费用中的最大的一个组成部分；一个国家土地劳动每年所提供的产品中，把底层人民所消费的部分去掉，剩下来就是供给上层阶层的消费，后者在数量和价值上都总是要少得多。因此，主要针对上层阶层的人的费用而征收的税，比不分彼此地对所有阶层人的费用征收的税要少得多，甚至与主要针对底层人民的费用而征收的税相比也是如此。换言之，针对年产品中较小部分征收的税，比不分彼此地以全部年产品为对象而征收的税一定要少得多，甚至与主要以较大部分的年产品为对象而征收的税相比也是如此。所以，在以费用为对象的一切课税中，提供收入最多的是针对国产酒类及其所用原料而征收的消费税；而消费税在很大程度上主要是由普通百姓负担。在以1775年7月5日为截止日的那个年度里，这类消费税的总收入总共达到三百三十四万一千八百三十七镑九先令九便士①。

不过，我们要记住一件事：应当课税的是底层人民的奢侈品消费，而不是他们的必需品消费。对他们的必需品消费征税的话，最后完全由上层阶层负担，即由年农产品中较小部分所负担，而不是由年农产品中的较大部分负担。在所有的情形中，这种税必然会提高劳动工资，或者减少劳动的需求。只要不让这种税最后由上层阶层负担，劳动价格就不会提高；不减少一国土地劳动的年产品——这也是一切赋税最终缴纳的源泉，劳动需求也不会减少。不论这种税的存在导致劳动需求如何减少，劳动工资都不免要高于没有此种税的情况。并且，在所有的情形中，这部分增加的工资最后必定要由上层阶层负担。

在英国，如果酿造发酵饮料及蒸馏酒精饮料并不是为了销售，而是用于自家消费，都不征收消费税。这种免税的目的是避免收税人员对私人家庭进行令人厌烦的拜访与检查，但结果却是，这种赋税给穷人造成了比富人更重的负担。虽然很少有自家蒸馏酒精饮料，但有时也会发生。乡村的许多中等家庭及所有相当富贵的家庭都享用他们酿造的啤酒。他们酿造每桶高度啤酒的费用比普通酿造者低八先令。普通酿造者要从所垫付的一切费用及税金中获得利润，所以，和普通百姓可以饮用的所有相同的饮料相比，这些人所饮用的啤酒每桶至少要低九先令或十二先令，因为任何地方的普通百姓都认为向酿酒厂或酒店购买啤酒较为方便。同样，虽不会受到收税人员的拜访和检查，每人却须为以自家消费为目的而生产的麦芽纳税七先令六便士。十蒲式耳的麦芽消费税等于七先令六便士，而十蒲式耳的麦芽是勤俭的家庭全家男女儿童所能消费的平均数量。可是，富贵家庭中的家人所饮用的麦芽饮料不过是其所消费的全部饮料中的一小部分。但也许因为这种税的存在，也许因为其他原因，自家制造麦芽竟然没有自家酿造饮料那样广泛。酿造或蒸馏自用饮料的人不必像制造麦芽的人一样缴纳上述的税，理由何在？

---

① 第1版是"3 314 233镑18先令10又4分之3便士"。

通常的说法是,对麦芽征收较轻的税所获得的收入比如今对麦芽、啤酒及麦酒征收重税要多得多。因为,酿酒厂逃避税收的机会比麦芽制造厂要多得多;为自己饮用而酿造饮料的人不必缴纳所有的税,而为自己消费而生产麦芽的人却不能免税。

伦敦的黑麦酿酒厂里,普通每夸脱麦芽可以酿两桶半以上的酒,有时可以酿三桶酒。各种麦芽税为每夸脱六先令;各种高度啤酒及淡色啤酒税为每桶八先令。因此,在黑麦酿酒厂里,针对麦芽、啤酒及淡色啤酒所征收的各种税,每夸脱麦芽及其随后所生产出来的啤酒都需要缴纳达二十六先令到三十先令的税。以普通乡村为销售对象的乡村酿造厂里,每夸脱麦芽很少生产少于两桶的高度啤酒及少于一桶的淡啤酒,而且往往会生产出两桶半高度啤酒。每桶淡啤酒所要缴纳的各种税要达到一先令四便士。所以,在乡村酿造厂里,一夸脱麦芽及其随后生产出来的啤酒所要缴纳的各种税通常是二十六先令,而低于二十三先令四便士的很少。整个王国平均计算,一夸脱麦芽及其随后生产的啤酒及淡色啤酒所要缴纳的各种税不会低于二十四先令或二十五先令。

但是,废除一切啤酒税、淡色啤酒税,而将麦芽税提高三倍,即每夸脱麦芽所缴纳的税从六先令提高到十八先令,从这种单一赋税中所得到的收入要比现在从各种重税中所得到的收入多得多。

		镑	先令	便士
1772 年	旧麦芽税收入	722 923	11	11
	附加税	356 776	7	$9\frac{3}{4}$
1773 年	旧麦芽税收入	561 627	3	$7\frac{1}{2}$
	附加税	278 650	15	$3\frac{3}{4}$
1774 年	旧麦芽税收入	624 614	17	$5\frac{3}{4}$
	附加税	310 745	2	$8\frac{1}{2}$
1775 年	旧麦芽税收入	657 357	0	$8\frac{1}{4}$

	附加税	323 785	12	$6\frac{1}{4}$
	合计	11 3 835 580	12	$\frac{3}{4}$
	四年的平均数	958 895	3	$\frac{3}{16}$
1772年	地方消费税收入	11 1 243 128	5	3
	伦敦酿造厂税额	408 260	7	$2\frac{3}{4}$
1773年	地方消费税收入	11 1 245 808	3	3
	伦敦酿造厂税额	405 406	17	$10\frac{1}{2}$
1774年	地方消费税收入	11 1 246 373	14	$5\frac{1}{2}$
	伦敦酿造厂税额	320 601	18	$\frac{1}{4}$
1775年	地方消费税收入	11 1 214 583	6	1
	伦敦酿造厂税额	463 670	7	$\frac{1}{4}$
	合计	11 6 547 832	19	$2\frac{1}{4}$
	四年的平均数	11 1 636 958	4	$9\frac{1}{2}$
	加入麦芽税的平均数	958 895	3	$\frac{3}{16}$
	两个平均数的和	11 2 595 853	7	$9\frac{11}{16}$

将麦芽税提高三倍，即每夸脱麦芽税由六先令提高到十八先令。从这种单一税中可以获得如下的收入：

	2 876 685	9	$\frac{9}{16}$
超过前者的数额	280 832	1	$2\frac{14}{16}$

不过，在旧麦芽税中含有向苹果酒征收的每半桶四先令的税及

向高度啤酒征收的每桶十先令的税。1774年，苹果酒税的收入是三千零八十三镑六先令八便士。这个税额比平时的税额稍少；因为该年度对苹果酒所征收的税都低于平常水平。对高度啤酒所征收的税虽然要重得多，但因为该啤酒的消费量不大，所以收入还没有苹果酒税多。但是，为弥补这两种税的不足，在地方消费税中含有：一每半桶苹果酒要缴纳六先令八便士的旧消费税；二每半桶酸果汁酒要缴纳六先令八便士的旧消费税；三每桶醋要缴纳八先令九便士的旧消费税；四每加仑甜酒或蜜糖水要缴纳十一便士的旧消费税。这些税收可以绰绰有余地弥补上述麦芽税中针对苹果酒及高度啤酒征收的税。

麦芽不但可以用来酿造高度啤酒和淡色啤酒，而且可以制造下等火酒及酒精。如果将麦芽税提高到每夸脱十八先令，以麦芽为部分原料的那些下等火酒及酒精的消费税就有降低的必要了。在所谓麦芽酒精中，通常有三分之一的原料是麦芽，其他的三分之二或者都是大麦，或者三分之一的大麦及三分之一的小麦。麦芽酒精蒸馏厂中的走私机会与诱惑比酿酒厂或麦芽制造厂大得多。酒精容积较小而价值较大，所以走私机会多；其税率较高，每加仑达到三先令十又三分之二便士①，所以走私的诱惑力强。提高麦芽税并降低蒸馏所得税就可以减少走私机会与诱惑，并大大地增加国家收入。

酒精饮料被认为有害于普通百姓的健康，有害于普通百姓的道德，所以过去某个阶段英国的政策是抑制这种饮料的消费。按照这项政策，对蒸馏厂所征收的税不应过分降低，以避免降低此种饮料的价格；要保持酒精的高价格，同时，大大降低麦酒、啤酒这一类无碍健康而又能提神的饮料的价格。这样，现在人民怨声最大的税收负担就可得到部分减轻，同时国家的收入也可以大大增加。

---

① 对于标准强度的酒精直接征收赋税尽管只有每加仑2先令8便士，但是再加上对于标准酒精蒸馏而来的下等酒精所征收的赋税就是3先令10又3分之2便士。为了避免欺诈，下等酒精和标准酒精都要按照发酵过程中消耗原料的容积征税。本注释首次见于第3版；第1版文中是"2先令6便士"，而不是"3先令10又3分之2便士"。

达文南特博士反对现行消费税制度中的这种改变，但他的反对意见并没有什么根据。其反对意见是现在的消费税已经被很平等地分配于麦芽制造者、酿造者及零售业者的利润，在消费税影响利润的范围内将全部由麦芽制造者承担；酿造者及零售业者可以从酒的价格提高中补偿其已缴纳的税额，但麦芽制造者却不容易做到这点；并且，对麦芽征收这么高的税，势必降低大麦耕地的地租及利润①。

在相当长的时期内，没有一种税能够降低特定交易的利润率；任何交易的利润率一定常常与其他相关的交易保持相近的水平。现在的麦芽税、啤酒税及淡色啤酒税不会影响商人从这些商品中获得的利润；他们可从酒价的提高中弥补所缴纳的税额，并额外获得一定的利润。固然，施加在商品上的税收可能使这种商品更昂贵，从而减少该商品的消费量。但麦芽的消费主要表现在其最终酿成各种麦芽酒。对每夸脱的麦芽征收十八先令的税不会使酒的价格比征收二十四先令或二十五先令的税更贵；反之，这些酒的价格，说不定还会因此降低一些。其消费说不定会有所增加。

为什么现在酿造者能在酒精价格的提高中收回二十四先令、二十五先令，乃至三十先令，而麦芽制造者要从麦芽价格的提高中收

---

① 《政治和商业著作》，查尔斯·惠特沃斯编，1771年，第1卷，第222、223页。但是达文南并不仅仅把现在征税的效果局限于麦芽。他认为这种赋税"好像是针对麦芽征收的，但是并不是如人们所预想的那样全部是由这种商品来负担的。因为这种赋税在被缴纳进国库之前，还有许多人为它做出了贡献。首先是地主，由于这种赋税，他必须以较低的地租出租他的土地；也因为同样的原因，农民也必须按照较低的价格出售他的大麦；然后是麦芽制造者，由于这种赋税，他必须稍稍降低土地麦芽的价格；同时酒花商人、制桶工匠、煤矿工以及与这种商品相关的所有行业都会受到不同程度的影响。零售商人和酿造商人也同时负担很大一部分，因为他们的收入一定会由于征税而减少；最后，消费者负担的部分最多"。如果针对麦芽制造者征税，"他很难把一种已经很昂贵的商品的价格马上提高三分之一便士，所有他也不得不负担这笔赋税的最大的部分，或者把它转移到农场主的身上，即压低大麦的购买价格，这样这种赋税就直接由英格兰的土地来负担了"。

回十八先令却很困难呢？这点不容易理解。固然，麦芽制造者要为每夸脱麦芽垫付十八先令的税而不是六先令；但现在酿造者却要对其酿造所用的每夸脱麦芽垫付二十四先令、二十五先令，有时甚至三十先令的税。麦芽制造者垫付较轻的税，一定不会比现在酿造者垫付较重的税还要不便。任何麦芽制造者不会常在仓库保存这么多的麦芽存货，与酿酒者卖出其通常在酒窖中所保存的啤酒、淡色啤酒存货相比，卖出这些存货并不需要更长的时间。因此，前者收回资金的速度往往与后者同样迅速。麦芽制造者因垫付较重的税而感受到的不便也很容易解决，可以让其缴纳税金的时间比现在的酿造者多出几个月。

不减少大麦需求的因素，也不会减少大麦耕地的地租及利润。假如将酿造啤酒和淡色啤酒的每夸脱麦芽的税率从二十四、二十五先令削减到十八先令，不但不会减少反而会增加需要，大麦耕地的地租及利润常与同样肥沃和耕作得同样好的土地的地租利润大约相等。如果其地租和利润少，则部分大麦耕地将转做其他用途；如果其地租和利润较多，则更多的土地将被用来种植大麦。当出自土地的某种产品的一般价格是垄断价格时，对此商品所征收的税就必然会减少该土地的地租及利润。例如，葡萄酒的产量严重低于有效需求，因此，和同样肥沃及耕作得同样好的土地所出产的其他产物的价格相比，其价格往往要高很多；现在对葡萄酒课税，必然减少葡萄园的地租及利润。因为，葡萄酒的价格已经达到了通常市场供应数量水平下的最高价格，数量不减，价格也不会再提高；没有更大的损失，这个数量也不会减少，因为这些土地无法被用来生产其他同样有价值的产品。所以，赋税的全部负担要施加在地租及利润上，确切地说，要施加在葡萄园的地租上。当有人提议对砂糖征收新税时，我国蔗糖栽植者常常说，此项税收的全部负担不会落在消费者身上，而要落在生产者身上；在缴纳税之后，他们一直无法把砂糖价格提高。看起来，未缴税前，砂糖价格已是一种垄断价格了，所以，他们用来证明砂糖不适合做课税对象的论据表明其是适合课税的对象；垄断者的收益任何时候都是最适于课税的对象。至于大麦的普通价格却从没有成为一种垄断价格；与同样肥沃和耕作得同样好的其他土地的地租及利润相比，大麦耕地的地租及利润也从没有超过其适当的比例。课于麦芽、啤酒及淡色啤酒的各种税，从未降低大麦的价格，也从未减少大麦耕地的地租及利润。由于麦芽税的提高，酿造者为麦芽所支付的价格持续地按比例提高；而这种税和课于啤酒、淡色啤酒的税都在不断地提高那些商品的价格，或不断降低那些商品的质量。因此，这类税的最后支付总是由消费者负担，而不是由生产者负担。

因为这种制度改革而可能受到损害的只有一种人，即以自家消费为目的的酿造者。但是，现在上层阶层所享受到的免除重税，却由普通的劳动者及工匠们负担，那是最不正当最不公平的，即使这种制度的变更从来不会发生，那种免除也应当被废除。然而，正是上层阶层的利益妨碍了利国利民的制度的变革。

除上述关税及消费税外，还有一些更加不公平、更间接影响商品价格的税。法国的所谓路捐和桥捐就是这种税。在古老的撒克逊时代这种税叫做通行税，最初其开征的目的似乎与我国道路通行税及运河与通航河流通行税相同，即用来维护道路与水路。当被用于这样的目的时，这种税最适合按照商品的容量或重量征收。最初，这些税是地方税和省税，用于地方或省的用途，很多管理都是委托给纳税地的市镇、教区或庄园的；按照设想，这些团体可以担负起这项责任。在许多国家里，对此不负任何责任的君主却将这项税收的管理权掌握在自己手中；在大多数场合他把这项税大幅度提高，但在多数场合中却完全忽视了其该当如何实施。按照其他很多国家的例子，如果英国的道路通行税成了政府的税收源泉，那么其结果也是非常确定的。这些通行税最终无疑由消费者承担；但消费者所缴纳的税不是按照他缴税时其费用的比例，也不是按照他所消费商品的价值的比例，而是按照他所消费商品的容量或重量的比例缴纳的。当这种税不按照商品的容量或重量征收，而按照其假定的价值征收时，严格地说，它就成为一种国内关税或消费税，会大大阻碍国内贸易，这也是一国最重要的商业要素。

一些小国对从某个国家运往另一个国家并经水路或陆路通过其领土的商品，征收与此相类似的税。在一些国家称此税为通过税。

第二章　论一般收入或公共收入的源泉　717

位于波河及各支流沿岸的一些意大利的小国家就利用这项税取得部分收入。这项收入完全出自国外而不妨害本国工商业，而这也许是唯一的由一国向他国人民征收的税。世界最重要的通过税是丹麦国王对一切通过波罗的海峡的商船所征收的税。

像大部分的关税及消费税那样的奢侈品税，虽然完全不分彼此地由各种收入一起负担或者没有任何报偿，而且最终由消费该种商品的人负担，无所报偿地为其支付，但却从来不会平等地或按比例地施加在每个人的收入上。由于每个人性情控制了他的消费程度，他纳税的多寡并不是按照他的收入的比例，而是以其性情为转移的；浪费者所缴纳的超过其比例，节约者所缴纳的没有达到其比例。一个富人未成年的时候，可以从国家保护中获得很大的收入，但他通常的消费行为给国家提供的贡献却很有限。居住在其他国家的人也没有从消费上对其获得收入的国家提供任何贡献。如果其获取收入的国家像爱尔兰那样没有土地税，对于动产或不动产的转移也不征收任何重税，那么，这个居住在其他国家的人就没有向保护其享有丰厚收入的政府做出任何贡献。如果一个政府隶属于或依赖于他国政府，这种不公平就会达到极点。一个在附庸国拥有广大土地财产的人总是愿意定居在统治国。爱尔兰恰好处在这样的附庸地位，所以向居住在国外的本国人课税的提议会在该国大受欢迎。可是，要判断什么类型的国外居住以及何种程度的国外居住才算是那个国家里应当纳税的人也是非常困难的。不过，如果你将这极特殊的情况除外，由此税所产生的不同人之间贡献上的不公平会由引起不公平的情形所补偿；那种情况就是，每个人的贡献都是自愿的，其自己决定是否消费课税商品。因此，如果这种税的设定没有偏差，商品也很适当，纳税的人所发的牢骚总要少一些。当这种税由商人或制造者垫付时，最后负担此税的消费者不久就会把它与商品价格混同起来，而几乎忘记是自己缴纳了税金。

这种税或可以说是完全确定的。即应缴纳多少，应何时缴纳，也就是缴纳的数量及日期都能确定，不会留下任何一点疑问。英国关税或他国类似的税虽然有时表现出不确定，但不是因为这些税的性质，而是课税法律的措辞不很明了或不很灵活。

奢侈品税大都是零零碎碎地缴纳的，而且总是可能零零碎碎地缴纳，即纳税者购买奢侈品的时候，就缴纳相应的税金。在缴纳时间与方法上，这种税是最方便的或有可能是最方便的。总的来说，这种税符合前述课税四原则的前三条原则。可是，无论从哪个方面说，这种税都违反了第四条原则。

就此税的征收而言，人民所缴纳的比实际归入国库的数目要多，而且这种差额常比其他任何税都要大。引起此弊端的情况一共有四种。

第一种，即使此税的征收被安排在非常适当的场合，也需要安排许多税务部门和税收人员。他们的薪水与津贴就是真正施加于人民的税。不过，必须承认的是，英国的这项费用比其他大多数国家轻。在以1775年1月5日为截止日的那个年度里，英格兰消费税委员管理下的各项税的总收入达到五百五十万七千三百零八镑十八先令八又四分之一便士①，这个数额是花费百分之五点五的费用征收到的，不过，要从此总收入中扣除出口奖励及再出口退税的话，其纯收入缩减到五百万镑以下②。盐税也是一种消费税，但其管理方法不同，其征收所支出的费用也大得多。关税的纯收入不到二百五十万镑；征收人员薪水及其他事情的费用要超过百分之十以上。但不论在哪里，海关人员的津贴都比薪水多得多，在一些港口，竟然会多到两倍三倍。因此，如果海关人员薪水及其他开支达到了关税纯收入百分之十以上，那么，征收此项收入的全部费用合计要超过百分之二十或三十以上了。消费税的征收人员几乎没有任何津贴；又因为这个税收部门的管理机构是不久前设立的，所以不像海关那样腐败。海关设立的时间很久，许多弊端也逐渐产生并得到沿袭。如果现在将麦芽税及麦芽酒税都转而向麦芽征收，估计每年消费税的征税费用可以节约四万镑以上。如果关税只对少数商品课征，而且按照消费税法征收，每年关税的征收费用可以节约很多了。

---

① 第1版是"5 479 695镑7先令10便士"。
② 那年，扣除了全部费用和津贴之后，净收入是4 975 652镑19先令6便士。此注释首次见于第2版。

第二种，这种税必然对某产业造成阻碍。被课税商品常常会提高价格，所以不免要在此限度内抑制消费，从而抑制了生产。如果此商品为本国种植的商品或制造的商品，其生产及制造所使用的劳动就要减少。如果是国外商品，其价格会因课税而上升，国内生产的同类商品会因此在国内市场获得若干利益，而国内的产业就更多地转向这种商品的生产。但是，国外商品价格的上升虽然会使国内某特定产业受到鼓励，但其他的产业却必然要受到妨害。伯明翰制造业者购买的国外葡萄酒越贵，他为购买该葡萄酒而销售的部分金属器具或者部分金属器具的价格就必然越低廉。相比而言，这部分金属器具给他带来的价值减少了，促使他增产金属器具的鼓励也减少了。一国消费者对其他国家剩余农产品所支付的价格越昂贵，他们为购买该农产品而销售自己的一部分剩余农产品，或者说，部分剩余农产品的价格就必然越低。相比较，这部分剩余农产品对他们的价值减少了，促使他们增加这部分农产品的鼓励也减少了。所以，对一切消费品所课的税都会使生产性劳动量缩减到在不需要纳税的情况的水平之下：如果该消费品为国内商品，则课税商品生产中所使用的劳动量缩减；如其为国外商品，则表现为与国外商品相关的国内商品生产上所使用的劳动量的缩减。此外，那种税常会在某种程度上改变国家产业的内在方向，使它违反自然趋势，而这种改变大都是比较不利的。

第三种，走私逃税常常会招致财产被没收及其他的惩罚，并使走私者破产；违反国家法律的走私者无疑应被加重惩罚，但他常常不会违犯自然正义的法律，如果国法没有把本质上并不是罪恶的行为定为犯罪，他也许在所有方面都是一个优良市民。在腐败的政府里，通常有令人怀疑的不必要的支出和滥用公共收入等的行为，保障国家收入的法律并没有得到足够的尊重。所以，如果不犯伪誓罪而能找到更容易和安全的走私机会，许多人会毫不迟疑地进行走私。尽管购买走私物品是鼓励损害税收法律的行为，但在许多国家，对假装购买走私物品心存顾忌都被视为卖弄伪善，不但不能博得称誉，却使得别人怀疑其老奸巨猾。公众对走私行为如此宽容，走私者便常常受到鼓励，而继续其自视清白的交易。如果税收法律的刑罚要落在他头上，他往往想使用武力保护其自认为正当的财产。最初，与其说他犯罪，也许不如说他是个粗心的家伙，但到最后，他就会屡屡最大胆地、最坚决地违犯社会的法律。而且，如果走私者不存在了，他此前用以维持生产性劳动的资本也会被纳入到国家收入中或税收官员的收入中，而用以维持非生产性的劳动，社会的总资本就要减少，原来可由此得到维持的产业也要缩减。

第四种，实行这种税至少使经营课税商品的商人要服从税收官员的频繁拜访和令人讨厌的检查，他有时无疑要受到某种程度的压迫，而总是要面对苦恼与烦心；前面说过，严格说来虽然烦心不算是费用，但为免掉烦心，人是愿意支付费用的，所以烦心的确与费用相等。就其设定的目的说，消费税法是比较有效的，可是从这个角度看，它却比关税更令人讨厌。商人进口课税商品时，如已支付过关税，再将该商品运输到自己的仓库中，大多数场合都不会再受到海关人员的烦扰。如果商品按照消费税课税，情形就不是如此；商人要不断地接受稽征人员的检查与到访，并随时与他们周旋。因此，消费税比关税更不被人所喜欢，征收消费税的人员也更不为人所喜欢。一般地说，消费税的稽征人员执行职务虽然不比海关人员差，但由于他们的职责迫使他们常常要找其他人的麻烦，所以这些人大都养成了海关人员所没有的冷酷性格。不过这种观点大多出自那些从事秘密买卖的不法商人。因为他们的走私行为常常被消费税人员阻止、揭发。

不过，一旦有了消费品税，就免不了给人民带来不便。英国人民所感受的这种不便并不比政费和英国一样庞大的国家的人民所感受得大。我们的国家并非完美且需要完善；但与众多邻国相比，却同样良好或者更加优良。

一些国家认为消费品税是对商人利润所课的税，所以每销售一次商品就要缴纳一次税。如果对进口商或制造商的利润课税，那么，也需要对介于他们和消费者之间的中间商人的利润课税，这样才公平。西班牙的消费税似乎就是按照此原则设定的。这种税针对一切种类的动产或不动产的每次变卖，最初的税率为百分之十，后来是百分之十四，现在是百分之六①。征收这种税不但要监视商品由一地转移到其他地方，而且要监视商品由一个店铺转移到其他店铺，所以不得不安排许多税务人员。此外，经营某几种特定商品的商人，一切农业者、制造业者、行商坐贾都要忍受税收官员不时的访问和检查。实行此税国家中大部分地区的商品都不能销售到遥远的地方。各地方的生产都必须和邻近地区的消费相适应。乌斯塔里斯把西班牙制造业的没落归咎于这种消费税②；其实，西班牙农业的衰落也可归咎于此税，因为此税不但课于制造品，而且课于土地的初级农产品。

那不勒斯王国也有同样的税，对所有的契约按照其价值征收百分之三。不过这两种都比西班牙的税轻，而且该王国大部分城市及教区都允许其缴纳一种赔偿金以作为代替。至于城市教区可以采用自己所喜欢的方法来征取赔偿金，只要不阻碍当地的内部贸易就可以了。因此，那不勒斯的税并不像西班牙的税那样具有破坏性。

大不列颠联合王国各地通行的统一的课税制度——只有少数例外，无关紧要——几乎使全国的内地及沿海的贸易都实现了完全自由。国内贸易中的大部分商品都可以从王国的一端运往另一端，不需要许可证、通过证，也不受收税人员的询问、拜访或检查。虽然有个别例外，但都对国内贸易的任何重要部分没有妨碍。沿海岸输送的商品需要有证明书或沿海输送许可证，但除煤炭外其余几乎都是免税的。这种由税制统一而达到的自由的国内贸易就是英国繁荣的一个主要原因，因为每个大国就是该国大部分农产品的最好且最广泛的市场。如果把同样的自由扩张到爱尔兰及各个殖民地，则国家的伟大和帝国各地区的繁荣可能会远远超过今天。

在法国，各省实行的各种税法需要在国家边界和各省边界设置

---

① 《关于欧洲法律及赋税的记录》，第1卷，第455页。也可以参阅乌兹塔里茨：《商业和海事的理论与实践》，约翰·基帕克斯译，1751年，第96章，第2卷，第236页。

② 参阅前注。乌兹塔里茨的意见，由卡姆斯勋爵在《人类历史纲要》中引述，1774年，第1卷，第16页。

许多的稽征人员,以阻止某种商品的进口,或对该商品课以一定税额。这样的做法使得国内贸易受到了不少的损害。有一些省征收一种赔偿金代替盐税;而在其他省则完全豁免。在全国大部分地方,赋税包收人享有烟草专卖权利,而在某些省不实施烟草专卖。各省所实施的与英格兰消费税相当的税也大不相同。有一些省不征收此税,而用一种赔偿金或其同等物代替。在其他征收此税而且采用包税制的省还有许多地方税,那些税只限于某个城市或特殊的地区。与我国关税相当的税在法国被分为三大部分:第一部分,适用1664年的税法,而被称为五大包税区的各省,其中包括皮卡迪、诺尔曼及王国内地各省的大部分;第二部分,适用1667年税法,也称为外疆的各省,其中包括边境各省的大部分;第三部分,所谓与外国享受同等待遇的各省,这些省被允许与外国进行自由贸易,但与法国其他各省开展贸易时享受与外国相同的关税待遇。如阿尔萨斯、茨图尔、凡尔登三个主教管区,还有敦克尔刻、贝昂那、马赛三市都属于这部分。在所谓五大包税区的各省(过去的关税被分为五大部分,原来每部分各自成为一个的特定对象,所以有这个称呼。现在,各部分已合并为一个整体了)及所谓外疆各省,都设有许多地方税,那些税的征收限于某个特定城市或特定地区。被称为与外国享受同等待遇的各省也征收某些地方税,马赛市尤其如此。上述不同的税制势必阻碍国内商业的发展,因此为保护实行这些税的各省各区的边界也有必要增添许多。

除了上述复杂税制所产生的一般约束外,法国的大多数省还对其重要性仅次于谷物的产物——即葡萄酒的贸易——还存在着种种特殊约束。由于某些特定省区的葡萄园所享有的优惠大于其他各省,所以产生了不同的约束。我相信,生产葡萄酒最出名的各省就是在葡萄酒贸易上受到约束最少的省。这些省拥有广泛的市场,这鼓励并促使它们对葡萄的栽培、葡萄酒的调制实行良好的管理。

不过这种花样复杂繁多的税法并非法国所特有。米兰小公国共划分为六省;各省各自针对一些种类的消费品制定了特别的课税制度。而更小的帕尔马公爵领土上也分有三到四个省,同样各州也有其各自的课税制度。在这样不合理的制度之下,如果不是因为土壤特别肥沃，气候非常适合，这些国家恐怕早就沦为最贫穷和最野蛮的国家了。

有两种方法征收消费品税：第一；由政府征收，在这种情况下，收税人员由政府任命，直接对政府负责，政府的收入随税收不时发生变动，每年也各不相同；第二；由政府规定一定数额，责成赋税包收者征收，在这种情况下，包收者要自行任命征收人员，征收人员虽承担按照法律指定方法进行征税的义务，但受包收者的监督，对包收者直接负责。最妥善、最节约的收税方法不是这种包税制度。包收者除垫付规定税额、人员薪水及全部征收费用外，至少还要从税额收入中提取他所支出的垫付款，还有与所冒的危险、所遇的困难和应付这些复杂事务所必要的知识与熟练相称的利润。如果政府自己设置类似包收者所设的那样管理机构，由自己直接监督，至少这种利润——通常是一笔非常巨大的数额——是可以节省的。任何国家的大额税收必须有大资本或大信用。由于这个条件，这种业务的竞争只会局限在少数人之间。况且，持有相当规模的资本或信用的少数人中，只有更为少数的人具有必要的知识或经验。于是另一个条件就将竞争局限在更少数人之间。这些有资格进行竞争的极少数人知道，他们彼此团结起来会给自己带来更大的利益，于是大家不竞争而改为合作，在包税投标的时候，他们所出的标的的额度会远低于实际价值。在公共收入采用包税制的国家，包税者几乎都是极富裕的人。单是他们的富裕已经足以引起一般人的厌恶；而往往与这类暴发的财富相伴随的虚荣，还有他们常常炫耀其富裕的愚蠢的卖弄更会增加人们的厌恶。

公共收入的包税者决不会认为惩罚企图逃税者的法律过于苛刻。纳税者不是他们的人民，他们自然也不必加以怜悯，并且，即使纳税者大都破产，如果发生在包税到期的次日，他们的利益也不会受到很大影响。在国家财政万分吃紧的后面，君主一定非常关心收入是否足额收到，赋税包收者大多乘机大诉其苦，法律应当更加严厉，否则无法征收到平常的数额。在这种紧急关头，他们的要求通常是有求必应的；所以，这种包收税法就一天比一天苛刻。最残酷的税法常常出现在对大部分公家收入采用包税制的国家；而最温和的税法则常常出现在君主直接监督征收的国家。即使君主再愚昧无知,其对人民的怜悯心情也一定远超过包税人。他知道,王室的持久伟大依赖于人民的繁荣;他决不会为一时之利而破坏这种繁荣。而赋税包收的时候情形就不同了;包税者的富裕常常是人民更加穷困的结果,而不是人民繁荣的结果。

包税者不但取得一种赋税的权利,而且取得了垄断该课税品的权利。在法国,烟草税及盐税就是以这种方法征收的。在这种情形中,包税者不仅向人民征收了超额利润,而且是获得了两个超额利润,即包税者的利润和作为垄断者更大的利润。烟草为一种奢侈品,人民可以自行决定是否购买。但盐是必需品,每个人不得不向包税者购买一定数量;如果他不向包税者购买,就会被认为是从走私者那里购买的。对这两商品所课的税都非常重。最终走私的诱惑,简直令人无法抵抗;但由于严酷的法律和包税者所雇用的人员的提防,受到诱惑的人几乎可以肯定必然有破产的日子。每年盐及烟草的走私都使数百人坐牢,此外,被送上绞架的人数也很可观。然而用这种方法征税可以向政府提供很高的收入。1767年,烟草包税额是二千三百五十四万一千二百七十八利弗,盐的包税额是三千六百四十九万二千四百零四利弗。自1768年起,这两项包税被约定持续六年。重视君主收入而忽视人民生计的人大都赞同这种征税方法。因此,许多其他国家都设立了针对盐和烟草的同种赋税及垄断,在奥地利及普鲁士领土内,在意大利大部分的小国里尤其如此。

在法国,国王大部分的实际收入来自八个方面,即贡税、人头税、二十取一税、盐税、消费税、关税、官有财产税及烟草包税。各省大都采用包税制征收后五种税,而将前三种都置于政府直接监督及指导之下,由税务机关征收。就从人民那里征收数额的比例而言,前三种税实际归入国库的数额要比后五种多;后五种税的管理上更加浪费是世所周知的。

如今的法国的财政状态情况可以进行三项非常明显的改革。第一,废除贡税及人头税,增加二十取一的税,其所增加的收入要等于前两者的金额,这样就可以确保国王的收入没有变化;征收费用也可以大大减少;也可以消除贡税及人头税给下层人民带来的烦扰,而且大部分上层阶层的负担也不会比现在更重。前面说过，二十取一的税与英格兰所谓的土地税相类似。按一般的认识，贡税最终要由土地所有者负担；大部分的人头税则按照贡税的比率课于贡税的纳税者，所以最终此税大部分也是由同一阶层的人民负担。因此，即使二十取一的税按照贡税及人头税两种税的税额进行增加，上层阶层的负担仍然不会有所加重。不过，由于现在课于每个人的土地及租户的贡税存在着不公平，一旦改革，许多人就不免要加重负担。所以，由于享有优惠者的利益关系及由此利益关系所产生的反对势力，就是最能阻止此项改革及其他相类似改革的力量。第二，统一法国各地的盐税、消费税、关税、烟草税，即统一一切关税和一切消费税，这样，征收这些税的费用可以大大少于现在，法国的国内贸易也可以同英国一样自由。第三，把上述所有的税全部归属于政府直接监督指导的税务机关征收，如此，包税者的超额利润就会转移到国家收入中。可是，与上述第一种改革计划一样，出于个人私利的反对势力也很够阻止后两种改革计划的实施。

　　法国课税制度的各个方面都比英国差。英国每年从不足八百万的人口中征收到一千万镑税款，没有听到什么阶层受到剥削。根据埃克斯皮利神父收集的材料①及《谷物法与谷物贸易论》作者的观察②，包括洛林及巴尔在内，法国的人口为两千三百万到两千四百万，这个数量是英国人口的三倍多。法国的土壤及气候要好于英国。法国的土地改良及耕作也大大早于英国，所以法国所有的物产及其他都要好与英国，例如大都市以及普通城市和乡村内建筑优良、居

---

① 这种估算可能是当时在英国引述的，因为安德森的《商业》的续编在 1773 年提到，"大约在此时巴黎刊发的埃克斯巴里牧师的估计"在 1754～1763 年的 9 年间，法国（包括洛林和巴尔）的出生人数是 8 661 381 人，死亡人数是 6 664 161 人。在他的《商路和法国地理、历史和政治词典》，第 5 卷（1768 年）的"人口"条目中，埃克斯巴里估计人口为 22 014 357 人。参阅勒瓦瑟的《法国人口》，第 1 卷，1889 年，第 215 页和第 216 页注。
② 内克尔：《论谷物法和谷物贸易》，1775 年，第 8 章估计人口是 24 181 333 人，用死亡人数乘 31 的方法。

住舒适的房屋等。没有上述种种好处的英国还能不费很大周折地征收到一千万镑的赋税的,法国总该可以比较轻易地征收到三千万镑。然而,根据我手边最好但并不完全的报告显示,1765年及1766年法国征收到国库的全部收入只是三亿零八百万利弗到三亿两千五百万利弗,折合英镑的话,还不到一千五百万镑。按照法国人口数量和英国人民的纳税比例,法国应该可以征收到三千万镑。但实际上的金额还不到三千万镑的一半,而法国人民在税收方面所受到的剥削要远甚于英国。不过,在欧洲,法国还算是除英国外拥有最温和及最宽大政府的大帝国。

在荷兰,据说课于生活必需品的重税曾破坏了该国所有主要的制造业。连渔业及造船业也逐渐受到其影响。英国对必需品所征收的税很轻,也没有任何制造业受过税收的破坏。英国制造业中负担最重的税只是几种原料的进口税,特别是生丝进口税。据说每年荷兰中央政府及各都市的收入达到五百二十五万镑以上。荷兰人口不超过英国的三分之一,因此,按人口比例计算,荷兰租税肯定是要重得多。

在所有适合于课税的对象都被征税之后,如果国家出现了紧急状态,需要继续增加新税的话,那就必须对不适宜的对象加以课税了。因此,对必需品课税并不是因为荷兰共和国政府的愚昧无知。由于共和国要取得独立和维持独立,尽管平常很节约,但遇到费用浩大的战争时,政府就不得不大规模举债。加之,与其他国家不同,为了维持其存在,也就是不被海水吞没,荷兰和新西兰需要花费一笔巨额的费用,因而就大大加重了人民赋税的负担。共和的政体是荷兰如今成就的主要支柱。大资本家、大商家要么直接参加政府的管理,要么间接地左右政府。他们因这种地位而获得了尊敬和权威,所以,哪怕与欧洲其他地方比较,在这个国家投入资本所获得的收益要少些;在这个国家贷出资金所获得的利息要低些;在这个国家从资本取得的部分收入所能支付的生活必需品和便利品要少些,但他们仍愿意居住在这个国家。这些富裕人士定居在荷兰的结果是,尽管这个国家障碍繁多,该国的产业仍能在某种程度上很活跃。如果国家发生灾难,这个国家的共和政体受到破坏,国家统治落入到贵族和军人手中，这些富裕商人的重要性就会完全消失，他们就不会愿意继续居住在这个不被他人尊敬的国家。他们会携带资本迁往他国，一向由他们支持的荷兰产业和商业也就会立即紧跟在资本之后转移了。

第三章 论公债

在商业不发达、制造业没有完善的古代社会，那时对于只有商业和制造业才能带来的高档消费品还不甚了解，如我在本书第三卷所述的，拥有大笔收入的人除了尽可能多地养活人之外，没有其他的消费或娱乐方式。在任何时候，拥有大笔收入就是拥有对大量的生活必需品的支配权。在当时的社会里，通常的交易是以大量的生活必需品来支付的，有食物、衣物、谷物、牲畜、羊毛和生皮等。由于当时既无商业又无制造业，所以这些物质的拥有者找不到任何方式可以交换其消费不了的大部分物质，只好将其剩余部分尽可能多地用来供人吃穿。在这种情况下，富人及有权势人的主要开销，就是不奢华地待客或不炫耀地施惠。而这种待客或施惠，我在本书的第三篇里曾说过，是不会使他们自己破产的。而追求自我享乐就不同了，其轻浮追求的结果是，即便智者有时也难免毁灭。例如斗鸡的狂热，曾使许多人破产。我认为，没有许多人由于上述性质的好客或施惠而破产，倒是有许多人因铺张地待客或炫耀地施惠而倾家荡产。我们封建祖先的同一家族长期继续地保有同一地产的事实，充分说明他们在生活上量入为出的一般倾向。尽管大的土地所有者常常在乡间宴请宾客，虽然在我们现代人看来这种做法与我们认为和良好经济密不可分的良好的理财原则大相径庭，但是我们也必须承认他们至少是知道节俭的，不至于把全部财产消耗殆尽。他们通常有机会卖掉其一部分羊毛或生皮以换取货币，也许，他们用其中部分货币购买当时所能提供的为数不多的虚荣品及奢侈品用以消费，但还有一部分货币通常他们会把它储藏起来。事实上，他们除了把节约的部分储藏起来之外，没有更好的办法处理这些钱。经商吧，有失绅士的体面；放债吧，当时被认为是高利贷，且为法律所不许，更不是绅士所为。此外,在那个混乱动荡的年代,万一有一天被人赶出自己的家园,手头上有点积蓄,就可以在逃往安全地带时,方便地携带一些被认为有价值的东西。这一动荡,使得储藏便捷,也使得隐瞒储藏便捷。常常有埋藏物或无主财宝被发现,这一点足以说明,当时储藏货币及隐瞒储藏是非常流行的。埋藏物在当时简直成了统治者的重要收入部分。也许若在今天,即便是所有王国的埋藏物,恐怕也抵不上一个富人私人收入的重要部分。

节约与储藏的倾向,流行于民众中间,也同样流行于统治者之间。我在本书的第四篇里说过,在没有什么商业和制造业可言的国家里,统治者所处的境地自然会使他为了积蓄而节俭。在当时,即便是统治者的开支也不能由他喜欢华丽宫廷的虚荣心所支配。那个无知的时代,能够提供给他的也只不过是一点没什么价值的小玩意儿,而这就是他宫廷的全部装饰。当时没有必要设常备军,所以,像其他大领主的开支一样,统治者的开支,除了用以奖励其佃户及款待家臣以外,几乎是很少的。然而,奖励及款待很少会导致铺张浪费,而虚荣则几乎总是如此。因此,研究表明,欧洲所有的古代君主无一不储藏财宝。即使在当今的时代,听说每个鞑靼酋长都积有财宝。

在富有各种高价奢侈品的商业国内,统治者像其统治区内一切大土地所有者一样,自然会把他收入的大部分用以购买这些奢侈品。他本国及邻近各国供给他许多高价装饰物,这些装饰物成就了宫廷的华丽但却毫无意义。统治者属下的贵族们,为了追求略胜一筹的同等华丽,一方面让其家臣独立,另一方面让佃户独立。这样一来,他们渐渐地失去了权威,因而与统治者领土内其他大部分富裕市民没有区别了。左右他们行为的狂躁情绪,也左右了统治者的行为。在他的领土内,所有的有钱人都在寻欢作乐,怎能叫他一个人富而不淫呢?假使他没有把大部分的收入用于享乐(他多半是如此)造成国防力量减弱,那么,超过维持国防需要的那一部分收入是不能指望他不把它花掉的。他平常的开支就等于他平常的收入;开支不超过收入就算万幸了。根本不要指望有财宝的积蓄;一旦有特别的紧急情况,需要特别的费用时,他肯定会要求他的臣民给予特别的援助。自1610年法国国王亨利四世死后，据推测，欧洲的大君主中蓄有很多财宝的只有普鲁士现国王及前国王。为积蓄而行节约之事，无论是君主政府还是共和政府，几乎是同样少见。意大利各共和国、荷兰联邦共和国都有债务。伯尔尼联邦共和国是欧洲唯一积有不少财宝的共和国，而瑞士共和国的其他联邦则全无积蓄可言。崇尚某种美观，至少崇尚堂皇的建筑物及其他公共的装饰物，在最大的国王挥霍无度的宫廷里随处可见，就连在那些小共和国看似质朴的议会厅里也可见一斑。

一个国家在和平时没有厉行节约，到战时就会债务缠身。当战争爆发时，国库中除了用于和平时期所必须支付的一些日常资金外，没有其他资金。战时为国防设施所支付的费用是和平时期费用的三四倍，因此，战时的收入也应是和平时期的三四倍。假设统治者应该有马上解决问题的办法——他几乎是不会有的——按费用增大的比例增加其收入，然而，这笔收入必来自于税收，而税款的收入要十至十二个月才能进到国库。但是，军队必须在战争爆发之时或即将爆发之时得以扩充，舰队必须整装待发，军队驻扎的城市必须进入防御状态；而且必须供给这些军队、舰队以及有驻军的城市武器、枪支、弹药和粮食。总之，在危险来临之时，随时都会急需一大笔费用，而这笔费用是慢慢征集入库的税款所无法满足的。在这种紧急情况下，除了借债，政府就没有其他办法了。

出于道德的原因，这种迫使政府有必要借款的商业社会，也使民众产生贷款的意向和能力。如果这种商业社会状态发展了借款的必要性，它同样为借款提供了便捷。

一个拥有众多商人和制造商的国家，必然也有许多这样的人，他们手中不仅有他们自己的资本，还有其他人的资本，这些人愿意借给他们钱或将货物委托他们。因此，在他们手中资金流过的次数和那些不做生意、不经商、以自己收入为生的私有者的资金在他自己手中流过的次数相同或者更频繁。以自己收入为生的私有者的资金在他自己手中流过的次数是一年一次，但一个商人，从事的是本利迅速回收的商业贸易，其全部资本和贷款每年在他手中流过两三次或四次。因此，一个拥有众多商人和制造商的国家，必然有很多人只要他们愿意随时都可以贷巨资给政府。所以，商业国家的商人具有贷款能力。

如果不具备正规的司法行政制度，任何国家的商业和制造业都不可能长久发展。在这样的国家里，人们对自己拥有的财产没有安全感，对人们能否遵守契约缺乏法律保证，不知道政府是否会依法行使其权力，强制所有有支付能力者偿还债务。简言之，商业和制造业是不可能在一个对政府没有一定信任度的国家里长久发展的。这一信任使得商人和制造商在平时愿意将自己的财产委托政府保管；到了非常时期，也敢把财产交给政府使用。把款借给政府，非但不会减少他们进行商业及制造业的能力，反而会增加这一能力。国家有急需，政府大多会乐于以有利于借款人的条件向借款人借款。政府给债权人的抵押物可以转移给任何其他债权人，并且，由于人民政府普遍信任政府的公正，抵押物在市场上的卖价通常高于原抵押的价格。商人或有钱人通过把钱借给政府赚钱，他的交易资本非但不会减少，反而会增加。他通常会把政府允许他最先应募新借款视为一种优惠，所以，商业国家的人具有贷款的意向或意愿。

这种国家的政府，极易产生这种信念，即在非常时期，人民有能力并愿意把钱借给它。它预见到借款的便捷，因此，在平时也就放弃了节约的责任。

在古代社会，既无大的商业资本，又无大的制造业资本。那些隐匿所储藏货币的人，他们之所以这么做是因为他们不相信政府的公正，并且担心万一他们藏匿的货币被发现会被立即掠走。在这种状态下，几乎没有人有能力在危急关头贷款给政府，或没人愿意贷款给政府。作为统治者，因为预见到借款是不可能的，所以他认为他必须通过节约以备急需。这种先见之明则进一步加强了他节俭的自然倾向。

在欧洲各大国，巨额债务的积累过程差不多是一样的；目前，各大国的国民都感受到了它的压力，久而久之，就可能会因此而灭亡。国家与个人相同，开始借款时，通常是凭借个人信用，无须委托或抵押任何特定的资金来保证债务的偿还。在这种信用失效以后，他们继续以委托或特定资金作为抵押借款。

英国所谓短期公债，就是按信用方法借入的。这类公债有两部分：一部分是无利息或假定是无利息的债务，类似于个人记账债务；另一部分是有利息的债务，类似于个人用期票或汇票借入债务。凡是因特别服役所欠的债务，因尚未规定给付报酬或在其服役期内没有给付报酬的各种因服役所欠的债务，陆军、海军及军械方面临时开支的一部分，外国君主补助金的未付款，海员工资欠款，等等，通常构成第一类债务。有时为支付部分这类债务和有时为其他目的而发行的海军债券或财政部债券，通常构成第二类债务。财政部债券的利息是自发行之日算起的，海军债券的利息是自发行后六个月算起的。英格兰银行或通过自动按时价贴现这种债券，或通过与政府拟定以某种报酬为条件流通财政部的债券，即按面额价格收购该债券并支付其应付的利息，使该债券得以保值，并且便于流通，从而使政府能够经常借到巨额的类似公债。在法国，没有银行，国家债券有时需要以百分之六十或七十的折扣出售①。在威廉王大改铸币的时代，当英格兰银行认为应当停止其平常业务时，财政部债券及符木（古时用，上面有刻痕记载交货、欠款等的数量），据说要打百分之二十五至百分之六十的折扣出卖②。毫无疑问，部分是由于对通过革命而建立的新政府是否安定尚未确定；部分是由于英格兰银行没有给予援助。

当这种做法行不通时，政府为了筹款就势必要委托或抵押国家特定的收入来担保债务的偿还。政府在不同时期，使用了两种不同的方法来筹款。有时这类委托或抵押仅限于短期，如一年或数年，有时又是永久性的。在一种情况下，这笔钱在限期内，足够付清所借款项的本金和利息；在另一种情况下，这笔钱只够支付利息或等于利息的永久年金，政府在偿还借入的本金之前随时都可以赎回年

---

① 参阅 P. J. 杜甫尔：《金融政策评论》，第 1 卷，第 225 页。
② 詹姆斯·波斯特思韦特：《公共收入史》，1759 年，第 14、15 页提到 25% 和 55% 的折扣。但是，折扣会随着债券或符木的优先顺序的不同而变化，并不能由此衡量国家的一般信用状况，然而却能够说明某一项税收是否能够获得足够的收入来支付符木金额的可能性。

金。以前一方法借入的款项称之为预支款项；以后一方法借入的款项，则被称为永久付息款项或简称为息债。

英国每年征收的土地及麦芽税是每年正常的预支款项，是依据不断加入课税法令中的借款条款所征收的。这笔款项通常由英格兰银行预付利息，其利率自革命以来发生了变化，为百分之八到百分之三不等。随着税款陆续纳入国库，逐渐收回预支款项。如果某年度收入的税款不够还清预支金额及其利息（此事常有），则不足的金额，由下一年度收入的税款补齐。这样，这一国家收入中尚未委托的唯一收入的主要款项，经常在还未收归国库之前就先支出了。与没有计划的挥霍者一样，其所处的困境使他不能等着拿到正常的收入就预先出息借支，国家也是不断地向其代理人及经理人借款，不断为使用自己的钱而付利息。

在威廉王统治的时代及安妮女王统治的大部分时代，永久付息的借款方法还不像今天那样为人所熟悉。那时候，大部分新税只限于短期（四、五、六或七年）征收，各年度国库的支出大部分是预先挪用这些税收的所得。税收所得往往在限定期内不够支付借款的本金和利息，于是出现资金缺口，因此就要延长税收的征收年限以期补足这笔短缺资金。

1697年，依照威廉三世第八年第二号法律，将一些即将期满的各税的征收年限延至1706年8月1日，用以弥补税额的不足。这就是当时所谓的第一次总抵押或基金。这次的资金缺口达五百一十六万零四百五十九英镑十四先令九又二分之一便士[1]。

1701年，这些税以及其他若干税的征收年限，又因同一目的延长至1710年8月1日，被称为第二次总抵押或基金[2]。这次的资金缺口达二百零五万五千九百九十九英镑七先令十一又二分之一便士。

1707年，这些税又拖延至1712年8月1日，作为一种新公债的基金，被称为第三次总抵押或基金。由此抵押借入的金额达九十八

---

[1] 波斯特思韦特：《公共收入史》，第38页。第5版误为9又2分之1便士。

[2] 同上，第40页。

万三千二百五十四英镑十一先令九又四分之一便士。

1708年，所有这些税（除去半额吨税和镑税这两种旧补助税，及由英格兰苏格兰达成协议而取消的苏格兰亚麻进口税）的征收年限又延至1714年8月1日，作为一种新公债的基金，被称为第四次总抵押或基金①。由此抵押借入的金额达九十二万五千一百七十六英镑九先令二又四分之一便士②。

1709年，这些税（除去吨税、镑税这两种旧补助税，这些补助税从那时起与新债基金完全没有关系）的征收年限，为了同一目的，又延至1716年8月1日，被称为第五次总抵押或基金③由此抵押借入的金额达九十二万二千零二十九英镑六先令。

1710年，这些税再延长至1720年8月1日，被称为第六次总抵押或基金④。由此抵押借入的金额达一百二十九万六千五百五十二英镑九先令十一又四分之三便士。

1711年，这些税（此时，要提供四种预支的本息）及其他若干税规定要永久继续征收，作为支付南海公司资本利息的基金。该公司在同年度曾借给政府九百一十七万七千九百六十七英镑十五先令四便士，用以还债及弥补税收的不足⑤。这次借款是当时前所未有的最大一笔借款。

据我所知，在此时期以前，为支付债务利息而永久课征的税款，只有为支付英格兰银行、东印度公司以及当时一家计划中的土地银行三家的贷款利息的各税（对土地银行的贷款只是拟借，并未成事实）。这时，英格兰银行贷与政府的金额为三百三十七万五千零二十七英镑十七先令十又二分之一便士，年息百分之六⑥，年金或利息达

---

① 波斯特思韦特：《公共收入史》，第59页。
② 同上，第63、64页。
③ 同上，第68页。
④ 同上，第71页。
⑤ 同上，第311页。
⑥ 在206 501镑13先令5便士的总额之中，有4 000镑用于管理费用，同上，第303页。

二十万零六千五百零一英镑十三先令五便士①；东印度公司贷与政府的金额为三百二十万镑，年息百分之五，年金或利息达十六万英镑②。

1715年，即乔治一世元年，依据该年十二号法律，那些担保英格兰银行年息的各税以及由这次法令定为永久征收的其他若干税，合并成为一种共同基金，称为总基金。此基金不仅用以支付英格兰银行的年金，而且用以支付其他年金及债务。以后，依据乔治一世三年第八号法律和五年第三号法律，增加了该基金，而当时附加的各税也同样改为永久征收了③。

1717年，即乔治一世三年，依据该年七号法律④，又有其他几项税种被定为永久征收，构成了另一个共同基金，称为一般基金，用于支付某些年金，其金额达七十二万四千八百四十九英镑六先令十又二分之一便士。

这几次法令的结果，以前大部分只短期预支的各税变成了永久征收，而其用途只作为基金，用以支付由预支办法所借入款项的利息而不是本金。

假如政府只用预支办法筹款，那么只要注意两点，数年之内，就可使国家收入从债务中解放出来。第一，不要使该基金在限定期间内所负担的债务超过其所能负担的金额。第二，在第一次预支未还清以前，不做第二次预支。但欧洲大多数国家的政府，都做不到这两点。他们往往在第一次预支时就超过了基金所能负担的金额；即便不超过，也往往在第一次预支未还清以前就进行了第二次和第三次的预支，从而加重了基金的负担。这样下去，该基金就不够支付所借款项的本金和利息，于是就不得不只用以支付利息或等于利息的永久年金。像这样盲目的预支，必然会导致采用破坏性更大的永久付息的办法。一旦采取这一办法，国家收入的负担就由一定期

---

① 波斯特思韦特：《公共收入史》，第301~303页。
② 同上，第319、320页。
③ 同上，第305页。
④ 这项法律是1716年而不是1717年制定的。

限延续到无限期限，因此就更谈不上解放国家收入的负担了。但是，在任何情况下，由这种新方法筹到的款项金额要比由旧的预支方法筹到的款项金额大。所以，一旦人们对这新方法有所了解，每当国家面临大的紧急情况时，政府一般都会舍弃旧方法而用新方法。政府在处理国事时所关心的主要问题总是解燃眉之急的问题，至于解放国家收入负担，那是后继者的责任，他们已无暇顾及了。

在安妮女王时代，市场利率由百分之六下降至百分之五；在安妮女王十二年，宣布百分之五为私人抵押借款的最高合法利率。在英国把大部分暂行税变成了永久税，并分别划拨到总基金、南海基金和一般基金后不久，国家债权人与私人债权人一样，也被说服接受了百分之五的利息①。这么一来，由短期公债转换为长期公债的借款的大部分，就获得了百分之一的节余。或换言之，由上述三种基金支付的年金的大部分，就节省了六分之一。由于此种节余，使得用做这些基金的各税在支付所担保的各项年金后产生了一个巨大余额，构成了此后减债基金的基础。1717年，此剩余额达三十二万三千四百三十四英镑七先令七又二分之一便士②。1727年，大部分公债的利息进一步降到了百分之四③。1753年④，更降到百分之三点五。1757年，降到百分之三。于是减债基金进一步增加了。

减债基金虽然是为了支付旧债而设立的，但对于新债的征募，也提供了不少便利。可以说它是一种随时可用的补助金，在国家有任何急需时，可用它弥补其他基金不足的抵押贷款。至于英国是经常用此基金来偿还旧债还是经常用它另举新债，终究会十分明朗的。

除了这两种借款的方法——预支和永久息债，还有其他两种方法是介乎这两者之间，即有期年金和终生年金。

---

① 1717年，根据乔治一世第3年第7号法律的规定。波斯特思韦特：《公共收入史》，第120、145页。
② 安德森：《商业》，1717年。
③ 同上，1727年。
④ 应为1750年。同上，1749年。

在威廉王及安妮女王时代,往往巨额款项是以有期年金方法借入的,其期限有时较长,有时较短。1693 年,议会通过一项法案,以百分之十四的年金①借款一百万镑,即以十六年为满期,年还款十四万镑。1691 年,议会曾通过一项法案,在今天看来条件可算是非常有利于债权者的,按终生年金方式借款一百万镑,但应募之数不满该额。于是,次年就以百分之十四的终生年金借款②,即以七年便可收回本金的条件借款,补此未满额。1695 年,允许购有此项年金的人向财政部对每一百英镑缴纳六十三英镑,以换取其他九十六年为期的年金。换言之,终生年金百分之十四与九十六年年金百分之十四的差额以六十三英镑卖出,或者说,以相当于四年半的年金卖出。不过条件虽然如此有利,但因当时的政府地位不稳,所以竟找不到几个买主。安妮女王在位年代,曾以终生年金及三十二年、八十九年、九十八年、九十九年的有期年金借入款项。1719 年,三十二年期的年金所有者,以其所有年金购买等于十一年半的年金金额的南海公司股本;此外,对那些该年金到期应付未付的欠款换成等价的南海公司股本③。1720 年,其他长短期不等的有期年金的大部分也都合为同一基金。当时每年应付的长期年金达六十六万六千八百二十一英镑八先令三又二分之一便士④。1775 年 1 月 5 日,其剩余部分,即当时未募满的那部分,不到十三万六千四百五十三英镑十二先令八便士。

在 1739 年及 1755 年的两次战争中,由有期年金或终生年金借入的款额极少。而九十八年期或九十九年期的年金,其价值几乎与永久年金相等,所以有理由认为这两种应该和永久年金借入同样多的款。但是,为了置办家产及有长远打算的人会购买公债,绝不会购买价值不断减少的公债;而这种人又占公债所有者及公债购买者的很大一部分。因此,长期年金的实际价值虽与永久年金的实际价值

---

① 威廉和玛利第 4 年,第 3 号法律。
② 威廉和玛利第 5、6 年,第 7 号法律。
③ 安德森:《商业》,1719 年。
④ 同上,1720 年。

没有太大的出入，但仍没有永久年金那么多的购买者。新债的应募者，通常都打算尽快抛出其认购的公债，所以只要金额相等，他们宁愿购买可由议会赎还的永久年金，而不愿购买不能赎还的长期年金。永久年金的价值，可以说总是一样的或差不多是一样的，所以和长期年金相比，它更便于转让。

在上述战争期间，有期年金或终生年金除了都给年金或利息外，对超出可赎回的年金或利息，给新借款应募者以一种奖励，就是说，不是作为偿还所借款的年金，而是作为对出资人的一种附加的鼓励。

终生年金曾以两种方法授予，即对单一的个体终生给予的方法和对群体终生给予的方法。在法国用发明人的名字将其命名，叫做顿廷法。当授予单一个体终身年金时，各受领年金者一旦死亡，国家收入即减轻了他这部分的负担。如按顿廷法授予的话，国家收入对此负担的解除，要在群体中所有受领年金者都死亡才得以实现；群体的人数，有时为二十人，也可以是三十人，活着的人继续领取在他们之前去世者的年金，最后的生存者，则领取群体的全部年金。假设以同一收入做抵押借款的话，用顿廷法总是能够比单一个体终生给予年金的方法借到更多的款，因为未死者拥有继续领取全部年金的权利，哪怕金额相等，其年金实际上比由单一个体单独领取的年金有更大的价值。每个人对于自己的运气，天然有几分自信，这就是彩票生意成功的根据。由于此种自信心理，顿廷年金所卖得的价格，从总体上看高过其实际价值。因此，在许多国家，政府通常会采用顿廷法借款，而不用授予单一个体终身年金的方法借款。政府几乎总是选择能够筹到最多款项的办法，而不是采用有可能迅速解除国家收入负担的方法。

法国公债中由终生年金构成的部分要比英国的大得多。据波尔多议院1764年向国王提出的备忘录所载，法国全部公债达二十四亿利弗，其中，以终生年金借入的约为三亿利弗，即公债总额的八分之一。此项年金，据估计每年达三千万利弗，相当于全部公债的预计利息一亿二千万利弗的四分之一。我十分清楚，这些计算不太准确，但一个有这么重要地位的机构提供的估计数字应该接近实际情况。英法两国在借债方法上所生的差异，不是由于两国政府对于渴望解除国家收入负担的程度有所不同，而完全是由于出资人的见解及利益有所不同。

英国政府所在地是世界上最大的商业都市，因此把钱贷给政府的人大都是商人。商人贷出款项不是想要减少其商业资本，恰恰相反，是要增加其商业资本，所以，除非他们新买的债券，有望以相当的利润卖出，否则，他们是不会应募新债的。但是，他们贷出的款项所购入的如果不是永久年金，而是终身年金，那么，无论这终身年金是他们自己的终身年金，还是他人的终身年金，当被转售时，就难指望获取利润。不论是谁，购买与自己年龄相同、健康状态相当的他人的终身年金，总是不愿意出与购买自己终身年金相同的价格。所以，以自己生命为基础的终身年金的转售，往往要受到损失。至于以第三者生命为基础的终身年金，毫无疑问，对于买者和卖者而言，具有同等价值，但其实际价值，在年金授予的那一刻就开始减少了，而且在此年金存续期间内日益减少。所以，终身年金永远不可能像永久年金那样，其实际价值总是一样或没有很大的出入，最终成为便于转让的资财。

法国政府所在地不是大的商业都市，因而把钱贷给政府的人不像英国那样大部分是商人。政府用以紧急之需的借款多半是来自于那些和财政有关系的人，如赋税包征者、未经包给人的赋税征收人员、宫廷银行家等。这些人大都出身卑微，但是非常富有，所以常常很骄傲。他们既不屑与同等身份的女性结婚，而较有身份的女性也不屑与他们结婚，所以，他们通常是单身，没有自己的家庭，也不大关心其亲属，与他们也没有什么往来，只求好好地度过自己的一生就行了，并且对于他们的财产随着他们的生命而止也不很介意。此外，在法国，不愿意结婚或其生活状况不适合或不便于结婚的富人的人数远远超过英国。对于这些很少或不必为后人打算的独身者而言，将其资本换成一种不长不短、如其所愿的长期收入，这是再合适不过的事了。

近代各国政府平时的经常费用多半等于或者大致等于其经常收入；所以一旦发生战争，政府要按照费用增加的比例来增加收入既非所愿又非所能。他们之所以不愿，是因为突然增加如此巨额的赋税,恐怕伤害人民的感情,使得他们厌恶战争。他们之所以不能,是因为不十分清楚增加多少赋税才能提供所需的收入,举债使得各国政府摆脱了上述的尴尬。借债使他们只要增加少许赋税就可逐年筹得战争所需的费用;并且,通过永久息债,他们可以最轻微地增税逐年筹得最大的款额。在大帝国,住在首都的人以及住在远离战场的人,大多数人不会感到由战争带来的任何不便,反而可以乐得其享,悠闲安逸地从报纸上读到本国陆海军的功勋。这种享乐,是可以补偿他们战时所纳赋税额略超出平时所纳赋税额的损失。他们通常不愿意和平的恢复,因为,这样一来,便中止了他们的那种享乐;并且,战争再持续一段时间,说不定实现征服及国家光荣的无数幻想也破灭了。

实际上,和平的恢复并没有把他们从因战争而加重的大部分赋税负担下解脱出来。这些赋税,都做了战争债券利息的担保。假如旧税和新税一起,在支付战争债券利息及负担政府的经常费用后尚有剩余,那么,此剩余也许会转为偿还债务的减债基金。不过,第一,这种减债基金,即使不挪作他用,通常也远远不够在和平有望继续的期间内偿付全部战争债券;第二,该基金几乎总是被挪用于其他目的。

征收新税的唯一目的就是为了偿付以此为担保所借款项的利息。若有剩余,那剩余的部分通常是出乎意料或计划之外的,所以几乎不会是很大的数额。减债基金的产生,通常都是由于后来应付利息的减少,而不是由于所收到的税额超过或高于应付利息或年金的数额。1655年的荷兰减债基金和1685年教皇领地的减债基金,两者都是由利息减少而形成的基金①。所以,以这种基金偿还债务往往是不足的。

当国家升平无事,需要有种种特别开支的时候,政府总是觉得开征新税,不如挪用减债基金来得方便。不论开征任何新税,人民都会很快或多或少地感觉到,因而总会引起怨声,招致反对。所征

---

① 安德森:《商业》,提到这两年的利息的降低,并联系到1717年英国利息的降低的情况。

收税的种类越繁多,所课各税的负担就越重,人民对于任何新征收税的怨声也就越大,于是无论是另课新税或加重旧税,都会变得越加困难。而人民对暂时停止偿还债务,是不会很快感觉到的,因此也不至引起不平之鸣。所以,很显然,挪用减债基金常常是摆脱目前困境简单易行的方法。然而,公债越积越多,就越有必要研究如何缩减公债,滥用减债基金的危险性和毁灭性越大,公债的大幅度减少的可能性就越小,挪用减债基金来应付和平时期种种特别开支的可能性和必然性也就越大。当一国国民已经负担了过度的赋税,除非有新的战争,为了报国仇,为了救国难,人民是不可能再忍受新税的课征。所以,减债基金也就不免于被滥用。

英国自最初借助于永久息债法这一破坏性方法以来,和平时期公债的减少从来没有和战时公债增加的数额成比例。当今英国的巨额公债,大部分是源于从1688年开始,于1697年由里斯韦克条约结束的那次战争。

1697年12月31日,英国的长短期公债,达两千一百五十一万五千七百四十二英镑十三先令八又二分之一便士,其中一大部分是由于短期预支所致,一部分是以终身年金方式借入的。所以,不到四年,即在1701年12月31日以前,一部分被偿还了,另一部分入了国库,其金额达五百一十二万一千零四十一英镑十二先令四分之三便士。在如此短的期间里,偿还了如此多的公债,实为前所未有。所以当时所余的公债,不过一千六百三十九万四千七百零一英镑一先令七又四分之一便士。

在始于1792年终于乌特勒克特条约签署的那次战争中,公债仍在继续增大。1714年12月31日,公债数额达五千三百六十八万一千零七十六英镑五先令六又十二分之一便士。应募的南海公司长短期基金,使公债增加。所以,在1722年12月31日,公债数额达到五千五百二十八万二千九百七十八英镑一先令三又六分之五便士。1723年起开始还债,但非常缓慢,到1739年12月31日,即在十七年太平盛事的岁月中,所偿还公债的金额,总共只有八百三十二万八千三百五十四英镑十七先令十一又十二分之三便士。当时,公债的余额还有四千六百九十五万四千六百二十三英镑三先令四又十二分之七便士。

始于1739年的西班牙战争和紧随其后的法兰西战争，使公债进一步增加。1748年12月31日，即该战争以埃·拉·查帕尔条约的签订宣告结束之后，公债的数额已达七千八百二十九万三千三百一十三英镑一先令十又四分之三便士。上述的十七年间的太平盛世的岁月使公债的偿还额，不过八百三十二万八千三百五十四英镑十七先令十一又十二分之三便士；而不满九年的战争又使公债额增加了三千一百三十三万八千六百八十九英镑十八先令六又六分之一便士①。

在佩兰执政的时期，公债利息下降，或至少是为了降低利息采取了措施，由百分之四减至百分之三；于是减债基金增加了，偿还了一部分公债。1755年即在最近一次战争爆发之前，英国长期公债达七千二百二十八万九千六百七十三英镑②。1763年1月5日，在缔结和约时，长期公债达一亿二千二百六十万三千三百三十六英镑八先令二又四分之一便士③，尚有短期公债一千三百九十二万七千五百八十九英镑二先令二便士。但是，由战争所造成的费用并没有随着和约的缔结而告终④，所以，1764年1月5日，尽管长期公债已增至一亿二千九百五十八万六千七百八十九英镑十先令一又四分之三便士⑤（其中一部分为新公债，另一部分则为由短期公债转成的长期公债）⑥，但根据一位见多识广的学者所著的《英国商业及财政

---

① 参阅波斯特思韦特：《公共财政史》，第42、144~145、147、224、300页。也包括文中前三段所列的数字。
② 《国家现状》，第28页。
③ 安德森：《商业》，后记。
④ 托马斯·惠特利：《关于本国贸易与财政以及自从缔结和约以来有关这些国家巨大目标的行政措施的考虑》，1776年，第4页。
⑤ 数字见于安德森《商业》续编，1764年，第4卷，第58页，1801年版。4分之3便士应为4分之1便士。
⑥ 托马斯·惠特利：《关于本国贸易与财政以及自从缔结和约以来有关这些国家巨大目标的行政措施的考虑》，1776年，第5页。

的考察》①，该年度及次年度还有九百九十七万五千零十七英镑十二先令二又四十四分之十五便士的短期公债。因此，根据同一学者所述，在1764年，英国所有的公债（包括长期公债和短期公债）达到一亿三千九百五十六万一千八百零七英镑二先令四便士②。此外，授予1757年新公债应募者作为奖金的终身年金，按相当于十四年的年金估计，约为四十七万二千五百英镑；授予1761年及1762年新公债应募者作为奖金的长期年金，按相当于二十七年半的年金估计，约为六百八十二万六千八百七十五英镑③。以佩兰对国事的慎重和忠心，约七年的太平无事的岁月仍不能偿还六百万英镑的旧债，但在大约相同时间的战争中，却举债借了七千五百万英镑以上的新公债。

1775年1月5日，英国长期公债为一亿二千四百九十九万六千零八十六英镑一先令六又四分之一便士，短期公债，扣除一大笔皇室费债务后，为四百一十五万零二百三十六英镑三先令十一又八分之七便士，两者合计为一亿二千九百一十四万六千三百二十二英镑五先令六便士。依此计算，在太平盛世的十七年间偿还的债务总额仅为一千零四十一万五千四百七十四英镑十六先令九又八分之七便士。然而，即使是这么小的公债减少额尚不能用国家经常收入的节余全部偿还掉，还有许多是以与国家经常收入毫不相干的外来款项偿还的。这其中有三年内对土地税每镑增加一先令的税款，有东印度公司为获得新地区缴纳国家的赔偿金两百万英镑，还有英格兰银行为更换特许状缴纳的十一万英镑。其他如由最近的一次战争所产生的若干款项，理应视为是此次战争费用的扣除额，所以也须附加为外来的款项。主要款项如下：

---

① 托马斯·惠特利：《关于本国贸易与财政以及自从缔结和约以来有关这些国家巨大目标的行政措施的考虑》，1776年，第21页。
② 这是根据所提出的两项相加而得出的总数，是第1版的数字。第2版至第5版都是139 516 807镑2先令4便士，这毫无疑问是个印刷错误。注释②所引书之中并没有总数。
③ 托马斯·惠特利：《关于本国贸易与财政以及自从缔结和约以来有关这些国家巨大目标的行政措施的考虑》，1776年，第4页。

	镑	先令	便士
法国战利品收入	690 449	18	9
法国俘虏赔偿金	670 000	0	0
由割让各岛而得的款项	95 500	0	0
合计	1 455 949	18	9

假如在这个金额上,加上查特姆伯爵及克尔克拉弗特账目所结算的余额,其他同类军费的节余以及上述从银行、东印度公司、增加土地税所得的三项款项,其总额肯定大大地超过五百万英镑。因此,在和平时期,由国家经常收入节余所偿还的那部分公债,平均起来,每年尚未达到五十万英镑。自和平以来,由于部分公债的偿还,部分终身年金的满期以及利息由百分之四降至百分之三,减债基金无疑是大大增加了;假如和平一直持续下去,现在说不定每年可以由那基金抽出一百万英镑来偿还公债;而去年就偿还了一百万英镑的公债。但与此同时,大笔皇室费的债务,仍然未付,而我们现在又要卷入新的战争中,这次的战争持续下去,也许其费用要和以前历次战争的费用同样巨大①。在这新的战争宣告结束以前免不了要举新债,说不定与由国家经常收入节约所偿还的全部旧债的金额差不多。因此,想用现在国家经常收入节约所得,偿还所有的公债,简直是一种幻想。

有一学者曾指出,欧洲各债务国的公债,特别是英国的公债,作为一项大的资本积累,使这个国家的其他资本有所增加;通过这一资本,商业扩展了,制造业发展了,土地得以开垦和改良,比只靠其他资本所能取得的成就要大得多②。可是,主张此说的学者,没

---

① 这次战争的花费被证明比以前的各次战争的花费还要大,公债增加了1亿镑以上。在11年的和平期间,只有1 000万镑得到了偿还;但是在7年的战争期间,借债金额达到1亿镑以上。

② 加尼尔:《研究》,第4卷第501页提到"平托:《信用流通论》,1771年,阿姆斯特丹版,特别是第44、45页及第209~211页。"但是,梅龙:《商业政策论》,1761年,第23章,第296页引述了另外一篇1731年的英国论文。

有注意到以下的事实,即最初公债的债权人贷给政府的资本在贷与的那一瞬间,其部分比例的年金已经由资本功能,转化为收入的功能了,而用以维持生产性劳动者的资本,转为用以维持非生产性劳动者的资本。就一般而论,政府在借入这一资本的当年就把它消耗了、浪费了,甚至不指望其将来能再产出什么利润来。当然,贷出资本的债权者往往不仅能收到和该资本等价的公债年金,这年金无疑还会偿还他们的资本,并使他们能进行和从前一样或更大规模的实业或贸易。也就是说,他们或以此年金作为担保向他人借入新的资本,或将此年金卖给他人,使他们自己得到新的资本,这一资本等于或多于他们所贷与政府的资本。然而,像他们这样从他人那里买到或借入的新资本以前肯定也存在于该国,并且肯定也与其他资本同样是用来维持生产性劳动的。一旦转入国家公债的债权者手中,虽然从某一方面来看,对这些债权者而言是一种新的资本,但对该国家而言并不是新的资本,而只不过是从某种用途抽去转作其他用途的资本罢了。尽管对他们私人来说,其贷与政府的资本有所补偿,但就整个国家来说却无所补偿。如果他们不把这资本贷与政府,那国家用以维持生产性劳动的资本或年收入就有两份而不只一份了。

当政府为了支付政府开支时,就把当年未作抵押的赋税用来筹措收入,一部分的私人收入,从维持一种非生产性劳动转向维持另一种非生产性劳动。毫无疑问,一部分他们用以付税的款项,原本可以由他们储蓄起来变为资本,从而用以维持生产性劳动。但是,大部分的该款项很可能是被消费掉了,用来维持非生产性劳动。不过,以这种方式支付的国家费用,无疑或多或少地阻碍了新资本的进一步蓄积,但不一定会破坏现存的资本。

当以举债方式支付国家费用时,该国原有的某些资本会逐年受到破坏;用以维持生产性劳动的部分年收入会被转来用以维持非生产性的劳动。不过,在这种情况下,如果在当年能够筹集到足以支付这同一费用的款项的话,所征的赋税要比前一种轻;私人个人收入的负担就必然会少些,可是,人们节约部分收入和将这一部分收入转成资本的能力也会大大地削弱。和以本年度税收支付本年度费用的方法相比,举债如果在较大程度上破坏旧资本,那么,与此同时，举债也使新资本的获得或积蓄的妨碍程度减少。在举债制度下，人民的节俭和勤劳有时更容易弥补由于政府的奢侈和浪费所引起的社会一般资本的损失。

不过，只有在战争持续的期间内举债制度才优于另一制度。如果战争的费用总能从当年所征的收入来支付的话，那么由非常收入所得来的赋税，其持续的时间也不会比战争长。与举债制度相比，私人蓄积资本的能力尽管在战时比较小，但在和平时期会比较大。战争不一定会导致任何旧资本的破坏，而和平则会促成更多新资本的积蓄。一般情况下，在这种制度下，战争总是比较快地结束，并且不至于随便开战。在战争继续期间，人民因疲于战争的全部负担，很快便会对战争感到厌倦；而政府为了要迎合人民的意愿，认为没有必要拖延战事，除非有必要这样做。对于战争会带来繁重而不可避免的负担的预见，使人们不肯茫然主战，如果没有实际或确定的利益可图。因此，几乎很少有人们蓄积能力以至或多或少受到损害的时期，即使有，也不会持续太长。相反，蓄积能力强大的时期，要比在借债制度下长久得多。

况且债务一经增加，由于赋税的成倍增加，即使在和平时期，其损害人民蓄积能力的程度也往往与上述的另一种征税制度，在战时损害这一能力的程度不相上下。目前，英国和平时期的收入每年达一千万英镑以上。如果免去税收和抵押，且管理得当，哪怕进行最激烈的战争，也无须借一个先令的新债便可够用。如果英国从未采用有害的举债制度，那么，当前居民的个人收入在和平时期所受的阻碍，还有居民蓄积能力所受的损害，就会与在最耗费开支的战争期间的情况相同。

有这样一种说法，支付公债利息犹如把钱从右手转到左手[1]，钱没有流到国外。只不过是把本国一个阶层居民的部分收入，转移为另一个阶层居民的收入罢了，国家并不会因此比从前更贫穷。这一说法完全是基于重商学说的诡辩；本书的作者对该学说已经作了详细的讨论，也许无须再在这里赘述。此外，该主张者认为，全部公

---

[1] 梅龙：《商业政策论》，第23章，1761年版，第296页。

债都是募自国民的，而这一说法并非事实，因为，我国的公债就有很大一部分是荷兰人及其他外国人的投资。即使全部公债没有外国人投资，也不会因此而减少公债的弊害。

土地及股本是私人和公众所有收入的两个源泉。股本支付是用在农业上、制造业上或商业上的生产性劳动的工资。这两个收入源泉的支配权，属于两类不同的人群，即土地所有者和股本的所有者或使用者。

土地所有者为了自身收入，通过建造或修缮其佃户的房屋，营造和维持其田庄的必要沟渠和围墙，做所有其他应由地主去做或继续的种种改良，使其所有的土地能保持良好的状态。但如果土地税繁多，造成地主的收入大大减少；而且，由于各种生活必需品税、便利品税繁多，使原本已经减少的收入的实际价值所剩无几，这就会使地主感到完全没有能力进行或维持花费颇多的改良。然而，当地主不能尽其本分，租地人也就完全不能尽他的本分。由于地主的困难日益增加，该国的农业就势必要趋于荒废。

如果通过征收各种生活必需品税和生活便利品税，使股本的所有者及使用者觉得他们资本所得的收入在某一特定国家，但不能在任何其他国家购得同额收入所能购得的同样多的必需品和便利品时，他们便倾向于把他们的资本转往其他国家。如果此类赋税的征收使大部分或全部商人及制造业者，换言之，大部分或全部资本使用者不断受税务人员恼人扰人的访问，那么转移资金的打算很快就要付诸行动了。资本一经转移，靠此资本支持的该国产业将随着没落，商业和制造业将继农业之后，也趋于没落。

土地和股本这两大收入源泉所产生收入的大部分，如果把它从其所有者即对每块特定土地的良好状态和对每项特定资本的良好经营都具有直接利益的这批人的手中移转到另一批没有这种直接利益的人（如国家债权人）的手中，长此下去，必定会导致土地的荒芜和资本的浪费或转移。国家的债权者，通常会关心该国的农业、制造业及商业的繁荣，因而，毫无疑问，对于土地的良好状态和资本的良好经营也会关注。如果这三者中的任何一个遭遇全面失败或衰退，各种税收的收入就不够支付他到期应得的年金或利息。但是，国家的债权者只就其作为国家债权者来说，对于某块特定土地的良好状态或对于某项特定资本的良好经营，他是不感兴趣的。作为国家的债权者，他对于这一特定土地或资本既无了解，也无从视察，不会在意这些。有时他不知道土地或产业荒废了；即使知道了也不关心，因为这不会使他受到直接影响。

举债的方法，曾经使采用此方法的所有国家都一点一点地走向衰弱。意大利各共和国似乎是首先采用举债方法的。热那亚及威尼斯是意大利各共和国中仅存的两个保有独立局面的共和国，它们都因举债而走向衰弱。西班牙似乎从意大利各共和国那里学得此举债方法，而就其自然力量而言，西班牙比意大利各共和国变得更衰弱（也许是因为它的税制比它们的税制更不明智吧）。西班牙负债时间很长，早在十六世纪末以前，即英格兰还未借一个先令公债的一百年以前，西班牙就负有重债。法国尽管自然资源丰富，也苦于同样债务的重负。荷兰共和国因负债而衰弱的程度与热那亚或威尼斯不相上下。由举债而衰弱、荒废的国家比比皆是，难道只有在英国举债才有可能全然无害吗？

有人会说，其他国家的税制都不如我国的税制。我也相信事实果真如此。但应当记住的是，即便是最贤明的政府，在搜刮了所有适合课税对象以后，遇有紧急需要也必须借助不适当的税收。贤明的荷兰政府有时也不得不像西班牙那样，依赖不适当的税收。如果在国家收入所负的重担尚未解除之前，英国发生新的战争，又如果该战争在其发展的过程中，所耗费用也和上一次战争同样多，也许迫于形势使英国税制也变成像荷兰税制那样，甚至像西班牙税制那样令人难以忍受。的确，我国承蒙现行税制的恩赐，迄今为止，工业产业无拘束地向上发展，因而，即使在消耗费用最大的战争中，似乎个人的节俭与明智行为，即通过存款和积蓄，最终得以弥补政府对社会一般资本的铺张和浪费。在上一次战争，也是英国历来战争费用最大的一次战争结束时，其农业和从前一样繁荣兴旺，制造业和从前一样生机勃勃，商业和从前一样蓬勃发展。可见支持其各个产业部门的资本也一定是和从前一样多。自和平恢复以来，农业进一步改进，国内各都市、各村落的房租有所增加，这表明人民的财富及收入日益增加。大部分旧税的年收入，特别是国产税及关税等主要部门的收入都在持续增长，这是消费增加的明显证明，从而也证明了消费所赖以维持的生产的明显增加。英国今日似乎轻而易举地担起了重负，这在半个世纪前是无人能相信的。然而，我们切不可因此就冒昧断定，英国能够承担得起任何负担，甚至也不可太过于自信，认为再重的负担英国也能毫不费力地支持。

当公债增大到一定程度时，我确信，它很少能得到公平公正地完全偿还。国家收入上的负担，如果说曾经有过解除，也总是通过破产解除的，有时是通过坦白承认的破产，但通常是通过实际上的破产，尽管多是虚假的还款①。

提高货币名义价值，是公债假借偿还之名，行破产之实最常用的伎俩。例如，六便士的银币或二十枚六便士的银币，要么依议会法令，要么依皇家公告，将其名义价值提高为一先令或一英镑，那么，一位按旧的名义价值借入二十先令或约四盎司银的人，以新的名义价值计算，只需二十枚六便士的银币或略少于两盎司的银便可偿还其债务。英国约一亿两千八百万英镑的国债，大约等于其长期和短期公债合计的总额，如照此方法偿还，只需约为现币的六千四百万英镑就行了。类似这样债务的偿还，只不过是有名无实的偿还罢了，实际上，国家债权者应得的每一英镑，都被骗去了十先令。可是，遭受此种灾难的不仅仅是国家的债权者，所有的私人债权者，也都受到了相应的损失。这对于国家的债权者，不但无丝毫利益可言，在多数情况下，是他们一项额外的大损失。不错，国家的债权者通常对他人也有巨额债务，他们也可依同一方法偿还使其所受损失得到些许补偿。但是，在多数国家中，公债的债权人多半是富人。他们对于其余的国民同胞而言，大部分是处于债权者的地位，而不是处于债务者的地位。因此，这种名实不符的偿还办法，对于国家债权者的损失非但没有减轻，反而增大。国家没有得到一点利益，而多数无辜的人民却蒙受此害。这种办法使私人财产受到一种最普遍、最有害的破坏，而在大多数情况下，使勤劳、节俭的债权者吃

---

① 《哲学史》，阿姆斯特丹版，1773年，第4卷，第274页。

亏，而使懒惰、负债累累的债务者得到好处；这样，国家资本的大部分将可能从使资本增加改善人的手中转移到滥用破坏这一资本人的手中。当国家有必要宣布破产时，同样，当私人有必要宣布破产时，公开、公正和坦白承认的破产，对债务者名誉损害总是最轻的，对债权者利益的损害也是最轻的办法。当国家为了隐瞒实际破产的丢人现眼，而出此容易识破又极端有害的欺瞒下策时，这个国家的荣誉也一定荡然无存了！

然而，无论古今，所有的国家当别无他路时，往往会采取这一欺瞒下策。在罗马和迦太基的第一次战争结束时，罗马人降低了阿斯（当时计算所有其他铸币值都以此为准）的价值，货币的含铜量从十二盎司，减至两盎司；也就是说，把两盎司铜的名义价值提高到以前十二盎司铜的名义价值。用这种方法，罗马共和国把在此前所借的巨额债务，只需偿还其六分之一的实额就行了。如此突然巨大的破产，按我们今天的设想，一定会引起公众的激烈的喧争；然而，在那时竟没有引起任何动乱。究其原因，是由于当时制定这一贬值的法律，如同制定其他一切关于铸币的法律那样，都是由护民官向民会提出，并由民会通过；所以，在当时，可能也是一项很得民心的法律。像在古代其他共和国一样，在罗马，贫民不断向富有者和有权势者借债；而富有者和有权势者为要在每年选举时获得他们的选票，常以极高利息贷款给贫民，此债务从未偿付过，很快就积聚成了债务者不能偿付或其他任何人也无从代付的巨额债务。债务者担心受到非常苛刻的要求，往往在没有得到更多好处的情况下被迫投票选举债权人所推荐的候选人。尽管当时所有的法律都严禁行贿受贿，但有候选人的慷慨解囊，还有元老院不时发放的谷物，这些都是罗马共和国晚期贫穷市民赖以生活的主要资源。为摆脱债权者的控制，这些贫穷市民不断要求取消他们所欠的全部债务，或要求通过他们称之为新案的法案，即偿还积欠债务一部分就算还清全部债务的法案。因此，把所有铸币的名义价值都减至其原来价值的六分之一，使他们得以原先六分之一的货币偿还其全部债务，这正是一项对他们最为有利的新法案。富有者和有权势者为满足这些人的要求，在许多不同的场合他们不得不同意这一取消债务的法律及施行新案的法律。不过,上述理由是使他们同意此法律的部分理由,另外的理由是,他们想借此解除国家的负担,从而恢复他们是主要领导者的政府的元气。用这种方法,一亿两千八百万英镑的债务,一下子就减为两千一百三十三万三千三百三十三英镑六先令八便士了。在罗马和迦太基的第二次战争期间,阿斯又经过了两次贬值,第一次是将含铜两盎司减至含铜一盎司,第二次把含铜一盎司减至含铜半盎司,即减至原来价值的二十四分之一①。如果把罗马上述三次的货币贬值合并一次实行,那么,我国现在一亿两千八百万英镑的债务,就可一下子减至五百三十三万三千三百三十三英镑十六先令八便士。哪怕是英国的巨额负债,也可使用这种方法马上还清。

我确信,所有国家铸币的价值都通过这种方法逐渐减到越来越低于其原来价值,同一名义金额所含的银都通过这种方法逐渐减到比原来的含银量越来越少。

为了同一目的,国家有时要降低铸币的标准成色,即在铸币中混入较大量的合金。例如,照现行法定标准,每重一磅的银币,只能混入十八本尼威特的合金,若混入八盎司的合金,这种银币的一英镑或二十先令,就与现币的六先令八便士相当,而我国现币六先令八便士所含的银量,则几乎提高至一英镑的名义价值了。这种标准成色的降低,与法国人所谓的增大价值或直接提高货币的名义价值的做法完全相同。

这种增大价值或直接提高货币名义价值的做法,就其性质说,总是公开的、明言的。用这种方法,使重量较轻的货币有了与从前重量较大的铸币一样的名称。而与之相反,降低货币标准成色的做法则大都是保守秘密的。用这种方法,造币局尽力设法使批准流通的铸币和以往流通的同一名义价值的铸币,使其重量、体积及外貌尽可能保持旧观,不易辨认,但其实际价值却相去甚远。当法国国王约翰为了要偿还其债务而降低铸币标准成色时,所有造币局的官

---

① 这一章关于罗马的历史是根据普利尼《自然史》第三十三编第 3 章中的几句话而来的。现在发现的事实并不像书中描述的那样简单。

吏都得发誓说要保守秘密①。以上两种做法，都是不正当的。不过，增大价值这个简单的做法，是公开的、暴戾的不正当行为，而降低标准成色却是阴险的、欺诈的不正当行为。所以后者一经被发觉（事实上，这秘密也从未被长久地保守住）总是比前者要引起大得多的反感。铸币在大大增加了名义价值以后，很少会恢复其以前的重量，可是被极度降低其标准成色以后，却几乎常常又被恢复其以前的成色。因为在后者除了恢复成色以外，再没有其他可以平息民愤的方法。

在亨利八世统治末期及爱德华八世之初，英国的铸币不但提高了其名义价值，也降低了其标准成色。在詹姆士六世初年，同样的欺诈行为，也曾经在苏格兰盛行。此外，很多其他国家，也有过此种做法。

英国国家收入的剩余部分，即支付了常年经费以后的剩余部分非常少，想借此完全解除国家收入上的负担，或者至少为减轻这一负担有所进展，似乎是全然无望的。所以，除非国家收入大大增加，除非国家支出大大缩减，这种负担的解除，是永远难以实现的。

实施比现在较为公平的土地税和房产税以及前章对于现行各税及关税制度所提出的改革，也许可以在不增加大多数人民的负担，而只是把这一负担平均到全体国民的情况下，使国家的收入大大增加。然而，即便是最乐观的设计者，也不敢希望用这种做法来增加收入，从而完全解除国家收入上的负担，或使国家在太平无事的时期，在解除负担方面有所进展，以至在下次战争期间，要么避免公债的增加，要么对公债的进一步蓄积有所补偿。

通过把英国本国税制扩张到由英国人或欧洲人所居住的所有帝国所属地，收入也许可望大有增加。然而，这也许很难做得到。因为，根据英国宪法的基本原则，各地方在议会中所占议员的席数与其纳税额有一定的比例。倘若将税制扩张到所有属地，势必要承认那些属地在议会中的席位，或者说，如果我们同意这样做的话，在

---

① 参阅勒布朗克：《法国货币史》，1792年；梅龙：《论商业政策》，第13章，1761年版，第177页。

帝国议会中,各属地按照同一纳税比例获得其代表席位,否则就不免有失公允,而违背了宪法的原则。确实,在目前,似乎许多有权力者的私人利益和大部分人民的成见与巨大的变革有所冲突,为了实现这一变革,可能会困难重重,甚至要跨越这一障碍也许是根本不可能的。然而,如果这类脱离现实的想法,对不列颠与各属地的统一是否可行不妄做决定的话,而只考察英国的课税制度,考察究竟其在什么程度上能应用于帝国的所有属地;如果把这一制度应用于帝国各属地的话,究竟可望得到多少收入,而这一统一,究竟会以怎样的方式影响帝国各地的繁荣和幸福,也许没有什么不妥之处吧。这样的假想,最坏,也不过是一种新乌托邦,虽没有莫尔的旧乌托邦那么有趣,但总不致更为无用、更近于妄想。

英国税收由四个主要税种构成:土地税、印花税、各种关税及各种国产税。

就缴纳土地税的能力而言,爱尔兰无疑与英国不相上下,而美洲及西印度殖民地当有过之而无不及。地主在没有负担什一税或济贫税的地方,与课有这两种税的地方相比较,肯定更有能力缴纳土地税。什一税如果不折合为金钱缴纳而是征收实物的话,比每英镑实际征收五先令的土地税,在较大程度上减少地主的地租。这样的什一税,在大多数情况下,相当于土地实际地租的四分之一以上或相当于完全偿还农业资本及其合理利润后剩余部分的实物。假如除去一切代金及一切移交私人保管的教会财产,不列颠及爱尔兰的教会什一税,总共不超过六七百万英镑。假如不列颠或爱尔兰没有任何什一税,地主所能多提供六七百万英镑的土地税,但其负担却不会比他们大多数现在所承受的更重。美洲没有什一税,自然很有能力缴纳土地税。在美洲及西印度的土地,确实大多不是租给农民种的,所以,没有地租簿可为依据来课收土地税。但是,在威廉及玛丽四年时期,不列颠的土地税也并不是根据任何地租簿来征收的,而是根据一种极不严密又不正确的估价。因此,在美洲的土地,也可以用这种方法做课税的评估,或者像米兰公国及奥地利、普鲁士和沙廷尼亚等国领地最近所采用的办法,经过准确的丈量后依公平价征税。

在所有国家推行印花税显然是没有困难的,因为其征收在各地的法律程序以及动产不动产移转契据形式上是一样的或差不多一样,这样在征收时不必做任何更改。

在爱尔兰及各殖民地推广英国关税法,只有在同时也扩大其贸易的自由(就公正而言,理应如此)对爱尔兰及各殖民地两者的利益才是最大的。目前抑制爱尔兰贸易的种种不平等的约束,还有对美洲商品所设的列举与非列举的区别,都会因此而完全解除。目前,菲尼斯特尔海角以北各地对美洲的所有商品开放其市场,而该海角以南各地却只对美洲特定商品开放其市场。由于关税法的统一,英帝国各地间的贸易将和现在不列颠沿海贸易一样自由。英帝国会对各属地的所有商品提供了一个在自己领土内的巨大的国内市场。这么大的一个市场,很快便会使爱尔兰及各殖民地因关税的增加所受的负担得到补偿。

国产税是在英国税务制度中唯一须按各属地的特殊情况加以若干修改才能适应的。爱尔兰的生产和消费与不列颠具有完全一样的性质,所以,不列颠的税制无须修改就可以在那里应用。而在美洲与西印度的生产和消费性质就和不列颠有着很大的差异,把不列颠税制应用到这些地方就要加以一些必要的修改,就像把这税制应用到英格兰产苹果和啤酒在各州也需要做些修改一样。

例如,发酵性饮料,也称为啤酒,占美洲人普通饮料的一大部分,是由蜜糖制成,与英国所谓的啤酒没有一点相同之处。由于那种饮料像英国啤酒那样只能保存数日,无法在大酿酒厂里制造、贮存以供销售。每个家庭都要自己酿造自己所消费的啤酒,正如他们烹煮自己的食物一样。但是,每一个私人家庭,如果须和那些麦酒店主以及和以贩卖为目的的酿酒商一样,受到收税人讨厌的访问及检查的话,就与自由完全背道而驰。倘若为了公平的缘故,认为对这一饮料有课税的必要,那么可在制造该原料的场所对其酿造原料课税;或由于贸易缘故,不适合征收这种国产税的情况下,就不妨在该原料被进口到其消费殖民地时,课以进口税。对于美洲进口的蜜糖,除了英国议会对其征收每加仑一便士的税外,用其他殖民地的船舶进口到马萨诸塞特湾的蜜糖,每大桶还要征收八便士的州税,还有由北部各殖民地出口到南卡罗林那的蜜糖,在进口时,每加仑另征收五便士的州税。假如发现任何一种这些方法不够便利的话,就可以效仿英格兰不征收麦芽税的办法,按每个家庭成员人数的多寡核算其应缴纳的金额;或可按照荷兰各税的征收办法,按照每个家庭成员的年龄和性别的不同,每年缴纳不同的金额;或者也可按照马修·德克尔爵士所提议的在英格兰对所有消费品征税的方法征收。不过,他的征税方法,我们前面已经说过,对于消费迅速的商品,应用起来不太方便,然而,如果没有更好的方法可以用来征税的话,也不妨试一试。

砂糖、甜酒和烟草,是那种在任何地方都不是生活必需品,但几乎到处都是普遍消费的对象,因此对它们课税是再合适没有了。如果英国与各殖民地必定要实现统一的话,这类商品可在离开制造商或种植者之前征税。如果这种征税的方法对他们不大方便时,可以把这些商品存放于制造商所在地的公共仓库,然后将这些商品运往的所有帝国港口的公共仓库,由其所有者及税务机关共同管理。这些商品在运抵消费者、国内零售商用于国内消费或出口商之前,都不用纳税。当这些商品由仓库提出出口时,经出口商提出了正式的保证,确保这些商品是出口的,便可以免税。一旦英国与各殖民地的统一成功,英国现行税制需要进行大的修改,恐怕主要需要改动的就是这几种商品的税。

把这种税制的实行扩展到帝国所属各地,其所能带来的收入总额究竟有多少呢?要想得到相当准确的数字,毫无疑问,这是完全不可能的。不列颠通过这一税制,每年对不到八百万的人口,可获得一千多万英镑的收入。爱尔兰有人口两百万以上,据一份在美洲国会提出的报告所统计[①],美洲的十二同盟州的人口是三百万以上。然而,这份报告,也许不免有些夸张,或借以鼓励其国民,或威吓我国人民。所以,我们可以假定,我国北美洲及西印度各殖民地的人口合计不会超过三百万,全帝国的人口,将欧洲和美洲的合计,也不过一千三百万。如果对八百万以下的居民实施课税的话,能获

[①] 安德森:《商业》,续编,1774年,第4卷,第178页,1801年版。

得一千万英镑以上的收入,那么,对一千三百万居民实施课税,便当可获得一千六百二十五万英镑以上的收入。从这一假定获得的收入中,必须减去爱尔兰及各殖民地通常为他们尊敬的政府所负担的经费开支而征收的款项。爱尔兰的行政费和军费连同公债利息,按 1775 年 3 月以前的两个年度平均计算,每年还不到七十五万英镑。根据美洲及西印度主要殖民地收入的最准确的计算,在眼下的骚乱开始以前,其收入达十四万一千八百英镑。不过,这个计算的结果,不包括马里兰、北卡罗来纳以及我国最近在大陆和岛屿所收归的领地的收入,恐怕也有三四万英镑的收入。为了使收支账目一目了然,让我们假定爱尔兰及各殖民地负担的行政费所必需的收入为一百万英镑,在一千六百二十五万英镑中,减去这一百万英镑,尚有一千五百二十五万英镑的收入可供帝国支付一般性费用和偿付公债利息。但是,如果英国就现在的收入,在和平时期节约出一百万英镑用以偿付公债,则从这一增加的收入里,不难节约六百二十五万英镑偿付公债。况且,这样一大笔的减债基金,由于以往各年度的公债利息都是前一年先支付的,所以,可以逐年增大。这样,减债基金急速增加,在几年之内,就足够偿还全部公债,并完全恢复现在趋于减弱的帝国活力。与此同时,人民也可从最沉重的赋税负担,即生活必需品税或制造原料税中摆脱出来。于是劳动人民就能够过上比较好的生活,能够以比较低廉的价格出卖劳动,并且能够以比较低廉的价格将其生产的产品提供给市场。价格低廉的产品,将使对该产品的需求增加,结果是,对生产该产品劳动的需求也随之增加。劳动需求的增加,使得劳动人民就业的人数增加,他们的生活境遇也会得到改善。这样一来,伴随着他们的消费增加,对他们消费的所有商品的课税收入,也将因而增加。

然而,由这种课税制度获得的收入,并不一定会立刻按照纳税人人数的比例而增加。对于帝国领土内以前从未负担任何税收,现在刚开始实施税制的各属地,在一段时期内,应适当放宽税制的要求,即使各地都应尽可能严格地依法征收,也不会在所有地方都按照纳税人数目的比例获得对应的收入。因为,在贫困地区,要付关税和国产税的主要商品的消费非常少;而在人口稀少的国家,走私的机会又非常多。苏格兰的下层人民,饮用麦芽饮料的人数非常少;麦芽、啤酒及淡色啤酒的国产税收入,是按纳税人数及税率(由于麦芽品质的差异,在英格兰和苏格兰,麦芽税税率不同)比例计算,苏格兰的收入肯定会比英格兰的收入少得多。我相信,这些部门的国产税,其漏税的程度,在这两国不相上下。对酿造所征收的税和大部分关税,是按人口比例征收,苏格兰的收入要比英格兰的收入少,这不仅仅是因为应缴税的商品在苏格兰的消费比较少,而且因为那里的走私非常便利。爱尔兰的下层人民比苏格兰的下层人民还要贫穷,而爱尔兰的人口,比苏格兰的人口还要稀少,而在爱尔兰的走私和在苏格兰一样便利。因此,按人口比例计算收取的应缴税商品的消费,在爱尔兰比在苏格兰更少。在美洲和西印度,哪怕是最下层的白人,其所处的生活境遇也比英格兰同一阶层人的生活境遇好得多。他们对通常喜好食用的所有奢侈品的消费,恐怕也比英格兰同一阶层人所消费的多得多。当然,美洲大陆南部各殖民地及西印度群岛的居民大部分是黑人,由于他们现在还是奴隶,其生存环境无疑比苏格兰或英格兰最穷的人还要恶劣。但是,我们切不可根据这一理由,就想象他们比英格兰最下层的人民吃得更差,所消费的都是轻税商品。为了使他们能好好工作,使他们吃得好,照料好他们,则是他们主人的利益,正如要好好喂养为他们耕作的牲畜是一样的。不论在任何地方,黑人几乎与白人一样有甜酒、糖蜜及真枞酒的配给,即便对这些食品也应缴纳的一定的税,但是,发给他们的这些配给,是不会因此而取消的。所以,按居民人数的比例计算,在美洲及西印度群岛对应税商品的消费,恐怕不亚于在英帝国任何一个地方的消费。当然,按国土面积的大小比例计算,美洲的居民要比苏格兰或爱尔兰还要少得多,因而,在那里走私的机会也要大得多。但是,如果把现在对麦芽及麦芽饮料所征收的各税变为单一的麦芽税来征收,则国产税最重要的部门几乎完全没有逃税的机会。如果代以对所有的进口商品征收关税,只限于对用途最广、消费最多的少数商品,如果这些关税都按国产税法征收,那么,尽管走私的机会不能完全杜绝,也会大大减少。显然,经过这两种非常简单和非常易行的改革,关税及国产税,按消费的比例计算,哪怕在人口最稀少的地方，也会获得和目前在人口最稠密的地方一样多的收入。

据说，在美洲确实没有金币或银币，在那里的内地贸易，都是用纸币进行。偶尔也会有金银流到那里，也会因为要购买我们的商品又流到英国了。再说，没有金银是无法缴纳税款的。既然我们已拥有了他们全部的金银，那怎么还能够再跟他们索要他们没有的东西呢？

然而，美洲现在金银的短缺，并不是由于那个地方贫穷，也不是由于当地人民没有购买这些金属的能力。与英格兰比较，那里的劳动工资那么高，而其食品价格又是那么低，如果他们大多数人认为购买大量的金银有必要，而且便利，那么，他们肯定有购买力。因此，在那里这些金属的短缺，肯定是他们选择的结果，而并非是需要的结果。

正是为了国内贸易或对外贸易，才使得金币和银币成为必要或便利的货币。

在本书第二篇已说过，至少在和平时期，各国的国内交易，无论是以纸币进行的，还是以金银币进行的，其便利程度差不多。美洲人是一些总是把很容易获得的较多资本用于土地改良上获得利润的人。对于他们而言，积攒同样多的资本用以购买昂贵的商业手段——金子和银子，会来得更便利。然而，他们情愿利用从剩余生产品中尽力节省下来（购买这些金属必要）的资本，去购买生产用具、衣料、家具及开垦耕作所必需的铁制农具等。换言之，不购入死的资本，只购入活的生产资料。殖民地政府发现，给人们提供足够或超过足够用于国内交易流通的纸币量，对政府有利。在这些政府中，尤其是宾夕法尼亚政府，以几厘的利息把纸币贷给人们，由此获得一项收入。其他如马萨诸塞政府，一有急需，便发行纸币，以支付国家费用。然后，在它认为方便的时候，以纸币逐渐下跌的市价再予以收回。1747年①，该殖民地依照此种方法，以相当于其所发行

---

① 哈钦森：《马萨诸塞湾殖民地史》，第2版，1765～1768年，第2卷，第436页。

纸币十分之一的金额，偿还了其大部分的公债。节省国内交易使用金银的费用的做法，方便了殖民地人民；而提供给其人民一种媒介物，尽管会有很多不利的因素，但因此而节省下来的费用，也给各殖民地政府带来了便利。纸币过盛，势必会把金银驱逐出殖民地国内贸易领域。因为纸币过多，曾把金银驱逐出了苏格兰大部分国内贸易领域。在这两国，纸币过多地使用，不是因为人们的贫穷，而是他们的企业精神和计划精神，希望把所有的资本都用做积极的生产性资本。

在各殖民地与英国间进行的对外贸易中，所使用金银的多少完全视需要的多少而定。在不需要使用金银的场合里，金银就很少见到；而在需要使用金银的场合里，一般总会看到金银的身影。

在英国与产烟殖民地间进行的贸易中，英国货物通常以长期信用的方式，先行赊给殖民地的人，然后再以一定价格的烟草支付。对殖民地的人而言，用烟草支付要比用金银支付方便得多。对于任何商人来说都更为便利的是，在他从与其有业务往来的客户手中购买货物时，不用金银支付，而恰巧可以用他自己所经营的其他种类货物来支付。他们不必为了应付临时的需要，从他们营业的资本中，划出一定金额的现金做预留。他总是可以在他的店铺或仓库中储存较大量的货物，或者扩大其营业范围。但是，几乎没有任何与其往来的客户会认为他以他所经营的一种货物用来支付他们所卖给他的货物十分便利。不过，和弗吉尼亚及马里兰进行贸易的英国商人，却碰巧觉得他们的客户以烟草为酬来支付他们所卖给这些殖民地的货物，要比以金银为酬来支付更为便利些。他们可以从烟草的销售中牟取利润，而不能从金银的销售中得到任何利润。因此，在英国与这些产烟的殖民地之间所进行的贸易极少使用金银。马里兰及弗吉尼亚商人，无论是在他们的国内贸易还是国外贸易，几乎同样没有使用金银的必要。据此，有人说他们所拥有的金银，比美洲其他任何殖民地所拥有的金银都少。然而，有人估计，就那里的繁荣程度而言，其实并不比其他任何邻近的殖民地的情况差。

在北部各殖民地，即宾夕法尼亚、纽约、新泽西、新英格兰的四州政府等，出口到英国的商品价值，与他们为了自己使用从英国进口的制造品的价值,及为了支付其他殖民地担任承运人的价值不相等,因而,这之间的差额就必须以金银形式支付给英国,而他们通常也都是这样做的。

产砂糖的各殖民地每年出口到英国的农产物价值,比他们从英国进口的所有货物价值的总额要大得多。如果必须为这些殖民地每年送往英国的砂糖及甜酒支付资金,那英国每年就不得不支出巨额的差额资金;于是,对西印度群岛的贸易,就像某些政治家所说的那样,将会成为极端不利的贸易了。但事实是,许多产糖农场的主要的所有者,都住在英国。他们的地租,都是以他们自己农场出产的农产品,即砂糖和甜酒,缴纳给他们。西印度群岛的商人们,为自己从这些殖民地所购买的砂糖及甜酒的价值,比他们每年在那里所卖掉的货物的价值小。因此,这个差额就必然要以金银的形式支付给他们,并且,通常他们也是这样做的。

各殖民地支付英国欠款的困难与拖欠的程度,是不能以各自应付的所欠金额的大小来评价的。通常北部各殖民地要把相当大的贸易差额支付给英国,而产烟各殖民地则是不支付或少支付它们之间的贸易差额。但是,就一般而论,前者总能按期支付,而后者却不能按期支付。我们向各产糖殖民地收取欠款的困难的大小程度,不是和这些殖民地应付欠款的多少成比例,而是和它们所拥有的荒地面积的大小成比例;就是说,荒地面积越大,促使殖民地的种植者去从事超过它们自己的资金能力所能经营的贸易活动的诱惑力越大,或开荒种植的诱惑力越大,它们也就越不容易付清欠款。相反,荒地面积越小,则结果正相反。正是由于这个原因,和那些土地已经完全耕种多年,以致只有很少的余地可供那些殖民地者投机的小岛,如巴巴多斯、安提瓜及圣克里斯托弗等岛相比较,牙买加是一个尚有很多荒地可被开垦的大岛,而恰是这个原因,其付款就不那么规则、确定。最近格拉纳达、多巴哥、圣文森特及多米尼加的收归,给这类投机又开辟了一个新的舞台;而这些岛屿最近付款的不规则与不确定的情况,与牙买加这个大岛屿没有不同。

因此,对大部分殖民地来说,其金银币的收入之所以非常少,并不是由于贫困。它们对活的生产性资本的巨大需求,使它们以拥有死的资本越少越好为便利。而正是由于这一原因,使得它们愿意转向一种更为廉价的交易媒介,而不是使用金银。从而,它们把那部分金银的价值转用在生产工具、衣料、家具及建设和发展开垦及种植所必需的铁制农具上了。在那些非金银货币不能交易的部门里,它们似乎总能找到必要的金银以供使用。如果找不到的话,也常常不是它们贫穷的结果,而是它们从事不必要的和规模过分大的经营所致。它们对于付款的拖延和不确定,不是因为它们贫穷,而是因为它们太过希望发财了。尽管殖民地的税收的绝大部分,除用以支付当地行政费和军事设施费以外,必须以金银呈送至英国,但它们仍然具有足够的资金购买所需的金银。确实,在这种情况下,它们不得不以其现在购买活的生产性资本的一部分剩余生产品转而购买死的资本。为了进行国内交易,它们不得不舍弃廉价的交易媒介,而使用昂贵的交易媒介,而购买这一昂贵交易媒介的费用,可能多多少少抑制了他们对于改良土地的过度冒险心与进取心;但是,美洲收入的任何部分,都不需要以金银送往英国。这些收入可以汇票形式汇寄英国。这些汇票是向曾委托代售美洲剩余产品的特定英国商人或公司开出和由其承兑的。这些商人或公司在收到等值的货物后,即按票面金额以货币把美洲的收入缴纳国库。在整个交易过程中,美洲无须输出一盎司金银就完成了所有的业务。

爱尔兰和美洲应该为英国的偿还公债做贡献,这并不是不公道。英国的公债,原是为了支持由革命建立的政府而借的。要归功于这一政府,爱尔兰的新教徒才得以在本国享有现在所享有的全部权利。他们的自由,他们的财产,乃至他们的宗教,才得以保护;也是靠这一政府,美洲的各殖民地的人民才得以有现在的租赁特许和后来现行的宪法;还是因为这一政府,美洲所有各殖民地自那以后,享有了自己的自由、安全和财产。用于防御方面的公债,不仅仅是为了保护英国,同时也是为了保护所有英国的属地。特别是用于最近战争中的巨额公债以及用于以前战争的大部分公债,其本来的用途都是为了保护美洲。

爱尔兰归属于英国,除了享有自由贸易的利益外,还会获得其他非常重要的利益,而这些利益会绰绰有余地补偿其因归属而增加的赋税。苏格兰归并于英国后，一直被贵族权力压迫的中下阶层的人民完全获得解放。贵族权力在爱尔兰压迫更甚，受其害者也更多，如与英国合并，大部分人民也同样会从贵族的压迫下得到解放。不同于苏格兰贵族，爱尔兰贵族的形成，不是由于门第财产那些受尊敬的自然差别，而是基于所有差异中最可憎的差别，即宗教和政治上的偏见。这种差别比其他任何差别更能助长压迫阶层的傲慢和被压迫阶层的憎恶与愤怒，使得同国居民间相互怀抱的敌意，大于异国人民间相互怀抱的敌意。假如爱尔兰不归并于英国，其居民在今后的数十、数百年间，也不会把他们自己看成是一个国家的人民。

在美洲各殖民地，从无专横的贵族存在。然而，即使是他们，如与英国合并，在幸福与安定方面，也会受益匪浅。至少，他们可以由此免除在小民主政体下必然会发生的充满敌意的党争。而这一党争往往会以类似民主的形式，分裂人民之间的感情，并扰乱其政府的安定。如果美洲与英国完全脱离关系——除非以这种合并去防止，否则似乎很可能发生——那么，党争一定会比以前激烈十倍。在目前的扰乱开始以前，宗主国的强大压力，常常能抑制党争，使其不至于发展成为野蛮的行为和侮辱。假设没有这一强大压力，恐怕这些党争很快就会诉诸暴力而造成流血的惨剧。在所有统一于一个政府下的大国，党派的精神，通常对帝国中心地域的影响大于对偏远地域的影响。这些地区与首都远隔，与党争和野心的主要漩涡远隔，这使得他们对于各敌对党派所持的见解，会采取比较超然的态度；对于各党派的所作所为，也保持一种比较公正不偏的旁观态度。就目前而论，在苏格兰的党争，不像在英格兰的党争那么激烈；如果实现合并的话，在爱尔兰的党争，大概会比在苏格兰的党争更为缓和；至于美洲各殖民地，则大概不久就会出现在英帝国任何属地所从未有过的和谐和团结景象。诚然，实现合并后，爱尔兰及美洲各殖民地不免要支付比现在沉重的赋税。但是，如能勤勉地忠实地把国家收入用于偿还公债，英国的国家收入不久就会缩减至足够维持和平时期设施的资金水平，而现在大部分的赋税，也就不至于要继续征收下去。

东印度公司所获得的领土，无疑是属于国王的，也就是说，是属于英国国家与人民的。这些领土,可能成为我们另一个收入的来源,这来源也许比上述各收入来源还要充足。据说,那些地方的土地更肥沃,面积更广大,而就其土地面积大小与英国相比较,人们更富裕,人口更稠密。因此,从那里获取大笔的收入,大概无须另征新税,那里的赋税,已经征到十足的程度,甚至超过十足程度以上。最合适的做法是,与其增加那些不幸人们的税收负担,不如减低其税收负担;与其增设新税以增加收入,不如防止大部分已收到的赋税的挪用和滥用。

如果英国无法从上述各收入来源大幅获取更多的资金,那么,对于它来说,可采用的唯一办法就是减少开支。英国在征税方式上,在国家收入的支出的方法上,似乎仍有改良余地,不过,与其他邻国相比较,至少还算是节俭的。英国为了自身的防御,和平时期的国防军事设备费用的支出,比想要与它在财富和势力相抗衡的欧洲任何国家的军事设备费用的支出还少。所以想在这个项目上节省很大的费用,似乎是不可能的。在眼下的骚乱开始以前,英国花在美洲各殖民地和平时期的建设费为数浩大,如果不能从这些殖民地获得任何收入的话,这项费用,无疑是应该完全节省下来的。尽管这些殖民地在和平时期的经常性费用很大,但与英国为防御这些殖民地在战时所耗费的资金相比较却是微乎其微的。前面已经说过,英国为完全保障殖民地而发生的最近战争,耗费了九千万英镑以上。1739年的西班牙战争主要是为了保障殖民地,由此战争而引起的法兰西战争,总计耗费四千万英镑以上;这次支出费用的大部分,理应由各殖民地负担。在这两次战争上,使英国为各殖民地所耗费的资金,大大超过在第一次战争开始以前英国所负担的公债总额的两倍以上。如果不是为了这几次战争,当时的公债,到目前为止,有可能已完全被偿还。如果不是为了这些殖民地,前一次战争也许不至于发生;而后一次战争,则肯定不会发生。英国之所以支出了这么大的费用,就因为它认为这些殖民地是大英帝国的省份。但是,对于维持帝国既未提供财力又未提供武力的地方,则绝不能被视为是帝国的省份。也许可以把它们算做附属于帝国的一种壮丽华美的装饰吧。但是,帝国如果再也不能支持这一装饰的费用的话,帝国就应尽早放弃它们；如果帝国不能按照其支出的比例而增加其收入的话，至少应当量入为出。尽管各殖民地拒绝纳税，如果它们仍被视为大英帝国的省份，那么，未来保卫殖民地的战争，恐怕不免还要耗去英国像在以前几次战争中那么多的费用。百余年来，英国统治者曾以我国在大西洋西岸保有一个巨大帝国的想象，使人民引以为快。然而，这一帝国，迄今仍只是存在于人们的想象之中。它从未是一个帝国，只是一个建立帝国的计划；它从未是一个金矿，而只是一个开发金矿的计划。这个计划，迄今为止，已使英国耗费了许多，还在继续使其耗费。如果继续这样坚持下去，费用可能极其浩大，而且，不大可能收到一点利润。这是因为，前面说过，殖民地贸易垄断的结果，对于人民大众来说只有损失而无利益的。现在，我国统治者该是实现自己也许还有他们的人民一直以来身陷其中的黄金梦的时候了；或者是他们自己先从梦中醒来，并努力使人民也醒过来。如果这计划是无法实现的，就应及早放弃。如果大英帝国的任何省份不能对整个帝国的维持有所贡献，帝国就应该摆脱为防御这些省份而支出的战争费用，摆脱任何维持这些省份的和平时期的行政或军事设施的费用，并努力使对未来的展望和计划适应其实际情况。

附　录

下面附录两个财务报告，用来说明并证实第四篇第五章关于白鲱鱼渔业吨位奖金的论述。我相信读者可以相信其准确性。

苏格兰十一年里装备的大渔船的财务报告
（包括载出空桶数、捕获鲱鱼桶数以及每桶海条和每满桶海条的平均奖金）

年代	大渔船数	载出空桶数	捕获鲱鱼桶数	付给每艘大渔船的奖金		
				镑	先令	便士
1771	29	5 948	2 832	2 085	0	0
1772	168	41 316	22 237	11 055	7	6
1773	190	42 333	42 055	12 510	8	6
1774	248	59 303	56 365	16 952	2	6
1775	275	69 144	52 879	19 315	15	
1776	294	62 679	43 313	17 592	2	6
1777	240	76 329	51 863	21 290	7	6
1778	220	56 390	40 958	16 316	2	6
1779	206	55 194	29 367	15 287	0	0
1780	181	48 315	19 885	13 445	12	6
1781	135	33 992	16 593	9 613	12	6
共计	2 186	550 943	378 347	155 463	11	0

			镑	先令	便士
海条　378347	每桶海条平均奖金		0	8	$2\frac{1}{4}$
	但每桶海条只算2/3桶完全包装鲱鱼，故减去1/3桶				
减去$\frac{1}{3}$　$1266115\frac{2}{3}$	使每桶奖金为		0	12	$3\frac{3}{4}$
海条满桶数　$252231\frac{1}{3}$桶					

如果鲱鱼出口，另有奖金为	0	2	8
因此政府以倾向会给每桶的奖金为	0	14	$11\frac{3}{4}$
但如加上腌制用盐免税，每桶平均用外国盐 $1\frac{1}{4}$蒲式耳，每蒲式耳课税10先令	0	12	6
每桶海条奖金为	1	7	$5\frac{3}{4}$
如果鲱鱼用英国盐腌制，那么			
奖金仍为	0	14	$11\frac{3}{4}$
但如加上平均每桶用2蒲式耳苏格兰盐腌制免征的每蒲式耳1先令6便士的税	0	3	0
每桶海条奖金为	0	17	$11\frac{3}{4}$
而且 当鲱鱼进口到苏格兰国内消费时，付每桶1先令的税			
奖金仍为	0	12	$3\frac{3}{4}$
减去每桶一先令的税	0	1	0
	0	11	$3\frac{3}{4}$
但仍须加上用外国盐每桶免征税	0	12	6
则供国内消费的每桶鲱鱼的奖金为	1	3	$9\frac{3}{4}$
如果鲱鱼用英国盐腌制，那么			
大渔船捕获鲱鱼每桶奖金仍为	0	12	$3\frac{3}{4}$
减去进口供国内消费时每桶所付1先令的税	0	1	0
	0	11	$3\frac{3}{4}$
但如加上平均每桶用2蒲式耳苏格兰盐腌制免征的每蒲式耳1先令6便士的税	0	3	0
则供国内消费的每桶鲱鱼的奖金为	0	14	$3\frac{3}{4}$

虽然出口鲱鱼的税收损失也许不能视为奖金，但国内消费鲱鱼的税收损失则肯定可以视为奖金。

从1771年4月5日至1782年4月5日苏格兰进口外国盐和从造盐厂免税交付鲱鱼渔业的苏格兰盐数量的财务报告

时期	进口外国盐	从造盐厂交付的苏格兰盐
	蒲式耳	蒲式耳
从1771年4月5日至1782年4月5日	936 974	168 226
各年平均	$85\,179\frac{5}{11}$	$15\,293\frac{3}{11}$

应当注意,外国盐每蒲式耳重84磅,英国盐重仅56磅。